HISTOIRE ANCIENNE
DE L'EGLISE

L. DUCHESNE

HISTOIRE ANCIENNE

DE L'EGLISE

TOME III.
CINQUIÈME ÉDITION

PARIS
ANCIENNES LIBRAIRIES THORIN ET FONTEMOING
E. DE BOCCARD, ÉDITEUR
1, Rue de Médicis, 1
1929

Droits de traduction et de reproduction réservés

AVANT-PROPOS

Triste siècle que le Vᵉ siècle ! Siècle de ruine et de décrépitude ! L'empire romain s'effondre en Occident, sous l'effort d'agresseurs plus inconscients que malveillants, plutôt victime de sa faiblesse intérieure que des coups qui lui sont portés. En Orient, il tient encore, parce qu'il n'est pas attaqué sérieusement. En attendant que les Slaves d'un côté, les Arabes de l'autre, le resserrent en d'étroites limites, il lutte au dehors contre la poussée barbare et le voisinage hostile de la Perse, au dedans contre des éléments centrifuges qui commencent à lui signifier, en copte, en syriaque et en arménien, leur détachement de l'hégémonie hellénique.

L'Eglise pourrait aider à réagir contre la dislocation ; mais elle aussi est en convulsions. Sans doute elle triomphe définitivement du

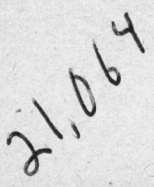

paganisme; mais de ce succès lui-même résultent pour elle d'énormes difficultés d'adaptation. Tout le monde est chrétien. Tout le monde pourra-t-il l'être sérieusement ? A cette question les moines donnent une réponse négative et souvent excessive. Les autres s'en tirent comme ils peuvent et laissent déformer, dans la pratique de la vie chrétienne, le bel idéal des premiers temps. Sur le terrain de la doctrine, les écoles se heurtent, les partis s'échauffent et se combattent. La leçon du siècle précédent et de ses lamentables discordes ne sert absolument à rien. Des gens qui pensent au fond la même chose s'entre-maudissent pour des formules. Plutôt que de céder sur des mots, on met en conflit Alexandrie et Constantinople, l'Orient et l'Occident; on sacrifie l'unité chrétienne à de vaines susceptibilités.

Toutefois, il ne faut rien exagérer. En particulier, il faut bien se garder de croire que cette agitation théologique ait pour cause une incertitude grave sur la tradition. Celle-ci était fixée depuis longtemps. Comme les chrétiens d'à présent, ceux d'alors avaient reçu de leurs pères la foi en Jésus-Christ vraiment Dieu et vraiment homme. Il ne se divisaient que sur des modalités, moins encore, sur des terminologies. Le moine Barsumas nous aurait assommés si nous n'avions dit, comme saint Cyrille, qu'il n'y a qu'une nature en Jésus-Christ. Toutefois, en analysant, non pas le contenu de son cerveau obtus, mais l'enseignement de son maître Cyrille, son enseignement complet, celui de ses actes avec celui de ses écrits, nous découvrons aisément que Cyrille, malgré sa nature unique, peut être accordé avec Léon, Flavien et Théodoret, qui réclament deux natures. Il ne s'agit que de s'entendre. Mais, avec l'esprit belliqueux des théologiens, ce n'est pas de s'entendre qu'il importe, c'est de se combattre.

Triste siècle !

Heureusement on y rencontre bien des figures pittoresques, attachantes même. Quelques-unes réclament un peu, même beaucoup, d'indulgence. Il est tel saint de ce temps-là qui n'aurait peut-être pas passé sans difficulté par les procédures actuelles de la canonisation. Cela ne nous regarde pas. Il doit seulement être bien entendu que les situations hagiographiques acceptées par nous, sans inventaire, telles que les siècles nous les ont transmises, ne sauraient peser sur les jugements de l'historien. Il est rare, du reste, que ces figures de saints, si heurtées qu'elles puissent paraître, ne présentent pas quelques aspects sympathiques. Epiphane et Jérôme ont été aimés et vénérés, de leur vivant, par de saintes personnes qui les connaissaient de près. Cyrille d'Alexandrie, à un certain moment, s'est montré le chef fermement pacifique d'une armée qui ne l'était guère, et c'est là un grand mérite.

Ce n'est pas pour saint Augustin qu'il faut plaider les circonstances atténuantes. Celui-là est absolument hors de pair. De son Afrique lointaine il rayonna sur toute la chrétienté. Aux hommes de son temps il dit toutes les paroles utiles. Il sut leur expliquer leurs âmes, les consoler des malheurs du monde, guider leurs pensées à travers les mystères. A tous il fut aimable. Par lui les fanatiques furent apaisés, les ignorants éclairés, les penseurs maintenus dans la tradition. Il a enseigné tout le moyen-âge. Maintenant encore, après l'inévitable déchet d'une si longue durée, il demeure la grande autorité théologique. C'est surtout par lui que nous communiquons avec l'antiquité chrétienne. A certains égards il est de tous les temps. Son âme — et quelle âme! — a passé en ses écrits ; elle y vit encore : sur telle de ses pages il tombera toujours des larmes.

Le Ve siècle a beaucoup écrit. C'est par excellence le siècle des Pères de l'Eglise. L'histoire dispose ici d'une énorme bibliothèque. De Jérôme et d'Augustin, de Chrysostome, de Cyrille, de Théodoret, il nous reste de formidables œuvres complètes, traités, sermons, lettres, qui sont des trésors de renseignements. Les débats des grands conciles, les controverses soutenues à leur propos, ont donné lieu à des procès-verbaux et à des recueils de pièces officielles. Il y a longtemps que tout cela a été mis en œuvre. A ce fonds ancien les investigations modernes ont fait quelques adjonctions importantes. Certaines œuvres, historiques ou autres, se sont retrouvées dans les manuscrits syriaques; d'infatigables orientalistes s'emploient à les donner au public. D'utiles monographies [1] se sont produites sur certains points, où, soit du fait des controverses, soit faute de renseignements, il subsistait de l'obscurité.

Il en reste encore. Les travailleurs, bien plus nombreux qu'autrefois, qui sont entrés ou entreront dans ce domaine auront de quoi

---

[1] Surtout celles de MM. Loofs et Krüger, soit sous forme d'articles étendus dans l'Encyclopédie de Hauck, soit en des ouvrages spéciaux.

s'exercer longtemps. Dès maintenant, toutefois, on peut le dire, nous connaissons beaucoup mieux que les contemporains de Tillemont le véritable état des controverses débattues après les conciles d'Ephèse et de Chalcédoine. Par exemple il ne nous est plus possible de nous en laisser imposer par ces épithètes de Nestoriens et d'Eutychéens, qui, le plus souvent, dans les écrits contemporains, ne représentent que des artifices de polémique, voire de simples injures, et ne correspondent nullement à la classification réelle des partis religieux.

Si les documents abondent, il n'en est pas de même des expositions historiques. Il n'y a plus d'Eusèbe, ni même de Socrate. Celui-ci ne va pas loin dans le Ve siècle, dont ses deux congénères, Sozomène et Théodoret, parlent à peine. Pour rencontrer un autre historien de l'Eglise, il faut descendre jusqu'à Evagrius, c'est-à-dire jusqu'à la fin du VIe siècle. Il y en a eu cependant, comme Hésychius de Jérusalem, Basile de Cilicie, Jean d'Egée, Zacharie de Gaza, Théodore le lecteur. Mais de leurs livres nous n'avons plus que des fragments plus ou moins étendus. La Chronique de Théophane, au IXe siècle, a profité de ces écrits, surtout de celui de Théodore le lecteur; mais le texte de celui-ci s'y présente découpé en menus morceaux, souvent mal ordonnés et qui ne se rejoignent pas facilement. Les chroniqueurs contemporains, Prosper, Hydace, Marcellin, sont encore plus décousus et plus incomplets. De là résultent quelques incertitudes sur le classement chronologique de certains faits. Mais ceci est peu de chose. L'histoire de l'Eglise compte peu de périodes aussi bien connues ou tout au moins aussi susceptibles de l'être que celle dont il va être traité en ce volume.

Rome, 2 février 1910.

CHAPITRE I.

L'Eglise au temps des Théodose.

<small>La décadence de l'empire. — La moralité chrétienne. — L'élite et les masses. — La discipline pénitentielle. — Développements du culte public. — La religion populaire : culte des saints, des reliques, des images. — La théologie. — Progrès de la hiérarchie. — Election des évêques. — Groupements de l'épiscopat. — Législation ecclésiastique. — Moines et monastères.</small>

En s'unissant étroitement à l'Etat, l'Eglise théodosienne ne s'alliait pas à son avantage : elle épousait un malade, qui devint bientôt un moribond. Au souverain sérieux et fort, qui, pour ses débuts, avait tiré l'empire d'un épouvantable désastre, qui l'avait fait respecter des barbares et, par deux fois, y avait réprimé des compétitions dangereuses, succédèrent deux pauvres jeunes princes, pâles fleurs de gynécée, sous lesquels on vit bientôt s'épuiser sans fruit ce que ce vieux corps épuisé conservait de force vitale.

Et c'était peu. Aux premiers temps, Rome justifiait son hégémonie par les services qu'elle rendait au monde en y maintenant la paix, en propageant et en défendant les meilleures formes de la civilisation. A ces fonctions suffisait alors un personnel relativement restreint, dirigé de la capitale par une administration peu compliquée.

Les organismes locaux, cités soumises ou alliées, états vassaux, pourvoyaient au reste. Il y avait, sous la tutelle romaine, des vies locales, qui concouraient à la vie générale et la fortifiaient. A la longue tout cela s'éteignit; il ne resta plus qu'une immense foule de sujets et une administration aussi centralisée que compliquée. Le gouvernement devint une énorme machine à juger, à administrer, et surtout à pressurer, car plus se perfectionnait le système, plus se développait l'organe central, la cour impériale, plus se compliquait la hiérarchie des fonctionnaires, et plus aussi s'élevaient les frais. Aux autonomies de jadis, à la libre propriété, à la libre industrie, succédèrent diverses catégories d'embrigadements: le colonat, qui rivait aux domaines ruraux la population des campagnes; les corporations urbaines, où l'on parquait une bonne partie des artisans des villes; les curies, où, pour assurer la rentrée de l'impôt, l'Etat gardait à vue les gens de quelque fortune. De là une stérilisation universelle et progressive. La richesse disparaissait ou se concentrait en peu de mains, la pauvreté devenait l'état normal, la population se raréfiait en des proportions effrayantes. Aucun esprit militaire, même dans l'aristocratie, détournée depuis longtemps du métier des armes. La carrière qu'on recherchait était celle des administrations civiles; par une ironie de langage, on l'appelait milice. On militait dans les bureaux: le calame remplaçait l'épée. On militait aussi dans l'Eglise. Ces deux milices, la *militia saeculi* et la *militia ecclesiastica* défrayaient l'ambition. Du sentiment national il restait un certain attachement à la civilisation helléno-latine; des cercles lettrés, qui le cultivaient toujours et parfois avec un attendrissement touchant, ce sentiment se répandait dans le peuple et s'y maintenait en une certaine mesure. Cependant, en plusieurs provinces, moins assimilées que les autres, des traditions antérieures à la conquête tendaient à se réveiller, comme on voit l'herbe folle repousser dans les champs quand la culture y dépérit. Et puis l'impôt était si lourd, l'Etat si dur! Bien des gens devaient penser qu'on leur faisait payer trop cher la satisfaction de n'être pas sujets des Barbares.

Dans cette décadence, dont les causes lui sont étrangères, et, pour la plupart, antérieures, le christianisme n'a que peu ou point de responsabilité [1]. Mais il faut reconnaître que, s'il n'a rien fait pour déterminer la ruine de l'empire, il n'a rien fait non plus pour l'arrêter. La force qui, pour un état, peut résulter d'une religion nationale fortement établie dans l'enthousiasme et dans les pratiques, l'empire romain n'avait pas à la demander à l'Eglise. Universaliste dès avant de naître, en vertu des principes qu'elle hérita du judaïsme des derniers temps, et non seulement universaliste, mais indifférente en politique, elle ne pouvait guère s'intéresser à d'autre cité qu'à celle du Ciel, à d'autre avenir qu'à celui d'outre-tombe. Le seul service qu'elle pût rendre à l'empire de

---

[1] Sur cette question, v. Boissier, *La fin du paganisme*, t. II, p. 391 et suiv.

ce monde, c'était de lui moraliser ses sujets. Encore faut-il tenir compte de ce fait que la morale de l'Eglise, au moins dans son idéal et dans ses représentations les plus complètes, dépassait notablement les besoins communs de l'Etat, et que leurs prescriptions, à l'un et à l'autre, étaient exposées à se trouver en conflit [1]. L'Eglise entendait former des saints; elle produisait beaucoup de vierges et de moines; les « désirs célestes », qu'elle enracinait dans les âmes, y laissaient peu de place pour les préoccupations du citoyen. Elle avait des consolations pour les victimes du fisc et de toutes les malfaisances d'un mauvais gouvernement; elle en eut pour les victimes des invasions barbares. Mais la résignation qu'elle prêchait, les secours matériels qu'elle pouvait distribuer, ne représentent aucun effort de résistance au dépérissement de l'Etat romain.

Cependant il faut faire place à l'inconséquence. Il s'en fallait grandement que tous les fidèles de l'Eglise fussent également appliqués à réaliser le programme évangélique. On était loin de la ferveur primitive, de ces petites communautés des anciens temps, recrutées avec soin, où l'on se surveillait et s'édifiait mutuellement, où les âmes étaient tendues vers le retour prochain du Christ. Maintenant tout le monde était chrétien, ou à peu près; cela supposait qu'on pouvait l'être à bon compte. Aux jours solennels, les baptistères

---

[1] L'Etat n'avait guère besoin des moines; sa législation matrimoniale comportait le divorce: l'Eglise eut une peine extrême à s'en arranger.

étaient envahis par de véritables foules; mais c'étaient des néophytes, rapidement préparés, peu instruits de leur nouvelle religion, surtout peu éprouvés dans la pratique des vertus évangéliques. Les enfants qui naissaient de parents chrétiens ne trouvaient pas toujours chez eux l'instruction religieuse nécessaire, ni même le bon exemple. Les assemblées de culte ne comportaient pas, en dehors des catéchèses préparatoires au baptême des adultes, un système d'enseignement bien distribué. On y lisait la Bible, on la commentait; les bons chrétiens d'alors paraissent avoir été assez familiers avec elle, car les sermons du temps sont remplis d'allusions aux textes sacrés et l'on voit les fidèles s'intéresser à des détails de variantes et d'exégèse qui laisseraient froids les chrétiens d'à présent.

Mais ceux-là étaient des fidèles spéciaux, plus assidus que les autres aux réunions de culte, plus attirés que le commun par les lectures d'édification. La masse était chrétienne comme le pouvait être la masse, de surface et d'étiquette; l'eau du baptême l'avait touchée, l'esprit de l'Evangile ne l'avait pas pénétrée. A leur entrée dans l'Eglise les fidèles renonçaient toujours aux pompes de Satan; mais ni les théâtres ni les cirques ne se vidaient: les prédicateurs perdaient, sur ce point, leurs plus éloquentes protestations. On voyait se fermer les temples; mais les lieux de plaisir, même les plus répréhensibles, conservaient leur clientèle. Etait-ce bien l'Eglise qui conquérait le monde? N'était-ce pas plutôt le monde qui conquérait l'Eglise?

Au IV⁰ siècle, la cour impériale, les hauts rangs des hiérarchies, comptaient, à côté de païens toujours nombreux, une grande quantité de chrétiens. Mais quels chrétiens! Les empereurs eux-mêmes laissaient fort à désirer sur ce point; au dessous d'eux les préfets, généraux, gouverneurs de provinces, que l'on sait s'être ralliés au christianisme, faisaient médiocrement honneur à leur nouvelle religion. Pour la plupart ils différaient le baptême jusqu'à la dernière maladie; en vue de cette combinaison, les enfants des grandes familles n'étaient pas baptisés. S'il n'était devenu évêque, saint Ambroise, sans doute, n'eût reçu le sacrement qu'à l'heure de la mort. Son parent Probus, préfet du prétoire presque perpétuel [1], passa du baptistère au sarcophage [2]; il en avait été de même du préfet de Rome Junius Bassus (359) [3]. La robe d'innocence que de tels néophytes portaient au paradis n'était pas, tant s'en faut, le signe d'une vie sans tache et d'une administration irréprochable.

Après tout, était-il possible de moraliser la vieille machine romaine, de soumettre à l'Evangile, je ne dis pas l'empereur, mais le gouvernement de l'empire ? Les chrétiens vraiment dignes de ce nom ne semblent pas

[1] Ammien dit que, quand il n'était pas préfet, il avait l'air d'un poisson hors de l'eau (XXVII, 11, 3).

[2] Ce sarcophage existe encore; on peut le voir à Saint-Pierre, dans la chapelle de la Pietà. Il y est venu d'une sorte de basilique funéraire appartenant à la famille des Probi, située au chevet de la grande basilique, derrière l'abside. Cf. *Mélanges de l'Ecole de Rome*, t. XXII, p. 386.

[3] De celui-ci le sarcophage se voit dans les cryptes de Saint-Pierre.

l'avoir pensé ; ils se tenaient écartés des affaires publiques, s'abstenaient même d'entrer dans le clergé, encore trop mêlé, pensaient-ils, aux choses de ce monde. Ils vivaient retirés, à la ville ou à la campagne, dans les méditations religieuses et les pratiques de l'austérité. Quelquefois ils groupaient autour d'eux des amis, des serviteurs, qu'ils décidaient à vivre comme eux, et à former une sorte de monastère. Tels furent Pammachius, Pinien, Prudence, Sulpice Sévère, Paulin, Dalmatius et tant d'autres. D'autres allaient plus loin et s'enfuyaient au désert.

Il ne faut pourtant pas croire que les moines fussent les seuls bons chrétiens qu'il y eût. Il en restait beaucoup dans la vie ordinaire, dans les métiers et commerces des villes, dans les domaines des campagnes. Tous n'étaient pas dévots au même degré. Il y en avait qui fréquentaient assidûment les offices, de jour et de nuit. Au moment où nous sommes on voit ces réunions se multiplier : c'est signe qu'elles étaient bien vues des fidèles. Quand ils finirent par s'en lasser, il se forma, auprès des grandes églises, des groupes, bientôt des confréries, d'habitués, appelés « religieux » ou « fervents » (*religiosi*, σπουδαῖοι, φιλόπονοι). On était *spoudaeos* de Sainte-Sophie, du Saint-Sépulcre, et ainsi de suite[1].

La charité envers les pauvres n'était nullement refroidie. On l'exerçait de diverses manières. Les pa-

---

[1] Sur ceci v. S. Petridès, *Spoudaei et Philopones*, dans les *Echos d'Orient*, t. VII, p. 341 ; cf. t. IV, p. 225. Cf. *Conc. Tolet.* I, c. 11, 15, 18, et J. 2078, 2079.

triciens qui se débarrassaient de leurs richesses, trouvaient sans peine des affamés à nourrir. C'était la charité directe, la forme la plus ancienne, l'agape. A Rome, la basilique de Saint-Pierre voyait ainsi d'énormes distributions de vivres qui, pour une bonne partie, étaient consommés sur place et séance tenante. Dans ces mangeries de la populace, il y avait souvent des désordres, et de plus d'un genre. C'était inévitable. Les chefs faisaient de leur mieux pour parer à ces inconvénients; ils cherchaient, en particulier, à dériver les largesses des riches vers des institutions organisées et spécialisées, démembrements de l'œuvre centrale d'assistance.

La discipline pénitentielle se maintenait encore, mais la sévérité à laquelle on l'avait portée en rendait l'application de plus en plus difficile. Le pécheur qui demandait et obtenait son admission au nombre des pénitents devait accepter tout un régime d'humiliations et d'austérités. Il avait une place spéciale à l'église et ne pouvait se montrer qu'en habits de deuil. On lui imposait des jeûnes fort durs, avec abstention de tout rapport conjugal, s'il était marié. S'il ne l'était pas, défense lui était faite de contracter mariage; s'il était soldat ou fonctionnaire, il devait quitter le service et rentrer dans la vie privée. Jamais, de toute sa vie, il ne pouvait être admis dans le clergé. Autant dire que, sans aller jusqu'au désert, il fallait se retirer chez soi et y vivre en moine.

Quand on avait subi ces épreuves pendant le temps fixé, lequel variait suivant l'appréciation de l'évêque, on était admis à la réconciliation publique et réintégré dans le corps des fidèles. Mais il ne fallait pas recommencer, car la pénitence n'était accordée qu'une seule fois. Le pécheur relaps n'avait plus à compter sur l'Eglise, mais sur Dieu seul.

Des conditions si dures étaient faites pour décourager les bonnes volontés. Si tant de gens différaient jusqu'à la dernière heure leur initiation définitive, c'est que, ne se sentant de force ni à résister toujours aux tentations, ni à subir le régime pénitentiel auquel les condamnait la chute, ils préféraient bénéficier de la commode rémission du baptême. Quant à ceux à qui la sollicitude de leurs parents avait fermé cette voie, il était de jour en jour plus difficile de les amener à demander la pénitence. Estimant sans doute que la rendre si difficile équivalait à la refuser, ils se détournaient de la rémission ecclésiastique et s'arrangeaient directement avec Dieu, lui offrant leur repentir et ce qui, en fait d'expiation matérielle, était à leur portée. C'était le système des Novatiens ; c'était même celui que la grande Eglise appliquait aux pénitents relaps. La plupart s'en tenaient là.

Telles étaient les conditions générales de la moralité chrétienne. Quant à la vie religieuse, elle se maintenait et se développait suivant les lignes traditionnelles.

Les réunions de culte étaient toujours, comme dans la plus haute antiquité, au nombre de deux, la vigile nocturne [1] et la station matinale, généralement terminée par la liturgie eucharistique. Suivant les pays, ces réunions étaient plus ou moins fréquentes; en tout cas elles avaient partout lieu le dimanche. Tous y étaient convoqués, mais tous ne pouvaient y être assidus.

Les ascètes, tant qu'ils continuaient à vivre au milieu des autres fidèles, se distinguaient par leur assiduité aux assemblées religieuses. Ils en avaient même compliqué l'ordonnance, en transportant dans les églises publiques les prières qu'ils récitaient d'abord en leur particulier ou dans leurs oratoires. A la vigile s'ajouta ainsi l'office de matines; d'autres moments de la journée furent consacrés par les offices de tierce, sexte, none, vêpres. Le clergé y prit d'abord une part restreinte; peu à peu, cependant, quand les autres s'en furent lassés, ces nouveaux offices finirent par lui incomber, tout comme les anciens, et lui incombèrent à lui seul.

Des chants de psaumes et autres cantiques bibliques, des lectures de l'Ancien et du Nouveau Testament, des prières, tantôt silencieuses, le président se bornant à en donner le signal et à les conclure par une courte invocation (collecte); tantôt à haute voix, l'officiant détaillant les demandes et l'assemblée les appuyant d'un mot, *Kyrie eleison*, *Te rogamus*, *audi nos* (litanie): tel

---

[1] La vigile, tombée en désuétude depuis bien des siècles, est encore représentée, dans les offices, par la longue série de leçons, répons et oraisons qui, le samedi-saint et la veille de la Pentecôte, précède la bénédiction des fonts baptismaux et, les samedis de Quatre-Temps, forme le début de la liturgie. V. mes *Origines du culte chrétien*, p. 233 (4ᵉ éd.).

était le fond des exercices religieux ordinaires[1]. A cela s'ajoutait, quand on célébrait l'eucharistie, la grande prière consécratoire *Vere dignum*, ou prière eucharistique[2], à la suite de laquelle avait lieu le service de communion. Les textes des lectures étaient souvent l'objet de commentaires homilétiques, plus ou moins fréquents et abondants, suivant les pays et aussi suivant les ressources oratoires du clergé. On ne disposait pas toujours d'un Chrysostome ou d'un Augustin. A Jérusalem, tous les prêtres prêchaient chaque dimanche, l'un après l'autre, ce qui avait l'inconvénient, tout au moins, d'allonger fort les offices. A Rome, au contraire, on prêchait fort peu.

Ceci, c'était le culte ordinaire et commun ; les cérémonies d'initiation le diversifiaient à certaines grandes fêtes, Pâques, Pentecôte, Noël, Epiphanie ; il y avait aussi des cérémonies spéciales pour les ordinations, les consécrations de vierges, les dédicaces d'église[3].

Les fêtes des martyrs acquirent au IVe siècle une grande popularité. C'est par elles que commence le culte des saints, si répandu, si divers dans ses formes. Rien de plus naturel que d'honorer la mémoire des héros de la foi. Malheureusement, dans l'élan avec lequel on se jeta sur cette voie il y avait des impulsions critiqua-

---

[1] *Origines du culte chrétien,* ch. IV.
[2] C'est ce qu'on appelle en grec l'*Anaphora;* elle correspond, dans l'usage latin, à la Préface, au *Sanctus* et au Canon.
[3] Sur tout cela v. mon livre *Origines du culte chrétien.*

bles, dangereuses même, à certains points de vue. Les fêtes des martyrs étaient, en beaucoup d'endroits, accompagnées d'agapes, qui dégénérèrent bientôt en ripailles scandaleuses [1]. Il fallut beaucoup d'éloquence, de fermeté et même de courage pour déraciner ces abus grossiers. On s'imaginait aussi qu'il y avait intérêt à se faire enterrer tout près des saints, car ceux-ci, au jour de la résurrection finale, étaient censés devoir protéger plus spécialement leurs voisins de sépulture. De là un empressement indiscret dont les édifices sacrés eurent parfois à souffrir [2].

En attendant le dernier jour, les âmes des justes vivaient auprès de Dieu et lui formaient, avec les anges, comme une cour céleste. Pour le populaire, dont le sens théologique n'était pas très affiné, ce personnel de bienheureux, qui était aussi, en vertu de la solidarité chrétienne ou communion des saints, un personnel d'intercesseurs, offrait quelque ressemblance avec l'antique Panthéon. Je crois qu'on a beaucoup abusé de cette ressemblance quand on a dit que le polythéisme, évincé d'abord, était rentré par là. Les fidèles les plus grossiers mettaient entre Dieu et ses saints une autre différence que celle que leurs pères avaient mise entre Jupiter et ses collègues. Au fond, leur conception de la cour

---

[1] *Ad calicem venimus*, écrivait, sur les murs du cimetière de Priscille, un fidèle trop préoccupé d'agape et de rafraîchissements.

[2] Sur ce point, v. le *De cura pro mortuis* de s. Augustin et De Rossi, *Bull. di arch. cristiana*, 1875, p. 21 et suiv.

céleste s'inspirait beaucoup moins de l'Olympe des poètes
que du spectacle, vivant et présent, du royaume ter-
restre, de l'empereur et de son entourage, de cet entourage dont la faveur prévalait contre les lois, en corrigeait souvent la dureté et assurait, à ceux qu'elle
atteignait, la réalisation de leurs désirs. Toutefois la dis-
sémination du divin dans le culte des bienheureux, correspondait, en quelque mesure, à une façon assez ha-
bituelle chez les païens, de se représenter les rapports de
la divinité avec les hommes. Tel saint protégeait plus
spécialement telle contrée, se montrait secourable en
telles circonstances, guérissait telle ou telle maladie. Il
y avait avantage à l'invoquer près de son tombeau ou
dans un sanctuaire qui lui était particulièrement consacré.
A cette théologie populaire on ne pouvait échapper sans
un sérieux effort de résistance. Cet effort ne se produisit pas, ou, s'il se produisit, il fut bientôt découragé [1].
L'esprit général, dans le clergé, était favorable — et
comment ne l'eût-il pas été? — à la conversion des
masses populaires. Or celles-ci, introduites brusquement
dans la salle du festin mystique, y apportaient leurs
habitudes, dont il fallait bien s'arranger, quelque cho-
quantes qu'elles pussent paraître aux personnes d'éducation plus raffinée.

Aux martyrs des persécutions se joignirent bientôt
les saints du Nouveau e même de l'Ancien Testament.
Quelques-unes de leurs tombes étaient déjà connues et

---

[1] C'est le cas de Vigilance, dont il sera question plus loin.

visitées ; d'autres se découvraient par des songes et autres formes de « révélation ». Ainsi le tombeau de Job en Batanée [1], ceux des prophètes Habacuc et Michée auprès d'Eleutheropolis [2], ceux des prophètes Samuel et Zacharie, du patriarche Joseph [3] et surtout celui de saint Etienne, dont l'ouverture, en 415, eut un retentissement immense dans toute la chrétienté. La Palestine était fertile en découvertes de ce genre.

Les anges aussi commençaient à recevoir des hommages religieux. En vain, au temps de Théodose, le concile de Laodicée en Phrygie éleva-t-il une protestation contre certaines formes de ce culte. Il avait dans le pays des racines très anciennes ; force fut de l'accepter. Le sanctuaire de Chonae, à peu de distance de Laodicée, est un des plus anciens qui aient été consacrés à l'archange Michel [4]. A celui-ci on associa bientôt Gabriel, connu comme lui par le livre de Daniel et qui a de plus, dans l'Evangile, un rôle important. En Syrie, on les groupait tous les deux avec le Christ, et la triade ainsi formée avait un sigle célèbre, ΧΜΓ. Dans le même pays on voit apparaître aussi le culte de l'archange Raphaël, celui du livre de Tobie, et même de l'ange Uriel, fourni par le IV⁰ livre, non canonique, d'Esdras. En Egypte on alla plus loin encore : on fêta les vingt-quatre

---

[1] *Peregrinatio*, c. 16, dans les *Itinera Hierosolymitana*, éd. Geyer (*C. SS. eccl. lat.*, t. XXXIX, p. 59).

[2] Sozomène, VII, 29.

[3] Jérôme, *Adv. Vigilantium*, 5 ; Sozomène, IX, 16, 17 ; Chronique pascale, 406, 407, 415.

[4] Voy. t. I, p. 72, note.

vieillards de l'Apocalypse et les quatre animaux symboliques, c'est-à-dire des êtres dont la réalité n'était pas facile à établir.

Le culte des saints était un culte de sanctuaire ; il se pratiquait en des lieux bien déterminés, le plus souvent près d'un tombeau. On y tenait de grandes réunions à des jours consacrés ; en temps ordinaire il y venait des pèlerins, qui se faisaient célébrer des offices, surtout la liturgie eucharistique (*oblatio, missae*). Les panégyries comportaient des processions et des banquets. Cela ressemblait beaucoup aux fêtes païennes. Les ecclésiastiques judicieux ne s'en alarmaient pas: le peuple, pensaient-ils, était ainsi moins troublé dans ses habitudes.

Mais ce n'était pas seulement aux sanctuaires que s'adressait la dévotion. Des sanctuaires, même de simples martyrs, il n'y en avait pas partout; les plus vénérables étaient uniques au monde. A Rome seulement on pouvait vénérer les tombes de saint Pierre et de saint Paul ; pour visiter le Saint-Sépulcre ou la grotte de la Nativité, il fallait faire le voyage de Terre-Sainte. La piété, toujours ingénieuse, tourna cette difficulté. On se procura des souvenirs, des reliques représentatives, fioles d'huile remplies aux lampes des sanctuaires, morceaux d'étoffe découpés dans les voiles qui couvraient les tombes saintes, fragments détachés des parois des grottes sacrées.[1].

---

[1] Dès l'année 359, une inscription, trouvée en Mauritanie Sitifienne, nous offre un catalogue de reliques (Audollent, dans les *Mélanges de l'Ecole de Rome*, t. X, p. 441; cf. *C. I. L.*,

Il est aussi question de sang, recueilli en des linges ou des éponges, au moment du supplice, plus rarement d'ossements, de provenance analogue, je pense, car ce n'est que plus tard qu'on se mit à ouvrir les tombeaux et à dépecer les corps saints pour la satisfaction d'une piété plus indiscrète que délicate.

Le culte des images mit plus de temps à s'implanter : il ressemblait trop au culte des idoles. Autre chose est l'usage de la peinture et de la sculpture dans la décoration des églises, des cimetières, des maisons privées, autre chose la vénération qui s'attacha plus tard, soit à certaines images considérées comme miraculeuses, soit aux représentations du Christ et des saints, disposées en certains lieux et de certaines façons. Ce dernier culte s'observait au IVe siècle et au Ve, mais ce n'est pas aux images du Christ et des saints qu'il s'adressait, c'est aux portraits des empereurs. C'est de ce modèle que s'inspira la religion des images saintes, quand elle s'introduisit dans l'Eglise. Quant aux images miraculeuses, aucune de celles qui furent plus tard en renom ne paraît remonter au delà du VIe siècle [1]. Au temps où nous sommes, il n'y a que des images décoratives. Encore n'étaient-elles pas bien vues de tout le monde. Le concile d'Elvire (v. 300) les avait interdites dans

---

t. VIII, n. 20.600), où figurent du bois de la croix, de la « terre de promesse où est né le Christ », des reliques des apôtres Pierre et Paul.

[1] Sur ce sujet v. Dobschütz, *Christusbilder*, Leipzig, 1899, dans les *Texte u. U.*, t. XVIII.

les églises[1], et non seulement elles, mais toute espèce de peintures. Saint Epiphane, à la fin du IVe siècle, était de cet avis[2]. Mais tel n'était pas le sentiment général. Les églises de la période constantinienne, à Rome, à Constantinople et bien ailleurs, étaient amplement décorées. Certaines compositions étaient affectées aux absides; largement traitées, elle devaient frapper les regards et parler à tous. C'étaient, par exemple, la vigne du Seigneur, l'agneau de Dieu debout sur un rocher d'où s'échappent les quatre fleuves du Paradis, Jésus assis au milieu des apôtres, remettant à saint Pierre le livre de l'Alliance nouvelle; ou encore le Christ glorieux, dans le décor de l'Apocalypse, avec les vingt-quatre vieillards et les représentations, bien peu esthétiques, des quatre animaux mystérieux. Le long des nefs, des panneaux en mosaïque reproduisaient des scènes de la Bible, copiées sur des manuscrits illustrés. De ceux-ci l'usage paraît avoir été fort ancien.

Dans la religion chrétienne, le culte des saints, des reliques, des images, est un apport du populaire. Il est dans la nature des choses que la religion se ressente un peu de ceux qui la pratiquent. Pourquoi le populaire n'y aurait-il pas mis son empreinte? Les penseurs y mettaient bien la leur, et c'était une empreinte plus dangereuse. On échappa dans les premiers jours aux rêveries

---

[1] C. 36: « Placuit picturas in ecclesia esse non debere, ne quod colitur et adoratur in parietibus depingatur ».

[2] Jérôme, *Ep.* LI, 9.

rabbiniques et orientales; il fallut plus de temps pour
se dépêtrer de la philosophie grecque, ou plutôt de ses
adaptations gnostiques. Encore n'y parvint-on pas complètement: la gnose orthodoxe (par comparaison) de
Clément et d'Origène conserva, pour beaucoup, des sé-
ductions qui ne provenaient pas toutes des éléments
traditionnels qu'elle avait conservés. A côté d'elle et
après elle, des esprits moins hardis entreprirent, sinon
de proposer de nouvelles synthèses, au moins d'expliquer
certaines croyances par les catégories de la pensée
grecque. Beaucoup se trompèrent et durent être ramenés
à la tradition. Mais entre eux et leurs contradicteurs il
y avait quelque chose de commun, l'explication scientifique de la religion, la théologie, pour l'appeler par
son nom. Comme le culte populaire, elle avait des racines
anciennes et de profondes raisons d'être. A un degré ou
à un autre, l'homme religieux, du moment où il pense,
cherche à penser religieusement ; à ce point de vue la
théologie est contemporaine des origines chrétiennes;
elle trouve du reste, dans les écrits de saint Jean et
de saint Paul, de remarquables expressions. Toutefois
il n'y a pas à la confondre avec la religion elle-même.
La religion ne saurait méconnaître les services qu'elle
en a reçus; mais l'histoire, en les constatant de son
côté, s'aperçoit qu'ils ont parfois coûté fort cher. A
l'orthodoxie des conciles grecs, la théologie a travaillé,
sans aucun doute, mais par des opérations successives
et diverses: d'abord en produisant des hérésies, puis en
aidant à les réprimer, enfin en systématisant les résultats

de ces conflits. Semblable à une arme célèbre, elle a servi à défendre les institutions, quelquefois aussi à les combattre.

Au temps où nous sommes, la théologie s'exprimait le plus ordinairement par l'exégèse. C'était sa forme ordinaire, celle du pied de paix, si je puis parler ainsi, celle que l'on pratiquait quand il n'y avait pas d'hérésie en vue. Les jours de crise voyaient éclore des traités polémiques ; puis, quand la poussière du combat commençait à tomber, survenaient des travailleurs calmes, qui tiraient pacifiquement les conclusions et arrangeaient avec la tradition reçue les déterminations sorties des querelles récentes.

Par le développement de son culte et de sa théologie, l'Eglise s'accommodait aux sentiments, habitudes et préoccupations, des fidèles, de culture diverse, qui lui arrivaient de toutes parts. Au fond, son enseignement ne changeait pas ; fondé sur la tradition il lui demeurait fermement attaché ; tout au plus admettait-il quelques précisions, résultant de la répudiation de certaines théories et de l'emploi de termes nouveaux.

Son gouvernement, lui aussi, demeurait essentiellement le même. L'église locale est toujours l'association privée des anciens temps ; elle continue d'avoir sa fortune, en mobilier et en immeubles, son organisation d'assistance, sa hiérarchie. Comme au temps de Trajan, celle-ci comporte le directeur suprême, l'évêque ; le conseil des prêtres ; le personnel servant, diacres et ministres inférieurs. Mais, par le fait de l'énorme accroissement numérique, quelle différence dans l'aspect extérieur ! Aux petits groupes d'initiés, aux quelques douzaines ou centaines de personnes qui composaient les églises primitives, ont succédé des multitudes. Ce n'est plus dans une mansarde que l'on se réunit, à la lueur de quelques lampes. Le peuple chrétien est maintenant convoqué dans des basiliques spacieuses, parfois splendides : des lustres, des candélabres gigantesques, y jettent des flots de lumière. Un personnel nombreux dirige les assemblées saintes ; des diacres y maintiennent l'ordre ; des lecteurs à la voix sonore cherchent à dominer le bruit de la foule et à faire pénétrer jusqu'aux derniers rangs les paroles des textes sacrés. L'évêque et ses assistants procèdent aux actes religieux traditionnels, mais avec des rites déjà compliqués et surtout avec un cérémonial imposant.

Comme autrefois, l'évêque et son conseil jugent les différends entre fidèles : mais les fidèles sont si nombreux que cette judicature est devenue fort absorbante. Encore s'est-elle compliquée par ce fait que l'empereur ouvre le for épiscopal à tous les plaideurs, sans distinction de religion [1], et que les plaideurs préfèrent en général aux procédures lentes des tribunaux civils, les façons simples et peu coûteuses de l'audience épiscopale.

[1] Ceci cependant n'eut qu'un temps. L'arbitrage épiscopal demeura toujours accessible aux plaideurs, *sur compromis préalable* : mais, depuis 398, diverses constitutions impériales remirent en vigueur l'obligation de ce compromis, et cela tant pour le for des « patriarches » juifs que pour celui des évêques chrétiens (*Cod. Theod.* II, 1, 10 ; *Cod. Just.* I, 4, 7).

Comme autrefois encore, l'évêque, avec son personnel, administre la fortune ecclésiastique. A l'origine c'était la gérance d'une pauvre petite bourse ; maintenant il s'agit d'un mobilier compliqué, d'édifices nombreux et considérables, d'un vaste patrimoine rural, avec des fermiers, des colons, des esclaves, des revenus, des frais de gestion.

Il est étonnant, quand on y regarde de près, qu'un si énorme développement extérieur n'ait pas eu plus de conséquences sur les lignes essentielles du gouvernement ecclésiastique. Il en eut cependant, et qu'il ne faut pas méconnaître.

D'abord l'association des fidèles se montra de moins en moins active. Quand on était en très petit nombre chacun pouvait avoir voix au chapitre. Il est aisé de constater que, dans les premiers temps, beaucoup intervenaient dans les actes du culte qui plus tard n'y ont plus qu'un rôle passif[1]. Ceci est dans la nature des choses : plus on est nombreux et moins on a de part directe au gouvernement. Au IVe siècle la distinction entre laïques et clercs est déjà entrée, et très profondément, dans les habitudes. Non seulement dans le culte, mais dans l'administration temporelle, le clergé est seul à compter. C'est seulement dans les élections que les sentiments du peuple ont occasion de s'affirmer efficacement.

---

[1] Se rappeler les inspirés, les prophètes des premiers temps. A Rome, au commencement du IIIe siècle, l'assemblée des fidèles était encore consultée pour savoir si un pénitent pouvait être absous. Cf. t. I, p. 317.

En dehors de cela, le laïque n'a rien à dire à l'église : son attitude y est uniformément passive ; il doit écouter lectures et homélies, s'associer par de courtes acclamations aux prières que le clergé formule, recevoir de lui les sacrements et l'en reconnaître comme le dépositaire et l'ordonnateur.

Le clergé lui-même s'est beaucoup développé [1]. Prêtres et diacres conservent leurs attributions essentielles ; mais, sauf en certains endroits, notamment à Rome, où l'on s'en tient, pour les diacres, au chiffre de sept, leur nombre a beaucoup augmenté. Au dessous des diacres fourmille tout un personnel de clercs inférieurs. D'abord les sous-diacres et acolytes, qui assistent les diacres dans le service de l'autel : ces deux degrés demeurent indistincts en Orient, et même en certaines églises d'Occident. Viennent ensuite les exorcistes. En Orient, ils ne font pas partie du clergé proprement dit. En Occident, ils eurent d'abord une grande importance, surtout dans la préparation au baptême. On était alors très préoccupé des mauvais esprits, de leur pouvoir et de la nécessité d'en affranchir non seulement les âmes, mais les corps et la nature elle-même, animée ou inorganique. Tout ce sur quoi le nom de Jésus-Christ n'avait pas été fortement invoqué était censé soumis à l'action du démon et capable de la transmettre. C'est pour cela que l'on multipliait les exorcismes sur les candidats au baptême, et que l'on tenait à ce qu'ils des-

---

[1] *Origines du culte chrétien*, ch. X.

cendissent entièrement nus dans la piscine sacrée, sans le moindre objet, bijou, amulette, fil pour les tresses, où l'ennemi pût s'être établi. Cette préoccupation peut nous sembler étrange, mais elle eut jadis trop d'importance, elle a laissé des traces trop évidentes dans la liturgie, depuis les temps anciens jusqu'à nos jours, pour qu'elle puisse être l'objet d'une prétérition. Toutefois, comme c'est surtout au baptême des adultes que se rattachait le rôle des exorcistes, à mesure que se généralisa l'usage du baptême infantile, l'importance de ces clercs diminua et aussi leur nombre. Au concile d'Arles de 314 presque tous les clercs qui accompagnent les évêques sont des exorcistes; au VIe siècle, ils deviennent rares; leurs fonctions, ou ce qu'il en reste, passent à d'autres clercs; il n'est plus question d'eux que dans les rituels d'ordination.

A côté des exorcistes se placent les lecteurs, dont le titre indique assez la fonction; puis, au dessous, en Occident du moins, les portiers, qui ailleurs ne faisaient pas partie du clergé proprement dit. Enfin venait un personnel d'employés, surtout pour le service funéraire, la garde des cimetières et des églises, *fossores, copiatae, parabolani,* etc. de diverses dénominations, suivant les lieux. Tout cela formait, dans les grandes villes, une troupe nombreuse, salariée et dirigée par le clergé, entièrement à la dévotion de l'évêque. Il faut y joindre encore le personnel d'administration, les notaires et autres employés de chancellerie, les gérants du patrimoine urbain, suburbain ou rural, enfin les défenseurs, avoués au service de l'Eglise [1]. On conçoit que, entouré d'un tel personnel, président à une administration si vaste, et nanti, outre ses pouvoirs religieux, d'une judicature si fréquentée, l'évêque fût, en chaque cité et proportionnellement à l'importance de celle-ci, un très grand personnage local.

Il le devenait ou le paraissait d'autant plus que les curies municipales allaient toujours en se désorganisant. Il y avait longtemps qu'elles étaient en tutelle et que, à côté de leurs magistrats élus, les duumvirs, l'Etat avait placé son curateur. Au temps de Valentinien, le menu peuple fut pourvu d'une sorte de protecteur spécial, le défenseur [2], pris en dehors de la curie. Ces magistratures compliquaient l'administration, sans la renforcer; leurs compétences s'absorbèrent peu à peu, en ce qu'elles avaient d'important, dans celle du gouverneur de la province, et bientôt du comte local. Du reste, défenseurs, curateurs, duumvirs, n'étaient nommés que pour un court intervalle; l'évêque, lui, était à vie. Ce n'était donc pas une mince affaire que de le choisir : toute la vie de la cité était intéressée à l'élection épiscopale.

Bien que dirigée par les évêques voisins, cette élection demeurait entre les mains des gens de l'endroit, peuple et clergé. Bien entendu, comme toutes les élec-

---

[1] V. plus loin, ch. XV.
[2] L'institution apparaît d'abord dans une loi de 368 (ou un peu plus tard), *Cod. Theod.* I, 29, 1. Cf. Em. Chénon, *Etude historique sur le Defensor civitatis.* Paris, 1889.

tions et en tous les temps, celle-ci ne se passait pas sans brigues, sans intrigues, sans conflits d'intérêts ou d'ambitions. Les mauvais choix, si l'on s'en tient aux faits connus, étaient assez rares; mais il passait beaucoup de médiocrités, je ne dis pas en fait de savoir, car cela n'importe pas beaucoup, mais en fait de vertu et d'expérience administrative. Les querelles théologiques avaient ici leur retentissement; toutefois le commun des électeurs s'intéressait plutôt au gouvernement de la fortune ecclésiastique et au fonctionnement des œuvres de charité. Vers la fin du IVe siècle on les voit se passionner pour ou contre l'ascétisme. On acclame saint Martin; à cause de sa vie austère on passe à Priscillien ses doctrines inquiétantes. Ailleurs on a peur des gens sévères et l'on élit des prélats accommodants. En général, cependant, le populaire, quand il suit son instinct, est favorable à la sainteté personnelle. Le prélat mondain, qui n'est pas rare, hélas! doit sa situation à d'autres influences. On a compté sur lui pour n'être pas inquiétés dans une certaine facilité de vie, interdite aux chrétiens sérieux par leurs principes, aux gens du peuple par leur pauvreté.

Une fois installé dans sa petite principauté, l'évêque n'y était guère dérangé de l'extérieur. Ce n'est pas tous les jours que le gouvernement l'appelait aux grands synodes ou lui demandait des signatures troublantes. Quant aux conciles régionaux ou provinciaux, leur usage, introduit en divers endroits dès avant le IVe siècle, avait été recommandé, prescrit même, par le concile de Nicée. Malgré cela, cependant, il s'en faut qu'il y en eût tous les ans et dans toutes les provinces. Dès ce temps lointain, les évêques n'aimaient guère les déplacements, surtout quand ils avaient pour effet de les réunir à des collègues que le fait même de leur rassemblement excitait à intervenir dans les affaires les uns des autres. Il y avait pourtant des assemblées épiscopales; quand elles ne se tenaient pas en vertu des canons et suivant une périodicité établie, elles avaient lieu à l'occasion de consécrations d'évêques, de dédicaces d'églises et autres solemnités. Dans ce groupement épiscopal, les plus grandes diversités se constatent. En certains pays, surtout en Asie-Mineure, on s'en tient au type du concile de Nicée: les évêques de chaque province s'assemblent autour du métropolitain. En Egypte, en Afrique, en Italie, on n'a point égard aux métropoles administratives; le centre de ralliement est offert par la mère-église, Alexandrie, Carthage, Rome. En Orient il y a des conciles qui groupent les évêques de Syrie autour de l'évêque d'Antioche; le concile de la Haute-Italie fonctionne quelquefois, avec l'évêque de Milan à sa tête. En Gaule on trouve la dénomination *episcopi per Gallias et VII provincias*, qui correspond à un groupement délimité, mais dépourvu de centre et de chef reconnu.

Dans ces conciles régionaux, comme dans les assemblées plus ou moins œcuméniques, on jugeait les affaires importantes; au besoin on revisait les sentences du premier degré. On légiférait aussi, et les canons adoptés dans une assemblée faisaient souvent autorité au loin, même en dehors du ressort d'origine. Cependant on était encore loin, je ne dis pas d'une codification systématique, mais même des collections autorisées. Celles-ci se formèrent lentement et isolément. Leur base première était toujours le groupe des vingt canons de Nicée. A Rome on y adjoignit de bonne heure les canons de Sardique; à Carthage les conciles africains; en Asie-Mineure divers conciles du IVe siècle, ceux d'Ancyre, de Néocésarée, de Gangres, de Laodicée, de Constantinople.

L'autorité des conciles se fondait, en dernière analyse, sur ce principe, ce sentiment plutôt, qu'au dessus de l'église locale il y a l'église universelle, au dessus de l'évêque, l'épiscopat. C'est comme représentation plus ou moins nombreuse de l'épiscopat universel que le concile est le supérieur de l'évêque local. L'autorité du président, doyen ou métropolitain, n'ajoute rien ou n'ajoute que peu de chose à celle de l'assemblée elle même. Ceci cependant doit s'entendre du cas général seulement et sous réserve de certaines situations traditionnelles. Les conciles qui se réunissaient en des métropoles comme Rome[1], Alexandrie, Antioche, Edesse, tiraient plutôt leur autorité de la métropole elle-même, dont toutes les églises représentées étaient en quelque

---

[1] A Rome les conciles se tenaient assez souvent à l'anniversaire de l'ordination du pape (*natale episcopatus*); les évêques y venaient sur invitation.

sorte des succursales. Comme direction de l'épiscopat régional, aucun concile n'offrait une autorité équivalente à celle qu'exerçait l'évêque de Rome dans la péninsule italienne, celui d'Alexandrie en Egypte. Là s'établirent de bonne heure et se maintinrent par la suite des rapports de subordination étroite et de gouvernement régulier, que l'on s'efforça d'imiter ailleurs, mais avec un succès inégal. Quand le pape alexandrin avait parlé, il était superflu de demander ce que pensaient les évêques d'Egypte; à un moindre degré de centralisation, l'autorité du pape romain était tout aussi forte.

Il faut tenir compte aussi du prestige exercé par les villes impériales, Constantinople en Orient, Milan en Occident. La première, dont nous avons vu les débuts ecclésiastiques, va devenir le centre d'un vaste patriarcat comprenant, avec les provinces de Thrace, celles d'Asie et de Pont, c'est-à-dire de l'Asie-Mineure tout entière. La seconde, dès le temps de saint Ambroise, s'était attribué pour ressort ecclésiastique tout le diocèse du nord de l'Italie; elle dut bientôt le partager avec Aquilée, et, plus tard, avec Ravenne. Mais des faits nombreux nous attestent que, vers la fin du IVe siècle, l'évêque de Milan était considéré, dans l'Occident tout entier, comme une autorité ecclésiastique de premier ordre. En Gaule, en Espagne, en Afrique, dans les provinces danubiennes. quand un litige important ne trouvait pas sa solution dans le pays, on recourait simultanément à Rome et à Milan, au siège apostolique et au siège de la résidence impériale.

Rome toutefois ne perdait pas sa considération traditionnelle. En un temps où le christianisme prenait des développements énormes, où des conversions innombrables débordaient tous les cadres et menaçaient de disloquer les institutions antiques, on recourait volontiers et comme naturellement à la sagesse et à la longue expérience de la métropole apostolique. Des séries de questions lui venaient des pays les plus divers, d'Espagne, de Gaule, de Dalmatie, jusque de l'Orient. On l'interrogeait sur les conditions d'admission au baptême, à la pénitence, aux ordres, sur la réconciliation des hérétiques, l'administration des sacrements, en un mot sur tous les points de la discipline et du culte. Le pape répondait: plusieurs de ces lettres se sont conservées; c'est ce qu'on appelle les lettres décrétales. Par le nombre et l'ordonnance des solutions, elles offrent un aspect analogue à celui des séries de canons émanées des conciles. Reçues avec le plus grand respect par les évêques qui les avaient sollicitées, elles passaient d'une église à l'autre; quand on commença, en Occident, à former des recueils de droit canonique, elles y trouvèrent place avec les documents conciliaires [1].

---

[1] Décrétales : — de Damase (?): Coustant, *Epp. Rom. Pont.*, p. 685 (*Synodus Romanorum ad Gallos episcopos;* cf. E. Babut, *La plus ancienne décrétale*, 1904); — de Sirice: Jaffé, 255, à Himère de Tarragone, et concile romain de 386; — d'Innocent: J. 286, à Victrice de Rouen; J. 293, à Exupère de Toulouse; J. 303, aux évêques de Macédoine; J. 311, à Decentius de Gubbio; J. 314, à Felix de Nocera; — de Zosime, J. 339, à Hesychius de Salone : — de Célestin, J. 369, aux évêques de Viennoise et Narbonnaise; J. 371, aux évêques d'A-

Ainsi, au temps où le christianisme devient la religion universelle dans l'empire et même la religion de l'Etat, l'organisation ecclésiastique se maintient dans les lignes primitives de son développement : l'église locale, très fortement constituée sous la direction de l'évêque et du clergé ; l'église universelle, dont le sentiment est très vif, mais qu'il n'est guère facile d'apercevoir dans une réalisation concrète ; entre les deux, divers groupements, dont les plus forts proviennent bien plutôt de relations très anciennes, remontant jusqu'à la première évangélisation, que de la distribution provinciale sanctionnée à Nicée. Dans les temps qui vont suivre, les organisations intermédiaires iront en se pré-

pulie et Calabre ; — de Léon, J. 402, aux évêques suburbicaires ; J. 410, aux évêques de Mauritanie ; J. 411, à Anastase de Thessalonique ; J. 536, à Nicétas d'Aquilée ; J. 544, à Rusticus de Narbonne ; — d'Hilaire : Concile romain de 465 ; J. 560, à Ascanius de Tarragone ; — de Gélase, J. 636, aux évêques de Lucanie et Bruttium. — Un recueil en fut constitué de très bonne heure. Dans la plus ancienne forme où nous puissions l'atteindre, il comprenait huit pièces : d'abord les quatre décrétales d'Innocent à Exupère, à Rufus, à Decentius et à Victrice ; puis celle de Sirice à Himère et celle de Zosime à Hesychius, enfin les deux de Célestin. Ce recueil se rencontre, le plus souvent dispersé, mais toujours reconnaissable, dans un grand nombre d'anciens *libri canonum* de Gaule et d'Italie. C'est lui, je pense, qui est visé dans une lettre (J. 402) de saint Léon, adressée en 443 aux évêques de son ressort suburbicaire, où il les menace des plus graves peines s'ils n'observent pas *omnia decretalia constituta, tam beatae recordationis Innocentii quam omnium decessorum nostrorum, quae de ecclesiasticis ordinibus et canonum promulgata sunt disciplinis*. Ces menaces ne s'expliqueraient pas si les règlements en question n'avaient pas été publiés (*promulgata*) en dehors des lieux pour lesquels ils avaient d'abord été écrits.

cisant et en s'affermissant dans l'empire oriental, en vertu d'une certaine analogie avec les institutions administratives : les évêchés se grouperont en patriarcats, comme les cités en provinces et les provinces en diocèses. L'Etat favorisera tout naturellement une hiérarchisation qui simplifie les rapports. En Occident, les barbares arrivèrent avant que les institutions métropolitaines ou primatiales se fussent implantées partout. Ce n'est point à des corps épiscopaux que les nouveau-venus eurent affaire, c'est à des évêques isolés. Et il fallut du temps pour que, les mêmes forces agissant dans leurs petits royaumes qui avaient par le passé exercé leur influence dans le vieil empire, on vît l'épiscopat s'y grouper en églises nationales. Mais n'anticipons pas trop sur les évènements.

Cependant cette hiérarchie si forte, enracinée dans les plus anciennes traditions et soutenue par son accord avec l'Etat et ses institutions, devait compter avec un pouvoir nouveau qui, peu à peu, s'établissait sur les marges de l'Eglise : je veux parler ici des moines et des monastères.

Ce n'est pas sans difficulté, on l'a déjà vu, que cette institution nouvelle était parvenue à se faire accepter. Dans les oppositions qu'elle suscitait, il y en avait qui ne pouvaient que lui faire honneur. Les moines étaient sifflés dans les rues pour le bien qu'ils représentaient, pour leur façon sérieuse et austère d'entendre la profession du christianisme. Ceux qui les bafouaient étaient ou des païens ou des chrétiens frivoles. D'un autre côté il n'était pas très aisé d'aménager dans les cadres de l'Eglise des gens qui cherchaient à vivre en dehors d'elle, qui prenaient à son égard, du fait même de leur genre de vie, une sorte d'attitude critique. Tant que les moines restaient dans les déserts et ne s'occupaient que de leur perfectionnement individuel, on pouvait encore s'arranger. Mais bientôt on les vit partout, et en grand nombre, attirant l'attention par des singularités de costume, par une austérité souvent exagérée ou empreinte d'ostentation, se mêlant au populaire et à sa vie religieuse, épousant ses querelles, excitant ses passions, même et surtout quand elles le soulevaient contre les autorités. De temps à autre ils rendaient des services, comme personnel de coups de force ou même d'émeute. Ils aidaient à démolir les temples, à rosser les hérétiques, à faire la vie dure aux fonctionnaires dont on avait à se plaindre. En temps ordinaire, évêques et préfets se seraient volontiers passés de ces gens remuants. L'institution des monastères, qui se propagea rapidement dans l'Orient grec et même en Occident, depuis la fin du IVe siècle, permit d'endiguer un peu le torrent. Mais tous les moines n'étaient pas dans les monastères ; il en vaguait beaucoup par les champs et les villes. Du reste, avec la facilité que l'on avait pour fonder des couvents, il s'en établissait qui manquaient de sérieux. Les banlieues des villes se couvraient d'ermitages, vraies tanières, où s'abritaient deux ou trois moines, quelquefois un seul ; ils vivaient là d'une vie sauvage, hâves, malpropres, déguenillés. Même dans les monastères les plus réguliers, les portes n'avaient pas de fermetures bien efficaces : on en sortait comme on y entrait, avec la plus grande facilité. Pour un reclus qui restait quarante ans sans franchir le seuil de sa cellule, des centaines de moines inquiets passaient d'un monastère à l'autre, circulaient dans les diverses provinces de l'empire, se montraient successivement à Antioche, à Constantinople, sur les chemins de Pamphylie ou dans les déserts mésopotamiens.

Aux jours d'émotion religieuse, tout ce monde entrait en fermentation. Dans les grandes moineries d'Egypte, de Syrie, de Constantinople, on entendait comme un bourdonnement de guêpes en rumeur. Les meneurs savaient par où prendre ces saintes gens ; ils leur faisaient entendre que la foi était menacée, que l'évêque enseignait de mauvaises doctrines, qu'il pactisait avec les hérétiques. Bientôt s'organisaient des manifestations extérieures ; des processions défilaient à travers la ville ; on tenait des réunions en plein air ou dans les églises ; on allait faire du bruit au palais impérial ; on demandait justice, on criait que la religion était en péril.

Avec ces gens excités, groupés pour l'émeute, toute discussion était impossible. Il fallait dire comme eux, leur accorder ce qu'ils demandaient, autrement ils ne cessaient de gémir et d'invoquer Dieu contre ses représentants mal avisés. Car il était entendu qu'eux seuls pouvaient avoir raison ; il n'y avait pas d'archevêque qui tînt ; même devant les conciles œcuméniques, ils paraissaient le front haut, le verbe insolent, n'écoutant ni admonestations ni conseils [1].

Ces excès sont particuliers à l'Orient, où les circonstances avaient donné à l'institution monacale un développement énorme, excessif. Les autorités, tant ecclésiastiques que civiles, auraient dû s'en préoccuper plus tôt. Ce n'est pas seulement en favorisant l'institution des monastères, c'est en réglant, en disciplinant cette institution elle-même que l'on pouvait arriver à rendre le monachisme compatible avec le bon ordre. Il fallut les graves désordres qui se produisirent à propos de Nestorius et d'Eutychès pour que le gouvernement byzantin se décidât à intervenir. A sa demande, le concile de Chalcédoine édicta des règlements sur la matière. Depuis lors le pouvoir épiscopal put se réclamer de canons ecclésiastiques un peu précis. Les monastères ne purent être fondés sans l'autorisation de l'évêque ; à lui fut attribuée la surveillance de ces établissements ; on ne devait point y accueillir des esclaves sans le consentement de leurs maîtres ; une fois entrés, les moines n'en devaient plus sortir, surtout pour se mêler des affaires de l'Eglise ou de l'Etat ; ceux qui n'avaient pas leur monastère à Constantinople devaient être invités ou même contraints à ne pas séjourner à la capitale. La desservance des monastères, au point de vue du culte et des sacrements, demeurait entièrement sous la direction de l'évêque.

[1] Noter l'analogie avec les grandes grèves de notre temps.

En Occident, les monastères étaient beaucoup moins nombreux et leur personnel beaucoup plus restreint qu'en Orient. C'est en Gaule qu'il y en avait le plus. Après saint Martin, qui donna l'essor, les exemples égyptiens et orientaux eurent ici leur effet. A Marseille, dans les îles d'Hyères et de Lérins, aux environs de Vienne, dans les solitudes du Jura, on vit bientôt s'organiser de saintes retraites et l'on n'entend pas dire qu'elles aient donné lieu à des difficultés. Il importait cependant de régler certains rapports. L'île de Lérins faisait partie du diocèse de Fréjus; un conflit s'étant élevé entre l'évêque Théodore et l'abbé Fauste sur l'étendue de leurs attributions respectives, il se tint à Arles un concile (v. 455) qui légiféra sur cette affaire. Tout ce qui regardait l'administration des sacrements et le gouvernement ecclésiastique fut reconnu être de la compétence épiscopale. Le reste, c'est-à-dire l'administration du temporel et la direction professionnelle des moines, demeura entre les mains de leur abbé. Cette solution fort sage s'inspirait de la nature de l'établissement cénobitique. Celui-ci consistait en un groupe de personnes laïques, formant comme une famille artificielle, qui se perpétuait par le recrutement. La loi civile, si soupçonneuse maintenant à l'endroit de ces groupes, ne s'opposait pas alors à ce qu'ils pussent s'organiser, vivre et posséder. Au point de vue ecclésiastique, rien n'empêchait les moines, tant qu'ils respectaient les obligations communes de la loi chrétienne, de se livrer, suivant leur convenance, à des exercices et pratiques religieuses spéciales. D'autre part, les membres du monastère étaient, comme les autres chrétiens, des membres de l'église locale; dans leur vie ecclésiastique ils relevaient de l'évêque.

Le concile d'Arles n'avait eu à tenir compte que de ces rapports naturels; les moines pour lesquels il légiférait étaient des gens paisibles, que l'on n'avait jamais vus en révolte contre les évêques ni contre les autorités de l'empire. Tout autres étaient ceux dont on avait dû s'occuper à Chalcédoine. Aussi les deux législations diffèrent-elles quelque peu. Celle de Gaule reconnaît aux monastères une large autonomie; celle d'Orient les met sous la surveillance des évêques. Isaac, Barsumas, Eutychès, Carose et autres personnages du même genre avaient un peu compromis dans l'opinion les institutions dont ils se réclamaient. Il fallut couper court à des abus intolérables: la liberté des monastères paya pour les incorrections des moines.

Les principes du concile d'Arles furent appliqués un peu partout en Occident, ceux du concile de Chalcédoine en Orient, jusqu'à ce que des circonstances nouvelles eussent nécessité des règlements plus précis. A Rome la question se posa tardivement. Cette vieille et vénérable église ne renonça pas facilement à l'idée que la perfection chrétienne est le devoir de tous et non la spécialité de quelques virtuoses. Elle s'en tint longtemps aux vierges sacrées et aux « confesseurs », que leur vœu de continence ne segrégeait nullement du corps des fidèles. Les moines isolés y furent toujours plus ou moins mal vus, et les

monastères s'y fondèrent assez tard [1]. Quand il y en
eut, et les premiers ne sont que du V⁰ siècle déjà
avancé, l'autorité hiérarchique s'y prit de façon à ce
qu'ils ne lui fissent point obstacle. Il y eut des monastères à Rome, mais de petits monastères, genéralement
adjoints aux églises de la banlieue, même de la ville, où
on les employait pour les offices, sous la surveillance du
clergé. Ainsi disciplinés, ils ne donnèrent jamais de sujets
de plainte. Du reste, suivant la discipline romaine, aucun
moine ne pouvait entrer dans le clergé. Rien n'était
plus propre à maintenir la supériorité de la hiérarchie.

---

[1] Le *Liber pontificalis* parle de monastères fondés par les
papes Xyste III, Léon, Hilaire. Ce sont les plus anciens que
l'on connaisse à Rome. Je ne parle pas ici des pieuses compagnies comme celle de Marcelle.

CHAPITRE II.

L'Origénisme et saint Jérôme.

Origène, docteur litigieux. — Evagre le moine. — Rufin, Epiphane, Jérôme. — Voyage d'Aterbius. — Revirement de Jérôme. — Jean, évêque de Jérusalem. — Epiphane en Palestine. — Sa querelle avec Jean. — Ordination de Paulinien. — Conflits. — Intervention de Théophile. — Paix transitoire. — Rufin rentre en Italie. — Il publie le Peri Archon. — Le pape Anastase. — Théophile et les moines de Nitrie. — Il proscrit Origène. — Son expédition en Nitrie. — Exode des moines origénistes. — Origène condamné à Rome. — Situation de Rufin. — Sa polémique avec s. Jérôme. — Ses travaux littéraires.

Origène eut longtemps, dans l'Eglise, le fâcheux destin de fournir un thème intérimaire aux querelles théologiques. Quand s'apaisaient les grandes crises du dogme, quand les hérésiarques disparaissaient, le démon de la discorde, qui ne chômait pas pour autant, remettait sur le tapis la question d'Origène. Les esprits s'échauffaient aussitôt; quelques étincelles traversaient l'air: des personnes entendues soufflaient dessus avec conviction: l'incendie ne tardait pas à éclater. C'est ce qui s'était vu dès la fin du IIIe siècle, au lendemain de la crise modaliste et de l'affaire de Paul de Samosate. La persécution vint, puis l'arianisme et son long fracas: on était occupé ailleurs. Mais les temps allaient redevenir propices.

Depuis les conciles de 381 et de 394 la paix se faisait en Orient. Le parti arien entrait peu à peu dans l'histoire. Les disciples d'Apollinaire se terraient ; ce qui en restait s'occupait à démarquer les livres du maître en les attribuant à des auteurs orthodoxes. Par ce procédé ils maintenaient l'hérésie en circulation, lui procuraient même, pour l'avenir, des patronages utiles ; mais, pour le moment, le nom d'Apollinaire n'étant plus prononcé, nul tapage ne se produisait. De son île de Chypre, l'ardent Epiphane interrogeait en vain l'horizon pour découvrir quelque nouvel hérétique et supplémenter son Panarion. Peine inutile ! Aucun docteur ne se risquait plus à donner de la tradition chrétienne une contrefaçon inédite. Tout ce qu'on pouvait faire c'était de s'occuper d'Origène et des origénistes.

Origéniste est un terme sur lequel il importe extrêmement de s'entendre. Le grand docteur d'Alexandrie jouissait, dans les cercles cultivés, d'une admiration générale, mais toujours et partout tempérée de quelque réserve. L'ensemble de son système n'était plus soutenu par personne ; même ses plus fidèles disciples, Grégoire de Nysse et Didyme l'aveugle, avaient été obligés de tenir compte des récentes définitions dogmatiques et d'accepter des corrections importantes. A Antioche on ne goûtait guère son exégèse transcendante, où se dissolvait la réalité de l'histoire sainte. Sur d'autres points encore, l'origine des âmes, la restauration finale, la résurrection des corps, des objections très graves avaient été soulevées çà et là. Dans l'acceptation que l'on faisait d'Origène, on se guidait sur un même principe : prendre dans son œuvre ce qu'il y avait de sain et d'utile, laisser à l'auteur la responsabilité du reste.

Toutefois, comme on le pense bien, le choix que l'on faisait ainsi ne pouvait être uniforme: chacun se décidait suivant son éducation et sa sensibilité doctrinale. Des personnes comme Athanase, Basile, Grégoire de Nazianze, Ambroise, Jérôme, savaient profiter d'Origène sans se laisser engager en des voies fâcheuses. D'autres, moins défendus intérieurement, cédaient trop à certains attraits, par exemple à la façon spiritualiste dont le maître d'Alexandrie expliquait l'origine des âmes et la résurrection des corps. Cet état d'esprit n'était pas rare dans les cellules d'Egypte et de Palestine, au moins dans celles où l'on pensait. Pour ces saintes gens le corps était si peu de chose, ils mettaient tant d'acharnement à lui faire la guerre, qu'ils n'imaginaient pas sans répugnance l'immortalité à laquelle le prédestinait la doctrine commune. Origène, sur ce point, leur ouvrait des perspectives plus en rapport avec leurs préventions.

Parmi les représentants de cette tendance on citait le moine Evagre, une des célébrités de Nitrie [1]. Originaire du Pont, il avait débuté dans le clergé sous les auspices de Basile et de Grégoire de Nazianze. Celui-ci l'ordonna diacre et, à son départ de Constantinople, il le laissa auprès de son successeur Nectaire. A ce moment sa vertu faillit sombrer dans une crise de pas-

---

[1] Cf. t. II, p. 497, note 1.

sion; il s'enfuit à temps et se réfugia à Jérusalem.
Mais, là encore, il eut à soutenir de terribles luttes:
il en tomba malade. Mélanie le soigna, reçut ses confidences, le guérit et l'envoya chez les moines de
Nitrie. Depuis quelques années il vivait dans le terrible désert des Cellules, lorsqu'il y vit arriver (v. 390)
un moine de Galatie, Palladius, qui se rangea au
nombre de ses disciples. Evagre devint bientôt un
maître en ascétisme ; il composa pour les moines divers écrits, qui se sont en partie conservés. C'était un
homme de grande culture. A l'école de Basile et de
Grégoire il ne pouvait avoir appris à mépriser Origène.
Comme tout ce qu'il y avait de lettrés parmi les solitaires, il le lisait beaucoup. Toutefois, dans ce qu'il écrivit lui-même, on ne trouve guère de traces des erreurs
origénistes. Quant à Palladius, c'est l'auteur de l'*Historia
Lausiaca*, l'historien des moines d'Egypte, au milieu desquels il demeura jusqu'à la mort d'Evagre (janvier 399).
Lui aussi était de connaissance avec Rufin et Mélanie.
Tout ce monde communiait en Origène. Jérôme était,
nous l'avons vu, dans les mêmes dispositions. Toutefois
nous arrivons au moment où il va changer d'attitude.
Jusqu'alors, bien qu'il eût beaucoup traduit Origène, et
qu'il l'eût largement dépouillé pour ses commentaires de
la Bible, il ne paraît pas, tant s'en faut, s'être aperçu de
l'hétérodoxie de son auteur. Plus tard, quand il aura
changé d'attitude et qu'il se sentira gêné par ses premiers écrits, il prétendra bien qu'en Origène il a suivi
l'interprète des Ecritures, non le dogmaticien. C'est ce

qu'alors il aurait voulu avoir fait par le passé; mais, quand on lit les livres auxquels il renvoie à ce sujet, on n'est pas frappé de cette distinction. Jusqu'à l'année 392 et à son *De Viris illustribus* inclusivement, le nom d'Origène ne se rencontre nulle part chez lui sans quelque qualification élogieuse. Jamais il n'est critiqué; souvent il est défendu, et cela avec une extrême vivacité [1].

Ce n'est pas que Jérôme ignorât l'opposition qu'avait soulevée, dès la fin du IIIe siècle, et que soulevait encore, à cent ans de distance, l'œuvre doctrinale de son maître. Il avait visité l'Egypte et savait que les moines de Nitrie n'étaient pas tous origénistes. Dès lors aussi, sans doute, il eut vent de l'horreur spéciale que professaient, à l'égard d'Origène, les disciples de Pacôme, horreur qui se propageait à mesure que baissait la culture générale et que se renforçait l'aversion des Coptes pour tout ce qui avait saveur d'hellénisme.

Mais ce qui devait l'inquiéter le plus, c'est l'attitude d'Epiphane. Les invectives du Panarion ne refroidissaient pas. L'évêque de Salamine était toujours là, toujours sur le pied de guerre, adversaire d'autant plus incommode que sa haute sainteté lui conciliait une vénération universelle. Pour Jérôme et Paule c'était un vieil ami; on l'avait reçu à Rome, visité en Chypre.

---

[1] Sur ce qui suit, outre les lettres et autres écrits de s. Jérôme, qui sont le principal document, v. les études récentes de M. Brochet, *S. Jérôme et ses ennemis*, Paris, 1905, et de M. Grützmacher, *Hieronymus*, 3e partie, Berlin, 1908 (t. X des *Studien zur Geschichte der Theologie und der Kirche*).

Le clergé et les fidèles de Rome le connaissaient aussi ;
les paroles qu'il pouvait faire entendre là-bas étaient
assurées d'y trouver des oreilles respectueuses. Jérôme,
pendant longtemps, l'avait laissé dire ; mais il n'avait
nulle envie de se le mettre à dos et usait avec lui des
plus grands ménagements. Au contraire, et cela n'était
pas pour le détourner d'une certaine réserve, dans les
monastères du Mont des Oliviers on faisait volontiers
étalage d'origénisme. Certains indices [1] portent à croire
que la cellule nitrienne d'Evagre communiquait avec
celles de Rufin et de Mélanie, et que des lettres de
Palladius y entretenaient l'enthousiasme pour le maître
vénéré.

Les choses en étaient là quand (393) on vit arriver
à Jérusalem un certain Aterbius [2], envoyé sans doute
par le vigilant Epiphane. Il allait de monastère en monastère, insistant pour que l'on condamnât les dogmes
d'Origène. Jérôme lui donna satisfaction ; Rufin le mit
à la porte, avec raison, je pense, car il n'avait pas de

---

[1] C'est ainsi que je m'explique le passage de la lettre de
s. Epiphane à Jean de Jérusalem (Jérôme, ep. LI, 9), où celui-ci
est averti de se méfier d'un certain Palladius, galate, *quia
Origenis haeresim praedicat et docet, ne forte aliquos de populo
tibi credito ad perversitatem sui inducat erroris*. L'auteur de
l'histoire Lausiaque était sûrement en Egypte au moment où
cette lettre fut écrite. A la rigueur, on pourrait admettre qu'un
autre Palladius, galate lui aussi, et résidant à Jérusalem, fût
visé en cet endroit par Epiphane. Mais cette dualité est bien
peu concevable.

[2] Jérôme, *adv. Ruf.*, III, 33.

comptes à rendre à cet inquisiteur sans mandat. Si quelqu'un était qualifié pour lui en demander, c'était l'évêque de Jérusalem, Jean.

Celui-ci n'était pas un bien grand docteur, mais il ne manquait pas de littérature. Comme son prédécesseur Cyrille, il avait vécu d'abord dans un monde ecclésiastique assez suspect, mal vu, à tout le moins, d'Athanase, d'Epiphane et de Jérôme. Mais ce temps était loin. Pour le moment on n'avait guère de reproches à lui faire. Rufin et Mélanie avaient rendu de grands services à son église[1] : il entretenait les meilleurs rapports avec eux. Il ne déblatérait pas à tout propos contre Origène et trouvait le moyen de remplir ses fonctions de prédicateur sans soulever, de ce côté, des questions irritantes. On ne sait comment il prit la mission d'Aterbius, qui était déjà un empiètement sur ses droits d'évêque ; mais on peut être sûr que la nouvelle, peu après répandue, de l'arrivée d'Epiphane en personne ne le combla pas de joie.

Epiphane débarqua en Palestine au printemps de l'année 394. Son monastère du Vieil Ad existait encore, et malgré l'éloignement, il continuait de s'en occuper, le visitait même de temps à autre. Mais ce n'était pas pour le Vieil Ad qu'il avait cette fois quitté son île de Chypre. Le vieux lutteur arrivait avec l'intention bien arrêtée d'éteindre le foyer d'origénisme qu'il croyait avoir découvert à Jérusalem.

---

[1] *Hist. Laus.* 46 (118).

Il descendit chez l'évêque Jean, qui lui fit grand accueil. Epiphane était très avancé en âge. Ses vertus, déjà célèbres au temps où il vivait dans son monastère palestinien, n'avaient cessé, pendant ses vingt-sept ans d'épiscopat, de briller du plus vif éclat. Le populaire le vénérait; on lui attribuait beaucoup de miracles. Il avait encore dix ans à vivre et déjà il était entré dans la légende. C'était un saint vivant, un homme de Dieu. Pendant son séjour à Jérusalem, la foule se pressait autour de lui, recueillant avidement ses discours, réclamant sa bénédiction et lui déchirant ses vêtements pour en faire des reliques. Jean était un peu embarrassé de son hôte. Il trouvait que les sermons d'Epiphane duraient bien longtemps, qu'il y était trop question d'Origène et des origénistes. En manière de représailles, il traitait lui-même le sujet de l'anthropomorphisme. C'était une vieille arme de guerre, souvent employée contre les adversaires de l'exégèse spiritualiste. On les disait si attachés à la lettre de l'Ecriture qu'ils se représentaient Dieu sous la forme d'un homme, avec des yeux, des oreilles et tous les attributs de l'humanité. Il va de soi que des personnes aussi éclairées qu'Epiphane ne donnaient pas dans ces sottises; mais il n'eût pas été difficile de trouver, dans les bas rangs du personnel monacal ou du populaire commun, des têtes accessibles à de telles conceptions [1]. Epiphane réprouvait l'anthropo-

---

[1] Un moine égyptien, à qui l'on était parvenu, non sans peine, à démontrer que Dieu n'est pas fait comme un homme, protestait, avec douleur, qu'on lui avait pris son Dieu et qu'il se voyait dans l'impossibilité de prier. (Cassien, *Coll.* X, 3).

morphisme tant qu'on voulait, mais il revenait toujours à l'origénisme. Exaspéré, Jean finit par prononcer un long discours où il exposait synthétiquement sa foi, dans le langage le plus conforme à l'enseignement reçu. Epiphane, mécontent de cet appareil, ne put, devant le public, faire autrement que d'approuver. Jean ne disait que de bonnes choses. Mais il ne disait pas tout ce qu'il aurait fallu pour contenter le vieux maître, et celui-ci conservait intérieurement quelques soupçons. Il s'en alla à Bethléem les exhaler devant Jérôme et les siens.

Jérôme, jusqu'alors, ne s'était pas mis en avant. Les objections qu'il pouvait avoir contre l'origénisme n'étaient pas de vieille date; à tout le moins avait-il conscience de ne les avoir formulées que peu de mois auparavant. Pour diverses raisons, parmi lesquelles devaient figurer les aspérités de son caractère, il était moins avant que Rufin dans les bonnes grâces de l'évêque de Jérusalem. Mais il n'y avait vraiment pas de quoi rompre avec celui-ci. Il conseilla donc à Epiphane de revoir Jean et de tâcher de s'arranger avec lui. Le vieillard se laissa à moitié persuader; il reprit le chemin de Jérusalem; mais, ressaisi en route par sa rage contre les origénistes, il repartit la nuit même pour aller s'enfermer au Vieil Ad.

Une fois sur son terrain, il passa bientôt de l'hostilité sourde à la guerre ouverte et se mit à écrire à divers monastères pour les exciter contre Jean et les décider à rompre avec lui tout rapport de communion.

Jérôme, très ennuyé du tour que prenait cette affaire, finit pourtant par se décider et se rangea du côté d'Epiphane. C'était un grand sacrifice qu'il faisait à son amitié pour l'évêque de Salamine. Ses communautés, en effet, se trouvaient dans le ressort épiscopal de Jean ; il pouvait les gêner au point de vue des sacrements, et cela d'autant plus facilement que ni Jérôme ni le prêtre Vincent, qui l'assistait dans la direction de ses disciples, n'entendaient se départir de la résolution prise par eux de ne pas exercer les fonctions sacerdotales.

Dans ces conditions, la situation se tendait quelquefois entre les moines de Bethléem et l'intraitable saint du Vieil Ad. Un jour que Jérôme lui avait envoyé, pour lui donner des explications, quelques-uns de ses moines et notamment son frère Paulinien, Epiphane profita de l'occasion pour exécuter un projet qu'il méditait depuis quelque temps : il annonça la résolution de conférer à Paulinien l'ordination sacerdotale. Ainsi les monastères de Jérôme pourraient être desservis sans qu'on eût à s'inquiéter de Jean et de ses clercs. Paulinien, il est vrai, n'entendait pas devenir prêtre, mais un tel refus n'était pas pour arrêter Epiphane. Il fit saisir le jeune moine, et, pendant qu'on le tenait aux quatre membres, pendant que de sa bouche bâillonnée il ne pouvait sortir aucune protestation, il le consacra diacre, puis, avec le même cérémonial, lui conféra l'ordination des prêtres.

De tels procédés pouvaient avoir été de mise au temps de Samuel et d'Elie ; sous le règne de Théodose il n'était guère facile de les faire accepter. Jean se plaignit hautement. Il menaça de dénoncer au loin les procédés d'Epiphane, interdit aux prêtres de Bethléem d'admettre au baptême les catéchumènes présentés par les moines de Jérôme et fit même refuser à ceux-ci l'accès des lieux saints de la Nativité.

Epiphane, un peu effrayé du bruit qu'il avait causé, prit le parti de s'en aller, emmenant avec lui en Chypre le consacré malgré lui. Avant de partir, cependant, il écrivit à l'évêque Jean une lettre assez maladroite, où il s'efforce, par de bien mauvaises raisons, de justifier l'ordination de Paulinien [1], et, sous couleur de détourner l'évêque des erreurs d'Origène, fait son possible pour l'y compromettre. Rufin, à qui pourtant il avait fait bon accueil pendant son séjour à Jérusalem, est signalé en cette même pièce comme spécialement attaché aux hérésies d'Origène. Palladius aussi est visé. La lettre reçut, par les soins d'Epiphane, une grande publicité.

Jean était fort mécontent de tout cela. Dénoncé aux personnes zélées comme un fauteur d'hérésie, il

---

[1] Ce saint homme n'était que trop porté à négliger le droit des autres quand il s'opposait aux élans de son zèle. Passant avec Jean de Jérusalem dans un village dépendant de celui-ci, il déchira dans l'église une tenture brodée, sous prétexte qu'on y voyait une image, du Christ ou de quelque saint. Epiphane était dans les idées du concile d'Elvire (c. 36), opposé à l'emploi des images dans les églises. Il ne lui venait pas à l'esprit qu'en agissant ainsi il faisait affront à l'évêque de Jérusalem. Tout ce qu'il crut devoir faire, ce fut d'envoyer une autre tenture, à la place de celle qu'il avait déchirée (Jérôme, *Ep.* 51, c. 9).

se trouvait avoir une affaire désagréable avec la colonie
latine de Bethléem. De celle-ci il essaya de se débarrasser en employant les grands moyens. Il représenta les
moines de Bethléem comme des schismatiques et obtint
du préfet du prétoire Rufin un ordre d'expulsion contre
Jérôme ; mais une invasion des Huns, qui dévasta la
Cappadoce, le nord de la Syrie, et menaça de s'étendre
jusqu'en Palestine, retarda l'exécution ; puis vint la chute
du puissant ministre. Bref, la police laissa tranquilles
et Jérôme et ses disciples. Mais de tels procédés n'étaient pas faits pour le calmer. La guerre s'accentua
entre le solitaire et l'évêché, surtout entre les deux
communautés latines de Bethléem et du Mont des Oliviers. Rufin parvint à se procurer un exemplaire de la
lettre d'Epiphane à Jean, que l'on conservait dans le
monastère de Jérôme et que celui-ci avait enrichi d'une
traduction marginale. On fit grand bruit de cette découverte, et l'on tâcha de faire croire que Jérôme avait, non
seulement traduit, mais inspiré la lettre d'Epiphane.

A celle-ci Jean n'opposa d'abord qu'un silence dédaigneux, puis il recourut à l'évêque d'Alexandrie,
Théophile, qui fut aussi sollicité par Rufin. Théophile
était leur ami à tous les deux ; il ne passait pas pour
anti-origéniste, loin de là. Lettré lui-même, il admirait
fort le grand homme, sans s'inquiéter outre mesure de
sa théologie. Pour l'indisposer contre Jérôme, on ne
manqua pas de lui signaler l'accueil hospitalier qu'avait
reçu au monastère de Bethléem un évêque égyptien
persécuté par son patriarche.

DUCHESNE. *Hist. anc. de l'Egl.* - T. III.

L'attente ne fut pas trompée. Théophile envoya en Palestine un de ses prêtres, Isidore, homme important, très favorable, lui aussi, à Origène, et connu pour tel. Il fit de grands efforts pour ramener Jérôme à la communion de son évêque, ou tout au moins pour lui faire dire pourquoi il s'en était retiré. Jérôme répondait toujours qu'il s'agissait de la foi; quand on le pressait, il avouait que Jean n'avait nullement changé depuis le temps où ils étaient bien ensemble; puis il se retranchait derrière Epiphane, qui, prétendait-il, tenait Jean pour hérétique. Le solitaire était dans son tort, car, avant de traiter son évêque en hérétique, il aurait dû attendre qu'il eût été déclaré tel par l'autorité compétente, laquelle n'était évidemment pas représentée par Epiphane tout seul. Dans l'attitude de Jérôme en cette affaire on discerne très bien la tendance, éminemment monacale, à s'en rapporter, en matière de foi et de discipline, au jugement des saintes gens, sans trop s'inquiéter de la hiérarchie et du droit positif. Isidore rentra en Egypte sans avoir abouti. Il emporta cependant une lettre[1] de l'évêque Jean au patriarche d'Alexandrie; Jean y exposait les choses à son

---

[1] Nous l'avons encore, en fragments, dans la réfutation qu'en fit Jérôme, *Contra Johannem Hierosolymitanum*, pamphlet bien difficile à classer chronologiquement, et d'ailleurs inachevé. Il semblerait avoir été écrit en 396, peu après la lettre contre laquelle il s'escrime; pourtant certains endroits indiquent une date plus basse d'environ trois ans (c. 1, 17, 41). Jérôme, s'il l'écrivit en 399, était déjà réconcilié avec l'évêque de Jérusalem. On conçoit qu'il n'ait ni achevé ni publié un livre aussi propre à le mécontenter.

point de vue. Cette pièce fit du bruit jusqu'à Rome
et inquiéta les correspondants ordinaires de Jérôme.
De son côté Epiphane écrivit au pape Sirice. Mais
celui-ci fit la sourde oreille. Il était prévenu contre
Jérôme et contre Epiphane lui-même, que les lettres
de Théophile [1] lui représentaient comme un fauteur de
schisme et d'hérésie. Jérôme, qui n'avait pas grand secours
à attendre de Rome, finit par céder aux exhortations
pressantes de Théophile et se réconcilia avec Rufin. On se
rencontra au Saint-Sépulcre ; les mains se serrèrent ; une
messe fut célébrée. C'était en 397. Il semble bien que
dès lors les choses se soient aussi arrangées avec Jean :
celui-ci aura autorisé Paulinien à exercer ses fonctions
dans le monastère de son frère et Jérôme, en retour,
se sera engagé à ne plus harceler l'évêque sur la question doctrinale.

La paix faite, Rufin partit pour Rome. On ne sait
au juste ce qui le ramenait en Italie, après vingt-quatre
ans d'absence. Mais, à voir ce qu'il y fit, il est à craindre
que le but de son voyage n'ait été de rétablir devant
l'opinion latine la situation d'Origène, compromise par
les dernières querelles.

Aussitôt débarqué, il fit la rencontre d'un saint
homme, appelé Macaire, qui, comme à point nommé,
se trouvait avoir besoin de renseignements sur Origène et sa doctrine. Il lui traduisit l'Apologie d'Origène,

---

[1] Palladius. *Dial.*, 16.

composée jadis par le martyr Pamphile avec la collaboration d'Eusèbe de Césarée. On n'aurait pu imaginer meilleure recommandation. Pamphile était un martyr célèbre ; il avait écrit son livre au fond de sa prison, en attendant l'heure du supplice ; il l'avait dédié aux confesseurs détenus dans les bagnes de Palestine, et précisément pour répondre aux critiques déjà soulevées contre Origène. Rufin savait ce qu'il faisait en commençant par un tel livre. Il prit pourtant quelques précautions personnelles et joignit à sa préface des explications sur sa doctrine à lui, spécialement au sujet de la résurrection de la chair, ajoutant que telle était la doctrine enseignée par l'évêque de Jérusalem. Cette doctrine est aussi orthodoxe que peu origéniste.

Le premier pas fait, Rufin, sur de nouvelles et opportunes sollicitations de Macaire, se décida à prendre le taureau par les cornes et à présenter au public romain le grand ouvrage de synthèse origéniste, le *Peri Archon*. Toutefois il ne le traduisit pas tout-à-fait tel quel. Pour expliquer les énormes erreurs d'Origène, il avait à sa disposition une idée fausse, mais dont, en des cas analogues, bien d'autres avaient fait usage avant lui, c'est que les livres du grand docteur avaient été retouchés par les hérétiques. Partant de là, il arrangea les endroits dont on aurait pu se plaindre au nom du concile de Nicée. Ce n'étaient pas les seuls qui fussent critiquables. Cependant Rufin s'en tint là, bien à tort, car il semblait ainsi prendre à son compte tout ce qu'il ne corrigeait pas.

Pour comble d'imprudence, il prétendit se couvrir du patronage de Jérôme. Dans sa préface, il rappelle les éloges adressés jadis à Origène par son illustre ami et les traductions partielles qu'il en avait déjà faites. Il eût été à désirer que le *Peri Archon* fût présenté au public latin par une plume aussi exercée; mais, comme des travaux plus importants ne lui laissaient pas de loisir pour l'humble besogne de la traduction, Rufin avait cru pouvoir s'en charger. Il allait, du reste, traduire Origène comme Jérôme l'avait fait avant lui, c'est à dire avec une certaine indépendance à l'égard du texte, quand il serait incorrect au point de vue doctrinal.

L'arrivée de Rufin n'avait pas été sans causer quelques inquiétudes dans le cercle des amis de Jérôme. On y avait suivi les polémiques palestiniennes des années dernières; un certain Eusèbe, originaire de Crémone, qui avait vécu longtemps à Bethléem, en grande intimité avec Jérôme, rentra en Italie vers ce temps-là, avec des dispositions que l'on peut imaginer. Les traductions successives de l'*Apologie* et des *Principes* mirent tout ce monde en grand émoi. Marcelle protesta très haut. Pammachius, Oceanus, d'autres avec eux, se donnèrent beaucoup de mouvement. Mais le vieux pape Sirice, qui, grâce à son esprit calme et conciliant, avait vu la fin de plus d'une affaire difficile, n'était pas hŏmme à prendre feu pour ces querelles de moines. Quand Rufin le quitta pour retourner à Aquilée, il lui donna des lettres pour l'évêque de cette grande ville. Malgré tout ce que pouvaient dire les amis de Jérôme, c'est son rival qui avait le dessus.

Malheureusement pour Rufin, Sirice mourut, à la fin de l'année 399[1], et Anastase, le successeur qui lui fut aussitôt donné, ne tarda pas à montrer de tout autres dispositions. Ce n'était pas un grand clerc. Avant Rufin et ses traductions il n'avait jamais entendu parler ni d'Origène ni de ses livres[2]. Marcelle, Pammachius et les autres s'empressèrent autour de lui. On ne voit pas pourtant qu'il se soit hâté de prendre parti. Mais, au printemps de l'année 400, il lui arriva d'Alexandrie des nouvelles très propres à le mettre en mouvement : Théophile avait déclaré la guerre à l'origénisme.

La chose était bien inattendue. Théophile, on l'a vu par ce qui vient d'être dit des querelles palestiniennes, était, en Orient, le plus notable patron de l'origénisme, non pas, bien entendu, en ce sens qu'il épousât les erreurs d'Origène, mais parce que ces erreurs ne lui paraissaient pas un motif suffisant pour proscrire et l'auteur et ses œuvres. Son attitude était à peu près celle de Jean de Jérusalem et de Rufin. Epiphane ne lui était guère sympathique. Ce n'était sûrement pas pour lui plaire qu'il avait publié, au commencement

---

[1] Le 26 novembre. Sur l'année, v. *Liber pontif.*, t. I, p. CCL.
[2] Origenes autem, cuius in nostram linguam composita derivavit (Rufinus), antea et quis fuerit et in quae processerit verba nostrum propositum nescit. (J. 282, lettre à Jean de Jérusalem).

de l'année 399, une lettre pascale où il chargeait à fond contre les anthropomorphites. Cette pièce fut très mal accueillie dans les solitudes de Nitrie [1], où les anthropomorphites n'étaient pas rares. Le mécontentement s'exprima, à Alexandrie même, par une émeute monacale, où l'archevêque se vit serré d'assez près pour constater que l'opinion ne soutiendrait pas sa campagne et qu'elle se prononçait assez nettement contre Origène [2].

C'est alors qu'éclata son différend avec le prêtre Isidore. Celui-ci, jusqu'alors, avait été l'homme de confiance, le bras droit du patriarche. Théophile l'avait tiré du désert de Nitrie pour en faire le chef des services hospitaliers (ξενοδόχος) de sa grande église. A diverses reprises il l'avait chargé de missions délicates, à Rome, à Constantinople, en Palestine. L'année précédente (398), il s'était donné beaucoup de peine pour le faire élire évêque de Constantinople. Malgré tout ce passé, ils se brouillèrent. Isidore, défenseur naturel du bien des pauvres, trouvait que son évêque jetait l'argent en des constructions inutiles; sur d'autres points encore il se vit dans la nécessité de lui résister [3]. On ne résistait pas à Théophile: Isidore fut brisé. Il avait quatre-vingts ans; son austérité, son détachement, étaient célèbres. Sur un tel homme on n'avait guère de prise. Théophile l'attaqua dans son honneur. Il essaya d'une accusation odieuse, qui n'aboutit pas, mais dont il prit prétexte

---

[1] Cassien, *Coll.* X, 2.
[2] Socrate, VI, 7.
[3] Socrate, VI, 9; Palladius, *Dial.*, 6.

pour excommunier sans jugement son ancien ami. Isidore se retira en Nitrie et reprit sa vie de solitaire. Les moines lui firent bon accueil, au moins ceux d'entre eux qui ne tremblaient pas au seul nom du patriarche. De ce nombre étaient quatre frères, tous de haute stature, connus sous le nom de Grands Frères; l'un d'eux, Dioscore, avait été forcé par Théophile d'accepter l'évêché d'Hermopolis la petite, d'où dépendaient les solitudes; un autre était le célèbre Ammonius, celui qui s'était coupé une oreille pour échapper à l'épiscopat [1]; les deux autres s'appelaient Eusèbe et Euthyme.

Sur eux aussi l'orage éclata. Théophile réclama l'éloignement de ceux d'entre les moines qu'il tenait pour responsables de l'accueil fait au proscrit. C'étaient les plus réputés pour leur science, les plus vénérés pour leur vertu [2]. Il crurent devoir venir à Alexandrie pour s'expliquer avec le patriarche; ils n'en obtinrent que des injures et des brutalités. Théophile s'emporta jusqu'à souffleter le vénérable Ammonius; il lui jeta son propre pallium autour du cou, comme pour l'étrangler : « Hérétique, lui criait-il, anathématise donc Origène ».

C'était la première fois qu'Origène intervenait en cette affaire, la première manifestation du changement qui s'était opéré dans les sentiments du patriarche.

---

[1] T. II, p. 625. C'était le parrain du ministre Rufin. Il est clair que si Rufin eût été encore au pouvoir, Théophile n'aurait pas osé toucher à Ammonius.

[2] Evagre, mort en 399, échappa à ces tristes querelles.

Désormais Théophile avait sa base d'opérations. Il réunit un concile [1] — pour la forme, car que pouvaient des évêques égyptiens contre la volonté de leur patriarche ? — et décréta dans cette assemblée que les livres d'Origène étaient décidément pernicieux, que la lecture en serait désormais proscrite [2]. Se retournant alors contre les moines, qui étaient rentrés dans leurs solitudes, le patriarche en fit accuser trois, les trois frères de Dioscore, par des gens à sa dévotion, les déféra au préfet augustal, obtint contre eux une sentence d'expulsion et se chargea de l'exécuter. A cette fin, il prit le chemin de Nitrie, escorté de quelques évêques et des gens du préfet, auxquels s'étaient joints les serviteurs de l'évêché avec une large représentation de la canaille alexandrine. Arrivée sur les lieux, l'expédition se grossit d'une foule de moines plus ou moins anthropomorphites, fanatisés contre Origène et avides d'assister à la déroute de leurs adversaires. L'évêque Dioscore avait réuni son monde dans la principale église de la vallée ; ses moines tenaient en main des palmes, apparemment pour faire honneur au patriarche. Théophile ne l'entendit pas ainsi : ces feuillages lui parurent suspects : il s'imagina qu'ils cachaient des gourdins malintentionnés. Sa troupe prit une attitude hostile ; des clameurs formidables se firent entendre ; on se rua sur l'édifice

[1] Dans les premiers mois de l'année 400, après l'envoi de la lettre pascale, qui ne semble pas avoir fait mention d'Origène.

[2] Dans le même esprit, la lettre pascale de 401 (Jérôme, *Ep.* 96) contient une charge à fond contre les erreurs d'Origène.

sacré. Des esclaves nègres coururent à la chaire épiscopale où se tenait Dioscore; il en fut arraché. Théophile, toute résistance domptée, tint concile avec ses évêques et ses moines; la doctrine d'Origène fut examinée et condamnée, avec la liberté d'esprit que l'on peut supposer en une telle assemblée et en de telles circonstances.

Quant aux trois moines que l'on était venu arrêter, on ne les trouva pas. Ils se tenaient cachés au fond d'un puits; il fallut se contenter de brûler leurs cellules et leurs livres. Le patriarche rentra à Alexandrie; mais il fit la vie dure à ses adversaires, et ceux-ci, jugeant la situation intenable, se décidèrent à partir d'eux-mêmes. Outre les trois condamnés, des centaines de moines quittèrent alors les solitudes égyptiennes. Le groupe principal s'achemina vers la Palestine: Isidore était avec eux, et, comme il ne manquait pas de fortune, il pourvoyait à leur subsistance.

Un tel exode ne faisait pas le compte de Théophile, qui n'entendait nullement passer pour un persécuteur de moines et n'était pas sans inquiétude sur l'accueil que l'on allait faire aux exilés.

Dès le premier moment [1] il avait prévenu le pape Anastase, lequel, sans plus tarder, s'était déclaré contre Origène, ses livres et son traducteu. De ce côté l'évêque d'Alexandrie était tranquille. Il écrivit aussi aux évêques de Palestine et de l'île de Chypre une lettre [2]

---

[1] Au printemps de l'année 400.
[2] Jérôme, *Ep.* 92.

extrêmement violente contre les moines de Nitrie et contre la doctrine d'Origène. On a la réponse de l'épiscopat palestinien, réponse fort prudente, où l'on réprouve catégoriquement ceux qui ont voulu « tirer des doctrines d'Origène un enseignement pestilentiel », en déclarant que les personnes excommuniées par l'évêque d'Alexandrie ne seront reçues à la communion que si elles lui donnent satisfaction et recouvrent ainsi ses bonnes grâces. C'était correct, mais rien de plus [1]. Un tout autre enthousiasme éclate dans la correspondance de Jérôme et d'Epiphane [2]. Le saint homme de Chypre ne se sent pas de joie : « Enfin Amalec a été détruit » jusqu'aux racines ; sur le mont Raphidim s'élève le » trophée de la croix... Sur l'autel de l'église d'Ale» xandrie, Théophile, le serviteur de Dieu, a levé l'éten» dard contre Origène ».

Les plus pacifiques d'entre les moines demeurèrent apparemment en Palestine ou même revinrent en Egypte moyennant quelque arrangement avec le terrible archevêque. Une cinquantaine, qui ne se contentaient pas d'être laissés en paix, mais voulaient qu'on leur fît justice, s'embarquèrent pour Constantinople [3].

---

[1] Jérôme, *Ep.* 93. Une lettre (*Ep.* 94) de l'évêque de Lydda Denys, antiorigéniste de vieille date (Jérôme, *Contra Joh.*, 42), est autrement expressive que la lettre synodale.
[2] Ibid. *Ep.* 86-91.
[3] Il n'est pas sûr, quoi qu'en disent Socrate (VI, 9) et Sozomène (VIII, 13), qu'Isidore et Dioscore aient fait le voyage avec les autres. Dans une lettre à Epiphane, écrite à la fin de 401 ou au commencement de 402 (Jérôme, *Ep.* 90), Théophile

Avant de les y suivre il faut revenir en Italie, où l'orage se déchaînait contre Rufin.

En partant de Rome, il avait écrit à Jérôme, qui, justement, venait de recevoir la malencontreuse préface du *Peri Archon*. Chose extraordinaire! Le solitaire ne prit pas feu tout de suite. Il voulut se rappeler la réconciliation toute récente et les promesses faites à l'Anastasis; il répondit à Rufin[1] non sans ironie, mais en somme assez amicalement, l'assurant qu'il engageait les gens envoyés par lui en Italie à ne pas manquer de voir son ami d'Aquilée, et ses partisans de Rome à ne pas susciter de nouvelles querelles.

Mais les amis de Jérôme n'étaient guère enclins à la paix. Quand la lettre à Rufin leur parvint, ils l'interceptèrent. Déjà, sans doute, Pammachius et Oceanus avaient écrit à Bethléem, signalant à Jérôme l'abus qu'on faisait de son nom et le péril où il était de passer pour un patron de l'origénisme. On l'exhortait à traduire lui-même le *Peri Archon* afin qu'une bonne fois la lumière se fît et que l'on pût voir si Origène était orthodoxe ou hérétique.

Jérôme s'exécuta. Il envoya bientôt à ses amis une traduction sincère, sans correction aucune. Pammachius en fut tellement scandalisé qu'il la garda au fond de

---

ne marque parmi les chefs des moines qui se transportèrent à Constantinople qu'Ammonius, Eusèbe et Euthyme. Isidore mourut en 403 (Palladius, *Hist. Laus.*, 1).

[1] *Ep.* 81.

son secrétaire, pas assez étroitement, toutefois, pour qu'il n'en fût pas tiré copie. Si l'on avait pu conserver des doutes après la version de Rufin, celle de Jérôme les dissipait : Origène était certainement hérétique.

Avec la nouvelle traduction, les deux amis de Jérôme reçurent de lui une lettre[1] où, sans nommer Rufin, il se mettait sur la défensive, et sur une défensive singulièrement âpre. « Pourquoi se réclamait-on de son patronage? Ne pouvait-on pas être hérétique sans lui? Sans doute il a loué Origène, mais l'estime qu'il a toujours professée pour son talent ne lui a jamais fermé les yeux sur ses erreurs. On prétend que ces erreurs sont des interpolations de gens mal intentionnés. A d'autres! Origène est bel et bien tombé dans les hérésies que contiennent ses livres. En vain cherche-t-on à le couvrir du patronage de Pamphile ; l'*Apologie* n'est pas de ce martyr, c'est l'œuvre d'Eusèbe de Césarée ».

Au moment où il entrait en lice, Jérôme ignorait encore les revirements qui étaient en train de se produire en haut lieu, tant à Rome qu'à Alexandrie. Théophile n'eut pas plutôt « levé l'étendard » que le pape Anastase, averti par lui[2], instrumentait de son côté. A la requête d'Eusèbe de Crémone, Origène était condamné expressément et ses livres interdits ; notification[3] de la sentence était expédiée à l'évêque de Milan, Sim-

---

[1] *Ep.* 84.
[2] J. 276; cf. Jérôme, *Ep.* 88.
[3] Jérôme, *Ep.* 95; Jaffé, 276.

plicien ; puis celui-ci étant mort peu après [1], son successeur Venerius recevait une autre lettre dans le même sens [2] ; enfin des démarches étaient faites pour obtenir de l'autorité impériale un décret de proscription officielle. Ces démarches aboutirent : la littérature d'Origène fut prohibée officiellement, tout comme les œuvres de Porphyre et d'Arius.

Origène n'était pas seul en cause. Les amis de Jérôme réclamaient aussi la condamnation de Rufin, à l'égard duquel le nouveau pape était évidemment très mal disposé. Mais Rufin n'était pas facile à atteindre. Outre les amis, nombreux aussi, qu'il avait à Rome et qu'il devait en partie à ses relations avec Mélanie, on le savait très lié avec les saintes gens de Nole, Paulin et Thérèse, qui, traités avec quelque froideur par le pape Sirice, jouissaient maintenant des bonnes grâces du successeur. Le vénérable évêque d'Aquilée, Chromatius, avait fait très bon accueil à son compatriote. Ce n'est pas qu'il ne fût en bons termes avec Jérôme. Il ne cessait de prêcher la paix. Enfin l'évêque Jean de Jérusalem n'oubliait pas ses amis du Mont des Oliviers [3] ; sous prétexte de consulter Anastase sur le cas de Rufin, il cherchait à le mettre en garde contre les conseils des ardents.

---

[1] Le 15 août 400.
[2] J. 281 ; cf. *Add. et corr.*, t. II, p. 691. La meilleure édition est celle du P. van den Gheyn dans la *Revue d'hist. et de litt. relig.*, t. IV, p. 5.
[3] Mélanie, vraisemblablement, était encore à Jérusalem.

On ne voit pas qu'Anastase ait procédé contre Rufin. Celui-ci jugea pourtant qu'il devait faire quelque chose pour apaiser les colères excitées contre lui : il adressa au pape [1] une exposition de foi très satisfaisante, qui ne paraît pas, il est vrai, avoir modifié sensiblement les dispositions du destinataire, mais contribua sans doute à l'empêcher de pousser plus loin les choses et fit bonne impression sur le public ecclésiastique. On ne sait si Anastase répondit à cette apologie de Rufin ; il s'abstint d'en parler dans sa réponse à Jean de Jérusalem [2]. « Origène, dit-il, est un auteur pernicieux ; si Rufin l'a traduit pour faire détester ses erreurs, il a bien fait ; si c'est pour le recommander, il a mal fait. C'est là une affaire d'intention, dont Dieu seul est juge. De la personne de Rufin, le pape n'a cure ; il ne veut même pas savoir ni où il est, ni ce qu'il fait ».

On n'est pas moins tendre. Rufin dut faire son deuil des faveurs pontificales. Il ne lui restait plus qu'à s'adresser à l'opinion. Il le fit sans tarder. J'ai déjà dit que les amis de Jérôme avaient eu la maladresse de supprimer la lettre, relativement pacifique, qu'il leur avait envoyée pour son ancien ami, de sorte que les vivacités de la lettre à Pammachius et Oceanus représentaient seules, et sans atténuation, ses dispositions à l'égard de Rufin. Celui-ci prit la plume : dans son « Apo-

---

[1] Migne, *P. L.*, t. XXI, p. 623.
[2] Ibid., p. 627. Une autre lettre, actuellement perdue, fut adressée en Orient après celle-ci (Jérôme, *Adv. Ruf.* III, 21, 38).

logie », divisée en deux livres, il expose d'abord sa défense contre les imputations de Jérôme, puis il entreprend son adversaire pour son attitude dans l'affaire d'Origène, pour sa traduction de la Bible, pour son culte des lettres profanes. Tout ce qu'il avait sur le cœur, Rufin s'en décharge avec une amertume que ne justifiait pas le ton de la lettre à Pammachius, mais qu'on s'explique en tenant compte du déchaînement auquel l'auteur était en butte depuis son retour en Italie.

Le livre, adressé à Apronien, un des amis qu'il comptait à Rome, n'était pas, disait-on, destiné à la publicité; mais les partisans de Jérôme, toujours pressés d'attiser le feu, s'en procurèrent des extraits, qu'ils firent passer à Bethléem. Incapable de se contenir, Jérôme ne voulut pas attendre le texte complet de l' « Apologie »; il se mit à la réfuter sur les extraits dont il disposait. Sa réponse, d'un style au moins aussi haineux que le pamphlet de Rufin, lui attira une réplique de celui-ci [1]. Il y répondit encore, et toujours avec la même âpreté. Rufin, dans son dernier écrit, l'avait menacé, s'il ne se taisait, de révéler certains méfaits dont Jérôme lui avait fait jadis la confidence. A cela Jérôme répond que Rufin demande sa tête, sans prendre garde que, par cette exagération, il donne à croire qu'en effet, il avait confié à son ami des secrets bien épouvantables.

---

[1] Perdue, mais reconstituable d'après le troisième livre de Jérôme.

Cette polémique insensée désolait tous les gens de bien. Augustin, à qui les échos en arrivaient jusqu'à Hippone, était navré [1]. Le bon évêque Chromatius s'évertuait à obtenir le silence. Ce n'était pas facile. A la fin de sa réplique, Rufin disait à Jérôme : « Je souhaite que tu aimes la paix » — « Si tu tiens à la paix, ripostait Jérôme, commence par déposer les armes ».

C'est ce que fit Rufin, et il faut l'en louer, car, en ce genre de choses, le premier qui se tait est le mieux inspiré. Pendant les dix ans qu'il vécut encore, il parut avoir oublié l'existence de son terrible adversaire. A la demande de Chromatius et de ses autres amis, il continuait ses traductions. C'est alors qu'il mit en latin l'histoire ecclésiastique d'Eusèbe, les « Récognitions » clémentines, le dialogue Adamantius, l'histoire des moines d'Egypte (voyage de 394 [2]), nombre d'homélies de Basile, de Grégoire de Nazianze, d'Origène ; des « sentences » d'Evagre, et même les maximes du pythagoricien Sextus, qui circulaient sous le nom du pape martyr Xyste II [3]. Les mauvais jours étaient passés

---

[1] Aug., Ep. LXXIII.
[2] T. II, p. 507, note.
[3] S. Jérôme s'est beaucoup moqué de Rufin (*Ep.* 133, 8 ; *Comm. in Jerem.* XXII, 24 ; *in Ezech.* XVIII, 5) à propos de cette confusion, dans laquelle est tombé aussi s. Augustin (*De natura et gr.*, 64 ; mais cf. *Retract.* II, 42). Cependant l'affaire n'est pas aussi claire qu'il le croyait. Cf. Harnack, *Gesch. d. altchristl. Litteratur*, p. 765 ; *Chronol.*, II, p. 190 ; Martin Schanz, *Gesch. d. römischen Litteratur*, § 339. Les Sentences de Xyste, telles que les traduisit Rufin, représentent une adaptation chrétienne d'un livre pythagoricien ; Origène avait déjà sous les yeux le même texte que Rufin.

pour lui. A la fin de l'année 401 (19 décembre), le pape Anastase mourut; son successeur, Innocent, ne paraît pas avoir épousé au même degré que lui les rancunes de Jérôme [1].

Celui-ci, du reste, dans sa fureur contre les « origénistes », allait prendre en Orient une attitude inconcevable, peu propre, en tout cas, à lui concilier les bonnes grâces d'Innocent. Rufin pouvait donc poursuivre en paix ses travaux littéraires, cultiver ses relations avec tant de pieux et illustres amis, et négliger les grondements lointains que l'écho renvoyait de Bethléem.

Car Jérôme, lui, ne décolérait pas. Mélanie lui était en horreur. Il effaçait de sa Chronique les éloges qu'il lui avait prodigués vingt ans plus tôt. « Le nom seul de cette femme, disait-il [2], atteste la noirceur de son âme ». Quant à Rufin, il ne pouvait plus en parler sans l'injurier; il le désignait par des sobriquets; l'appelait le Scorpion, le Porc (Grunnius [3]). Rufin mourut en Sicile, l'année du désastre de Rome (410). C'eût été le cas d'appliquer le principe: *Jam parce sepulto*. Jérôme poussa un cri de joie: « Voilà le scorpion couché sous le sol de la Trina-
» crie; enfin l'hydre aux cent têtes cesse de siffler contre
» moi ». En réalité l'hydre dont il se plaignait avait cessé

---

[1] Jérôme ne parle jamais d'Anastase qu'avec des éloges hyperboliques. Il va jusqu'à dire (*Ep.* 127, 10) que, s'il est mort sitôt, c'est pour que Rome ne fût pas prise (410) sous un tel évêque. Singulier compliment pour le successeur.

[2] *Ep.* 132, 3. Mélanie, en grec, veut dire Noire.

[3] Le verbe *grunnire* exprime le grognement du porc.

depuis longtemps de l'importuner. C'est lui seul qui sifflait, et il siffla tant qu'il en eut la force.

Lamentable querelle! Jérôme, à certains moments, semblait tenté de la déplorer: « Quelle édification pour » le public, que de voir deux vieillards se pourfendre » à propos d'hérétiques, tout en se prétendant l'un et » l'autre catholiques! » Bon mouvement, qu'il réprimait aussitôt. Ils avaient tort tous les deux. Rufin ne voulait pas voir, ce qui est l'évidence même, que la théologie d'Origène est incompatible avec l'enseignement de l'Eglise; que la répandre et la célébrer était le meilleur moyen d'en provoquer la condamnation, et de se faire soupçonner soi-même, en dépit des plus belles professions de foi. Sur ce point, Jérôme avait l'avantage. Mais il avait lui-même un passé origéniste; il avait dû chanter palinodie, et n'aimait pas qu'il en fût question. Rufin, et ce fut un second tort, sentit le besoin de l'agacer à ce propos: profitant de ses vieux écrits, il le présenta comme un patron d'Origène. Jérôme se défendit trop. Il lui aurait été facile de bien établir sa situation et de protester en peu de mots contre le rôle qu'on entendait lui faire jouer. Mais avec la fougue de son caractère et la puissance de sa verve, le vieux rhéteur n'était pas homme à lâcher l'occasion d'une invective. Disons à sa décharge que ses amis de Rome, qui auraient dû le modérer, ne s'employèrent qu'à l'exciter. Ce qu'il y a de plus regrettable, c'est qu'il ait conservé si longtemps rancune et que la mort même de son adversaire n'ait pu éteindre sa colère.

Jérôme était un moine à part. Dans sa retraite de Bethléem, il pensait trop au public de Rome, à l'opinion qu'on s'y faisait de lui. C'est pour ce monde qu'il écrivait: les autres moines n'écrivaient guère que pour les lecteurs du désert. Mais il ne faut pas suivre cette idée trop loin: si Jérôme avait fait comme eux, non seulement les lettres latines, mais l'Eglise elle-même y auraient trop perdu. Dans les honneurs dont elle entoure sa mémoire, elle relève avec grand soin sa traduction des Ecritures et ses travaux d'exégèse [1]. C'est justice: à l'auteur de la Bible latine on peut bien passer quelques vivacités.

---

[1] Deus, qui Ecclesiae tuae in exponendis sacris Scripturis beatum Hieronymum, confessorem tuum, doctorem maximum providere dignatus es... (Oraison pour la fête de s. Jérôme, 30 septembre).

CHAPITRE III.

Chrysostome et Théophile.

<small>La succession de Théodose: Stilicon, Rufin, Eutrope, Gaïnas. — L'archevêque Jean. — Ses réformes, ses prédications, ses rapports avec les ariens et les Goths. — Oppositions qu'il soulève. — Rivalité des patriarches alexandrins contre l'évêque de la capitale; leur puissance. — Les moines de Nitrie à Constantinople. — Arrivée d'Epiphane, sa mort. — Théophile entre en scène. — Concile du Chêne: Jean est déposé. — Son départ, son retour. — Affaire de la statue d'Eudoxie. — Disgrâce de Jean: son exil. — Schisme et persécution. — Appel de Jean, intervention du pape Innocent. — Jean meurt en exil. — Attitude de Jérôme.</small>

Théodose était mort trop tôt. Il laissait trois enfants, deux fils de son premier mariage avec Flaccilla, Arcadius et Honorius, et, de sa seconde femme Galla, sœur de Valentinien II, une fille, Placidie (*Galla Placidia*). Celle-ci, réservée à des destinées bien extraordinaires, n'était encore qu'un enfant. L'empire fut partagé entre ses deux frères: Arcadius eut l'Orient, Honorius l'Occident. Le premier avait à peine dix-huit ans, l'autre onze. Leur âge les vouait à la tutelle, et plus encore leur tempérament; ils atteignirent l'un et l'autre ce qu'on appelle l'âge viril, mais ne sortirent guère de l'enfance.

Les tuteurs étaient déjà en fonctions, Rufin à Constantinople, Stilicon à Milan. Comme ils se détestaient cordialement, le conflit était à prévoir. Stilicon était le plus fort: c'était un homme de guerre, un des meilleurs généraux de Théodose; l'empereur l'estimait beaucoup : il lui avait donné en mariage sa nièce Serena.

De ses relations dernières avec le prince défunt, Stilicon déduisit une sorte de mandat général pour veiller à tout l'empire et à toute la famille impériale. Du côté de l'Occident il avait les mains libres : Honorius ne comptait pas. L'armée d'Orient avait suivi Théodose en Italie ; elle y était encore, de sorte que Rufin n'avait pas de troupes à ses ordres. Ses déprédations et ses cruautés lui avaient suscité d'innombrables ennemis; le plus redoutable, le grand chambellan (*praepositus sacri cubiculi*) Eutrope, ne tarda pas à lui porter un coup droit, en traversant le projet qu'il avait formé de marier sa fille à l'empereur adolescent. Eutrope prit les devants et fit épouser à Arcadius une jeune fille d'origine franque, Eudoxie, orpheline du consul Bauto, élevée dans la maison du feu général Promotus, un des ennemis de Rufin. Les noces eurent lieu le 27 avril 395, au grand dépit du préfet du prétoire.

Cependant les barbares devenaient menaçants. Le chef des Goths auxiliaires que Théodose avait emmenés en Italie, Alaric, renvoyé par Stilicon dans les provinces illyriennes, mettait ces contrées au pillage. Stilicon intervint, mais faiblement, si bien qu'Arcadius lui redemanda son armée ; il obéit, mais s'entendit avec le général Gaïnas, autre chef goth, qui devait conduire ces troupes à Constantinople. La première chose qu'elles firent en arrivant fut de s'emparer de Rufin et de le massacrer (26 novembre 395). Arcadius compléta le désastre en confisquant les propriétés de son ministre.

La tutelle passait aux mains d'Eutrope, qui l'exerça près de quatre ans. Moins cruel que Rufin, il se montra tout aussi avide, ne songeant qu'à s'enrichir par des exactions, pendant que l'empire d'Orient était submergé par la barbarie. C'étaient les Huns qui, forçant le Caucase et le Danube, se répandaient en Thrace, en Cappadoce, en Syrie, et menaçaient de passer jusqu'en Palestine [1]. C'étaient les Goths établis en Asie-Mineure, qui se soulevaient sous leur commandant Trébigild, ravageaient la Phrygie et les provinces voisines, ralliaient à eux les troupes, barbares elles aussi, que l'on envoyait pour les combattre, et, grâce à la complicité du général en chef, leur compatriote Gaïnas, se maintenaient en dépit de tout et s'apprêtaient à franchir les détroits. Eutrope, tout eunuque qu'il était, avait conduit une expédition contre les Huns et les avait forcés à repasser le Caucase, ce pourquoi il fut nommé consul et patrice. La révolte des Goths lui coûta, non seulement sa situation et sa fortune, mais la vie elle-même. Gaïnas, d'accord avec Stilicon, réclamait la disgrâce du favori, comme le seul moyen d'apaiser les insurgés. Arcadius hésitait : l'impératrice insista. C'est à Eutrope, il est vrai, qu'elle devait sa couronne ; mais elle commençait à le trouver trop influent. L'autel de Sainte-Sophie défendit un moment le ministre déchu ;

---

[1] Ci-dessus, p. 49.

il put même quitter l'asile sacré, mais on le rattrapa peu après et il fut exécuté (399).

Gaïnas leva le masque, joignit ses troupes à celles de Trégibild et marcha sur Chalcédoine. Il fallut lui livrer quelques hauts dignitaires, auxquels il en voulait spécialement, le consul Aurélien et Saturnin, consul désigné. L'empereur dut passer la mer, venir à Sainte-Euphémie et donner des gages au barbare. Puis, ce qui restait de troupes romaines ayant été éloigné de la capitale, les Goths s'installèrent à Constantinople. Mal leur en prit, car, au bout de peu de temps, une sorte de terreur panique les poussa à s'enfuir. Gaïnas, sorti le premier, put se retirer en Thrace avec peu de monde; la populace massacra le reste. Vers le Danube, Gaïnas rencontra les Huns, qui le firent périr avec les siens (400). La cour d'Orient put respirer à l'aise. Les barbares étaient anéantis, du moins ceux à qui Constantinople avait présentement affaire; c'est en Italie qu'Alaric excitait des inquiétudes. Gaïnas est, en somme, l'Alaric de Constantinople, un Alaric bénin, qui fit plus de peur que de mal.

Sur ce théâtre agité se détache la figure de l'archevêque Jean [1]. C'est en 398 qu'il avait été appelé

---

[1] Pour l'histoire des événements qui suivent, la principale source est le dialogue de Palladius avec le diacre romain Théodore, dialogue évidemment fictif, censé tenu vers 408. Ce Palladius est, à mon avis, la même personne que l'auteur de l'*Historia Lausiaca*, Palladius, évêque d'Helenopolis (v. les raisons alléguées par dom E. C. Butler, *Authorship of the Dialogus de*

d'Antioche, par les soins de la cour, où dominait encore l'influence d'Eutrope. La mort de Nectaire avait ouvert le champ aux compétitions. Outre les candidatures locales, qui ne manquaient pas, on notait celle d'Isidore [1], célèbre prêtre d'Alexandrie. Il était poussé avec beaucoup de vigueur par son patriarche, Théophile, à qui les moyens d'influence, bons et mauvais, ne faisaient pas défaut et qui n'avait guère de scrupule à les employer tous. Mais Isidore était octogénaire et Théophile inquiétait par son audace. Eutrope écarta le candidat alexandrin et jeta les yeux sur l'orateur ecclésiastique dont on parlait dans tout l'Orient. Jean fut amené à Constantinople, présenté aux suffrages du clergé local et des fidèles, puis consacré par les évêques. La cour exigea de Théophile qu'il présidât à la cérémonie; il le fit, bien à contre-cœur.

Constantinople avait pour évêque un homme de grande éloquence. C'est pour cela qu'on l'avait choisi; mais c'était aussi un saint, et un de ces saints intransigeants, aux yeux de qui les principes sont faits pour

---

Vita Chrysostomi, dans le vol. publié par le comité du 15ᵉ centenaire de saint Jean Chrysostome); c'est un témoin, mais un partisan, exaspéré par l'exil et les mauvais traitements que lui valut sa fidélité à Chrysostome. Socrate et Sozomène (cf. aussi Philostorge et Zosime) nous ont conservé des souvenirs locaux, mais parfois dénaturés par les confusions d'une trop longue tradition orale. Il en est de même, à plus forte raison, de Théodoret. Certains discours de Chrysostome se rattachent étroitement aux événements. Quant à sa correspondance, elle concerne surtout le temps de son exil.

[1] Ci-dessus, p. 50, 55 et suiv.

être appliqués. Tout de suite il y eut foule autour de sa chaire, et foule enthousiaste; mais au dehors on entendit bientôt un concert de récriminations. Flagellés, fauchés impitoyablement, les abus protestaient contre sa rigueur. Sous le vieux et pacifique Nectaire, la discipline avait beaucoup dormi à Constantinople. Il est à croire qu'il en était de même à Antioche sous la houlette fatiguée du vénérable Flavien. A Antioche toutefois, Jean n'était pas le maître; ce n'est pas lui qui avait la responsabilité. Aussi n'y avait-il pas donné sa mesure. Maintenant il avait les mains libres. On le vit d'abord réformer sa maison épiscopale, en écarter tout ce qui sentait le luxe. Nectaire recevait volontiers les notabilités de la cour et de la ville ; Jean ne reçut personne et mangea toujours seul. Le clergé s'était mis à l'aise avec la règle des mœurs, tout au moins avec les précautions qui la sauvegardent; Jean exigea que les « sœurs spirituelles » fussent éloignées. Les clercs de tout ordre et les veuves canoniques (diaconesses) furent invités à vivre frugalement et à ne pas rechercher la table des riches. Aux moines, qui ne cessaient de courir la ville, il imposa la retraite dans leurs cellules et monastères. Toujours attaché au soin des pauvres, il faisait profiter les établissements charitables des économies que ses réformes introduisaient dans l'administration de l'Eglise. Mais ce n'était pas seulement au clergé qu'il s'en prenait. Comme à Antioche, il faisait la guerre au faste insolent des riches, aux pompes de l'hippodrome, aux vices de la cour.

Ses auditeurs applaudissaient avec enthousiasme. Son éloquence, autrement vivante que les harangues et panégyriques officiels, entrait au vif des âmes. Dans le silence de la grande ville asservie, sa voix était la seule qui retentît; et toujours elle plaidait pour les faibles contre les oppresseurs, pour les pauvres contre les riches, pour la vertu contre le vice insolent. Jean frappait sans mesure, ne se souciant pas plus des sourdes colères que provoquait son éloquence qu'il ne s'était inquiété des résistances provoquées par ses réformes. Ces résistances, il les brisa sans miséricorde. Près de lui instrumentait son archidiacre Sérapion, égyptien austère et dur, partisan résolu des destitutions et autres mesures extrêmes. Peu de mois s'étaient écoulés depuis l'avènement de Jean et déjà il se formait une opposition.

Mais pour un homme de son caractère, l'opposition c'est la lutte, et la lutte c'est l'état normal, le rapport nécessaire entre le mal et le bien.

Il y avait encore beaucoup d'ariens à Constantinople; d'après les lois théodosiennes, leurs églises se trouvaient en dehors des murs; à l'intérieur de la ville ils pouvaient habiter, mais non célébrer leur culte. Pour se dédommager, ils avaient imaginé de se rendre en cortège à leurs églises suburbaines; ils se ralliaient sous certains portiques et, avant leur départ, qui avait lieu au petit jour, ils passaient une partie de la nuit à célébrer en plein vent l'office de vigile. Leurs chants attiraient du monde; Jean s'en alarma et organisa une concurrence. Des processions, des vigiles orthodoxes, disputèrent bientôt la nuit et la rue aux fidèles du concile de Rimini. De ce conflit de psalmodies on passa rapidement aux invectives, puis aux coups, si bien que les vigiles ariennes finirent par être interdites. Une grande force des ariens survivants, c'est qu'ils étaient coreligionaires des Goths, si puissants dans l'armée. Mais les Goths n'étaient pas tous ariens : il y en avait de catholiques [1]. Jean leur donna une église, avec des prêtres de leur nation, qui officiaient en langue gothique. Il assistait volontiers à leurs services religieux, y prêchait même, par interprète. Sur cette mission, comme aussi sur les églises gothiques de Crimée [2], il fondait certaines espérances. Pendant l'occupation de la ville par Gaïnas il eut fort à faire pour empêcher le barbare de s'emparer d'une de ses églises. Il y parvint cependant. Gaïnas avait pour lui beaucoup de respect; c'est à sa prière que, peu de jours auparavant, il avait épargné la vie d'Aurélien et de Saturnin.

La cour fut d'abord assez favorable à l'archevêque. Depuis la mort d'Eutrope, que l'éloquence de Chrysostome avait un instant disputé au supplice, l'influence était passée à Eudoxie : sa piété, qu'elle manifestait à l'occasion, ne l'empêchait pas d'entendre les protestations soulevées par le zèle de Jean. Des prêtres, des diacres, destitués sans miséricorde, cherchaient à ameuter le clergé; les moines étaient hostiles. Le plus

[1] T. II, p. 568.
[2] T. II, p. 569, note 1.

en vue d'entre eux était un syrien appelé Isaac, qui passait pour avoir prophétisé en 378 le désastre de Valens [1]. Il avait fondé un monastère, le premier monastère orthodoxe que l'on ait vu à Constantinople. Comme Isaac était un personnage très populaire, son attitude n'était pas sans gravité [2]. Plus près de l'impératrice s'agitaient certaines grandes dames, qui avaient leurs raisons pour goûter médiocrement les homélies de l'archevêque. On distinguait dans ce groupe Marsa, veuve de Promotus, Castricia, veuve du consul Saturnin, et Eugraphia, qui se mit particulièrement en avant. Enfin, parmi les évêques que leurs affaires appelaient à Constantinople, quelques-uns se laissèrent accaparer par les coteries hostiles. On cite surtout trois prélats syriens, Antiochus de Ptolémaïs, orateur élégant, Sévérien de Gabala, qui prêchait aussi avec facilité, quoique avec l'accent de son pays, enfin Acace de Bérée, tête blanche, mais un peu légère. Ces prélats, bien vus de la cour, séjournaient plus que de raison dans la capitale. Jean les aurait voulus dans leurs diocèses syriens. Entre eux et lui il y avait quelquefois des brouilles. Un jour, Acace, mécontent, paraît-il, de son hospitalité, laissa échapper un propos familier et menaçant: « Je » vais, dit-il, lui préparer un plat de ma façon ». Il tint parole.

---

[1] T. II, p. 417, n. 2.
[2] Sur ce personnage, v. les observations du P. Pargoire, dans les *Echos d'Orient*, t. II, p. 138 et suiv.; cf. *Revue des quest. hist.*, t. LXV (1893), p. 120.

Un incident vint augmenter encore le nombre des ennemis du saint. L'évêque d'Ephèse, Antonin, fut accusé devant lui par un de ses suffragants. D'après le canon 2ᵉ du concile de 381, cette affaire était plutôt du ressort des évêques du diocèse asiatique. L'importance du siège, l'insistance de l'accusation et la gravité des circonstances, déterminèrent l'archevêque à accueillir la plainte. Pendant que l'affaire s'instruisait, Antonin mourut [1] et nombre d'ecclésiastiques, d'Ephèse et d'ailleurs, supplièrent Jean de venir de sa personne rétablir l'ordre dans ces églises que beaucoup d'abus travaillaient. Il s'agissait surtout de simonie [2]. Jean vint en effet, et séjourna à Ephèse dans les premiers mois de 401. Les simoniaques furent déposés et remplacés, diverses choses furent remises en ordre, puis l'archevêque regagna la capitale, laissant derrière lui plus d'un ressentiment.

C'est peu après, vers la fin de cette même année (401), qu'arrivèrent à Constantinople les moines de Nitrie, persécutés par Théophile sous prétexte d'origénisme. Aux ennemis, déjà nombreux, puissants et actifs, qui s'agitaient contre Jean, allait s'en joindre un autre, le plus redoutable et par ses ressources diverses et par son manque de scrupule. La lutte promettait d'être intéressante.

---

[1] Il ne semble pas avoir décliné la juridiction de l'évêque de Constantinople.

[2] Les riches, en dépit des lois, cherchaient à entrer dans le clergé pour échapper à la curie. A cette fin ils n'hésitaient pas à se mettre en frais, et, sous une forme ou sous une autre, parvenaient à acheter l'ordination.

On avait déjà vu en conflit l'évêque de la grande métropole égyptienne et celui de la capitale, et cela longtemps avant que l'église de Constantinople comptât sérieusement. Alors que le gouvernement siégeait encore à Nicomédie, Eusèbe, l'évêque de cette ville, avait combattu avec quelque acharnement ses collègues alexandrins, Alexandre et Athanase. Tant que la cour résida à Antioche, cette lutte fut continuée par les titulaires ariens de ce grand siège. L'évêque d'Antioche soutenait les antipapes d'Alexandrie, Pistus, Grégoire, Georges, Lucius ; l'évêque d'Alexandrie patronnait la petite église d'Antioche. Depuis Théodose, le rôle politique d'Antioche passa définitivement à la nouvelle Rome, et, tout le monde s'étant rallié à l'orthodoxie nicéenne, la paix semblait assurée. Mais, dans ces querelles à propos du dogme, on s'était habitué à des attitudes hostiles ; les armes déposées restaient au ratelier et l'on se rappelait trop qu'elles avaient servi.

Alexandrie avait longtemps soutenu le bon combat. Athanase lui avait créé des réserves de considération. D'autre part les conditions physiques du pays et ses traditions séculaires de centralisation intense s'étaient fait sentir jusque dans le domaine ecclésiastique. A cette contrée il fallait toujours un Pharaon, un chef absolu et de caractère sacré, qui se chargeât de tout et fût responsable de tout. Sur le terrain religieux ce chef existait, c'était l'évêque d'Alexandrie, maître absolu de son épiscopat, qui, tout entier, procédait de lui et se réglait invariablement sur ses ordres. Quand on parle de conciles en Egypte, il ne faut pas croire que ce mot ait le même sens qu'ailleurs, qu'il s'agisse d'une assemblée délibérant en liberté sous un président autorisé. Dans les conciles égyptiens, qu'il y ait plus ou moins d'évêques, cela ne fait absolument rien. Une seule voix compte, celle du chef, du pape, comme on l'appelait; les autres ne se font entendre que pour approuver. La seule puissance à côté du Pharaon ecclésiastique [1], c'étaient les moines. Depuis Athanase on l'avait eue en main. Les conflits de Théophile avec les solitaires de Nitrie, conflits passagers, apprirent au patriarche que, dans le monde monacal, ce n'étaient pas les plus instruits, les intellectuels, comme on dirait maintenant, qui pouvaient offrir une résistance efficace. Ce qui importait, c'était de s'arranger avec la démocratie des cellules et de savoir la conduire. En 400, Théophile avait pris son parti; il sentait maintenant toute l'Egypte derrière lui, toute l'influence du clergé, tout le zèle des moines.

En face d'un tel pouvoir, l'autorité civile était, sur les lieux au moins, assez peu resplendissante. Depuis Dioclétien, qui n'aimait pas Alexandrie, le pays avait été divisé en plusieurs provinces et rattaché, pour l'administration supérieure, au diocèse d'Orient, que dirigeait d'Antioche le haut fonctionnaire qualifié de *comes*

---

[1] L'assimilation se rencontre déjà sous la plume du saint moine Isidore de Péluse, contemporain de Théophile (*Ep.* I, 152).

Orientis. Ainsi l'Egypte, dans son ensemble, n'avait pas d'expression administrative. Il y avait des provinces en Egypte ; il n'y avait plus, au civil, de province d'Egypte ; il n'y avait pas encore de « diocèse » d'Egypte. Les choses changèrent sous Valens : en 368 on voit apparaître le « préfet augustal », en résidence à Alexandrie, superposé hiérarchiquement aux gouverneurs des provinces ; c'était une résurrection de l'ancien préfet d'Egypte, de l'héritier des rois Ptolémées, mais une résurrection bien atténuée, car le nouveau dignitaire n'avait pas en main la force armée, pourvue, comme partout, de chefs spéciaux. Ici elle obéissait au « comte d'Egypte ».

Dans la sphère, déjà fort large, que lui ouvrait la législation et qu'il élargissait au besoin, le patriarche avait les mains autrement libres et le geste autrement efficace. Les fonctionnaires étaient à sa dévotion. A Constantinople, où des personnes de confiance (apocrisiaires) le représentaient, soit à demeure soit en mission spéciale, on le voyait sans cesse intervenir dans les nominations. Il avait de l'argent à profusion et s'entendait à le distribuer à propos. Un gouverneur qui tenait à son poste devait s'efforcer de ne pas lui déplaire ; même pour l'imposant préfet augustal, la bonne entente avec le pape d'Alexandrie était une condition de sécurité. Le gouvernement était loin et l'évêque avait le bras long.

Dès que le siège de Constantinople eut été enlevé aux ariens, on sentit à Alexandrie que l'évêque, désormais catholique, de la nouvelle capitale allait devenir un rival d'influence. On prit aussitôt ses précautions : les candidatures alexandrines se manifestèrent. Maxime fut poussé par l'évêque Pierre, Isidore par Théophile. Mais si les frères d'Athanase, Pierre et Timothée, qui occupèrent son siège après lui, avaient su se résigner à l'échec de Maxime, Théophile, lui, ne prenait pas en patience le succès de Jean d'Antioche. Il le connaissait ; il l'avait jaugé au moment de son ordination, il prévoyait qu'avec son caractère il ne tarderait pas à se créer des difficultés. Aussi tenait-il l'œil sur lui, et Jean, qui s'en doutait, n'était guère disposé à se mettre sur les bras un personnage aussi entreprenant.

L'arrivée des moines de Nitrie le jeta dans un grand embarras. Ils lui exposèrent leur situation, lui dirent qu'il étaient las de se voir repoussés partout, grâce à la crainte qu'inspirait Théophile, et que, si lui, l'archevêque de Constantinople, ne consentait pas à juger leur affaire, ils iraient porter plainte aux tribunaux séculiers, quelque scandale qui pût advenir, car ils en savaient long sur leur patriarche [1]. Jean, sans les admettre à la communion, ce qui eût été illégal, les logea dans les dépendances de l'église Anastasis et leur permit de suivre les offices. De pieuses matrones, Olympias et autres, se chargèrent de leur entretien. Les nonces de Théophile, consultés par l'archevêque, approuvèrent cet ar-

[1] Au commencement de l'année 402, Théophile, dans sa lettre festale (Jérôme, *Ep.* 98), et Jérôme, son fidèle écho (*Ep.* 97), se plaignent beaucoup de ces attaques.

rangement. Puis il écrivit au patriarche, l'exhortant à rendre ses bonnes grâces aux moines. Théophile n'en fit rien ; bien au contraire, il envoya à Constantinople d'autres moines, chargés d'accuser les premiers, et, comme ceux-ci avaient déposé une plainte écrite entre les mains de Jean, il déclara à son collègue de Constantinople qu'il n'avait aucun droit de la recevoir, que cela était interdit par les canons de Nicée [1]. Jean se le tint pour dit, et, après avoir vu échouer de nouvelles tentatives de conciliation, il se décida à abandonner cette affaire.

Mais les persécutés tenaient bon ; ils parvinrent à se faire présenter à l'impératrice et en obtinrent deux choses : la première, que les accusations de leurs adversaires seraient examinées par les préfets du prétoire : la seconde, que Théophile serait mandé et qu'il viendrait à Constantinople, de gré ou de force, pour comparaître devant l'archevêque Jean. Sur le premier point, l'enquête des préfets donna lieu aux exilés d'intenter à leurs confrères un procès en calomnie, et ce procès aboutit à des sentences capitales. Elles ne furent pas exécutées sur le champ, car les émissaires de Théophile obtinrent qu'on attendît la venue de leur patriarche ; cependant on jeta les condamnés en prison, et quelques-uns y moururent. L'arrivée de Théophile ne sauva pas tout-à-fait les autres : ils furent envoyés aux carrières de Proconnèse.

[1] C'est aussi alors qu'il chassa de son siège d'Hermopolis l'évêque Dioscore, qui rejoignit bientôt ses frères à Constantinople.

La seconde décision, relative à la comparution de Théophile, était moins facile à exécuter. Théophile prit son temps, et, tout d'abord, il envoya à Constantinople le vénérable Epiphane, que la croisade alexandrine contre les origénistes paraissait avoir rajeuni. Il oublia ses quatre-vingt-dix ans, et, au premier appel du patriarche égyptien, s'embarqua pour Constantinople. A l'Hebdomon, où il prit terre, il célébra une ordination; puis, Jean l'ayant invité à descendre chez lui, il s'y refusa et se mit à tenir des réunions, liturgiques et autres, où il recueillait des signatures contre Origène. Tout cela était fort irrégulier. Epiphane avait imaginé de présenter Jean comme origéniste. Tous les gens qu'il n'aimait pas ou contre lesquels on l'excitait devenaient à ses yeux des origénistes; mais il fallait avoir son aveuglement pour songer à faire de Jean un disciple d'Origène. Tout entier à ses devoirs de pasteur, Jean n'avait en tête que la religion commune et simple, dégagée de toute spéculation théologique. Elevé à Antioche, dans le milieu le moins origéniste de l'Orient, il avait toujours pratiqué l'exégèse littérale en honneur autour de lui; jamais on ne l'avait vu donner dans les fantaisies de l'allégorisme.

Mais quoi? Jean avait été désigné à Epiphane comme un adversaire à combattre. N'avait-il pas refusé d'épouser la querelle de Théophile contre les moines lecteurs d'Origène? Il ne pouvait être qu'un origéniste déguisé. L'évêque de Salamine allait donc de l'avant. Les ennemis que Jean avait dans le clergé, chez les moines et dans le monde, étaient tous devenus d'un anti-origénisme exalté, intransigeant. On annonça une grande réunion à la basilique des Apôtres. Epiphane devait y présider : il y fulminerait contre Origène, contre les moines nitriens ses disciples, enfin contre Jean, leur protecteur. A l'heure dite, le vieil évêque se présenta en effet; mais au seuil de l'église il rencontra Sérapion ; celui-ci, parlant au nom de son archevêque, l'invita à réfléchir sur l'énormité qu'il allait commettre. Epiphane, ébranlé, s'arrêta, rentra chez lui et, sans tarder, se rembarqua pour son île de Chypre. Il ne devait pas l'atteindre : la mort le frappa en route. Je ne sais s'il se repentit ; les personnes de sa trempe ne se repentent guère.

S'il avait eu la perspicacité de Théophile, au lieu de créer des ennuis à l'archevêque Jean, il se fût jeté dans ses bras. Ils étaient faits pour se comprendre ; en tout cas, ils se ressemblaient étonnamment, par le zèle ardent qui les animait tous les deux, par une égale incapacité des transiger avec le mal quand ils l'apercevaient, et même de se prêter à certains ménagements que les circonstances obtiennent quelquefois des personnes les plus consciencieuses.

Un autre que le saint archevêque se serait dit qu'il fallait profiter du moment favorable et se maintenir dans les bonnes grâces de la cour; ainsi pourrait-il faire figure dans le conflit qui s'ouvrait. Loin de là, Jean continua, comme de plus belle, à tonner contre les vices des puissants. Des personnes mal intentionnées relevaient dans ses discours certaines allusions bibliques peu d'accord avec le respect de la majesté impériale. S'il parlait de Jézabel, on prétendait qu'il insultait Eudoxie. Cette exégèse, naturellement, était propagée avec soin, tant par les adversaires locaux que par les émissaires de Théophile. Le patriarche, très renseigné, suivait d'Alexandrie les actions de son rival et les effets de son éloquence. Quand il jugea que la situation était mûre, il prit la mer, ne cachant pas qu'il allait déposer l'archevêque Jean. A cet effet, bien, qu'on n'eût convoqué que lui, il embarqua tout un concile, une trentaine d'évêques à tout faire; de plus, beaucoup d'argent et des présents divers.

Par une belle journée de printemps, en plein midi, le patriarche égyptien jeta l'ancre à la Corne d'Or [1]. Le port était rempli de navires alexandrins : les marins de la flotte annonaire accueillirent par des acclamations joyeuses le grand chef religieux de leur pays. Descendu à terre, Théophile passa devant Sainte-Sophie sans y entrer, devant la maison épiscopale sans la regarder, et s'en alla prendre gîte au palais de Placidie. Jean s'efforça de l'attirer chez lui; il avait préparé des logements pour lui et pour sa suite. Théophile ne voulut pas voir l'é-

---

[1] Socrate (VI, 15) suivi par Sozomène (VIII, 16) le fait séjourner d'abord à Chalcédoine. C'est assez improbable, et il semble y avoir ici quelque confusion. Théophile avait fait escale en Lycie; ceci résulte d'un propos qu'il tint contre Chrysostome et que Palladius met dans la bouche de celui-ci (*Dial.*, 8); mais ce n'est pas une raison pour affirmer qu'il traversa l'Asie-Mineure par terre.

vêque ni mettre le pied dans ses églises. En revanche il fit si bien dans le monde de la cour, par ses présents, par ses dîners, par ses intrigues de toute sorte, qu'au bout de trois semaines tout danger était écarté de sa tête et que son adversaire se trouvait dans la plus fâcheuse situation. Tous les ennemis de Jean s'étaient ralliés autour du patriarche. Des conciliabules se tenaient chez Eugraphie : celle-ci avait sur le cœur certains propos de son archevêque au sujet des vieilles coquettes, de ces propos qu'elles ne pardonnent jamais. On recueillait les témoignages, on préparait des accusations en règle.

Quand tout fut prêt, Théophile passa le Bosphore avec son monde et s'installa près de Chalcédoine, dans la villa du Chêne, ou villa Rufinienne, celle où le célèbre Rufin avait été baptisé. Il y avait là une église sous le vocable des apôtres Pierre et Paul [1]. Autour de lui se groupaient, outre ses vingt-huit évêques égyptiens, une demi-douzaine d'opposants, les trois syriens déjà nommés, Acace, Sévérien, Antiochus, l'évêque de Chalcédoine Cyrinus, un mésopotamien de langue syriaque, Maruthas [2], enfin Macaire, évêque de Magnésie du Sipyle [3]. Celui-ci se portait accusateur de son

---

[1] T. II, p. 624.

[2] Celui-ci, qui devait être d'une certaine corpulence, marcha sur le pied de l'évêque de Chalcédoine et le blessa ; la gangrène se mit dans la plaie et le malheureux mourut en d'affreuses tortures.

[3] C'était un homme instruit ; il avait commenté la Genèse et réfuté un livre contre les chrétiens. Sur sa littérature, v. mon mémoire *De Macario Magnete et scriptis eius*, et Schalkhausser, *Zu den Schriften des Makarios von Magnesia*. Cf. t. I, p. 554.

métropolitain Héraclide, installé par Jean après Antonin [1].

C'était peu; la plupart des évêques venus à Constantinople sur convocation régulière, une quarantaine, s'étaient abstenus de franchir le Bosphore et demeuraient avec Jean. Officiellement la situation n'était pas changée; il devait y avoir un grand concile, sous la présidence de l'archevêque de Constantinople, et Théophile devait y paraître en accusé. Mais déjà l'attitude de Théophile à l'égard de Jean et son installation au Chêne, en dehors de Constantinople, trahissaient l'ascendant repris par le patriarche dans les conseils souverains et faisaient prévoir que d'accusé il se transformerait en juge. Cependant Jean fut prié, de la part de l'empereur, de se transporter au Chêne et de présider au jugement de Théophile. Un scrupule le retint: les canons de 381 lui interdisaient de se mêler des affaires égyptiennes. Ce fut sa perte. S'il se fût rendu au Chêne, avec ses évêques, qui, convoqués officiellement, ne pouvaient être écartés, il aurait sans doute réussi à l'emporter. Ses scrupules à l'endroit des canons de 381 ne l'avaient pas empêché de se mêler des affaires d'Ephèse. La question de droit n'était donc pas si grave, d'autant plus que l'assemblée qui allait se tenir n'était pas le concile d'un seul « diocèse », mais un concile de tout l'empire d'Orient. L'énergie de Jean ne

---

[1] Cette affaire fut, semble-t-il, instruite avant celle de Jean; mais il surgit des obstacles qui l'empêchèrent d'aboutir.

le soutenait que contre le mal moral; elle défaillit devant une difficulté d'ordre juridique.

Théophile, lui, n'était pas homme à s'embarrasser pour si peu : son autorité, son orgueil, étant en jeu, rien ne pouvait l'intimider. Il l'emporta.

Le refus de Jean, auquel et lui et la cour s'attendaient évidemment, lui permit de donner une nouvelle orientation à l'affaire. Il affecta, puisqu'on ne voulait pas le juger, de se considérer comme innocent et retourna tout aussitôt les rôles. Deux accusations en règle lui avaient été remises, une de la part d'un diacre Jean, déposé par l'évêque de Constantinople, l'autre par le moine Isaac. Chacune d'elles énumérait des griefs aussi nombreux que ridicules. Théophile prit tout cela au sérieux et fit sommer Jean de venir se justifier. A cette sommation, les évêques réunis à Constantinople firent une réponse fort digne, déclarant que l'évêque d'Alexandrie était toujours dans la situation d'accusé et qu'ils étaient prêts, eux, à le juger, ayant été convoqués pour cela ; qu'ils étaient plus nombreux et de provinces plus diverses que l'assemblée épiscopale réunie autour de lui; enfin qu'ils avaient sous les yeux une lettre où Théophile protestait contre ceux qui veulent se mêler des affaires d'un autre « diocèse ». De quel front, lui, égyptien, venait-il s'immiscer dans l'administration de l'église de Constantinople?

On ne pouvait mieux dire ; mais le concile n'était pas maître du saint homme qui le présidait. En même temps que cette protestation, Théophile reçut une lettre de Jean, qui se déclarait prêt à comparaître, pourvu qu'au nombre de ses juges ne figurassent ni Théophile, ni Acace, ni Sévérien, ni Antiochus, ses ennemis avérés [1]. Ses collègues avaient invoqué la légalité; Chrysostome en appelait à l'équité. Théophile n'écouta ni l'une ni l'autre : une deuxième sommation étant demeurée sans résultat, il procéda par contumace. Quelques-uns des chefs d'accusation furent examinés; mais c'est seulement sur le refus de comparaître que l'on fonda la sentence de déposition. Elle fut signifiée le même jour au clergé de Constantinople et à l'empereur. A celui-ci on demandait de faire écarter un évêque désormais privé de ses pouvoirs; en outre, on lui faisait remarquer que, parmi les chefs d'accusation, il y en avait un qui portait sur des faits de lèse-majesté — les allusions oratoires à l'impératrice — et qui excédait les limites de la compétence ecclésiastique. On lui remettait cette partie de l'affaire. C'était demander la tête de l'archevêque [2].

L'impératrice refusa d'aller aussi loin; il fut décidé seulement que Jean serait éloigné de Constantinople. Ce n'était pas très facile; non que le clergé opposât

[1] Jean entendait aussi, sans doute, que son concile se joindrait à celui de Théophile; autrement il eût été trop naïf de se fier à une majorité d'évêques égyptiens, à la dévotion de leur patriarche.

[2] Les actes de l'assemblée, y compris son rapport à l'empereur, sa notification au clergé de Constantinople et la réponse d'Arcadius, se conservèrent jusqu'à Photius, qui nous en a laissé (cod. 59) une analyse très détaillée. Le début du rapport à l'empereur est dans Palladius, *Dial.*, c. 8.

une résistance sérieuse: travaillé par le patriarche d'Alexandrie, il était déjà, en grande partie, passé aux vainqueurs. Mais le populaire tenait pour l'archevêque: il s'agitait, il protestait bruyamment: une sédition était à craindre. On attendit deux ou trois jours; puis, comme on avait affaire à un saint homme, plus porté à tirer la police d'embarras qu'à profiter des émotions populaires, on parvint à le faire monter sur un navire, qui le conduisit à Praenetos, sur le golfe de Nicomédie. Il ne cessait de réclamer d'autres juges.

Le lendemain de son départ, Théophile, Sévérien et les autres, osèrent se montrer à Constantinople. Théophile se mit à rétablir dans leurs charges tous ceux que Jean en avait dépouillés; Sévérien se risqua à prêcher contre l'exilé. Cette audace n'eut d'autre effet que d'exaspérer la population. Devant son attitude menaçante, Théophile et les siens jugèrent prudent de repasser le Bosphore; derrière eux des rixes épouvantables éclatèrent entre le peuple de Constantinople et les égyptiens de la flotte; enfin l'émeute gronda autour du palais impérial. Eudoxie, jusque là très fière, commençait à prendre peur; un accident mystérieux [1], qui survint dans son appartement, la décida tout-à-fait. Elle fit expédier l'ordre de ramener l'archevêque et lui envoya sans retard un notaire, chargé d'une lettre où elle

---

[1] Συνέβη θραῦσίν τινα γενέσθαι ἐν τῷ κοιτῶνι, dit Palladius (c. 9); Théodoret (*H. E.*, V, 34) parle d'un grand tremblement de terre. Ni Chrysostome, ni Socrate, ni Sozomène ne parlent de cet accident.

protestait qu'elle n'était pour rien dans l'attentat. Jean se laissa ramener. Ses fidèles vinrent au devant de lui: le soir, quand son navire parut à l'entrée du Bosphore, il se trouva entouré d'une foule de barques illuminées. Cependant l'archevêque ne voulut pas entrer en ville; on dut le débarquer dans les faubourgs [1], où il prit gîte en une maison appartenant à l'impératrice. Déporté en exécution d'une sentence conciliaire, il voulait, avant de reprendre ses fonctions, que cette sentence fût cassée régulièrement: il réclamait un autre concile. On ne l'écouta pas; l'émeute était toujours menaçante: il fallait, pour calmer la population, qu'on lui rendît son évêque.

Force lui fut de se laisser faire. On le transporta aux Saints-Apôtres, puis à Sainte-Sophie; le peuple voulait à toute force le voir sur sa chaire épiscopale, comme autrefois. Des procédures, du droit canonique, il ne voulait rien savoir. Jean finit par céder. Nous avons encore, sténographiées telles quelles, les harangues prononcées par lui en ces moments extraordinaires. Théophile, bien entendu, y est fort malmené, les gens de Constantinople portés jusqu'aux nues. « Mon » église, disait Jean, m'est restée fidèle; le Pharaon d'à » présent a voulu me l'enlever, comme celui d'autre- » fois [2] avait enlevé Sara. Mais Sara, cette fois encore, » est demeurée pure; les adultères sont confondus ».

[1] Ἐν προαστείῳ ὃ καλεῖται Μαριαναί, dit Socrate (VI, 16); ἐν προαστείῳ αὐτῆς τῆς βασιλίδος περὶ τὸν Ἀνάπλουν, (Sozom., VIII, 18).
[2] Gen. XII, 14-20.

Pendant ces crises, Théophile se réconciliait avec ses moines. Isidore, première cause du différend, n'était pas, semble-t-il, venu à Constantinople. Il mourut cette année même. Dioscore et Ammonius moururent aussi ; le premier fut enterré à Sainte-Euphémie [1], l'autre dans l'église de Rufin, au Chêne, où, vraisemblablement, il s'était transporté pour les négociations. Elles ne durèrent guère ; Théophile se montra très accommodant ; les moines retirèrent la plainte qu'ils avaient déposée contre lui : le patriarche leur donna sa bénédiction et fit le plus grand éloge d'Ammonius, le meilleur moine, disait-il, qu'il eût jamais connu. Ammonius, même après sa mort, justifia cette appréciation ; son tombeau fit beaucoup de miracles.

Le populaire de Constantinople s'apaisait peu à peu ; cependant il continuait à peu goûter le patriarche d'Alexandrie et parlait de le jeter à l'eau. D'autre part Jean ne cessait d'insister près de la cour pour que l'on réunît un concile sérieux et que son affaire y fût reprise. Il eut gain de cause ; mais, pendant que l'on expédiait les lettres de convocation, Théophile, médiocrement flatté de cette solution, se rembarquait avec son monde, évêques et moines. Un tel retour lui faisait peu d'honneur : les Alexandrins le sifflèrent à l'arrivée.

---

[1] C'est le lieu que Palladius (c. 17) semble indiquer ; Sozomène (VIII, 17) parle de saint Mocius ; Socrate (VI, 17) de saint Pierre in *Rufinianis*, mais par confusion avec Ammonius.

Pour apaiser sa rancune contre Jean, il n'y avait guère qu'un moyen, radical il est vrai, celui que préconisaient les gens de Constantinople. Mais aussi, pour empêcher Jean de se compromettre, il aurait fallu lui enlever l'usage de la parole. Deux mois après son retour, les choses avaient déjà repris une mauvaise tournure.

En face de Sainte-Sophie, à la porte du palais sénatorial, on inaugurait une statue [1] de l'impératrice, avec des jeux bruyants et dépourvus de gravité. L'archevêque le prit mal, et se mit à prêcher contre ces manifestations. Il parla d'Hérodiade et de saint Jean ; ses discours furent rapportés au palais et sans doute exagérés. Mobile comme elle était, Eudoxie prit feu et l'on apprit bientôt que Jean avait de nouveau perdu ses bonnes grâces. Cependant, comme il insistait toujours pour être jugé, les évêques finirent par se rassembler à Constantinople. Il ne lui étaient pas tous favorables. Celui qui, en une telle affaire, aurait dû compter le plus et se porter le plus énergiquement à sa défense, le vénérable Flavien d'Antioche, accablé par l'âge, ne put lui être d'aucun secours. L'épiscopat de Syrie était très divisé : les évêques de Laodicée, d'Emèse et de Bostra étaient pour Jean ; mais ceux de Tarse et de Césarée

---

[1] Cette statue, en argent, s'élevait sur une colonne de porphyre dont le piédestal existe encore, au musée de Sainte-Irène, avec les inscriptions dédicatoires, en latin et en grec (*C. I. L.*, III, n. 736).

de Palestine ne lui voulaient aucun bien ; c'étaient des évêques syriens, Acace, Sévérien, Antiochus, qui menaient la campagne contre lui. En Asie-Mineure, il avait pour adversaires les titulaires des importants sièges de Césarée et d'Ancyre [1]. L'attitude du gouvernement donnait à réfléchir. En somme, ce qui soutenait Jean, c'était surtout le populaire de la capitale. Evêque il était, évêque il entendait rester ; mais ses partisans, avec leurs manifestations enthousiastes et bruyantes, lui donnaient aux yeux prévenus, l'aspect d'un tribun.

Théophile ne voulut point venir ; il se déclara retenu en Egypte par son peuple, qui, disait-il, lui était si attaché qu'il ne voulait pas le laisser s'éloigner. Il se flattait, on peut le croire. Quoi qu'il en soit, s'il ne vint pas, son esprit ne cessa d'animer et de diriger les ennemis de Jean. C'est lui qui leur indiqua la procédure à suivre. Dans les canons d'Antioche [2], il s'en trouvait un, le quatrième, qui vise le cas où un évêque déposé par un synode continuerait d'exercer ses fonctions, et déclare que cet évêque perd, de ce fait même, la faculté d'être réintégré par un autre synode ou même d'y présenter sa défense. C'était exactement la situation de Jean.

Arrivés à Constantinople, les prélats commencèrent par accepter la communion de l'archevêque, ce qui dé-

---

[1] Léonce d'Ancyre jouissait d'une grande réputation de sainteté.
[2] Sur ces canons, v. t. II, p. 211, note 1.

plut à la cour[1] ; bientôt ils se partagèrent selon leurs sentiments. Jean en avait quarante-deux avec lui ; ses adversaires étaient plus nombreux. On ne peut pas dire qu'il y ait eu, à proprement parler, de jugement conciliaire; tout se passa en réunions partielles et en controverses. Les amis de l'archevêque faisaient valoir l'irrégularité, la nullité, de la sentence de Théophile et des siens, la violence que l'on avait faite à Jean, tant pour le faire partir que pour le forcer à reprendre ses fonctions. Ils contestaient aussi l'autorité de ces canons d'Antioche, édictés par des partisans d'Arius, et demandaient que ceux qui s'en faisaient forts voulussent bien dire s'ils suivaient la doctrine de leurs auteurs.

Les fêtes de Noël se passèrent sans que l'empereur vînt à l'église: on ne voulait plus, au palais, entendre parler de Jean. L'affaire traîna encore jusqu'à Pâques, évidemment parce qu'on craignait des troubles. Enfin les adversaires de l'archevêque, acharnés à sa perte, parvinrent à l'emporter dans les conseils de la cour. A deux reprises Jean fut consigné dans la maison épiscopale. Dans la nuit de Pâques, où des foules énormes s'assemblaient pour le baptême des néophytes, son clergé et ses fidèles furent écartés des églises. En vain cherchèrent-ils à se réunir dans les thermes de Constantin, pour y célébrer la vigile sainte et le baptême. Des

---

[1] Le canon 4 d'Antioche prononce l'excommunication (ἀποβάλλεσθαι τῆς ἐκκλησίας) contre ceux qui, sciemment, communieraient avec les évêques rebelles. Mais la pénalité donne lieu de croire que ce sont les laïques seuls que vise ici le concile.

soldats firent irruption, le sang coula jusque dans les piscines, d'où s'échappaient les néophytes à peine vêtus. Le lendemain force fut, pour les fidèles de Jean, de sortir de la ville et de célébrer les saints mystères en pleine campagne. Bien entendu les églises s'étaient rouvertes pour ses adversaires, pour la cour impériale et pour la partie de la population qui ne s'associait pas aux protestations de l'archevêque.

Le schisme était dans l'église de Constantinople. Après les fêtes de Pâques il semble qu'il y ait eu quelque répit. Jean était toujours dans son évêché, étroitement gardé par ses fidèles, car on s'attendait aux pires violences et l'on dut réprimer des tentatives d'assassinat. Enfin, le 9 juin 404, cinq jours après la Pentecôte, Acace, Sévérien, Antiochus et Cyrinus obtinrent de l'empereur l'ordre d'en finir. Encore une fois, Jean se prêta à des arrangements propres à sauvegarder la paix publique. Le 20 juin fut choisi pour l'exécution de l'ordre d'exil. Il prit congé des évêques ses partisans fidèles, puis des chères diaconesses Olympias, Pentadia et autres ; enfin, les laissant tous en larmes, il sortit de Sainte-Sophie par une porte de derrière.

Pendant qu'on lui faisait traverser le Bosphore, le bruit de son départ se répandait dans la foule qui assiégeait l'église au dehors et la remplissait au dedans. Des bagarres se produisirent entre les fidèles déçus et leurs adversaires triomphants. Soudain le feu prit à la chaire épiscopale, puis à d'autres parties de l'édifice ; en peu d'instants, la basilique splendide devint un immense brasier. Le palais sénatorial, très voisin de Sainte-Sophie, prit feu, lui aussi ; en trois heures l'incendie avait dévoré les deux monuments et toutes les maisons du voisinage. Alors périrent les Muses de l'Hélicon, transportées de Grèce au temps de Constantin, et beaucoup d'autres chefs d'œuvre de l'art antique, qui formaient l'ornement du Sénat. L'incendie, on le pense bien, fut mis au compte des partisans de Jean, des Johannites, comme on disait déjà. Des poursuites rigoureuses, sanglantes même, furent exercées contre les meilleurs amis de l'exilé ; cependant aucune culpabilité précise ne put être établie.

Huit jours après l'enlèvement de l'archevêque, on lui élut un successeur, dans la personne d'Arsace, un prêtre octogénaire ; c'était le frère de l'ancien évêque Nectaire ; il s'était distingué parmi les adversaires de Jean.

Celui-ci, d'abord retenu à Nicée, se vit assigner comme lieu d'exil la petite ville de Cucuse, dans l'Anti-Taurus. On l'y transporta sous escorte, avec peu de ménagements : en route il eut à souffrir de la dureté et de la méchanceté de ses anciens collègues, les évêques d'Ancyre et de Césarée. Au contraire, les gens de Cucuse, évêque en tête, lui firent le meilleur accueil.

Avec l'exil de Jean commence une vaste correspondance entre lui et ses amis, de Constantinople, d'Antioche, de partout. On venait le voir dans sa retraite, si difficile qu'il fût de s'engager dans ces montagnes où les Isaures, les Kourdes de ce temps-là, rendaient la circulation dangereuse. Tout exilé qu'il fût, il ne cessait de s'intéresser à ses œuvres, notamment à l'apostolat chez les Goths et aux missions de Phénicie. Plus rapproché d'Antioche, il reprenait ses anciennes relations avec cette grande ville. Parmi les correspondants qu'il y avait, figurait au premier rang le prêtre Constance, réputé pour ses vertus et son expérience des affaires.

Le vieil évêque Flavien, presque centenaire, mourut sur ces entrefaites, le 26 septembre 404. Peu après, le 6 octobre, ce fut le tour de l'impératrice Eudoxie. Sa disparition n'amena aucun changement. Arcadius demeura sous la coupe des ennemis de Jean, dont la situation, depuis l'incendie, était devenue beaucoup plus forte qu'auparavant. A ce parti il importait extrêmement de se rendre maître du siège d'Antioche. Acace, Sévérien et Antiochus s'empressèrent de regagner la Syrie : ils avaient un candidat, un prêtre Porphyre, connu pour sa grande animosité à l'égard de Jean [1]. Les amis de celui-ci réclamaient Constance ; on réussit à l'éloigner. Pendant qu'il se rendait à Cucuse auprès de son ami, les évêques favorables à Porphyre, un jour où toute la ville était allée à Daphné voir des jeux olympiques, bâclèrent l'élection et célébrèrent l'ordination. Après quoi ils disparurent. Comme on était d'entente avec le gouvernement, Porphyre fut aussitôt

---

[1] Palladius le représente comme un ambitieux et un prêtre de mauvaise réputation. Théodoret, assez irénique en cette affaire, se borne (*H. E.*, V, 35) à rappeler les œuvres de bienfaisance qu'il laissa après lui et à vanter ses ressources d'esprit.

reconnu, et, peu après [1], il parut une loi qui interdisait les églises à quiconque refusait la communion des révérends évêques Arsace, Théophile et Porphyre.

Funiculus triplex, difficile à rompre. Il ne fit que se renforcer, quand, à la place du vieil Arsace, mort vers la fin de l'année suivante (405), Atticus, un autre prêtre de Constantinople, antijohannite des plus déclarés, eut été appelé au siège de la capitale. Celui-ci était un homme de tête et de main, très capable de conduire la guerre commencée et très disposé à le faire. C'était une guerre acharnée : les évêques, les clercs, favorables à Jean étaient déposés partout où on le pouvait, et non seulement déposés, mais proscrits ; il y avait peine de confiscation contre quiconque les abritait sous son toit. Nombre d'entre eux furent envoyés en exil, dans les endroits les plus rigoureux. On se serait cru aux plus mauvais jours du règne de Valens.

La situation se compliqua d'interventions occidentales. Dans la première phase de l'affaire, Jean n'avait pas songé à invoquer le patronage romain. Vu l'état des relations entre les deux moitiés de l'empire, c'était chose assez délicate. Théophile, moins gêné sur ce point que l'évêque de la nouvelle Rome et plus habitué à correspondre avec l'ancienne, fut le premier qui informa le pape Innoc t. Encore ne se pressa-t-il pas. Sa première lettre ne parvint qu'au printemps 404. Il y

---

[1] Cod. Th. XVI, 4, 6, du 18 novembre 404.

disait simplement avoir déposé l'évêque de Constantinople, sans indiquer pourquoi, ni parler de concile. Innocent, interloqué de ce sans-gêne, attendit quelques jours et vit bientôt arriver trois évêques envoyés par Jean, avec des lettres de lui [1], des quarante prélats qui l'assistaient, enfin du clergé de Constantinople. Ces lettres, expédiées peu après Pâques, contenaient le récit de ce qui s'était passé jusque là; les signataires protestaient contre l'iniquité de Théophile et les irrégularités de sa procédure; ils invoquaient l'appui du pape, ainsi que des métropolitains de Milan et d'Aquilée, à qui des lettres semblables furent adressées.

Innocent répondit à Théophile et à Jean, cassant (ἀθετήσας) le jugement rendu contre l'archevêque de Constantinople et déclarant qu'il fallait réunir un nouveau concile, composé d'Orientaux et d'Occidentaux, d'où seraient écartés amis et ennemis, et qui jugerait avec impartialité. Puis, Théophile ayant fini par lui envoyer les actes de son concile, le pape y vit que Jean avait été condamné par trente-six évêques, dont vingt-neuf égyptiens; cela seul lui donnait le secret de la comédie; il parcourut aussi la liste des griefs exposés, et n'y trouva rien de sérieux. Théophile reçut une lettre plus sévère [2], où il était avisé d'avoir à se présenter au concile que l'on allait réunir: on y procèderait suivant les canons de Nicée, les seuls que reconnût l'église romaine.

[1] Celle-ci s'est conservée dans le Dialogue de Palladius, c. 2.
[2] Palladius, c. 3; Jaffé, 288.

Pendant ce temps les événements se précipitaient à Constantinople; Jean partait pour l'exil; ses partisans, traqués, arrivaient en grand nombre à Rome, où, à l'abri de la police d'Arcadius, on leur faisait un excellent accueil. C'est en vain que des émissaires d'Acace essayaient de mettre sur le compte de Jean l'incendie de Sainte-Sophie. Non seulement de Constantinople, mais de Thessalonique, de Carie et jusque de Mésopotamie, les prêtres, les évêques, affluaient et produisaient des documents lamentables. Le pape finit par communiquer tout cela à l'empereur Honorius; celui-ci assembla un certain nombre d'évêques, qui le prièrent de procurer la tenue d'un grand concile à Thessalonique. Honorius y consentit; ses lettres, celles du pape, des évêques de Milan, d'Aquilée et autres, furent confiées à une mission formée de cinq prélats italiens et de deux prêtres romains; ils se mirent en route pour Constantinople, accompagnés de Palladius et de trois autres évêques grecs, partisans de Chrysostome. Arrivés à Athènes, ces dignitaires furent empêchés de se rendre à Thessalonique, où il voulaient se concerter avec l'évêque Anysius, et conduits directement à Constantinople. Ils n'y entrèrent pas; de la douane on les fit rétrograder jusqu'au château d'Athyra, sur la Propontide, où ils furent fort maltraités. Sommés de reconnaître Atticus, ils refusèrent; sur quoi les lettres dont ils étaient porteurs leur furent arrachées et l'on rembarqua les évêques latins pour l'Italie. Quant aux prélats grecs, on les garda pour les expédier en exil. C'est alors que Palladius revint en Egypte et fut conduit jusqu'à Syène, au voisinage des Blemmyes, pendant que ses collègues étaient dispersés dans les déserts de Libye et de Syrie.

Il ne restait plus à Innocent qu'à rompre tout rapport de communion avec les adversaires de Jean, et à consoler de son mieux le malheureux exilé. C'est ce qu'il fit. En ce moment la discorde politique sévissait entre les deux parties de l'empire. Stilicon suivait toujours son rêve de réannexer l'Illyricum. A cet effet il se servait d'Alaric. Le chef goth avait vu échouer à la bataille de Pollentia (402) sa première tentative d'établissement en Italie. Contraint à repasser les Alpes Juliennes, il avait fait la paix avec son vainqueur et se préparait à marcher avec lui sur Constantinople. On devine ce que pouvaient être, en de tels moments, les relations entre les deux empereurs; les représentations d'Honorius sur les affaires intérieures de l'empire oriental n'avaient guère de chances d'être agréées.

Ainsi tous les amis de Jean étaient réduits à l'impuissance; il ne pouvait qu'échanger avec eux des témoignages de fidélité et d'affection. Innocent lui écrivit plusieurs fois. A la longue toute cette correspondance, toutes les visites qui, d'Antioche surtout, affluaient à Cucuse[1], finirent par inquiéter les persécuteurs. Porphyre et Sévérien obtinrent qu'on éloignât leur victime. Un nouveau lieu d'exil lui fut assigné: on l'expédia à

[1] Pendant quelque temps l'évêque Jean résida à Arabissos, Cucuse s'étant trouvée exposée aux incursions des Isaures.

Pityonte, localité située sur le Pont-Euxin, au pied du Caucase, tout-à fait en dehors des voies de communication et du monde civilisé. Il n'y arriva pas. On le conduisait brutalement, à travers les montagnes du Pont, sans égard pour son âge et ses infirmités; si l'on traversait une ville, où il aurait pu trouver quelque soulagement, on passait rapidement pour descendre dans une localité sans ressources. C'est ainsi qu'aux environs de Comane il dormit sa dernière nuit dans une chapelle de campagne, dédiée à un martyr local, saint Basilique. Il vit en rêve ce saint, qui l'invitait à le rejoindre le lendemain. En effet, le lendemain il se trouva plus mal. Malgré ses plaintes, ses gardiens exigèrent qu'il se mît en route et précipitèrent le départ. Mais au bout de quelques milles, le pauvre évêque était en un tel état que force fut de revenir à la petite chapelle. Il y mourut le jour même. « Gloire à Dieu en toutes choses ! » telles furent les dernières paroles qui sortirent de la bouche d'or.

Couché maintenant sous le sol d'un oratoire champêtre, au fond d'un pays perdu, l'archevêque Jean ne faisait plus peur à personne. Ses amis étaient dispersés, exilés, réduits à la misère, emprisonnés. Leurs voix s'élevaient pour bénir sa mémoire : mais personne que Dieu ne les entendait. Dans l'Orient tout entier, l'iniquité jouissait de son triomphe. Théophile continuait à régner sur l'Egypte. Il ne tenait pas à Jérôme que ses hauts faits ne fussent applaudis en Occident. A peine le patriarche avait-il publié quelque chose contre les Origénistes ou contre Chrysostome, qu'il s'empressait de traduire. C'est par ses soins et dans sa version latine que nous sont venues ces œuvres de haine [1]. La dernière était une invective abominable. Jean y était représenté comme possédé de l'esprit impur, comme un impie, un brigand, un sacrilège, un Judas, un Satan, pour qui l'enfer n'aurait jamais assez de supplices. Jérôme trouva cela admirable. Le patriarche tenait à faire connaître aux Latins ce qu'avait été son rival : il entra dans ses vues et traduisit [2]. Pammachius et Marcelle, à qui l'on communiquait cette littérature [3], durent finir par s'en trouver embarrassés. Le monde romain était amplement renseigné par les évêques johannites, dont un bon nombre recevaient chez Pinien et Mélanie la jeune une hospitalité empressée. On a vu quels étaient les sentiments du pape Innocent. L'attitude de Jérôme, avec son enthousiasme pour Théophile, ne put manquer d'être défavorablement appréciée. Sa correspondance avec ses amis de Rome semble s'être ralentie vers ce temps-là.

On était loin d'Origène. Jérôme, lui, ne l'avait pas oublié. Pour lui, Origène revivait en Rufin et Théophile

---

[1] Ep. 92 (circulaire aux évêques de Palestine), ep. 96, 98, 100 (épîtres festales de 401, 402, 404), ep. 113 (envoi du livre contre Chrysostome).

[2] Les copistes ont été plus dégoûtés que lui; du pamphlet de Théophile, il ne nous reste que des citations dans Facundus (*Def. trium capit.* VI, 5; Migne, *P. L.*, t. LXVII, p. 677) et le début d'une lettre d'envoi à Jérôme (Ep. 113).

[3] Ep. 97.

était l'ange exterminateur de cette hydre incommode. C'est pour cela qu'il lui passait tant de choses. Théophile, dit-on, satisfait d'avoir fait mordre la poussière à l'ennemi, commençait à oublier le prétexte de la querelle. On le voyait souvent absorbé dans la lecture d'Origène. Si l'on s'en étonnait, il répondait : « Les œuvres d'Origène sont comme un pré, où il y a de belles fleurs et quelques mauvaises herbes : le tout est de choisir ». C'est aussi ce que pensait Rufin. Alors pourquoi tout abîmer ?

[1] Dans le cours de ce chapitre j'ai plusieurs fois désigné saint Jean de Constantinople par le surnom de Chrysostome. Il est bon de rappeler que cette appellation ne se constate pas avant le septième siècle.

CHAPITRE IV.

La fin du Donatisme.

Rentrée du clergé donatiste sous Julien. — Le comte Romanus. — Parménien. — Optat de Milève. — Tychonius. — Les Rogatistes. — Révolte de Firmus. — Les conciles de Genethlius (390). — Le comte Gildon et l'évêque Optat. — Schisme de Maximien: conciles de Cabarsussi et de Bagaï. — Révolte de Gildon. — Augustin. — Concile d'Hippone. — Aurèle, évêque de Carthage. — Accueil fait aux donatistes convertis. — Enquêtes sur les Maximianistes. — Activité d'Augustin. — Les Donatistes convoqués à une conférence. — Leur refus et leurs violences. — Le schisme aboli par la loi (405): l'union imposée. — La conférence de 411. — Le notaire Marcellin, sa mort. — Propagation de l'union. — Emeritus de Césarée. — Gaudentius de Thamugad.

Pendant que l'empire d'Orient retentissait de ces querelles, l'Afrique latine se libérait péniblement du schisme affreux qui la rongeait depuis Constantin. Il faut ici revenir un peu en arrière [1].

A la première nouvelle des entreprises du césar Julien, l'empereur Constance avait pris ses mesures pour sauvegarder son autorité en Afrique [2]. C'est seulement après sa mort que son compétiteur y fut reconnu, à la grande joie des Donatistes. Pour eux ce changement était une délivrance. L'union établie dans les dernières années de Constant s'était maintenue depuis, sous Magnence et sous Constance. Nul doute qu'en

[1] T. II, ch. III, p. 101 et suiv.
[2] Ammien, XXI, 7.

bien des endroits les populations ne fussent disposées à s'en accommoder et ne s'en soient accommodées en effet. Mais il restait des irréconciliables, que la force seule avait pu courber et qui se redressèrent en un instant; il restait, en certaines localités, des groupes assez forts ou assez éloignés des centres pour avoir pu échapper aux prises de l'administration; il restait surtout, dans les lieux d'exil, des évêques, des clercs déportés, aigris par l'isolement et la persécution. Julien reçut bientôt leur requête, rédigée au nom de l'un des plus considérables d'entre eux, l'évêque Ponce, et de quelques autres. Ils y faisaient appel à sa justice [1]. Le nouvel empereur avait dû entendre parler du donatisme; il savait quel fléau c'était pour le christianisme africain. Aussi s'empressa-t-il d'accorder la grâce des exilés; ses fonctionnaires furent orientés sans retard vers l'indifférence entre les deux partis.

Les Donatistes n'eurent pas le triomphe paisible. Optat [2], qui les vit à l'œuvre, nous raconte leur rentrée en termes émus. Naturellement ils se précipitèrent sur leurs églises et en chassèrent les catholiques, en les assommant au besoin [3]. A leur appel, la plupart des populations qui s'étaient pliées à l'union revinrent bruyamment au schisme. Les églises récupérées, on se mit

---

[1] Optat, II, 16; Cod. Th., XVI, 5, 37; Aug., *Contra litt. Petil.*, III, 92.

[2] Optat, II, 16-26; VI, 5-8.

[3] Optat raconte quelques épisodes qui se passèrent à Lemellef, à Tipasa, à Carpi, à Tysedis; mais c'est surtout les traits généraux qu'il faut retenir ici.

à les désinfecter par des lavages multipliés; les choses sacrées que l'on y trouva ne pouvaient qu'être considérées comme profanes, les prêtres catholiques n'ayant, aux yeux de leurs adversaires, aucun pouvoir sacerdotal. On brisa les autels, ou bien on les gratta; on jeta le saint-chrême par la fenêtre et l'eucharistie aux chiens. Quant à ceux qui avaient accepté l'union et participé aux sacrements des « traditeurs », on les soumit à la pénitence, qu'ils fussent clercs ou simples fidèles. Bien entendu les consécrations de vierges, les ordinations, les baptêmes [1], toutes les cérémonies célébrées pendant l'union, furent déclarées nulles et réitérées.

[1] Le donatiste Tychonius (v. plus loin) parlait d'un grand concile tenu à Carthage, dans les premiers temps du schisme, par 270 évêques de son parti. Après de longues discussions, on s'y était décidé à admettre les « traditeurs » à la communion, sans leur imposer, s'ils n'en voulaient pas, un nouveau baptême. Tychonius citait, en particulier, un Deuterius, évêque de Macriana, qui en avait agi ainsi et avec lequel le grand Donat était toujours resté en bons termes. C'était du reste la pratique universelle en Mauritanie, jusqu'à l'union forcée de 347 (Aug., ep. XCIII, § 43). Les personnes visées ici ne sont pas des catholiques baptisés dans leur église depuis l'origine du schisme et passés plus tard aux Donatistes, mais des traditeurs proprement dits, *immensi criminis rei*, baptisés avant le schisme, dans l'Eglise encore unie, et, par suite, baptisés validement, même aux yeux des schismatiques. La question débattue dans le concile fut donc celle de savoir si la prévarication subséquente à ce baptême n'en avait pas détruit l'effet. Tel avait été, au lendemain de la persécution, l'avis de Donat des Cases **Noires** (t. II, p. 111). A Rome aussi, après le concile de Rimini, il se trouva des fanatiques (t. II, p. 357) pour soutenir que ceux qui en avaient accepté les formules devaient être rebaptisés.

La disparition de Julien ne changea pas grand chose à cette situation. Valentinien, on l'a vu, était peu enclin à prendre parti dans les querelles ecclésiastiques. Il ne revint pas sur les dispositions de son prédécesseur. Les exilés demeurèrent dans le pays, et les rapports des dissidents, soit avec les catholiques, soit avec les autorités impériales, reprirent à peu près le caractère qu'ils avaient eu dans les derniers temps de Constantin et jusque vers 347.

L'Afrique romaine se ressentait de l'affaiblissement général de l'empire. A chaque instant les tribus du désert venaient se heurter à la frontière, souvent dégarnie, trop faible pour arrêter leurs incursions. A l'intérieur, les populations berbères demeurées autonomes s'agitaient, se cherchaient, prenaient des attitudes inquiétantes. De là une prépondérance de plus en plus grande des autorités militaires. Le proconsul, le vicaire, fonctionnaires de très haut rang, mais civils, comptaient peu auprès du comte d'Afrique, commandant de l'armée. Ce poste était alors occupé par Romanus [1], qui devait sa nomination à Jovien. C'était un homme cruel et avide, plus empressé à piller les provinces qu'à les défendre. Tout le monde se plaignait de lui, mais la faveur du « maître des offices » Remigius empêchait les récriminations d'arriver à l'empereur. Les Donatistes le mirent au nombre de leurs persécuteurs; ils ne furent pas les seuls à souffrir de son administration. Elle se prolongea

---

[1] Ammien, XXVII, 9.

longtemps, une douzaine d'années, et finit par une catastrophe.

Les deux évêques de Carthage étaient alors Restitutus pour les catholiques, Parménien pour les dissidents. Le premier, l'un des chefs du concile de Rimini, n'avait pas peu contribué à la prévarication de cette assemblée. Il semble que, même sous les empereurs orthodoxes, il ait maintenu sa fâcheuse attitude. Saint Athanase fut obligé d'insister auprès des Africains pour les faire abandonner le symbole de Rimini et se rallier à celui de Nicée [1]. Cette circonstance, avec l'isolement ecclésiastique qui s'ensuivait, n'était guère propre à renforcer, en face du donatisme ressuscité, la situation de l'orthodoxie africaine. Et cela était d'autant plus à regretter que les dissidents avaient donné à leur illustre

---

[1] T. II, p. 298, 471, 472. Les Africains ne prirent qu'une part restreinte aux grands conflits sortis de l'arianisme. En 343 le concile « oriental » de Sardique avait adressé sa circulaire (t. II, p. 218) à Donat de Carthage. Celui-ci, à en croire saint Jérôme, aurait écrit un livre sur le Saint-Esprit, dans le sens arien (« ariano dogmati congruens », *De Viris*, 93). Saint Augustin (ep. CLXXXV, 1) dégage en somme les Donatistes et Donat lui-même de toute compromission avec l'arianisme. L'évêque de Carthage Gratus semble avoir assisté au concile de Sardique, dont il parle dans un de ses canons (c. 5; cf. t. II, p. 243). La formule hérétique de 357 fut condamnée en Afrique (Hilaire, *Contra Const.*, 76); les évêques responsables de cette démonstration furent poursuivis. En 358 il y avait à Sirmium quatre évêques africains, qui signèrent les formules opposées par les homoïousiastes aux Anoméens (Sozomène, IV, 15; cf. t. II, p. 290). Le grand nombre des évêques réunis l'année suivante à Rimini donne lieu de croire que l'on avait fait largement appel au personnel africain.

chef Donat, mort en exil, un successeur très distingué, lui aussi : Parménien ne se bornait pas à diriger sa secte ; il écrivait pour la défendre.

C'est pour répondre à l'un de ses écrits que l'évêque de Milève (*Mileu*) en Numidie, Optat, publia, vers 370, un traité en six livres [1], où il raconte les origines du schisme, combat les principes sur lesquels on essayait de l'appuyer, écarte les reproches que l'on faisait aux catholiques à propos des mesures de contrainte décrétées et appliquées par le gouvernement, enfin blâme ses adversaires de leurs rebaptisations et de l'aversion farouche qu'il montraient pour la paix religieuse.

De cette controverse entre les deux évêques, il ne paraît pas être sorti grand chose. Les Donatistes étaient intraitables. Il n'y avait pas moyen de les amener à des discussions orales, privées ou publiques. Pourtant on peut discerner chez eux quelques nuances. Vers le temps où nous sommes, un des leurs, Tychonius, très versé dans l'étude de la Bible [2] et assez porté à la controverse, publia, entre autres ouvrages, un traité [3] intitulé « La guerre intestine » où il énonçait des principes

---

[1] Une quinzaine d'années plus tard, Optat remania son livre et le compléta, en vue d'une seconde édition, qui ne semble pas avoir été achevée. Ce qu'on appelle le 7e livre appartient à ce travail de retouche.

[2] On a de Tychonius un traité sur sept règles d'exégèse, assez apprécié de saint Augustin (*De doctr. christ.*, III, 30 et suiv.). Son commentaire de l'Apocalypse est perdu ; mais on peut le reconstituer à peu près en s'aidant des auteurs catholiques qui l'ont mis à contribution, Primasius, Cassiodore, Bède, Beatus.

[3] *De bello intestino*, perdu.

fort peu donatistes. Il admettait que la vraie Eglise est celle qui est répandue dans l'univers entier et qu'elle ne perd pas son caractère d'Eglise véritable parce qu'elle contient des pécheurs mêlés aux justes. Avec de telles idées Tychonius aurait dû abandonner sa secte. L'inconséquence qu'il encourait en y restant lui fut signalée par une réponse du grand chef, Parménien lui-même [1].

D'autres, qui pourtant ne s'autorisaient pas des principes de Tychonius, allèrent plus loin que lui et firent bande à part. De là des schismes intérieurs, les Claudianistes en Proconsulaire, les Urbanistes de Numidie, les Rogatistes de Mauritanie. Ceux-ci avaient pour chef l'évêque de Cartenna (Ténès); ils formaient un groupe assez imposant [2], qui se distinguait du commun des Donatistes par une moindre férocité. Ils n'avaient pas de circoncellions.

En 372, le pays qu'ils habitaient fut le théâtre de guerres sanglantes [3]. Un des grands chefs maures soumis à l'empire, Nubel, vint à mourir, laissant une famille nombreuse, mais désunie. Un de ses fils, Namma, protégé

---

[1] Lettre perdue, mais en partie reconstituable d'après une réfutation que saint Augustin en donna plus tard (*Contra ep. Parmeniani, libri III*).

[2] Dans sa lettre (ep. 93) à Vincentius, successeur de Rogatus, lettre écrite vers 408, saint Augustin parle de dix ou onze évêques rogatistes. Mais dans les quarante ans écoulés depuis son origine, cette petite église avait traversé de mauvais jours et sans doute fait beaucoup de pertes.

[3] Ammien, XXVIII et suiv.

du comte Romanus, fut assassiné par Firmus, son propre frère. Firmus, poursuivi par Romanus, ne trouva rien de mieux, pour sa sauvegarde, que de se révolter et de se poser en prétendant. Il réussit à débaucher des troupes romaines : un tribun de l'armée régulière détacha son collier et lui en fit une couronne. La Mauritanie, exaspérée par les exactions de Romanus, se souleva presque tout entière; les populations plus ou moins soumises de l'Atlas prirent part à la révolte. Romanus ne parvint pas à enrayer le mouvement, ni même à empêcher Firmus de réduire en cendres la ville de Césarée, capitale du pays. A certains égards, c'était une guerre religieuse : les Donatistes s'étaient mis du côté de l'usurpateur. Tant que celui-ci fut le maître, catholiques et rogatistes [1] eurent de mauvais jours à passer.

Mais Valentinien intervint. Un général d'élite, Théodose, le père du futur empereur, débarqua en Afrique avec des troupes sûres. Romanus, arrêté aussitôt, fut envoyé à la cour, et l'insurrection, qui avait pris des proportions énormes, finit par être domptée. Firmus, désespéré, se pendit, au moment où on allait le livrer à Théodose.

Ces émotions calmées, les choses rentrèrent dans l'ancien état. Le gouvernement, toutefois, ne pouvait manquer d'être plus défavorable aux Donatistes, compromis dans l'insurrection. C'est sans doute pour cela que l'on trouve, en 373, 377, 379, des lois contraires

---

[1] Aug. ep. 93; *Contra litt. Petiliani*, II, 83.

aux rebaptisations [1]. Elles ne furent guère appliquées, au moins dans les endroits où les Donatistes étaient les maîtres, en Numidie surtout. Les circoncellions reparurent, désolant les campagnes ; dans les villes on voyait les choses les plus étranges. Un jour l'évêque donatiste d'Hippone interdit aux boulangers de cuire le pain pour les catholiques, peu nombreux dans la localité. Un de leurs diacres avait pour locataire un boulanger donatiste ; il ne put en obtenir qu'on mît sa pâte au four [2]. Partout où ils pouvaient, les sectaires s'acharnaient à vexer les catholiques. A tout le moins évitaient-ils tout rapport avec eux, toute conversation, surtout sur le sujet du schisme.

C'est en ces conditions, fort misérables en somme, que l'église africaine vécut ou végéta pendant les trente ans qui suivirent la mort de Constance et le retour des donatistes proscrits. Optat est le seul écrivain catholique dont on entende parler ; des conciles, de l'évêque de Carthage, il n'est plus question. C'est seulement en 390 que l'on rencontre un successeur de saint Cyprien, un certain Genethlius, connu pour avoir réuni deux conciles provinciaux, l'un dans un palais officiel (*in praetorio*), l'autre dans la basilique *Perpetua Restituta*. De ce dernier il reste une douzaine de canons, tous relatifs à la discipline commune, sans intérêt pour

---

[1] Cod. Th. XVI, 6, 1, 2 ; 5, 5. L'une d'elles était adressée (t. II, p. 639, n. 1) au vicaire Nicomaque Flavien, païen convaincu et si favorable aux Donatistes, qu'ils le considéraient comme un des leurs.

[2] Aug., *Contra litt. Petil.*, II, 83.

l'histoire des querelles locales. On se maintenait toujours en relations avec le siège apostolique. Le pape Sirice envoya en Afrique, vers ce temps-là, les prescriptions d'un concile romain tenu en 386, où il recommande fort l'observation du célibat ecclésiastique. L'église d'Afrique fut sans doute représentée, en 391, au concile de Capoue, car on la voit, les années suivantes, témoigner du plus grand respect pour les décisions de cette assemblée.

Cette année 391 forme époque dans l'histoire du christianisme africain. C'est alors qu'entrent en scène les trois hommes qui vont y tenir longtemps les premiers rôles, Augustin, qui, cette année même, devient prêtre à Hippone ; Aurèle et Primien, qui, à Carthage, remplacent respectivement Genethlius et Parménien à la tête des deux confessions rivales. C'est alors aussi que, dans le sein du donatisme, se produisent des crises destinées à l'affaiblir et que, du côté catholique, commence à se dessiner une action intelligente et persévérante, qui finira par venir à bout de cette lamentable division.

L'Afrique obéissait à un chef indigène, Gildon, autre fils de Nubel, revêtu de pouvoirs plus grands encore [1] que les précédents comtes d'Afrique. Investi en 387, il se maintint près de douze ans. Au temps de

---

[1] *Comes et magister utriusque militiae per Africam* (Cod. Th., IX, 7, 9).

Romanus et de Théodose le père, il avait porté les armes contre son frère Firmus et trouvé les Donatistes parmi ses adversaires. Maintenant il les favorisait. C'est dans la région de l'Aurès, pays militaire, que le schisme avait toujours eu ses meilleurs appuis : Bagaï et Thamugad étaient, pour les Donatistes, comme des villes saintes. En ce moment le siège épiscopal de Thamugad était occupé par un véritable brigand, nommé Optat. Fort de l'amitié de Gildon, ce qui le faisait appeler Optat le Gildonien, on le trouvait partout où il y avait un mauvais coup à faire, dans son intérêt ou dans celui de sa secte. Il devint bientôt la terreur de la Numidie ; on le craignait jusqu'à Carthage, jusqu'au fond de la Mauritanie, où il allait relancer les Rogatistes. Cet évêque-fléau put avancer, en certaines rencontres, les affaires des Donatistes ; dans l'ensemble et devant l'opinion africaine, il les compromit.

Un scandale d'une autre nature sortit de démêlés entre certains membres du clergé donatiste de Carthage et leur nouvel évêque Primien [1]. Celui-ci, pour des raisons que nous connaissons peu, se mit à dos quelques-uns de ses diacres, notamment un certain Maximien, qui appartenait à la famille du grand Donat. Maximien fut destitué, en des formes assez sommaires. Il résista. Près de lui, comme jadis près de Majorin, apparaît une grande dame, influente et intrigante, qui s'employa à lui organiser un parti et appela l'épiscopat à

---

[1] Saint Augustin parle en cent endroits de cette affaire ; v. surtout *Contra Cresconium*, l. IV.

la rescousse. Quarante-trois évêques se réunirent à Carthage, malgré Primien, qui refusa de les voir et de se présenter devant eux. Ils l'ajournèrent à un autre concile, lequel se tint vers la fin de juin 393, à Cabarsussi, en Byzacène. Une centaine d'évêques s'y trouvèrent. Primien s'abstint de paraître; il fut jugé par contumace et déposé sous divers prétextes [1], surtout parce qu'il avait reçu trop facilement les Claudianistes à sa communion. Maximien le remplaça. Il fut élu et consacré à Carthage, suivant les formes reçues, par douze évêques voisins; mais Primien n'avait pas cédé la place. Les donatistes qui l'avaient déposé appartenaient aux provinces orientales, Proconsulaire, Byzacène, Tripolitaine. Il en appela à l'épiscopat de Numidie, qui formait toujours, comme à l'origine, la force principale du parti. Trois-cent-dix évêques se réunirent l'année suivante, après Pâques (24 avril 394), dans l'église de Bagaï. Affectant d'ignorer le concile de Cabarsussi et sa sentence, l'assemblée [2] admit Primien parmi ses membres; puis, sans même se donner la peine de confirmer la destitution de Maximien, elle procéda contre ses douze consécrateurs, qui furent déposés. Quant aux évêques qui avaient adhéré à son intrusion, on leur donna jusqu'à Noël pour se repentir.

Ils ne revinrent pas tous à résipiscence, tant s'en faut; le schisme de Maximien s'enracina fortement.

---

[1] Sentence conservée par saint Augustin, *Serm.* 2 sur le psaume 36, c. 20 (t. XI, p. 1185).
[2] *T. c.*, p. 1189.

Les dissidents eurent beaucoup à souffrir. D'un côté Optat et ses farouches circoncellions leur faisaient une guerre acharnée et les assommaient sans autres formes; d'autre part Primien et les siens invoquaient les lois contre les dissidents, ces lois dont eux-mêmes se plaignaient si fort et qui avaient été portées contre eux. Les magistrats, ahuris par leur audace et par l'autorité du grand concile de Bagaï, se laissaient arracher des sentences d'éviction. L'un des consécrateurs de Maximien, Salvius, évêque de Membressa, fut l'objet de traitements indignes. Comme il n'y avait pas à compter sur ses paroissiens pour le mettre dehors, on fit appel aux gens d'Abitina, ville voisine, qui accoururent avec joie, se saisirent du vieil évêque, et, lui ayant fait un collier de chiens morts, se mirent à danser autour de lui comme des sauvages, en chantant des chansons obscènes.

Ces événements étaient suivis avec attention par les catholiques. Ils voyaient se reproduire, dans le sein même du donatisme, tous les détails du schisme de 313: un évêque de Carthage répudié par une partie de son clergé; des évêques de province appelés à connaître de cette affaire et finissant par donner tort à l'évêque, par le déposer; un de ses clercs ordonné contre lui ; l'ancien évêque se tirant de là par des jugements lointains et par le secours de la force publique. Pour qu'aucune ressemblance ne fît défaut, aujourd'hui comme autrefois il y avait une femme dans l'affaire, une matrone de Carthage, qui reprenait le rôle de son ancêtre Lucille. De quelle grâce, disait-on aux gens de Primien, de quelle grâce nous reprochez-vous Cécilien, Miltiade et les magistrats de Constantin ? Vous venez de répéter leur histoire.

Cependant Gildon prenait en politique une attitude suspecte. Sans doute il n'avait pas reconnu l'« usurpateur » Eugène, mais il n'avait pas aidé Théodose à le réduire. Quand l'empereur fut mort, on le vit contrecarrer Stilicon et intriguer avec Eutrope. A certains moments il entravait les envois de blé sur lesquels se fondait l'approvisionnement de Rome. « Notre pain est à la merci du Maure », disait le poète Claudien [1]. En 397 il jeta tout-à-fait le masque et rattacha l'Afrique à l'empire d'Arcadius. Le sénat, reprenant le vieux style, le déclara ennemi public. Au commencement de l'année 398, une flotte passa en Afrique. L'armée qu'elle débarqua avait pour chef Mascezel, le propre frère de Gildon, brouillé depuis peu avec lui et passé au service de Stilicon. La campagne ne dura que peu de jours. Vaincu à Ammaedara (Haïdra), Gildon s'enfuit, gagna la mer et s'embarqua ; un accident de navigation le ramena a Tabraca. où il fut arrêté et s'étrangla, comme avait fait, vingt-cinq ans auparavant, son frère Firmus. Optat de Thamugad, fort compromis dans la rébellion, fut arrêté aussi, et mourut en prison.

Cependant les catholiques n'avaient pas attendu pour s'aider que le ciel les débarrassât de leurs ennemis.

---

[1] *De bello Gildonico*, v. 70: « Pascimur arbitrio Mauri... ».

Pendant que les donatistes hostiles à Primien se réunissaient à Cabarsussi (393), les évêques catholiques s'assemblaient à Hippone, sous la présidence d'Aurèle de Carthage. L'église d'Hippone, peu nombreuse et comme noyée dans la population dissidente, avait alors à sa tête un vieil évêque, d'origine grecque, appelé Valère; auprès de lui, depuis deux ans, siégeait, en qualité de prêtre, Augustin de Tagaste, rhéteur fameux naguère, admiré à Carthage, à Rome et à Milan, mais retiré du monde depuis quelques années. Par le passé il avait mené une vie facile, tourmentée pourtant d'inquiétudes religieuses. Pendant quelque temps il avait été manichéen ; plus tard il se mit à l'école des néoplatoniciens [1]. Enfin il s'attacha à saint Ambroise et suivit ses enseignements. C'est alors qu'il entendit l'appel de Dieu et reçut le baptême, des mains de l'illustre évêque. Depuis lors il vivait en Afrique, détaché de toute préoc-

---

[1] C'est dans les traductions de C. Marius Victorinus que saint Augustin avait pris connaissance de Platon et des Platoniciens. Victorin se fit chrétien dans les premières années du pape Libère (352-366); il prit vivement la défense de l'orthodoxie contre l'arianisme; mais il s'était converti sur le tard : ses écrits de controverse et quelques autres qui nous restent de lui représentent une assez bizarre combinaison du christianisme et de la philosophie néoplatonicienne. Sur sa conversion, v. Aug., *Conf.* VIII, 5; sur sa littérature, M. Schanz, *Gesch. der röm. Litt.*, IV, p. 137 et suiv. L'influence de Victorin sur Augustin a été fort exagérée ; Augustin n'a pas été personnellement en rapport avec le célèbre rhéteur ; il ne lui doit que la connaissance des écrits platoniciens, et aussi l'exemple de la conversion. Victorin dut cesser ses fonctions d'enseignement à la suite des édits de Julien (t. II, p. 330); il mourut sans doute peu de temps après.

cupation mondaine, absorbé par les études religieuses et les bonnes œuvres. Se trouvant un jour de passage à Hippone, la population, qui connaissait sa valeur, l'acclama prêtre. Valère, d'autant plus enchanté d'avoir un tel auxiliaire qu'il éprouvait quelque difficulté à parler en latin, voulut bientôt se l'assurer pour successeur. Il le fit sacrer évêque (395), ce qui était un peu irrégulier [1]; il mourut, du reste, quelques mois après, et Augustin gouverna seul l'église d'Hippone.

Depuis le temps de saint Cyprien et même avant lui, l'institution des conciles avait eu beaucoup de relief en Afrique [2]. Au IVe siècle, Donatistes et Catholi-

---

[1] Le canon 8 de Nicée, que l'on allégua en cette affaire, ne vise pas ce cas, si ce n'est dans le remaniement de Rufin (c. 10). Il est vrai que, en dehors de toute législation écrite, il était de règle immémoriale qu'il ne devait y avoir qu'un évêque dans chaque localité; mais il n'est pas moins clair que les inconvénients auxquels parait cette loi traditionnelle n'étaient pas à craindre dans le cas de Valère et d'Augustin.

[2] La tradition littéraire des conciles africains remonte en dernière analyse à un *liber canonum* qui se conservait aux archives de l'église de Carthage; il en fut donné lecture au concile de 525. Après les canons de Nicée il contenait les canons africains, concile par concile, suivant l'ordre de succession des évêques de Carthage, avec de courts protocoles. De ce livre perdu dérivent: 1° la *Breviatio canonum* de Fulgentius Ferrandus (*P. L.*, t. LXVII, p. 949), compilation par ordre de matières, exécutée à Carthage avant le milieu du VIe siècle; 2° la collection africaine insérée dans l'*Hispana* (Maassen, *Quellen*, t. I, p. 772); elle contient les conciles de 348, 3C0, 397, 401, 419 et divers canons d'autres conciles (402-8); le *Conc. Carthaginiense IV* de cette collection n'a rien à voir avec l'Afrique: c'est le code arlésien *Statuta Ecclesiae antiqua;* 3° le concile de 419. A ce concile, réuni à propos d'un appel à Rome

ques en tinrent plusieurs ; toutefois il ne semble pas qu'on les ait réunis avec la périodicité qu'ils avaient au milieu du siècle précédent. En fait de conciles catholiques, nous ne connaissons que celui de Gratus, motivé par des circonstances très spéciales, et les deux de Genethlius. Les évêques réunis à Hippone, convaincus que l'union fait la force, résolurent de restaurer cette institution et décidèrent[1] qu'il y aurait désormais un concile tous les ans. Pour en faciliter la réunion, il fut

(v. plus loin, ch. VII), se trouvent joints, dans certains mss. au moins, deux recueils de canons (1-33, 34-127), ou plutôt un recueil de canons (1-33) et un dépouillement des conciles tenus jusque là sous Aurèle. Le recueil de canons est formé, sauf les cinq derniers, de canons empruntés à des conciles antérieurs ; on y a changé les noms des évêques qui proposent les canons ; dans la deuxième partie (34-127), la série des conciles dépouillés va du concile d'Hippone en 393 jusqu'au concile de Carthage du 1er mai 418 ; beaucoup de choses ont été omises au dépouillement. La collection se termine par quelques pièces annexes, intéressant l'affaire des appels ; la dernière est de 421. En somme elle a plutôt l'air d'un dossier constitué en vue de soutenir la thèse africaine sur les appels à Rome que d'un recueil de lois disciplinaires. Cette collection, connue sous le nom de *Codex canonum ecclesiae Africanae*, fut traduite en grec et insérée dans les livres de droit canonique byzantin. En latin nous l'avons dans la collection de Denys le Petit (*P. L.*, t. LXVII, p. 181) et dans beaucoup d'autres qui semblent toutes l'avoir empruntée à Denys. — En dehors de cette tradition il y a lieu de mentionner le *Breviarium Hipponense*, abrégé des canons d'Hippone (393), rédigé, quatre ans après ce concile, par les soins d'Aurèle de Carthage et du primat de Byzacène, Musonius. On le rencontre souvent dans les collections canoniques avec le concile de Telepte (418), qui est un concile de Byzacène.

[1] Can. 18. Je cite suivant le code conciliaire de 419, tel qu'il est entré dans la collection de Denys le Petit (Migne, *P. L.*, t. LXVII, p. 181 suiv.).

réglé qu'en outre des évêques de la province où le concile serait convoqué, deux légats des autres provinces s'y rendraient, avec les pouvoirs de leurs collègues.

L'instrument était créé, mais le tout était qu'il fonctionnât avec suite. C'est ce à quoi s'employa l'archevêque Aurèle. Le nouveau chef de l'église d'Afrique n'avait sûrement pas la culture d'Augustin ; mais sa haute conscience, sa volonté ferme et douce, son grand bon sens, son calme, tout le qualifiait pour s'asseoir au gouvernail d'une église lamentablement désemparée. Entre Augustin et lui l'accord fut toujours absolu. Ce n'est pas lui qui eût été même tenté de s'offusquer de l'éclat jeté par son illustre collègue, pas plus, du reste, que celui-ci n'eût eu la plus lointaine idée de se substituer à son chef dans la direction générale. A certains égards, Aurèle et Augustin se complètent ; ils nous représentent un Ambroise en deux personnes, l'homme de gouvernement et l'homme de doctrine. Augustin, cela est visible, inspirait largement Aurèle ; Aurèle donnait aux idées d'Augustin l'autorité de son siège, de sa personne et de ses conciles.

Les évêques réunis à Hippone se dirent apparemment qu'avant de faire campagne contre les dissidents, il importait de se rendre soi-mêmes irréprochables. La plupart de leurs décisions tendent à la restauration de la discipline. Le concile d'Hippone est un concile réformateur. A peine y est-il question du schisme, et seulement pour régler la situation de certaines catégories de donatistes réconciliés avec l'Eglise. Gildon régnait alors, et Optat de Thamugad était son prophète : ce n'était pas le moment d'entreprendre contre Primien. Cependant il se tint des conciles les années suivantes. Mais il semble qu'on fût gêné pour communiquer avec les autorités ecclésiastiques d'Italie et avec la cour impériale d'Occident. La politique de Gildon n'était guère favorable à ces relations. Le concile de Capoue avait, en 391, posé des conditions fort sévères aux clercs donatistes qui demandaient à faire l'union. Ce règlement, contraire à leur ancien usage, embarrassait les Africains ; ils auraient bien voulu obtenir quelques adoucissements. A Hippone ils décidèrent de consulter l'église transmarine [1]. Mais, en 397, la consultation était encore à faire [2]. Elle fut décidée une seconde fois cette année, dans le concile général de Carthage ; celui-ci demanda en outre que les personnes qui avaient été baptisées, avant l'âge de raison, dans l'église donatiste, ne fussent pas considérées comme incapables d'entrer dans les ordres [3]. La demande devait être adressée au pape Sirice et à l'évêque de Milan Simplicien.

---

[1] *Brev. Hipp.*, 37. Le concile de Capoue avait décidé qu'aucun donatiste ne serait reçu *cum suo honore*. Le concile d'Hippone demandait qu'on exceptât ceux qui n'avaient pas pratiqué la rebaptisation ou les prêtres et évêques qui faisaient l'union avec toute leur paroisse. Le clergé se recrutait difficilement.

[2] On a connaissance, en 394, d'un concile provincial à Carthage et d'un concile général à Hadrumète en Byzacène.

[3] Les personnes baptisées dans le schisme étaient admises dans l'Eglise catholique non par un nouveau baptême, le leur étant considéré comme valable, mais par une cérémonie analogue ou identique à la confirmation, mais non sans rapport

Il faut croire que la révolte de Gildon et la répression qui suivit arrêtèrent quelque temps encore la reprise des communications, car elles ne furent rétablies que sous les successeurs de Sirice et de Simplicien, Anastase et Venerius. Le concile tenu le 16 juin 401 à Carthage députa en Italie, à ces deux prélats et à l'empereur, en vue d'obtenir, des premiers, les dispenses que nécessitait le manque de personnel; du souverain, une action énergique contre le paganisme et la répression de certains abus qui s'y rattachaient plus ou moins. Au mois de septembre, dans une autre réunion d'évêques, Aurèle put communiquer des lettres très bienveillantes du pape Anastase, mais on n'avait encore rien obtenu, au moins sur la question des prêtres ou évêques qui revenaient à l'Eglise avec leurs paroisses. Il fallut insister encore, et sans doute on eut gain de cause, car on ne tarde pas à voir les admissions désirées s'effectuer sur une très vaste échelle.

Ouvrir largement la porte aux transfuges, c'était bien; mais maintenant une action plus directe était devenue possible. En cette année 401, l'Afrique était passée aux mains d'un comte influent, Bathanarius, beau-frère de Stilicon, qui la gouverna jusqu'en 408. Les Donatistes s'étaient trop compromis avec Gildon pour

---

avec la réconciliation des pénitents. L'imposition des mains, qui en faisait partie, était sans doute *ad accipiendum Spiritum sanctum*, mais aussi *in poenitentiam*. Comme la pénitence était un empêchement aux ordres, le converti se trouvait, à ce point de vue, frappé d'incapacité. C'est cette incapacité que les évêques africains cherchaient à écarter.

que le gouvernement d'Honorius fût disposé à oublier leurs péchés, anciens ou récents.

Cependant on chercha d'abord à procéder par la douceur. Les fonctionnaires furent priés d'enquêter, dans toutes les localités où les Maximianistes avaient eu des églises, sur ce qui s'était passé au moment où ils avaient fait schisme avec des autres donatistes; des actes authentiques devaient être dressés; puis des légats du concile seraient envoyés aux évêques et aux paroisses donatistes pour leur exposer qu'ils n'avaient plus rien à reprocher aux catholiques; que ceux-ci ne les avaient traités que comme ils avaient eux-mêmes traité les Maximianistes.

En dehors de ces mesures conciliaires, chaque évêque était requis de faire autour de lui toutes les démarches propres à établir, sinon l'entente, au moins quelques rapprochements, quelques conversations. Augustin se dépensait à cette œuvre. A peine était-il installé à Hippone qu'il composait une sorte de complainte en vers libres, où se résume toute la polémique antidonatiste. Il y avait un refrain :

Omnes qui gaudetis de pace
Modo verum iudicate.

Les enfants catholiques chantaient cela par les rues et popularisaient ainsi la politique d'union. Si quelque évêque donatiste semblait moins entêté que les autres, Augustin saisissait les occasions de le rencontrer, ou tout au moins de lui écrire, et cherchait à entamer la discussion. Trouvait-il en circulation quelque livre donatiste, il s'empressait de le réfuter[1]. Pétilien, évêque de Constantine, une des fortes têtes du parti, mena quelque temps la polémique avec lui. C'est une polémique fort monotone. De part et d'autre on ressasse indéfiniment les mêmes idées, les mêmes arguments de principe et de fait. Augustin les manie avec une patience infatigable, une dextérité parfaite et surtout une indéconcertable douceur. Il faisait, en particulier, grand cas de l'avantage que lui offrait l'histoire, toute récente, des Maximianistes. C'est lui sans doute qui avait suggéré au concile de Carthage l'idée de s'en servir comme il le fit.

Mais ni ses controverses ni l'intervention des magistrats ne semblent avoir eu de résultats bien appréciables. Dans sa réunion de 403 (25 août), le concile résolut de procéder plus directement et d'inviter les Donatistes à une conférence où les deux épiscopats discuteraient les questions qui les divisaient et s'efforceraient de les résoudre.

C'était assurément une bonne pensée, mais, pour convoquer les Donatistes, il aurait fallu pouvoir les aborder, et cela était très difficile, vu l'horreur qu'ils avaient de toute communication avec les catholiques.

---

[1] *Contra epistolam Parmeniani, De baptismo contra Donatistas, Contra litteras Petiliani, De unitate Ecclesiae, Contra Cresconium grammaticum, De unico baptismo;* cf. les ouvrages perdus, mais catalogués dans les Rétractations, I, 21; II, 5, 19, 27, 28, 29, 35; et les lettres relatives à ces affaires.

Avec ces gens intraitables tout rapport direct était impossible; on recourut à l'intermédiaire des curies municipales. Chaque évêque, muni d'une lettre du proconsul ou du vicaire, se présentait devant le magistrat local: il faisait insérer cette lettre dans les actes de la municipalité, et, avec elle, une formule d'exhortation et de convocation. Cela fait, l'évêque catholique s'étant retiré, les procès-verbaux étaient lus par le magistrat aux chefs du clergé donatiste. De leurs réponses il était également dressé procès-verbal.

Les fonctionnaires se prêtèrent à cette singulière entremise, qui, du reste, demeura sans résultat. Nous avons encore [1] quelques phrases de la réponse qui fut consignée, au nom de Primien, sur les registres municipaux de Carthage: « Il serait honteux pour les fils » des martyrs de s'assembler avec la race des traditeurs... » On brandit contre nous des lettres impériales; nous, » nous n'avons que les Evangiles... La vraie Eglise, » c'est celle qui souffre persécution, non celle qui persé- » cute ». Ils n'avaient pas changé depuis Donat, pas même de style. Les évêques de Numidie s'assemblèrent pour délibérer et leur délibération aboutit à un refus collectif.

Quant au populaire donatiste, il s'exaspéra, et, en maint endroit, se porta à d'épouvantables violences, sur les personnes et sur les églises. Les circoncellions avaient perfectionné leur armement; aux matraques des anciens jours ils avaient adjoint ou substitué des frondes,

---

[1] Aug., *Ad Donatistas post coll.*, 1, 31.

des lances, des sabres; ils avaient même imaginé de jeter à la tête des gens de la chaux vive et du vinaigre, pour les aveugler. La campagne, en Numidie, était en leur pouvoir, et, dans les villes elles-mêmes, on courait des dangers. Augustin, spécialement désigné à leur fureur, était guetté par eux sur les chemins; ils parlaient de le tuer comme une bête fauve. Son ami Possidius, évêque de Calame (Guelma), fut assiégé dans une ferme, dépouillé, insulté et battu.

L'évêque catholique de Bagaï, à qui ils en voulaient spécialement, fut saisi dans une église, assommé avec les débris de l'autel auquel il se cramponnait, criblé de blessures, laissé pour mort, si bien que les siens vinrent pour l'enterrer. A ce moment, les Donatistes s'aperçurent qu'il respirait encore; ils le trainèrent au sommet d'une tour, d'où, après d'autres mauvais traitements, ils le précipitèrent. Il tomba, par bonheur, sur un tas de fumier; on le retrouva, on le soigna et il finit par se remettre.

Poussé à bout, l'épiscopat catholique se rappela qu'il existait des lois contre les fauteurs de schisme et qu'en somme toute cette église donatiste représentait une vaste contravention. Au concile de 404 (16 juin) il fut décidé qu'on enverrait à l'empereur deux légats avec des instructions écrites; nous en avons le texte. Les évêques réclamaient, d'abord que l'on protégeât les catholiques contre les violences des dissidents; ensuite que l'on appliquât, non à tous les donatistes, mais à ceux qui, par leurs violences, donneraient des sujets de plainte, la loi de Théodose [1] par laquelle, les personnes qui, dans les sectes hérétiques, confèrent ou reçoivent l'ordination étaient passibles d'une amende de dix livres d'or, sans préjudice de la confiscation des lieux où la cérémonie était célébrée; enfin que l'on appliquât aussi la loi qui enlevait aux hérétiques le droit de faire ou de recevoir des dons ou des legs.

C'eût été beaucoup de sévérité, s'il s'était agi d'hérétiques paisibles; mais, eu égard au tempérament des Donatistes et aux excès qu'ils se permettaient sous l'œil de fonctionnaires complaisants, c'était trop peu. Ainsi, du moins, pensaient nombre d'évêques; mais le concile s'était rangé à l'avis d'Augustin, toujours enclin aux mesures de douceur. En vain on lui citait les bons résultats obtenus en plus d'un endroit, notamment à Tagaste, sa ville natale, par une pratique un peu rigoureuse du *compelle intrare*. Les gens de Tagaste, ramenés à l'Eglise au temps de Macaire, n'en étaient plus sortis depuis. Augustin résistait: personne, selon lui, ne devait être forcé d'entrer dans l'Eglise.

Sur ces entrefaites, et pendant que les envoyés du concile faisaient voile pour l'Italie, il se produisit une intervention sur laquelle ni Augustin ni Aurèle n'avaient compté. L'évêque de Bagaï, à moitié guéri, s'en alla droit à la cour, montrer ses cicatrices et raconter ses aventures. Il ne fut pas le seul: d'autres que lui se lassaient d'être assommés sous prétexte de tolérance. L'impression

---

[1] Cod. Th., XVI, 5, 21, du 15 juin 392.

fut profonde et définitive. Une loi fut aussitôt envoyée en Afrique, prescrivant de supprimer la secte donatiste, d'exiler ses évêques et leurs auxiliaires [1]. Cela impliquait la fermeture des églises dissidentes et leur remise au clergé catholique. C'était l'union imposée, comme en 347, au temps de Macaire. D'autres lois suivirent bientôt, réglant certains détails [2].

Le décret impérial fut aussitôt exécuté à Carthage, et, à ce qu'il paraît, sans trop de difficulté. Le concile plénier, tenu le 23 août, selon l'usage, constate le fait et vote des remerciements à l'empereur; il décide aussi que les fonctionnaires seront priés d'appliquer la loi dans les provinces avec le même zèle qu'ils ont montré dans la métropole.

On ne peut nier que la pression officielle ait abouti à de sérieux résultats. L'exaltation des circoncellions n'était pas le fait de tous les Donatistes. Il ne manquait pas parmi eux de gens sensés, qui se rendaient compte de la stupidité de leur schisme et ne cherchaient qu'un

[1] Loi perdue, mais visée par des lois postérieures de peu (Cod. Th., XVI, 5, 38; XVI, 11, 2) et résumée par Augustin, ep. 185, § 26.: Lex fuerat promulgata, ut... haeresis Donatistarum... non tantum violenta esse sed omnino esse non sineretur impune; non tamen supplicio capitali, propter servandam etiam circa indignos mansuetudinem christianam, sed pecuniariis damnis propositis et in episcopos vel ministros eorum exilio constituto.

[2] Cod. Th., XVI, 5, 37, 38; XVI, 6, 3, 4, 5, toutes du 12 février 405; XVI, 5, 39, du 8 décembre. La première ordonne d'afficher partout le rescrit obtenu de Julien par les Donatistes, avec des actes où l'odieux de cette concession était relevée. Cf. *Const. Sirm.* 12 et Cod. Th., XVI, 5, 40, 41, 43.

prétexte pour s'en détacher; beaucoup étaient donatistes par habitude, par tradition de famille, sans savoir pourquoi, sans même y penser sérieusement; d'autres n'étaient retenus dans la secte que par la frayeur que leur inspiraient les violents. En somme l'intervention de l'Etat tendait beaucoup moins à molester les consciences qu'à les délivrer d'une oppression insupportable [1].

Cependant, en bien des endroits, il se produisit des résistances, et les catholiques, en dépit de tous les édits impériaux, continuèrent d'être malmenés. Un an après la loi d'union, le clergé d'Hippone en est réduit à s'adresser à l'épiscopat donatiste pour être protégé contre des violences intolérables [2]. A Bagaï, les Donatistes brûlèrent l'église catholique [3]; à Constantine, à Sétif, en nombre d'endroits, des violences analogues sont signalées; un évêque donatiste se vantait d'avoir détruit, à lui seul, quatre églises catholiques. On comprend que, dans ces bagarres et dans les répressions auxquelles elles donnaient lieu, quelques donatistes soient restés sur le carreau. Cependant on n'alla pas très loin: le clergé dissident ne fut pas déporté.

Quelques années se passèrent, fertiles en catastrophes pour l'empire d'Occident: l'assassinat de Stilicon (23 août 408), les campagnes d'Alaric en Italie, la

---

[1] Aug., ep. 185, §§ 29, 30; ep. 93.
[2] Aug., ep. 88; cf. ep. 86. Le haut fonctionnaire à qui cette dernière lettre est adressée, Caecilianus, pourrait bien avoir été un commissaire spécial, envoyé en Afrique pour veiller à l'exécution de la loi d'union.
[3] Aug., *Brev. Coll.*, III, 23; Coll. I, 133, 139, 189.

compétition d'Attale, les divers sièges de Rome, enfin la prise et le pillage de la vieille métropole du monde (24 août 410). Ces événements retentirent dans les discordes africaines. Le comte Béthanaire ayant été assassiné peu après son beau-frère Stilicon, les Donatistes se crurent sauvés; mais la place de favori-tuteur était échue au maître des offices Olympius, personnage fort pieux, ami de saint Augustin: les lois antérieures furent confirmées expressément [1]. Toutefois, l'année suivante, Olympius ayant été remplacé par le païen Jovius, un édit de tolérance fut obtenu [2]. Tout le travail accompli depuis cinq ans se trouvait compromis.

Le concile d'Afrique ne s'abandonna pas. Déjà, en 408, au lendemain de la chute de Stilicon, il avait député à l'empereur. De nouveaux envoyés partirent pour l'Italie, et, le 25 août 410, pendant qu'Alaric entrait à Rome, on leur délivrait à Ravenne un nouvel édit [3], par lequel les choses étaient remises sur l'ancien pied.

Au milieu de ces crises, l'idée d'une conférence entre les deux épiscopats fut plusieurs fois remise sur le tapis. Elle venait d'elle-même à toutes les personnes sages de l'un et de l'autre bord. Les catholiques avaient tenté, en 403, de la réaliser; les Donatistes s'y étaient refusés; mais, en 406, quelques-uns d'entre eux, se trouvant à Ravenne, avaient demandé [4] au préfet du

---

[1] Cod. Th., XVI, 5, 44, 46.
[2] *Cod. can. eccl. Afric.*, c. 108.
[3] Cod. Th., XVI, 5, 51.
[4] Acte du 30 janvier, Coll. III, 141.

prétoire de leur ménager un colloque avec un évêque
catholique de passage à la cour. Celui-ci, n'ayant pas
commission pour cela, avait dû se réserver. Toutefois
quand, en 410, le concile d'Aurèle envoya demander
le retrait des mesures de tolérance inaugurées l'année
précédente, il chargea ses légats de solliciter aussi la
réunion d'une conférence. Honorius y consentit. Par
un décret en date du 14 octobre [1], il désigna pour préparer et présider cette assemblée un des hauts dignitaires de sa chancellerie, Marcellin, tribun et notaire,
et lui déléguat les pouvoirs les plus étendus.

Marcellin vint en Afrique ; il commença par étudier
la situation ; puis (février 411) il fit afficher le rescrit
impérial avec un édit explicatif [2]. Entre les deux documents il y a une grande différence de ton. L'empereur se place au point de vue du droit strict et traite
les Donatistes de dissidents ; le commissaire, lui, cherche
à tenir la balance égale entre les deux partis. Il charge
les magistrats provinciaux et municipaux de se mettre
en rapport avec les évêques et de les convoquer tous
à Carthage. Aucune contrainte ne devra être exercée ;
mais les prélats donatistes doivent savoir que, s'ils
acceptent de venir à la conférence, on leur rendra immédiatement les églises dont ils ont été évincés, avec leur
temporel ; qu'un sauf-conduit leur sera accordé pour
l'aller et le retour ; enfin que, s'ils se défient de l'ar-

---

[1] Coll. I, 4.
[2] Coll. I, 5-10.

bître à cause de sa qualité de catholique, ils pourront lui donner un assesseur de leur confession.

Les évêques donatistes acceptèrent la conférence ; ils vinrent à Carthage ; ils y firent même, le 18 mai 411, une entrée collective et solennelle [1]. Les catholiques arrivèrent de leur côté. Quand tout le monde fut réuni, Marcellin fixa le jour et le lieu de la réunion ; elle devait s'ouvrir le 1er juin, dans les thermes de Gargilius, édifice spacieux et frais, situé au milieu de la ville. Tous les évêques n'étaient pas admis à y prendre part; on redoutait qu'assemblés en trop grand nombre, ils ne pussent discuter sans désordre. Chaque parti devait élire sept orateurs, auxquels seraient adjoints sept conseillers silencieux et quatre commissaires chargés de surveiller la confection des procès-verbaux. Ceux-ci devaient être rédigés par les greffes des plus hautes administrations de Carthage, assistés de deux notaires ecclésiastiques de chaque bord. Aucun discours, aucune interruption, aucun mot ne pouvait être prononcé sans que l'orateur n'en certifiât la teneur sur la transcription en clair, après qu'elle aurait été relevée sur les minutes sténographiques. Chacun des deux épiscopats devait, avant l'ouverture de la conférence, aviser le haut commissaire de son acceptation du règlement.

Au jour dit, Marcellin et le personnel de chancellerie prirent place dans la grande salle des thermes ; on introduisit les évêques. Les catholiques étaient au nombre

---

[1] Coll. I, 14 ; cf. Aug., *Post Coll.*, 25.

de dix-huit, suivant le règlement. Leurs orateurs étaient Aurèle, Augustin, deux intimes amis de celui-ci, Alypius de Tagaste et Possidius de Calame, puis les évêques de Constantine, Sicca et Culusi. Quant aux Donatistes, ils se présentèrent en masse; ils avaient déjà, eux aussi, choisi leurs orateurs, mais ils ne voulurent pas les indiquer tout d'abord: c'étaient Primien de Carthage, Pétilien de Constantine, Emeritus de Césarée en Mauritanie, Gaudentius de Thamugad, et trois autres.

Jamais ils ne voulurent s'asseoir, quelque instance que leur en fît le commissaire: les justes ne sauraient, disaient-ils, siéger avec les pécheurs. Voyant cela, Marcellin voulut demeurer debout et les délégués catholiques en firent autant. Il restèrent ainsi jusqu'au soir, onze heures durant, et il en fut de même les autres jours.

Dès le premier moment les Donatistes dessinèrent leur attitude. Ce qu'ils voulaient, c'était empêcher la discussion, en l'embrouillant par d'inextricables chicanes ou en l'obstruant par des discours inutiles. Leurs deux principaux orateurs, Emeritus et Pétilien, se distinguaient, l'un par un bavardage prétentieux et filandreux, qui eût lassé la patience des anges; l'autre par sa fougue, sa violence, sa dialectique impitoyable, son opiniâtreté qui l'empêchait de concéder quoi que ce fût et le conduisait à répéter sans cesse les mêmes objections [1].

---

[1] M. P. Monceaux a reconstitué son œuvre littéraire (*Les ouvrages de Petilianus*, dans la Revue de philologie, t. XXXI (1907), p. 218).

La première journée fut employée, ou plutôt perdue, à débattre d'incroyables arguties sur la procédure. Cependant on parvint à lire, d'abord le rescrit impérial et l'édit du commissaire, puis la réponse de chacun des deux partis. Dans la leur, les Donatistes déclaraient qu'ils tenaient à paraître tous ensemble, afin qu'on ne se figurât pas qu'ils étaient peu nombreux. Les catholiques acceptaient l'édit sans condition. Ils prenaient de plus l'engagement suivant, solennel et spontané : au cas où leurs adversaires pourraient établir que leur église représentait à elle seule tout ce qui subsistait du christianisme, ils descendraient de leurs chaires épiscopales et se rangeraient sous l'autorité de leurs collègues. Dans le cas où le débat tournerait à leur avantage, chacun d'eux admettrait son collègue donatiste à partager avec lui les honneurs de l'épiscopat et le gouvernement de son église.

Enfin on donna lecture du mandat que les délégués catholiques avaient reçu de leurs collègues présents à Carthage, mais absents de la conférence. Cette pièce était assez développée : on y alléguait tous les textes de l'Ecriture sur lesquels les catholiques fondaient leur situation théorique, et l'on y visait tous les documents propres à établir que la question de fait avait été tranchée définitivement au temps de Constantin. Elle portait les signatures de tous les évêques catholiques présents à Carthage. Les Donatistes incidentèrent aussitôt sur ces signatures, prétendant les vérifier une à une. A cet effet ils réclamèrent la comparution des signataires.

On leur passa cette fantaisie. Tous les évêques catholiques furent mandés au lieu de l'assemblée. Chacun d'eux répondait à l'appel de son nom, puis son collègue donatiste déclarait qu'il le reconnaissait.

Il y avait 266 évêques catholiques; on peut juger du temps qui se perdit en cette formalité.

Les Donatistes consentirent alors à présenter leurs délégués avec le texte du mandat qu'ils leur avaient donné. Les signatures furent lues aussi; on les fit confirmer par leurs auteurs; il y en avait 279; quelques-unes furent contestées [1].

La nuit était venue; on renvoya au surlendemain (3 juin) la suite de la discussion. A la deuxième séance, les Donatistes, après diverses chicanes, demandèrent un nouveau délai. C'est seulement le 8 juin que la conférence fut reprise.

L'obstruction recommença. Les Donatistes voulaient absolument savoir qui, d'eux ou de leurs adversaires, était demandeur, qui défendeur. On perdit beaucoup de temps à cela. Au cours du débat, les dissidents produisirent une pièce délibérée par eux les jours précédents, en réponse au mandat des catholiques. Augustin, qui, les

---

[1] Du côté catholique, aux 266 signataires du mandat vinrent s'ajouter 20 retardataires; il y avait 120 absents et 64 sièges vacants. Cela donne un total de 470 évêchés. Du côté donatiste les chiffres ne sont pas aussi précis; mais en tenant compte des absences, des vacances, fort nombreuses depuis la loi d'union (405), et de ce que, en beaucoup d'endroits, l'évêque donatiste s'était rallié à l'église officielle, on arriverait à un total à peu près équivalent.

deux premiers jours, avait à peine ouvert la bouche, prit la parole et s'efforça de maintenir la discussion sur ce document. Il y parvint, bien que les Donatistes, effrayés de voir l'affaire s'engager au fond, fissent mille efforts pour se rejeter dans les détails. Force leur fut de laisser produire les arguments bibliques d'où il ressort que l'Eglise n'a pas été fondée comme une petite société de saints, mais comme devant comprendre, jusqu'au jugement final, tous les hommes quels qu'ils soient, les pécheurs mêlés aux justes. Dans ces conditions, quoi qu'il en pût être de Cécilien, de Félix et des autres personnes en cause, leur culpabilité, si elle existait, ne regardait qu'eux et n'empêchait pas l'Eglise d'être l'Eglise. On passa ensuite à la question de fait. Qu'en était-il, au vrai, des accusations portées contre Cécilien? Les documents sur lesquels, depuis le temps de Constantin, se fondait l'apologétique des catholiques furent lus et discutés, avec ceux que les Donatistes croyaient pouvoir leur opposer, ceux-ci en petit nombre et plutôt de nature à prouver contre eux. Il fut bien établi que Cécilien et Félix avaient passé par des procédures diverses, qui n'avaient rien laissé subsister de ce dont on les accusait, et que tel avait été le jugement définitif de Constantin.

Le commissaire prononça alors la clôture de la discussion et fit retirer les évêques, pendant qu'il rédigeait sa sentence. La nuit était venue. Ce fut à la lueur des cierges que, les délégués rentrés en séance, Marcellin donna lecture de son jugement, favorable aux catholiques, sur tous les points. Le 26 juin il publia un édit [1], en qualité, cette fois, non plus de juge, mais d'exécuteur de la sentence arbitrale. Il y invitait les Donatistes à faire l'union, en profitant des offres généreuses qui leur avaient été faites par leurs adversaires et que ceux-ci entendaient maintenir. Sinon, ils devaient rendre les églises qui leur avaient été temporairement remises et s'abstenir de tout conventicule schismatique. Les curies municipales, les propriétaires, intendants ou fermiers, étaient avisés de ne souffrir sur leurs terres aucune réunion de ce genre. Au cas où la loi, si souvent violée, le serait encore cette fois, une répression sévère était annoncée.

Les chefs donatistes en appelèrent à l'empereur; la réponse fut une loi du 30 janvier 412 [2], qui portait contre eux des pénalités pécuniaires et prononçait, pour le clergé réluctant, la peine de la déportation en dehors de l'Afrique.

Depuis 409 le comte d'Afrique était Héraclien, le meurtrier de Stilicon. Pendant la compétition d'Attale, il demeura fidèle à Honorius. Quand les Goths, après la mort d'Alaric (412), se furent transportés en Gaule, Héraclien se brouilla avec le gouvernement de Ravenne, se révolta et finit par débarquer en Italie avec

---

[1] Ce document est imprimé ordinairement à la suite de la Conférence, sous le titre impropre de *Sententia cognitoris* (Aug., t. XI, p. 1418). Sa date seule, sans parler du contenu, répugne à cette désignation.
[2] Cod. Th., XVI, 5, 52.

une armée. Vaincu à Otricoli par le comte Marinus, il s'enfuit à Carthage, mais il y fut rejoint et exécuté (juillet 413); Marinus, son vainqueur, lui succéda. Il y eut alors une réaction très vive; les amis d'Héraclien se trouvèrent compromis. De ce nombre était Marcellin, l'arbitre de la conférence, et son frère, l'ancien proconsul Apringius. Ceux-ci avaient contre eux l'inimitié d'un grand personnage, Cécilien, ancien préfet du prétoire. Ils furent arrêtés, au grand désespoir des évêques, d'Augustin surtout, dont Marcellin était l'intime ami; tous lui étaient reconnaissants de ce qu'il avait fait pour l'église d'Afrique. Cécilien leur donnait de bonnes paroles; il les encouragea même à s'adresser à la cour. Ils le firent, et leurs envoyés revinrent avec l'ordre de remettre les accusés en liberté. Mais Marinus avait pris les devants; quelques jours auparavant, après un jugement sommaire, il avait fait exécuter ses prisonniers (13 septembre 413)[1].

Ce fut une désolation pour les catholiques. Les Donatistes triomphèrent un moment. Mais Marinus fut aussitôt destitué et de nouveaux rescrits vinrent confirmer les décisions du gouvernement à l'égard des schismatiques[2]. Un autre commissaire, Dulcitius, fut nommé pour en suivre l'application.

---

[1] Sur cette affaire, v. Aug., ep. 151.
[2] Cod. Th., XVI, 5, 54, du 17 juin 414 (confirmation des mesures répressives); 55, du 30 août suivant (confirmation du caractère officiel des procès-verbaux de la conférence).

L'œuvre d'union, commencée en 405, se poursuivit régulièrement. Pendant que les magistrats, dirigés par Marcellin et Dulcitius, instrumentaient dans leur sphère, la plus grande publicité était donnée aux actes de la conférence. Dès le premier jour on les avait affichés à Carthage ; des copies intégrales en furent répandues [1]. En certains endroits on les lisait à l'église pendant le Carême. Mais leur longueur nécessita bientôt des rédactions abrégées. Il nous en reste encore une, de la main de saint Augustin, le *Breviculus collationis* [2]. Sous d'autres formes encore, livres de controverses, conférences locales, sermons, lettres, les évêques s'efforçaient de présenter la vérité et de la faire parvenir au public donatiste [3]. La polémique dura longtemps. Cependant

[1] Le texte nous est parvenu dans un ms. du IXe siècle, qui appartint d'abord à la cathédrale de Lyon (*Parisin.* 1546). Il s'ouvre par une préface où un certain Marcel, *memorialis*, qui avait été conseil de l'arbitre Marcellin, explique qu'il a cru devoir le diviser en sections et réunir en une table les titres de toutes les sections, qui forment ainsi comme un abrégé du texte intégral. Pour les deux premières séances, nous sommes au complet, texte et table s'étant conservés ; mais, pour la troisième, la plus importante, nous n'avons plus que la table et les 281 premières sections, sur 587. A partir du n° 282 il faut se contenter de la table ou recourir au *Breviculus* de saint Augustin.

[2] Aug., t. IX, p. 613. Saint Augustin dit que les Donatistes, qui avaient tout fait pour empêcher la conférence, puis pour qu'on n'y traitât pas leur affaire, avaient réussi, en donnant lieu à des procès-verbaux interminables, à empêcher qu'on ne lût ce qui s'y était passé.

[3] Lettre du concile de Numidie aux Donatistes (Aug., ep. 141); saint Augustin, *Ad Donatistas, post collationem,* t. IX, p. 651; lettre à Emeritus, perdue (*Retr.* II, 46).

le sens commun finit par l'emporter, sinon partout, au moins auprès du plus grand nombre. Les conciles pléniers de 407 et de 418 légifèrent sur la répartition des paroisses converties. Saint Augustin, dans ses discours et dans sa correspondance, témoigne du succès que rencontrait l'œuvre d'union. Deux épisodes curieux sont à signaler.

En 418, Augustin et quelques-uns de ses collègues se trouvaient par occasion à Césarée en Mauritanie, lorsqu'on lui apprit que l'ancien évêque donatiste, Emeritus, était là. Emeritus avait été, à la conférence, le principal orateur, ou, pour mieux dire, le principal obstructeur de son parti. C'était un homme d'esprit cultivé et d'une extraordinaire facilité de parole. Ses fidèles avaient passé presque tous à l'église catholique; quelques-uns cependant s'obstinaient dans le schisme, par attachement pour leur évêque. Celui-ci, bien que proscrit officiellement, circulait cependant en liberté. Augustin le rencontra sur la place publique; ils se saluèrent. Emeritus se laissa même conduire à l'église, où la conversation continua, devant le peuple, fort intéressé, on le pense bien, par la rencontre des deux grands champions. Il y eut, non seulement une séance, mais deux [1]. Ce fut, du reste, sans succès qu'Augustin s'efforça de faire discourir celui qui avait eu, à la conférence, la langue si alerte et si subtile. Tout ce qu'on en put tirer ce fut une protestation contre

[1] On en a les procès-verbaux: Aug., *Sermo ad Caesareensis ecclesiae plebem* et *De gestis cum Emerito*, t. IX, p. 689, 697.

l'usage que les catholiques faisaient de la conférence : « Les actes, dit-il, montrent si j'ai été vaincu ou vain-» queur ; si j'ai été vaincu par la vérité ou opprimé » par la force ». Puis il se renferma dans le silence. A cette rencontre il perdit encore quelques adhérents, mais il ne fut pas autrement inquiété.

L'année suivante un autre cas se présenta, celui-ci bien propre à donner une idée de l'exaltation qui régnait chez les Donatistes vaincus. Le commissaire Dulcitius s'était présenté à Thamugad, en vue d'appliquer l'édit d'union. Thamugad était, comme Bagaï, une des forteresses du donatisme. En pleine région de l'Aurès, dans le vrai pays des circoncellions, elle ne pouvait manquer d'offrir une résistance spéciale. Son évêque Gaudentius, proscrit de par la loi, en réalité libre de ses allées et venues, habitait aux environs. A la nouvelle de l'exécution, que son absence eût facilitée, il s'empressa de reparaître, et, entouré de fanatiques déterminés, s'enferma dans l'église. De là il signifia au commissaire que, si l'on faisait mine d'avancer sur l'édifice, il y mettait le feu et se brûlait avec tout son monde. Les Donatistes, et plus spécialement les circoncellions, ne reculaient, on le savait, ni devant les précipices ni devant aucun genre de suicide. Dans les derniers temps, le bûcher était assez de mode en ce monde étrange. Mais on ne pouvait guère s'attendre à semblable chose de la part de Gaudentius, un lettré, un des orateurs de son parti à la célèbre conférence.

Le commissaire, effaré de cette attitude, communiqua à l'évêque d'Hippone les deux lettres par lesquelles Gaudentius l'avertissait de sa résolution. Nous les avons encore, dans la réfutation en règle que leur consacra saint Augustin. A cette réfutation Gaudentius répondit et Augustin lui répliqua. Tel est le thème de ses deux livres « Contre Gaudence », controverse peu banale, entre un évêque pacifique et un fanatique exaspéré, campé sur son bûcher et tenant en main la mêche incendiaire. Cependant je dois dire que la discussion ne se ressent pas de ces circonstances tragiques et que, de part et d'autre, les sempiternels arguments de ce conflit sont alignés et ressassés avec le plus grand calme.

De ces histoires les documents ne donnent pas la fin. Nous ne saurions dire si Emeritus resta donatiste jusqu'à son dernier souffle, ni même si Gaudentius finit par allumer son bûcher. Une chose est sûre, c'est que le donatisme, tout en déclinant de plus en plus, conserva cependant une certaine vitalité. Vingt ans après la conférence, les Vandales devenaient maîtres de l'Afrique, et les lois de l'empire romain cessaient de contraindre ce qui restait de fanatiques. On en trouve encore en Numidie jusqu'au temps de saint Grégoire le Grand, jusqu'à la veille de l'invasion arabe.

CHAPITRE V

Alaric.

<small>Faiblesse de l'empire d'Occident. — Alaric et Stilicon. — Prise de Rome. — La Gaule en proie aux barbares. — Les empereurs d'Arles. — Athaulf en Gaule et en Espagne. — Le patrice Constance. — Chrétiens de stricte observance. — Prudence. — Paulin de Nole. — Sulpice Sévère. — Postumien. — Vigilance. — Restes d'arianisme en Illyrie : Maximin. — Bonose de Naïssus. — Le vicariat de Thessalonique. — Nicétas de Remesiana. — La hiérarchie épiscopale en Italie. — La société romaine. — Les Probi. — Les amis de saint Jérôme. — Les Valerii : Mélanie la jeune. — Mélanie l'ancienne reparaît à Rome. — Ses petits-enfants sacrifient leur fortune. — La catastrophe de Rome. — Impression qu'elle produit. — La Cité de Dieu et l'Histoire d'Orose. — Les lendemains d'invasion.</small>

L'empire romain n'est pas mort tout d'un coup. Depuis la terrible crise que virent les contemporains de l'empereur Dèce jusqu'au jour où Mahomet II entra vainqueur dans Sainte-Sophie, s'échelonne une longue série de catastrophes partielles. Un des plus tristes moments, dans cette lamentable histoire, c'est le commencement du Ve siècle. C'est alors que de tous côtés la frontière latine est rompue, que l'empire occidental est réduit à rien, que le sanctuaire de Rome est violé, et que les chrétiens étonnés gémissent sur la Babylone des sept collines comme Jérémie avait pleuré sur Jérusalem : *Facta est quasi vidua domina gentium! Princeps provinciarum facta est sub tributo!*

Et c'était une chute piteuse. Quelques légions d'autrefois, commandées, je ne dis pas par Scipion ou

César, mais par un chef de moyenne valeur, auraient eu raison, sans trop d'efforts, des bandes incohérentes devant lesquelles tremblaient les sujets d'Honorius. Mais à l'intérieur du vieil empire il n'y avait plus que faiblesse. On y cherche en vain un foyer d'énergie nationale, un centre d'action, de direction militaire. Des mandarins hiérarchisés autour d'un gynécée, un personnel de figurants occupés de mesquines intrigues ou courant après de bas profits, voilà ce que représentait la cour de Ravenne. Le recrutement de l'armée, très appauvri dans la dépopulation générale, y amenait encore des conscrits, fournis par la propriété foncière; mais il n'était guère fructueux que parmi les barbares immigrés, introduits et implantés plus ou moins pacifiquement sur le sol de l'empire, à proximité des frontières. L'élément germanique, à demi romanisé, prenait, dans la défense du territoire, une part prépondérante. Maintenant que l'aristocratie était tenue à l'écart de l'armée, c'était souvent à des barbares d'origine que l'on en remettait le commandement. Ils arrivaient aux plus hauts grades, aux situations les plus imposantes. Les fastes consulaires du IV° siècle sont remplis de noms barbares, Bauto, Mérobaude, Ricomer, Arbogast. Encore ces personnages étaient-ils des officiers de la carrière romaine ; leur élévation, ils ne la devaient nullement à la considération dont eux ou leurs familles avaient pu jouir dans leur nation germanique, mais uniquement aux services rendus par eux à l'empereur, à l'avancement dans la hiérarchie officielle. Les soldats auxquels ils commandaient, quelle que fût leur provenance ethnique, étaient armés à la romaine, encadrés dans les anciens corps romains. Le moment venait où il allait falloir s'arranger de bandes germaniques telles quelles, formées soit en corps de tribu, soit en hordes d'aventuriers, commandées par leurs chefs nationaux. Tel était le cas des Goths, de ceux d'Orient sous Gaïnas et Trébigild, de ceux d'Occident sous Alaric. Tel fut aussi le cas des Francs, des Alamans, des Burgondes, quand, en dépit de toutes les victoires de Julien, de Valentinien et de Gratien, on eut renoncé à les tenir à distance du Rhin. A ceux-ci du moins on ne peut imputer que l'envahissement progressif des provinces situées à leur portée ou encore des expéditions passagères vers l'intérieur de la Gaule. Du bas Rhin, de la basse Meuse, les Francs, désormais installés à Cologne et jusqu'à Tongres, descendaient peu à peu vers le sud. Du Rhin moyen, les Alamans débordaient souvent le Jura et les Vosges. Envahir lentement ou piller brusquement, mais toujours dans leur voisinage immédiat, voilà ce qu'on les voyait faire sans trop pouvoir s'y opposer. Ils ne se lançaient pas en expéditions lointaines et ne cherchaient pas à jouer de grands rôles dans la politique de l'empire.

Alaric avait d'autres visées. Les circonstances avaient fait de lui le chef des Goths établis en Illyricum ; c'est en cette qualité qu'il avait commandé l'avant-garde de Théodose, à la bataille de la Rivière Froide. En cette affaire il avait été assez malheureux. Théodose mort,

Stilicon le renvoya en Illyrie, puis chercha à s'en débarrasser, sans réussir à autre chose qu'à le pousser en Grèce, où il ravagea Athènes et Corinthe. Le gouvernement d'Arcadius entravait les opérations du régent d'Occident. Il alla, dans cette voie, jusqu'à conférer au chef barbare le grade de *magister militum*, avec solde pour sa bande. Pendant quelques années Alaric se tint tranquille. Vers la fin de 401 [1] on le vit se porter vers l'Italie, franchir les Alpes Juliennes et mettre le siège devant Aquilée. Pour la première fois depuis les Cimbres et les Teutons, le sol italien était foulé par l'envahisseur. Rome trembla. Alaric proférait contre elle d'étranges menaces; il fallut mettre en état de défense l'enceinte d'Aurélien. Stilicon, toutefois, réussit à arrêter cette première expédition. Vaincu à Pollentia (6 avril 402), puis à Vérone, Alaric dut évacuer l'Italie. Il rentra dans son Illyrie.

Cette fois, on s'en était tiré; mais il est clair que, désormais, il faudrait compter avec le chef des Goths. Stilicon imagina de s'en servir pour faire rentrer les provinces méridionales de l'Illyricum (Dacie, Macédoine, Grèce), sous l'autorité de l'empereur d'Occident. Ils entrèrent en négociations à ce sujet.

Mais il s'agissait bien de conquêtes. La Germanie intérieure se mettait en mouvement. Suivant l'exemple d'Alaric, un autre barbare, Radagaise, descendait des

---

[1] Sur cette date et la suivante, v. la discussion de O. Seek dans les *Forschungen zur deutschen Geschichte*, t. XXIV, p. 175 et suiv.

Alpes avec une horde énorme, au moins deux cent mille hommes (406). Cette fois encore Stilicon vint à bout de l'invasion. Les barbares s'étaient avancés jusqu'à Florence ; il les accula aux montagnes de Fiesole, leur coupa les vivres et les réduisit à capituler [1]. Mais tout aussitôt la frontière creva sur un autre point. Le dernier jour de l'année 406, trois peuples de l'arrière Germanie, les Suèves, les Alains et les Vandales, écartant les Francs voisins du Rhin, franchissaient le fleuve et inondaient la Gaule. Les cités riveraines, Mayence, Worms, Spire, Strasbourg, furent emportées par le torrent, puis les principales villes de la Belgique. Le fléau s'étendit plus loin, et, dans les deux années qui suivirent, 407 et 408, la Gaule tout entière, du Rhin aux Pyrénées, fut en proie aux barbares [2].

Dans ce désordre, un usurpateur débarqua de Bretagne, comme l'avait fait Maxime en 383. L'armée insulaire, en révolte contre Honorius, se donnait des empereurs. Les deux premiers élus périrent massacrés par ceux qui les avaient acclamés ; le troisième, Constantin (Constantin III), réussit à se maintenir, franchit le détroit

---

[1] Un arc de triomphe, maintenant détruit, fut élevé à Rome, près du pont d'Hadrien (pont Saint-Ange), avec une inscription commémorative de la victoire des empereurs : *quod Getarum nationem in omne aevum docuere extingui*. (C. I. L. VI, 1196 ; cf. Jordan-Hülsen, *Topogr.*, t. I³, p. 599 ; l. 1, lire Fiesole au lieu de Pollentia). Ce monument, où l'on célébrait l'extermination définitive des Goths, était encore tout neuf quand Alaric vainqueur passa dessous. Stilicon eut aussi, à la suite de la même victoire, une statue au Forum (C. I. L. VI, 31, 987).

[2] Jérôme, ep. CXXIII, 16.

et, après diverses péripéties, vint s'installer à Arles. C'était une grave déconvenue pour Stilicon, d'autant plus qu'Alaric, ennuyé d'attendre en Illyrie, redevenait menaçant. Le régent, dont le crédit, en dépit des services rendus, commençait à se ressentir des intrigues de cour, n'abandonnait pas ses plans grandioses. Il proposait d'envoyer Alaric en Gaule contre Constantin, tandis qu'il marcherait lui-même sur le Bosphore, où la mort d'Arcadius et l'extrême jeunesse de son fils Théodose II laissaient l'empire tomber en quenouille. Ces projets furent traversés par une catastrophe. Mari de Serena, la nièce de Théodose, deux fois beau-père de l'empereur Honorius, auquel il avait donné successivement ses filles Marie et Thermantia, tuteur et défenseur de l'empire d'Occident, Stilicon avait été porté trop haut par la fortune. On lui prêtait l'ambition suprême, non pour lui, mais pour son fils Eucher, à qui, dit-on, il destinait l'empire d'Orient. Encore s'il eût été romain! Mais on n'avait pas oublié ses origines vandales; ses combinaisons avec Alaric effarouchaient certaines pudeurs. L'empire devait-il être gouverné et défendu par des barbares? Dans une sédition militaire on massacra ses principaux amis. Puis ce fut son tour. En vain se réfugia-t-il dans une église de Ravenne: on réussit à l'en tirer; il fut mis à mort par ordre de l'empereur (23 août 408). Son fils Eucher, arrêté à Rome en violation, lui aussi, de l'asile religieux, eut le même sort. La réaction contre les Barbares était si forte que, dans leurs garnisons, les soldats romains massacrèrent les femmes et les enfants des auxiliaires germaniques.

Atrocités inutiles! Alaric était toujours aux portes de l'Italie, avec sa horde affamée, demandant qu'on l'employât, ou que du moins on lui accordât un titre officiel et une solde pour son monde. Il lui fallait bien remplacer les avantages analogues que son amitié avec Stilicon lui avait fait perdre en Orient. Ne voyant rien venir, il franchit les Alpes et, traversant un pays sans défense, se présenta sous les murs de Rome. On y était très hostile aux Barbares. L'infortunée Serena, qui s'y était réfugiée, se vit imputer l'invasion : elle fut massacrée. Cependant la famine se fit sentir et la vieille métropole du monde fut heureuse de se racheter à prix d'or (automne 408). Elle aurait bien voulu, alors, que la cour conclût quelque arrangement avec les Goths. Mais la cour, abritée dans les marécages de Ravenne, tint bon et refusa de traiter. Alaric revint vers Rome. Il n'y entra pas; avec la complicité du sénat, il proclama empereur le préfet Attale, rhéteur de quelque réputation, dont il obtint ce qu'il désirait.

Pour vivre en Italie, pays ruiné, il fallait avoir la clef des greniers africains. Alaric et le sénat, préoccupés avant tout du nécessaire, voulaient y envoyer des Goths. Attale, tout comme Honorius, montra des scrupules : il lui répugnait de confier cette mission aux Barbares. Comme, du reste, il n'avançait à rien, Alaric le destitua (410) et recommença ses négociations avec Honorius. Elles n'aboutirent pas. Pour la troisième fois le chef des Goths marcha sur Rome. Cette fois, après de longs jours d'affreuse famine, les portes lui en furent ouvertes, le 24 août 410. Depuis les temps presque fabuleux de l'invasion gauloise, le sanctuaire de la puissance romaine était demeuré inviolé. Cette fois il connut l'incendie allumé par l'ennemi vainqueur, le pillage, le massacre et toutes les horreurs. Pendant trois jours Rome fut livrée à la bande affamée que l'imbécile gouvernement de Ravenne n'avait pas su détourner d'elle. Heureusement Alaric et ses Goths étaient chrétiens; ordre fut donné de tuer le moins possible et d'ouvrir largement l'asile sacré des deux sanctuaires apostoliques. Ils étaient l'un et l'autre hors des murs et depuis longtemps au pouvoir des assiégeants. A l'approche de ceux-ci, on avait caché en ville les vases précieux de la basilique de Saint-Pierre. Un soldat goth les trouva chez une vieille femme; Alaric, informé, les fit reporter sous bonne escorte au tombeau de l'apôtre; nombre de Romains les y suivirent [1].

Enfin, comme une inondation qui s'écoule, les barbares s'acheminèrent sur les routes du midi, leurs chariots remplis de butin et suivis par de nombreux prisonniers. Au nombre de ceux-ci figurait Placidie, fille de Théodose, la propre sœur de l'empereur Honorius. A travers la Campanie et la Lucanie, Alaric mena son monde jusqu'au détroit de Messine, qu'il entendait franchir pour passer en Sicile et de là en Afrique; mais

---

[1] Orose, *Hist.*, VII, 39. Cf. Sozomène, IX, 10.

ses navires de transport ayant été coulés ou dispersés
par une flotte impériale, force lui fut de revenir sur
ses pas. La maladie l'emporta près de Cosenza.

Cependant l'usurpateur de Gaule, Constantin III,
se trouvait, tout comme Honorius, aux prises avec les
barbares et les compétiteurs. L'Espagne, qui l'avait
d'abord accepté, vit bientôt se produire une résistance
sous la direction de deux parents de Théodose, Didyme
et Verénien; après quelques succès, ils tombèrent entre
les mains de l'empereur d'Arles et furent mis à mort.
Mais le général qui les avait vaincus, Gerontius, se
révolta à son tour et proclama un nouvel empereur,
Maxime. Le désordre était à son comble. Les barbares,
qui depuis deux ans erraient en Gaule, réussirent à passer
les Pyrénées (409). En même temps la Bretagne, aban-
donnée à elle-même, se séparait de l'empire. Au nord
de la Loire, les cités armoricaines en faisaient autant.
Qui aurait imaginé qu'à un tel moment Constantin pût
avoir l'idée de conquérir l'Italie et de se substituer tout
à fait au fils de Théodose? C'est pourtant ce qu'il entreprit. On le vit franchir les Alpes et s'avancer jusqu'à
Vérone, pendant que son fils Constant, associé par lui
à l'empire, faisait face aux difficultés espagnoles. Mais
les intelligences qu'il avait à Ravenne lui firent subite-
ment défaut. A ce moment Gerontius, prenant l'offen-
sive, franchissait les Pyrénées, arrivait jusqu'à Vienne,
où Constant, tombé en son pouvoir, était mis à mort.
Constantin, rentré en Gaule, fut bientôt assiégé dans
Arles, n'ayant plus d'espoir qu'en certains contingents

de barbares qu'on était allé lui recruter au delà du Rhin. Pendant qu'il les attendait, une armée survint d'Italie, sous le commandement de Constance, général d'Honorius, un personnage appelé à de grands succès et à de très hautes destinées. Il tomba d'abord sur les assiégeants. Gerontius, abandonné de ses troupes, s'enfuit en Espagne. A sa place Constance poursuivit le siège. Quand arrivèrent les renforts attendus, les troupes d'Honorius les reçurent avec vigueur, les mirent en déroute et le malheureux Constantin se vit réduit à capituler. Il se réfugia dans une église, où pour plus de sûreté, l'évêque Héros l'ordonna prêtre ; mais Constance passa outre à tout cela, se saisit de l'empereur déchu et l'envoya à Honorius avec son second fils, Julien. Ils furent exécutés avant d'arriver à Ravenne (411, été).

Arles était aux mains d'Honorius. Mais on n'était pas encore au bout des complications. Dès avant la fin du siège, un nouveau compétiteur, Jovinus, s'était déclaré aux bords du Rhin ; les Alamans et les Burgondes le soutenaient. Pendant ce temps, Athaulf, beau-frère d'Alaric, proclamé roi des Goths, circulait en Italie avec ses barbares, réclamant toujours un commandement et du pain, offrant en retour de servir l'empereur et de lui rendre sa sœur Placidie. Comme on ne l'écoutait pas, il passa en Gaule (412), sous prétexte d'offrir ses services à Jovinus, s'installa à Bordeaux, puis à Narbonne, et, s'étant un peu arrangé avec Honorius, le débarrassa de Sébastien, frère de Jovinus, qui se l'était associé à l'empire, puis de Jovinus lui-même (413).

Enfin, comme à Ravenne on ne se décidait pas à le satisfaire, il prit le parti d'épouser Placidie (414, janvier). Narbonne vit ces noces étranges, où cinquante jeunes gens en riches vêtements de soie présentèrent à la fille de Théodose les dépouilles de la vieille Rome, pendant que l'ancien empereur Attale, revenu à la littérature, récitait un épithalame. Athaulf, assis à côté de Placidie, portait le costume romain, symbole des dispositions intimes de ces braves Goths qui ne voulaient aucun mal à l'empire, ne demandaient qu'à le défendre et même à se faire romains, pourvu qu'on leur donnât à manger. Mais la politique de Ravenne, où l'on ne voulait pas d'eux, tablait précisément sur leur appétit. Les choses se brouillèrent encore plus et Attale redevint empereur, peu de mois après le mariage de Placidie. Pendant qu'il errait en Aquitaine, Constance, établi à Arles, redoublait d'efforts contre les Goths, les délogeait de Narbonne et finalement les poussait en Espagne. Placidie, sur ses entrefaites, accoucha d'un fils, que son père, toujours attaché à la dynastie régnante, voulut appeler Théodose. L'enfant mourut au bout de quelques jours et fut enterré à Barcelone; peu après, Athaulf périt assassiné. Une réaction se produisit: pendant le règne éphémère de Sigeric, sept jours seulement, Placidie fut maltraitée. Wallia, qui remplaça Sigeric, finit par s'arranger avec la cour de Ravenne. On lui donna du blé; il s'engagea à combattre les autres barbares, qui, depuis 409, ravageaient la malheureuse Espagne. Placidie fut rendue. Peu après, le

1ᵉʳ janvier 417, elle épousa le général Constance, l'homme du jour, le sauveur romain de l'empire romain. Après avoir ainsi récompensé son lieutenant, Honorius vint lui-même triompher à Rome (417). Attale figura dans le cortège. Au moment où les Goths franchissaient les Pyrénées, le malheureux s'était laissé prendre par les gens de Constance. Rome vit passer, derrière le char du fils de Théodose, le triste empereur d'Alaric et des Goths [1]. Elle renaissait, la vieille capitale, après tant de jours mauvais : les habitants lui revenaient, d'exil ou de captivité; on réparait tant bien que mal les dégâts de l'invasion; on se reprenait à vivre. De nouveau la maison théodosienne présidait aux destinées de l'Occident. La Bretagne, sans doute, était perdue; sur le Rhin, Francs, Burgondes, Alamans, prenaient de plus en plus leurs aises avec la frontière; mais les Armoriques étaient rentrés dans l'obéissance; sauf l'Espagne, où les barbares se chamaillaient entre eux, la paix, la paix romaine, régnait de nouveau.

Au moment où les peuples de Germanie maltraitaient si cruellement l'empire d'Occident, l'Eglise y menait une vie assez tranquille. L'agitation priscillianiste se confinait peu à peu dans la lointaine province de Galice; les discordes épiscopales qui s'en étaient

---

[1] Bien qu'à certains moments il se fût montré très arrogant, on lui fit grâce de la vie. Après lui avoir coupé deux doigts on l'envoya dans l'île de Lipari où il finit tranquillement son extraordinaire carrière.

suivies, en Gaule et en Espagne, tendaient à s'apaiser.
Le paganisme mourait partout, proscrit officiellement
dans ses manifestations extérieures, ne se défendant
plus qu'au fond des campagnes et dans certains cercles
aristocratiques. Le Christ régnait maintenant sans rival
sur la cour et sur les villes; la conquête totale était
proche; c'était l'affaire d'un petit nombre d'années.

Là, précisément, dans ce succès définitif, se trouvait
le germe de certaines difficultés intérieures. Tout le
monde se convertissait; c'est bien, mais à quoi? A un
autre culte ou à un autre genre de vie? S'agissait-il
seulement de substituer le Christ à Jupiter, la liturgie
eucharistique aux sacrifices anciens, le baptême au tau-
robole, et, par ailleurs, de vivre comme par le passé,
d'après la morale commune et l'usage mondain? Beaucoup, il faut l'avouer, s'en tenaient là. Dans le clergé lui-
même, il ne manquait pas de personnes qui interprétaient
ainsi l'Evangile. D'autres protestaient contre un tel affa-
dissement et réclamaient des chrétiens une rupture totale
avec l'esprit du siècle. Ni les textes sacrés ni les souvenirs anciens ne faisaient défaut à leur thèse; ils alléguaient les exemples des moines d'Orient et de leurs
prosélytes occidentaux, Mélanie, Paule, Jérôme et les
autres; ils montraient la figure plus présente de l'évê-
que-moine Martin, dont toute la Gaule vantait la vie
miraculeuse. Lutte éternelle entre le relâchement et la
sévérité! Ausone et saint Martin ont vécu ensemble,
dans le même pays; ils sont chrétiens l'un et l'autre,
mais quelle différence!

Entre ces deux extrêmes il y avait place pour beaucoup de nuances : le type de sainteté que nous représentent des hommes comme Ambroise et Augustin diffère notablement de celui des pères du désert, ou même d'évêques comme saint Martin; d'autre part, il eût été aisé de rencontrer dans le monde, dans les fonctions publiques, même à la cour, des chrétiens qui se ressentaient de leur baptême un peu plus que l'illustre rhéteur de Bordeaux. D'une manière générale, le conflit entre les deux notions de la vie chrétienne tendait à promouvoir l'ascétisme. On le voit maintenant se manifester partout, avec une intensité toute nouvelle.

En Espagne, les Priscillianistes l'avaient fort compromis. Il se conservait cependant, avec ses anciennes formes et même ses anciens abus [1]. Il y avait des groupes de saintes femmes vivant et se macérant ensemble. C'est d'un monastère de ce genre, situé au fond de la Galice [2], qu'était partie la vierge Etheria (ou Eucheria) pour accomplir ce long pèlerinage d'Orient dont elle nous a laissé un si curieux récit. Le poète Prudence nous présente un autre type, celui de l'homme du monde qui, arrivé à un certain point de sa carrière, réfléchit, interroge sa conscience religieuse, puis tourne court, renonce au monde, se convertit, comme on disait au

---

[1] Concile de Tolède de l'an 400 *(Conc. Tolet. I)*, c. 6, 9, 16, 18, 19.

[2] Férotin, *Revue des quest. hist.*, t. LXXIV (1903), p. 387, n. 2. L'auteur de l'itinéraire sur lequel on a d'abord mis le nom de Silvia.

XVII° siècle. On sait à quelles œuvres il employa les loisirs de sa pieuse retraite et comment le christianisme eut en lui son premier grand poète.

Au moment où nous sommes, les lettres chrétiennes, qui, dans le monde latin, avaient vécu longtemps sur Tertullien et Cyprien, commençaient à jeter quelque éclat. Après Lactance et saint Hilaire, Ambroise, Augustin, Jérôme, Sulpice Sévère, parlaient religion en fort bon style. Pour la poésie on était un peu en retard. Quelques essais d'hymnes, sortis de la plume d'Hilaire et d'Ambroise : c'est tout ce qu'on pouvait citer [1]. Avec Prudence, l'Eglise eut un vrai poète, une sorte de Pindare, dont les odes sacrées devaient, pendant de longs siècles, donner une expression à la piété des fidèles. Sa muse prie aux diverses heures de la journée chrétienne ; elle célèbre les martyrs à leurs anniversaires, polémise contre les hérétiques du passé ou contre les demeurants du paganisme. Très circonspect en son inspiration, Prudence évite avec soin les questions brûlantes. Chez lui pas la moindre trace du priscillianisme, qui, autour de lui, passionnait le monde religieux. Il ne parle même pas des Ariens. C'est du reste un homme assez isolé ; ses contemporains ne semblent pas l'avoir remarqué. S'il ne s'était un peu raconté lui-même, dans la préface qu'il écrivit en 405

---

[1] On me permettra de négliger ici des œuvres aussi inférieures que celles de Juvencus, qui, sous Constantin, mit les évangiles en vers, de la poétesse Proba, du pape Damase, de l'anonyme contre Marcion, etc.

pour le recueil de ses poésies, nous n'aurions rien à dire de sa personne.

Paulin, son contemporain, est bien autrement connu. Originaire d'une grande famille de Bordeaux, où il naquit en 353, il avait reçu, dans les célèbres écoles de cette ville, les leçons d'Auson, avec lequel il se lia d'une étroite amitié. En même etemps que la carrièr des lettres, il suivirent tous deux celle des honneurs publics, et parvinrent au consulat, Ausone sur le tard, Paulin à la fleur de l'âge [1]. Mais bientôt leurs voies se séparèrent. Pendant que le vieux lettré, à peine tinté de christianisme, s'attardait dans le monde, dans les discours d'apparat et les petits poèmes futiles, Paulin, à l'appel de la voix intérieure, se disposait à quitter tout cela. L'évêque Delphin lui donna le baptême (390); on apprit bientôt qu'il partait pour l'Espagne et embrassait, de concert avec sa femme Thérèse, une vie de pauvreté et de mortification. Ordonné prêtre à Barcelone (Noël 393), il prit, l'année suivante, le chemin de l'Italie. Au cours de sa carrière administrative il avait été consulaire de Campanie; son attention fut alors attirée par un saint local, un ancien prêtre de Nole, Félix, qui avait édifié cette ville vers le milieu du IIIe siècle. Il résolut de se fixer auprès de son tombeau et de promouvoir son culte. Paulin et Thérèse étaient connus dans tout l'Occident; leur « conversion » eut un grand retentissement. Les gens du monde s'en

---

[1] Ausone fut consul en 379, Paulin peu avant lui; il avait donc au plus vingt-cinq ans lors de son consulat.

scandalisèrent fort, et poussèrent les hauts cris. Ausone
atteint au cœur, s'efforça en vain de retenir son ancien
disciple. Saint Ambroise, au contraire, en fut ravi, et
avec lui tous les amis de l'ascétisme, Martin, Augustin,
Jérôme et les autres. Ambroise lui fit le plus grand
accueil à Milan. A Rome il trouva quelque opposition
dans le clergé: le pape Sirice ne lui témoigna aucun
enthousiasme [1]. Arrivé à Nole, il y aménagea sa nouvelle
existence, vivant comme frère et sœur avec Thérèse,
observant le régime le plus frugal, tout entier au soin
des pauvres et au culte de son cher saint Félix, auquel
chaque année il consacrait un nouveau poème. C'était
le temps où la cour de Ravenne admirait les beaux
vers de Claudien sur les pompes officielles et les victoires
de Stilicon. De ces solennités littéraires, Paulin, comme
Prudence, détournait les yeux. Ce n'était pas pour elles,
c'était pour la gloire d'un prêtre obscur, mort depuis
plus d'un siècle et ignoré de tous, qu'Ausone avait
formé son plus brillant disciple. Paulin lui échappait
tout entier. Le vieux maître dut mourir vers le temps
de sa retraite, car il ne figure pas parmi les correspondants du converti. Celui-ci écrivait volontiers, mais
à d'autres saintes personnes, Sulpice Sévère, Delphin,
Amand, Augustin, Rufin, Jérôme. En son nouveau style,
tout imprégné de réminiscences bibliques, les souvenirs
de l'antiquité profane se faisaient fort rares. Aussi aimable qu'Augustin, moins sollicité que l'évêque d'Hip-

---

[1] Ep. V, 13, 14: urbici papae superba discretio.

pone à se mêler des affaires ecclésiastiques, il vivait tranquille dans sa retraite campanienne, aimé et vénéré de tout le monde, évitant de prendre parti dans les querelles. Sa propagande pour saint Félix était couronnée de succès. On venait à Nole de tous les coins de l'Occident, de Gaule, d'Espagne, d'Afrique, même des régions danubiennes et de l'Orient. Mais saint Félix n'était évidemment qu'un prétexte: ce qui attirait, c'étaient ses deux serviteurs Paulin et Thérèse, fleurs vivantes de vertu chrétienne.

Au premier rang des amis de Paulin se présente Sulpice Sévère, aquitain comme lui, de noble famille aussi et de grande fortune. Ensemble il renoncèrent au monde. Sulpice était veuf. Les deux amis projetèrent de se réunir; quand Paulin se fut établi à Nole, il n'est sorte d'instances qu'il n'ait faites pour décider Sulpice à y venir aussi. Mais celui-ci était retenu en Gaule par son attrait pour Martin, dont il fit la connaissance vers 392 et qui lui témoigna depuis lors une grande amitié. Le saint de Tours, encore vivant, était pour lui ce que Félix de Nole était pour Paulin. Il se fit son biographe, et cela sans attendre qu'il eût terminé sa carrière. Martin vivait encore quand sa Vie fut expédiée à Nole. On connaît la fortune de ce livre extraordinaire et des suppléments que l'auteur lui donna, dans ses épîtres et ses dialogues. On sent, en lisant ces écrits, à quel point l'auteur est dégoûté non seulement du monde, mais de l'Eglise elle-même et surtout du clergé. C'est pour ramener à l'idéal chré-

tien, d'où l'on est si tristement déchu, qu'il s'attache
à faire reluire l'image du saint évêque, si austère, si
plein de zèle et de charité, si puissant en miracles et
en édification. Sulpice voudrait que tous les évêques
fussent autant de saints Martin. Ce n'était pas très aisé,
ni même peut-être très souhaitable, car les hommes de
Dieu d'un type si prononcé ne sont pas toujours des
administrateurs parfaits. Leur vocation, c'est de produire à un certain moment une impression profonde
et efficace. Avant Martin le christianisme existait à peine
dans les régions occidentales de la Gaule. Sa ferveur
communicative avait fait pulluler les apôtres et fructifier leur prédication. Mais déjà, dans ses derniers temps,
on voit se dessiner autour de lui une sorte d'opposition à ses méthodes : Brice, un de ses disciples, préconise une direction moins impétueuse, une austérité
moins intolérante. Et il paraît bien que ses idées
étaient partagées, car c'est lui qui fut élu pour succéder à Martin. Les purs disciples de celui-ci lui firent
une guerre à mort ; toute la littérature de Sulpice Sévère est engagée dans cette controverse [1]. On alla plus
loin. A Tours même, Brice ne tarda pas à rencontrer
une opposition violente, qui l'obligea à demeurer longtemps éloigné de son église.

Au premier rang de ses accusateurs se signalait un
certain Lazare, qui le poursuivit de concile en concile,

---

[1] Cette histoire s'est reproduite au XIIIe siècle autour de
saint François et après lui. Frère Elie est un décalque de
saint Brice.

notamment devant celui des évêques de l'Italie du nord, assemblé à Turin [1]. Les idées de Sulpice Sévère et de Lazare étaient représentées en Provence ; Proculus, évêque de Marseille, porta bientôt l'accusateur de Brice au siège épiscopal d'Aix : sur celui d'Arles siégeait Héros, lui aussi disciple de Martin. La politique finit par se mêler à cette querelle : Héros, Lazare, Proculus, se compromirent avec « l'usurpateur » Constantin III ; quand l'autorité d'Honorius se rétablit en ces régions, ils eurent de mauvais jours à traverser.

Sulpice excédait sûrement en ses propos amers. Il y avait, de son temps et dans son propre pays, nombre de bons évêques, comme Delphin et Amand de Bordeaux, Exupère de Toulouse, Simplicius de Vienne, Alithius de Cahors, Diogénien d'Albi, Dynamius d'Angoulême, Vénérand d'Auvergne, Pégase de Périgueux, Victrice de Rouen, amis et correspondants de Paulin de Nole ou célébrés par lui [2]. Saint Jérôme en connaissait quelques-uns [3]. Il relève beaucoup la vertu d'Exupère de Toulouse. Victrice de Rouen, ami de saint Martin, était, comme lui, sorti des rangs de l'armée [4]. Devenu

[1] J. 330, 331. La date du concile de Turin demeure incertaine, aux abords de l'an 400.

[2] V. ses lettres 10, 14, 19, 20, 35, à Delphin (cf. carm. XIX, v. 154) ; 10, 12, 15, 21, 36, à Amand ; 33, à Alethius ; 18, 37, à Victricius. Cf. le fragment 48, conservé dans Grégoire de Tours, *Hist. Fr.*, II, 13.

[3] Lettre 55, *ad Amandum;* sur Exupère, ep. 123 (c. 16), 125 (c. 20) et la préface de son commentaire sur Zacharie, qu'il lui dédia ; sur Alethius, ep. 121.

[4] Paulin, ep. 18, c. 7, raconte cela en termes un peu légendaires.

évêque, il s'était distingué par son zèle, non seulement dans son diocèse, mais en des régions assez éloignées, la Morinie et le littoral nervien [1], pays à peine évangélisés, où il était aller prêcher la foi et fonder des établissements chrétiens. Les évêques de l'île de Bretagne le prièrent (v. 395) de passer chez eux pour arranger certaines querelles, ce qu'il fit avec succès. Cependant il se trouva des gens pour critiquer sa doctrine, et c'est sans doute à ce propos qu'il fit le voyage de Rome. Peu après son retour, le pape Innocent lui envoya (404), sur sa demande, un petit livre de règles canoniques qui a trouvé place parmi les décrétales [2]. Exupère aussi s'adressa (405) à Rome pour se faire élucider certains points de discipline et reçut, du même pape Innocent, une consultation semblable.

Victrice a été connu de Sulpice Sévère, qui met sur les lèvres de saint Martin un propos très avantageux pour lui, ainsi que pour l'évêque de Chartres Valentin [3]. Ne dit-il pas lui-même [4] de Félix de Trèves que c'est un très saint homme et vraiment digne d'être évêque ?

Malheureusement l'ordination de ce saint homme, célébrée au milieu de la crise ithacienne [5], avait été le

[1] Correspondant à peu près à la Flandre actuelle.
[2] On a de Victrice une homélie intitulée *De laude sanctorum*, composée à l'occasion de l'arrivée de certaines reliques (Migne, *P. L.*, t. XX, p. 443).
[3] Dial. III, 2.
[4] Dial. III, 13.
[5] Tome II, p. 538.

point de départ d'un schisme entre les évêques des
Gaules: quinze ans au moins s'écoulèrent sans que l'on
parvînt à s'entendre. Le litige fut porté devant le concile de Turin, dont il a été question plus haut. Mais
les prélats italiens étaient liés par les décisions de
saint Ambroise et du pape Sirice: ils ne purent que
les maintenir et recommander d'abandonner Félix. Seule,
la mort de celui-ci put apaiser ce différend.

On voit que tout l'épiscopat n'était pas à convertir
et que, si l'esprit chagrin de Sulpice Sévère y découvrait tant de choses à critiquer, le bon Paulin, lui, parvenait à s'en édifier.

Sulpice vivait retiré près de Toulouse, entouré de
quelques disciples qui voyageaient de temps à autre,
soit pour les besoins de sa correspondance avec Nole,
soit pour visiter les saints lieux et les saintes gens
d'Orient. Postumien, l'un deux, fit un long voyage en
Egypte et en Terre Sainte; il fut témoin à Alexandrie
de la querelle entre Théophile et ses moines; à Bethléem
il admira fort et saint Jérôme et son entourage. Dans
ses « Dialogues », Sulpice Sévère assigne à Postumien
un rôle assez important: de fait, il arriva par lui à
inculquer une idée qui lui tenait fort à cœur, c'est que,
quoi qu'on pût dire des illustres solitaires d'Egypte,
Martin leur était supérieur à tous. Un autre de ses
disciples, Vigilance, avait fait, lui aussi, quelques années
auparavant, le voyage de Nole [1] et celui de Palestine.

---

[1] Paulin, ep. V, 11.

C'était un esprit assez inquiet. A Bethléem il eut la
fâcheuse idée de se disputer avec Jérôme. Celui-ci
était alors très excité contre Rufin. Il venait justement
d'abandonner Origène et de se rallier à la campagne
d'Epiphane contre l'évêque de Jérusalem. Le moment
était mal choisi pour intervenir et surtout, comme le
fit Vigilance, pour incidenter sur le passé origéniste
de l'irascible docteur. Pourtant ils se quittèrent à peu
près pacifiquement [1]. Mais bientôt Jérôme apprit que
Vigilance le critiquait en Gaule [2]. Il lui écrivit de sa
meilleure encre. Plus tard encore il eut à s'occuper
de lui et non plus à propos d'Origène. Vigilance, qui
était déjà prêtre au temps de son voyage en Palestine
(396), était rentré dans son pays, la cité des *Convenae* [3],
où il avait une certaine situation dans le clergé. Il paraît
avoir évolué, car les idées qu'on ne tarda pas à lui
imputer ne se ressentent guère de ses rapports avec Sévère et Paulin. Il se montrait fort opposé au culte des
reliques, ou plutôt, ce me semble, à certaines exagérations de ce culte. Il n'aimait pas qu'on abusât des
cierges, qu'on multipliât les vigiles nocturnes, dangereuses, à ses yeux, pour la moralité. Enfin il trouvait
qu'on avait tort de quitter le monde pour la solitude.
La preuve que ses propos n'avaient rien de bien cri-

---

[1] Jérôme, ep. 58.

[2] Jérôme, ep. 61; cf. Sulpice Sévère, *Dial.* I, 9, où Jérôme est défendu contre certaines imputations: « Qui eum haereticum esse arbitrantur, insani sunt ».

[3] Plus tard le diocèse de Saint-Bertrand de Comminges ; cf. mes *Fastes épisc. de l'ancienne Gaule*, t. II, p. 3.

minel, c'est qu'il était approuvé par les évêques de sa région. Tout cela serait passé inaperçu, si des prêtres voisins de Vigilance et qui ne partageaient pas ses idées, ne les eussent dénoncées à Jérôme. Celui-ci, qui avait la rancune longue, se précipita sur l'occasion: en deux écrits successifs, il s'abandonna aux plus extraordinaires violences contre l'imprudent qui avait prétendu trouver des pailles dans son orthodoxie [1]. Les évêques qui pensent comme Vigilance sont pour lui indignes de ce titre; ils ne veulent, dit-il, ordonner que des diacres mariés [2]. Ce détail, qui doit avoir quelque fondement, prouve au moins que la loi du célibat ecclésiastique n'avait pas encore, dans le sud de la Gaule, toute l'extension qu'elle reçut plus tard.

Ces invectives de Jérôme ont fait le plus grand tort à la réputation de Vigilance; dès la génération suivante il passa pour un hérétique. Au fond, il ne faut voir en cette querelle qu'une manifestation des répugnances soulevées par les exagérations du culte populaire. Jérôme lui-même est obligé de reconnaître que tout n'est pas absolument correct dans les élans inconsidérés des simples et des femmes [3]. Il y a des choses

---

[1] Ep. 109 *ad Riparium presb.; Contra Vigilantium.*

[2] Selon Jérôme, *Contra Vigil.*, 2, ces évêques auraient requis des futurs diacres la preuve de leurs aptitudes conjugales. C'est de l'invective. A retenir seulement que certains évêques préféraient quelquefois, pour le diaconat, des candidats mariés à des candidats célibataires, mais d'un célibat peu garanti.

[3] Quod si aliqui per imperitiam et simplicitatem saecularium hominum vel certe religiosarum feminarum, de quibus

qu'il supporte plus qu'il ne les approuve. En somme aucune question de principe n'est ici engagée et, si Jérôme n'avait eu de vieux comptes à régler avec Vigilance, il est à croire qu'il l'eût laissé tranquille.

Tel était l'état des esprits, en Espagne et en Gaule, à la veille de la grande invasion. Dans les provinces danubiennes, Rhétie, Norique, Pannonies, Mésies, Dacies, on n'était déjà plus à la veille : les Goths et autres peuples germaniques y avaient assez d'établissements et d'influence pour qu'on pût, en bien des endroits, se demander s'ils n'étaient pas les véritables maîtres du pays.

Dans ces contrées, où l'arianisme avait eu tant de succès, il persistait encore, mais seulement au sein des colonies barbares. Il n'y avait plus de place, dans le clergé officiel, pour des évêques ariens. Au temps de Gratien et de Théodose, Auxence de Dorostorum avait dû se réfugier à la cour de l'impératrice Justine, encore arienne. Plus tard on trouve chez les Goths de Thrace un évêque appelé Selenas [1], qui paraît avoir été le successeur d'Ulfila. Alaric en avait un dans son armée, Sigishaire; il baptisa Attale en 409. et s'efforça en vain, après l'assassinat d'Athaulf, de sauver du massacre les enfants de ce malheureux prince [2]. Maximin, le même sans doute qui, vers 383, s'était escrimé con-

vere possumus dicere « Confiteor, zelum Dei habent, sed non
» secundum scientiam », hoc pro honore martyrum faciunt, quid inde perdis? (*Contra Vigil.*, 7).

[1] Socrate, V, 23; Sozomène, VII, 16.
[2] Olympiodore, dans Photius, *Bibl.*, cod. 80, p. 60.

tre saint Ambroise [1], devint évêque; en 427, on le vit débarquer à Carthage avec le comte Sigisvult et un corps de Goths auxiliaires. C'était un homme instruit, de parole facile, ardent à la controverse. Aussitôt arrivé, il s'informa d'Augustin et se rendit à Hippone, pour y discuter avec le grand docteur de l'Occident. Au milieu de ses controverses contre les Donatistes, les Manichéens et les Pélagiens, Augustin avait trouvé le temps de méditer sur le mystère de la Trinité. Il avait même écrit sur ce sujet un ouvrage de longue haleine, son *De Trinitate,* fruit d'un travail de quinze années. Mais c'était une œuvre de pure théorie, une synthèse de cabinet, élaborée sans égard à autre chose qu'aux données de la tradition et aux exigences ou convenances de la raison. Les ariens en chair et en os étaient fort rares en Afrique; Augustin n'en avait guère vu depuis son séjour à Milan, au moment de sa conversion. C'était pour lui une situation nouvelle [2] que de se trouver en conférence publique et contradictoire avec un arien

---

[1] T. II, p. 571, n. 2. C'est pourtant une bien longue carrière; il y a peut-être lieu de la répartir entre deux Maximins.

[2] Le comte Pascentius, avec lequel il eut un colloque en 406 (Ep. 238-241), n'était pas un adversaire sérieux. Une douzaine d'années plus tard Augustin réfuta par écrit un sermon arien qu'on lui avait envoyé (*Opp.*, t. VIII, *Contra sermonem Arianorum*). Vers le même temps il eut à écrire à un certain Helpidius, arien, qui avait imaginé de le convertir et lui avait même fait passer un traité d'un évêque de sa secte. (ep. 242). Enfin, assisté d'Alypius, il convertit un médecin de la ville de Thenae en Byzacène; ce médecin, appelé Maxime, semble avoir été un eunomien égaré en Afrique (ep. 170, 171).

sérieux, avec un évêque théologien, tout aussi ferré que
lui sur l'appareil biblique de cette controverse, maniant
la parole avec aisance et la dispute avec dextérité.
Nous avons encore le protocole de la rencontre [1] où,
grâce à l'exubérance de Maximin, le vieil évêque d'Hippone
ne put déployer tous ses moyens. Aussi crut-il
devoir reprendre le sujet dans un écrit spécial [2] ; Maximin,
averti de l'intention de son contradicteur, avait
promis une réplique, dont le texte ne s'est pas conservé.
Du reste il dut bientôt quitter l'Afrique avec Sigisvult
et ses Goths. Quelques années après on le retrouve en
Sicile, où il s'attira une condamnation en règle de la
part des évêques de ce pays. Il s'en vengea quand Genséric
envahit (440) la Sicile, en donnant au roi vandale
des conseils de persécution [3].

Auxence et Maximin n'étaient sans doute pas les
seuls chefs de leur secte qui fussent capables de faire
œuvre de plume [4]. Ce n'est donc ni à l'un ni à l'autre
que l'on peut attribuer en toute sécurité certains fragments
latins de littérature arienne que l'on a retrouvés
dans de très anciens manuscrits de Bobbio [5], et qu'il

---

[1] *Collatio cum Maximino Arianorum episcopo*, dans le t. VIII des œuvres de saint Augustin.

[2] *Contra Maximinum haereticum Arianorum episcopum* (ibid.).

[3] Hydace, Chronique, a. 440.

[4] Noter l'écrit épiscopal arien mentionné dans la lettre de saint Augustin à Helpidius (ep. 242) et les deux docteurs Bonose et Jason auquel Helpidius le renvoie. Ce Bonose est sûrement une autre personne que celui dont il va être question.

[5] Publiés par le card. Mai, *Script. vet. nova collectio*, t. III², p. 191 et suiv. (= Migne, *P. L.*, t. XIII, p. 593 et suiv.). Ecarter

faut joindre, comme spécimens de la théologie danubienne, au célèbre commentaire sur saint Matthieu, que le moyen-âge a connu sous le nom de saint Jean Chrysostome [1]

Il arrive assez souvent que, dans ces livres, la polémique s'en prenne non seulement aux orthodoxes (homoousiastes) et aux macédoniens (homoïousiastes), mais encore aux Photiniens. L'ancien évêque de Sirmium avait, tout comme Arius, conservé des disciples dans les provinces illyriennes, et même ailleurs [2].

Au concile de Capoue (391) il fut question de l'évêque de Naïssus (Nisch) [3], Bonose, et de ses enseignements in-

---

toutefois les fragments 21 et 22, qui appartiennent à l'*Ascensio Isaiae*. Le reste comprend un commentaire homilétique sur saint Luc et des extraits de divers discours polémiques. Cf. Mercati, *Studi e testi*, fasc. 7, p. 47.

[1] C'est l'*Opus imperfectum in Matthaeum*, Migne, *P. G.*, t. LVI, p. 611. Saint Thomas d'Aquin l'avait en haute estime, à tel point qu'entre ce livre et la ville de Paris, il aurait, disait-il, choisi le livre.

[2] Une lettre du pape Innocent (J. 318) parle d'un photinien, appelé Marc, qui, chassé de Rome, avait été faire de la propagande dans le diocèse de Sienne.

[3] D'autres disent de Sardique. Ils se fondent sur un passage de Marius Mercator (Migne, *P. L.*, t. XLVIII, p. 928); mais ce n'est qu'un *obiter dictum*, et d'un auteur dont l'exactitude est souvent en défaut. Le pape Innocent (J. 299), dans sa lettre à l'évêque de Naïssus Marcien (Coustant, *Epp. Rom. Pont.*, p. 820), suppose évidemment que Bonose avait été, avant Marcien, évêque de cette localité. Coustant allègue en vain que Bonose avait fait beaucoup d'ordinations irrégulières; ces irrégularités ne se produisirent qu'après qu'il eut fait schisme, tandis que les ordinations de Naïssus remontaient à sa période catholique.

corrects. Le concile renvoya les plaintes à l'évêque de
Thessalonique et à ses confrères d'Illyrie. Ceux-ci commencèrent par interdire à Bonose les fonctions épiscopales, puis, comme il ne venait pas à résipiscence, le
déposèrent tout à fait. Il résista et organisa un schisme.
Quelle était au juste sa doctrine? Les diverses lettres
pontificales où il est question de son affaire [1] ne nous
renseignent pas complètement. Dans l'une d'elles, écrite
par le pape Sirice alors que le procès intenté à Bonose
n'était pas encore jugé, on voit que l'évêque de Naïssus
soutenait, comme Helvidius et Jovinien [2], que Marie
avait eu des enfants de Joseph après la naissance du
Sauveur. Mais il paraît [3] avéré qu'il ne s'en tint pas
là et qu'il remit en circulation la doctrine du Christ
devenu Fils de Dieu par adoption, déjà condamnée en
Théodote, en Paul de Samosate et en Photin. Cette
théologie chemina, comme l'arianisme, dans les bagages

[1] Sirice, J. 261; Innocent, J. 299, 303, celle-ci du 13 décembre 414.

[2] T. II, p. 482, 560.

[3] C'est l'appréciation de Marius Mercator (ci-dessus, p. 174,
note 3). Gennadius, *De viris*, 14 (cf. *De eccl. dogm.*, 52), cite un
évêque Audentius qui aurait réfuté le photinianisme, peut-être
déjà sous le nom de bonosianisme, que Gennadius emploie lui-
même. Sur les Bonosiaques, v. le recueil intitulé IIe concile
d'Arles, c. 17; Avit de Vienne, *Contra Arianos,* 19, *Contra
Eutych. haer.*, 2; Concile d'Orléans, de 538, c. 34 (31); Concile
de Clichy de 627, c. 5; Justinien, év. de Valence en Espagne,
d'après Isidore, *De viris*, 33 (cf. Isidore lui-même, *Etym.*, VIII, 5;
De haeres., 53); Décret de Gélase, 10 (Thiel, *Epp. R. P.*, p. 470);
Vigile, J. 931 et 932; Greg. M., J. 1844. Sur ce sujet, v. l'article
Bonosus, de Loofs, dans l'encyclopédie de Hauck.

des Goths, quand ils se mirent en marche vers l'Occident. Depuis le déclin du V⁰ siècle jusqu'au VII⁰, les textes ecclésiastiques de Gaule et d'Espagne parlent assez souvent d'hérétiques appelés Bonosiaques, identifiés avec les sectateurs de Photin. Dans son pays d'origine, le schisme bonosiaque préoccupa quelque temps les autorités ecclésiastiques et donna lieu à des débats sur la valeur des ordinations conférées par l'hérésiarque [1].

Cette querelle ne nous est guère connue que par la correspondance des papes. L'Illyricum, tant oriental qu'occidental, était considéré alors comme appartenant plus spécialement à leur ressort. Au temps où le siège de Constantinople, enfin rendu à l'orthodoxie, commençait à devenir un centre important de relations ecclésiastiques, le pape Damase sentit le besoin de resserrer les liens, plutôt légers jusqu'alors, qui rattachaient à son siège les provinces situées entre l'Italie et la Thrace. Celles du nord et de l'ouest, Norique, Pannonie, Dalmatie [2], n'avaient pas cessé d'appartenir à l'empire d'Occident. Sauf la Dalmatie, elles ne tardèrent pas à tomber de fait entre les mains des barbares. Le débris de leur organisation ecclésiastique se groupèrent plus ou moins autour de la métropole d'A-

---

[1] V. les lettres pontificales citées p. 175, note 1.
[2] Elles constituaient ensemble le diocèse des Pannonies et représentaient sept provinces : le Norique ripuaire (*ripense*), le Norique intérieur (*mediterraneum*), la Pannonie I, la Pannonie II, la Valérie, la Savie, la Dalmatie.

quilée. La Dalmatie, plus à l'abri des invasions, demeura ou rentra dans l'orbite romaine. Il semble bien que, sous l'empereur Constance, l'évêque de Salone, la métropole, ait inspiré quelque confiance au parti arianisant, car le concile « oriental » de Sardique lui envoya sa circulaire [1]. Cet évêque s'appelait Maxime. Au temps de l'empereur Gratien, son siège était occupé par un certain Léonce, lequel, on ne sait pourquoi, fut déposé par Ambroise et les évêques de la Haute-Italie, mais rétabli par le pape Damase. Fort de cette dernière sentence, il se présenta au concile d'Aquilée, qui maintint la déposition, mais sans se brouiller aucunement avec le pape; à celui-ci il fut démontré, je pense, que Léonce était moins innocent qu'il ne l'avait cru [2].

Quarante ans après, une lettre [3] du pape Zosime à Hesychius de Salone, à propos de l'envahissement des fonctions ecclésiastiques par les moines, nous montre le métropolitain dalmate empressé à se couvrir de l'autorité du saint-siège. Ces relations subsistèrent jusqu'à l'invasion avaro-slave à la fin du VIᵉ siècle.

Les autres provinces de l'Illyricum, situées à l'est de la Dalmatie et de l'Adriatique, formaient, au civil, deux diocèses, celui de Dacie et celui de Macédoine; cette division correspondait en gros à la distribution des langues, le latin étant la langue courante dans le

---

[1] T. II, p. 218.
[2] Nous ne connaissons cette affaire que par ce qu'en dit Maximin (éd. Kauffmann, p. 87).
[3] J. 339, du 21 février 418.

diocèse de Dacie, le grec, dans celui de Macédoine [1]. Celui-ci s'étendait au sud jusqu'à l'extrémité du Péloponèse et comprenait même les Cyclades et la Crète. Sardique semble avoir été la capitale du premier diocèse, comme Thessalonique l'était du second.

Après le désastre de Valens (378), ces provinces avaient été confiées à Théodose par l'empereur Gratien ; les opérations contre les Goths exigeaient que toute la péninsule balkanique obéît à la même direction militaire. Après la mort de Théodose, elles restèrent à l'empire d'Orient, malgré les efforts de Stilicon pour les récupérer. Mais les rapports antérieurs se conservèrent dans le domaine ecclésiastique. Les papes furent plus heureux que Stilicon. Nous n'avons guère de renseignements sur ces églises et surtout sur leurs relations avec le saint-siège avant le déclin du IVe siècle. Toutefois il résulte des conciles tenus en 381 à Constantinople et à Aquilée [2] que les évêques de l'Illyricum oriental se rattachaient au corps épiscopal d'Occident. Le pape Sirice partit de là pour déléguer ses pouvoirs au plus qualifié d'entre eux par l'importance [3]

---

[1] Provinces du diocèse de Dacie: Mésie Supérieure, *Viminacium ;* Dacie ripuaire, *Ratiaria ;* Dacie méditerranée, *Sardique ;* Dardanie, *Scupi ;* Prévalitane, *Scodra*. — Provinces du diocèse de Macédoine: Macédoine, *Thessalonique ;* Thessalie, *Larisse ;* Epire nouveau, *Dyrrachium ;* Epire ancien, *Nicopolis ;* Achaïe, *Corinthe ;* Crète, *Gortyne*.

[2] T. II, p. 474.

[3] Le concile de Sardique relève (c. 20) l'importance de Thessalonique: *Non ignoratis quanta et qualis sit Thessalonicensium civitas.*

et la situation de son siège, l'évêque de Thessalonique [1]. Déjà Acholius, le chef de cette église, avait été chargé en 381, par le pape Damase, de contrecarrer à Constantinople l'élection de Grégoire de Nazianze [2]. Son successeur Anysius, élu en 383, reçut de Sirice des lettres contenant une délégation précise; elles lui furent renouvelées par Anastase et Innocent [3].

Pour qu'une telle institution donnât des résultats appréciables, il eût fallu, d'abord qu'elle correspondît aux traditions du pays, en second lieu qu'elle eût l'appui de l'empereur d'Orient. Or, d'une part, les évêques d'Illyricum n'étaient nullement habitués à reconnaître pour chef le métropolitain de Thessalonique; d'autre part, on ne pouvait guère espérer que l'empereur d'Orient, souvent en querelle avec son collègue d'Occident, con-

---

[1] Avant Acholius, on connaît, au IVe siècle, les évêques suivants : *Alexandre*, qui assista aux conciles de Nicée et de Tyr; à ce dernier il prit la défense d'Athanase; — *Aetius*, son successeur, qui eut à triompher de deux compétitions, à la suite desquelles le schisme divisa son église (Concile de Sardique, c. 18, 19, du grec); son contemporain, Protogène de Sardique, ne l'aimait pas et critiquait vivement ses mœurs; de cela cependant rien ne parut au concile; ce n'est peut-être qu'une médisance arienne (Hil., *Fragm.* III, 20); — *Heremius*, qui vint après Aetius et figura d'abord parmi les défenseurs d'Athanase, mais finit par l'abandonner (Athanase, *Apol. ad Const.*).

[2] T. II, p. 435. C'est ce qui justifie la mention d'Acholius et de Damase dans la lettre J. 300, du pape Innocent. Que ce soit bien Sirice qui ait commencé, c'est ce qui résulte de la lettre J. 404, de saint Léon (Migne, *P. L.*, t. LIV, p. 616): [*Siricius*] *qui... Anysio certa tum primum ratione commisit*.

[3] J. 257*, 259 (Sirice); 275* (Anastase); 285 (Innocent).

sentît à soutenir, contre ses propres sujets, une juridiction émanée d'un pouvoir ecclésiastique qu'il ne tenait pas sous sa main. L'évêque de Constantinople, d'ailleurs, était là pour lui suggérer une attitude défavorable. Aussi l'organisation délicate que le pape Sirice avait imaginée eut-elle beaucoup de peine à fonctionner.

Toutefois, autre chose était le vicariat de Thessalonique, autre chose l'orientation traditionelle, non vers la nouvelle Rome, mais vers l'ancienne. Cette orientation se maintenait; on voit souvent, en particulier, dans les lettres pontificales, le pape traiter directement des [1] affaires litigieuses qui lui sont déférées d'Illyrie [2].

Des rapports de même sens, mais d'une autre nature, sont représentés par les voyages à Rome de l'évêque Nicétas. Ce personnage, dont la figure a été restaurée par l'érudition contemporaine, était évêque de *Remesiana*, petite localité située à l'est de Naïssus, dans la même province de Dacie méditerranée. Il fit à deux reprises le voyage d'Italie, en 398 et en 402; à chaque fois il s'arrêta à Nole, où il reçut de Paulin le plus grand accueil. En 402 il se rencontra

---

[1] Affaire de Bonose et des clercs ordonnés par lui (J. 261, 299, 303); de l'évêque Photin, condamné par le pape Anastase sur de fausses preuves, rétabli par Innocent (J. 303); du diacre Eustathe, qu' Innocent refusa de condamner (*ibid.*); des crétois Bubalius et Taurianus condamnés par lui (J. 304). Ce ne sont évidemment là que des spécimens, échappés à la perte de la correspondance pontificale.

[2] Sur le vicariat, v. mon mémoire *L'Illyricum ecclésiastique*, dans le Byzantinische Zeitschrift, 1892, reproduit dans mes *Eglises séparées*, ch. VI.

chez lui avec Mélanie. C'était un saint homme, d'un
grand zèle apostolique et de quelque littérature. Il
semble bien qu'il y ait lieu de lui attribuer la compo-
sition du *Te Deum*. Ainsi cet hymne célèbre, que toute
la chrétienté latine chante à ses heures émues, aurait re-
tenti d'abord dans un coin perdu de l'antique Mésie [1].
C'est la plus belle relique des églises qui s'y épanou-
irent aux temps romains. Nicétas [2] les voyait aux prises
avec la barbarie germanique et l'hérésie arienne. Elles
se maintenaient pourtant. C'est seulement deux siècles
plus tard qu'une autre barbarie les submergea tout à fait,
la barbarie des slaves païens. Celle-ci fut bien plus difficile à assimiler ; on n'y parvint qu'après de longs efforts.

Dans la haute Italie on vécut longtemps sur la tradition d'Ambroise. Son siège épiscopal fut d'abord occupé
par le vieux Simplicien, qui avait eu part à plus d'une
conversion célèbre, notamment à celles de Marius Victorinus, d'Augustin, d'Ambroise lui-même [3]. En 401, il fut
remplacé par Venerius, ancien diacre d'Ambroise, lequel,

---

[1] La partie de la Dacie méditerranée où se trouvent Naïssus
(Nisch) et Remesiana (Ak Palanka) avait été démembrée de
l'ancienne province de Mésie supérieure.

[2] Sur Nicétas, v. Paulin, *Carm.* 17 et 27 ; *Ep.* XXIX, 14 ;
Gennadius, *De viris*, 22. Sur les débris de ses ouvrages récemment retrouvés ou identifiés, v. les travaux résumés par
M. Schanz, *Gesch. der römischen Litteratur*, p. 367 et suiv. On
a de lui quelques écrits didactiques, à l'usage des candidats
au baptême, une lettre à une vierge mariée (G. Morin, *Revue
bénédictine*, t. XIV, 1897, p. 198), un traité sur la psalmodie
et un autre sur les vigiles (*ibid.*, p. 390).

[3] Aug., *Conf.*, VIII, 5.

une dizaine d'années plus tard, eut pour successeur un Marolus, venu des bords lointains du Tigre. Les Syriens étaient alors fort répandus dans tout l'empire; ils avaient, sur les principales places commerciales, des colonies de marchands, comparables à celles des Juifs. Ce fait explique certaines circulations de doctrines et d'usages. En ce temps-là il y avait encore beaucoup à faire, dans la vallée du Pô, pour la diffusion de l'Evangile; il n'est pas étonnant qu'on y ait accepté des ouvriers de toute provenance.

Les évêchés s'y multipliaient. Vers le milieu du IVe siècle, le ressort épiscopal de Milan s'étendait encore, à l'ouest et au nord, jusqu'aux Alpes : le célèbre Eusèbe de Verceil est le premier évêque de ce siège [1]. Saint Ambroise fonda l'évêché de Côme [2]; Simplicien, celui de Novare [3]; celui de Turin, qui eut longtemps un immense ressort, remonte à ce même temps [4]. Félix, Gaudence, Maxime, inaugurent pour ces diocèses les séries épiscopales. Maxime de Turin nous a laissé un intéressant recueil d'homélies. Plus anciennes étaient les églises de Brescia et de Vérone. La première avait eu pour évêque, au temps de saint Ambroise, un certain Philastrius, qui paraît avoir mené d'abord une vie errante et agitée, toujours et partout en querelle avec les païens, les juifs et les hérétiques. En 364 il avait pris part à Milan aux bagarres soulevées par saint Hilaire contre l'évêque

---

[1] *C. I. L.*, t. V, n° 6722.
[2] Ambr., ep. 4.
[3] Vie de saint Gaudence de Novare, *Acta SS.*, 22 janv.
[4] F. Savio, *Gli antichi vescovi d'Italia*, p. 283 et suiv.

Auxence : il y reçut quelques horions, dont son dos
porta longtemps la marque. Devenu évêque de Brescia,
il continua à lutter contre les hérétiques; mais par des
procédés plus calmes. On a de lui un catalogue de 156
hérésies [1], œuvre assez inégale, puisée, toutefois, à des
sources intéressantes. Il laissa à Brescia un excellent
souvenir, que cultiva son disciple et successeur Gaudence, prédicateur estimé, dont il nous reste plusieurs
discours. A Vérone aussi, on conserva les élucubrations,
un peu bizarres, de l'évêque Zénon. Trente, plus avancée
dans les Alpes, était un centre de missions difficiles [2];
l'évêque Vigile s'y employait activement. D'après une
tradition un peu suspecte, il y aurait lui-même trouvé
la mort.

L'évêque de Milan, évêque de la cour impériale
d'Occident, se trouvait amené par les circonstances à
prendre, dans les affaires ecclésiastiques, une prépondérance analogue à celle qui, dans l'empire d'Occident,
échut à son collègue de Constantinople. Saint Ambroise
instrumente sans hésitation sur sa compétence et sans
contradiction, tant dans les provinces de Vénétie et
d'Emilie que dans celle de Ligurie où se trouvait sa
ville épiscopale [3]. Cependant Aquilée était une ville

---

[1] Ce catalogue fut dressé entre 386 et 391.
[2] T. II, p. 648.
[3] Au concile de Sardique les évêques de l'Italie du nord,
ceux de Vérone, Aquilée, Ravenne, Brescia, Milan, se disent
tous, dans leurs signatures, *ab Italia*, sans indiquer leurs provinces; au contraire ceux de l'Italie péninsulaire les marquent
expressément: *a Campania, a Tuscia, ab Apulia*.

considérable; son évêque jouissait, lui aussi, d'une considération spéciale. Si les prélats orientaux recouraient, pour quelque nécessité, à l'épiscopat italien, leurs lettres étaient adressées, non seulement au pape et à l'évêque de Milan, mais aussi à celui d'Aquilée. Quand l'empereur Honorius (v. 404) eut transporté sa résidence à Ravenne, Milan, déchue du rang de capitale, perdit de son prestige dans l'Italie du nord. C'est alors que se constitua définitivement le ressort ecclésiastique d'Aquilée et que s'organisa celui de Ravenne, à laquelle il fallut aussi faire sa part. Mais il est fort clair, par les plus anciens documents qui nous restent sur ces circonscriptions, qu'elles s'établirent sans égard à la délimitation des provinces civiles [1].

L'installation nouvelle de ces métropoles du nord limitait en quelque manière l'autorité du pape sur les églises de ces contrées. Cependant elles paraissent s'être établies assez pacifiquement [2]; le pape admit qu'on le

[1] Le ressort de Milan, attesté par la lettre synodale de 451 (*Leonis M. Ep.* 97), comprenait alors Bergame, Brescia, Crémone, cités dont les deux dernières au moins appartenaient à la province de Vénétie; puis Plaisance, Reggio, Brescello, qui étaient en Emilie. Du côté d'Aquilée les limites se maintinrent: à la fin du VIe siècle la province d'Aquilée ne dépassait pas Vérone. Mais Ravenne arriva peu à peu à s'annexer l'Emilie tout entière, jusque et y compris Plaisance.

[2] Le concile romain de 378 (t. II, p. 468) proteste contre nn évêque de Parme qui se moque d'une condamnation encourue par lui. Mais est-ce bien de Parme que ce récalcitrant était évêque? Dans sa réponse, l'empereur Gratien semble bien dire que sa résistance engage la responsabilité du vicaire de Rome, lequel n'avait pas juridiction en Emilie (*Coll. Avell.*, n. 13; Coustant, *Epp. Rom. Pont.*, p. 526, 531; Tillemont, t. VIII, p. 410 et 776). Sur l'affaire de Léonce de Salone, v. ci-dessus, p. 177.

déchargeât du soin immédiat des évêchés du nord et
restreignit sa sollicitude à l'Italie péninsulaire et insulaire. Depuis Luni sur la mer Tyrrhénienne et Ravenne
sur l'Adriatique, tous les évêques relevaient directement
de lui, sans intermédiaire de métropolitains. Même celui
de Ravenne [1], qui exerçait, à l'égard de ses collègues
d'Emilie, l'autorité métropolitaine, était considéré à
Rome comme un suffragant. Le pape vérifiait son élection
et le consacrait lui-même.

C'est, du reste, la forme qui fut adoptée, dans toute
la province papale, pour le contrôle des nominations
épiscopales. Sirice posa en principe que nulle consécration d'évêque ne devait avoir lieu en dehors du siège
apostolique. Après lui ses successeurs appliquèrent rigoureusement cette règle et l'inculquèrent au loin, en
substituant, bien entendu, à l'intervention du saint-siège
celle des autorités métropolitaines ou quasi métropolitaines établies sur les lieux [2].

---

[1] Ravenne était, au civil, en dehors de la province sur
laquelle s'exerçait sa juridiction ecclésiastique. C'est la situation
de Marseille par rapport à la province de Narbonnaise II. Cf. ci-dessous, ch. VII.

[2] Concile romain de 386, c. 1: « Ut extra conscientiam *sedis
apostolicae* nemo audeat ordinare ». — Dans le concile de la province de Byzacène (Mansi, t. IV, p. 379) auquel ce décret fut
communiqué, les mots *sedis apostolicae* sont expliqués par la
glose *hoc est primatis,* le primat ou doyen étant en Afrique
l'équivalent du métropolitain dans les autres pays. — Dans le
liber regularum transmis par le pape Innocent à Victrice de
Rouen (ci-dessus, p. 167), au lieu de *sedis apostolicae* on trouve
metropolitani episcopi.

Le christianisme achevait la conquête de Rome. Les temples, encore debout, encore décorés de belles statues, d'ornements de bronze et d'or, qu'ils conservèrent jusqu'au pillage d'Alaric, étaient fermés de par l'autorité, abandonnés de leurs adorateurs. Ceux-ci, on les voyait se presser au Latran, les jours consacrés, pour recevoir le baptême et l'onction sainte [1]. Dans le monde il restait encore des païens; plusieurs des personnages que Macrobe fera bientôt dialoguer dans ses Saturnales sont des contemporains de Sirice et d'Innocent. Ils se faisaient de plus en plus rares. Sans doute il n'était pas défendu d'être païen; mais on n'avait nul intérêt à ne pas être de la religion de l'empereur; cette considération faisait brèche aux fidélités. Ceux qui restaient étaient, à ce qu'il semble, des gens de bien, dont les vertus, privées et publiques, honoraient la fin du vieux culte. Ils ne soutiennent que trop bien la comparaison avec les chrétiens de large observance, avec ces grandes familles où l'on ne se faisait baptiser qu'au lit de mort, où l'on conciliait avec l'Evangile toutes les frivolités du monde, toutes les recherches du luxe, où l'on se serait fait scrupule de déserter la carrière des honneurs publics. Celles-là étaient fort nombreuses. A des gens comme les Anicii Probi, dont la somptueuse demeure s'étageait sur le Pincio et dont le mausolée, derrière l'abside de Saint-Pierre, s'élevait sur les proportions

---

[1] Prudence, *Contra Symmachum*, I, v. 587.

d'une petite basilique, le christianisme était un joug léger. Le clergé ne cherchait guère à l'alourdir : ces grands seigneurs étaient fort aumôniers. Ils construisaient des églises et soutenaient les œuvres diverses de l'assistance ecclésiastique. Mais il y avait des chrétiens d'un autre type. Sur l'Aventin, Marcelle vivait toujours de sa vie austère, avec sa pupille Principia. Au bas du Celius, près du temple de Claude, le sénateur Pammachius habitait avec sa femme Pauline, fille de Paule, la célèbre amie de Jérôme, et la maison de ces saintes gens était le rendez-vous de beaucoup d'autres qui, eux aussi, prenaient le christianisme au sérieux. De ce nombre était Marcellin, celui qui, en 410, fut envoyé en Afrique pour opérer la réunion des Donatistes avec les catholiques; puis le prêtre Dominio et Oceanus, tous deux correspondants de Jérôme; Rufin, prêtre syrien établi à Rome; le moine breton Pélage; la matrone Fabiola, célèbre dans toute la ville de Rome par sa pénitence et sa charité. Cette grande dame, qui se rattachait à la descendance de Fabius Maximus, s'était remariée à la suite d'un divorce motivé par les désordres de son premier mari. Après la mort du second, on la vit à la basilique de Latran, au milieu des solennités pascales, se ranger parmi les pécheurs pénitents et se soumettre à toutes les rigueurs de la discipline. A l'expiration de sa peine elle vendit ses biens et se mit à secourir les moines et les pauvres. Pour ceux-ci elle fonda à Rome un hôpital de malades, le premier que l'on y ait vu. A Porto aussi, elle voulut établir un hospice pour les voyageurs pauvres que le mouvement de la navigation amenait en cet endroit. Elle s'entendit avec Pammachius et la fondation se fit à frais communs [1]. En 395, Oceanus la mena en Terre-Sainte; elle y serait restée, mais la terreur des Huns que l'on disait sur le point d'envahir la Palestine, la ramena en Italie. Là bas elle avait trouvé la guerre allumée entre Jérôme et Rufin; comme Oceanus, elle avait plus d'inclination pour Jérôme, de qui elle tirait de doctes explications sur les difficultés de la Bible [2]. Quand elle mourut, en 399, il écrivit son oraison funèbre [3].

Sur le Celius encore, mais plus haut et pas très loin du Latran, s'élevait la splendide demeure des Valerii Maximi. C'est de là qu'était partie Mélanie, en 372, lorsqu'elle avait fui Rome et le monde pour l'exil des Saints Lieux. L'enfant qu'elle y avait laissé, Valerius Publicola, avait grandi et s'était marié : sa femme, Albina, était fille de Caeionius Albinus, un des plus illustres demeurants du paganisme. Elle était chrétienne, comme son mari, mais sans austérité spéciale. Sa sœur Laeta avait épousé le propre fils de sainte Paule, Toxotius, et se trouvait ainsi la belle-sœur de Pammachius. Le vieux pontife Albinus avait fait souche

---

[1] De Rossi, *Bull.* 1866, p. 99.
[2] Ep. 64, 78.
[3] Ep. 77. Il avait déjà écrit celles de Blaesilla (ep. 39), de Népotien, neveu de son ami Héliodore d'Altinum (ep. 60), de Pauline, femme de Pammachius (ep. 66).

de chrétiens ; campées sur les genoux de leur aïeul, ses petites filles lui chantaient l'alleluia. C'étaient Paule, fille de Laeta, et Mélanie, fille d'Albina, toutes les deux destinées à suivre les traces de leurs grand-mères respectives, et à finir comme elles sur la terre lointaine de Palestine.

Jérôme s'intéressait vivement à la postérité de la vénérable Paule, morte sous ses yeux en 404. Il envoya à Laeta tout un programme d'éducation [1] pour la petite Paule, offrant de l'appliquer lui-même, de concert avec Eustochium, si l'on consentait à leur envoyer l'enfant. De son côté, Mélanie, dans son monastère de Jérusalem, tenait l'œil ouvert sur sa famille. Publicola, son fils, si bon chrétien [2] qu'il fût, ne parlait pas de renoncer au monde, où le retenait, entre autres liens, le soin d'une immense fortune. Sa petite-fille Mélanie [3] s'était mariée, à contre-cœur, il est vrai, car elle aurait préféré suivre les traces de son aïeule. Mais il y avait

---

[1] Ep. 107.

[2] Voir sa correspondance avec saint Augustin, à propos de certains cas de conscience que soulevait l'administration de ses propriétés africaines, du moins celles qui étaient en rapport avec les barbares païens de la frontière libyque (Aug., ep. 46, 47).

[3] Sur sainte Mélanie la jeune, et même sur l'ancienne, et aussi sur tout le monde romain de ce temps, v. l'ouvrage capital du cardinal Rampolla, *Santa Melania giuniore*, Rome, 1905 ; cf. Goyau, *Sainte Mélanie*, Paris, Lecoffre, 1908. Le cardinal Rampolla a publié les textes latin et grec (sur leurs rapports cf. Adhémar d'Alès, *Anal. Boll.*, t. XXV, p. 401 et suiv.) qui nous restent d'une vie de Mélanie la jeune, écrite par son familier le prêtre Gerontius, en les accompagnant d'amples et doctes dissertations sur tous les points intéressants.

quatre ou cinq ans de cela; ses deux premiers enfants étant morts l'un après l'autre, la jeune femme revenait à ses pieux desseins et s'efforçait déjà d'y rallier son mari Pinien, issu d'une autre branche de la *gens Valeria*, les *Valerii Severi*. C'étaient là, aux yeux de l'austère matrone, des dispositions à cultiver. Enfin il restait dans la famille plusieurs païens attardés. Mélanie jugea que sa présence serait utile.

On la vit débarquer à Naples, au printemps de 402, dans son accoutrement sévère, toujours grande dame, toujours un peu farouche. Sa famille l'attendait au rivage et, tout aussitôt, la conduisit à Nole. C'était la fleur de l'aristocratie romaine: le bon Paulin les hébergea tous; ils prirent ensuite le chemin de Rome.

Parmi les raisons qui décidèrent Mélanie à entreprendre ce voyage, il faut, je le soupçonne, compter le désir de venir au secours de Rufin, son directeur, qui, depuis quelque temps, se trouvait en fâcheuse posture. Toutefois la mort du pape Anastase (19 décembre 401), dont elle n'avait sans doute pas eu connaissance avant son départ de Palestine, aplanissait les plus grosses difficultés. Le nouveau pape, Innocent, pacifique comme Sirice, se montrait comme lui peu disposé à épouser les querelles de Jérôme et de ses amis. Rufin revint d'Aquilée à Rome. Il est à croire qu'il s'installa sur le Celius, dans la maison de Publicola; depuis lors on le trouve toujours avec cette famille.

Mélanie fit sensation à Rome. Les temps étaient bien changés depuis son départ. Alors, au temps de

Valentinien, on vivait dans une prospérité relative et
surtout dans une complète sécurité. Les barbares étaient
au delà du Danube : le fleuve frontière était fortement
gardé. Maintenant les Goths, à peu près maîtres de
l'Illyricum, débordaient les Alpes, couraient l'Italie et
menaçaient Rome. Pour Mélanie, c'était la fin prochaine.
A quoi bon s'attarder dans les vanités du siècle? Mais
Stilicon réussit, cette année même (402), à débarrasser
l'Italie des hordes d'Alaric. On se reprit à vivre et la
patricienne prêcha dans le désert. Cependant elle parvint
à convertir le sénateur Apronien, mari de sa nièce Avita,
qui passa, avec toute sa famille, à la stricte observance.
Pinien et la jeune Mélanie s'y engagèrent de plus en
plus ; mais il fallait compter avec les répugnances de
Publicola. Il tint bon jusqu'à la fin contre les objurgations de sa mère et n'agréa qu'au lit de mort (404)
les plans de renoncement que formaient sa fille et son
gendre. La vieille matrone était déjà repartie pour la
Palestine, qu'elle regagna après un séjour en Afrique.
Elle mourut quelques semaines après avoir réintégré son
monastère (405).

La mort de Publicola laissait les mains libres aux
jeunes époux. Ils en profitèrent pour appliquer le conseil
de l'Evangile: « Vendez tout ce que vous avez et donnez-le aux pauvres ». Leur fortune était si grande, leurs
domaines si étendus, si nombreux, dans toutes les parties
de l'empire, que ce renoncement souleva d'énormes
difficultés. On en vint à bout peu à peu, grâce à l'appui
de Serena, femme de Stilicon. Retirés d'abord dans une

villa suburbaine, très probablement identique à la célèbre villa des Quintilii, dont on voit encore les ruines imposantes au V⁰ mille de l'Appia, ils y hébergèrent, en 405, les évêques grecs partisans de Chrysostome que la persécution chassait de leur pays [1]. Rufin était avec eux. En 408, au moment où, Stilicon mort, Alaric arrivait mettre le siège devant Rome, ils partirent pour le midi, s'arrêtèrent quelque temps à Nole, puis allèrent habiter une autre de leurs villas, en Sicile, sur le détroit de Messine. Dès lors, sans doute, ils projetaient de passer jusqu'en Orient, où Rufin devait les accompagner. Avec eux il séjourna auprès de Paulin, qui l'aimait et le vénérait. Avec eux il franchit le détroit et s'établit dans la villa sicilienne.

Pendant ce temps les destinées lamentables de la vieille Rome étaient en train de s'accomplir. Pammachius mourut un peu avant le dernier siège [2]. Marcelle devait en voir les horreurs ; quand les Goths furent maîtres de la ville, des soldats pénétrèrent chez elle. Pour lui faire livrer de prétendus trésors, ils fouettèrent la matrone illustre et vénérable. En fait de trésors, le plus cher pour elle, le seul dont elle s'inquiétât, c'était la vertu de Principia, sa jeune compagne. Elle fut respectée. Conduites à Saint-Paul, les deux femmes trouvèrent

[1] Ci-dessus, p. 102, 105.
[2] Sa maison fut changée en église. On en a retrouvé des restes sous et dans les constructions de l'église des saints Jean et Paul.

abri dans l'asile apostolique. Mais l'épreuve avait été trop dure; Marcelle n'y survécut pas [1].

Rome ne fut pas seule ravagée. Les Goths eurent bientôt fait d'arriver en Campanie. Paulin, qui venait d'être élu évêque de Nole, eut le désagrément de les voir chez lui. Ils poussèrent plus loin, et, à travers la Lucanie et le Bruttium, atteignirent le détroit de Messine. De la villa qui les abritait, Rufin et ses amis assistèrent à l'incendie de Reggio, et purent craindre que le détroit ne les protégeât pas contre l'ennemi. Cependant le danger s'éloigna d'eux. Pendant qu'on s'en félicitait autour de lui, Rufin voyait le dernier jour arriver. Il mourut entre les bras de Pinien et de Mélanie.

Ces crises terribles, d'où le vieil empire sortit plus affaibli, ne paraissent pas avoir eu, en dehors de cet affaiblissement lui-même, des conséquences d'extrême gravité. L'événement capital, la prise de Rome, ne représentait pas l'échec suprême, la chute du réduit central de l'empire; c'était un coup de hasard, l'exploit imprévu d'une bande d'aventuriers en quête de vivres, une grossière insulte plutôt qu'un écroulement définitif. Mais Rome était si sacrée que cette insulte eut un retentissement profond. Des gémissements s'élevèrent d'un bout du monde à l'autre. En sa lointaine solitude, Jérôme se sentit terrassé [2]. Il lui sembla que tout était fini, que l'univers s'abimait dans les ténèbres. Les catastrophes d'autrefois lui remontaient à l'âme :

---

[1] Jérôme, ep. CXXVII, 13, 14.
[2] *In Ezech.* I et III préf.; ep. CXXVII, 11-14.

dans ses gémissements angoissés se heurtent les noms de Troie, de Moab, de Jérusalem, et les vers de Virgile et les lamentations d'Isaïe et les malédictions des Psaumes. Au désastre général se mêlaient pour lui des deuils intimes : ses deux meilleurs amis, Pammachius et Marcelle lui étaient enlevés, et bien d'autres avec eux. Plus nombreux encore étaient ceux qui avaient fui devant le fléau. Il en venait jusqu'en Palestine ; leur état pitoyable occupait sa charité et celle d'Eustochium. En Afrique aussi abondaient les réfugiés ; outre leurs misères, ils y transportaient leurs querelles et leurs récriminations. « Voilà, disaient les païens, voilà la vengeance des dieux ! Rome, qu'ils avaient tant de fois sauvée, avait déserté leurs autels. Au jour du péril leur secours lui a fait défaut [1] ». Même parmi les chrétiens, beaucoup se disaient scandalisés ; il leur semblait que le vrai Dieu, désormais reconnu à Rome, se devait et lui devait de la protéger. Qu'avait-elle gagné à devenir chrétienne ? Qu'avaient fait pour sa défense les apôtres et les martyrs, dont les tombeaux entouraient ses murs ?

[1] Pendant l'un des deux sièges il avait été question de rouvrir les temples et d'offrir des sacrifices. C'est ce que rapportent Sozomène IX, 6, et Zosime, V, 41. Il paraissent dépendre tous les deux d'Olympiodore (Photius, cod. 80). Zosime a en propre l'histoire de la consultation adressée par le préfet Pompeianus au pape Innocent, lequel aurait promis de fermer les yeux pourvu que tout se fît en secret. Zosime est païen ; il écrit près d'un siècle après l'événement et celui-ci, invraisemblable en lui-même, aurait été fort secret et difficile à vérifier. Du reste les sacrifices n'eurent pas lieu.

Augustin était très préoccupé de toutes ces plaintes. Il y répondait dans ses sermons [1] ; mais le scandale dépassait le cercle de ses auditeurs. Il voulut y remédier par un livre en rapport avec le sujet. Ce fut la célèbre « Cité de Dieu ». Il y travailla plus de douze ans, le publiant par parties successives. Et cela ne lui suffit pas. L'histoire toute entière lui sembla devoir être appelée à montrer que les catastrophes comme celle de Rome ont été beaucoup plus fréquentes et plus graves avant le christianisme que depuis son apparition. Pour ceci il s'en remit à l'érudition d'autrui. Un disciple espagnol, Orose, que les circonstances lui avaient amené, fut chargé de développer cette thèse. Il le fit dans les sept livres de son « Histoire contre les païens », dont le contenu répond exactement à ce titre. La position prise par Augustin et par Orose les obligeait à atténuer autant que possible le désastre de 410. Aussi en parlent-ils avec un optimisme auquel il ne faut pas trop se fier.

Rome, cela est sûr, avait beaucoup souffert. Nombre de demeures, patriciennes et autres, étaient en cendres ; si les vases précieux de Saint-Pierre avaient été épargnés, les églises de la ville paraissent avoir été consciencieusement saccagées [2]. La mer, les îles, le littoral d'A-

---

[1] Serm. 81, 105, 296.
[2] Le *Liber pontificalis* rapporte que le ciborium de la basilique de Latran avait été emporté par les barbares et ne fut rétabli que sous Xyste III. De même le pape Célestin eut à reconstituer le mobilier sacré de la basilique de Jules, au Transtévère. Ce sont des renseignements isolés ; il est clair que toutes les églises furent traitées de la même façon.

frique, d'Egypte, de Syrie, étaient couverts de fugitifs, qui racontaient des choses lamentables et montraient à tous les gens de trop réelles infortunes [1].

Par cette calamité romaine, sur laquelle nous avons quelques renseignements, nous pouvons juger des maux de l'invasion dans les provinces où elle sévissait alors, c'est-à-dire dans l'Occident tout entier, sauf l'Afrique, indemne encore pour quelque temps. Les campagnes, les localités ouvertes, les riches villas, étaient submergées d'abord; les villes fortifiées prises par la famine, par trahison, quelquefois de vive force [2]. Alors c'était une orgie de meurtre, de pillage, d'incendie. Puis le fléau se transportait ailleurs. Les survivants se reprenaient, réparaient tant bien que mal ce qui pouvait rester de leurs demeures et recommençaient, autant que cela était possible, leur vie d'autrefois.

Au point de vue moral, ces leçons terribles ne semblent pas avoir eu beaucoup de succès. Augustin déplore la frivolité des émigrés de Rome, débarqués dans l'état le plus misérable et qui n'ont rien de plus pressé que de courir aux théâtres. Un poète du midi de la Gaule [3], qui écrivait au moment de l'invasion des Alains et des Vandales, nous a tracé un curieux tableau de ces lendemains de catastrophe : « Nous sommes toujours

---

[1] Le pape Innocent était absent au moment du dernier siège. Il se trouvait à Ravenne, avec d'autres notables de Rome, pour négocier un arrangement entre l'empereur, Alaric et le Sénat.

[2] Sur l'invasion en Gaule, v. Paulin de Pella, *Eucharisticon*, v. 226 et suiv.

[3] *S. Paulini epigramma*, *Corp. scr. eccl. lat.*, t. XVI, p. 504.

» les mêmes, toujours au pouvoir des mêmes vices. Tel
» restait à table jusqu'à la nuit, qui trouve moyen de
» banqueter à la lumière des lampes comme à celle
» du soleil. Pedius était adultère ; il continue : ses fu-
» ries ne l'ont pas quitté. Podion était envieux : la jalousie
» le tient encore. Albus ne rêvait qu'honneurs et di-
» gnités : l'ambition le ronge encore, sur les ruines de
» sa cité ».

Il en était de l'empire comme des particuliers. Une fois passés les moments d'alarme, la cour, les fonctionnaires, toute la machine décrépite se remettait en branle, sans que personne eût même l'idée de la réformer. Pourtant les Barbares entrés dans l'empire y étaient de plus en plus nombreux, de plus en plus influents. Quand ils avaient cessé de ravager et qu'ils se fixaient quelque part, avec ou sans l'agrément des autorités impériales, il fallait bien partager avec eux, s'accoutumer à eux. On y parvenait ; peu à peu on s'habituait à les considérer comme héritiers possibles de l'empire agonisant.

Les saintes gens, qui, dès avant les dernières catastrophes, avaient pris le monde en dégoût, se trouvaient moins disposés que les autres à s'apitoyer sur sa débâcle. Mais ce qu'ils voyaient disparaître sans regret, c'était plutôt la futilité du siècle en général, que le prestige de la vieille Rome. La *res Romana* tenait toujours à cœur aux Jérôme, aux Augustin, aux Paulin. Ils l'auraient mieux aimée dans l'austérité des vertus antiques, gouvernée par des Fabricius et des Cincinnatus. Telle qu'ils la voyaient, avec son pauvre sénat, sa cour tout en clinquant, sa hiérarchie vermoulue, ils l'aimaient encore. Ils en étaient trop, et par leur éducation et par toutes leur fibres, pour avoir l'idée de s'en détacher. Du reste, ceux que je viens de nommer n'ont eu que peu ou point de contact avec les barbares. C'est en Gaule et en Espagne que ceux-ci, vus de plus près et sous un meilleur jour, commencèrent à trouver des jugements favorables. Salvien les opposera bientôt aux Romains, et cela à leur avantage. Mais dès à présent, dès le lendemain de l'invasion, la littérature des contrées envahies laisse apercevoir quelques traits bienveillants. Orose voit déjà le bon côté des barbares.

CHAPITRE VI.

Pélage.

La vierge Démétriade. — Pinien et Mélanie en Afrique. — Origines du conflit sur la grâce et le péché originel. — Doctrines de Pélage et de saint Augustin. — Pélage à Rome et en Afrique. — Celestius : sa condamnation à Carthage. — Pélage en Palestine. — Attitude de Jérôme et d'Orose. — Concile de Diospolis. — Les tribulations de Jérôme. — Conciles africains. — Le pape Innocent condamne Pélage et Celestius.

La terreur d'Alaric avait commencé à dépeupler Rome bien avant la catastrophe de 410. Nombre de familles patriciennes possédaient en Afrique des terres de grand rapport; toutes espéraient y trouver un asile assuré, la mer étant l'obstacle le mieux fait pour arrêter les barbares. L'Afrique était une sorte de refuge vers lequel on se hâtait, malgré les ennuis de la traversée. C'est ainsi que prit terre, dans le port de Carthage, l'illustre famille des Anicii Probi, sous la conduite d'Anicia Faltonia Proba, la veuve du grand Probus. De ses trois fils consuls, les deux derniers paraissent être restés en Italie ; l'aîné, Olybrius, était mort au moment du départ [1] ; mais sa veuve Juliana et sa fille Démétriade étaient venues avec Proba. Le comte d'Afrique,

---

[1] Proba semble bien avoir quitté Rome avant le mois d'août 410. Olybrius, en effet, *non vidit patriam corruentem* (Jérôme, ep. CXXX, 3), c'ést-à-dire mourut avant la prise de la ville, et cependant Proba s'était déjà mise à l'abri des barbares quand elle apprit la mort inattendue de son fils (*ibid.*, 7).

Héraclien, recevait assez mal les fugitifs de Rome. Il les taxait à l'arrivée, et, si l'on ne payait pas, on était exposé, les femmes surtout, aux pires désagréments [1]. Proba paya et tira d'embarras nombre de ses compagnons d'infortune.

Démétriade était encore très jeune, mais elle arrivait à l'âge nubile. On apprit bientôt qu'elle ne se marierait pas et qu'elle consacrait à Dieu sa virginité. Ce fut une grande joie pour les saintes gens. Les Probi étaient célèbres dans le monde entier; c'était la grande famille chrétienne de Rome. Toutes les illustrations du temps, Augustin, Jérôme, Chrysostome, le pape Innocent, célébraient depuis longtemps l'illustre veuve de Probus et sa belle fille Juliana. Aux mérites acquis par son inépuisable charité allait se joindre la consécration suprême. Dans la noble maison où le christianisme régnait depuis si longtemps, on allait voir s'épanouir la fleur virginale de l'ascétisme. Claudien avait chanté les mariages princiers de Ravenne; Proba voulut que les noces mystiques de sa petite-fille eussent aussi leur épithalame. Par ses soins des plumes exercées se mirent en mouvement : cette prise de voile donna lieu à toute une littérature, dont nous avons encore deux spécimens, tous deux envoyés de Palestine, par le solitaire de Bethléem et par le moine Pélage [2], célébrité récente,

---

[1] Jérôme, ep. CXXX, 7, en tenant compte de ses exagérations. Cf. Pallu de Lessert, *Fastes des prov. africaines*, t. II, p. 270.

[2] Jérôme, ep. 130; Pélage, *P. L.*, t. XXX, p. 15, ou t. XXXIII, p. 1099.

dont certaines idées commençaient à être discutées, surtout en Afrique. L'évêque de Carthage, Aurèle, présida à la cérémonie et conféra à Démétriade le voile des vierges sacrées (414).

Pinien et Mélanie avaient, eux aussi, franchi la mer; mais, peu soucieux de la société des grandes villes, ils ne s'étaient pas arrêtés à Carthage. Hippone elle-même leur semblait trop bruyante; malgré l'attrait d'Augustin, depuis longtemps ami et correspondant de leur famille, ils préférèrent se fixer à Tagaste, où le bon évêque Alypius, qui était aussi de leur connaissance, leur fit le plus aimable accueil. Aurèle, Alypius et Augustin les dirigeaient dans l'emploi de la fortune dont ils se dépouillaient. Leur présence en Afrique était une bénédiction pour les moines, les monastères, les œuvres charitables. Les gens de Tagaste appréciaient fort le privilège qu'ils avaient de les posséder, et ce privilège excitait la jalousie des autres villes. Un jour [1] ils se risquèrent à Hippone. Les paroissiens de saint Augustin saisirent l'occasion et réclamèrent, avec une violence séditieuse, que Pinien fût ordonné prêtre. Une promotion ainsi imposée par la multitude n'était pas chose inouie: c'est ainsi que Paulin avait été ordonné à Barcelone et qu'Augustin lui-même était devenu prêtre d'Hippone. Aussi Pinien avait-il pris ses sûretés: il s'était fait promettre par Augustin qu'il ne l'ordonnerait ni ne le laisserait ordonner. Mais la foule ne voulut rien entendre;

---

[1] Sur cette affaire, v. Aug., ep. 125, 126.

elle se déchaîna scandaleusement contre l'évêque de Tagaste, qui avait accompagné les jeunes époux à Hippone et se trouvait à l'église auprès d'Augustin. On parlait de lui faire un mauvais parti. Pinien dut jurer qu'il fixerait son séjour à Hippone et que, s'il se laissait jamais ordonner prêtre, ce serait pour cette église. Moyennant cela on laissa se terminer la cérémonie. Alypius et ses deux amis rentrèrent pour le moment à Tagaste. Albine, elle, prit très mal cette aventure; Alypius aussi était fort monté contre les gens d'Hippone. Ils écrivirent tous les deux à l'évêque, accusant l'avidité de ses fidèles et contestant la valeur des promesses extorquées par la sédition. Augustin n'était pas de cet avis: selon lui, si la population d'Hippone tenait tant à Pinien, c'était à cause de ses vertus et non pour son argent; du reste, les serments étaient faits pour être gardés.

L'affaire s'arrangea toute seule. Pinien et Mélanie finirent par voir le fond de leur bourse: le spectacle de leur vie austère parut moins indispensable aux gens d'Hippone, qui pouvaient contempler de près les vertus de saint Augustin. Ils rendirent sans doute à Pinien la parole qu'il leur avait donnée, car, au bout de sept ans de séjour en Afrique, le noble romain, devenu tout-à-fait le pauvre de Jésus-Christ, s'embarqua pour l'Orient avec sa femme et sa belle-mère. Quand ils arrivèrent à Jérusalem, l'état de leur fortune était tel qu'ils durent s'inscrire sur les registres de l'assistance ecclésiastique, au nombre des indigents.

Bien avant leur départ, les Probi avaient réintégré leur demeure de Rome: Démétriade était rentrée avec le voile des vierges dans la *domus Pinciana*.

Mais ce n'étaient pas seulement les représentants des grandes familles de Rome qui avaient fait momentanément séjour et sensation en Afrique. Au nombre des réfugiés venus de Rome, on y avait vu aussi le moine Pélage et son disciple Celestius, deux personnages qui vont maintenant faire parler d'eux et susciter de grands orages.

Depuis quelque temps un sourd conflit d'opinions divisait les chrétiens sérieux d'Occident, ceux du moins qui pensaient et écrivaient. Tous d'accord sur la nécessité de pratiquer la vertu et même de s'avancer aussi loin que possible dans les voies de la perfection, ils ne s'entendaient pas sur ce qu'on pourrait appeler la théorie de la sainteté. Augustin et Pélage représentent ici deux systèmes opposés. Augustin, qui était venu à la vertu en passant par le vice et qui n'était sorti de ses désordres qu'en se sentant appréhender très fortement par la main de Dieu, Augustin devait à sa propre expérience un profond sentiment de l'infirmité humaine et du secours divin. D'après lui, on est vertueux, on fait le bien, parce que Dieu nous en donne le vouloir et le pouvoir, autrement dit nous secourt de sa grâce; de nous-mêmes nous ne pouvons tirer que le péché. Et pourquoi sommes-nous ainsi faits? Par la faute d'Adam, de laquelle procèdent toutes nos faiblesses, toutes nos infirmités physiques et morales, les maladies, la mort, et ce détraquement intérieur qui met chez nous en lutte perpétuelle le sentiment de la loi et les poussées de la concupiscence. Adam a péché ; toute sa postérité a péché en lui, car ce n'est pas seulement d'une déchéance quelconque, qu'il s'agit ici, mais d'une déchéance coupable [1], qui autorise Dieu à venger sur chacun de nous la faute commise par notre premier père. Devant Dieu, le genre humain est un bloc pécheur, *massa peccati, massa perditionis*, duquel l'auteur de toute justice ne saurait tirer d'autre bien que celui qu'il y met lui-même.

Pour Pélage, et il nous représente ici un grand nombre de ses contemporains, les choses se présentent sous un tout autre aspect. On est vertueux parce qu'on le veut bien et parce qu'on s'en donne la peine. Dieu y aide sans doute, mais, en quelque sorte, extérieurement, par le libre arbitre dont il nous a pourvus, par sa loi qui nous éclaire et nous commande, par l'exemple et les exhortations des saints, du Christ surtout, par la grâce purificatrice du baptême. Par ailleurs, le bien que nous faisons nous est attribuable. Ce bien, nous sommes tenus de le faire, car il ne nous serait pas commandé s'il n'était pas en notre pouvoir d'y

---

[1] Saint Augustin fait ici grand état du célèbre passage de saint Paul, *Rom.*, V, 12 et suiv.; il convient de noter que les mots ἐφ' ᾧ πάντες ἥμαρτον, sur lesquels il appuie beaucoup, sont mal rendus dans la Vulgate latine par *in quo omnes peccaverunt*, et signifient non « *en qui* tous ont péché », mais « *parce que* tous ont péché ».

atteindre. Dieu ordonne d'éviter tout péché ; on peut donc être sans péché ; et, dans la pensée de Pélage, péché ne s'entend pas seulement des fautes graves et extérieures, mais des manquements intérieurs, qui se produisent dans le secret de l'âme. Cette morale austère et fière cadrait assez bien avec l'idée qu'on se faisait de la vertu dans les écoles antiques, avec l'espèce de stoïcisme populaire sur lequel vivaient communément les gens de bien. Pélage n'admettait ni le péché originel, ni la déchéance originelle. Que parle-t-on de péché transmis par l'hérédité ? disait-on autour de lui. Un péché est un acte volontaire ; celui-là seul qui l'a commis en est responsable. Il n'en résulte rien pour ses descendants. Si nous sentons intérieurement les atteintes de la concupiscence, si notre corps est faible et soumis à la loi de la mort, c'est que telle est la nature de l'homme. Ainsi, Adam a été créé par Dieu dans l'état où nous-mêmes nous venons au monde ; ce que nous tenons de notre premier père, ce sont les conditions originelles de la nature humaine, non les conséquences d'une faute initiale.

Entre ces deux conceptions de la vertu, la différence, disons mieux, l'opposition, est manifeste. Celle d'Augustin traduit une religion profonde, celle de Pélage n'est que le moralisme vulgaire, adapté toutefois aux cadres généraux de la tradition chrétienne.

Je dis aux cadres généraux. Cependant il faut signaler tout de suite deux points où la doctrine de Pélage se heurtait aux habitudes chrétiennes. Sa notion de la grâce excluait en grande partie la prière. A quoi bon demander à Dieu de nous défendre contre la tentation, de nous aider à être vertueux, du moment que c'est notre affaire à nous?

Le baptême des petits enfants était, comme on va bientôt l'expliquer, une seconde pierre d'achoppement.

Quant au témoignage que les auteurs antérieurs au Ve siècle pouvaient donner, sur ce point, à la tradition ecclésiastique, il est sûrement plus grave que Pélage ne semble l'avoir pensé; mais il ne saurait être uniformément invoqué pour tous les détails de la doctrine augustinienne. L'idée de la déchéance originelle, nettement écartée par Pélage, a été souvent et clairement exprimée avant lui; mais que cette déchéance doive être conçue comme un péché héréditaire et que ce péché héréditaire doive s'identifier [1] avec la concupiscence, ce sont là des choses sur lesquelles on avait encore peu réfléchi.

Saint Augustin est le premier qui s'en soit occupé à fond. Dans les vues qu'il exposa sur ce sujet, il y a lieu de faire un certain triage et de reconnaître que, pour certaines d'entre elles, la responsabilité du grand docteur est plus engagée que celle de l'Eglise. En le suivant dans sa lutte contre Pélage, elle a suivi le dé-

---

[1] Sur ce point la doctrine actuellement reçue dans l'Eglise catholique diffère de celle de saint Augustin, encore suivie par Bossuet. Le péché originel est maintenant conçu comme la privation d'une justice originelle, conférée au premier homme en dehors des exigences de sa nature.

fenseur de la foi commune sur la nécessité de la grâce
et la *chute* originelle. Elle a même retenu sa notion
du *péché* héréditaire, mais avec des réserves et des explications qui l'ont quelque peu modifiée. Dans les stades
ultérieurs de la réflexion théologique, saint Augustin
est demeuré toujours, et à juste titre, le docteur de la
grâce ; mais on a dû sacrifier plus d'un détail de son
argumentation, et même de sa doctrine [1].

Pélage était originaire de l'île de Bretagne [2]. C'é-
tait un homme de haute taille et de forte encolure.
Moine de profession, il semble avoir voyagé en Orient.
En tout cas il savait le grec et le parlait aisément.
Fixé à Rome dès le temps [3] du pape Anastase (v. 400),
peut-être depuis plus longtemps encore [4], il y vivait
dans le commerce des personnes les plus pieuses, dont
il était extrêmement considéré [5]. Dans ce milieu il
rencontrait un prêtre venu de Syrie, appelé Rufin,

---

[1] Sur tout ceci v. O. Rottmanner, *Der Augustinismus*,
Munich, 1892. C'est un peu la situation de saint Cyrille d'Ale-
xandrie, mais avec cette différence qu'on a fini par revenir à
Cyrille, tandis qu'on semble s'être plutôt écarté d'Augustin.

[2] Saint Jérôme le qualifie de scot (irlandais), afin de pouvoir lui accrocher les légendes qui couraient alors sur les Scots,
leur barbarie, leur cannibalisme, etc. (*In Jerem.*, préfaces des
livres I et III).

[3] Marius Mercator, *Lib. subn.*, 2.

[4] In urbe Roma, ubi diutissime vitam duxerat (Aug., *De
gratia Christi*, II, 24).

[5] Aug. *De pecc. mer.*, III, 1 : Pelagii scripta, viri, ut audio,
sancti et non parvo provectu christiani ; *ibid.*, 5 : bonum ac
praedicandum virum ; cf. *Retract.*, II, 33 : vita ejus a multis
praedicabatur. — Noter que saint Augustin s'adresse ici à Mar-

comme le célèbre adversaire de Jérôme, mais qui ne doit pas être confondu avec lui, car il était le commensal [1] de Pammachius. On a cru plus tard que, soit par ce Rufin de Syrie, soit par des voyages en Orient, Pélage eut connaissance des idées de Théodore de Mopsueste, lequel professait, sur la chute originelle, des opinions apparentées aux siennes. C'est possible, mais ce serait trop simplifier les choses que de considérer Pélage comme un disciple de Théodore [2] et même de ramener à l'enseignement de Pélage tout ce que l'Occident compta bientôt de pélagiens. Non seulement en Bretagne et en Gaule, mais dans l'Italie du nord et du sud, en Afrique, à Rome même, nombre de personnes, et non

cellin, qui, étant romain et en rapport avec les gens pieux, devait connaître personnellement Pélage. — Paulin l'affectionnait et le comptait au nombre de ses correspondants (Aug., ep. 186, 1; *De gratia Christi*, I, 38).

[1] Aug., *De gratia Christi*, II, 3. Il n'est pas admissible que Rufin d'Aquilée ait vécu chez Pammachius, l'intime ami de Jérôme et son adversaire, à lui. Rufin, du reste, avait à Rome et sur le Celius, des amis qui ne l'eussent pas laissé prendre gîte ailleurs que chez eux. C'est peut-être à ce Rufin de Syrie ou à son milieu qu'il convient de rattacher la confession de foi à la fois pélagianisante et nestorianisante, publiée en 1650 par Sirmond (Migne, *P. L.*, t. XLVIII, p. 451: *Haec nostra fides est*; cf. t. XXI, p. 273), sous le nom d'un Rufin « de Palestine ».

[2] Théodore enseigne que Dieu veut que ses créatures passent de l'état d'imperfection, de mutabilité, de mortalité, à l'état de perfection, d'immutabilité, d'immortalité. Ce sont les deux états ou *catastases*. Mais Dieu veut aussi que ses créatures le méritent, et, comme elles en sont incapables par elles-mêmes, J. C. fait l'œuvre méritoire et en applique l'effet aux hommes. Ainsi est-il le second Adam.

pas des chrétiens quelconques, mais des chrétiens pieux, de sévère observance, comprenaient tout comme Pélage les rapports de la morale et de la religion. Pélage doit être considéré comme le représentant d'une tendance, beaucoup plus que comme un initiateur.

A Rome il discourait volontiers sur les sujets les plus graves, prêchant surtout l'austérité, et prêchant d'exemple autant que de parole. Il publia un traité sur la Trinité et un *Liber capitulorum*, recueil de textes analogue à ceux de Cyprien et de Priscillien. Le premier de ces ouvrages est perdu; du second il ne reste que des fragments : on y trouva plus tard diverses choses à reprendre. Nous avons encore de lui, au complet, un commentaire sur les épîtres de saint Paul; cet ouvrage, où ses doctrines sont encore moins dissimulées que dans le précédent, ne paraît pas avoir plus scandalisé que lui [1]. Il n'y eut conflit que quand la pensée du moine breton se heurta à celle d'Augustin. Dans ses Confessions, ce dernier, s'adressant à Dieu, l'inter-

---

[1] Marius Mercator (*Comm.*, 2) dit bien que Pélage l'avait édité pour ses amis *his... de quorum amicitia confidebat*. Il serait imprudent de tirer, de ce propos d'adversaire, que le commentaire de Pélage fût un livre mystérieux. Saint Augustin, qui le cite souvent, ne le représente jamais comme tel, et d'ailleurs le cercle des « amis » de Pélage était trop étendu pour qu'un livre à eux destiné ne fût pas un livre pour le public, spécial, bien entendu, que ces choses intéressaient. — Le commentaire de Pélage nous est venu d'abord, par une fortune singulière, sous le nom de saint Jérôme; on le trouve imprimé à la suite de ses œuvres (*P. L.*, t. XXX, p. 645); mais il circula aussi, en Irlande surtout, sous le nom du véritable auteur, comme le montrent les textes rassemblés par

pellait ainsi : « Seigneur, donnez ce que vous commandez et commandez ce que vous voudrez, *Da quod iubes et iube quod vis !* » Pélage, on le raconta plus tard, se montra très interloqué de ce propos. Cependant il ne sortit de là aucune controverse écrite [1]. Une discussion orale aurait pu s'engager quand Pélage, échappé de Rome en 410, débarqua à Hippone. Mais Augustin était absent. Pélage l'aperçut à peine à Carthage, où il se rendit ensuite. La conférence avec les Donatistes absorbait à ce moment l'évêque d'Hippone. Le moine partit pour la Palestine, sans qu'aucun incident se fût produit.

Parmi les personnes qui pensaient comme lui on distingua de bonne heure un ancien avocat appelé Celestius, célibataire par nécessité [2] et peut-être par pro-

---

M. Zimmer dans son livre *Pelagius in Irland,* 1901. On y trouvera en particulier les variantes d'un manuscrit de Saint-Gall (n° 73, du IXe siècle), qui a porté autrefois, sans aucun déguisement, le nom de Pélage, et qui présente un texte exempt de certaines corrections introduites par le pseudo-Jérôme. M. A. Souter a, depuis la publication de M. Zimmer, augmenté notablement la documentation du Commentaire de Pélage. (*The Commentary of Pelagius on the Epistles of Paul*, dans le t. II des *Proceedings of the British Academy*, 1907).

[1] Dans la Revue bénédictine, t. XXVI (1909), p. 163, dom G. Morin parle avec détail d'un traité pélagien *De induratione cordis Pharaonis*, retrouvé par lui dans les manuscrits et destiné à être publié dans les *Analecta Maredsolana*. Il est possible, comme dom Morin semble le croire, que cet écrit soit de Pélage lui-même et du temps où nous sommes. Comme le commentaire de saint Paul, ce traité nous a été conservé sous le nom de saint Jérôme.

[2] « Eunuchus matris utero editus » (Marius Merc., *Comm.*, 1).

fession, esprit ardent, aventureux, empressé de se produire et fort loquace. Il vécut quelque temps à Rome, aux alentours de Pélage. Dans l'ensemble du système il cultivait plus spécialement la question de la déchéance originelle; il s'en était expliqué en divers écrits, dont un, intitulé, ou à peu près, « Contre la transmission du péché, *Contra traducem peccati* », est mentionné déjà par Pélage dans son commentaire sur saint Paul. Pélage, pour son compte, insistait moins volontiers sur ce point de la doctrine commune. Comme son maître, Celestius passa en Afrique vers l'année 411; mais, au lieu de suivre Pélage en Orient, il demeura à Carthage et fit même quelques démarches pour se faire admettre au nombre des prêtres de cette église. C'est à ce moment qu'il se vit arrêté. A Carthage résidait, comme gérant des propriétés africaines de l'église de Milan [1], un ancien diacre de saint Ambroise, appelé Paulin, qui ne goûtait guère les idées de Celestius. Il formula contre lui une plainte en hérésie et saisit l'évêque Aurèle. L'affaire fut jugée en un concile local auquel Augustin n'assista pas [2]. Plusieurs propositions [3], extraites plus ou moins

---

[1] Praedestinatus, I, 88 (*P. L.*, t. LIII, p. 617).

[2] Du procès-verbal de ce concile il ne nous reste qu'un fragment dans le *De gratia Christi* de saint Augustin, II, 3.

[3] Aug. *De gestis Pelagii,* c. 21; Marius Mercator, *Comm.*, 1. Je cite ce dernier, dont l'ordre est plus naturel :

1. Adam mortalem factum, qui sive peccaret, sive non peccaret, moriturus fuisset.

2. Quoniam peccatum Adae ipsum solum laesit et non genus humanum.

textuellement des livres de l'accusé, reproduisant, en tout cas, le fond authentique de sa doctrine, furent jugées inadmissibles, hérétiques, et l'on pria Celestius de les rétracter. On pouvait s'y attendre: qui admettait les propositions incriminées niait directement la réalité de la chute originelle et indirectement la nécessité de la rédemption. La question spéciale du péché transmis par l'hérédité n'était pas soulevée en ces propositions, mais elle vint tout de même au débat; pour la première fois [1], ce semble, les novateurs se virent opposer un argument ecclésiastique auquel ils n'avaient pas songé d'abord et qui devait mettre toute leur doctrine en échec: le baptême des enfants. Contre cette pratique immémoriale, traditionnelle, il n'y avait pas à s'élever. Or le baptême, des enfants comme des adultes, était considéré comme rémissif de péché, *in remissionem peccatorum*. Le péché du nouveau-né ne pouvant être un péché de volonté, il fallait bien qu'il fût un péché de

3. Quoniam parvuli qui nascuntur in eo statu sunt in quo fuit Adam ante praevaricationem.

4. Quoniam neque per mortem vel praevaricationem Adae omne genus hominum moritur neque per resurrectionem Christi omne hominum genus resurgit.

5. Quoniam lex sic mittit **ad regnum caelorum** quomodo et Evangelium.

6. Quoniam et ante adventum Domini fuerunt homines **impeccabiles**, id est sine peccato.

[1] M. Loofs, dans son savant article *Pelagius und der pelagianisches Streit,* dans l'encycl. de Hauck, t. XV, p. 754, remarque que, dans son commentaire sur saint Paul, où toutes ses erreurs ont trouvé une expression, Pélage ne dit mot du **baptême des enfants.**

nature. Ce raisonnement très simple, fondé sur le symbole de la foi et sur les institutions de l'Eglise, établissait, contre Celestius et son monde, non seulement la déchéance originelle, mais le péché original. On peut faire ici abstraction d'Augustin et de son exégèse : Augustin n'aurait pas existé que le pélagianisme, une fois tiré au clair, eût été arrêté net [1].

Celestius, sans contester la nécessité du baptême pour les petits enfants [2], refusa cependant la rétractation qu'on lui demandait; la question du péché originel était, selon lui, une question ouverte à la dispute et sur laquelle on pouvait différer d'opinion. Le concile l'excommunia. Il protesta et fit appel au saint-siège; puis, sans donner suite à cet appel, il s'embarqua pour Ephèse, où il réussit à se faire donner une place dans le corps presbytéral [3].

Les chefs du mouvement s'étaient transplantés en Orient; mais leurs idées avaient en Occident assez de partisans pour que l'affaire ne pût être considérée comme

---

[1] Cela ne veut pas dire que les obscurités fissent défaut. Ce qui est clair c'est que les institutions de l'Eglise supposent le *péché* originel; ce qui ne l'est pas, c'est en quoi au juste consiste le péché originel et quelle documentation lui peut être fournie par l'Ecriture et par le raisonnement théologique. Sur ces points le concile de Carthage laissait place à un grand travail que saint Augustin ne fit que commencer et qui se poursuivit durant de longs siècles.

[2] Selon lui, sans le baptême, les enfants ne pouvaient atteindre au « royaume des cieux »; mais le baptême ne leur remettait aucun péché et son omission ne les privait pas de la « vie éternelle ».

[3] Ceci semble bien supposer qu'il était, comme Pélage, familiarisé avec la langue grecque.

finie. Même à Carthage, les Pélagiens, pour leur donner tout de suite un nom qui ne passera qu'un peu plus tard dans l'usage, étaient assez nombreux et s'agitaient beaucoup. Augustin, informé de la situation, entrait dans le débat, discutait, prêchait, écrivait [1]. On lui répondait, on opposait l'autorité de l'église d'Orient à celle du concile de Carthage, on le traitait lui-même d'hérétique. De Sicile il lui arrivait de fâcheux rapports. On enseignait à Syracuse des doctrines semblables à celles qui avaient fait éclat à Carthage [2]. Ces doctrines se traduisaient en discours édifiants, dont quelques spécimens ont été retrouvés ces temps derniers [3]. Les adversaires de la grâce et du péché originel se recrutaient, je l'ai déjà dit, dans les rangs les plus distingués de l'ascétisme chrétien; aussi Augustin met-il toutes les formes à les réfuter. C'est à peine s'il nomme Celestius; Pélage et lui s'écrivaient encore [4]. C'est en ce temps (v. 414) que Pélage adressa à Démétriade sa célèbre lettre.

Contestés en Afrique, Celestius et Pélage se relevaient en Orient. L'un faisait partie du clergé d'Ephèse, l'autre, tout en restant moine, prenait à Jérusalem un pied considérable. L'évêque Jean, l'ancien protecteur de

---

[1] *Serm.*, 170, 174, 176, 290, 294; *De peccatorum meritis* et le *De spiritu et littera,* adressés à Marcellin, le médiateur de la conférence avec les Donatistes.

[2] Aug., ep. 156, lettre d'Hilaire, avec la réponse d'Augustin, ep. 157.

[3] Les six lettres éditées par Caspari, *Briefe, Abhandlungen und Predigten aus den zwei letzten Jahrhunderten der kirchlichen Alterthums,* Christiania, 1890. Cf. ci-dessus, p. 210, n. 1.

[4] Ep. 146.

Rufin, était toujours là ; il témoigna beaucoup d'égards au nouveau venu, autour duquel se groupèrent sans doute des personnes fidèles au souvenir de Mélanie. Tout cela était peu fait pour plaire à Bethléem. Pour Jérôme, c'était la résurrection de Rufin : un confrère latin, installé à Jérusalem, puissant par ses bonnes relations avec l'évêque, influent dans le monde latin des Lieux Saints et même dans celui de Rome, comme le prouvait sa correspondance avec Démétriade [1]. On perçut bientôt quelques grondements. Pélage s'en inquiéta peu et se mit à feuilleter avec zèle les livres que Jérôme avait écrits autrefois, avant sa rupture avec Origène. Jérôme alors parla des Scots, de leurs lourdes bouillies, de Grunnius et de ses maladroits disciples [2]. Puis vint sa lettre à Ctésiphon [3], où il entreprend Pélage, non pas précisément sur le fond de sa doctrine, mais sur cette assertion que l'on peut être sans péché, assertion à laquelle Augustin n'attribuait pas une très grande importance. Elle en avait pour Jérôme, car, dans sa pensée, elle se reliait à la prétention de certains moines, comme l'« origéniste » Evagre, qui croyaient pouvoir arriver par l'ascèse à un état supérieur aux passions ($\dot{\alpha}\pi\dot{\alpha}\theta\epsilon\iota\alpha$). Ctésiphon paraît avoir été le porte-parole d'une sainte

---

[1] V. aussi sa lettre à Livania (Juliana ?), si vraiment elle est de lui, ce dont on peut douter (Jérôme, *Dial. adv. Pelag.*, III, 14 et suiv. ; Marius Mercator, *Commem.*, IV, 3 ; Augustin, *De gestis Pel.*, 14, 19).
[2] *In Ieremiam*, préfaces.
[3] Ep. 133.

et illustre famille (les Probi?) où Jérôme n'aurait pas voulu voir l'hérésie s'introduire.

On était arrivé à l'année 415. Jérôme entendait bien ne pas s'en tenir à sa lettre à Ctésiphon; il travaillait à un second ouvrage de polémique, auquel il donnait la forme de dialogue, en s'abstenant de nommer ses adversaires. La situation de Pélage était encore assez forte pour que l'on hésitât à le mettre personellement en cause.

Sur ces entrefaites arriva d'Afrique un jeune prêtre espagnol, Orose [1], qui, venu à Hippone pour consulter Augustin sur les hérésies de son pays, avait été envoyé par lui en Palestine, ostensiblement pour se mieux renseigner auprès du savant moine de Bethléem et pour lui proposer, par la même occasion, des problèmes de théologie [2], au fond, je le soupçonne, pour tâcher de débusquer Pélage d'une situation qui le rendait assez gênant.

Augustin était alors en bons termes avec Jérôme. Il ne l'avait pas toujours été. De bonne heure le maître africain avait senti le désir d'entrer en rapports avec le savant moine de Palestine. Des accidents de correspondance, lettres égarées, puis ouvertes et jetées dans le public, mirent d'abord Jérôme en défiance. On était au fort de la querelle origéniste. Augustin, sans s'en douter, avait heurté des points sensibles et soulevé des

---

[1] Ci-dessus, p. 195.
[2] Sur la question de l'origine de l'âme et sur l'inégalité des péchés (Jérôme, ep. 131, 132; Augustin, ep. 166, 167).

questions inopportunes [1]. Il se souvenait trop de l'enthousiasme que Jérôme avait montré pour Origène. Il ne voyait pas pourquoi on traduisait la Bible d'hébreu en latin, alors que les fidèles étaient accoutumés à la version, si autorisée, des Septante [2]. De tels propos et les détours par lesquels ils lui parvinrent étaient faits pour irriter Jérôme. Il crut qu'Augustin cherchait, suivant un procédé qui ne s'est pas perdu, à se faire une réputation en entreprenant les vieux maîtres. Aussi commença t-il par le rabrouer d'importance. Mais Augustin mit tant de bonne grâce à le calmer qu'il finit par y réussir, et depuis lors leur amitié ne s'altéra plus [3].

Au moment du départ d'Orose, Augustin était en train de réfuter [4] un nouveau livre du moine breton, le *De natura*. Cet ouvrage lui avait été présenté par deux jeunes gens, Timasius et Jacques, d'abord disciples de Pélage, à qui ils devaient leur « conversion », puis détachés du pélagianisme par les conseils de l'évêque d'Hippone. Dans ce traité, Pélage avait cru de-

---

[1] Jérôme, dans son commentaire sur l'épître aux Galates avait, d'après Origène et autres docteurs grecs, présenté une singulière explication des remontrances faites par saint Paul à saint Pierre. Suivant lui, les deux apôtres avaient usé de simulation, joué une sorte de comédie, quand ils étaient au fond d'accord entre eux. Augustin, très scrupuleux sur l'article mensonge, ne goûtait nullement cette exégèse et ne le cachait pas à Jérôme.

[2] Augustin, bien entendu, croyait à la légende des soixante-dix versions isolément faites et identiques.

[3] Jérôme, ep. 67, 101-105, 110-112, 115, 116.

[4] Par son *De natura et gratia*. De ce même temps est le *De perfectione iustitiae*.

voir se recommander de certains auteurs ecclésiastiques ; on l'avait vu citer Lactance, Hilaire, Ambroise, et ce qui était inattendu, Jérôme et Augustin lui-même. Il est toujours tentant d'opposer à ses adversaires leurs opinions d'autrefois et de les mettre ainsi en contradiction avec eux-mêmes : rien ne leur est plus désagréable. Mais c'est un jeu dangereux.

L'émissaire d'Augustin était plus zélé qu'habile. Excité sans doute par le vieux Jérôme, il se mit à attaquer Pélage avec tant de vivacité et à faire un tel bruit des jugements africains qu'il se fit mander par l'évêque, en assemblée du clergé [1]. Là il répéta ses propos, invoqua Jérôme, Augustin et le concile de Carthage. Pélage, invité à se défendre, déclara, soutenu en cela par l'évêque Jean, que ces controverses africaines ne le concernaient pas. Comme on le pressait sur la possibilité de vivre sans péché, Pélage déclara qu'on n'en pouvait arriver là « sans le secours de Dieu » [2]. Cette conversation n'aboutissait à rien de pratique, d'autant plus qu'Orose, n'entendant pas le grec, était obligé de se servir d'un interprète et d'un interprète dont il avait lieu de se

[1] Sur cette assemblée, qui eut lieu le 29 ou le 30 juillet 415, voir le *Liber apologeticus* d'Orose, très partial, naturellement ; cf. Augustin, *De gestis Pelagii*, 37.

[2] En tout ceci Pélage était peu sincère : sans doute, la sentence du concile de Carthage ne visait directement que Celestius, et lui-même n'avait pas encore été attaqué nommément par Augustin. Mais il est bien clair qu'il était touché et par le concile et par les arguments de l'évêque d'Hippone. Quant à son acceptation du secours de Dieu, on savait déjà que par là il entendait tout autre chose que le commun des chrétiens.

défier. L'évêque lui demanda s'il se portait accusateur de Pélage. Il s'y refusa : Jean lui paraissait être un juge peu sûr. On convint que, le débat étant entre latins, ce qu'il y avait de mieux à faire c'était de le porter devant le pape Innocent, de s'en tenir à sa sentence, et, en attendant, de s'abstenir, de part et d'autre, de toute invective.

Cet engagement ne fut pas respecté. Aux fêtes de la Dédicace (14 septembre), Orose, introduit devant l'évêque pour le saluer, s'entendit reprocher des propos incorrects. Incapable de se contenir, il rédigea, évidemment avec l'aide de Jérôme, une longue protestation adressée aux prêtres de Jérusalem, où Jean et Pélage étaient pris à partie avec beaucoup de vivacité. Sur ces entrefaites, deux évêques de la Gaule méridionale, Héros d'Arles et Lazare d'Aix, chassés de leurs sièges par des révolutions politiques [1] et réfugiés dans l'empire d'Orient, arrivèrent en Palestine. Ils s'y rencontrèrent avec Orose et surtout avec Jérôme, car il n'est pas téméraire de croire que toute cette guerre faite à Pélage était dirigée de Bethléem. On les décida à déposer une plainte en règle, non pas devant l'évêque de Jérusalem, mais devant le métropolitain [2] et son concile, juridiction supérieure et moins suspecte de partialité. La plainte fut reçue et le concile se réunit à Diospolis (Lydda), au mois de décembre 415. Mais, l'un des deux évêques s'étant trouvé malade, ils ne comparurent ni l'un ni

---

[1] Ci-dessus, p. 156, 166.
[2] Eulogius, évêque de Césarée.

l'autre. L'affaire fut jugée sans eux : le débat s'engagea entre l'accusé et l'acte d'accusation [1]. Les choses se passèrent à peu près comme à Jérusalem. On objectait à Pélage diverses assertions tirées, les unes de ses ouvrages, les autres de ceux de Celestius : il donna des unes des explications subtiles, propres à en imposer à des prélats peu familiers avec cette controverse ; pour les autres il déclina toute responsabilité. Cependant on obtint de lui qu'il anathématisât les personnes qui soutiendraient ou auraient soutenu les propositions condamnées à Carthage [2]. Si ce n'était pas là une répudiation des doctrines de Celestius et des siennes propres, c'était une dissimulation inadmissible, un mensonge [3].

Le concile se contenta de ces explications et déclara Pélage absous. Il est clair que, pour cette assemblée, les questions de la grâce et de la chute originelle étaient choses un peu nouvelles. De plus, l'accusation ayant fait défaut, Pélage n'avait pu être serré de près, comme il l'aurait été par des personnes au courant. Si Jérôme, au lieu de rester dans la coulisse et de pousser les autres en avant, eût relevé l'accusation délaissée par les deux évêques, il est à croire que

---

[1] Saint Augustin, par son *De gestis Pelagii*, nous renseigne très abondamment sur la marche de cette affaire.

[2] « Ad satisfactionem sanctae synodi anathematizo eos qui sic tenent aut aliquando tenuerunt ».

[3] En vain prétendrait-on que, les propositions condamnées à Carthage ne reproduisant peut-être pas textuellement le texte de Celestius (Loofs, p. 764), Pélage pouvait les répudier sans désavouer son disciple. Ce serait vraiment trop subtil.

l'affaire aurait pris une autre tournure. De l'absolution de Pélage on ne saurait, il est vrai, conclure que l'épiscopat palestinien ait accepté ses idées. Mais il n'est pas moins clair que la sentence de Diospolis était appelée à produire un effet considérable et à causer de graves ennuis tant aux évêques africains qu'aux autres adversaires de Pélage.

Jérôme avait publié, peu avant le concile, son dialogue contre les Pélagiens, document de son aversion contre Pélage et sa doctrine, en même temps que de son inexpérience de la théologie augustinienne. Ses commentaires sur Ezéchiel et sur Jérémie, auxquels il travaillait alors et qu'il publiait par fragments, sont remplis de propos désagréables à ses nouveaux adversaires et à l'évêque Jean. A celui-ci il reproche des histoires vieilles de cinquante ans, ses compromissions (en compagnie de Cyrille) avec les « Ariens »; il prétend que, si Jean avait quitté ceux-ci, c'était à contre-cœur, pour pouvoir devenir évêque et se vautrer dans les délices; s'il ouvre la bouche du haut de son trône épiscopal, c'est pour débiter des sottises en un style impossible [1].

Une polémique montée à ce ton était faite pour attirer des désagréments à l'auteur de tant d'invectives. Jean se lassa d'être insulté. C'est lui, après tout, qui était, à Jérusalem, l'autorité légitime: nul ne pouvait

---

[1] *In Ezech.* XIV (XLVIII, 10). C'est peut-être en ce temps que le livre écrit en 399 contre Jean (ci-dessus, p. 50) sortit des tiroirs de Jérôme et se répandit dans le public.

mettre en question son droit de réprimer les excès des moines établis dans son diocèse. Le mal est que les mesures d'exécution furent assez tumultuaires. On ne saurait dire au juste à quel point la responsabilité de l'évêque y fut engagée. Mais le fait est que les monastères latins de Bethléem se virent assaillis par une troupe de gens d'émeute; les moines et les religieuses furent roués de coups, les bâtiments incendiés; Jérôme, Eustochium, la jeune Paule, se sauvèrent à grand peine dans une tour : c'était un désastre. Je ne sais si, dans sa tribulation, Jérôme se rappela les applaudissements qu'il avait décernés naguère au patriarche Théophile pour avoir traité les moines de Nitrie comme on venait de le traiter lui-même. Cette fois, c'était sur lui que les coups tombaient; au lieu d'y applaudir il se plaignit.

Mais à qui adresser sa plainte? Au pape, cela était naturel. Toutefois le pape Innocent, défenseur irréductible de Chrysostome, ne pouvait avoir oublié avec quel zèle tapageur Jérôme avait soutenu, contre le pauvre évêque de Constantinople, la campagne de son persécuteur Théophile. Le vieux solitaire se décida à faire écrire, en même temps que lui, les deux nobles vierges Eustochium et Paule et à faire passer les lettres par les mains de l'évêque de Carthage. Par la même voie Innocent lui répondit qu'il était tout disposé à prendre sa défense, pourvu qu'il déposât une accusation précise et désignât les auteurs de ces excès. Pour plus de sûreté, il écrivit à Jean de Jérusalem une lettre assez sévère, lui reprochant d'avoir manqué, tout au moins, de vigilance [1]. Pendant cet échange de lettres, Jérôme et Pélage durent s'éloigner l'un et l'autre, sans doute sur les conseils autorisés des personnes qui avaient intérêt au rétablissement de l'ordre. Jérôme s'empressa d'assimiler le départ de Pélage à la fuite de Catilina ; quant au sien, il l'expliqua par la difficulté de soutenir la controverse avec des gens qui répondaient aux coups de langue par des coups de sabre et aussi par l'horreur qu'il avait de l'évêque Jean et de sa communion [2]. L'éloignement des deux adversaires ne se prolongea pas ; nous les retrouverons bientôt, l'un dans son monastère reconstitué, l'autre dans l'entourage de l'évêque de Jérusalem.

Cependant Augustin et les siens étaient en grand émoi. Orose apportait des nouvelles de Palestine, des lettres d'Héros et de Lazare, des renseignements sur le concile de Diospolis. L'Orient, tant invoqué à Carthage par les partisans de Pélage, se prononçait en effet pour eux, non plus seulement en laissant toute liberté aux chefs du mouvement, mais par une sentence conciliaire, rendue après examen de leurs propos. Là bas, quoi qu'on en pût dire à Carthage et à Hippone, Pélage n'était point regardé comme hérétique. Orose avait sans doute rapporté l'impression de Jérôme,

---

[1] Jaffé 325-327 (Jérôme, ep. 135-137).
[2] Ep. 138, *ad Riparium*, lettre d'interprétation difficile ; je donne ici ce que je crois y voir.

qui traitait[1] sans façon de « misérable synode » l'assemblée des évêques palestiniens. Mais le grand nom de Jérusalem était propre à faire impression sur le public. Il importait de lui en opposer un autre et l'on pensa tout de suite à se tourner vers Rome.

Jusque là on n'y avait pas songé. Il était notoire que Pélage comptait à Rome nombre de partisans et cela jusque dans les plus hauts rangs du clergé. Deux dignitaires, Zosime, le futur successeur d'Innocent, et le prêtre Xyste, qui, lui aussi, devint pape, étaient, disait-on, favorables au moine breton. On allait jusqu'à prétendre que le pape Innocent s'était laissé circonvenir[2]. Malgré ces rumeurs, les Africains ne désespérèrent pas de mettre l'Eglise romaine de leur côté. Deux conciles provinciaux, tenus, l'un à Carthage pour la Proconsulaire, l'autre à Milève pour la Numidie, écrivirent au pape, insistant sur ce que les nouvelles doctrines étaient en contradiction avec l'usage de la prière et celui du baptême des enfants. A la lettre du concile de Carthage était jointe celle que l'on venait de recevoir d'Héros et de Lazare, et aussi le procès-verbal de la comparution de Celestius, en 411. Une troisième lettre, beaucoup plus longue, écrite au nom d'Aurèle, d'Augustin et de trois autres évêques personnellement connus du pape, lui expliquait les points principaux du débat et lui montrait la nécessité d'une condamnation.

---

[1] Ep. 143.
[2] Possidius, *Vita Aug.*, 18; cf. Aug. ep. 177, 2.

Innocent répondit à ces trois lettres, félicitant les Africains de ce qu'ils s'étaient adressés au siège apostolique et acceptant leur jugement doctrinal sur la nécessité de la grâce [1].

Quant aux personnes, il estima que Pélage et Celestius étaient assez engagés par leur enseignement pour mériter d'être exclus de la communion, jusqu'à résipiscence [2].

Les lettres d'Innocent sont datées du 27 janvier 417. Leur arrivée causa une grande joie en Afrique : Augustin voyait déjà tout fini. « Sur cette affaire, dit-il » dans un de ses sermons [3], deux conciles ont été en- » voyés au siège apostolique ; les réponses sont arri- » vées. La cause est finie, puisse finir également l'er- » reur ».

L'erreur n'était pas près d'être extirpée et, quant à l'affaire, elle allait prendre une tournure tout autre que ne l'eût souhaité l'évêque d'Hippone.

Toutes ces démarches avaient eu lieu sans qu'on fût, en Occident, bien clairement renseigné sur le synode de Diospolis. Personne ne s'était d'abord inquiété de s'en procurer les actes. Pélage, il est vrai, en avait adressé

---

[1] Du péché originel il n'est pas question dans cette correspondance.

[2] Toutes ces lettres figurent dans la correspondance de saint Augustin, les lettres africaines sous les numéros 175, 176, 177, les lettres romaines (J. 321, 322, 323) sous les numéros 181, 182, 183.

[3] Serm. 131, 10. Telle est la forme authentique de l'adage *Roma locuta est, causa finita est*.

un résumé à Augustin et au pape [1], mais sans lettre d'envoi. Augustin écrivit à l'évêque de Jérusalem, et, soit par lui, soit autrement, parvint à se procurer le texte complet, qui lui permit de constater que, si les prélats palestiniens avaient absous Pélage, ils n'avaient nullement approuvé, mais plutôt condamné sa doctrine. C'est pour inculquer cette idée qu'il écrivit son *De gestis Pelagii*.

[1] C'est, je pense, le texte dont Innocent parle dans sa lettre aux cinq évêques, c. 3.

CHAPITRE VII.

Le pape Zosime.

<small>Avènement du pape Zosime. — Patrocle d'Arles, Héros et Lazare. — Celestius et Pélage trouvent accueil à Rome. — Intervention des Africains — Condamnation définitive du pélagianisme. — Zosime et les évêques d'Afrique. — Affaire d'Apiarius. — Les canons de Sardique. — Mort de Zosime. — Schisme d'Eulalius. — Le pape Boniface. — Concile africain de 419 — Affaire d'Antoine de Fussala. — Deuxième affaire d'Apiarius.</small>

Les réponses d'Innocent précédèrent de peu, en Afrique, la nouvelle de sa mort (12 mars 417) et de son remplacement par Zosime (18 mars). Ce changement de personnes était gros de difficultés.

Depuis assez longtemps l'église romaine vivait en paix, dirigée par des pontifes modérés et calmes. Le grand conflit du temps, la lutte entre la piété commune et la stricte observance, ne paraît pas l'avoir agitée outre mesure. Les moines ne manquaient pas à Rome, ni, on l'a assez vu, les personnes de vie austère. Mais il était de tradition que, tout en favorisant les efforts individuels vers une perfection plus grande, on ne fît pas de cette perfection, atteinte ou recherchée, un titre spécial à la direction de l'Eglise. Les moines profès étaient même écartés du clergé; les plus hauts rangs de la milice ecclésiastique se recrutaient dans les rangs inférieurs et ceux-ci en des noviciats en quelque sorte professionnels. De là résultait une hiérarchie de carrière, très propre à maintenir l'uniformité dans le gouvernement. Le pape changeait, la direction restait la même. Bien entendu quelques différences étaient inévitables : le pape Anastase avait témoigné, à l'égard de Rufin, d'une moindre bienveillance que son prédécesseur Sirice et son successeur Innocent. Mais ceci était peu de chose. Zosime, lui, représente une véritable anomalie. De son court pontificat l'impression qui résulte est celle d'une série d'entreprises peu sages et d'efforts manqués.

Des antécédents de ce pape on ne sait absolument rien [1] ; mais ce n'est pas sans regret qu'on le voit, dès le premier jour, dans la familiarité et sous l'influence d'un personnage assez suspect, Patrocle, le nouvel évêque d'Arles. Patrocle occupait à Arles le siège d'un évêque encore vivant, que nulle sentence ecclésiastique n'avait écarté ni n'aurait pu écarter, car on ne pouvait lui reprocher que ses efforts pour sauver la vie au malheureux Constantin III. Mais en essayant de lui arracher cette victime, Héros s'était fait un ennemi du général vainqueur, Constance ; celui-ci l'avait éliminé sans

---

[1] On ne sait si, avant son élection, il était prêtre ou diacre. Le *Liber Pontificalis* en fait un grec et lui donne pour père un certain Abraham, nom bien peu hellénique. Malgré les observations de M. Harnack (Académie de Berlin, Comptes rendus, 1904, p. 1044) je ne saurais considérer comme utilisables, pour le temps où nous sommes, les indications que le *L. P.* donne sur la famille et la patrie des papes.

forme de procès. En acceptant une telle succession, Patrocle donnait une idée de sa valeur morale [1].

Il faut dire que la situation d'évêque d'Arles, dans les conditions où elle se présentait à lui, était des plus tentantes. Arles avait conquis son vainqueur; il ne cessait de la combler de privilèges. Il en avait fait la base des opérations de l'empire au delà des Alpes, le siège de l'espèce de lieutenance dont il avait été investi par la confiance d'Honorius. Constance lui-même grandissait de jour en jour et ce n'était pas un mince avantage que d'être dans ses faveurs. Ses succès contre les Goths et contre les usurpateurs, Constantin, Jovinus, Attale, le posaient en sauveur de l'empire. Le 1er janvier de cette année 417, en même temps qu'il inaugurait son deuxième consulat, il célébrait ses noces avec Galla Placidia, enfin rendue par les Goths. Il marchait évidemment vers le rang suprême; déjà, avec un souverain comme son beau-frère, il possédait toute la réalité du pouvoir.

Patrocle, son favori, était à Rome au moment de l'élection de Zosime. Eut-il quelque influence dans le choix du nouveau pape? Nous ne le savons pas. Quoi qu'il en soit, Zosime s'empressa, aussitôt élu, de le combler de faveurs et de satisfaire tous ses désirs. On en-

[1] Sur ceci et ce qui suit v. mes *Fastes épiscopaux de l'ancienne Gaule*, t. I, p. 95 et suiv. Il semble qu'en ces temps là, quand un évêque était écarté de son siège par une sentence capitale (mort, exil, relégation) ou par une mesure équivalente émanant de l'autorité séculière, le siège était considéré comme vacant. C'est dans ces conditions que l'église romaine remplaça au IIIe siècle Pontien par Antéros, au VIe Silvère par Vigile, au VIIe Martin par Eugène.

trait dans les solennités pascales. Patrocle, semble-t-il, aurait pu en attendre la fin. Il n'attendit pas. Le jeudi-saint, 22 mars, il lui était délivré une lettre pontificale par laquelle les plus grands privilèges étaient attribués à l'évêque d'Arles. D'abord on lui constituait un ressort métropolitain, qui, sans égard aux droits acquis, comprenait toutes les provinces de l'ancienne Narbonnaise et des Alpes maritimes, de Toulouse à Embrun, du lac Léman à la Méditerranée. De plus il était institué vicaire du pape dans toute l'étendue des Gaules, à peu près comme l'évêque de Thessalonique l'était en Illyricum, et chargé de délivrer aux évêques de ces contrées les lettres sans lesquelles ils ne pourraient se présenter à Rome.

Ces innovations, car il n'est pas douteux que ce ne fussent des innovations, étaient motivées par les mérites de Patrocle, par une prétendue tradition antérieure et par cette considération, non moins contestable, que l'église d'Arles, fondée par un envoyé du saint-siège, Trophime, était la mère-église d'où le christianisme s'était répandu dans toute la Gaule.

Notifiées sur un ton impérieux aux évêques intéressés, ces décisions du pape Zosime ne laissèrent pas de soulever des protestations. Le système des métropoles ecclésiastiques s'introduisait à peine en Gaule. Il y avait cependant quelques situations acquises: les évêques de Vienne [1] et

---

[1] Déjà, au concile de Turin (v. 400), les évêques de Vienne et d'Arles sont en conflit pour la juridiction métropolitaine sur la province de Viennoise.

de Narbonne, dont les cités étaient des métropoles civiles, l'évêque de Marseille, que l'usage assignait comme supérieur aux évêques de la Narbonnaise IIe, se voyaient troublés dans leur possession. Leurs protestations furent mal accueillies : Hilaire de Narbonne, qui écrivit à Rome, fut rabroué d'importance [1] ; Proculus de Marseille, qui semble ne s'être inquiété ni de Patrocle ni de ses privilèges, finit par recevoir une sentence de déposition, laquelle, du reste, ne fut pas suivie d'effet [2]. Zosime ne voyait que par l'évêque d'Arles ; tout ce qu'on pouvait opposer aux entreprises de celui-ci était non avenu et, selon lui, inspiré par le plus mauvais esprit.

Ainsi coiffé de Patrocle, Zosime ne pouvait avoir des sentiments bien tendres pour Héros, son prédécesseur évincé ; on l'avait monté aussi contre Lazare [3]. Dans les conflits religieux et dans les vicissitudes politiques de la Gaule, les deux anciens évêques d'Aix et d'Arles avaient toujours marché de concert. L'exil ne les avait séparés ni de corps ni d'esprit. Ensemble ils étaient venus en Palestine ; ensemble ils y avaient pris parti contre Pélage. Patrocle prétendit qu'ils avaient abandonné volontairement leurs églises et les fit exclure de la communion romaine. Dans de telles conditions, ces personnages n'étaient guère faits pour recommander au nouveau pape les doctrines de saint Augustin. On ne tarda pas à s'en apercevoir.

[1] J. 332.
[2] J. 340, 341.
[3] J. 329, 330, 331.

Les condamnations prononcées par Innocent mettaient Celestius et Pélage en fâcheuse posture. Cependant ils ne jugèrent pas la situation désespérée. Celestius, dans les derniers temps, paraît avoir eu des difficultés à Ephèse. Il se transporta à Constantinople, où l'évêque Atticus [1] ne le laissa pas séjourner. Rassuré sans doute par la mort du pape Innocent et par l'idée qu'il pouvait avoir de son successeur, il eut bientôt fait d'arriver en personne et de remettre au nouveau pape une profession de foi, dans laquelle il n'avait pas manqué de se déclarer soumis en tout au jugement du saint-siège. Zosime s'intéressa à sa cause. Dans le courant de l'été il tint à Saint-Clément une audience solennelle où Celestius comparut et fut interrogé [2]. Requis de condamner les assertions pour lesquelles Paulin l'avait accusé à Carthage en 411, il s'y refusa. Cependant il acepta la doctrine exprimée dans les lettres du pape Innocent, et l'on ne trouva rien que de louable dans sa profession de foi, ainsi que dans une déclaration par laquelle, à Carthage, en 411, il avait reconnu la nécessité du baptême pour les enfants [3]. Quant aux in-

---

[1] Marius Mercator, *Comm.*, I, 3, allègue à ce propos des lettres envoyées par Atticus en Asie (Ephèse), à Thessalonique et à Carthage. Il n'est pas question de Rome; les rapports, rompus à propos de Chrysostome, n'étaient pas encore rétablis.

[2] Nous n'avons plus les procès-verbaux de cette audience. On la connaît par ce qu'en dit le pape dans la lettre qu'il envoya aussitôt après en Afrique (J. 329), par le *libellus* du diacre Paulin (*P. L.*, t. XLV, p. 1724) et par divers écrits de saint Augustin (surtout le *De peccato orig.*, 5-8); cf. *P. L.*, t. XLVIII, p. 498.

[3] Aug., ep. 157, 22.

crimininations d'Héros et de Lazare, il déclara que ces personnages ne lui étaient même pas connus de vue au moment où ils écrivaient pour le dénoncer; Héros, depuis, lui avait fait des excuses. De tout cela résulta pour le pape et pour son entourage l'impression que les Africains étaient allés vite en besogne, qu'il en était de même de son prédécesseur Innocent et qu'on avait vraiment accordé trop de créance à des gens comme Héros et Lazare. Il écrivit aussitôt en Afrique [1], pour communiquer son impression et inviter ceux qui auraient quelque chose à dire contre Celestius à se présenter dans le délai de deux mois [2].

A Jérusalem, l'évêque Jean était mort à peu près en même temps que le pape Innocent. Le décès de celui-ci n'était pas encore connu en Palestine, quand le nouvel évêque, Praylius, et Pélage, apparemment informés des condamnations portées contre celui-ci, jugèrent à propos d'écrire à Rome. Leur correspondance, adressée à Innocent, ne parvint à Zosime qu'après l'assemblée de Saint-Clément. Elle contenait, avec une profession de foi [3], les quatre livres d'un traité sur le libre arbitre, tout récemment composé par Pélage [4]. Zosime

---

[1] J. 329; *Coll. Avell.*, 45.
[2] Vers la fin de cette lettre, le pape blâme les recherches et discussions indiscrètes et rappelle, sans le nommer, la mésaventure arrivée récemment à Origène et à ses écrits. Je crains bien qu'il n'y ait là un avis indirect adressé à Augustin.
[3] Texte dans le supplément de saint Augustin, t. X (*P. L.*, t. XLV, p. 1716; cf. t. XLVIII, p. 488).
[4] Aug., *De gratia Christi*, 45; cf. 32, 35, 36; *De peccato orig.*, 19, 24.

réunit une autre assemblée du clergé et fit donner lecture tant des deux lettres que des autres écrits. Le traité du libre arbitre, sans dissimuler la doctrine de Pélage, au moins pour des yeux exercés, la tempérait par des concessions apparentes et de pure forme. L'auteur avait bien calculé ses effets: le synode romain manifesta sa joie d'entendre des propos si orthodoxes et faillit fondre en larmes à la pensée que de telles gens avaient pu être diffamés. C'est du moins ce que Zosime raconta aux Africains dans une nouvelle lettre [1], où Pélage est l'objet de grands éloges, tandis que ses adversaires, Héros et Lazare, Timasius et Jacques, sont fort malmenés.

Ce changement subit dans les dispositions romaines semble avoir été prévu par les Africains. Il leur était revenu des bruits alarmants sur le nouveau pape, et cela les mettait en inquiétude. Ils s'en ouvrirent au saint de Nole, ami de Pélage, et cherchèrent, par un appel pressant, à le retenir de leur côté [2]. Cette démarche n'était pas inopportune, car on parlait déjà des pélagiens de Nole et de pélagiens si déterminés qu'ils se déclaraient prêts à lâcher Pélage, s'il venait à rétracter sa doctrine.

Au commencement de novembre arriva à Carthage la lettre où Zosime se montrait disposé à innocenter

---

[1] J. 330, du 31 septembre (*Coll. Avell.*, 46).
[2] Ep. 186. La phrase finale *Quae autem et de quibus audiverimus* ne peut guère viser que le pape et son entourage. On ne s'expliquerait pas tant de mystère à propos de Julien d'Eclane ou de quelqu'autre personnage de moyenne importance.

Celestius. Par le messager, un sous-diacre Basiliscus, le pape avait fait citer le diacre Paulin [1], l'ancien accusateur de Celestius, à venir soutenir son accusation devant le tribunal romain. Paulin déclina cette invitation, déclarant que, des procès-verbaux de l'audience de Saint-Clément, il lui semblait résulter que le pape était absolument du même avis que lui et que, Celestius ayant laissé passer tant de temps depuis son appel, le procès ne regardait plus son contradicteur de 411. Ce refus était plus habile que respectueux; Paulin se défiait apparemment d'un juge aussi prévenu en faveur de son adversaire.

De son côté, l'archevêque Aurèle assemblait rapidement un certain nombre d'évêques pour parer à la situation. De ce concile, Zosime reçut, au cours de l'hiver, une très longue lettre [2] où on lui reprochait de s'être laissé tromper par les hérétiques, d'avoir accepté sans restriction le formulaire de Celestius et d'avoir cru qu'une adhésion vague aux lettres d'Innocent suffisait à mettre hors de cause des inculpés trop subtils. Ce document, joint sans doute à d'autres informations, fit réfléchir le pape: dans une lettre [3] du 21 mars, il

---

[1] Paulin fut touché par l'assignation le 2 novembre 417; sa réponse est datée du 8 novembre (*Coll. Avell.*, 47).

[2] Perdue; mais caractérisée dans la réponse du pape et aussi dans Augustin, *Contra duas epp. Pelagianorum*, II, 5.

[3] Dans cette lettre et, apparemment, dans celle à laquelle elle répondait, il n'est question que de Celestius. L'affaire de Pélage aura donné lieu à une autre correspondance, dont nous n'avons qu'une pièce, la lettre de Zosime, du 21 septembre 417.

répondit aux Africains sur un tout autre ton qu'il ne leur avait écrit six mois auparavant. Après un long préambule sur l'autorité de son siège, il disait qu'en définitive il n'avait rien voulu faire sans consulter les évêques d'Afrique, comme le prouvait sa lettre sur Celestius; qu'il n'avait pu repousser sans l'entendre un homme qui implorait sa justice; enfin que les choses étaient encore dans le même état, aucune sentence n'ayant été prononcée [1].

La réponse du pape arriva à Carthage le 29 avril 418, à la veille d'un grand concile, convoqué pour le 1er mai, et dont la réunion, sans doute annoncée à Zosime, devait l'avoir engagé à ne rien précipiter. Toutes les provinces africaines et même l'Espagne, c'est-à-dire, je pense, la Mauritanie Tingitane, y envoyèrent des représentants. Il y avait plus de monde que dans les conciles généraux ordinaires: à ceux-ci les provinces où ne se tenait pas l'assemblée n'envoyaient que deux ou trois légats; en 418 il vint autant d'évêques que l'on en put réunir; ils étaient au nombre de deux-cent-quatorze. On commença par formuler en neuf [2] canons la doctrine catholique sur le péché originel et la nécessité

---

[1] J. 342; *Coll. Avell.*, 50.
[2] V. la collection Quesnel, éd. Ballerini, Migne, *P. L.*, t. LVI, p. 486. L'un de ces canons, le 3e, où est réprouvée l'opinion que les enfants morts sans baptême aient dans l'autre monde une place intermédiaire entre le ciel et l'enfer, manque à plusieurs des collections canoniques d'où nous vient le texte de ce concile; c'est là une suppression voulue, car le canon est certainement authentique.

de la grâce; ces canons furent expédiés au pape avec une lettre [1] où la question de personnes était abordée [2].

Puis le concile se sépara, non toutefois sans instituer une commission de permanence, en vue évidemment d'attendre l'effet du manifeste et de parer aux difficultés qui pourraient se produire. Dans cette députation, Alypius et Augustin représentaient la Numidie; l'évêque d'Hippone, cela est clair, était l'âme de tout le mouvement.

Mais ce n'était pas seulement de leur concile que les Africains attendaient un résultat. Le malheureux Zosime était bloqué d'un autre côté. On avait écrit à Ravenne et obtenu [3] que le gouvernement se mêlât de

---

[1] Fragments dans Prosper, *Contra Coll.*, 5, en remarquant que les deux phrases: *Erraverunt africana episcoporum concilia...* et *Erraverunt CCXIV sacerdotes* se rapportent au même concile et à celui-ci.

[2] Dans son épitre 215, Augustin énumère ainsi les documents: « Quod papae Zosimo de Africano concilio scriptum est, eiusque rescriptum ad universos totius orbis episcopos, et quod posteriori concilio plenario totius Africae contra ipsum errorem breviter constituimus ». Je crois que le mot *posteriori* ne vise que l'ordre des deux conciles mentionnés ici, le premier, simplement africain (de l'Afrique proconsulaire), celui de l'hiver 417-418, l'autre, le concile plénier de toute l'Afrique, celui du 1er mai 418, et que la *Tractoria* de Zosime, mentionnée ici entre les deux, n'est pas à sa place chronologique. Augustin, énumérant les deux documents définitifs, a mis d'abord le plus autorisé, celui du pape.

[3] Les Pélagiens ne se firent pas faute, par la suite, de gloser sur les moyens employés: *Matronarum oblatis haereditatibus potestates saeculi corrupistis* (Aug., *Op. imperf.*, III, 35). Que le rescrit ait été sollicité par Aurèle et les siens, c'est ce qui n'est pas douteux. Honorius le rappelle lui même à Aurèle, dans

cette affaire théologique. Le 30 avril, au moment où le concile se réunissait, paraissait un rescrit impérial adressé aux préfets du prétoire, avec un édit de ceux-ci [1], constatant que de fausses doctrines sur l'origine de l'homme étaient répandues à Rome et ailleurs par Pélage [2] et Celestius, que la tranquillité de la ville éternelle était troublée [3] par les disputes soulevées à ce propos, et qu'il y avait lieu de pourvoir. En conséquence, Pélage et Celestius devaient être chassés de Rome: quant à ceux qui soutiendraient leurs idées, n'importe qui pourrait les accuser et requérir contre eux la confiscation et l'exil.

une lettre de l'année suivante (*P. L.*, t. LVI, p. 493); cf. le titre du rescrit de 418 dans la collection Quesnel (*ibid.*, p. 490): *Rescriptum acceptis synodi suprascriptae (Africanae) gestis*. Mais il est clair qu'ici il faut entendre une autre assemblée que celle du 1er mai, sans doute celle dont il a été question plus haut, à laquelle Zosime répondit le 21 mars. Peut-être s'agit-il simplement d'une démarche faite par Aurèle, en dehors de toute réunion conciliaire, au nom du groupe (*synodus*) de ses collègues. — On serait porté à s'étonner que l'influence du patrice Constance n'ait pas mieux servi Patrocle et Zosime; mais cette influence n'était pas la seule qui se fît sentir à Honorius. Sa sœur Galla Placidia comptait pour quelque chose; je serais porté à croire qu'on se servit d'elle en cette affaire.

[1] Ces deux documents nous sont connus par la collection Quesnel, c. 14, 15 (*P. L.*, t. LVI, p. 490, 492).

[2] Pélage n'était à Rome que pour l'administration: il n'avait pas quitté l'Orient.

[3] Dans sa Chronique (a. 418) Prosper parle d'un Constance, *servus Christi,* ancien vicaire, retiré à Rome, où il eut beaucoup à souffrir de la part des Pélagiens. Cf. Praedestinatus, I, 88 (Migne, *P. L.*, t. LIII, p. 618).

C'était bien dur. L'épiscopat africain aurait pu aller moins vite en besogne, laisser agir sur le pape Zosime les arguments religieux et ne pas jeter la gendarmerie à travers les délibérations de l'église romaine. Celle ci lui en sut mauvais gré, et il y avait de quoi.

Pour le moment, il s'agissait de s'exécuter. Zosime fit rédiger un long document, adressé à tous les évêques, où il prononçait la condamnation de Pélage, de Celestius et de leurs doctrines [1]. C'est ce qu'on appelle sa *Tractoria*. Elle ne s'est pas conservée, de sorte que nous ne pouvons juger des raccords par lesquels il ne manqua pas d'harmoniser ses deux attitudes successives, ni, ce qui serait plus intéressant, de la mesure dans laquelle il adopta les opinions d'Augustin. Celui-ci, une fois le succès obtenu et le pape amené plus ou moins volontiers et plus ou moins complètement à ses vues, s'attacha, dans ses discours et dans ses livres, à pallier ce qu'il y avait eu d'inquiétant, à certains moments, dans l'attitude romaine. On le voit même empressé au service du pape. C'est pour une commission reçue de Zosime qu'il alla, cette même année, 418, jusqu'à Césarée de Mauritanie, où il eut, avec l'évêque donatiste Emeritus, une rencontre si singulière [2].

---

[1] La succession des documents officiels, lettres impériales, lettres pontificales, conciles africains, dans cette phase de l'affaire, a donné lieu à beaucoup de discussions. V. surtout la diss. XIII de Quesnel et les observations apologétiques des Ballerini (Migne, *P. L.*, t. LVI, p. 959).

[2] Ci-dessus, p. 144.

Il ne s'agissait pas seulement d'avoir mis le pape de son côté et d'avoir donné à l'orthodoxie ainsi établie la protection des lois: il fallait encore convaincre les esprits. Augustin s'y employa avec ardeur. Sa correspondance, en ce temps là, est remplie d'explications sur la grâce, le libre arbitre et le péché originel. On a vu quel soin il avait mis à renseigner saint Paulin de Nole. Il agit de même avec Dardanus, préfet du prétoire des Gaules, avec l'évêque de Biskra, Optat, avec les anciens amis de Pélage, Anicia Juliana et sa fille Démétriade, enfin avec la pieuse famille du Celius, maintenant transplantée en Palestine, Albine, Pinien et Mélanie la jeune. Pélage s'était trouvé sur le chemin de ces saintes gens: on avait causé; le moine leur avait tenu les discours les plus édifiants, voilant, à son habitude, sous le commun langage de l'Eglise, ce qui, dans ses opinions, aurait pu causer du scandale. Ses amis, étonnés de l'opposition qu'il rencontrait, s'étaient adressés à Augustin, qui écrivit, pour les mettre au courant, ses livres « La grâce du Christ » et « Le péché originel ». La lettre de Pinien était antérieure à la catastrophe; la réponse ne vint qu'après. Pendant ce temps là, Pélage, traduit devant un nouveau concile, tenu cette fois sous la présidence de l'évêque d'Antioche, Théodote, était définitivement éloigné des Lieux Saints. Théodote et Prayle, son confrère de Jérusalem, en écrivirent au pape [1]. Ce sont les dernières nouvelles que nous ayons du moine breton.

---

[1] Marius Mercator, *Comm.*, III, 5.

Celestius était encore à Rome au moment où l'orage se déchaîna. Quand Zosime, retourné et décidé à le condamner, voulut le faire comparaître, il avait déjà disparu. Ses partisans laïques firent quelque résistance; mais les clercs suivirent le pape dans son évolution. On avait beaucoup parlé du prêtre Xyste, qui semble avoir eu, dans la direction du parti, un rôle assez marqué [1]. Il s'empressa de rassurer les Africains, écrivit aux évêques de Carthage et d'Hippone et leur donna toutes les satisfactions [2].

On peut penser si de telles démarches étaient agréables aux dignitaires romains, et quels sentiments ils devaient nourrir à l'égard de cet épiscopat d'Afrique d'où leur venaient de si cuisants affronts. Du reste nous ne sommes pas réduits à conjecturer. La mauvaise humeur de Zosime se traduisit en des démarches fort expressives. Un concile de Byzacène ayant à juger un évêque pour des affaires où les finances publiques étaient intéressées, crut bon de s'adjoindre, à titre d'experts, quelques receveurs d'impôts; la cause fut jugée devant eux et l'évêque fut condamné. Celui ci, au lieu d'en appeler au concile plénier d'Afrique, ce qui était requis par la législation du pays, s'en fut se plaindre à Rome et obtint une lettre où les évêques de Byzacène sont malmenés de belle façon [3].

---

[1] « Qui eorumdem inimicorum magni momenti patronus ante iactabatur » (Aug., ep. 91).

[2] Aug., ep. 91, 94.

[3] J. 346, du 16 novembre 418, le seul document qu'on ait sur ce conflit.

On ne sait ce qu'il advint de cette affaire. Mais tout aussitôt il s'en engagea une autre qui devait avoir un grand retentissement.

Il y avait à Sicca Veneria (El Kef) un prêtre appelé Apiarius, assez mauvais sujet, qui donnait beaucoup d'ennuis à son évêque. Celui-ci, Urbain, avait été prêtre à Hippone; c'était un des meilleurs disciples d'Augustin. On fut obligé d'excommunier Apiarius. Il n'accepta pas cette sentence; mais, comme l'évêque de Byzacène, au lieu d'en appeler aux juridictions africaines, il s'en alla tout droit à Rome porter plainte contre l'évêque Urbain.

Le droit canonique africain n'admettait pas ces recours aux juridictions transmarines [1]. Cela ne veut pas dire que les garanties judiciaires y fissent défaut. Pour juger un procès grave contre un évêque, il fallait réunir douze de ses collègues; six, s'il s'agissait d'un prêtre; trois dans le cas d'un diacre [2]. De ce premier tribunal on pouvait appeler au concile provincial présidé par le doyen ou primat; du concile provincial au concile plénier présidé par l'évêque de Carthage. C'était très suffisant, sauf pour les plaideurs en mauvaises causes, qui, trop connus chez eux, étaient sûrs d'y trouver toutes les juridictions hostiles. Ceux-là préféraient passer la mer et s'en aller jusqu'à Rome raconter les choses à leur point de vue et solliciter des absolutions mal éclairées. La sagesse eût voulu qu'à Rome on tînt

---

[1] *Cod. can.*, 105, du concile de 407.
[2] *Cod. can.*, 12.

compte de cette situation, que l'on respectât l'organisation africaine et que l'on renvoyât les plaignants transmarins aux tribunaux de chez eux.

Mais Zosime était trop monté contre les Africains pour ne pas saisir l'occasion de leur être désagréable. Il accueillit la plainte d'Apiarius et le renvoya à Carthage, avec un appareil extraordinaire de légats, Faustin, évêque de Potentia en Picenum, et deux prêtres de Rome, Philippe et Asellus. Il se fût agi de présider un concile œcuménique [1] que l'on n'eût pas fait un plus grand déploiement de forces. Peu rassuré sur l'accueil qui attendait ses légats, Zosime les avait munis de recommandations telles qu'ils étaient autorisés à requérir la force publique. Faustin, le chef de la légation, était un homme autoritaire et chicanier, capable de mener rondement les Africains et qui n'y manqua pas. Il avait des instructions orales et des instructions écrites; de celles-ci le texte s'est conservé. Les légats devaient exiger que les évêques pussent appeler à Rome; qu'ils n'allassent pas trop souvent à la cour [2]; que les prêtres et diacres excommuniés par leurs évêques pussent appeler aux évêques voisins; enfin qu'Urbain de Sicca fût excommunié ou même envoyé à Rome, s'il ne corrigeait pas ce qu'il y avait de défectueux dans ses procédés contre Apiarius. Pour les deux points relatifs

---

[1] Le prêtre Philippe fut un des légats du pape Célestin au concile œcuménique d'Ephèse (431).
[2] Zosime semble avoir eu sur le cœur les démarches récemment faites à Ravenne pour la proscription des Pélagiens.

aux appels, le pape invoquait des canons de Nicée, dont le texte était annexé aux instructions des légats.

Ceux-ci, dès leur arrivée, le prirent de très haut avec l'évêque de Carthage et ses collègues, les menaçant, en cas de résistance, de faire appel à la force publique. Aurèle sentit qu'on lui cherchait une mauvaise chicane et que, s'il voulait éviter des désagréments, il fallait jouer serré. Les conciles africains avaient depuis longtemps interdit aux évêques de se transporter sans nécessité à la cour; l'évêque Urbain était prêt à rectifier ce qu'il pouvait y avoir de critiquable dans ses procédés. Restait la question des appels transmarins, d'autant plus brûlante que, dans le concile du 1er mai [1], on avait précisé l'interdiction de la manière la plus formelle. Mais le pape avait assez mal engagé sa négociation. D'abord ce qu'il demandait pour les prêtres et clercs inférieurs, l'usage africain l'accordait depuis longtemps. De plus, les canons de Nicée allégués par lui n'étaient pas des canons de Nicée, mais des canons de Sardique. Dans les livres romains ils figuraient à la suite des vrais canons de Nicée et sous la même rubrique [2]. De là, sans doute, l'erreur, une erreur qui n'aurait pas dû être commise.

---

[1] *Cod. can.*, c. 125.
[2] T. II, p. 226. L'authenticité des canons de Sardique a été plusieurs fois contestée, sans raisons valables, et surtout par le désir plus ou moins avoué d'enlever à l'église romaine le bénéfice de certains de ces décrets, un bénéfice auquel elle n'a guère, que je sache, attaché d'importance. La dernière tentative en ce genre est celle de M. Friedrich, dans les Comptes-

Les évêques africains ignoraient les canons de Sardique. De ce concile, que les Donatistes leur jetaient parfois à la tête, il ne connaissaient que la lettre des dissidents orientaux adressée à Donat [1]; aussi disaient-ils couramment que le concile de Sardique avait été un concile d'ariens [2]. Mais les légats ne parlaient nullement de Sardique; ils alléguaient des textes de Nicée, et ces textes ne se trouvaient pas dans les exemplaires africains dérivés de celui que Cécilien de Carthage, présent au célèbre concile, en avait rapporté. De ce côté, les Africains avaient prise sur la diplomatie romaine. Ils protestèrent de leur respect pour l'autorité du con-

---

rendus de l'Académie de Munich, *Die Unächtheit der Kanones von Sardica* (1901-1902) et *Die sardicensischen Aktenstücke der Sammlung der Theodosius diaconus* (1903); M. Turner (*Journal of theol. studies*, t. III) et moi (*Bessarione*, t. III, p. 129) nous avons apprécié ce travail. J'avais cru d'abord, avec M. Turner (cf. *The Guardian*, 11 décembre 1895), que le texte des canons de Sardique qui figure dans la collection du diacre Théodose pouvait provenir d'un dossier expédié à Carthage par Cyrille d'Alexandrie avec les canons de Nicée; M Friedrich a réussi, je crois, à écarter ce système. Mais sa thèse ne s'en trouve pas mieux, loin de là. Les nouvelles études sur la collection de Théodose et ses parties alexandrines (v. t. II, p. 167, note, l'indication des travaux de MM. Batiffol et Schwartz) aboutissent à cette conclusion que les canons de Sardique figuraient déjà dans un dossier historico-apologétique constitué à Alexandrie en 368, sous les yeux de saint Athanase.

[1] T. II, p. 218.
[2] Aug., ep. XLIV, 6; *Contra Cresconium*, IV, 52. Gratus de Carthage avait assisté au concile orthodoxe, ou tout au moins avait correspondu avec lui (*Conc. Sard.*, c. 8); il en parle dans un des canons du concile de Carthage de 348 (c. 5), mais de mémoire, sans citer un texte.

cile de Nicée, mais constatèrent que les canons allégués ne figuraient pas dans tous les exemplaires ; que par suite, ils étaient douteux. Il convenait de tirer leur authenticité au clair. Toutefois, pour témoigner de leurs bonnes intentions, ils consentaient à les appliquer provisoirement [1]. Ils écrivirent en ce sens au pape Zosime.

Sur ces entrefaites on apprit à Carthage que Zosime venait de mourir et qu'un schisme avait éclaté sur sa tombe à peine fermée. Il paraît bien que son caractère inquiet et ses procédés autoritaires lui avaient créé, dans son entourage immédiat, autant de difficultés qu'en Afrique et en Gaule. Le clergé romain était divisé ; une plainte contre le pape fut portée à la cour de Ravenne ; entre ses dénonciateurs et lui des lettres fort aigres furent échangées. Les choses en vinrent au point qu'il leur envoya une sentence d'excommunication, se réservant de procéder bientôt contre leurs mandataires [2]. Il l'eût fait sans doute s'il n'était tombé gravement malade, d'une maladie à ressauts, qui tantôt le mettait à l'agonie, tantôt le laissait reprendre vie [3]. Il mourut enfin, le 27 décembre de cette année 418, qui avait été pour lui si remplie de déboires.

---

[1] On ne voit pas, du reste, en quoi les textes allégués pouvaient autoriser l'appel d'Apiarius ; il n'était pas évêque et le premier des deux canons ne le concernait pas ; quant à l'autre, pour qu'il fût applicable, il eût fallu considérer le diocèse de Rome comme limitrophe (*finitimus*) de celui de Sicca Veneria, ce qui n'était pas le cas.

[2] J. 345, du 3 octobre 418.

[3] *Coll. Avell.*, 14.

Pendant qu'on l'enterrait à Saint-Laurent, son archidiacre Eulalius prenait ses mesures pour lui succéder. La cérémonie funèbre n'était pas terminée qu'il revenait au Latran, escorté de ses collègues en diaconat et de quelques prêtres; ses partisans occupaient déjà l'église; ils s'y barricadèrent et acclamèrent le candidat de leur choix. Les autres prêtres, au nombre d'environ soixante-dix, avec la partie de la population qui ne voulait pas d'Eulalius, attendirent au lendemain et s'assemblèrent dans l'église de Théodora [1]. Leurs suffrages se portèrent sur le prêtre Boniface, homme instruit et sage, à qui le pape Innocent avait confié plus d'une fois d'importantes missions à Constantinople [2]. Il était fort âgé et se fit prier pour accepter. Le dimanche venu (29 décembre), chacun des deux partis procéda à l'ordination de son candidat : Eulalius fut consacré au Latran, Boniface à l'église de Marcel; Boniface, après la cérémonie, fut conduit à Saint-Pierre.

Le préfet de Rome, Symmaque, venait d'entrer en fonctions. C'était un neveu de celui qui, sous Théodose, avait été en conflit avec saint Ambroise; comme lui, il était resté païen. Il prit parti pour Eulalius et écrivit en ce sens à Ravenne, d'où on lui répondit aussitôt qu'il avait raison et que Boniface devait être éloigné de Rome. La réponse arriva le jour de l'Epiphanie. Ce jour là les Eulaliens étaient assemblés à Saint-Pierre,

---

[1] Non identifiable. Sans doute une des basiliques que nous connaissons, mais sous un nom différent.
[2] Palladius, *Dial.*, 4; J. 309.

les Bonifaciens à Saint-Paul. Symmaque leur fit signifier la décision de l'empereur et Boniface ne parvint pas à rentrer en ville. Le préfet croyait l'affaire terminée; mais les Bonifaciens protestèrent à Ravenne, où Galla Placidia leur prêta main forte. Mieux informé, le gouvernement admit que l'élection était douteuse, manda les deux parties à Ravenne et soumit l'affaire à l'examen d'un certain nombre d'évêques convoqués à cet effet. Mais les avis furent partagés et l'on ne put tirer l'affaire au clair. L'empereur, alors, décida de convoquer un grand concile auquel on inviterait les évêques de Gaule et d'Afrique. Cette assemblée fut indiquée pour le 13 juin; elle devait se tenir à Spolète. En attendant, Eulalius et Boniface devaient être écartés de Rome : s'ils tentaient d'y rentrer, leur élection serait considérée comme non avenue.

Les fêtes pascales approchaient [1]; on tenait à ce qu'à Rome elles fussent présidées par un évêque; la cour fit choix de celui de Spolète, Achillée. A cette nouvelle, Eulalius rompit son ban et entra en ville (18 mars); Achillée, après avoir envoyé au préfet les lettres qui le commissionnaient, se présenta deux jours plus tard (20 mars). De là des querelles sans fin et des émeutes qui agitèrent la population pendant les derniers jours du Carême. Le préfet louvoyait, réclamait des instructions. Il en vint et de très catégoriques : Eulalius devait être éloigné de Rome. Symmaque lui

---

[1] Le dimanche de Pâques tombait, en 419, le 30 mars.

signifia cet ordre le soir du vendredi-saint (28 mars).
Pour toute réponse, Eulalius s'empara, la nuit suivante,
de la basilique de Latran et s'apprêta à y célébrer les
fêtes du baptême pascal. C'en était trop: le préfet mit
son monde en mouvement, reprit l'église et la remit à
l'évêque de Spolète, qui officia les jours suivants sous
la protection des autorités. Eulalius avait été conduit
hors de Rome et placé sous bonne garde.

Son échauffourée simplifiait beaucoup l'affaire. Les
conventions avaient été violées par lui : sa candidature
était désormais écartée, sans qu'il fût besoin de tenir
concile. La cour fit prévenir les évêques qu'ils n'auraient
pas à se déranger, reconnut Boniface et donna
au préfet des ordres en conséquence. Peu de jours après,
Symmaque envoya à Ravenne un rapport où il constatait
avec quelle joie unanime les Romains avaient accueilli
leur nouveau pape.

Les pièces officielles [1] qui nous renseignent sur cette
affaire ne nous montrent pas clairement l'origine et le
sens précis de cette division des partis. On ne voit pas,
en particulier, dans quelle mesure elle se relie aux débats
récents sur Pélage et Celestius. Elle ne peut être
sans rapport avec les conflits qui, dans les derniers
mois de Zosime, déchiraient le clergé romain. Boniface,
cela est sûr, n'était pas un ami de Patrocle : il ne lui
continua pas la faveur incroyable dont il avait joui
sous son prédécesseur. D'autre part il est clair que

---

[1] *Coll. Avell.*, 14-36.

Placidie l'appuyait, et très énergiquement. A ses yeux, Eulalius représentait le vice et Boniface la vertu. Elle s'en exprime très nettement en trois lettres [1] adressées à propos du concile, aux évêques Paulin, Aurèle, Augustin et autres, à la présence desquels elle tenait beaucoup. Paulin surtout, en qui elle voyait le président de la future assemblée, lui paraissait qualifié pour mener le triomphe de la sainteté sur l'ambition et l'immoralité. Il est possible que les sentiments de la religieuse princesse ne fussent pas d'accord, sur ce point, avec ceux de son mari. Le ménage n'était pas très uni : ce n'est pas sans répugnance que la fille de Théodose s'était décidée à épouser le vainqueur d'Arles. Celui-ci fut proclamé auguste le 8 février 421 par son beau-frère Honorius; cette promotion, mal vue en Orient, aurait brouillé les deux empires si le nouvel empereur ne fût mort (2 septembre) peu de mois après son élévation.

Pendant le conflit entre Eulalius et Boniface, les légats de Zosime étaient restés à Carthage. L'affaire d'Apiarius n'était pas entièrement terminée; du moins elle n'avait pas été examinée en concile plénier, de sorte que la réponse envoyée à Zosime n'était ni complète ni suffisamment autorisée. Le concile plénier se réunit

---

[1] Ces lettres figurent dans le dossier (*Coll. Avell.*, 25, 27, 28) sous le nom de l'empereur Honorius. M. W. Meyer (*Index scholarum* de Göttingen, 1888-89, p. 10) avait déjà reconnu que les lettres 27 et 28 sont de Placidie et non d'Honorius; cela n'est pas moins évident pour la lettre 25.

en mai 419 ; à la séance du 25, Faustin, Philippe et Asellus présentèrent à nouveau le texte de leurs instructions ; les Africains réclamèrent que les canons allégués fussent collationnés sur les exemplaires du concile de Nicée que l'on devait conserver à Constantinople, à Antioche et à Alexandrie ; les légats auraient souhaité que l'enquête se fît à Rome même, avec les moyens dont on y disposait. Mais les Africains tinrent bon [1]. Ils firent assister les légats à la lecture de leurs conciles antérieurs, lecture qui était d'usage : les envoyés romains purent constater que l'église africaine possédait un code assez complet, tel que l'on n'en connaissait pas en Italie. On leur remit ensuite, avec les procès-verbaux des assemblées où leur affaire avait été traitée, une lettre pour le pape Boniface. L'évêque Urbain donnait satisfaction pour les incorrections qu'on lui avait reprochées ; Apiarius, après avoir demandé pardon de ses fautes, était relevé de son excommunication ; mais, comme il était impossible de le maintenir à Sicca, on lui donnait des lettres pour qu'il pût se faire recevoir ailleurs. On annonçait que les canons allégués seraient vérifiés en Orient et l'on engageait le pape à les vérifier, de son côté, aux mêmes sources. En attendant, on les observerait. Mais, même au cas où ils viendraient à être reconnus authentiques et où

---

[1] En fait ils se bornèrent à interroger les évêques d'Alexandrie et de Constantinople ; leurs réponses se sont conservées (*Cod. can.*, 135, 136). On les transmit de Carthage au pape Boniface (*ibid.*, 138).

il serait établi que le pape, non content d'en demander l'observation en Afrique, les faisait appliquer autour de lui, on espérait bien n'être plus contraints à endurer des traitements comme ceux que l'on avait subis et que l'on ne veut pas rappeler. « Nous croyons, ajoutent » les évêques, avec la miséricorde de Dieu, que votre » sainteté présidant à l'église romaine, nous n'aurons » plus à souffrir une telle arrogance, et que l'on obser- » vera désormais à notre égard des procédés que nous » ne devrions pas être obligés de réclamer ». Il est évident que des évêques comme Aurèle, Augustin, Alypius et autres, n'ont point usé sans motifs d'un tel langage et que tous les propos et démarches des légats de Zosime ne figurent pas dans les procès-verbaux conciliaires. On dut être peu flatté, à Rome, de l'issue de leur mission.

Cela n'empêcha pas de recommencer à la première occasion, et cette fois en suscitant à saint Augustin lui-même les ennuis les plus graves. Il y avait dans son diocèse un bourg assez éloigné d'Hippone, appelé Fussala. Les habitants étaient tous donatistes; Augustin dut se donner beaucoup de peine pour les amener à l'union. Les prêtres qu'il leur envoya d'abord furent dépouillés, battus, jusqu'à y perdre les membres et même la vie. Cependant la résistance finit par être domptée; Augustin estima alors qu'un évêque résidant sur les lieux était indispensable au maintien de la paix. A cet effet il invoqua le concours du doyen de Numidie, qui se transporta de très loin à Fussala. Augustin lui présenta un de ses prêtres pour recevoir l'imposition des mains. Au dernier moment le candidat se déroba et refusa absolument de se laisser ordonner. Très contrarié, surtout du dérangement inutile qui résultait de là pour le vénérable doyen, Augustin choisit à la hâte un des clercs qui l'avaient accompagné à Fussala, un certain Antoine, beaucoup trop jeune sans doute, mais qui savait le punique, chose indispensable pour exercer le ministère dans cette localité. Le doyen l'ordonna.

Au bout de quelques mois un concert de plaintes arriva de Fussala. Le jeune évêque se montrait plus empressé de tondre ses brebis que de les maintenir dans les pâturages orthodoxes. Outre ses exactions on lui reprochait certains désordres, qui cependant ne furent pas établis. Augustin ne jugea pas qu'il en eût fait assez pour être déposé ; on lui maintint sa qualité d'évêque, mais en l'obligeant à réparer ses torts et en le déchargeant de l'administration temporelle. Mécontent, Antoine résolut d'aller se plaindre à Rome, et, à cette fin, obtint du doyen, dont il surprit la religion, une lettre de recommandation pour le pape Boniface. Celui-ci l'accueillit et lui donna des lettres de rétablissement, où toutefois il réservait la vérité des faits à lui allégués. Antoine revint en Afrique, brandissant ce document vengeur et menaçant de l'autorité séculière. Augustin, affligé, s'entendit avec le doyen de Numidie. Ils firent parvenir au pape Célestin, qui venait de succéder à Boniface, un dossier complet sur la question et des explications épistolaires. Nous avons encore la lettre de saint Augustin. Elle est aussi pressante que respectueuse. L'évêque d'Hippone ne dissimule pas au pape que, si les gendarmes viennent instrumenter à Fussala au nom de l'église romaine, il se démettra de l'épiscopat [1].

Le pape Célestin avait succédé pacifiquement [2] à Boniface (422). Celui-ci, quand il fut élu, était vieux et de faible santé. A peine une année s'était écoulée depuis son ordination, qu'il tomba gravement malade. Aussitôt les partis se reformèrent. Si le pape était mort alors, le schisme recommençait. Il guérit. Dès son entrée en convalescence, il s'empressa d'écrire [3] à l'empereur et de lui signaler le danger de la situation. Honorius répondit en décidant que, si la succession du pape venait à s'ouvrir et qu'il se produisît une double élection, les élus seraient écartés l'un et l'autre. Le gouvernement ne reconnaitrait qu'une élection moralement unanime.

On pouvait croire qu'après les deux affaires d'Apiarius et d'Antoine de Fussala, qui avaient si mal tourné pour le saint-siège, celui-ci se serait décidé à laisser les Africains tranquilles et à ne pas intervenir à tout propos dans le détail de leurs affaires. Il n'en fut rien. Apiarius, éliminé de Sicca Veneria, avait réussi

---

[1] Aug., ep. 209.
[2] Cependant le parti eulalien n'avait pas disparu. Il semble qu'il ait profité de la mort d'Honorius et de l'usurpation de Jean (423) pour se remettre en avant.
[3] J. 353; Constant, p. 1021, où se trouve aussi la réponse de l'empereur.

à se faire accepter des gens de Tabraca. Dans ce nouveau poste il se conduisit encore plus mal que dans le premier, si bien qu'il dut être réexcommunié. Apiarius connaissait le chemin de Rome ; il s'embarqua et alla trouver le pape Célestin, récemment élu [1]. Celui-ci le renvoya avec une lettre pour les évêques d'Afrique, et, ce qui est vraiment incroyable, avec ce légat Faustin, dont Aurèle et les siens avaient eu tant à se plaindre quelques années auparavant. Il se présentèrent tous les deux devant le concile plénier. Faustin prit la défense de son client, prétendant qu'il avait fait appel à Rome, que, le pape l'ayant rétabli, il fallait exécuter sa sentence, injuriant les évêques et faisant sonner très haut ce qu'il appelait les privilèges de l'église romaine. Au bout de trois jours de chicanes un coup de théâtre se produisit. Apiarius, serré de près, finit par avouer ses fautes, énormes, incroyables, impardonnables. Le légat, couvert de confusion, se vit forcé d'abandonner son déplorable protégé. Il rentra à Rome, porteur d'une lettre [2] où le pape était exhorté à ne point admettre avec tant de facilité les plaignants venus d'Afrique, d'autant plus que les décrets de Nicée prescrivent aux évêques de respecter les sentences de leurs collègues et veulent que les procès ecclésiastiques soient terminés sur les lieux. Est-ce que, par hasard, les lumières du Saint-Esprit seraient réservées à une seule personne

---

[1] 10 septembre 422.
[2] *Cod. can.*, 138.

et refusées à de grandes assemblées d'évêques? Aucun concile authentique [1] n'autorise le pape à envoyer des légats, comme il l'a fait; les canons allégués à cette fin ne sont pas des canons de Nicée, les enquêtes l'ont bien prouvé. Quant aux clercs [2] délégués pour faire exécuter par les autorités publiques les sentences rendues à Rome, on prie le pape de n'en point accorder à tout venant. Dans l'Eglise du Christ il faut agir avec simplicité et humilité, sans recourir aux procédés arrogants du siècle. Enfin, maintenant qu'Apiarius est définitivement excommunié pour ses infamies, on compte sur la bonté et la sagesse du pape pour que l'Afrique n'ait plus à supporter la présence de Faustin.

Faustin en effet, ne revint plus et l'on ne voit pas que l'église romaine ait persévéré dans cette campagne de taquineries mesquines. Une organisation comme celle de l'église d'Afrique, élaborée par des hommes comme Aurèle, Alypius, Augustin, consacrée par le grand service qu'elle venait de rendre en éliminant la dissidence donatiste, n'aurait pas dû être attaquée par de petits moyens. Si l'on jugeait qu'elle offrait quelque danger pour l'unité ecclésiastique, il fallait le dire clairement et s'entendre avec les évêques africains pour parer à cet inconvénient. Accueillir des plaignants quelconques, les transformer en protégés et se porter de toutes ses

---

[1] Si le pape avait allégué le concile de Sardique au lieu du concile de Nicée, cette observation des Africains eût été sans valeur.

[2] Ce sont les *defensores ecclesiae*.

forces à leur défense, c'était un système dont la vieille république romaine avait usé et abusé pour s'ingérer dans les affaires de ses voisins. Mais, comme dit le concile de Carthage, ce *typhus saeculi* n'était pas de mise dans l'Eglise du Christ. L'épiscopat auquel présidaient Aurèle et Augustin n'était pas un ennemi à réduire, mais une force à soutenir, et, au besoin, à diriger. Zosime, en ceci comme en d'autres choses, avait fait fausse route ; il aurait mieux valu ne pas le suivre.

CHAPITRE VIII.

L'Augustinianisme.

<small>L'opposition pélagienne. — Julien d'Eclane. — Ses controverses avec saint Augustin. — Les Pélagiens et l'empire d'Occident. — Le pélagianisme en Bretagne; saint Germain d'Auxerre. — Réaction contre les idées extrêmes de saint Augustin. — Les monastères de Lérins et de Marseille. — Les derniers écrits d'Augustin, sa mort. — Cassien, Prosper, Vincent de Lérins. — Attitude du saint-siège.</small>

Le bras séculier ne lâchait pas les Pélagiens. Pélage lui-même avait disparu; Celestius, sans se faire trop voir, semble être demeuré à Rome ou en Italie. La police impériale s'acharnait à sa poursuite [1]. Mais le mouvement eut bientôt d'autres chefs. Ils lui furent donnés par la persécution. La *Tractoria* de Zosime avait été expédiée aux principales églises de l'empire d'Orient, à Antioche, en Egypte, à Constantinople, Thessalonique et Jérusalem [2]. Elle le fut aussi en Afrique [3] et aux métropoles d'Occident. Le gouvernement de Ravenne imposa à tous les évêques de signer la condamnation

---

[1] Coll. Quesnel, c. 16 (*P. L.*, t. LVI, p. 493), édit impérial du 9 juin 419, qui mentionne un autre édit, antérieur à celui-ci, postérieur à celui du 30 avril 418; lettre de l'empereur Constance à Volusien, préfet de Rome, édit conforme du préfet (c. 19, 20; *P. L.*, *t. c.*, p. 499, 500).

[2] Marius Mercator, *Comm.*, I, 5.

[3] Lettre de remerciement, mentionnée par Prosper, *Contra Coll.*, 5; cf. Coustant, *Epp. RR. PP.*, p. 1191.

des deux hérétiques. Nous avons encore la lettre par laquelle il invita l'évêque de Carthage, Aurèle, à faire adhérer tous ses subordonnés, et celle qu'Aurèle leur expédia en conséquence [1]. Il ne semble pas qu'en Afrique il y ait eu d'opposition manifeste [2]. En Italie il en fut autrement. Les injonctions du métropolitain d'Aquilée [3] provoquèrent une réponse, émanée d'un groupe de ses suffragants et de leurs clergés : on refusait nettement de condamner des absents ; quant à la doctrine, on présentait un formulaire [4] où les principaux articles de la doctrine pélagienne étaient répudiés dans les termes équivoques dont Pélage lui-même n'hésitait pas à se servir, mais où plusieurs idées attribuées, à tort ou à raison, à saint Augustin, étaient écartées avec une décision tout aussi nette.

C'est surtout dans le ressort immédiat du pape que le scandale fut éclatant. A Rome même, les opposants se tapirent, abandonnés de leurs chefs, terrifiés par l'attitude de l'autorité séculière. Mais en Italie et en Sicile il se trouva dix-huit évêques assez déterminés pour répudier « le dogme africain » et pour renoncer à leurs sièges plutôt que d'en signer l'acceptation. Le plus en vue d'entre eux, Julien, était évêque d'*Eclanum*,

---

[1] Coll. Quesnel, 16, 17 (*P. L.*, t. LVI, p. 493, 495) ; cf. *P. L.*, t. XLVIII, p. 394, 400.

[2] V. cependant Possidius, *Vita Augustini*, 18. Il n'est pas sûr qu'il y soit question de pélagiens d'Afrique.

[3] Il s'appelait Augustin, comme l'évêque d'Hippone.

[4] *P. L.*, t. XLVIII, p. 509, sous le nom de Julien d'Eclane.

localité située au S-E de Bénévent[1]. Ce n'était pas le premier venu. Son père, l'évêque Memor, était lié d'amitié avec saint Augustin, qui lui écrivait et lui envoyait volontiers ses livres et ses collègues d'Afrique[2]; avec Paulin de Nole; avec l'évêque de Bénévent, Emile, personnage ecclésiastique fort considéré[3]. Julien se destina d'abord au monde. Il se maria jeune; ce fut l'évêque Emile qui présida à la cérémonie, pour laquelle le bon Paulin voulut composer un épithalame[4]. La jeune femme paraît être morte de bonne heure, car il n'est plus question d'elle par la suite et Julien était encore très jeune (*adolescens*) quand on le voit, en 408, exercer auprès de son père le ministère diaconal. Augustin aurait voulu que Memor le lui envoyât. Il séjourna, en effet, quelque temps à Carthage; mais bientôt il fut élevé à l'épiscopat, peut-être[5] en remplacement de son père; le pape Innocent l'ordonna évêque d'Eclane.

En dépit des rapports de sa famille avec l'évêque d'Hippone, Julien, quand le conflit se produisit, n'hésita

---

[1] Actuellement Mirabella. L'ancien nom d'Eclano redevient en usage. L'évêché disparut avec la ville lors de la conquête lombarde; on le rétablit au Xe siècle, sous le nom de Quintodecimum, puis de Frequentum; le siège était à Frigento. Maintenant Mirabella et Frigento sont comprises dans le diocèse d'Avellino.

[2] Ep. 101.

[3] C'est lui qui conduisit, en 405, la mission envoyée par le pape Innocent à Constantinople pour soutenir la cause de saint Jean Chrysostome.

[4] Carm. 25.

[5] Il n'est pas sûr que Memor ait été évêque d'Eclane.

pas un instant à prendre parti contre lui. Son éducation avait été fort cultivée; il savait le grec et maniait avec aisance la dialectique d'Aristote. C'était là son fort; la mystique d'Augustin n'entrait pas dans sa tête raisonneuse; il s'accommodait, au contraire, du stoïcisme pélagien. Ce n'était pas un ascète, comme Pélage et nombre de ses premiers adhérents. Dès le temps de Zosime on le voit prendre position. C'est sans doute à son influence qu'Alypius et Augustin disputèrent [1] avec tant d'énergie le vénérable évêque de Nole. Après la condamnation il écrivit au pape Zosime [2], et lui tint à peu près le langage dont les opposants de la province d'Aquilée usèrent, avant ou après lui, avec leur métropolitain. Mais les ordres du pape étaient formels et comme, dans sa circonscription métropolitaine, c'est lui-même qui en assurait l'exécution, le refus de signer la condamnation de Pélage et de Celestius entraîna pour Julien et pour les évêques qui le suivirent dans son attitude une sentence de déposition. Elle fut prononcée par Zosime lui-même [3], en 418; dix-huit évêques [4] furent ainsi destitués, exclus de l'Eglise, et même exilés, car

---

[1] Ci-dessus, p. 234.

[2] Deux lettres (Aug., *Op. imperf.*, I, 18); Marius Mercator nous a conservé (*Liber subnot.*, VI, 10-13) quelques passages de l'une d'elles.

[3] Augustin, s'adressant à Julien (*Contra Jul.*, I, 13), dit formellement qu'il avait été *condamné* par Zosime lui-même. Cf. Marius Merc., *Comm.*, III, 1.

[4] Il n'est pas bien sûr que ces dix-huit évêques fussent tous des suffragants immédiats du pape. Il y avait peut-être parmi eux quelques-uns des opposants d'Aquilée.

les rescrits impériaux vinrent aussitôt appuyer les décisions ecclésiastiques. Ils se groupèrent, non toutefois autour de Pélage, déjà mort peut-être, en tout cas peu soucieux de continuer la querelle, ni de Celestius, qui ne s'y déplaisait pas, mais qui s'y était un peu usé. Le porte-parole est désormais Julien, mieux qualifié par sa situation d'évêque et par ses aptitudes littéraires. Il se multiplie; on le voit écrire au comte Valère [1], très influent à la cour, très pieux et fort préoccupé de toutes ces questions; à ses amis de Rome; à l'évêque de Thessalonique Rufus; protestant contre la condamnation de personnes absentes, réclamant, au lieu de signatures extorquées à domicile, la publicité et les autres garanties d'une grande assemblée conciliaire; puis, se retournant contre les promoteurs de la condamnation, les traiter de manichéens, d'ennemis du mariage, les accuser de rapporter au diable une partie de la création.

Après les décisions, enfin conformes, de l'église romaine, de celle d'Afrique et du gouvernement de Ravenne, Augustin avait pu croire que, cette fois, la cause était finie. Elle l'était, en effet, pour le fond; mais sa tâche, à lui, ne l'était pas, tant s'en faut. Ce n'est plus à des hérétiques cauteleux et timides, comme Pélage, ou maladroits, comme Celestius, qu'il va maintenant avoir affaire. Les précurseurs de Julien avaient cherché par tous les moyens à se faire accepter ou

---

[1] Si c'est bien lui qui est l'auteur de l'écrit visé par saint Augustin dans son *De nuptiis*, I, 2.

tolérer des autorités ecclésiastiques ; c'est à cette fin qu'ils avaient usé de ruses, de concessions apparentes, de dissimulation. Julien, déposé, exilé, n'a plus rien à perdre ; il est du reste trop tard pour dissimuler. Le seul parti qui lui reste à prendre c'est de se poser en défenseur de la vérité momentanément opprimée, de reprendre en face des conciles, du pape et de l'empereur, l'attitude de saint Athanase, et, comme lui, d'attester la Providence, qui finirait bien par donner sa revanche au bon droit.

Une telle campagne ne pouvait être défensive, comme celle de Pélage et de Celestius. Pour prouver qu'on était dans la vérité, il fallait montrer que les autres étaient dans l'erreur, et c'est à quoi Julien s'employa. Les points réglés par les décisions romaines représentaient l'ancienne tradition de l'Eglise ; mais, dans le système d'Augustin, il y avait bien autre chose, et l'on pouvait prévoir que l'opinion religieuse n'admettrait pas tout ce que l'illustre évêque lui proposait. Julien aurait eu la partie belle si, acceptant sans ambages la défaite de Pélage et de Celestius, la nécessité de la grâce et le péché originel, il se fût posé, pour le reste, en champion de l'orthodoxie contre les nouveautés africaines. Cette attitude, d'autres la prendront bientôt. Quant à lui, il entreprit de compromettre le fond traditionnel de la doctrine augustinienne par ce qu'elle pouvait avoir d'adventice et de contestable. Tâche impossible ! L'opinion ne se retourna pas. Julien et ses

amis se réfugièrent en Orient, sans y trouver d'appui [1].
L'évêque de Constantinople, Atticus, ne leur fit pas plus
d'accueil que son collègue de Thessalonique [2]. A Alexandrie [3] aussi, à Jérusalem, à Antioche, les portes demeu-

---

[1] Marius Mercator (*Comm.*, I, 5 ; III, 1) paraît bien croire
que la *Tractoria* de Zosime ne rencontra d'opposition dans
aucune des grandes églises auxquelles elle fut envoyée. Voir
cependant la note 3, ci-après.

[2] Atticus transmit à Rome des actes constatant son attitude
(J. 374).

[3] Cyrille d'Alexandrie paraît n'avoir mis aucun empressement à réprouver *personnellement* Pélage et Celestius. Une
lettre de la collection Avellana (n° 49) en témoigne assez clairement. Elle est adressée à Cyrille par un certain Eusèbe, apparemment évêque en Italie, qui déjà, un an auparavant, lui avait
écrit à ce sujet. Eusèbe s'étonne que l'église d'Alexandrie,
toujours d'accord avec celles d'Italie, reçoive à sa communion
deux hérétiques condamnés, non seulement par le défunt pape
Innocent, mais par toutes les églises orientales. Il attribue
cette différence d'attitude à un certain Valérien, colon du comte
Valère, qui a trouvé moyen de se faufiler dans le clergé d'Alexandrie et donne de mauvais conseils au patriarche. Le fait que
Pélage et Celestius sont présentés comme condamnés déjà
par « toutes les églises orientales » suppose qu'elles ont toutes
été saisies de la condamnation prononcée à Rome ; la lettre
semble donc postérieure à la *Tractoria* de Zosime, quoi qu'elle
ne la mentionne pas. Postérieure, mais de combien ? Si Cyrille
s'était posé en partisan du pélagianisme, c'est sûrement à
Alexandrie et non à Mopsueste que Julien se fût réfugié. Mais
il est notoire que sa doctrine est inconciliable avec le pélagianisme, et la défiance de Julien à son égard trouve ainsi une
explication assez naturelle. Le mieux, je crois, est de penser
que, pour ce qui concernait *personnellement* Pélage et Celestius,
Cyrille se montra aussi insoucieux des décisions romaines qu'il
l'avait été et l'était encore en ce qui regardait saint Jean Chrysostome. Saint Augustin écrivit, vers ce temps là, à Alexandrie
(*Opus imperf.*, IV, 88) ; si nous avions encore sa lettre, nous
serions sans doute plus au clair sur ce point particulier.

rèrent fermées; seul, l'évêque de Mopsueste, Théodore, leur fit bon visage. Il était au fond de leur avis; il avait même écrit tout récemment, contre le péché de nature, un traité où il vise directement saint Jérôme et combat la doctrine de saint Augustin [1]. Ils allèrent le trouver jusqu'au fond de la Cilicie et s'installèrent près de lui. Encore le groupe ne tarda-t-il pas à se désagréger: parmi les réluctants du premier jour plusieurs se rallièrent à l'Eglise. En somme le mouvement échoua et l'Athanase d'Eclane ne vit pas arriver le jour de la revanche.

Au moins eut-il la triste satisfaction d'ennuyer au dernier point l'évêque d'Hippone. Pendant les douze années que l'illustre maître vécut encore, il eut sans cesse affaire à Julien. La controverse s'engagea par les premières protestations des opposants. Accusé par eux auprès du comte Valère de diffamer le mariage, Augustin répondit par son premier livre: *De nuptiis et concupiscentia*. Julien répliqua aussitôt en quatre livres dédiés à son collègue Turbantius, proscrit comme lui, mais qui l'abandonna par la suite. De ces quatre livres, un abrégé, assez mal venu, tomba entre les mains d'Augustin; il le réfuta dans son deuxième livre *De nuptiis*. Aux deux lettres envoyées à Rome et à Thessalonique, il opposa quatre livres adressés au pape Boniface. Quand

---

[1] Πρὸς τοὺς λέγοντας φύσει οὐ γνώμῃ πταίειν τοὺς ἀνθρώπους. Fragments dans Marius Mercator (*Symbolum Theod. Mopsuesteni*, P. L., t. XLVIII, p. 213 et suiv.) et dans Photius (cod. 177), qui l'analyse longuement et l'approuve plus que de raison.

il eut enfin le texte complet du traité *ad Turbantium,*
il le combattit dans ses six livres « contre Julien ».
Celui-ci, déjà retiré à Mopsueste, prit connaissance du
deuxième livre du *De nuptiis :* il répliqua en huit livres,
dédiés encore à un de ses compagnons d'exil, Florus.
Augustin se saisit de cette réplique et lui consacra les
loisirs de ses dernières années ; quand la mort le surprit,
en 430, il n'avait pas fini sa réfutation [1]. Il tenait à ne
rien laisser debout des objections que lui opposait son
adversaire, et le combattait avec une probité magnifique, reproduisant d'un bout à l'autre le texte de celui-ci.
C'était, pour un homme de son âge et de sa situation
morale, une besogne bien désagréable. Julien, polémiste
dans l'âme, découvrait habilement les points faibles de
son adversaire et le poussait avec vigueur, sans aucun
scrupule de respect, criant à tout propos au traducien [2],
au manichéen, se répétant à satiété, comme le savent
faire les gens de cette sorte. Augustin dévorait les
injures, défendait sa doctrine, alléguait les textes de
l'Ecriture, les anciens auteurs, faisait face de tous les

---

[1] C'est son *Opus imperfectum contra Julianum.*

[2] Le traducianisme est cette doctrine d'après laquelle les âmes, comme les corps, se propagent par la génération. Elle s'oppose au créatianisme, qui admet que les âmes sont créées directement à chaque génération. Augustin, selon qui le péché originel est représenté par la concupiscence qui accompagne la génération, était enclin, de par son système, à la doctrine traducianiste. Cependant le créatianisme lui paraissait mieux fondé en philosophie. De là, chez lui, une grande perplexité, dont il ne sortit jamais complètement.

côtés ; mais il fallait vraiment sa vertu pour le maintenir en patience.

Pendant qu'il se dépensait en cette controverse, les papes successeurs de Zosime veillaient à l'application des lois impériales. L'empereur Honorius mourut en 423 (27 août). Sa sœur Galla Placidia, brouillée depuis peu avec lui, se trouvait alors à Constantinople, où elle s'était réfugiée avec les deux enfants que lui avait laissés Constance, Honoria et Valentinien. Un haut dignitaire de l'empire d'Occident, Jean, fut proclamé à Rome, avec l'appui du *magister militum* Castinus. Théodose II aurait souhaité hériter de son oncle et rétablir à son profit l'unité de l'empire ; mais Placidie réussit à obtenir qu'il la renvoyât en Occident et reconnût les droits de son fils Valentinien III. Après deux ans d'« usurpation », Jean fut écarté et la fille de Théodose se réinstalla à Ravenne avec ses enfants (425).

Il est à croire que les Pélagiens mirent à profit cette interruption temporaire de la dynastie théodosienne pour tenter de rétablir leurs affaires. C'est à ce moment, je pense, qu'il faut placer une démarche de Celestius en vue d'une revision de son procès. Le pape Célestin réussit à l'écarter [1]. L'usurpateur paraît avoir témoigné quelque défaveur au clergé. L'un des premiers actes de Placidie, après son rétablissement, fut un décret par lequel divers privilèges ecclésiastiques, momentanément sup-

---

[1] Prosper, *Contra Coll.*, 21. On ne voit pas comment une telle démarche eût pu être risquée sous Honorius, ou, à plus forte raison, sous Placidie.

primés, étaient remis en vigueur. Ce décret [1], adressé au préfet du prétoire des Gaules, vise très spécialement certains évêques de ce pays qui tenaient encore pour les erreurs de Pélage et de Celestius ; Patrocle, l'évêque d'Arles, est chargé de leur faire savoir que, s'ils ne s'amendent dans les vingt jours, ils seront éloignés de la Gaule et pourvus de successeurs. Sulpice Sévère, sur ses vieux jours, s'était laissé séduire par les idées de Pélage et les avait défendues avec l'ardeur dont il était coutumier. Il reconnut qu'il avait fait fausse route et depuis lors se confina dans un silence absolu [2]. C'est sans doute au moment où nous sommes qu'il convient de placer cette détermination.

Mais il y avait des contrées où l'orthodoxie ne pouvait compter sur les lois de l'empire et les rigueurs de sa police. Depuis quelques années les Bretons d'Outre-Manche, abandonnés de Rome, vivaient indépendants. Les idées de Pélage avaient peut-être chez eux d'anciennes racines ; elles s'y répandirent aussi du dehors, en dépit de toutes les condamnations. Un évêque appelé Fastidius, un certain Agricola, fils d'un évêque pélagien appelé Severianus, se distinguèrent dans cette propagande [3]. Du premier de ces personnages nous avons

---

[1] *Const. Sirmondi*, 6, daté d'Aquilée, le 9 juillet 425.

[2] Gennadius, *De viris*, c. 19.

[3] Gennadius, *De viris ill.*, 57 ; Prosper, *Chron.* a. 429. Fastidius est, d'après Gennadius, l'auteur d'un livre *De vita christiana*, dédié à un certain Fatalis. On retrouve ordinairement ce livre dans un traité de même titre, attribué à saint Augus-

quelques écrits. C'était un homme de bien, sérieusement et sévèrement chrétien. Au cours d'un voyage entrepris avec sa fille et un autre compagnon, il rencontra en Sicile une grande dame romaine, qui l'initia à la doctrine de Pélage. C'est sans doute au retour de ce voyage qu'il fut élevé à l'épiscopat. Appuyées par des personnes aussi recommandables, les nouvelles idées ne pouvaient manquer de trouver accueil. Le pape Célestin s'en inquiéta. Informé et conseillé par un diacre appelé Palladius, qui avait apparemment des relations spéciales avec les églises de Bretagne, il résolut d'opposer à ces gens vertueux l'influence d'un évêque hautement révéré pour la sainteté de sa vie, Germain d'Auxerre. Germain passa la mer accompagné de son collègue de Troyes, Lupus (saint Loup), et recommandé, outre la commission du pape, par les évêques des Gaules. Sa mission eut de bons résultats; toutefois elle ne fut pas définitive: il lui fallut revenir quelques années plus tard [1], accompagné cette fois de Sévère, évêque de Trèves.

tin (*P. L.*, t. XL, p. 1031); toutefois dom G. Morin a donné des raisons de l'identifier avec la première des six pièces publiées par Caspari (ci-dessus, p. 214, n. 3); comme toutes ces pièces sont sûrement du même auteur, il en résulte qu'elles doivent être toutes attribuées à Fastidius. Quant au traité du pseudo-Augustin, dom G. Morin l'attribuerait à Pélage lui-même; il est adressé à une veuve, qui pourrait bien être Livania, l'une des correspondantes du célèbre moine. (*Revue bénédictine*, t. XV, 1898, p. 481 et suiv.).

[1] Prosper n'atteste que la mission du pape, à l'instigation de Palladius, et ne parle ni de compagnon, ni de second

Pélage, toutefois, conserva des adhérents en son pays d'origine. Quand l'île voisine, l'Irlande, se convertit au christianisme, les missionnaires bretons y portèrent quelques-unes des doctrines réprouvées dans l'empire romain ; le nom même de Pélage figure avec honneur dans la littérature ecclésiastique et dans le droit canonique de ce pays [1]. Mais ce sont là des reviviscences tardives et qui n'intéressent que la curiosité littéraire. Au fond et sur le moment, saint Germain eut le dessus. Le nom de Pélage put se conserver dans quelques manuscrits ; celui de l'évêque d'Auxerre resta au cœur du peuple. Les Bretons de l'île y attachèrent de poétiques légendes. Ils voulurent avoir été défendus par le saint homme de Gaule contre les Saxons envahisseurs ; il firent de lui un grand prophète, sur le type de Samuel et d'Elie, capable de parler aux puissants et d'appeler sur leurs vices les châtiments du ciel. Grâce à la légende insulaire de saint Germain, l'histoire de la Bretagne romaine se clot dans le même merveilleux où commence l'histoire de la Bretagne anglo-saxonne [2].

voyage. Ces détails proviennent de la vie de saint Germain par Constance, prêtre de Lyon, écrite vers 480. Sur ce document. voir Levison, dans le *Neues Archiv*, t. XXIX, 1904, p. 97 et suiv.

[1] Lettre des représentants du saint-siège en 640 (J. 2040). V. aussi les citations de Pélage dans la *Collectio Hibernica*, et les autres documents allégués par Zimmer, *Pelagius in Irland*, p. 24 et suiv.

[2] V. mes articles *Nennius retractatus* et *L'Historia Britonum*, dans la *Revue celtique*, t. XV, p. 187; t. XVII, p. 1.

Germain, lieutenant du pape en Bretagne, y faisait prévaloir la tradition ecclésiastique sur les doctrines de Pélage et de Celestius. Pas plus que le pape dont il était mandataire, il n'entendait promulguer, dans l'ensemble et dans le détail, la théorie augustinienne de l'œuvre du salut. J'ai déjà fait plusieurs fois cette distinction; elle s'impose ici plus particulièrement, à propos d'un membre de l'épiscopat gallican, c'est-à-dire d'un corps où l'on triait volontiers les doctrines enseignées d'Hippone, acceptant les unes et répudiant les autres.

Au temps où nous sommes, la pensée religieuse rayonnait, en Gaule, de deux foyers principaux, de deux asiles ouverts à la piété sur la côte de Provence, à Lérins et à Marseille.

A l'ouest de la presqu'île d'Antibes et juste en face de Cannes, deux îles émergent de la mer bleue. La plus éloignée du rivage, *Lerinum*, fut aménagée, au commencement du V⁰ siècle, pour une colonie monacale. Celle-ci était conduite par Honorat, un homme du type de Sulpice Sévère et de Paulin, grand seigneur retiré du monde et vivant de la vie austère, en compagnie de quelques amis et serviteurs. De bonne heure il avait dit adieu à sa famille, et, en compagnie de son frère Venant et de Caprais, ami d'âge plus mûr, il s'était embarqué pour le Péloponèse, dont la condition, grâce au malheur des temps, était devenue telle qu'on le recherchait pour ses solitudes. Venant y mourut et fut enterré à Modon (Methone); les autres revinrent en pays latin. Les évêques de Toscane essayèrent en vain de les retenir ; ils n'y réussirent pas plus que ne l'avait fait, au départ, Proculus de Marseille. Les îles de la côte toscane étaient alors très fréquentées par les solitaires [1]. Honorat donna la préférence à celles de son pays et s'installa à Lérins, où l'attirait le voisinage du saint évêque Léonce de Fréjus. Telle est l'origine de la célèbre communauté de Lérins, qui fut, pour une grande partie de la Gaule, une véritable pépinière d'évêques et de saints.

Celle de Marseille, peu postérieure, se rattache à Cassien, personnage oriental, que la persécution contre Chrysostome avait amené en Italie et que Proculus réussit à fixer près de lui. Cassien était originaire de la Scythie latine [2], province lointaine, située aux bouches du Danube. Il avait longtemps vécu à Bethléem, sans doute avant l'arrivée de Jérôme, puis dans les monastères du delta égyptien et du désert de Nitrie. Peu avant la crise qui emporta Chrysostome, il s'était attaché au saint évêque de Constantinople. Eloigné comme lui de la ville impériale, mais dans une autre direction, il finit par s'établir à Marseille, au tombeau d'un mar-

---

[1] Rutilius Numatianus, *De reditu*, I, v. 440-452.

[2] *Natione Scytha*, dit Gennadius (*De viris ill.*, c. 62). Quelques auteurs malavisés rejettent ce témoignage, sous prétexte que Cassien écrit en un latin plus correct que celui qu'on pourrait attendre d'un scythe. Mais il ne s'agit pas de scythe (est-ce qu'il y avait encore des Scythes?); il s'agit d'un citoyen d'une ville latine de la province de Scythie.

tyr local, saint Victor. Patronnée à ses débuts par l'évêque Proculus, cette fondation était appelée à de hautes destinées. Dès ses premières années, la vertu de Cassien, sa science religieuse et surtout son expérience de la vie ascétique, la signalèrent à l'attention. Cassien fut bientôt considéré comme le législateur des moines occidentaux. C'est pour eux qu'il écrivit, avant 426, son traité *De institutis coenobiorum,* adressé à l'évêque Castor d'Apt, puis ses Conférences *(Collationes),* dont les vingt-quatre livres furent dédiés par groupes aux notabilités de l'épiscopat et de la solitude, Léonce de Fréjus, Helladius, Honorat, Eucher, Jovinien, Minervius, un autre Léonce et Théodose. Ces quatre derniers vivaient retirés dans les îles d'Hyères (*Stoechadae*), pendant qu'Eucher se macérait dans l'île de Lero (Sainte-Marguerite), tout près de Lérins. Celui-ci était un grand seigneur lyonnais, marié et père de famille ; sa femme le suivit dans son île, pendant que ses deux fils, Salonius et Veranus, étaient élevés dans le monastère d'Honorat.

Les dédicaces de Cassien suffiraient à montrer quels étroits rapports unissaient toute cette aristocratie de la piété provençale. Les populations entendaient parler des saintes retraites et de leurs habitants. Elles s'en souvenaient au moment des élections épiscopales. Quand Patrocle mourut (426), les Arlésiens réclamèrent pour évêque le fondateur de Lérins, Honorat ; peu après (428), car il ne dura que deux ans, ils lui donnèrent pour successeur un de ses disciples, Hilaire. Helladius, Eucher, et nombre d'autres parvinrent aussi à l'épiscopat.

CHAPITRE VIII.

Il va de soi qu'en un tel milieu [1] les conflits d'opinion relatifs aux conditions du salut, à la grâce, au libre-arbitre, au péché originel, aient excité le plus vif inintérêt. Nous ne savons pas ce qui s'y dit avant la condamnation du pélagianisme ; quand elle eut été prononcée définitivement, on s'y rallia. Nul ne paraît avoir fait difficulté de reconnaître le grand service qu'Augustin avait rendu à la foi commune en intervenant si énergiquement dans cette affaire. Toutefois on ne crut pas devoir le suivre dans toutes ses déductions. L'évêque d'Hippone allait au delà des positions prises par les conciles africains et par les lettres pontificales. Suivant lui, le libre-arbitre n'avait aucune initiative dans l'œuvre du salut ; même le premier mouvement de recours à Dieu, l'aspiration initiale à la foi, devait être rapporté à l'action divine. En vain lui opposait-on que, si la Bible parle de conversions foudroyantes comme celle de saint Paul, on y voit aussi des histoires comme celle de Zachée, où la grâce vient à la suite d'un bon mouvement, fût-il de simple et pieuse curiosité. Ce premier bon mouvement, Augustin le revendiquait pour la grâce, tout comme ce qui pouvait suivre. En cela il était conséquent avec son système. La race humaine est justement vouée à la damnation éternelle. Dans cette masse de damnés, Dieu choisit qui il lui plait, et cela sans

---

[1] Caractérisé maintenant par l'épithète de semipélagien. Ce terme, toutefois, ne doit pas être employé ici. Inconnu à l'antiquité et même à la scolastique du moyen âge, c'est à peine si on le constate antérieurement au XVIIe siècle.

égard à des mérites acquis ou possibles ; ces élus sont prédestinés au salut ; quoi qu'ils fassent ou ne fassent pas, ils seront sauvés par la puissance de la grâce, d'une grâce infaillible et irrésistible. « Aide-toi, le Ciel t'aidera », dit la sagesse des nations. « Aide-toi ou ne » t'aide pas, dit Augustin ; le Ciel t'aidera si tu es pré- » destiné ; si tu ne l'es pas, tout ce que tu peux faire » est inutile ». A peine est-il besoin de dire qu'en un tel système Dieu ne saurait être considéré comme voulant le salut de tous les hommes. Cette idée, à laquelle Augustin n'avait pas répugné dans sa jeunesse, fut ensuite écartée par lui, et avec une remarquable décision. Le texte *I Tim.*, II, 4, où elle est nettement inculquée, est par lui soumis à une exégèse tellement subtile et forcée que, s'il ne s'agissait pas de saint Augustin, on serait tenté de prononcer le mot d'escamotage.

Qu'un système aussi impitoyable ait pu être patronné par un tel homme, c'est ce qui, au premier abord, paraît inexplicable. Mais on était alors familier avec les idées de damnation, d'élection, de prédestination gratuite. Elles sont le fond de l'histoire biblique : Israël avait toujours vécu, vivait encore, sur le sentiment de sa prédestination nationale. Les chrétiens, en une certaine mesure, avaient hérité de cette disposition d'esprit. Exagérée, portée à l'extrême chez les Gnostiques et les Manichéens, elle n'avait nullement nui à leur succès. Rares étaient, dans les âmes d'alors, les préoccupations humanitaires qui chez nous répugnent à une telle rigueur.

Augustin[1], lui, se mouvait à l'aise dans son système ; toutes les occasions lui étaient bonnes pour l'exposer. Le prêtre romain Xystus avait à peine terminé l'évolution par laquelle de patron de Pélage il se transforma en adversaire du moine breton, qu'il recevait (418) de l'évêque d'Hippone une longue lettre[2] sur la grâce prévenante et le libre-arbitre. Un peu plus tard Augustin traitait la même question avec un certain Vitalis, notable de Carthage[3]. En 426 ou 427, on lui apprit que les moines d'Hadrumète se querellaient au sujet de ses doctrines. Il intervint, et par lettres[4] et par l'envoi de deux traités consécutifs, « La grâce et le libre-arbitre », « La correction et la grâce ». Dans ce dernier il répondait à l'objection de certains moines : « Pour-
» quoi nous réprimande-t-on quand nous sommes en
» faute ? C'est la grâce qui nous a manqué ». Il y expose aussi, plus clairement qu'il ne l'avait fait jusqu'alors, ses idées sur la prédestination.

Déjà, dans la seconde partie de ses Conférences, publiée vers 425, Cassien avait mis sur les lèvres d'un

---

[1] Sur ce qui suit, v. le travail du P. M. Jacquin, *La question de la prédestination aux V*ᵉ *et VI*ᵉ *siècles*, dans la Revue d'histoire ecclésiastique de Louvain, 1904 et 1906.

[2] Ep. 194.

[3] Ep. 217.

[4] Ep. 214-216. Une lettre de son ami Evodius d'Uzala, relative à ce débat, a été publiée en 1896 par dom G. Morin, *Revue bénédictine*, t. XIII, p. 482. Elle se distingue des écrits analogues de saint Augustin, non par le fond des idées, mais par une plus grande préoccupation de la pratique religieuse et par une résignation plus marquée en présence des mystères.

solitaire d'Egypte une théorie du libre-arbitre et de son rôle à l'origine de la conversion, et cette théorie était en contraste parfait avec celle d'Augustin. Quand on connut en Provence le livre : « De la correction et de la grâce », où le système augustinien sur la prédestination se montrait dans toute sa rigueur, ce fut une sorte de scandale. Hilaire, le nouvel évêque d'Arles, bien qu'il fût, pour l'ensemble, un grand admirateur d'Augustin, annonça l'intention de lui demander des explications. Pendant qu'il en restait à ses intentions, deux moines de Marseille, Prosper, Aquitain d'origine, et un autre Hilaire, s'adressaient directement à Augustin, et cela dans un esprit bien différent. Ils étaient, eux, augustiniens, sans réserve ni condition. A peu près seuls de leur avis dans le monde où brillaient Cassien et Hilaire d'Arles, ils n'en déployaient que plus d'ardeur à soutenir leurs idées. Augustin, invoqué par eux, vint à la rescousse et leur expédia ses traités « De la prédestination des saints » et « Du don de persévérance », deux livres bien peu propres à faire tomber les critiques soulevées par les précédents.

Ce sont à peu près les derniers écrits de saint Augustin. Pendant qu'il s'enfonçait dans ces questions subtiles, le monde croulait autour de lui. Les barbares, appelés par les discordes romaines, envahissaient l'Afrique. Le comte Boniface, pourtant homme de bien et ami de l'évêque d'Hippone, prenait, grâce aux intrigues de cour, l'attitude d'un révolté. Une première expédition envoyée contre lui n'eut aucun succès ; une seconde, dont fit partie le comte Sigisvult avec une troupe de Goths ariens [1], le décida à invoquer l'appui des Vandales établis en Espagne [2]. Leur roi Genséric franchit le détroit de Gadès au printemps de 429, avec une horde nombreuse. Cependant Boniface avait fini par se réconcilier avec Placidie [3]; on l'avait débarrassé de Sigisvult, comptant qu'il se débarrasserait lui-même des Vandales. Mais ils ne voulurent point entendre parler de repasser la mer. On les vit s'avancer de l'ouest à l'est, à travers les provinces mauritaniennes, promenant partout le carnage et l'incendie. Les populations romaines fuyaient à leur approche, se réfugiaient dans les montagnes et autres lieux fortifiés [4]. Derrière eux il ne restait que des ruines; plus d'églises, plus de cités. Aux barbares venus d'Espagne se joignaient les barbares indigènes, les Maures insoumis; ensemble ils s'acharnaient contre la chose romaine et trépignaient sur ses débris.

Bientôt le fléau atteignit la Numidie. Le comte Boniface, battu aux environs d'Hippone, s'enferma dans la ville, où il soutint un siège de quatorze mois. Un petit

---

[1] C'est avec ces Goths que débarqua l'évêque arien Maximin. Cf. ci-dessus, p. 171 et suiv.

[2] Dans la province de Bétique, à laquelle leur nom resta (Andalousie).

[3] C'est à propos de ces négociations que saint Augustin et le comte Darius, représentant de Placidie, échangèrent quelques lettres (Aug., ep. 229-231).

[4] Lettre de saint Augustin à l'évêque Honoratus sur les devoirs du clergé en face de ces émigrations forcées (Aug., ep. 228).

nombre de places fortifiées, Hippone, Constantine, Carthage, se maintinrent quelque temps, offrant un refuge à ceux qui pouvaient s'y transporter et un appui aux tentatives de résistance.

Dans Hippone, Possidius, évêque de Calama, et quelques-uns de ses collègues se trouvaient réunis près d'Augustin. L'illustre évêque avait atteint l'âge de soixante-seize ans. Le troisième mois du siège il sentit ses forces décliner; la mort le toucha au milieu de l'été (28 août 430). Son ami Aurèle de Carthage venait, lui aussi, de quitter ce monde (20 juillet). L'église d'Afrique était décapitée, écrasée; elle dut se résigner à l'oppression brutale des barbares ariens.

Cette catastrophe n'arrêta pas, au delà de la mer, les querelles suscitées par les points aigus de la doctrine augustinienne. Les livres sur la prédestination et sur la persévérance avaient aigri les esprits. On le laissait voir, sans toutefois se presser d'argumenter par écrit contre un auteur aussi respecté. Aux objections orales, aux attitudes réservées, Prosper et Hilaire répondaient avec une insistance extrême. En prose et même en vers [1], Prosper attaquait ceux qu'il traitait d'adversaires de la grâce, les *ingrats,* suivant son expression. Plus tard il lui tomba sous la main de petits livrets, recueils de propositions tirées soit des derniers livres d'Augustin, soit des siens propres, avec la préoccupation de présenter sous le jour le plus défavorable la doctrine que l'on enten-

---

[1] *Epistola ad Rufinum, Carmen de ingratis, Epigrammata.*

dait décrier. Vincent, moine de Lérins, se distinguait dans ce genre d'exercices ; c'était un théologien instruit et non sans littérature ; ses talents avaient appelé sur lui l'attention d'Eucher, qui lui avait confié l'éducation de ses fils. Sur toute la côte, jusqu'à Gênes, il était question des excès doctrinaux d'Augustin. Prosper faisait face à tout le monde, défendant avec intrépidité, non toutefois sans quelques édulcorations, l'enseignement du maître d'Hippone [1], et cherchait à l'identifier avec celui du siège apostolique.

C'est que, maintenant qu'il n'y avait plus d'Augustin, ni de conciles d'Afrique, la seule protection possible était celle des pontifes romains. Or ceux-ci étaient en excellents termes avec les maîtres marseillais. Quand on commença, à Rome, à s'inquiéter de l'hérésie de Nestorius, ce n'est pas à Hippone, bloquée par les Vandales, que l'on demanda une consultation. C'est à Marseille, à Cassien, que l'archidiacre romain, Léon, s'adressa [2]. Là était, pour le moment, l'oracle de la théologie occidentale.

La conscience qu'ils avaient de cette situation n'empêcha pas Prosper et Hilaire de se rendre à Rome et d'invoquer l'appui du saint-siège contre les détracteurs

---

[1] *Pro Augustino, responsiones ad capitula Gallorum,* — *ad capitula obiectionum Vincentianarum,* — *ad excerpta Genuensium.* D'après le P. Jacquin (*op. cit.*, Revue d'hist. eccl. 1906, p. 276), le troisième de ces ouvrages serait le premier en date, et c'est seulement dans les suivants que Prosper aurait commencé à atténuer la doctrine augustinienne.

[2] Cassien, *De incarnatione Domini contra Nestorium, libri VII*, ouvrage antérieur au concile d'Ephèse.

d'Augustin. Peu d'années auparavant, le pape Célestin, excité par certains rapports, avait écrit aux évêques de Viennoise et de Narbonnaise une lettre assez dure [1], empreinte d'une certaine mauvaise humeur contre les monastères provençaux et l'habitude que l'on commençait à prendre de recruter l'épiscopat parmi leurs membres. A la prière de Prosper et d'Hilaire, il écrivit [2] à un groupe d'évêques des Gaules, en tête desquels figure celui de Marseille, Venerius, successeur de Proculus. Dans cette pièce il s'élève vivement contre l'usage de laisser prêcher les prêtres, qui abusent de cette faculté pour énoncer des erreurs et porter le trouble dans les esprits. Quant à Augustin, il déclare que cet homme de sainte mémoire a toujours été, *pour sa vie et ses mérites,* dans la communion du saint-siège ; jamais l'ombre d'un soupçon ne l'a effleuré ; sa science était telle que les papes prédécesseurs de Célestin et Célestin lui-même l'ont toujours rangé parmi les meilleurs maîtres [3].

Ce document [4] était loin de représenter une canonisation quelconque des doctrines spéciales de saint Augustin. Cassien l'eût signé avec empressement ; Prosper

---

[1] *Cuperemus quidem* (J. 369), du 26 juillet 428.

[2] *Apostolici verba* (J. 381).

[3] Augustinum sanctae recordationis virum pro vita sua atque meritis in nostra communione semper habuimus, nec umquam hunc sinistrae suspicionis saltem rumor adspersit ; quem tantae scientiae olim fuisse meminimus ut inter magistros optimos etiam ante a meis semper decessoribus haberetur.

[4] La lettre *Apostolici verba* doit être isolée d'un appendice que les manuscrits présentent généralement après elle, les *Auctoritates de gratia Dei*, dont il va être question plus loin.

dut se contenter d'un oracle ambigu. Célestin, très ferme contre le pélagianisme, que nous l'avons vu poursuivre jusqu'en Bretagne, et qu'il venait de faire condamner par le concile d'Ephèse, entendait s'en tenir à ce que ses prédécesseurs avaient réglé, sans faire campagne pour les idées particulières du docteur d'Hippone.

Il mourut le 27 juillet 432 et fut aussitôt remplacé par Xystus, l'ancien protecteur des pélagiens. Celui-ci devait être un homme bien recommandable, car Prosper note, dans sa Chronique, qu'il fut élu dans le plus grand calme et avec une merveilleuse unanimité [1]. Une telle élection n'était pas faite pour donner des espérances aux augustiniens. Prosper n'en continua pas moins sa campagne. Il osa même s'attaquer directement à Cassien et à ses Conférences, s'efforçant de prouver que quiconque incidente sur l'enseignement d'Augustin n'est qu'un pélagien déguisé. Il aurait bien voulu entraîner le pape dans sa campagne. « La protection divine, dit-il, qui a » opéré en Innocent, en Zosime, en Boniface, en Célestin, » opérera aussi en Xyste. Les autres pasteurs ont chassé » les loups manifestes; il aura, lui, la gloire de chasser » les loups occultes ». Ces loups occultes, ce sont les Cassien, les Vincent, les Hilaire d'Arles, les Fauste, préalablement traités d'hypocrites et de chiens enragés [2].

L'exhortation manqua son but. Le pape Xyste n'intervint pas. Cassien, cantonné dans sa gloire, ne daigna même pas répondre. A Lérins, Vincent publia (434) son

[1] Totius urbis pace et consensione mirabili.
[2] *Contra Coll.*, 21.

Commonitorium, un des livres les plus estimés de l'antiquité chrétienne. Ni Prosper ni Augustin n'y sont nommés ; mais c'est évidemment pour faire pièce au maître d'Hippone que l'on y insiste tant sur l'esprit de nouveauté, sur l'exemple d'Origène, sur la nécessité de s'en tenir aux doctrines consacrées par une perpétuelle et universelle tradition. C'est là que figure le célèbre adage : *Quod semper, quod ubique, quod ab omnibus,* et c'est contre saint Augustin qu'il y est dirigé.

A Rome aussi, on rencontrait des gens qui, tout en tenant compte des récentes condamnations, cherchaient à sauver du pélagianisme ce qui pouvait en être sauvé et se gardaient bien de suivre Augustin jusqu'au bout de ses théories. C'est de ce milieu que nous viennent divers écrits, probablement du même auteur [1], le Conflit d'Arnobe et de Sérapion, un Commentaire sur les Psaumes, un ouvrage intitulé *Praedestinatus*, tous fort peu augustiniens, bien qu'on y trouve, à l'occasion, de grands éloges de saint Augustin [2]. La prédestination,

[1] C'est ce que pense dom G. Morin (*Revue bénédictine*, 1909, p. 419 et suiv.) et je suis bien porté à croire qu'il a raison. Le Dialogue d'Arnobe et de Sérapion est des dernières années du pape Léon, sûrement postérieur à 454 ; le *Praedestinatus* est plus ancien, antérieur à l'affaire d'Eutychès, du temps de Xyste III ou des premières années de Léon ; le Commentaire peut remonter encore plus haut.

[2] Ea quae eius *nunc* profero, ac si sacratissima Apostolorum scripta sic credo et teneo et defendo (*Arnobii Conflictus*, II, 30 ; Migne, *P. L.*, t. LIII, p. 814). Suit un passage de saint Augustin, où est affirmée la doctrine commune sur la nécessité de la grâce, sans aucun trait particulièrement « augustinien ».

assez malmenée dans le Commentaire, ignorée dans le Dialogue d'Arnobe et Sérapion, est attaquée dans le *Praedestinatus*, sous une forme ingénieuse. D'abord se présente un catalogue de quatre-vingt-dix hérésies, plagié pour la plus grande partie sur un livre analogue de saint Augustin. La 88e est celle de Pélage, puis vient celle de Nestorius, enfin celle des *Prédestinés*. A l'article de Pélage et Celestius, on raconte leur condamnation par le pape Innocent; les principaux points de leur doctrine sont indiqués, avec les objections de l'orthodoxie, le tout sur un ton assez pacifique. Quant à l'hérésie des *Prédestinés*, elle est représentée par un sermon, qui circulait, nous dit on, sous le nom d'Augustin et qui développe, en les accentuant outre mesure, les traits saillants de sa doctrine sur la prédestination. Suit une réfutation en règle. Ce livre étrange paraît bien [1] être l'œuvre de quelqu'un de ces pélagiens dissimulés, dont l'espèce était loin d'avoir disparu de Rome et de l'Italie. Il est même possible que son apparition ne soit pas sans rapport avec une démarche que Julien d'Eclane fit, vers 439, auprès du pape Xyste III. Malgré toutes les condamnations qui, depuis vingt ans, s'étaient abattues sur lui, Julien n'avait pas perdu l'espoir de recouvrer son évêché. Il s'adressa au pape, feignant d'être revenu à des idées orthodoxes. On semblait disposé à l'écouter; les disciples de saint Augustin commençaient à trembler,

---

[1] Hans von Schubert, *Der sogenannte Praedestinatus*, dans les *Texte und Unt.*, t. XXIV, 4.

quand le diacre Léon, conseiller très en faveur, intervint auprès de Xyste III : Julien fut écarté [1].

De tout cela il ne résultait rien de bien clair sur l'attitude doctrinale du saint-siège. Pélage et Celestius, condamnés au temps d'Innocent et de Zosime, étaient maintenant abandonnés de tout le monde. Mais les gens qui s'accordaient à les ranger au nombre des hérétiques étaient loin de s'entendre eux-mêmes sur les détails de leur orthodoxie. Un document [2] de cette époque, romain d'origine et que l'on a toute raison d'attribuer au diacre Léon, nous offre comme une première tentative de définir la position de l'église romaine. C'est en somme celle qui sera maintenue dans la suite des controverses. Il y est dit d'abord que certaines personnes qui ne font point difficulté d'anathématiser Pélage et Celestius, reprochent « à nos maîtres » d'avoir dépassé la mesure en réfutant ces hérétiques et déclarent s'en tenir à ce qu'ont décidé les pontifes apostoliques. On va donc rechercher ce qu'ont défini ceux-ci, et avec eux les conciles d'Afrique, approuvés par eux. Au point de vue de l'insuffisance du libre-arbitre, de la nécessité de la grâce prévenante et du don de persévérance, la doctrine exposée est celle de saint Augustin et non celle que l'on cultivait en Provence. Quant à la grâce irrésistible et à la prédesti-

---

[1] Prosper, *Chron.*, a. 439.
[2] *Praeteritorum sedis apostolicae episcoporum auctoritates de gratia Dei,* imprimé à la suite de la lettre *Apostolici verba* de Célestin.

nation, il n'en est pas fait mention. Il est même déclaré que l'on ne veut point entrer en certaines questions particulièrement profondes et difficiles [1].

Cette pièce ne fut pas, que nous sachions, l'objet d'une promulgation solennelle ; elle resta à l'état de document grave et autorisé. Les Provençaux ne durent pas en être entièrement satisfaits : leurs idées sur la grâce prévenante y étaient plutôt écartées. Cependant le refus de s'engager sur certaines questions et le silence gardé sur la prédestination n'était pas fait pour leur être désagréable. Prosper se tut. Ses adversaires, tout en conservant encore leurs idées, paraissent en avoir modéré l'expression. Pour le moment la controverse s'apaisa [2].

---

[1] Profundiores vero difficilioresque partes incurrentium quaestionum, quas latius pertractarunt qui haereticis restiterunt (Augustin), sicut non audemus contemnere, ita non necesse habemus adstruere.

[2] Cela ne veut pas dire qu'on s'abstînt de méditer et d'écrire sur ces questions. Il s'est conservé, de ce temps, deux ouvrages anonymes, le *De vocatione omnium gentium* (P. L., t. LI, p. 647) et l'*Hypomnesticon contra Pelagianos et Caelestianos* (P. L., t. XLV, p. 1611), qui nous représentent des efforts divers pour résoudre les problèmes de la prédestination. Dans le premier, souvent attribué au diacre Léon, on part, comme d'un point incontestable, du fait que Dieu veut le salut de tous les hommes — une idée bien peu augustinienne — et on l'accorde tant bien que mal avec l'efficacité irrésistible de la grâce (*gratia specialis*) et la doctrine de la prédestination. L'autre explique la prédestination en s'aidant d'une distinction fort subtile : ce ne sont pas les pécheurs qui sont prédestinés au châtiment, c'est le châtiment qui est prédestiné aux pécheurs.

CHAPITRE IX.

Atticus et Cyrille.

La succession d'Arcadius. — Atticus et les Johannites. — En Egypte: Théophile, Synesius, Isidore de Péluse, saint Nil. — Mort de Jérôme. — Antioche: réunion des Pauliniens et des Johannites. — La mémoire de Jean réhabilitée à Constantinople. — Cyrille d'Alexandrie, ses débuts. — Massacre d'Hypatie. — Messaliens et Acémètes. — Les moines de Constantinople. — Saint Siméon stylite.

Arcadius mourut le 1ᵉʳ mai 408. Il laissait un fils de sept ans, Théodose II, et trois filles [1], Pulchérie, Arcadie et Marine. La première avait seulement deux ans de plus que son frère. De cette nichée de porphyrogénètes il n'y avait rien à tirer pour le gouvernement de l'Etat. Aussi l'oncle d'Occident, Honorius, songea-t-il à intervenir. Son puissant ministre Stilicon se préparait déjà au voyage de Constantinople, quand la brouille se mit entre eux deux: le mois d'août n'était pas fini que Stilicon n'existait plus. Peu après Alaric apparaissait en Italie et donnait à l'empereur Honorius les plus graves raisons de n'en pas sortir. La nouvelle Rome, du reste, pouvait se passer de l'Occident. Sur la jeune famille impériale veillait un honnête homme, intelligent et fort, le préfet du prétoire Anthème; il prit en main la régence et l'administra sagement. Dans ses conseils

---

[1] Une autre, l'aînée, appelée Flaccille, était morte avant lui.

il avait le sophiste Troïle, personnage très réputé, et l'archevêque Atticus [1], un des hommes les plus habiles de son temps. Le jeune Théodose portait déjà [2] le titre d'auguste ; on le conféra aussi à Pulchérie, quand elle fut entrée dans sa seizième année [3] : dès lors elle eut qualité pour prendre part à la direction des affaires. Elle ne se maria pas, ses sœurs non plus. Elles vivaient toutes les trois dans le palais impérial, d'une vie austère et pieuse, aussi retirée que le comportait leur dignité. Elevé avec elles et un peu par elles, Théodose II fut un prince doux et religieux, très cultivé d'esprit, peu enclin aux aventures de guerre. Sous son règne l'empire d'Orient jouit d'une tranquillité extérieure et intérieure que l'Occident avait tout lieu de lui envier. On se tira assez honorablement des difficultés sans cesse renaissantes à la frontière perse ; quant aux barbares danubiens, on réussit le plus souvent, à force d'argent et de ruses diplomatiques, à les tenir éloignés. A l'intérieur, les populations semblent avoir profité, pour leur prospérité matérielle, des bienfaits de la paix. Constantinople s'agrandissait de jour en jour. Anthème fit enclore toute une suite de faubourgs qui s'étaient développés autour de l'ancienne ville. Ce fut l'enceinte théodosienne, celle qui, après bien des réparations,

[1] Atticus était originaire de Sébaste en Arménie ; il y avait longtemps vécu parmi les moines du célèbre Eustathe (t. II, p. 381), qui appartenaient à la confession « macédonienne ». Il se rallia par la suite à l'église catholique (Sozomène, VIII, 27).

[2] Il avait été proclamé le 11 janvier 402.

[3] 4 juillet 414.

limite encore la vieille Stamboul. L'enceinte constantinienne fut démolie, mais son tracé demeura indiqué par des colonnes. C'était une frontière religieuse. Les dissidents hérétiques, spécialement les ariens, ne pouvaient avoir d'églises en dedans du mur de Constantin; on ne les refoula pas au delà du mur théodosien; mais ils durent rester en dehors des colonnes, d'où le nom d'*exokionites*.

Le patriarche Atticus paraît avoir été, au fond, assez tolérant pour les hérétiques, bien que parfois il leur adressât de bruyantes menaces. Les Novatiens surtout eurent à se féliciter de son administration. Aux sectes anciennes s'ajoutait maintenant le groupe des fidèles partisans de Chrysostome, les Johannites, comme on disait. Ils étaient fort nombreux et le patriarche constatait avec tristesse que ses églises étaient peu fréquentées, tandis que des assemblées mystérieuses, tenues aux environs de la grande ville, réunissaient de véritables foules. L'enthousiasme des dissidents était soutenu par la constance de tant d'évêques qu'ils savaient persécutés, exilés, pour la bonne cause, et aussi par l'appui moral du pape de l'ancienne Rome. Après la mort de Chrysostome et sans doute à l'avènement de Théodose II, une détente se produisit. Sur les conseils de Théophile lui-même, Atticus se montra plus facile et rallia ainsi un grand nombre de dissidents. Mais il en resta beaucoup qui persistèrent à ne pas vouloir de lui et le schisme continua, tant dans la population de Constantinople que dans l'épiscopat.

Théophile, satisfait d'avoir écrasé son rival et affirmé sa prépondérance dans les affaires religieuses de l'Orient, ne cherchait nullement à perpétuer autour de lui les querelles ecclésiastiques. L'origénisme avait cessé de l'intéresser. C'est avec la plus grande égalité d'âme qu'il supportait l'interruption de ses rapports avec l'église romaine. Très assuré que les protestations de Rome et de Ravenne n'auraient aucun effet à Constantinople, il jouissait en paix de sa puissance en Egypte et de son influence au dehors.

Parmi les provinces soumises immédiatement à son autorité, la Libye Cyrénaïque, dont il avait été beaucoup parlé, au III⁰ siècle à propos de l'hérésie de Sabellius, au IV⁰ à propos de l'arianisme [1], nous présente, au temps de Théophile, une figure aussi originale que sympathique, celle de l'évêque Synesius [2]. Issu d'une noble famille que son érudition rattachait aux rois doriens fils d'Hercule, il avait reçu, aux écoles d'Alexandrie, l'éducation la plus distinguée. Au premier rang de ses maîtres figurait la célèbre Hypatie, qui dirigeait alors l'école néoplatonicienne et pour laquelle il conserva toujours, même après son élévation à l'épiscopat, la plus tendre et la plus reconnaissante vénération. A peine avait-il vingt-cinq ans, qu'il fut chargé (vers 400) de conduire à Constantinople une députation de ses

---

[1] T. I, p. 482; t. II, p. 132, 155.
[2] Sur la chronologie de Synesius, v. le mémoire de M. Otto Seek dans le *Philologus* de 1893, p. 442 et suiv.

concitoyens. Pendant le long séjour qu'il fit à la capitale, il eut occasion de voir Chrysostome, Eutrope et Gaïnas. Revenu à Alexandrie, il se maria. Théophile, avec qui il était de connaissance, bénit son union. Puis il se retira en son pays, se tenant le plus possible en dehors des affaires publiques, adonné aux exercices du corps, à la chasse surtout, et ne cessant de cultiver son esprit. Poète, orateur, philosophe, astronome au besoin et géomètre, il s'intéressait à tout. On a de lui des écrits en ces divers genres, notamment des lettres d'un style alerte et assez pur. En religion, c'était un néoplatonicien légèrement teinté de christianisme. Avec le pape Théophile il entretenait des relations aimables, mais ses tendances d'esprit le rattachaient plutôt au cercle d'Hypatie.

Il menait ainsi une vie agréable et tranquille, lorsque, vers l'an 410 [1], les gens de Ptolémaïs s'avisèrent de l'élire évêque. Il y avait de quoi l'effrayer. La religion, la théologie surtout, ne l'avait guère occupé jusque là; il y était fort novice. De plus, sans parler des cérémonies du culte, un évêque était absorbé du matin au soir par le soin de ses paroissiens. Il fallait les juger, les administrer, secourir leurs misères diverses et les assister en tout. Bref, Synesius se voyait obligé

---

[1] La chronologie de Synesius, et de ses lettres n'est pas très facile à établir. Toutefois il semble bien avoir été ordonné en 411, après plus de sept mois d'hésitation (ep. 13, 95). D'après O. Seek, *Philologus*, t. LII, p. 460 et suiv., il faudrait remonter jusqu'à l'année 407; mais ceci est inconciliable avec la lettre 66.

de vivre uniquement pour les autres. Quel dérangement !
On imagine Ausone, sollicité d'accepter l'épiscopat.
Enfin il y avait des dogmes et des règlements canoniques avec lesquels il ne s'arrangerait pas aisément.
On n'obtiendrait pas de lui qu'il prît au pied de la
lettre la doctrine de la résurrection des corps, telle
que l'entendait le populaire, ni qu'il abandonnât sa
femme et l'espoir d'en avoir encore des enfants. Sur
tout ceci il écrivit une lettre [1] ouverte à son frère
Euoptius; le patriarche Théophile y était fort engagé
à ne pas ratifier l'élection. Mais Théophile était arrangeant à ses heures; on ne sait dans quelle mesure Synesius lui fit accepter son programme : le fait est qu'il
finit par être consacré évêque de Ptolémaïs. Dans cette
situation inattendue, il n'eut, heureusement pour lui,
aucune difficulté dogmatique à résoudre ; dans le ressort
du patriarche d'Alexandrie, les simples évêques n'avaient
pas à s'inquiéter de ces choses. Mais la Libye n'était
pas à l'abri des fléaux, intérieurs et extérieurs, qui désolaient toutes les provinces. Elle souffrait des mauvais
fonctionnaires et des barbares. Synesius se vit aux prises
avec les uns et les autres, et les traces en sont restées
dans sa pittoresque correspondance.

Les enfants du désert, Makètes et Ausuriens, venaient faire, dans la région maritime, de terribles razzias [2]. Synesius réclamait des troupes sérieuses, des

---

[1] Ep. 105.
[2] Il en parle souvent dans ses lettres (59, 69, 88, 123) et surtout dans son discours appelé *Catastase*.

chefs exercés; lui-même il montait la garde sur les murs de sa ville épiscopale. Presque aussi redoutable que les brigands de l'intérieur, le gouverneur Andronic [1] affligeait la province par ses exactions et ses cruautés. Synesius n'hésita pas à l'excommunier; il agissait en même temps à Constantinople pour qu'on le débarrassât de ce magistrat prévaricateur. Il réussit: Andronic tomba en disgrâce. On vit alors le bon Synesius, oubliant ses griefs et ses excommunications, prendre la défense de son adversaire malheureux. Synesius ne fut pas longtemps évêque; il doit être mort vers le même temps que Théophile, car, dans ses lettres [2], il ne mentionne jamais son successeur Cyrille. Le fidèle ami d'Hypatie n'eut pas la douleur d'apprendre sa fin tragique.

En dehors de sa province écartée et de certains cercles littéraires, Synesius ne paraît pas avoir été très remarqué. De l'autre côté du Delta, d'autres voix se faisaient mieux entendre; il est vrai que c'étaient des voix autorisées, des voix d'hommes de Dieu, celles d'Isidore de Péluse et de Nil le Sinaïtique.

Celui-ci était un ancien fonctionnaire de Constantinople; retiré avec son fils Théodule dans les âpres solitudes du Sinaï, il y vécut longtemps à l'abri du monde, mais non des brigands sarrasins. Théodule fut enlevé

---

[1] Ep. 57, 58, 72, 73, 79, 89.
[2] La lettre 12 est adressée à un Cyrille; mais ce n'est sûrement pas le patriarche.

par eux et ce ne fut qu'après bien des aventures que son père parvint à le retrouver ¹. Isidore, égyptien de bonne famille, gouvernait un monastère aux environs de Péluse. Tous deux étaient des gens fort cultivés; ils avaient laissé dans le monde de nombreuses relations; leur sainteté, éminente et fameuse, leur en valut beaucoup d'autres. C'étaient des conseillers, des directeurs spirituels, pour tout l'empire d'Orient: Nil laissa beaucoup d'écrits ascétiques, à l'usage spécial des moines. De chacun d'eux il reste une énorme quantité de lettres, dont la plupart ne se sont conservées qu'en extraits. Nil était un grand admirateur de Chrysostome; il n'admettait pas qu'on se scandalisât de ses propos, même les plus véhéments ². Isidore, pour qui l'évêque de Constantinople était le maître par excellence en exégèse et en théologie, n'hésita pas à prendre son parti contre Théophile et à flétrir énergiquement les procédés de l'évêque d'Alexandrie: « L'Egypte, toujours enne-
» mie de Moïse, toujours attachée à Pharaon, a lâché
» contre le saint docteur ce Théophile, cet homme pas-
» sionné pour la pierre et pour l'or; il s'est associé
» quatre complices, quatre apostats comme lui ³; ensem-
» ble ils l'ont terrassé » ⁴. Il est étonnant qu'usant d'un tel style, Isidore n'ait pas eu à souffrir du vindicatif

¹ T. II, p. 514, note 3.
² Ep. I, 309.
³ Les trois syriens Acace, Sévérien, Antiochus, et Cyrinus de Chalcédoine.
⁴ Ep. I, 152.

patriarche. Cyrille aussi reçut de lui des admonestations sévères.. Du reste si tous ceux qu'il morigénait se fussent élevés contre lui, il aurait eu de bien durs moments à passer. Prêtres, évêques, moines, fonctionnaires de province, grands hommes de la cour, il réprimandait tout le monde avec la plus entière liberté; l'empereur lui-même, le pieux Théodose II, n'échappait pas aux mercuriales du saint homme d'Egypte. Mais c'est surtout au clergé de Péluse, et spécialement à son chef, l'évêque Eusèbe, que sont dédiées ses invectives. Cet Eusèbe, en dépit de l'hostilité d'Isidore, paraît avoir vécu fort longtemps; on le retrouve au temps de la querelle monophysite, où il joua un rôle néfaste.

A Bethléem, dans son monastère reconstitué, Jérôme voyait arriver le terme de sa longue carrière. Les Pélagiens, ses derniers adversaires, le relançaient encore par leurs écrits. Un certain Annien de Celeda [1], qui, au temps du concile de Diospolis, avait été comme le secrétaire de Pélage, entreprenait la lettre à Ctésiphon et les Dialogues antipélagiens. Jérôme se proposait de lui administrer une bonne correction; il en fut empêché par la mort d'Eustochium, qui le plongea dans une longue et profonde douleur. Son accablement se trahit dans la dernière lettre qu'il écrivit à ses amis d'Afrique, Alypius et Augustin [2]. Désormais, du reste, c'est

[1] Ceneda en Vénétie? Il traduisit en latin plusieurs homélies de saint Jean Chrysostome.
[2] Ep. CXLIII. — On ne sait s'il eut connaissance du livre écrit contre lui par Théodore de Mopsueste (ci-dessus, p. 265): il n'en parle nulle part.

sur l'évêque d'Hippone qu'il comptait pour continuer la lutte et achever la défaite des hérétiques. Pour lui, il était trop vieux : il le sentait.

Eustochium ne le laissait pas seul au monde. La jeune Paule restait près de lui, et aussi la sainte famille du Celius, Mélanie, sa mère Albine et le bon Pinien. La paix était faite entre Bethléem et le Mont des Oliviers : les petits-enfants de la première Mélanie fraternisaient avec ceux de la première Paule. Ensemble ils recueillirent les derniers grondements du vieux lion : Jérôme mourut le 30 septembre 420.

A Antioche, tant que vécut Porphyre, c'est-à-dire jusque vers l'année 414, les adversaires de Chrysostome entretinrent contre sa mémoire la guerre qu'ils avaient faite à sa personne. Après Porphyre on élut un ancien moine, Alexandre, homme de sentiments pacifiques. Il les manifesta d'abord à l'égard des demeurants de la petite église, qui, privés d'évêque depuis la mort d'Evagre, n'en persistaient pas moins dans leur attitude schismatique. Ce fut un beau jour que celui où l'évêque Alexandre s'en alla avec les siens prendre les vieux fidèles dans leur église de la porte du Sud et les conduisit tous à la grande cathédrale constantinienne, les voix unies enfin dans une même psalmodie [1]. Alexandre ne s'en tint pas là : il rétablit dans les diptyques le nom de l'archevêque Jean, et rallia ainsi tous ceux qui, à Antioche, avaient pris

---

[1] Théodoret, *H. E.*, V, 35.

parti contre Porphyre. Les prêtres et autres clercs des deux groupes dissidents furent reçus dans le clergé conformiste. Deux évêques, Helpidius de Laodicée et Pappus, écartés de leurs sièges pour leur attachement à Chrysostome, furent réhabilités aussi. Enfin Alexandre envoya à Rome et fit présenter au pape Innocent les actes de ces deux réunions. Le pape en fut très satisfait et la communion se rétablit entre les deux sièges de saint Pierre [1].

L'évêque d'Antioche déployait le plus grand zèle. Au cours d'un voyage qu'il fit à Constantinople, on le vit exciter le peuple à réclamer pour que l'on insérât le nom de Jean dans les diptyques, en dépit de l'opposition d'Atticus. Celui-ci tint bon : pour le moment, rien ne fut changé. A Antioche, du reste, une réaction ne tarda pas à se produire : Théodote, successeur d'Alexandre, effaça de nouveau le nom de Jean. L'opinion, en Syrie, demeurait très partagée. Le vieil Acace de Bérée, tenace en sa haine, mais embarrassé par l'enthousiasme des Johannites, louvoyait péniblement entre les partis. Sous l'évêque Alexandre il s'était laissé réconcilier avec le pape romain et avait fait le nécessaire pour cela. Il aurait bien voulu que Théodote se maintînt dans sa nouvelle attitude ; mais les gens d'Antioche en avaient assez de ces rancunes sacerdotales ; ils forcèrent leur patriarche à prononcer dans les saints

---

[1] Lettres pontificales relatives à cette affaire, Jaffé, 305-310, de 415 environ.

mystères le nom de l'illustre évêque, leur compatriote, la gloire de leur cité.

Restait à faire accepter cette capitulation tant à Constantinople qu'à Alexandrie. Acace s'en chargea : il écrivit aux deux archevêques. A Constantinople, la lettre, divulguée au populaire, le mit en effervescence. Atticus se décida à lui donner satisfaction. Il prit langue avec la cour, réintégra Jean dans la liste de ses prédécesseurs, et tout fut arrangé.

Les choses n'allèrent pas si vite à Alexandrie. Théophile était mort en 412. Jusqu'à sa dernière heure il demeura inflexible, se souciant fort peu des protestations romaines. Le concile d'Afrique essaya, en 407, d'intervenir dans ce conflit et de réconcilier Rome avec Alexandrie : ce fut en pure perte. Isidore de Péluse avait beau se plaindre; on ne l'écoutait pas. Synesius, qui ne comprenait pas grand chose à ces déchaînements, était d'avis que, depuis la mort de Jean, à tout le moins, ils n'avaient plus de raison d'être [1] : on le laissait dire. La mort même de l'entêté patriarche n'introduisait aucun changement.

On le remplaça en effet par son neveu Cyrille, en qui revivaient toutes ses qualités, les mauvaises et les bonnes. Comme Théophile, Cyrille était un homme d'une grande culture ecclésiastique et d'une vie irréprochable; comme lui aussi, il se montra audacieux et dur. La terreur que le patriarche d'Alexandrie inspirait

---

[1] Ep. 66.

autour de lui et dans tout l'Orient n'eut pas un moment de relâche. Cyrille eut bientôt à Constantinople la réputation d'un homme redoutable. Il n'était bruit que de ses conflits avec le préfet augustal, Oreste. On ne sait pourquoi ils étaient brouillés. Cela tenait peut-être à ce que les autorités impériales [1] avaient essayé, après la mort de Théophile, d'opposer une candidature à celle de Cyrille. Quoiqu'il en soit de ses causes, ce ressentiment se trahissait en toutes les occasions. Un jour que le préfet réglait certaines affaires de police qui concernaient les Juifs et leurs perpétuelles séditions, ceux-ci reconnurent dans l'assistance un maître d'école appelé Hiérax, admirateur fanatique de Cyrille et chef de claque à ses sermons [2]. Ils se mirent à le traiter d'agent provocateur, de fauteur de troubles. Le préfet se douta que Hiérax avait été envoyé pour l'espionner et le fit châtier publiquement. Irrité, Cyrille manda les chefs de la nation juive et leur fit des menaces terribles pour le cas où leurs troubles continueraient. L'évêque ne disposait, bien entendu, d'aucun pouvoir légalement répressif ; mais il avait la population dans sa main : un geste de lui pouvait déchaîner l'émeute. Les Juifs eurent la fâcheuse idée de prendre les devants et d'organiser, sous pré-

---

[1] Socrate, VII, 7, nomme ici, non Oreste, mais le commandant militaire, Abundantius.

[2] On tolérait alors la fâcheuse habitude d'applaudir les prédicateurs. Tout naturellement les acclamations finirent par s'organiser en un service, sous la direction des intéressés.

texte d'incendie, une bagarre nocturne, dans laquelle ils tuèrent beaucoup de chrétiens. Au lever du jour, ceux-ci prirent conscience du guet-apens. Cyrille les lança contre les synagogues; ce fut la fin de la colonie juive d'Alexandrie; elle fut dispersée; ses biens et ceux de ses membres furent livrés au pillage.

On pense si le préfet Oreste était heureux de vivre en contact et en conflit avec cette force insurrectionnelle. Cyrille devint pour lui plus qu'un ennemi public, un adversaire personnel. En vain essaya-t-on de les réconcilier. Cyrille, dit-on, se prêta à une démarche; il parut chez le préfet avec le livre des Evangiles entre les mains. Que lui dit-il pour commenter cet appareil? Le fait est que le préfet demeura inflexible.

Au nombre des partisans de Cyrille figuraient les solitaires de Nitrie. L'exécution des Origénistes avait mis un terme à leurs dissensions: le patriarche les tenait maintenant sous sa main. Un jour le préfet rencontra dans la rue une troupe de cinq cents moines récemment arrivés du désert. Leurs intentions étaient hostiles. Ils se mirent à l'invectiver, à le traiter de païen. Il eut beau protester qu'il avait été baptisé à Constantinople, par l'archevêque Atticus. Un moine, appelé Ammonius, lui lança une pierre, qui lui mit la tête en sang. Aussitôt arrêté, le moine fut mis à la question, et si vivement qu'il rendit l'âme. Cyrille lui fit faire de solennelles funérailles, prononça son panégyrique et ordonna de le considérer comme un martyr.

Parmi les personnes qui jouissaient de la considération du préfet, figurait l'illustre Hypatie, femme d'une haute distinction littéraire, réputée pour ses mœurs autant que pour son talent. Elle était encore païenne et dirigeait l'école néoplatonicienne. Oreste n'était pas le seul chrétien notable qui l'eût en estime. On a vu plus haut en quelle vénération la tenait l'évêque Synesius. Dans l'entourage de Cyrille on la regardait comme l'inspiratrice de tous les mauvais desseins du préfet. C'est elle, disait-on, qui l'empêchait d'être bien avec l'évêque. Un jour, un groupe d'exaltés, conduits par un des lecteurs de Cyrille, un certain Pierre, l'attendit au passage, l'arracha de son char et l'entraîna à l'église du Caesareum. Là, elle fut dépouillée de ses vêtements et assommée à coups de tuiles; puis on la mit en morceaux et ses lugubres débris furent brûlés dans une orgie de cannibales. Ceci se passait au mois de mars 415 [1].

Tel était le milieu dans lequel les gens sages d'Antioche et de Constantinople avaient à faire pénétrer des conseils de modération et d'indulgence. Ils se firent tout petits [2]. Acace allégua les séditions d'Antioche,

---

[1] Les histoires ci-dessus nous sont racontées par Socrate. Elles représentent les bruits accrédités à Constantinople et comportent ainsi une certaine dose d'exagération. Toutefois l'impression qui s'en dégage ne saurait être négligée, car elle ne concorde que trop avec ce que d'autres documents, et des moins discutables, nous apprennent sur le caractère et les procédés du terrible archevêque.

[2] La lettre d'Acace est perdue, mais Cyrille la mentionne dans son épître 76, par laquelle il répond à celle d'Atticus (ep. 75; *P. L.*, t. LXXVII, p. 347-360).

Atticus celles de Constantinople; ils parlèrent, l'un de la répugnance de Théodote, l'autre de la sienne propre. Atticus invoqua les sentiments de la cour, déclara que l'on avait mis Jean sur une liste où il n'y avait pas que des évêques, mais aussi des clercs inférieurs et des laïques, hommes et femmes : qu'après tout, l'arien Eudoxe reposait dans la même sépulture que les évêques orthodoxes de Constantinople. Il n'était pas aisé d'en imposer à Cyrille; il se connaissait en diptyques et n'eut pas de peine à constater que, sur ceux de Constantinople, Jean figurait bel et bien au nombre des évêques et non parmi les laïques. Or Jean avait été déposé de l'épiscopat: il n'était plus évêque. Le réintégrer ainsi, disait l'évêque d'Alexandrie, c'était replacer Judas dans le collège apostolique. C'est son oncle Théophile qui avait présidé le concile du Chêne; lui aussi, il y assistait [1]; il savait d'original ce qui s'y était passé. On ne le ferait pas céder, ni lui, ni l'épiscopat égyptien qui, tout entier, se rangeait derrière lui.

On ne sait ce que devint cette affaire. Que Cyrille ait jamais replacé Jean dans les diptyques d'Alexandrie, c'est ce qui n'est nullement attesté; mais soit qu'il ait fini par s'y décider, soit qu'on ait cessé d'insister pour qu'il le fît, le fait est que les rapports se renouèrent entre les grandes églises.

L'affaire pélagienne, qui fit éclat en Palestine vers le temps où l'évêque d'Antioche, Alexandre, réhabilitait

---

[1] Ep. 33.

la mémoire de Chrysostome, ne troubla pas les relations. Les sentences occidentales furent observées partout, sauf à Mopsueste, en Cilicie, comme on l'a vu plus haut. Le patriarche Atticus ne voulut pas se laisser engager dans cette querelle. Ce n'est pas que, même après s'être réconcilié avec les papes, il fût très déférent envers eux. On le voit à diverses reprises se jeter au travers de leurs revendications relativement à la direction supérieure de l'épiscopat illyrien, qu'il cherchait à attirer dans son orbite à lui. Cette attitude, assez naturelle de la part de l'évêque de Constantinople, n'est nullement particulière à Atticus.

Les Messaliens continuaient à donner aux prélats d'Orient des inquiétudes analogues à celles que les Priscillianistes et les Manichéens éveillaient chez leurs collègues d'Occident. Atticus eut à s'occuper de ces étranges sectaires, toujours très populaires en certaines régions de l'Asie-Mineure. Ils ne cessaient de se multiplier, sans souci ni des sentences ecclésiastiques, ni des lois impériales qui les proscrivaient. En Pamphylie et dans les régions voisines, Lycie, Lycaonie, jusqu'en Cappadoce, ils faisaient sans cesse parler d'eux. Il semble bien qu'ils aient été assez forts pour faire peur aux évêques, car c'est à chaque instant qu'il fallait rappeler aux pasteurs la nécessité de sévir contre ces brebis indomptées. Atticus s'y employa [1], et ses successeurs

---

[1] Lettres aux évêques de Pamphylie et à Amphilochius, métropolitain de Sidé (Photius, cod. 52).

après lui. Les évêques d'Antioche n'étaient pas moins actifs [1]. Archelaus de Césarée en Cappadoce, condamna vingt-quatre propositions dans lesquelles se résumait la doctrine messalienne; son suffragant, Héraclidas de Nysse, publia deux lettres contre les sectaires. Enfin le concile d'Ephèse, sollicité par les évêques d'Iconium et de Sidé, rendit un nouveau décret contre les hérétiques [2].

Ils ne furent point extirpés pour autant. Une trentaine d'années après le concile d'Ephèse, l'un d'entre eux, un certain Lampetius, surprit la bienveillance de l'archevêque de Césarée, Alypius, et se fit ordonner prêtre. Poursuivi par un archimandrite Gerontius, il fut destitué pour des fautes de droit commun, mais n'en conserva pas moins une grande autorité dans son monde. Les Messaliens, ou tout au moins une partie d'entre eux, furent appelés, de son nom, Lampétiens. Jusqu'en Egypte il trouva des défenseurs; un évêque de Rhinocorura, Alfius, et un prêtre du même nom, furent déposés comme partisans de Lampetius. Celui-ci était l'auteur d'un livre appelé *Testament,* qui fut réfuté par Sévère, le patriarche monophysite d'Antioche, avant son élévation à l'épiscopat [3].

---

[1] Lettre adressée aux métropolitains de Pergé (Beronicien) et de Sidé (Amphilochius) par Sisinnius de Constantinople, Théodote d'Antioche et les autres évêques réunis pour l'ordination de Sisinnius; lettre de Jean d'Antioche à Nestorius (*Ibid.*).

[2] *Ibid.* — De toute cette littérature, que Photius avait sous les yeux, il ne subsiste, et encore en une version latine, que le décret du concile d'Ephèse (Act. VII; Mansi, t. IV, p. 1477).

[3] Photius, *ibid.*

La secte se diversifia encore, sous d'autres chefs et d'autres dénominations. Celle de Marcianites, que l'on rencontre depuis le déclin du sixième siècle, lui vint d'un banquier, appelé Marcien, contemporain de Justinien et de Justin II [1]. En Arménie aussi les Messaliens firent scandale et encoururent des condamnations ecclésiastiques [2]. Ils semblent avoir été absorbés, au VIIe siècle, par la secte des Pauliciens.

Parmi les personnes sur lesquelles le genre de vie des Messaliens et leur perpétuelle prière exerçaient un puissant attrait, on signale, vers les premières années du Ve siècle, un certain Alexandre, fort renommé dans les déserts de Syrie et jusqu'à Antioche [3]. Il avait beaucoup de disciples, auxquels il donnait un triple mot d'ordre: pauvreté absolue, abstention du travail, application incessante à la prière. Les uns étaient groupés en monastères; avec les autres, qui formaient parfois des troupes nombreuses, il vaguait, sous prétexte d'évangélisation, dans les solitudes voisines de l'Euphrate, jusqu'à Palmyre et à la frontière perse. A Edesse il convertit un magistrat influent, Rabbula, qui

---

[1] Timothée, prêtre de Constantinople, Περὶ τῶν προσερχομένων τῇ Ἐκκλησίᾳ, Migne, *P. G.*, t. LXXXVI[1], p. 45.

[2] V. là dessus Ter-Mkrttschian, *Die Paulikianer*, Leipzig, 1893, p. 39 et suiv. Il est possible que le Malpat dont il est question dans une lettre d'Isaac de Ninive (Mai, *Nova PP. bibl.*, t. VIII[3], p. 184) soit en rapport avec un épisode édessénien de l'histoire de cette secte. On a rapproché *Malpat* de *Lampetius*.

[3] Vie d'Alexandre, *Acta SS.*, 15 janvier, vie de saint Marcel, Migne, *P. G.*, t. CXVI, p. 709.

devint plus tard évêque. Quelquefois il apparaissait à Antioche, où les autorités ecclésiastiques et militaires le voyaient d'un mauvais œil. Il eut ainsi affaire aux évêques Porphyre et Théodote ; celui-ci fit le nécessaire pour se débarrasser de lui : Alexandre s'enfuit secrètement à Constantinople.

Là il s'installa près de l'église Saint-Ménas et sa propagande, à laquelle il se remit sans tarder, eut un tel succès que plus de trois cents moines abandonnèrent leurs couvents pour se mettre sous sa direction. Les supérieurs protestèrent; la population se souleva; on enquêta sur les antécédents du nouveau venu; il passa en jugement devant un synode qui paraît s'être tenu en 426, en présence de Théodote d'Antioche, personnage hostile et renseigné. Bref, Alexandre fut invité à retourner en Syrie. Maltraité au passage par l'évêque de Chalcédoine, il fut, au contraire, bien accueilli par Hypatius, le supérieur du monastère de *Rufinianae*. On obtint pour lui la permission de rester aux environs. Il se retira sur la côte asiatique du détroit, dans une solitude appelée Gomon, précisément à l'endroit où le Bosphore débouche sur la mer Noire. La communauté se reforma dans cet asile, et finit, en mitigeant ses observances, par se faire tolérer. Les vieux moines goûtaient fort peu l'abstention du travail. Du haut de son Sinaï, saint Nil fulmine [1] résolument contre la paresse inculquée et par Adelphe le Mésopotamien et par « cet

---

[1] *De paupertate.* 21 (Migne. *P. G.*, t. LXXIX, p. 997).

» Alexandre qui naguère a troublé Constantinople ».
Alexandre est ici en mauvaise compagnie, car Adelphe, nommé avec lui, est un des fondateurs de la secte messalienne [1]. Cependant il put mourir en paix dans son couvent de Gomon. Après sa mort, la congrégation se transporta, toujours sur la même rive du Bosphore, en un lieu appelé *Irenaeon* (Tchiboukli), plus rapproché de Constantinople. Ce fut le monastère des Acémètes [2], auquel son deuxième abbé, saint Marcel, donna beaucoup de relief. Il joua quelquefois un rôle dans les grandes affaires religieuses. Ce nom d'Acémètes (Ceux qui ne dorment point) vient de ce que, ni jour ni nuit, la prière ne cessait dans l'oratoire de l'Irenaeon, les moines se relayant par groupes pour entretenir une perpétuelle psalmodie. Sous cette forme, l'observance fondamentale des Messaliens parvint à s'acclimater dans l'Eglise. Les Acémètes devinrent bientôt très populaires ; plusieurs monastères de Constantinople adoptèrent la *laus perennis* ; elle trouva même le chemin de l'Occident [3].

Les monastères pullulaient à Constantinople et aux environs. Le premier et le plus ancien avait été fondé sous Théodose, autour de l'ermitage du célèbre moine

---

[1] T. II, p. 583.

[2] Sur ceci v. Pargoire, *Un mot sur les Acémètes* (*Echos d'Orient*, t. II, p. 304, 369).

[3] On sait qu'elle fut introduite dans le monastère de Saint-Maurice d'Agaune.

Isaac [1], par Dalmatius, officier converti à la stricte observance. D'autres monastères, notamment celui de Dius, remontent à peu près au même temps. Depuis le commencement du V° siècle, ces fondations deviennent très nombreuses. Isaac, toujours vivant, toujours actif, déployait un zèle extraordinaire à les multiplier. En tous il était considéré comme une sorte d'ancêtre commun. Au delà du Bosphore, la plus ancienne colonie monacale avait été organisée par le ministre Rufin, auprès de l'église de sa villa, cette célèbre villa du Chêne, où se tinrent plusieurs conciles. Les moines de Rufin étaient venus d'Egypte ; ils y retournèrent au bout de quelque temps. Dans l'église, outre la tombe du fondateur, on voyait celle de l'un des fameux grands frères, Ammonius Parotès [2]. Sous Arcadius, un moine phrygien, appelé Hypatius, y vint du couvent thrace d'Halmyrissos [3], et, après quelques tâtonnements, y établit une communauté importante. Cet Hypatius, dont nous avons une bonne biographie [4], était, comme beaucoup de solitaires, d'humeur assez difficile. Entre lui et l'évêque de Chalcédoine, Eulalius, il y avait souvent

---

[1] T. II, p. 417; ci-dessus, p. 77, 89. Sur « les débuts du monachisme à Constantinople », voir Pargoire, *Revue des questions hist.*, t. LXV, 1899, p. 67.

[2] Ci-dessus, p. 93.

[3] Celui-ci devait sa fondation à un certain Jonas, originaire de l'Arménie romaine; il en est question dans la vie d'Hypatius.

[4] Par un de ses disciples appelé Callinique (*Acta SS.*, 17 juin).

querelle, comme le jour où il accueillit Alexandre l'acémète, bâtonné par les gens de l'évêque. Un préfet de Constantinople imagina un jour de renouveler à Chalcédoine la solennité des jeux olympiques. En dépit des explications de l'évêque, Hypatius ne voulut voir en ces jeux que des cérémonies païennes; il ameuta tous les moines d'alentour et finit par effrayer le préfet, qui dut renoncer à ses projets et repasser le Bosphore. Bien avant le concile d'Ephèse il déclara de son chef que Nestorius était hérétique et raya son nom des diptyques.

Ce n'est pas seulement à Chalcédoine que les moines se montraient incommodes au clergé. De l'archevêque de Constantinople lui-même, du pontife imposant de la nouvelle Rome, ils ne se souciaient pas plus que du premier évêque venu. Chrysostome les compta parmi ses adversaires les plus acharnés. S'ils s'arrangèrent d'Atticus, qui, au concile du Chêne, avait marché avec eux, Nestorius les eut bientôt contre lui, et Flavien, et Anatole. Le concile œcuménique de Chalcédoine (451) eut à se plaindre de leur insolence.

Dans l'Orient tout entier la popularité de l'institut monastique multipliait les fondations et compliquait les rapports. Alexandrie, Antioche, Jérusalem s'entouraient de colonies d'ascètes. En temps ordinaire il en sortait beaucoup d'édification; mais il y avait des moments de crise, et l'on verra bientôt l'élément monacal y jouer un rôle plus accentué que ne l'eût souhaité l'autorité hiérarchique. Aux environs d'Antioche, entre plusieurs solitaires, dont Théodoret, qui les connaissait pour la plupart, nous a décrit la vie [1], la grande célébrité était Siméon le Stylite. Celui-ci [2] avait d'abord été berger, puis moine dans un monastère; mais son goût pour des austérités raffinées et sans mesure l'ayant rendu impropre à la vie commune, il se décida à vivre seul, en d'épouvantables exercices, passant les carêmes sans boire ni manger, se tenant debout des jours et des semaines, enfin se faisant attacher par une chaîne de fer scellée en plein roc. Sur l'observation d'un dignitaire ecclésiastique, il finit par renoncer à sa chaîne, mais ce fut pour se confiner autrement, car il se fit construire une colonne en maçonnerie, monta dessus [3] et s'y installa à demeure. Il justifiait ce domicile étrange par l'impossibilité où il eût été de se soustraire à l'importunité des visiteurs que la renommée de sa pénitence faisait affluer dans son désert. La colonne fut d'abord de trois mètres environ; de temps en temps on l'élevait. Théodoret la vit à dix-huit mètres de hauteur. C'est de là haut que Siméon recevait les visiteurs.

Les autres moines commencèrent par s'offenser de cet exercice insolite. De Nitrie il arriva des blâmes très

[1] *Historia religiosa* (*P. G.*, t. LXXXII).
[2] Théodoret, *l. c.*, c. 22, notice écrite du vivant de Siméon, qui, du reste, survécut à son biographe. Sur les autres vies de saint Siméon stylite, v. le mémoire cité à la note suivante.
[3] Sur les saints à colonne (stylites), v. le travail capital du P. H. Delehaye, *Les Stylites,* dans le Compte-rendu du 3ᵉ congrès scientifique international des catholiques, 5ᵉ section, p. 191.

énergiques [1]. Mais Siméon était un homme si simple, si bon, d'une vertu si sincère, qu'il fallut bien lui passer sa colonne. Celle-ci, du reste, était défendue par une popularité sans limites. On parlait du saint non seulement dans l'Orient romain, mais jusqu'à Rome, où son portrait était dans toutes les boutiques, jusqu'en Gaule et à Paris, où les relations commerciales amenaient beaucoup de Syriens. Geneviève de Nanterre, la célèbre vierge parisienne, échangea des compliments avec le saint d'Antioche. Les caravanes portaient son nom chez les Ethiopiens, dans tout l'empire perse, et au delà, jusqu'au pays des Turcs [2]. Mais c'est surtout dans son voisinage immédiat que rayonnait son autorité d'ascète. Les Bédouins de Syrie et de Mésopotamie s'empressaient autour de lui. A ces enfants du désert il faisait l'effet d'un être céleste. Il les haranguait en un style à leur portée. Théodoret assista parfois à ces prédications extraordinaires. Un jour Siméon le désigna comme prêtre à ses Arabes, et leur dit de lui demander sa bénédiction. Ils se précipitèrent vers lui avec tant d'impétuosité qu'ils l'eussent étouffé, si, du haut de sa colonne, le saint ne les eût arrêtés par ses cris.

Les instructions que Siméon adressait à de tels auditoires étaient, on le pense bien, d'une théologie plutôt

---

[1] Théodore le lecteur, II, 41. Il y a, dans la collection des lettres de saint Nil deux pièces (II, 114, 115) adressées à un stylite appelé Nicandre, pour lequel il a peu de considération. Il est difficile que ces lettres soient authentiques. Au temps de saint Nil († 430) Siméon semble bien avoir été seul de son espèce.

[2] Le Turkestan actuel.

rudimentaire. Cela n'empêchait pas de recourir à ses lumières dans les cas difficiles. Siméon et deux de ses collègues en ascèse furent consultés, en 458, sur l'opportunité de maintenir les définitions de Chalcédoine. Sur cette question, tous les conciles provinciaux d'Orient avaient été invités à donner leur avis. Siméon, cet homme simple, était traité comme un concile. Sa mort, en 459, fut un événement des plus retentissants. On le descendit de sa colonne, et son corps, transporté solennellement à Antioche, y fut déposé dans la principale église. La colonne fut conservée; on l'entoura d'une vaste cour octogonale, sur les côtés de laquelle furent construites quatre grandes basiliques. On peut voir encore les ruines imposantes de ces édifices, et même des restes de la colonne, dans la localité de Kalaat-Semaân (château de Siméon), entre Antioche [1] et Alep.

[1] Vogüé, *La Syrie centrale*, p. 141, pl. 139-151. L'endroit s'appelait autrefois Telanissos, et ce nom s'est conservé dans celui d'à présent, Tell Neschin. Evagrius avait vu ce monument; il le décrit, *H. E.*, I, 13. Cf. Lebas et Waddington, *Voyage archéologique*, t. III, 2691, 2692.

CHAPITRE X.

La tragédie de Nestorius.

Sisinnius, successeur d'Atticus. — Nestorius et les hérétiques. — La question de l'unité du Christ. — Le terme « Mère de Dieu ». — Prédications imprudentes de Nestorius. — Ses rapports avec Rome. — Leporius, Cassien, Marius Mercator. — Intervention de Cyrille. — Il est commissionné par le pape Célestin. — Ses anathématismes. — Les Orientaux. — Réunion du concile d'Ephèse. — Cyrille dépose Nestorius. — Les Orientaux déposent Cyrille et Memnon. — Conflit. — Intervention de la cour. — Eloignement de Nestorius. — Les deux partis délèguent à Chalcédoine. — Maximien, évêque de Constantinople. — Séparation du concile. — Le schisme oriental. — Mission d'Aristolaüs. — Embarras de Cyrille. — La paix de 433. — Rigueurs officielles contre Nestorius et ses partisans. — Disputes à propos de Diodore de Tarse et de Théodore de Mopsueste. — Le tome de Proclus.

Le patriarche Atticus mourut le 8 octobre 425. A part son hostilité contre saint Jean Chrysostome, on n'a guère que du bien à dire de son administration. C'était un bon chef d'église, pieux, intelligent, habile surtout et conciliant. Il avait su arranger l'affaire des Johannites et esquiver toute compromission avec les Pélagiens. Son église vivait à peu près en paix et ses relations extérieures n'étaient pas moins satisfaisantes. Il était bien vu à Rome; même à Alexandrie on lui pardonnait d'avoir à demi réhabilité Jean et l'on s'abstenait de rien entreprendre contre lui. C'eût été, du reste, assez hasardeux, car Atticus, homme prudent, bien en cour, fertile en ressources, n'était pas facile à

À sa mort les sympathies du clergé se partagèrent entre deux candidats, deux prêtres, Proclus et Philippe. Le premier avait été secrétaire d'Atticus [1] ; c'était un orateur distingué. L'autre, originaire de Sidé en Pamphylie, était plutôt un érudit, du genre confus. Il travaillait à une grande « Histoire chrétienne », qui n'est pas venue jusqu'à nous [2]. Pendant que se dessinaient ces deux candidatures, la voix du peuple se fit entendre pour réclamer un vieux prêtre des faubourgs [3], Sisinnius, fort connu pour sa piété et sa charité, homme simple et de culture commune. Il fut intronisé. Philippe se remit à ses études ; quant à Proclus, le nouveau patriarche le consacra évêque pour le siège métropolitain de Cyzique. La ville de Cyzique était dans le diocèse d'Asie, et l'on pouvait se demander si le patriarche était bien en droit de lui envoyer un évêque. Le ressort et les attributions des évêques de Constantinople, en ce qui regarde les provinces d'outre-Bosphore, n'avait point encore été défini par les conciles. Une loi impériale (νόμος) avait réglé, paraît-il, que les gens de Cyzique ne pourraient élire leur évêque sans l'avis d'Atticus [4]. A Cyzique on se persuada que ce privilège, personnel à Atticus, ne pouvait autoriser ses successeurs à se mêler de leurs élections. Quand Proclus vint prendre possession de son siège, il le trouva

---

[1] Socrate, VII, 41.
[2] T. II, p. vi, note.
[3] D'Elea, actuellement Péra.
[4] Socrate, VII, 28.

occupé par un certain Dalmatius [1], élu et consacré sans
égard à l'évêque de Constantinople. Les circonstances
étaient telles qu'il crut devoir prendre son accident en
patience : il revint à la capitale, où il trouva de l'occupation comme prédicateur.

Sisinnius ne dura que deux ans ; il mourut à la
fin de l'année 427. De nouveau les partisans de Philippe et de Proclus acclamèrent leurs candidatures. La
cour ne jugea pas que l'état des esprits lui permît de
soutenir l'un des partis contre l'autre ; elle se décida
à choisir le nouvel évêque en dehors du clergé de Constantinople. On parlait beaucoup à Antioche d'un prêtre
appelé Nestorius, qui dirigeait un monastère [2] à proximité de la ville. Recommandable par l'austérité de sa
vie, il était aussi en réputation d'éloquence ; sa voix
sonore, bien timbrée, et son élocution facile attiraient
les auditeurs.

Installé sur le siège de la capitale, il se révéla, dès
le premier jour, comme un grand pourfendeur d'hérétiques. Dans son sermon d'inauguration (10 avril 428)
il promit le ciel à l'empereur pourvu que, par lui, la
terre fût purgée de toute dissidence religieuse [3]. « Avec
moi, prince, terrassez les hérétiques, avec vous je terrasserai les Perses ». Ce n'étaient pas, en ce qui regarde

[1] T. II, p. 142, note.
[2] Au VI° siècle il s'appelait monastère d'Euprèpe (Evagrius, *H. E.*, I, 7).
[3] Propos rapporté par Socrate, VII, 39, sans doute avec un peu d'accentuation. Mais pour le fond, cela est assez dans le style et du temps et de l'homme.

les hérétiques, des paroles en l'air. Les Ariens avaient réussi, en dépit des lois, à conserver une chapelle dans l'ancienne ville de Constantinople. Nestorius la découvrit : cinq jours seulement après son ordination, la police vint la fermer. Les Ariens, exaspérés, y mirent le feu, qui se communiqua aux maisons voisines. Le quartier brûla et l'on commença à traiter l'évêque d'incendiaire. Le gouvernement le soutenait dans sa campagne : sur sa demande une loi très dure [1] renouvela et précisa les prohibitions anciennes. Fort de ce nouveau texte, le patriarche se mit à instrumenter contre les Novatiens, les Quartodécimans et les Macédoniens. Les Quartodécimans étaient nombreux en Lydie et en Carie ; ils résistèrent. Sardes et Milet furent ensanglantées par l'émeute. Dans la province d'Hellespont il y avait encore, depuis le temps déjà lointain d'Eleusius [2], des communautés « macédoniennes ». Nestorius leur donna la chasse, aidé sur les lieux par l'évêque de Germé, un certain Antoine. Les opprimés se vengèrent : Antoine fut assassiné. Ce fut la fin de la secte macédonienne. Un décret impérial lui enleva l'église qu'elle possédait encore à la porte de Constantinople, celle qu'elle avait à Cyzique et quelques autres dans les bourgs de l'Hellespont.

Nestorius n'eut pas le même succès dans ses entreprises contre les Novatiens : ils parvinrent à se maintenir dans les bonnes grâces de la cour ; elle les défendit contre le zèle dévorant du patriarche. Du reste,

---

[1] *Cod. Theod.*, XVI, 5, 65, du 30 mai 428.
[2] T. II, p. 431.

ce fléau des hérétiques allait devenir hérétique lui-même. Ici commence une tragédie lamentable et compliquée [1].

On a vu plus haut [2] qu'à Antioche, dès le temps de l'empereur Valens, on discutait beaucoup sur les rapports entre l'élément divin du Christ et son élément humain (*forma Dei, forma servi*). Apollinaire et les siens établissaient entre ces deux éléments une union physique, dans laquelle l'un d'eux, l'élément humain, était en partie sacrifié. Selon ce système, la personne du Verbe divin s'est unie non un homme individuel, ni même toutes les composantes de l'humanité, mais simplement un corps animé, qu'elle dirige en y faisant les fonctions de l'intelligence. Il n'y a pas deux personnes, mais une seule, celle du Verbe; il n'y a pas deux natures, mais une seule, la nature divine, conçue cependant avec des aptitudes humaines correspondant aux fonctions du corps et de l'âme vitale : « Unique est la nature incarnée du Verbe divin [3] ».

[1] Les écrits et fragments de Nestorius ont été rassemblés et édités avec soin par M. Loofs, *Nestoriana*, Halle, 1905, à l'exception du « Livre d'Héraclide », conservé en syriaque. Sur celui-ci voir la fin du chapitre suivant. Quant aux documents de cette affaire, ils sont réunis dans les collections de conciles aux Actes du concile d'Ephèse de 431. Sur le recueil spécial intitulé *Synodicon*, voir la note à la fin du présent chapitre.

[2] T. II, pag. 594 et suiv.

[3] Μία φύσις τοῦ Θεοῦ Λόγου σεσαρκωμένη, *Una natura Dei Verbi incarnata*. Cette formule célèbre, commune aux apollinaristes et aux monophysites, fut adoptée aussi par l'Eglise, mais non sans difficulté et avec des explications qui en modifièrent le sens primitif.

L'apollinarisme avait été répudié dès son apparition, au déclin du IV° siècle; sous Théodose il fut classé officiellement parmi les hérésies, et les groupements ecclésiastiques tentés par ses partisans furent proscrits par la loi. En même temps que lui, un système de sens opposé avait été condamné par le pape Damase [1], et, cette condamnation, l'épiscopat d'« Orient » l'avait ratifiée. Depuis lors il était entendu qu'il ne fallait pas parler de « deux Fils », le Fils de Dieu et le Fils de l'homme, comme de deux individualités distinctes. On s'observait donc sur ce point.

Cependant il faut noter que, si le concile d'Antioche de 379, acceptant en bloc les décisions du pape Damase, avait répudié à la fois l'apollinarisme et la doctrine des deux Fils, l'apollinarisme seul avait été visé au concile de 381, tenu sous la direction de l'épiscopat syrien. Diodore de Tarse, un de ses chefs les plus en vue, semble avoir mis souvent en oubli la critique adressée au Christ en deux personnes, et il en fut de même de son ami Théodore de Mopsueste. On tâtonnait encore. Ni d'un côté ni de l'autre on ne tenait la solution du problème. D'un côté comme de l'autre on la cherchait en partant de conceptions imparfaites, et, comme il arrive toujours dans les polémiques, au lieu de faire effort pour amender son propre système,

---

[1] Anathematizamus eos qui duos Filios asserunt, unum ante saecula et alterum post assumptionem carnis ex virgine (Coustant, *Epp. Rom. Pont.*, p. 512). Cf. t. II, p. 410, note 2.

on n'avait rien tant à cœur que de critiquer celui des autres et de l'acculer à des conséquences absurdes.

Les efforts que l'on faisait pour arriver à plus de clarté se guidaient sur la tradition du Nouveau-Testament, sur l'histoire évangélique dans son ensemble, très spécialement sur le fameux texte de saint Jean : « Le Verbe s'est fait chair » ; ils s'inspiraient aussi d'une mystique d'après laquelle le salut, ou même, selon quelques-uns, l'apothéose de l'humanité, dépend de la mesure dans laquelle celle-ci a été pénétrée en Jésus-Christ par la divinité incarnée. On cherchait donc à construire le Christ de telle façon que l'homme y entrât tout entier, et aussi à ce qu'il y fût uni le plus étroitement possible à la divinité. Mais suivant que l'on s'intéressait plus ou moins à l'une ou à l'autre de ces conditions, on se trouvait amené à des solutions différentes. A Antioche, les contradicteurs d'Apollinaire ne parvenaient pas facilement à concevoir l'élément humain du Christ comme dépourvu d'individualité ; non seulement il comportait corps, âme et intelligence, mais il « était en soi » ; c'était un homme, une hypostase humaine. Comme d'autre part le Verbe était une hypostase divine, il s'ensuit que, dans le Christ, il y a deux hypostases. Le difficile était de préciser l'union de ces deux hypostases, de façon à obtenir un seul Christ[1]. On y arriva tant bien que mal, surtout

---

[1] Un seul Christ: c'était, à Antioche, la formule la plus en vogue. Avec elle on parait l'argument tiré du symbole de Nicée, où la naissance, la mort, la résurrection sont attribuées à la

après Diodore et Théodore, car de plus en plus on sentait la nécessité d'écarter non seulement l'idée de deux Fils, mais de deux sujets distincts. Le Verbe divin est *le même* qui est homme, le même et non point un autre. Telle était, en dépit de certaines expressions et conceptions plus ou moins mal venues, le fond de la pensée des théologiens d'Antioche, au moment où commence notre récit [1].

Les théologiens de Cappadoce, Basile, Grégoire de Nazianze et Grégoire de Nysse, suivant en cela la voie ouverte par saint Athanase, avaient incliné dans le sens opposé. Préoccupés avant tout de l'unité du Christ, ils la faisaient aussi intime que possible, incorporant en quelque sorte dans l'hypostase divine incarnée toutes les composantes de l'humanité, et, pour cette incorporation, sacrifiant la personnalité humaine de Jésus-Christ. On arrivait ainsi à l'union hypostatique; on tendait même à l'union physique, au sens spécial que ces mots peuvent avoir pour nous, car la distinction de *physis*

même personne qui est Dieu de Dieu etc. Oui, répondait-on ; mais cette personne est tout d'abord qualifiée de Christ et de Fils de Dieu ; nous ne nions ni l'unité du Christ, ni celle du Fils de Dieu.

[1] Le malheureux terme d'hypostase, d'où étaient déjà sorties tant de difficultés dans les controverses trinitaires, conservait encore son ambiguité. A Antioche, il ne signifiait pas beaucoup plus que le mot latin *substantia*, sa transcription littérale, et ne se différenciait guère d'οὐσία (essence) que par ce qu'il excluait l'idée d'abstraction et exprimait celle d'existence concrète. Il faut éviter, dans l'appréciation des textes de ce temps, de lui donner le sens précis qu'il a maintenant dans la langue théologique.

et d'*hypostasis* n'était pas encore bien établie [1]. On avait un Christ parfaitement un, comme dans le système d'Apollinaire, plus complet toutefois, au point de vue des éléments humains, que ne l'entendait le docteur de Laodicée. L'inconvénient de son système était, sinon écarté tout-à-fait, au moins fort diminué. A la christologie des Cappadociens se relie celle que nous allons voir cultivée à Alexandrie par Cyrille et ses disciples.

Dans ces deux écoles opposées, on n'opérait guère qu'avec les notions métaphysiques de nature et d'hypostase. En Occident, on avait déjà introduit dans le problème trinitaire une notion d'ordre différent, celle de la personne, notion morale et quasi juridique. Une même nature divine possédée par trois personnes ; ainsi aménageait-on les données, en apparence contraires, de la triplicité et de l'unité ; ainsi conciliait-on la tradition évangélique avec le monothéisme biblique et philosophique. De cette combinaison entre des notions d'ordre si différent il ne jaillissait pas un supplément

---

[1] Ni d'un côté ni de l'autre on n'avait la notion claire de la différence entre une nature complète et une hypostase. Cyrille et les siens répugnaient à l'emploi du terme *deux natures*, qui leur paraissait identique à celui de *deux hypostases* et compromettant pour l'unité du Christ. Là est le commencement, encore orthodoxe, du *monophysisme*. Les Orientaux étaient *diphysites*, comme le fut aussi le concile de Chalcédoine : mais, au moment où nous sommes, ils l'étaient avec un peu d'excès, au moins dans l'expression. Au fond, tout le monde était d'accord, comme on l'a montré plusieurs fois et, tout récemment, le P. Joseph Mahé, *Revue d'hist. eccl.*, t. VII, p. 505-542. Bar Hebraeus, au XIVe siècle, était déjà de cet avis (Assemani, *Bibl. Orientalis*, t. II, p. 291).

de lumière; elle était plutôt propre à entretenir, sinon à renforcer, l'obscurité discrète qui convient à ces choses mystérieuses. Le service qu'elle avait ainsi rendu à propos de la Trinité, elle le rendit encore à propos de l'Incarnation. Deux natures, une seule personne : telle fut la solution latine. Et c'était une solution traditionnelle : depuis Tertullien on parlait ainsi [1].

Par nature on n'entendait pas tout-à-fait la même chose que dans les écoles d'Alexandrie ou dans celles d'Antioche. L'élément humain du Christ, tel qu'on se le représentait en Occident, était plus complet qu'on ne le disait à Alexandrie, moins complet qu'on ne l'admettait à Antioche. En Occident c'était une vraie nature, capable de vouloir et d'agir selon le mode de ses facultés; dans le langage alexandrin il ferait plutôt l'effet d'un groupe de facultés sans action en dehors de la nature divine à laquelle elles étaient attachées; quand les gens d'Antioche en parlent, on est toujours porté à craindre qu'ils n'aient en tête l'idée d'un homme individuel [2].

[1] Tixeront, *Histoire des dogmes*, t. I, p. 343.
[2] Entre les Alexandrins et les Orientaux du V⁰ siècle, orthodoxes les uns et les autres, mais de style différent, il y a un rapport analogue à celui que nous avons observé, au siècle précédent, entre saint Athanase et saint Basile, dans la question trinitaire. Athanase savait très bien que, tout en parlant de trois hypostases, Basile était au fond du même avis que ceux qui n'en voulaient qu'une. Ils s'entendirent. La différence entre les deux situations, négligeable au point de vue théorique, mais importante pour l'historien, c'est que, au V⁰ siècle, des gens qui pensaient de même tout en parlant les uns d'une

Les formules alexandrines, union physique, union hypostatique, unique nature du Verbe incarné, ne concordaient guère avec celles de l'Occident; celles-ci s'accordaient mieux avec le langage d'Antioche: deux natures, une personne. Toutefois il ne faut pas donner trop d'importance à cet accord extérieur. L'imprécision des termes faisait que les gens peu avertis passaient aisément des deux natures aux deux personnes et que, dans cette interprétation, la doctrine orientale prenait des ressemblances fâcheuses avec celle de Photin et de Paul de Samosate. On s'en défendait sans doute, mais l'impression subsistait.

On voit, par le peu que j'en puis dire ici, à quel point ces questions étaient délicates et difficiles. Puisque la curiosité humaine s'acharnait sur le mystère du Christ, puisque l'indiscrétion des théologiens retenait sur la table de dissection le doux Sauveur qui s'est proposé à notre amour et à notre imitation bien plus qu'à nos investigations philosophiques, au moins aurait-il fallu que celles-ci fussent conduites pacifiquement, par des hommes d'une compétence et d'une prudence reconnues, loin de la foule et des querelles. C'est le contraire qui eut lieu. Un déchaînement de passions religieuses, des conflits de métropoles, des rivalités entre potentats ecclésiastiques, des conciles bruyants,

nature, les autres de deux, ne parvinrent pas à s'endurer et s'entre-malmenèrent. Au milieu de leurs conflits on cherche en vain un homme capable de les dominer et de les apaiser: il n'y plus d'Athanase.

des lois impériales, des destitutions, des exils, des émeutes, des schismes, voilà les conditions dans lesquelles les théologiens grecs étudièrent le dogme de l'Incarnation. Et si l'on regarde à quoi aboutirent leurs querelles, on voit, au fond de la perspective, l'Eglise orientale irréparablement divisée, l'empire chrétien démembré, les lieutenants de Mahomet foulant aux pieds la Syrie et l'Egypte. Tel fut le prix de ces exercices métaphysiques.

Le commun des fidèles avait vécu jusque là, comme il vit encore, à l'heure où nous sommes, sur l'idée primitive de l'Homme-Dieu : Jésus-Christ est Dieu, il est homme aussi. Dans l'histoire évangélique, telle qu'on l'interprétait couramment, les miracles et autres manifestations surhumaines étaient attribuées à sa puissance divine ; les humiliations, les souffrances, la mort, à son infirmité humaine. On employait de bonne foi des termes comme ceux d'*homo dominicus*, de *Deus natus, Deus passus* [1], de mélange, de fusion des deux éléments, divin et humain, qui, en un sens ou en l'autre, auraient un peu dépassé, s'ils eussent été déjà fixés, les alignements du langage orthodoxe. C'est une de ces expressions, celle de « Mère de Dieu », qui déchaîna la tempête. Ce qualificatif, employé antérieurement, sans insistance comme sans scrupule, par des auteurs assez divers d'opinion, tendait à passer dans le langage de

---

[1] *Qui natum passumque Deum . . . credit*, inscription damasienne.

la dévotion. De plus en plus la vénération des fidèles se portait vers la mère du Sauveur. En Orient l'habitude [1] se prit de l'appeler Θεοτόκος, « Mère de Dieu ». Un tel langage ne heurtait nullement les idées des Alexandrins ni celles des Latins. « Qui (*quis*) était né de Marie ? » se demandaient-ils. Le Verbe divin évidemment, c'est-à-dire Dieu. Ce « c'est-à-dire » sur lequel se fonde la légitimité du *Theotocos*, la christologie d'Antioche y faisait objection, et non sans raison. L'expression « Mère de Dieu » n'est orthodoxe que si on l'entend de Dieu-personne ; entendue de Dieu-nature elle est plus qu'hérétique, elle est absurde. Marie, selon la tradition orthodoxe, est mère de quelqu'un qui est Dieu ; elle est sa mère, non qu'il lui doive sa divinité, mais parce qu'il a pris d'elle son humanité. Le *Theotocos* avait donc besoin d'explications. Si ç'avait été un terme clair, il n'aurait pas donné lieu à tant de conflits.

Il paraît que, dès avant Nestorius, il y avait déjà, à Constantinople, des disputes à ce propos. Les Apollinaristes ne manquaient point dans la capitale, ni les personnes qui, sans être apollinaristes avoués ou dissimulés, professaient, sur le sujet de l'Incarnation, des idées hostiles à la théologie d'Antioche. Eutychès, qui fit tant de bruit plus tard, était déjà un personnage

---

[1] Saint Grégoire de Nazianze n'hésite pas à jeter l'anathème sur ceux qui ne reconnaissent pas Marie comme mère de Dieu : Εἴ τις οὐ Θεοτόκον τὴν ἁγίαν Μαρίαν ὑπολαμβάνει, χωρίς ἐστι τῆς θεότητος (*Ad Cledon.* ep. I [ep. 101]).

en vue, très influent dans le monde monacal. Les précédents évêques avaient eu la sagesse de ne pas se mêler à ces disputes. Nestorius, avec son zèle farouche pour l'orthodoxie, s'y jeta à corps perdu. Selon lui le terme de Mère de Dieu était excessif; il paraissait signifier que la divinité du Christ a son origine en Marie et faire ainsi d'une femme un être antérieur et, en un certain sens, supérieur à Dieu. Mieux valait la qualification de « Mère du Christ ». Le terme de Christ désignait à la fois deux éléments, l'un divin, l'autre humain; la maternité de Marie se rattachait naturellement à l'élément humain. On lui répondait que le danger qu'il redoutait était absolument chimérique, nul n'étant assez sot pour croire que Dieu, comme Dieu, était né d'une femme; on alléguait aussi que, l'élément humain du Christ se trouvant appartenir au Verbe divin, c'était bien le Verbe divin qui, *selon la chair*, était né de Marie. Ces discussions étaient interminables, encombrantes : on en parlait partout.

Le nouveau patriarche avait amené de Syrie un certain nombre de clercs [1], que le clergé indigène ne goûtait qu'à moitié. L'un d'eux, un prêtre Anastase, se mit à prêcher [2] contre le Théotocos et souleva ainsi des protestations. L'évêque intervint et, à tout propos, parla dans le même sens. Il semblait qu'il n'y eût plus d'autre sujet de prédication. Les opposants ne se gênaient pas pour interrompre; on affectait de croire que

---

[1] Mansi, t. IV, p. 1109.
[2] Socrate, VII, 32.

Nestorius, compatriote de Paul de Samosate, était
tombé dans son hérésie. Un placard [1] fut affiché à
Sainte-Sophie : on y assimilait l'enseignement du nouvel évêque à celui que le concile d'Antioche avait condamné cent-soixante ans auparavant. L'auteur de ce
factum excessif et injuste était un avocat appelé Eusèbe, qui, plus tard, devint évêque de Dorylée. Les
moines s'agitaient et agitaient le public; le patriarche
essuyait des affronts et les vengeait avec quelque brutalité. Un jour une députation monacale se transporta
chez lui. Nestorius la reçut très mal. Lui aussi sortait
d'un couvent; mais présentement il se trouvait être
l'autorité hiérarchique; les protestataires s'en aperçurent. Traduits devant son tribunal, jetés dans les geôles
de l'évêché, livrés au fouet des appariteurs, les moines
purent apprécier la distance qui les séparait de leur

---

[1] Mansi, t. IV, p. 1008. L'assimilation de la théologie de
Nestorius à celle de Paul de Samosate a trouvé d'autres expressions. Sans parler de Cassien et de son *De Incarnatione*, il
y a lieu de signaler une fausse lettre de Denys d'Alexandrie
à Paul de Samosate (Mansi, t. I, p. 1039; cf. Migne, *P. G.*,
t. XXVIII, p. 1559, 1565), où ce lointain prédécesseur de Cyrille discute en détail la théologie de Théodore de Mopsueste
et de Nestorius, censée défendue par l'ancien évêque d'Antioche. La réfutation est faite au point de vue apollinariste ou
monophysite. M. Bonwetsch, qui s'est occupé dernièrement de
cette pièce (*Nachrichten* de la société royale de Göttingen,
1909, p. 123 et suiv.), croit qu'elle vise spécialement Nestorius.
On devrait donc la placer au moment où nous sommes. Mais
il me semble qu'il y a lieu de l'étudier encore avant d'accepter des solutions trop précises. La lettre du faux Denys se rattache à tout un ensemble de falsifications monophysites qui
doivent être examinées avec elle.

patriarche et l'inconvénient qu'il y avait à s'immiscer dans sa théologie. Les saintes gens ne pardonnent jamais ces choses là : Nestorius avait été bien imprudent.

Il l'était en tout et partout. Non content de prêcher à tout propos l'inquiétante christologie d'Antioche et de charger contre le Théotocos, il donnait la plus grande publicité à ses sermons de jadis et à ceux d'à présent. Il les envoya jusqu'à Rome ; à Alexandrie aussi, on ne tarda pas à les connaître.

A l'égard de Rome [1], il s'empressa de commettre la dernière des maladresses, celle de patronner les Pélagiens. Après la mort de Théodore de Mopsueste, Julien d'Eclane, avec trois autres évêques italiens, Florus, Orontius et Fabius, tout ce qui restait du groupe dissident de 418, s'était réfugié à Constantinople. Bientôt après on y vit arriver Celestius lui-même, l'un des deux hérésiarques primitifs. Ils se présentèrent à l'évêque comme des orthodoxes persécutés dans leur pays et s'efforcèrent de parvenir jusqu'à l'empereur. Nestorius ne pouvait ignorer qui étaient ces personnages célèbres ni pourquoi ils avaient eu des difficultés avec les autorités religieuses d'Occident. Néanmoins il crut devoir écrire au pape Célestin lettres sur lettres [2], demandant des renseignements sur cette affaire. A ce propos il l'entretenait de ses conflits avec une opposition locale, qui, selon lui, se rattachait aux doctrines

---

[1] Au moment de son intronisation il avait échangé des lettres avec Célestin (J. 374 ; Coustant, p. 1115).

[2] Coustant, *Caelestini ep. VI, VII*, p. 1075, 1079.

proscrites d'Apollinaire et d'Arius. Une telle assimilation a juste autant de valeur que celle par laquelle les adversaires de Nestorius cherchaient à le compromettre lui-même avec Paul de Samosate [1].

Célestin, inquiet de cette affaire, sentit le besoin de consulter des personnes exercées. La guerre des Vandales le séparait d'Augustin. Le diacre romain Léon s'adressa à Cassien de Marseille, lequel ne tarda pas à lui envoyer une consultation en sept livres, extrêmement défavorable aux idées de Nestorius.

La théologie d'Antioche ne pouvait qu'être familière à un homme qui avait vécu si longtemps en Orient. Cassien, toutefois, avait eu récemment l'occasion de se rafraîchir la mémoire à cet égard. Un moine de Trèves [2], appelé Leporius, avait soutenu en Provence des idées assez voisines de celles contre lesquelles on manifestait à Constantinople. Suivant lui, autre [3] était le Verbe divin, autre l'homme Jésus. Celui-ci, par ses vertus, avait mérité d'être uni de plus en plus avec la divinité et l'avait été en effet. C'était la vieille théorie de l'adoption, le système du Christ devenant Dieu par avancement, combiné toutefois avec la doctrine du Verbe personnel et divin, qui, depuis

---

[1] Cependant il ne faut pas oublier qu'Eutychès et autres personnes de cette nuance figuraient déjà parmi les adversaires du patriarche.

[2] Ex maxima Belgarum urbe (*Contra Nest.*, I, 2).

[3] Ἄλλος, non ἄλλο. Ces choses sont tellement subtiles que, même en français, on ne parvient pas à les exposer clairement. Le grec seul est outillé pour cela.

les définitions du IV⁰ siècle, ne pouvait plus être négligée. Leporius, condamné par les évêques des Gaules et notamment par celui de Marseille, passa en Afrique, où il trouva mieux que des condamnations; Aurèle et Augustin lui montrèrent qu'il s'était trompé et l'amenèrent à signer une rétractation publique [1]. On voit par ce document combien peu l'opinion occidentale était disposée à suivre Nestorius et autres représentants de la théologie d'Antioche dans la campagne qu'ils engageaient à Constantinople. Dans leur système, ce que l'on appréhendait avant tout et ce qui choquait extrêmement, c'était l'idée de l'homme Jésus autre par rapport au Verbe divin, par rapport au sujet de l'Incarnation, et prenant, du fait de cette distinction, l'aspect du Christ de Paul de Samosate et de Photin.

Pendant que Cassien préparait sa réponse à la consultation du pape, un latin établi à Constantinople, Marius Mercator, disciple et admirateur de saint Augustin [2], se mettait aux trousses de Julien et de ses ayant-cause. Un mémoire (*Commonitorium* [3]) remis par lui à l'église de Constantinople, aux monastères et à l'empereur (429), remémora opportunément à ces diverses autorités quelle était la situation légale des appelants: ils furent expulsés de Constantinople. L'attitude de Nestorius en cette affaire est très équivoque.

---

[1] Mansi, t. IV, p. 519; fragments dans Cassien, *De Incarnatione*, I, 5.
[2] Aug., ep. 193.

Il s'enquiert auprès du pape de la culpabilité de Julien; il écrit à Celestius [1] pour le réconforter, et, cependant, on le voit prêcher dans son église contre le pélagianisme [2].

Marius Mercator avait peut-être quelque commission du pape Célestin pour surveiller les affaires religieuses de Constantinople. Mais d'autres yeux que les siens étaient ouverts sur elles: les apocrisiaires de Cyrille suivaient les moindres démarches de l'imprudent Nestorius et renseignaient le pape alexandrin. A celui-ci, dès le premier jour, le nouvel évêque de Constantinople avait été suspect. Encore un homme d'Antioche, un autre Jean! Bientôt Cyrille aperçut le défaut de la cuirasse. Nestorius, comme son prédécesseur, avait l'éloquence abondante, ardente, agressive. Mais, plus volontiers que lui, il quittait le terrain de la morale pour ferrailler à tort et à travers dans le domaine dangereux de la théologie. Ses opinions déplaisaient à beaucoup de gens et les indisposaient. On ne tarderait pas à avoir contre lui des prises que l'on n'avait pas eues contre les deux précédents évêques. Cyrille, comme son oncle Théophile, était un théologien consommé. Disciple d'Athanase et des Cappadociens, il l'était aussi d'Apollinaire, quoique à son insu. Comme bien d'autres il avait lu les livres apollinaristes qui circulaient sous

---

[1] *P. L.*, t. XLVIII, p. 181.
[2] Sermons conservés par Marius Mercator, *ibid.*, p. 189 et suiv.

les noms les plus respectés. Il accepta ainsi, de très bonne foi, comme de saint Athanase, des papes Félix et Jules, de saint Grégoire le Thaumaturge, des raisonnements et des interprétations bibliques qui venaient en droite ligne de Laodicée. Telle est, en particulier, la provenance de sa célèbre formule : « Unique est la nature incarnée du Verbe divin ». Il l'adopta, il s'y attacha, s'y cramponna, avec une indomptable obstination. Et ce fut, pour la paix de l'Eglise, un grand malheur [1].

Ancré sur une notion très serrée de l'unité du Christ, formé par de profondes méditations théologiques, Cyrille disposait encore d'une vaste érudition biblique et d'une plume facile, trop facile même, car il n'échappe pas à la verbosité. Telles étaient ses ressources intellectuelles. Quant à son énergie et à son savoir-faire, il en avait déjà donné des preuves. Nestorius avait affaire à forte partie.

Les rumeurs soulevées par les premiers sermons du nouvel évêque furent transmises aussitôt à Alexandrie. On y parlait déjà du recueil de ses homélies. Dès le commencement de l'année 429, Cyrille releva quelque

---

[1] Il y a lieu de s'étonner qu'il ait tant tardé à instrumenter contre la théologie d'Antioche. Instruit comme il l'était, versé dans la littérature de ces questions, il ne pouvait ignorer les œuvres du célèbre Diodore de Tarse, ni surtout celles de Théodore de Mopsueste, avec qui il était en bons termes, qui même lui dédia un de ses ouvrages (son commentaire sur Job). Théodore venait à peine de mourir (428). Ses idées étaient connues partout en Orient.

émotion à ce propos dans les solitudes de Nitrie, et, sans plus attendre, affectant de croire que la paix religieuse était menacée chez lui, il écrivit [1] une longue lettre aux moines du désert. Elle leur parvint sans doute, mais c'est surtout à Constantinople qu'elle était destinée : les adversaires de l'évêque en firent leur profit. Blessé de cette intervention, Nestorius prêcha contre la lettre et la fit réfuter par un de ses prêtres appelé Photius. Pendant que ces répliques prenaient le chemin d'Alexandrie, Cyrille, informé du mécontement de Nestorius, lui écrivit une première lettre [2] où il rejette sur lui la responsabilité du trouble introduit dans leurs relations et de l'agitation qui se manifestait à Constantinople et ailleurs. Il sait déjà et il en avertit son collègue, que ses homélies sont très mal jugées à Rome. Que Nestorius cesse d'attaquer le Théotocos et la paix pourra se faire.

Malgré cet échange de propos désagréables, les rapports n'étaient pas encore tels qu'il fût impossible à Nestorius de répondre à Cyrille : il le fit [3]. Mais la situation allait s'aggraver.

Il y avait à Constantinople des clercs alexandrins destitués par Cyrille pour certains méfaits ; ils se plaignaient fort de lui, tant à l'évêque qu'aux magistrats. Nestorius affectait de s'intéresser à eux. Un prêtre

[1] Cyrille, ep. 1.
[2] Ep. 2.
[3] Cyrille, ep. 3.

Philippe [1], qui tenait des réunions schismatiques et que Celestius avait accusé de manichéisme, fut déposé après jugement [2]. Cyrille, informé de tout cela, écrivit une seconde fois à Nestorius [3], traitant avec dédain les accusations colportées contre lui, et avec sérieux la question dogmatique. Nestorius répondit sur un ton aigre, mais en faisant valoir ses arguments.

Du procès qu'on menaçait de lui faire, Cyrille était plus préoccupé au fond qu'il ne voulait bien l'avouer. Il s'en explique plus librement dans une lettre à ses apocrisiaires. Il n'a pas peur de se déranger, dit-il; il sait par expérience que les conciles tournent quelquefois autrement que ne le pensent ceux qui les convoquent [4]. Puis, venant à Nestorius : « Qu'il ne se figure pas, ce pau-
» vre homme, que je me laisserai juger par lui, quels que
» puissent être les accusateurs qu'il soudoiera contre moi.
» Les rôles seront renversés; je déclinerai sa compétence
» et je saurai bien le forcer à se défendre lui-même » [5].

Malgré cette belle assurance, il ne négligeait pas de se ménager des appuis. Il savait quelle fâcheuse impression avaient faite à Rome et les écrits de Nesto-

---

[1] Je pense qu'il s'agit de Philippe de Sidé ; la raison apportée en sens contraire par Tillemont (*Hist. eccl.*, t. XIV, p. 321) est sans valeur.

[2] Pour le premier des deux méfaits, car Celestius ne se présenta pas pour soutenir son accusation. Cyrille, ep. 5 et 11, p. 56 et 88 (*P. G.*, t. LXXVII).

[3] Ep. 4, l'*epistola dogmatica*, Καταφλυαροῦσι μέν ; on voit par le concile de Chalcédoine, sess. 2, qu'elle était du mois de méchir (26 janvier-24 février) 430.

[4] Allusion à l'affaire de saint Jean Chrysostome.

[5] Ep. 10.

rius et son attitude à l'égard des chefs pélagiens. Aussi n'hésita-t-il pas à écrire au pape Célestin une lettre très humble et très habile [1], le qualifiant de très saint Père [2] et rappelant la tradition d'après laquelle les graves questions doivent toujours être soumises au saint-siège [3]. Partant de là, il dépeint sous les plus noires couleurs la situation de l'église de Constantinople, où, à part quelques adulateurs, tout le monde, moines, fidèles, sénateurs, refuse la communion de l'évêque. Un complice de celui-ci, un évêque appelé Dorothée, n'a-t-il pas osé déclarer en pleine église : « Anathème à qui dit que Marie est Mère de Dieu », et cela en présence de Nestorius et sans désaveu de sa part. C'est condamner tous les évêques d'Orient [4], notamment ceux de Macédoine [5] ; Cyrille a fait son possible ; il a écrit contre les erreurs de Nestorius ; il lui a écrit à lui-même, sans résultat. Que faire ? Que Célestin donne son avis et fortifie la résistance de l'épiscopat oriental. Pour l'aider à se décider, Cyrille lui communique tout un dossier de pièces [6] propres à l'édifier sur les mauvaises doctrines de l'évêque de Constantinople.

[1] Ep. 11.
[2] Cyrille avait dix ans d'épiscopat de plus que Célestin.
[3] Cette tradition avait été bien oubliée à Alexandrie lors de l'affaire de Chrysostome.
[4] De l'empire d'Orient.
[5] Ressortissants du pape, ce qui, dans l'argumentation de Cyrille, leur vaut un certain relief.
[6] Notamment ses cinq livres « Contre les blasphèmes de Nestorius », ses deux lettres à Nestorius et quelques homélies de celui-ci.

La réponse de Célestin, délibérée dans un concile [1] tenu à Rome au commencement d'août (430), fut telle que Cyrille, sans doute, n'aurait pas osé l'espérer. L'église romaine déclarait inacceptable l'enseignement de Nestorius, nulles les excommunications prononcées par lui ; lui-même devait ou se rétracter formellement et par écrit, ou descendre de son trône épiscopal. Un délai de dix jours seulement, à compter de celui où l'atteindrait la lettre du pape, lui était accordé pour se décider. A la place de ses hérésies il devait professer, sur le Christ, la doctrine des églises de Rome et d'Alexandrie, celle de l'église universelle. Pour l'exécution de cette sentence, Cyrille était commissionné comme représentant du pape romain [2].

Plus nette sentence ne se pouvait imaginer, mais deux choses étaient à regretter : d'abord que le soin d'exécuter l'archevêque de Constantinople eût été confié à son rival traditionnel, le patriarche d'Alexandrie, qui, dans l'espèce, se trouvait être un ennemi personnel ; ensuite, que le pape n'eût déterminé ni quelle était au juste la doctrine qu'il réprouvait chez Nestorius [3], ni

[1] Fragments dans Arnobe le jeune, *Conflictus*, II, 13 (Migne, *P. L.*, t. LIII, p. 289).

[2] J. 372, du 11 août 430. Lettres conformes, à Nestorius (J. 374), au clergé de Constantinople (J. 375), à Jean d'Antioche, à Juvénal de Jérusalem, à Rufus de Thessalonique et à Flavien de Philippes (J. 373).

[3] A Rome il semble bien qu'on ait vu en Nestorius une résurrection de Paul de Samosate, avec certaines édulcorations, quelque chose comme la théorie adoptianiste de Leporius. C'est ainsi que le représentaient les exaltés de Constantinople. Cas-

en quoi consistait cet enseignement commun à Rome, à Alexandrie et à l'Eglise universelle, auquel le patriarche de Constantinople était si durement rappelé. Entre ce qui s'enseignait à Alexandrie, ce que l'on croyait à Rome, ce que l'on exposait à Antioche, il y avait de notables différences. On pouvait s'en douter dès lors et on le vit clairement plus tard. Il eût valu la peine de préciser et ce que l'on condamnait et ce que l'on réclamait. Cyrille, laissé à lui-même et chargé de dresser le programme, se trouvait fort tenté d'y introduire ses propres conceptions : il n'y manqua pas.

Comme il songeait à tout, il avait pensé aussi à la cour, qui, jusqu'ici, avait soutenu l'évêque de son choix : il s'efforçait, non pas ouvertement, mais par une polémique indirecte, de la détacher de Nestorius. A cet effet il rédigea trois lettres fort prolixes et les adressa, l'une aux empereurs, en fait à Théodose II, l'autre aux vierges Arcadie et Marine, la troisième aux impératrices (Pulchérie et Eudocie). Elles firent mauvaise

---

sien en est à peu près au même point de vue, et son expertise, rédigée pour le saint-siège et à sa demande, a dû être de grand poids dans les appréciations romaines. Nestorius (Mansi, t. V, p. 763) s'est plaint que Cyrille, par d'habiles coupures dans le texte de ses homélies, ait cherché à produire cette impression à Rome. Il parle aussi de la simplicité de Célestin : *simpliciorem quam qui posset vim dogmatum subtilius penetrare*. Célestin, en effet, autant qu'il résulte de l'affaire d'Antoine de Fussala et de ses lettres aux évêques de Provence, paraît avoir eu quelques lacunes. Par une singulière ironie, cette « simplicité » que Nestorius relève en lui, il l'avait lui-même relevée en Sisinnius, le prédécesseur de Nestorius (J. 372).

impression. La cour, cédant évidemment aux conseils de Nestorius, caressait maintenant le projet d'un concile œcuménique. Cyrille en fut averti par une lettre impériale *(sacra)* très dure [1], où on lui reproche de mettre le trouble dans l'Eglise et, en écrivant séparément à l'empereur et à Pulchérie, de supposer ou de provoquer des discordes jusque dans la famille souveraine. Les questions de doctrine qui servent de prétexte à ces agitations seront discutées au concile, et il faudra bien qu'il s'y présente, sous peine d'encourir la disgrâce de l'empereur. Nestorius aussi parle du concile dans une lettre [2] qu'il écrivit à Rome, avant que Célestin n'eût pris sa décision. L'assemblée, dit-il, aurait, entre autres choses, à statuer sur les plaintes déposées contre Cyrille, plaintes que celui-ci cherchait à étouffer par son ramage à propos du Théotocos. Au fond, l'évêque de Constantinople n'avait pas d'objection absolue contre l'emploi de ce terme, pourvu qu'on n'y attachât pas un sens apollinariste ou arien : il préférait cependant l'expression de « mère du Christ », qui lui semblait plus exacte que celles de « mère de Dieu » et de « mère de l'homme », quelquefois en conflit. Le concile, du reste, aurait l'opportunité de régler aussi cette question.

Ainsi deux solutions étaient en train de se croiser : la sommation de Nestorius au nom du pape Célestin, et l'examen tant de son affaire que de quelques autres

[1] Mansi, t. IV, p. 1109.
[2] Coustant, p. 1147; cf. Evagrius, *H. E.*, I, 7.

dans un concile œcuménique. Cyrille, à qui la première seule agréait, s'y tint résolument et s'empressa de la réaliser. A cet effet, au commencement de novembre (430), il réunit ses suffragants en concile et leur fit adopter une lettre [1] par laquelle il sommait officiellement l'évêque de Constantinople et lui signifiait sa destitution au cas où, dans les dix jours, il ne se serait pas soumis. Et ce qu'il entendait par soumission, c'était l'acceptation d'un long formulaire dogmatique rédigé par lui, Cyrille, et résumé en douze anathématismes. Ici l'évêque d'Alexandrie usait avec peu de mesure de la latitude que lui avaient laissée les instructions romaines. Ce qu'il proposait à Nestorius, ce n'était pas la foi commune des églises de Rome et d'Alexandrie ainsi que de l'église universelle, c'était une théologie spéciale, reçue à Alexandrie puisque c'était celle de l'évêque, mais inconnue à Rome et très mal vue en Syrie. Mais Cyrille n'était pas homme à user sobrement de la victoire.

Le 6 décembre 430, la sommation alexandrine fut remise à Nestorius. Elle avait dû se croiser en route avec la lettre impériale de convocation au concile œcuménique. Cette lettre était datée du 19 novembre 430. Le concile devait se tenir à Éphèse, à la Pentecôte de l'année suivante.

Jusqu'alors la querelle, en dehors des éclats auxquels elle avait donné lieu à Constantinople, était de-

---

[1] Cyrille, ep. 17; lettres conformes au clergé et aux moines de Constantinople (ep. 18, 19).

meurée circonscrite entre Nestorius et Cyrille. Les évêques « orientaux », c'est-à-dire syriens, ne s'y étaient pas encore mêlés. Depuis la mort récente de Théodote (429), le siège d'Antioche était occupé par un ancien ami de Nestorius, Jean, homme de quelque culture théologique et de façons aimables. Mais le plus qualifié des prélats syriens était Acace de Bérée, toujours en fonctions depuis le temps de Mélèce et du pape Damase. Il avait plus de cinquante ans d'épiscopat et au moins cent ans d'âge. Au temps de Chrysostome, Théophile d'Alexandrie l'avait compté parmi ses meilleurs alliés. Cyrille jugea utile de se le concilier, et, après l'imprudente sortie de Dorothée [1], il lui écrivit une lettre très pressante. Le vieil évêque, bien qu'à moitié entré dans l'autre monde, distingua très clairement les véritables sentiments de son correspondant. Il connaissait trop le neveu de Théophile pour qu'il fût aisé de lui faire prendre le change. En lisant sa réponse, Cyrille dut avoir l'impression d'une douche froide versée sur son enthousiasme [2].

Entre temps il fit parvenir à leur adresse les lettres que Célestin lui avait envoyées pour Juvénal de Jérusalem et Jean d'Antioche [3]. Le premier était un prélat assez intrigant, que ses revendications de prééminence jetaient dans la clientèle de l'évêque d'Alexandrie. Quant à Jean, il prit tout de suite l'attitude de l'homme

[1] Ci-dessus, p. 335.
[2] Ep. 14, 15.
[3] Ep. 13, 16.

de bon conseil. Il écrivit à Nestorius, en son nom et au nom de quelques autres évêques syriens [1], une lettre très affectueuse, où il l'engageait à faire ce que le pape lui demandait et à abandonner son opposition contre le Théotocos [2]. Nestorius lui répondit sur le même ton, entrant dans ses idées, acceptant le Théotocos sans aucun retard, tout en réservant au concile le soin de décider ce qu'il y avait au juste sous cette expression controversée. Il lui fit même passer un sermon où il avait approuvé le Théotocos, pourvu qu'on ne le prît pas dans le sens arien ou apollinariste [3]. Suivant lui, le meilleur moyen d'écarter ce sens fâcheux c'était de joindre à l'appellation de mère de Dieu celle de mère de l'homme [4].

Ainsi, grâce au bon sens des Orientaux et aux concessions faites par Nestorius, le débat s'acheminait vers

---

[1] Théodoret figure parmi eux.
[2] Mansi, t. IV, p. 1061 : « Ne traitez pas légèrement cette affaire, car c'est par l'orgueil que le diable rend incurables ces dissensions. Lisez-les (les lettres du pape) avec soin, en prenant conseil de quelques personnes auxquelles vous donnerez toute liberté de dire franchement leur avis, sans songer à vous flatter..... ». Jean est très préoccupé du maintien de l'unité ecclésiastique : « L'Occident et l'Egypte, sans doute aussi la Macédoine, ont décidé de rompre l'union qui a coûté tant de sueurs et de peines à de saints et illustres évêques, surtout à notre saint et commun père le grand Acace (de Bérée) ». Il écrivit aussi à des amis intimes de Nestorius, le comte Irénée et les deux évêques Musaeus et Helladius (Mansi, t. V, p. 753).
[3] Mansi, t. V, p. 753, 754.
[4] Voir ses deux sermons postérieurs à la réception des anathématismes de Cyrille (Loofs, *Nestoriana*, p. 297, 313) ; le second est identique à celui qui fut communiqué à Jean d'Antioche.

un aménagement pacifique. Les anathématismes de Cyrille vinrent troubler ces bonnes dispositions. Jean ne les eut pas plus tôt sous les yeux qu'il y découvrit une inspiration apollinariste. Sans tarder, il s'en ouvrit à Firmus, son collègue de Césarée en Cappadoce [1]. Les évêques de Cyr et de Samosate, Théodoret et André, leur consacrèrent, à sa demande, des réfutations en règle [2]. Quant à Nestorius, il estima sans doute que la convocation du concile et la forme exorbitante donnée par Cyrille à la sommation du pape le dispensaient de répondre à celle-ci. Il se borna à opposer aux anathèmes alexandrins une série de contre-anathèmes, où, comme l'avait fait Cyrille, il réprouve les erreurs qu'il découvre en son adversaire. Les anathèmes de Nestorius sont orthodoxes, en ce sens qu'il est fondé à condamner les doctrines qu'il condamne. La question est de savoir si les deux adversaires ont gardé la juste mesure en s'entre-acculant aux conséquences extrêmes de leurs propos [3].

Ces escarmouches occupèrent l'hiver et le printemps. On arriva ainsi au temps marqué pour le concile. Cette assemblée excitait beaucoup d'espérances. Les premiers à la demander avaient été les moines de Constantinople, maltraités par Nestorius à cause de leurs

---

[1] Mansi, t. V, p. 756.
[2] Connues par les répliques de Cyrille, *P. G.*, t. LXXVII, p. 316 et 385; cf. ep. 44.
[3] Le texte grec est perdu; de la version latine de Marius Mercator la meilleure édition est celle de Loofs, *Nestoriana*, p. 211.

protestations [1]; c'est autour d'eux que se ralliait l'opposition locale. Toutefois ce n'est pas pour complaire à ces personnages, en somme assez chétifs, que le gouvernement avait eu recours à une mesure aussi grave. Si l'évêque d'Alexandrie n'était pas intervenu dans les conditions bruyantes que l'on sait, il est à croire que l'on aurait laissé Nestorius arranger lui-même les affaires de son église. Mais l'évêque d'Alexandrie criait à l'hérésie et appelait le monde entier à la défense de la foi; son appel trouvait écho à Rome. La situation, pour le grand public, ressemblait beaucoup à celle du quatrième siècle, alors qu'on avait vu Athanase, allié à l'Occident, défendre l'orthodoxie contre les évêques de Constantinople et d'Antioche. En fait de dogme, le successeur d'Athanase jouissait, non seulement en Egypte, mais dans tout l'Orient grec, d'une autorité peu définie, mais assez imposante. Réunir le concile, dans la circonstance, c'était ouvrir une sorte d'appel contre son jugement. La situation se précisa encore après la publication des anathématismes. Il sembla que les rôles fussent intervertis et que le maître en doctrine, qui régentait si volontiers les autres, se fût mis lui-même dans un mauvais cas. En somme le concile avait été convoqué contre Cyrille.

Celui-ci, qui le voyait bien, prit ses mesures en conséquence. La convocation impériale requérait, pour chaque province, un petit nombre d'évêques. Cyrille

---

[1] V. leur requête à l'empereur, Mansi, t. IV, p. 1101.

en embarqua cinquante[1] ; il leur adjoignit un nombre considérable de bas clercs, de parabolans et autres serviteurs d'église, et surtout des moines. Parmi ceux-ci on distinguait le célèbre Schnoudi, presque centenaire, descendu de son couvent du haut Nil[2]. Tout ce monde était dévoué corps et âme au patriarche ; tous se figuraient qu'ils allaient, sous sa conduite, exterminer le dragon infernal.

L'escadre égyptienne atteignit heureusement l'île de Rhodes et de là atterrit à Ephèse[3], quelques jours avant la Pentecôte. Nestorius y était déjà. Lui aussi était arrivé avec une suite nombreuse, sinon d'évêques, au moins de partisans et de clients[4]. Un de ses amis les plus dévoués, le comte Irénée, avait été autorisé à l'accompagner, mais seulement à titre privé : l'empereur avait un autre représentant. Le 12 juin arriva Juvénal

---

[1] L'Egypte comprenait alors six provinces : Egypte proprement dite, Augustamnique, Arcadie, Thébaïde, Libye supérieure et Libye inférieure, mais il n'y avait pas d'autre métropolitain épiscopal que l'évêque d'Alexandrie.

[2] C'est ce que rapporte son biographe ; mais il est ici tellement inexact dans les détails que, même sur le fait principal, sur la présence de Schnoudi au concile d'Ephèse, il serait permis de conserver des doutes si Schnoudi lui-même n'en avait parlé dans quelques-uns de ses sermons (Leipoldt, *Schenute*, p. 42, 90 ; ces sermons sont-ils bien authentiques?). Sur ce personnage, v. t. II, p. 502.

[3] Lettres de Cyrille au clergé d'Alexandrie, expédiées de Rhodes et d'Ephèse, ep. 20 et 21.

[4] Il y avait aussi, dans les services, beaucoup de gens du même étage social que les matelots et parabolans d'Alexandrie. On prétendait que Nestorius les avait recrutés aux thermes de Zeuxippe, endroit assez mal réputé.

de Jérusalem, avec une quinzaine d'évêques palestiniens.
C'était du renfort pour Cyrille, car Juvénal paraît avoir
été dans les mêmes idées que lui [1]. Cet ambitieux prélat
cherchait alors à se créer un patriarcat aux dépens de
celui d'Antioche ; il lui importait extrêmement de ne
point froisser le potentat ecclésiastique d'Alexandrie.
Mais où Cyrille pouvait le mieux recruter sa majorité,
c'était dans le pays même où se tenait le concile. Le
diocèse d'Asie était, si l'on excepte les provinces africaines, le pays le plus riche en évêchés ; il y en avait
près de trois cents. Ils n'étaient pas groupés, comme ceux
d'Egypte, sous l'autorité traditionnelle d'un chef reconnu.
Cependant l'importance de la ville d'Ephèse, où résidaient les autorités administratives les plus hautes, et
le souvenir de l'apôtre Jean, dont une basilique très
vénérée abritait le mystérieux tombeau, concouraient à
lui donner un grand relief. Elle semblait en passe de
devenir un centre hiérarchique à la façon d'Alexandrie
et d'Antioche. Le concile œcuménique de 381 avait

---

[1] Un de ses prêtres, Hesychius, écrivit en quatre livres une histoire du concile d'Ephèse. C'était un ami d'Eutychès, qui trouva l'hospitalité chez lui au temps du concile de Chalcédoine. Ceci résulte de l'ouvrage encore inédit du diacre romain Pélage, contre la condamnation des trois chapitres, l. II : « Esychii » presbiteri Hierosolymitani historia, quam in quatuor libellis » de eis quae apud Ephesum sunt acta composuit..... Constat » eumdem Esychium Eutychis haeretici fuisse consortem, in » tantum ut fugientem sanctae synodi Chalcedonensis examen » apud se eumdem Eutychen in Hierosolymis libenter exceperit » et libros contra sanctam synodum Chalcedonensem et contra » epistolam beatae memoriae Leonis ad Flavianum Constanti- » nopolitanum antistitem datam scripserit ».

décidé que chaque « diocèse » devait s'occuper de ses propres affaires religieuses. De ce décret, dirigé alors contre l'ingérence d'Alexandrie, les évêques d'Ephèse avaient depuis longtemps déduit des conséquences favorables à leur autorité. Il semble bien qu'ils les auraient fait accepter s'ils ne s'étaient heurtés à une prétention concurrente, celle des évêques de Constantinople, très désireux de rattacher à leur obédience les deux diocèses d'Asie et de Pont. Dans ces conditions il n'était pas difficile de tourner contre les évêques de Constantinople l'ambition de leurs collègues d'Ephèse. Déjà, au temps de Chrysostome, on avait protesté avec ceux-ci contre les ingérences de l'évêque de la capitale; l'accueil fait à Proclus par les gens de Cyzique, au temps de Sisinnius, montre que les Asiatiques n'avaient pas perdu leurs idées particularistes, et l'immixtion de Nestorius dans l'affaire des Macédoniens et des Quartodécimans avait dû contribuer à les exciter. Bref, Cyrille trouva dans l'évêque d'Ephèse, Memnon, un auxiliaire absolument dévoué, et Memnon s'employa à lui recruter des adhérents dans les provinces où son influence se faisait sentir. Une centaine, au moins, d'évêques « asiatiques » vinrent ainsi se ranger sous le commandement du pape d'Alexandrie.

Il avait sa majorité. Pour la tenir en haleine en attendant l'ouverture des séances conciliaires, il ne cessait de discourir, de discuter par écrit ou de vive voix les idées de Nestorius. Avec celui-ci il n'eut aucun rapport; ils ne cherchèrent pas à se voir. On eût dit les chefs de deux camps ennemis. Des propos fâcheux circulaient. C'était la situation de 403; on voyait recommencer le conflit de Théophile et de Jean. Chacun des deux patriarches affectait de considérer l'autre comme un accusé, suspect d'hérésie et voué à une prochaine condamnation. Ces dispositions des chefs se traduisaient dans les rangs inférieurs de leur clientèle par des rixes entre les gens de Nestorius et les matelots d'Alexandrie. L'évêque Memnon avait pris ouvertement parti pour Cyrille et, contre tout droit et toute convenance, il tenait fermées ses églises, même la basilique de Saint-Jean, à Nestorius et aux siens.

Pour le représenter auprès du concile et en assurer la tenue régulière, l'empereur avait envoyé un des hauts dignitaires de sa cour, le comte Candidien, commandant de la garde (*comes domesticorum*). Ses instructions lui interdisaient d'assister aux débats sur la doctrine, mais il devait veiller à ce qu'ils fussent réglés d'abord, tous les membres du concile étant présents et chacun ayant la liberté de produire ses raisons. Il était de plus chargé de la police extérieure.

Cependant le terme fixé, le 7 juin, était dépassé depuis quelques jours. Les évêques de Macédoine, conduits par Flavien de Philippes, étaient arrivés. On attendait encore les légats que le pape avait promis d'envoyer et qui étaient en route. Saint Augustin avait été convoqué expressément, car la nouvelle de sa mort ne parvint que tardivement à Constantinople. L'évêque de Carthage, Capreolus, eu égard à la situation de l'Afrique, ne put ni réunir son concile ni trouver des évêques pour aller à Ephèse ; il se contenta d'envoyer un diacre appelé Bessula, lequel arriva avant les légats de Rome.

Les Syriens, eux aussi, se faisaient attendre. Ils venaient par terre ; leur caravane, comme il arrive toujours, avait eu quelques accidents. Elle se composait d'une trentaine de prélats, conduits par le patriarche Jean. Le vieil évêque de Bérée était resté chez lui. Il semblait naturel que l'on attendît et les légats de Rome et les Orientaux ; ceux-ci n'étaient plus loin ; ils s'excusaient de leur retard et priaient qu'on différât encore quelques jours.

Mais Cyrille se douta que la présence des Orientaux apporterait à Nestorius un renfort puissant, sinon par le nombre, au moins par l'autorité. De plus il était clair que, le débat s'engageant sur la foi, ses anathématismes seraient mis en cause par des gens qui, depuis plusieurs mois, les combattaient comme hérétiques. Cette procédure l'exposait à des déboires. Aussi se décida-t-il à un audacieux coup de force, assez semblable à celui qui avait si bien réussi à son oncle Théophile dans l'affaire de Jean Chrysostome : pour éviter la situation d'accusé, il prit hardiment le rôle de juge.

De tous les grands prélats qui se trouvaient à Ephèse, il était (Nestorius à part) le plus qualifié par le lieu de son siège. Il se considérait aussi comme représentant du pape Célestin, ceci en vertu de la commission qu'il en avait reçue l'année précédente [1]. A ce double titre il se posa en président incontestable du concile, et, le 21 juin, il le convoqua pour le lendemain.

C'était trop fort. Le soir même il reçut une protestation signée par soixante-huit évêques, dont vingt-et-un métropolitains. Un autre que lui eût hésité ; mais son parti était pris. Le lundi 22 juin 431, environ cent-soixante évêques [2] se réunirent dans l'église principale d'Ephèse, qui portait le nom de Marie [3], autour de Cyrille d'Alexan-

---

[1] Qu'il eût un droit réel à cette qualité, c'est autre chose. Il avait été chargé de sommer Nestorius et de le déposer au nom du saint-siège si, dans les dix jours, satisfaction n'avait pas été donnée. Une autre procédure ayant été engagée, et Cyrille l'ayant acceptée, puisqu'il était venu au concile, sa commission semble bien avoir expiré. Du reste la meilleure preuve que le pape ne songeait pas à se faire représenter par lui, c'est qu'il envoyait des légats.

[2] D'autres signèrent par la suite, ce qui éleva ce chiffre à près de deux cents.

[3] Ce nom pourrait être, à la rigueur, celui d'une fondatrice. Je considère cependant comme beaucoup plus probable que c'est celui de la mère du Sauveur, encore qu'un tel vocable, à une date aussi ancienne, ait quelque chose d'étonnant. Il faut du reste remarquer que la forme officielle, celle des procès-verbaux du concile, est, non pas l'église *de* Marie, mais l'église Marie, l'église appelée Marie. Dans ces conditions, on pourrait songer à une conception mystique, à une sorte de syzygie de Jean et de Marie, dans laquelle le souvenir de la mère du Christ et celui de l'église d'Ephèse se compénétreraient mutuellement. L'église d'Ephèse, tout comme Marie, avait été confiée à l'apôtre Jean. Jean et Marie, l'apôtre patron et la chrétienté éphésienne, le sanctuaire apostolique et la cathédrale d'Ephèse : la symétrie va des personnes historiques aux situations religieuses, de celle-ci aux édifices qui les symbolisent. S'il y avait, en dehors de ce

drie, de Juvénal de Jérusalem et de Memnon d'Ephèse. Le comte Candidien accourut, protesta, adjura l'assemblée et ses présidents d'attendre l'arrivée des Orientaux, déclarant qu'ainsi le requéraient ses instructions. On lui demanda de les montrer. Après quelque hésitation, il se laissa faire et les lut. Cyrille n'en tint aucun compte. Des évêques du côté de Nestorius se présentèrent et essayèrent de faire entendre la protestation déjà envoyée la veille. On les mit à la porte, avec le comte Candidien lui-même, qui se plaignit d'avoir été insulté et violenté.

Cela fait [1], on envoya à Nestorius une deuxième [2] convocation, qui fut repoussée, puis une troisième : celle-ci était une véritable citation, comme à un accusé. Il ne la reçut pas. Les débats s'ouvrirent sans lui. Cyrille fit lire le symbole de Nicée, puis sa seconde lettre à Nestorius [3], et sollicita un vote qui proclamât

vocable, une tradition quelconque sur un séjour de Marie à Ephèse, ou sur sa sépulture en cette ville, on pourrait y rattacher l'explication de cette énigme. Malheureusement il n'y a rien, si ce n'est de prétendues visions, dont il m'est bien impossible de faire état. Du reste elles ne sont pas en rapport avec la ville d'Ephèse, mais avec une localité suburbaine.

[1] A partir d'ici je suis le procès-verbal de la première session, non sans quelque défiance, car il ne fut dressé que plusieurs jours après, par la chancellerie d'Alexandrie, laquelle n'était pas exagérée en ses scrupules. On en jugera en notant que la lecture des instructions de Candidien et la protestation des 68 évêques y sont entièrement passées sous silence.

[2] La première avait été faite la veille, à Nestorius comme à tous les évêques présents à Ephèse.

[3] *Epistola dogmatica*, Καταφλυαροῦσι μέν.

l'accord de ces documents et l'orthodoxie du second ; il l'obtint. On passa à la réponse de Nestorius, sur laquelle fut émis un vote défavorable [1]. Puis on lut, à titre de documents et sans aucun vote, la lettre par laquelle le pape Célestin commissionnait Cyrille pour déposer Nestorius et celle par laquelle Cyrille avait signifié à celui-ci les clauses de la soumission qu'on lui demandait, c'est-à-dire les fameux anathématismes. On produisit aussi quelques propos recueillis à Ephèse même sur les lèvres de Nestorius [2] et des extraits de ses homélies publiées ; on leur opposa un certain nombre de passages [3] extraits des saints Pères, jusqu'à Théophile et Atticus. De cet examen il résulta pour l'assemblée [4] que Nestorius était hérétique et méritait d'être déposé.

[1] Cent-trente-cinq votes développés pour la lettre de Cyrille et trente-quatre contre celle de Nestorius figurent au procès-verbal ; mais les votes ainsi développés ne représentent pas toutes les adhésions. L'assemblée était unanime.

[2] Entre autres qu'on ne saurait dire d'un enfant de deux ou trois mois qu'il est Dieu (Mansi, t. IV, p. 1181 ; cf. Socrate, VII, 34). Ceci fut rapporté au concile par l'évêque d'Ancyre, Théodote. Nestorius expliqua plus tard qu'il avait été mal compris et qu'il s'était borné à dire que Dieu ne pouvait avoir eu l'âge de deux ou trois mois. V. les textes cités par Bethune-Baker, *Nestorius and his Teaching*, 1908, ch. V. C'est toujours la confusion entre nature et personne.

[3] Deux, empruntés à de prétendus écrits des papes Jules et Félix, sont en réalité extraits d'ouvrages apollinaristes ; mais cela importe peu. Les autres, bien authentiques, sont autrement significatifs.

[4] En fait tous ces textes sont orthodoxes, pourvu qu'on les apprécie, non d'après la théologie de Cyrille, mais d'après celle

Pendant ce temps là le comte Candidien protestait par voie d'affiches contre la réunion de Sainte-Marie et ce qui allait s'y passer; il protesta encore le lendemain [1]. Il protestait beaucoup, mais n'osait pas agir. On voit bien pourquoi. Outre que ce digne fonctionnaire hésitait à porter la main sur les évêques, il sentait ceux-ci défendus par l'enthousiasme populaire. Quand la séance, qui avait duré toute une longue journée de juin, fut enfin terminée, quand se répandit la nouvelle de la condamnation de Nestorius, la foule énorme qui assiégeait la basilique éclata en cris de joie. Les évêques furent acclamés et escortés jusqu'à leurs domiciles avec des torches allumées; la ville entière s'illumina [2]. Pour ces braves gens, le Christ avait vaincu l'hérésie, Marie avait triomphé de Nestorius.

C'est sous cette forme simple que le concile d'Ephèse fut bientôt saisi par les imaginations, surtout en Occident; c'est cette impression qui s'en conserva. La réalité est plus compliquée.

Dès le lendemain, sinon le soir même, Cyrille fit tenir à Nestorius sa sentence de déposition, libellée avec peu d'aménité: « A Nestorius, nouveau Judas. Sa-

de saint Léon et du concile de Chalcédoine. S'il y a çà et là des formules qui seraient critiquées à présent, ces façons de parler s'expliquent par les habitudes de langage contractées à Antioche, avant que la discussion et les définitions conciliaires n'eussent précisé la terminologie.

[1] Mansi, t. V, p. 770-772.

» che que, en raison de tes prédications impies et de
» ta désobéissance envers les canons, le 22 de ce mois
» de juin, en conformité avec les règles ecclésiastiques,
» tu as été déposé par le saint synode et que tu n'as
» plus maintenant aucun rang dans l'Eglise ».

Pendant que les principaux intéressés, Nestorius, Cyrille, Candidien, écrivaient à Constantinople et à Alexandrie [1], Cyrille et ses amis prêchaient avec vigueur dans les églises d'Ephèse [2]. La caravane des Orientaux arriva le 26 [3], quatre jours après le synode [4].

A peine descendus de leurs montures, les nouveaux-venus, déjà informés en route de ce qui venait de se

---

[1] Nestorius à l'empereur (Mansi, t. IV, p. 1232; Loofs, *Nestoriana*, p. 186); Cyrille, (ou son synode) à l'église de Constantinople (Mansi, t. IV, p. 1228), à l'empereur (*ibid.*, p. 1236), au clergé et au peuple de Constantinople (*ibid.*, p. 1241), au clergé et au peuple d'Alexandrie (*ibid.*); le rapport de Candidien ne s'est pas conservé; il est mentionné dans la réponse impériale au synode (*ibid.*, p. 1377; cf. t. V, p. 773).

[2] Mansi, t. IV, p. 1245, 1248, 1252.

[3] Cette date est désormais sûre, d'après le texte de la *Bibliotheca Casinensis*, t. l², p. 24.

[4] Cyrille essaya en ce moment et plus tard d'expliquer ce retard d'une façon peu naturelle. D'après lui, on avait attendu 16 jours après la date fixée pour l'ouverture du concile; avec ces seize jours on serait arrivé au 23; or, dès le 21 la convocation avait lieu. Il prétendit aussi que deux évêques, Alexandre d'Apamée et Alexandre de Hiérapolis, envoyés en avant et arrivés *après* les seize jours, avaient dit, de la part de Jean, que, s'il tardait encore, on pouvait commencer sans l'attendre. Que ce propos ait été faussement rapporté ou interprété, c'est ce qui résulte: 1° d'une lettre de Jean à Cyrille, écrite à cinq ou six jours d'Ephèse (Mansi, t. IV, p. 1121); 2° de la protestation des 68 évêques, où figurent les signatures des deux prélats en question; 3° de l'attitude ultérieure des Orientaux.

passer, virent arriver des envoyés de Cyrille qui leur signifièrent, avec quelque arrogance, comme choses faites et naturelles, la déposition de Nestorius et la défense de communiquer avec lui. Ils tinrent aussitôt concile au logis du patriarche Jean ; quelques-uns des évêques qui n'avaient pas assisté à la réunion du 22 se joignirent à eux ; ils étaient ainsi au nombre de quarante-trois [1]. Le comte Candidien se présenta et leur fit officiellement le récit de ce qui s'était passé, en dépit des ordres de l'empereur et de ses protestations à lui. Très préoccupés des anathématismes de Cyrille, les Orientaux jugèrent que le coup d'audace de celui-ci n'avait d'autre but que de lui éviter d'être mis en jugement pour sa doctrine ; en cela ils ne se trompaient guère. Alors, sans plus attendre, sans citation, sans discussion, ils prononcèrent la déposition du patriarche d'Alexandrie et de l'évêque d'Ephèse, ainsi que l'excommunication de tous leurs adhérents, jusqu'à résipiscence, c'est-à-dire jusqu'à condamnation des anathématismes.

On n'imagine pas une telle légèreté. Cyrille était dépassé. La situation intacte, imposante, que pouvaient prendre Jean et les siens, se trouvait compromise par un coup de tête. Dans la ville d'Ephèse, le désordre fut porté à son comble. Cyrille et Memnon ne tinrent aucun compte des interdits de Jean et continuèrent à célébrer les offices. L'évêque d'Ephèse ferma ses églises

[1] C'est le chiffre des actes cyrilliens ; dans le *Synodicon* on trouve 54 signatures ; quelques-unes semblent avoir été ajoutées après coup.

aux Orientaux. Ceux-ci prétendaient bien appliquer leurs sentences. L'évêque d'Antioche essaya un jour de pénétrer dans la basilique Saint-Jean pour ordonner un nouvel évêque à la place de Memnon. Les gens de celui-ci s'y opposèrent : le patriarche fut repoussé.

Ahuri de ces tempêtes ecclésiastiques, le comte Candidien envoyait à Constantinople rapport sur rapport. Dès le 29 juin, un rescrit impérial était expédié à Ephèse, réprouvant nettement ce qui avait été fait prématurément et par une partie seulement des évêques, c'est-à-dire par le concile de Cyrille, celui du 22, interdisant aux prélats de quitter Ephèse et annonçant l'envoi d'un autre commissaire impérial. Pendant ce temps les légats romains débarquaient enfin à Ephèse. Ils étaient au nombre de trois, deux évêques, Arcadius et Projectus, dont les sièges ne sont pas marqués dans les documents, et Philippe, prêtre de « l'église des Apôtres », à Rome [1]. Leurs instructions [2] leur prescrivaient de s'en rapporter absolument à Cyrille ; ils se mirent à sa disposition. L'assemblée cyrillienne se réunit en leur présence (10 et 11 juillet) et prit connaissance des lettres qu'ils apportaient pour le concile. Ils demandèrent que, puisqu'on avait procédé en leur absence [3], on leur soumît le procès-verbal de l'affaire. Après en

---

[1] Ci-dessus, p. 243.
[2] J. 378.
[3] Ils ne paraissent pas s'en être offensés ; du moins les actes cyrilliens n'ont conservé aucune trace de protestation. Du reste le cas était prévu dans leurs instructions. Dans une

avoir entendu lecture ils approuvèrent ce qui avait été fait et souscrivirent à la déposition de Nestorius.

Cyrille, se sentant renforcé par cette nouvelle approbation romaine, se décida à procéder contre l'évêque d'Antioche. Jusqu'ici trois dépositions avaient été prononcées, celles de Nestorius, de Cyrille lui-même et de Memnon. Nestorius s'était borné à protester contre la sentence qui le frappait; il n'y avait pas contrevenu en célébrant les saints mystères; à cela, du reste, Memnon aurait mis bon ordre. Quant à Cyrille et à Memnon, ils avaient témoigné le cas qu'ils faisaient de la sentence de Jean en ne l'observant pas. Ils jouaient là un jeu assez dangereux : c'est sur le même manquement que Théophile s'était fondé pour perdre définitivement Chrysostome. Il leur importait donc que l'autorité de Jean et la compétence du concile oriental fussent écartées solennellement. C'est à quoi furent consacrées les 4e et 5e séances du synode, tenues sous la présidence de Cyrille et des légats. Jean fut cité sans résultat[1]. On ne le déposa pas; j'incline à croire que les légats romains ne furent pas étrangers à cette modération. Il fut seulement arrêté que l'évêque d'Antioche et

---

lettre adressée à Cyrille (J. 377), Célestin, interrogé à ce sujet par l'évêque d'Alexandrie, disait que Nestorius, s'il se rétractait, devait être admis par le concile, encore que le délai des dix jours fût passé depuis longtemps.

[1] On voit à ce propos Juvénal se mettre beaucoup en avant et prétendre que, d'après la tradition, le trône d'Antioche doit être jugé et corrigé par le siège apostolique de Jérusalem. (Mansi, t. IV, p. 1312). Il ne doutait de rien.

ses adhérents seraient excommuniés, en ce sens « qu'ils
» ne pourraient, en vertu de leur autorité sacerdotale,
» rien faire qui pût nuire ou servir à qui que ce soit [1] ».
Entendons qu'ils n'avaient pu déposer Cyrille et Memnon
(ceci est formellement exprimé) et qu'il ne pourraient
rétablir Nestorius. La sentence aura son effet tant qu'ils
ne seront pas venus à résipiscence ; s'ils tardent trop,
on procédera à des mesures plus sévères.

Tout cela fut porté à la connaissance de l'empereur et du pape Célestin. La lettre adressée à celui-ci
relève les accointances de certains pélagiens avec le
parti d'Antioche ; elle dit même que le concile s'est
fait lire les actes de la déposition des chefs pélagiens,
Celestius, Pélage, Julien et autres, et qu'il les a approuvés expressément. Rien de semblable ne se lit dans
les procès-verbaux d'Ephèse. De ces choses là on ne
parle qu'au pape, avec l'intention évidente de s'en
faire bien voir. Il n'est pas question des anathématismes, pas même à propos de la sentence du concile
dissident, dont ils étaient le principal considérant. Le
rotard de Jean est présenté et expliqué d'une façon au
moins inexacte [2]. De la protestation des soixante-huit

---

[1] Mansi, t. IV, p. 1324.
[2] Il est dit que, pour déposer Cyrille et Memnon, Jean
n'avait avec lui que trente évêques dont plusieurs sont des
évêques sans siège, d'autres ont été interdits depuis longtemps par leurs métropolitains ; d'autres sont des pélagiens et
célestiens ; d'autres des gens chassés de Thessalie. Or la déposition de Cyrille et de Memnon porte les signatures de plus
de quarante évêques (43 dans le texte des Actes, 54 dans le

évêques contre l'ouverture précipitée du concile, il n'est pas dit le moindre mot. Célestin était bien renseigné.

On tint encore deux séances, l'une (6ᵉ, 22 juillet) à propos d'un symbole de sens « nestorien » [1], dont on faisait usage dans le diocèse de Philadelphie [2] ; c'est

Synodicon), tous pourvus de siège ; les simples évêques sont tous venus avec leurs métropolitains ; il n'y a aucun évêque pélagien ; de Thessalie il n'y a, dans la liste des actes, que le métropolitain Basile de Larisse, dont la situation était régulière. Dans celle du *Synodicon* on trouve de plus Pausianus d'Hypate, Maxime de Démétriade et Théoctiste de Césarée en Thessalie. L'ordination de Maxime, célébrée en dehors de l'évêque de Thessalonique, avait été cassée par le pape Boniface, qui avait de plus séparé de sa communion les trois consécrateurs, dont Pausianus (J. 363, de l'année 422) ; de Théoctiste on ne sait rien. Ces sortes d'affaires finissaient par s'arranger. Basile, le métropolitain, était sûrement, vers 424, dans la communion du pape Célestin (J. 366), et le fait que ses suffragants siègent et signent avec lui suppose que leur situation était correcte. Que tel ou tel d'entre eux ait été chassé de Thessalie, c'est possible ; mais il faudrait savoir par qui et pourquoi. On voit, combien sont contestables les assertions de Cyrille (cf. p. 353, note 4, pour les inexactitudes de dates). Selon lui il n'y a du côté de Jean d'Antioche qu'une trentaine de mauvais sujets.

[1] Il est de Théodore de Mopsueste.

[2] L'évêque de Philadelphie, Théophane, figure parmi les partisans de Nestorius. Au cours de la campagne dirigée par celui-ci contre les Novatiens et les Quartodécimans, un prêtre Jacques arriva de Constantinople en Lydie avec des recommandations de deux prêtres de Nestorius, Anastase et Photius (ci-dessus, p. 326, 333) ; aux hérétiques qu'il ramenait à l'Eglise, il faisait signer le symbole en question. Cette affaire fut portée au concile cyrillien par l'économe de l'église de Philadelphie, un certain Charisius.

à cette occasion qu'il fut décidé qu'en fait de symbole on devrait s'en tenir désormais à celui de Nicée. Dans la septième et dernière session [1] un effort fut tenté par les évêques de Chypre pour se soustraire à l'autorité du patriarche d'Antioche. Le moment était bien choisi pour une telle démarche : le concile déféra aux vœux des Chypriotes et reconnut leur autonomie [2]. Le patriarcat d'Antioche était au pillage. Juvénal de Jérusalem, qui, depuis quelque temps, affichait une grande indépendance à l'égard du métropolitain de Césarée, et qui se permettait d'ordonner des évêques jusqu'en Phénicie IIe (Damas) et en Arabie (Bostra), essaya de se faire payer son zèle par une ratification expresse de ses prétentions [3].

Ainsi se passa le mois de juillet. La cour intervenait lentement. Son nouveau délégué, le comte Jean, *comes sacrarum largitionum*, le ministre des finances, comme nous dirions, retardé en route, n'arriva que

---

[1] Le texte latin, le seul conservé, porte la date *prid. kal. sept.* (31 août), qui est sûrement fausse. La vraie date doit être du mois de juillet.

[2] L'île de Chypre appartenait sûrement au diocèse d'Orient. La question, soumise vers 415 au pape Innocent par l'évêque d'Antioche, Alexandre, avait été résolue en faveur d'Antioche (J. 410). Sur cette affaire, v. mon mémoire *Saint Barnabé*, dans les *Mélanges J. B. de Rossi*, p. 45.

[3] On ne sait au juste dans quelle mesure il y arriva. Son jeu fut aperçu des Orientaux (*Synod.* c. 32; Mansi, t. V, p. 804). Cyrille lui-même, quand il n'eut plus besoin de Juvénal, se mit en travers de ses prétentions (lettre de saint Léon à Maxime d'Antioche, J. 495).

dans les premiers jours d'août. Par la lettre officielle [1] dont il était porteur, les souverains déclaraient accepter les sentences de déposition rendues contre Nestorius, Cyrille et Memnon; ils engageaient les évêques à faire la paix et les renvoyaient dans leurs églises respectives. Jean les alla trouver et les invita à venir le lendemain chez lui. Il fut assez difficile de les y décider, car, s'étant excommuniés mutuellement, ils se refusaient à toute rencontre. La réunion eut pourtant lieu : Memnon, il est vrai, ne voulut pas quitter son évêché, mais Nestorius, Cyrille et Jean d'Antioche obéirent à la convocation. Toutefois, quand il s'agit de lire la lettre impériale, les Cyrilliens protestèrent qu'il fallait d'abord mettre à la porte Nestorius et les Orientaux, condamnés par leur concile. Le comte Jean, constatant que la lettre n'était adressée ni à Nestorius ni à Cyrille, les fit se retirer tous les deux et força les autres à écouter la lecture. Les Orientaux acquiescèrent; depuis leur arrivée, ils s'étaient abstenus de prendre ouvertement parti pour Nestorius; leurs lettres officielles ne le mentionnent jamais. Quant aux autres, ils protestèrent de nouveau. Le soir même le comte Jean déclara en état d'arrestation les trois évêques déposés et leur donna des gardes. Il s'employa ensuite à réconcilier les Orientaux et les Cyrilliens, mais sans résultat. Dans ces con-

---

[1] Mansi, t. IV, p. 1396. Elle est adressée aux évêques des deux partis sans distinction et même sans qu'il soit tenu compte des absences; les premiers nommés sont Célestin de Rome, Rufus de Thessalonique, absents, et Augustin, mort.

ditions il lui était impossible de prononcer la dissolution du concile. Il en référa à l'empereur.

L'empereur seul, en effet, se trouvait en situation de donner une issue à ce déplorable conflit. Des deux côtés on cherchait à peser sur ses résolutions. Les amis de Cyrille déployèrent la plus grande activité. Deux influences pouvaient être mises en jeu : d'abord celle des conseillers ordinaires, eunuques, chambellans et autres personnes qui approchaient le souverain de très près ; ensuite l'influence religieuse, qui, le clergé de Constantinople se trouvant divisé, ne pouvait être que l'influence monacale, interprétée au besoin, mais avec beaucoup de discrétion, par Pulchérie et les autres princesses. J'ai dit « avec beaucoup de discrétion », car Théodose II se défiait de ses sœurs et ne voulait pas avoir l'air d'être mené par elles. Sur les courtisans, Cyrille avait des moyens d'action qui répugneraient à notre délicatesse ; il savait qu'en Orient on ne fait rien sans bakchich et n'avait nul scrupule à mettre les trésors de l'Egypte au service de la « bonne » cause. Son médecin, un certain Jean [1], arrivé à Constantinople en un moment où le comte Irénée, envoyé là par les Orientaux, se croyait sûr du succès, opéra des prodiges de persuasion. En un instant tous les grands personnages de la cour furent retournés.

[1] Mansi, t. IV, p. 1393 ; t. V, p. 819 (*Synod.* 41).

Plus honorable au moins était l'autre procédé. Il y avait à Constantinople, dans le monastère d'Isaac, un reclus très vénéré, appelé Dalmatius [1]. De sa retraite, ce saint homme présidait moralement tout le personnel monacal de la grande ville; il n'aimait guère Nestorius et s'intéressait vivement aux efforts de Cyrille pour le faire tomber de son siège. Quand il apprit, assez tardivement, car les communications étaient bien surveillées, que les choses allaient mal à Éphèse, il se décida à sortir de la cellule hors de laquelle, depuis quarante-six ans, il n'avait pas mis le pied. A la nouvelle de cette sortie, tous les couvents se vidèrent; une immense procession de moines se dirigea, au chant des psaumes, à travers des flots de populaire, vers le palais impérial. Parmi eux on remarquait Eutychès, autre moine de grand renom, que l'on savait fort ami de Cyrille. Théodose II fit accueil aux saintes gens et leur donna de bonnes paroles.

Les effets, toutefois, s'en firent encore attendre. L'empereur tenta un dernier moyen de conciliation. Il ordonna à chacun des deux conciles de lui envoyer huit députés, qui discuteraient en sa présence et lui permettraient de se faire une opinion. La question du *Theotocos*, qui avait été le point de départ de l'affaire, était désormais réglée. Les Orientaux ne faisaient pas difficulté d'accepter ce terme; ils le déclarèrent expressément au comte Jean [2]. Nestorius lui-même avait dit

---

[1] Ci-dessus, p. 308.
[2] *Synod.*, 17 (Mansi, t. V, p. 783).

et répété qu'une fois bien expliqué il pouvait être employé. Il avait aussi laissé entendre que, si l'orthodoxie était sauvegardée, il était prêt à abandonner son siège et à rentrer dans son monastère [1]. On le prit au mot, semble-t-il, et un peu plus qu'au mot, car, sans attendre que l'orthodoxie reçût la satisfaction qu'il espérait, on le reconduisit à Antioche (septembre 431) [2].

La satisfaction qu'il espérait et que réclamaient instamment les évêques d'Orient, c'était la condamnation des anathématismes. Le caractère hérétique de ce document était, pour eux, clair comme la lumière du jour. Ils se faisaient fort de le démontrer à tout venant, et surtout à l'empereur. Celui-ci avait mandé à Chalcédoine les députés des deux partis. Du côté cyrillien, c'étaient Philippe et Arcadius, deux des légats romains [3], Juvénal, Flavien, Firmus de Césarée, Théodote d'Ancyre, Euoptius de Ptolémaïs en Libye, frère et successeur du célèbre Synesius, enfin Acace de Mélitène, le meilleur théologien de tout le groupe, mais aussi le moins disposé à l'entente. Les Orientaux étaient représentés par le patriarche Jean, escorté d'Himerius de Nicomédie et de six prélats syriens, parmi lesquels Théodoret, évêque de Cyr ou Cyrrhos en Euphraté-

---

[1] *Synod.*, 15 (Mansi, *ibid.*, p. 777, 779).
[2] *Synod.*, 24-26, (Mansi, *ibid.*, p. 792-794).
[3] Il était habile de montrer les légats romains. Ce n'est sûrement pas sur eux que l'on comptait pour défendre la théologie cyrillienne ; mais leur seule présence recommandait les autres délégués.

sienne, était le plus qualifié par sa science et son éloquence.

A Chalcédoine, comme à Ephèse, les Orientaux eurent à compter avec l'hostilité du clergé local. L'évêque Eulalius, ennemi acharné de Nestorius, les tracassait sans scrupule. Tout près de là les moines de Rufinianes, conduits par leur abbé Hypatius, manifestaient aussi contre eux. C'est en vain que Jean et les siens invoquèrent l'appui des évêques de Milan, d'Aquilée, de Ravenne, de Thessalonique; les lettres qu'ils leur écrivirent ou restèrent sans réponse ou arrivèrent trop tard. Le 11 septembre l'empereur arriva. Il y eut plusieurs séances impériales, sur lesquelles nous sommes assez vaguement renseignés par les lettres des Orientaux. Théodoret discuta contre Acace de Mélitène; lui et ses amis se figuraient avoir l'avantage. Toutefois les Cyrilliens se prêtaient peu aux colloques; ils refusèrent en particulier de laisser discuter les anathématismes [1]. Pour les Orientaux, c'était le corps du délit.

Enfin, convaincu de son impuissance à réduire le différend, impressionné par la présence des légats romains dans le camp de Cyrille et par le nombre de ses adhérents, Théodose II se décida brusquement à

[1] En vue de cette discussion un recueil de textes patristiques avait été formé par eux, sans doute par Théodoret. M. l'abbé Saltet (*Revue d'hist. ecclés.*, t. VI, p. 513 et suiv.) a pu le reconstituer, grâce à l'Eraniste de Théodoret et surtout au dossier que le pape Gélase joignit à son traité *De duabus naturis in Christo* (Thiel, *Epp. Rom. Pont.*, p. 544 et suiv.). Ce dernier n'est qu'une simple réduction du recueil primitif.

repasser le Bosphore et invita les délégués cyrilliens à venir à Constantinople pour l'installation du successeur de Nestorius.

Le clergé de Constantinople n'avait, en général, que de faibles sympathies pour l'ancien évêque ; il continuait à se diviser sur les candidatures perpétuelles de Philippe et de Proclus. Pour la troisième fois elles se produisirent ; mais elles furent encore écartées et l'on choisit un vieux prêtre, charitable et sans prétention, Maximien, qui fut consacré le 25 octobre, en présence des trois légats du pape [1]. Il était fort connu à Rome, où il avait séjourné longtemps [2].

La situation spéciale de Constantinople [3] ayant été ainsi réglée, il fallait maintenant en finir avec le concile. Cyrille et Memnon étaient toujours à Ephèse, toujours aux arrêts. De ce que les délégués cyrilliens avaient été invités à la consécration de Maximien il ne résultait pas que l'empereur eût donné raison au concile de Cyrille contre celui de Jean. Comme il n'était pas possible de réunir dans une cérémonie d'église les délégués des deux assemblées, Théodose avait choisi ceux qui, pour le moment, étaient le mieux vus à Constantinople, qui représentaient le plus grand nombre

---

[1] L'évêque Projectus, qui ne figurait pas parmi les délégués, avait rejoint ses collègues à Constantinople.

[2] J. 392 ; Coustant, p. 1261.

[3] Nestorius était considéré par les Cyrilliens comme déposé ; d'autres pouvaient croire qu'il avait donné sa démission. En tout cas le gouvernement l'avait écarté ; pour beaucoup il n'en fallait pas davantage : le siège était vacant.

d'évêques et comptaient dans leurs rangs les légats du saint-siège. Quant à ses sentiments sur le concile, ils s'expriment clairement dans les deux décrets par lesquels il prononça la dissolution de l'assemblée. Dans le premier, après avoir rappelé tous ses efforts pour arranger le différend et constaté leur inutilité, il ordonne aux évêques de rentrer chez eux et de s'efforcer, par une conduite plus pacifique, de réparer le mal qu'ils ont fait. Quant à Cyrille et à Memnon, que l'empereur considère toujours comme déposés, ils sont exceptés de ce congé.

Mais Cyrille avait réglé sa situation lui-même : sans attendre le rescrit impérial, il avait réussi à s'échapper et faisait voile vers Alexandrie. Comme il eût été difficile de le relancer dans son Egypte, on se résigna au fait accompli. Pour pallier tant bien que mal la déconvenue du gouvernement, un second rescrit fut expédié, à peu près de même contenu que le précédent ; de Cyrille et de Memnon il y était dit, non pas qu'on les considérait de nouveau comme évêques ou qu'on les tenait pour déposés, mais seulement que Cyrille pouvait rentrer à Alexandrie et Memnon demeurer à Ephèse. L'empereur ajoutait que, tant qu'il vivrait, il ne condamnerait jamais les Orientaux, car ils n'avaient été convaincus devant lui sur aucun point.

Jean rentra à Antioche et Cyrille à Alexandrie, où il reprit ses fonctions épiscopales sans autorisation d'aucune sorte. Cependant son retour était moins triomphal que ne l'avait promis son départ. On sut bientôt en Egypte qu'il s'était mis dans un mauvais cas, que beaucoup d'évêques le condamnaient et que le gouvernement lui tenait rigueur. Pharaon aux arrêts! Quel affront! Et parmi les évêques qui avaient fait le voyage d'Ephèse, plus d'un ajoutait bien bas qu'il l'avait amplement mérité. Isidore de Péluse, le seul homme qui pût parler librement en ce pays discipliné, ne se gênait pas pour lui rapporter ces bruits : « La » faveur obscurcit la vue, lui écrivait-il [1], mais la haine » aveugle tout-à-fait... Nombre de ceux qui ont été à » Ephèse te représentent comme un homme ardent à » venger son injure et non à chercher dans l'ortho- » doxie la gloire de Jésus-Christ. C'est, disent-ils, le » neveu de Théophile. Il fait tout comme lui. La fu- » reur de l'oncle s'est déchaînée contre Jean, le saint, » l'ami de Dieu ; celui-ci, encore que les deux cas soient » bien différents, a cherché aussi un succès dont il pût » se vanter ».

Il l'avait cherché, il l'avait obtenu. Nestorius était tombé de son trône épiscopal, et de par la sentence de l'évêque d'Alexandrie. Une fois de plus, l'Egypte avait prévalu contre Constantinople. Mis en cause lui-même, il avait échappé à la discussion de ses anathématismes, et c'était là le principal, car sa déposition par les Orientaux ne comptait pas à ses yeux.

Cependant les anathématismes continuaient d'être gênants. Dès leur apparition il avait fallu les défendre,

[1] Ep. 310; cf. ep. 370.

et non contre Nestorius, mais contre des gens d'une orthodoxie évidente, comme Théodoret et André de Samosate. Ceux-ci les taxaient nettement d'hérésie et se faisaient fort de prouver leur dire, pourvu que l'on consentît à les écouter. Cyrille, il est vrai, les avait fait lire devant son concile, mais seulement comme document de la procédure contre Nestorius, et sans provoquer aucun vote sur leur orthodoxie [1]. Les Orientaux argumentaient de cette lecture pour impliquer tout le concile dans ce qu'ils appelaient l'hérésie de son chef. C'est une exagération. Toutefois Cyrille sentait lui-même qu'il s'était trop avancé. Il esquiva le vote à Ephèse, la discussion à Chalcédoine. Dans son rapport synodal au pape Célestin il n'est pas question des anathématismes. Officiellement, Rome ignora longtemps cette pièce, contre laquelle elle aurait sans doute soulevé, elle aussi, quelques objections [2].

[1] Il avait bien fallu lire la lettre de Célestin par laquelle Cyrille avait été commissionné; autrement celui-ci n'eût pu justifier ni sa qualité de représentant du pape ni son intervention dans la direction du débat. Or une fois lue la lettre de Célestin, il ne pouvait se dispenser de produire aussi l'acte par lequel il s'était acquitté de sa commission.

[2] Au témoignage même des procès-verbaux de Cyrille, deux lettres de lui furent lues au concile, la première tout au commencement de la séance, après le symbole de Nicée (ci-dessus, p. 350), l'autre, celle des anathématismes, après la lettre de Célestin à Nestorius. Dans son rapport, où il suit l'ordre des lectures, Cyrille n'en mentionne aucune après la lettre de Célestin. A l'autre endroit, il emploie l'expression amphibologique τὰ γράμματα... Κυρίλλου. Plus bas, pour les lettres de Nestorius et de Célestin, il se sert du singulier ἐπιστολή. Peut-être le pluriel γράμματα (*litterae*) a-t-il été employé à dessein, pour

Le jour de Noël 431, le pape Célestin reçut à Saint-Pierre les délégués du clergé de Constantinople qui venaient lui notifier l'avènement de Maximien. Il fut satisfait de ce choix, et, dans les réponses qu'il fit le 15 mars suivant aux lettres qu'on lui avait apportées de la capitale orientale, il se félicita de ce qu'on avait donné pour successeur à Sisinnius un homme aussi simple que lui. Quant à Nestorius, il trouvait qu'on avait eu tort de le laisser se fixer à Antioche, où il pouvait continuer à nuire. Sur ce personnage et sur Jean d'Antioche il s'en tenait encore aux renseignements de Cyrille [1]. Cependant, en ce qui concerne Jean, il n'avait pas perdu tout espoir de retour. C'est, du reste, sous d'autres auspices que cette affaire allait se poursuivre. Célestin mourut le 27 juillet 432.

Le concile d'Ephèse avait été convoqué pour rétablir la paix religieuse, troublée à Constantinople et dans tout l'empire d'Orient. Il n'y avait guère réussi. Nestorius, dont les intempérances de langage avaient été l'origine du mal, se trouvait, il est vrai, hors de combat et pourvu d'un successeur. De ce chef, les discordes de la capitale

qu'on pût, au besoin, l'étendre à la lettre qui contenait les anathématismes. Je crois cependant plus probable, eu égard à la mention du vote qui suit celle des γράμματα, que Cyrille, ou le concile au nom duquel il écrit, aura voulu rejeter dans l'ombre le document litigieux.

[1] La confiance illimitée accordée par Célestin à Cyrille ne rappelle que trop les rapports de son prédécesseur Zosime avec l'évêque d'Arles Patrocle. Nous n'avons plus, malheureusement, les lettres qu'il écrivit à l'évêque d'Alexandrie après le concile.

étaient en voie d'arrangement. Il restait cependant à Constantinople un parti de Nestoriens, comme, après l'éloignement de Chrysostome, il y était resté un parti de Johannites; quelques prélats amis de l'ex-évêque, notamment Dorothée de Marcianopolis, entretenaient ce foyer. Maximien, soutenu par le gouvernement, se défendit avec quelque vigueur. Les légats du pape, Juvénal, Flavien et autres délégués du concile se trouvaient encore à Constantinople [1]: une sentence de déposition, qui semble émanée d'une assemblée tenue par ces prélats [2], fut lancée, non seulement contre Dorothée, mais aussi contre trois autres métropolitains, Himerius de Nicomédie, Eutherius de Tyane et Helladius de Tarse. Celui-ci était un saint homme, ancien moine, élu évêque sur le tard; Maximien lui avait notifié son installation, mais Helladius avait refusé ses lettres; il restait fidèle à Nestorius, comme tous les Orientaux, ne le considérant pas comme légitimement déposé. Il n'apparaît pas qu'on ait essayé d'évincer effectivement l'évêque de Tarse. Il en fut autrement des autres; on réussit pour l'évêque de Nicomédie, voisin de la capitale [3]; Dorothée et Eutherius opposèrent une résis-

---

[1] Mansi, t. V, p. 257.

[2] Maximien n'avait, suivant l'ancien droit, aucune autorité sur les trois métropolitains d'Asie-Mineure; même en tenant compte des prétentions constantinopolitaines, Helladius était sûrement en dehors de sa juridiction et ne relevait que du patriarche d'Antioche.

[3] Lettre de Théodoret, dans le *Synod.*, c. 71 (Mansi, t. V, p. 848).

tance plus sérieuse, et, pour le moment, conservèrent leurs sièges.

Ce qu'il y avait de plus grave, et c'est en quoi le concile avait le plus manqué son but, c'est que la communion était rompue avec Jean d'Antioche et ses adhérents. En revenant chez eux, les Orientaux essuyaient des avanies sur la route. Les évêques d'Ancyre et de Césarée les traitaient en excommuniés. De leur côté ils s'arrêtaient de temps à autre, tenaient concile et usaient de représailles. A Tarse ils prononcèrent à nouveau la déposition de Cyrille et de cinq de ses députés à Chalcédoine [1]. Rentrés dans leurs diocèses respectifs, ils maintinrent leur attitude : Nestorius, à qui ils ne pouvaient rendre son évêché, fut traité par eux comme un collègue irrégulièrement dépossédé ; Cyrille, comme un fauteur de troubles et un hérétique.

Il fallut que le gouvernement s'en mêlât. O le bon temps, pouvaient dire quelques vieux consulaires, attardés dans le paganisme, O le bon temps où les pontifes ne se querellaient point entre eux, où les choses divines se réglaient administrativement et sans tapage ! Maintenant il fallait que l'Etat descendît dans cette arène de théologiens en fureur. Il y descendit.

En ces sortes de choses les gouvernements sont toujours portés aux solutions simples. On proposa

---

[1] *Synod.*, 66, 136, 141, 174 (Mansi, t. V, p. 843, 917, 920, 953). On n'a pas les noms ; les légats romains avaient sans doute été épargnés.

d'abord de faire venir Jean et Cyrille à Nicomédie [1], et de les réconcilier; comme si c'eût été chose aisée, comme si, derrière eux, il n'y eût pas eu des têtes pensantes et des cœurs irrités. Un autre système succéda à celui-là: faire accepter aux Orientaux la condamnation de Nestorius, à Cyrille celle des anathématismes [2]. C'était additionner les désirs des deux partis; mais, comme chacun d'eux ne tenait qu'à une moitié du programme et répudiait l'autre avec la plus grande énergie, il n'était pas très facile d'aboutir. Telle fut cependant la tâche que l'on confia à Aristolaüs, tribun et notaire, envoyé comme pacificateur en Syrie et en Egypte, un an environ après le concile. Cet intervalle avait suffi pour que l'on sentît les inconvénients du schisme. Toutes les relations étaient troublées. Déjà le pape Célestin avait exprimé le désir de voir les choses s'arranger avec Antioche [3]. Son successeur Xyste III alla plus loin dans cette voie [4]. Il écrivit à Acace de Bérée, vieille connaissance des Romains [5], et s'efforça de l'intéresser au bien de l'Eglise. De son côté, l'empereur s'adressa et à ce vénérable

---

[1] Lettre impériale adressée à Jean (Mansi, t. V, p. 277, 663, 664).

[2] Hefele, *Conciliengesch.*, t. II, p. 252, a tort de contester que telle fût l'exigence de la cour. Cf. *Synod.*, 203 (Mansi, t. V, p. 988): *Aristolaus insistebat ei (Cyrillo) ut divinitus sancita perageret.* La lettre de Jean d'Antioche (*Syn.*, 50; Mansi, p. 827) à laquelle on se refère, est d'une personne encore mal informée.

[3] J. 385; Coustant, p. 1202.

[4] J. 389, 390.

[5] *Synodicon*, 55 (Mansi, t. V, p. 830).

évêque et au célèbre stylite Siméon, dont l'autorité morale pouvait être très efficace [1].

Aristolaüs alla à Antioche et à Alexandrie. A Antioche on lui parla tout de suite du retrait des anathématismes. Acace, qui, du haut de ses cent-dix ans, semblait planer au dessus de tous les partis, fut chargé d'écrire à Cyrille en lui proposant de s'en tenir au symbole de Nicée, expliqué au besoin par la lettre de saint Athanase à Epictète [2], et de jeter dans l'oubli toutes les autres expositions doctrinales [3]. C'était se débarrasser à la fois des écrits de Cyrille et de ceux de Nestorius. Cyrille répondit au vieil évêque de Bérée. Dans cette lettre et dans quelques autres qu'il écrivit alors, il expliquait ses anathématismes, se défendait de toute accointance avec l'arianisme et l'apollinarisme, mais persistait à exiger la condamnation de Nestorius.

A Constantinople Maximien l'aidait, mais pas autant qu'il l'eût souhaité. Comme Cyrille, le nouvel évêque de Constantinople tenait, et pour cause, à ce que la déposition de Nestorius fût reconnue valable. Quant aux anathématismes, pour lesquels il n'avait pas les sentiments paternels de l'évêque d'Alexandrie, il ne voyait pas pourquoi on n'en aurait pas fait le sacrifice [4]. A la cour, bien des gens parlaient dans le même sens. Un moment Cyrille se vit serré de très près. Il en fit une

---

[1] *Synod.*, 51, 52 (Mansi, t. V, p. 828).
[2] T. II, p. 595.
[3] *Synod.*, 123, 129 (Mansi, t. V, p. 829, 830).
[4] Cf. Liberatus, *Brev.*, 8.

grave maladie, mais ne se laissa nullement abattre. Par ses soins toutes les influences de Constantinople furent mises en œuvre; les saints moines Eutychès et Dalmatius, les prêtres Philippe et Claudien, l'évêque Maximien lui-même, furent invités à solliciter Pulchérie, sur qui l'on agissait aussi par ses dames d'honneur, les *cubiculariae* Marcelle et Drosérie, rémunérées à cet effet. Les eunuques importants, les fonctionnaires en faveur, recevaient d'énormes gratifications, en espèces et en nature, tapis précieux, tentures, meubles en ivoire, autruches vivantes [1]. Le grand chambellan Chrysorète était dévoué aux Orientaux. Aussi, « pour qu'il cesse de nous attaquer », se met-on particulièrement en frais. Il obtint jusqu'à six autruches, et tout le reste en proportion. Ces cadeaux intéressés étaient qualifiés de bénédictions : c'étaient les eulogies de l'église d'Alexandrie.

Celle-ci n'était pas unanime à approuver les générosités de l'évêque; on trouvait sa théologie coûteuse et l'on murmurait contre lui. Mais Cyrille savait ce qu'il faisait : les anathématismes, grâce à ses procédés habiles, franchirent un pas fort dangereux.

Il payait, du reste, de sa personne, et non sans succès. Sa lettre à Acace, avec ses explications des anathématismes, faisait assez bon effet en Orient. Acace

---

[1] La liste de ces gratifications s'est conservée dans le Synodicon, en appendice à la lettre n° 203 (Mansi, t. V, p. 987). Les éditeurs antérieurs avaient eu honte, apparemment, de la publier. Les Bénédictins du Mont-Cassin l'ont donnée dans leur *Bibl. Casin.*, t. I², p. 46; elle est du reste annoncée et résumée dans la lettre elle-même.

se montrait disposé à entrer dans ses vues ; il en était de même de Jean d'Antioche, et ils paraissent avoir eu avec eux les évêques des provinces de Phénicie (Tyr et Damas), de Syrie proprement dite (Antioche et Apamée) et d'Arabie (Bostra). En Cilicie, au contraire, où régnait, avec le souvenir de Théodore de Mopsueste, l'influence présente d'Helladius de Tarse, on ne voulait rien entendre et l'on persistait à considérer Cyrille comme un hérétique ; Eutherius de Tyane et Himère de Nicomédie en étaient au même point. Telles étaient aussi les idées du métropolitain d'Euphratésienne, Alexandre de Hiérapolis. Théodoret et André de Samosate, qui appartenaient à cette province, suivaient une voie moyenne ; tout en maintenant leurs appréciations des anathématismes, ils jugeaient que Cyrille les avait à peu près rétractés en les expliquant. Quant à Nestorius, il ne leur semblait pas nécessair que tout le monde le condamnât ; il suffisait que quelques-uns le fissent.

La pensée de Cyrille, il faut le reconnaître, était orthodoxe ; on le voyait bien quand il consentait à l'expliquer. Le mal est qu'en la traduisant dans ses anathématismes il s'était servi de formules suspectes et mal venues, où les Orientaux, prévenus par leurs habitudes théologiques et excités par la passion du moment, voyaient des choses inadmissibles. Nul, il est vrai, ne leur demandait de les prendre à leur compte ; tout ce qu'on voulait obtenir d'eux, c'est que, en dépit des anathématismes, ils voulussent bien reconnaître que Cyrille n'était pas hérétique. Qu'ils acceptassent ses explications comme donnant le véritable sens du document contesté ou comme une rétractation de cette pièce, cela était, après tout, secondaire. Le patriarche Jean laissa Théodoret discuter cette question, et, passant outre à l'opposition des plus obstinés, il envoya à Alexandrie l'évêque d'Emèse, Paul [1], avec des lettres fort pacifiques. Cyrille lui fit bon accueil: il était toujours souffrant et cela retarda un peu les négociations. On convint de laisser tomber la question des anathématismes, déjà expliqués par leur auteur et qu'il s'engageait à expliquer encore. En revanche Cyrille accepta une profession de foi [2] délibérée

---

[1] Paul d'Emèse était l'homme de confiance d'Acace; il l'avait représenté à Ephèse (Mansi, t. IV, p. 1400).

[2] « Nous professons que N. S. J. C., fils unique de Dieu, Dieu
» parfait et homme parfait, pourvu d'une âme intelligente et
» d'un corps, est né du Père avant les siècles selon la divinité,
» et, à la fin des jours, pour nous et notre salut, de la vierge
» Marie selon l'humanité; qu'il est consubstantiel au Père se-
» lon la divinité et à nous selon l'humanité, car deux natures
» se sont unies (δύο φύσεων ἕνωσις γέγονε); aussi ne reconnaissons-
» nous qu'un seul Christ, un seul Fils, un seul Seigneur. Selon
» cette union sans confusion, nous disons que la sainte Vierge
» est mère de Dieu, car le Dieu Verbe s'est incarné et fait hom-
» me, et depuis le moment de la conception il s'est uni le tem-
» ple qu'il prenait d'elle ». — Passage ajouté: « Quant aux ex-
» pressions évangéliques et apostoliques relatives au Seigneur,
» nous savons que les théologiens emploient les unes indistin-
» ctement, comme se rapportant à une seule personne, et dis-
» tinguent les autres, comme se rapportant à deux natures:
» celles qui sont dignes de Dieu quand il s'agit de la divinité
» du Christ, les moins élevées quand il s'agit de son huma-
» nité ».

à Antioche; sauf une phrase ajoutée pour la circonstance, ce texte était tiré mot à mot d'une lettre [1] adressée d'Ephèse à l'empereur Théodose II par le concile oriental, qui l'y opposait nettement aux anathématismes. C'était un grand succès pour les Orientaux, et en même temps la meilleure preuve que ces gens qui venaient de se faire une guerre si acharnée, s'entendaient, en somme, sur le fond des choses. Cyrille acceptait un symbole oriental, rédigé, croit-on, par Théodoret en personne; il allait jusqu'à se servir des termes techniques des Orientaux, parlant de « temple » et de « deux natures ». Il ne manqua pas de gens, parmi les siens, pour lui reprocher d'avoir fait trop de concessions.

Il consentit aussi à pardonner les injures qu'il avait reçues à Ephèse; ceci lui tenait fort à cœur, car il y revient souvent, oubliant un peu trop qu'il avait commencé.

En revanche, les Orientaux durent accepter la déposition de Nestorius et condamner sa doctrine. C'était le point désagréable; mais Cyrille était ici très fort, car il pouvait compter sur l'appui de Constantinople. Pour désintéresser la cour et le nouvel évêque de la capitale, il eût suffi de déclarer que celui-ci avait été légitimement élu, le siège étant vacant par démission. Mais il paraît bien que Nestorius ne s'était pas prêté à cet accommodement et qu'il réclamait son évêché. Il

---

[1] *Synod.*, 17 (Mansi, t. V, p. 783).

s'était démis, sans doute, mais en un temps où la cour, acceptant les sentences du concile de Jean tout comme celles du concile de Cyrille, semblait décidée à écarter du même coup les deux personnes litigieuses, l'évêque d'Alexandrie et celui de Constantinople. Depuis lors l'attitude du gouvernement s'était modifiée : il avait repris les rapports avec Cyrille ; Nestorius seul était sacrifié. On comprend qu'il ait protesté, qu'il ait retiré sa démission et déclaré qu'il n'acceptait pas sa déposition, prononcée dans les circonstances que l'on sait. Paul d'Emèse, par une application exorbitante du système de Théodoret, offrit de prononcer au nom des autres les anathèmes requis. Cyrille ne trouva pas qu'il eût, à cet égard, les pouvoirs nécessaires : dans sa lettre, Jean n'en avait pas soufflé mot. Il admit Paul à sa communion, puis le renvoya en Syrie, escorté de deux diacres alexandrins et d'Aristolaüs lui-même. Ils emportaient un formulaire où était marquée la condamnation de Nestorius et de sa doctrine [1].

Le patriarche Jean obtint quelques modifications de protocole, mais il signa, et avec lui un certain nombre de ses évêques [2].

---

[1] Qu'entendait-on par doctrine de Nestorius ? Ce point n'avait été nullement défini. Il n'est pas douteux que le symbole oriental, accepté par Cyrille, ne correspondît à la croyance de Nestorius.

[2] Acace n'est pas marqué dans les documents de l'acceptation ni dans ceux qui suivirent. Il dut mourir vers ce temps-là. Un de ses chorévêques, Balaï, composa en son honneur cinq hymnes syriaques ; dans la dernière de ces pièces, il est

Paul d'Emèse repartit pour Alexandrie, emportant une lettre où il était dit que, « pour la paix de l'Eglise, pour faire disparaître querelles et scandales, on reconnaissait Nestorius comme déposé et que l'on anathématisait ses propos vains et profanes », sans autre spécification [1]. C'était la paix. Cyrille accueillit, les bras ouverts, le messager qui l'apportait. Il répondit par une lettre célèbre [2] : « Que les cieux se réjouissent et que la terre tressaille ! » Il y réprouvait beaucoup d'idées qui lui avaient été imputées à tort, éclaircissait sa doctrine, et, pour être tout-à-fait net, reproduisait la profession d'Antioche, telle que Jean l'avait lui-même insérée dans sa lettre, et la déclarait conforme à ses sentiments.

Avis de cet heureux résultat fut aussitôt donné et d'Antioche et d'Alexandrie, tant à l'empereur qu'au pape Xyste, à Maximien de Constantinople et à tout

---

représenté à sa dernière heure, conversant avec Dieu sur sa longue vie arrivée à son terme et sur l'éternité dans laquelle il entre. Texte syriaque dans Overbeck, *S. Ephraemi opera selecta*, p. 251 et suiv.; version allemande par Bickell, *Ausgewählte Gedichte der syr. Kirchenväter Cyrillonas, Baläus* etc. Kempten, 1872, dans la *Bibliothek der Kirchenväter*.

[1] τὰς φαύλας αὐτοῦ καὶ βεβήλους κενοφωνίας. Dans la lettre de Jean d'Antioche à l'empereur, les termes correspondants sont : *Depositum sive damnatum habemus Nestorium, ... anathematismo subicientes quaecumque ab eo aliene ac peregrine dicta sunt contra apostolicam doctrinam* (*Synod.*, 91). C'est bien vague. On ne dit ni en quoi Nestorius a été hérétique, ni même qu'il l'ait été.

[2] Ep. 39.

l'épiscopat. Le pape Xyste témoigna de sa joie par des lettres très expressives [1].

Tout est bien qui finit bien. On serait tenté de dire ici : Puisqu'on fit tant que de s'entendre, n'aurait-on pas pu commencer par là ? Mais telle n'est pas l'habitude des hommes.

Du reste cette paix n'était nullement définitive. Sous la pression du gouvernement, les chefs s'étaient fait des concessions réciproques ; mais leurs subordonnés les avaient, en général, plutôt subies qu'acceptées. En Egypte, Isidore de Péluse formula quelques craintes et exhorta Cyrille à ne pas se déjuger pour échapper aux mauvais traitements [2]. C'est la seule voix d'opposition que l'on entende en Egypte. Jean d'Antioche en percevait bien d'autres. Quand on apprit qu'il allait signer, ce fut un affolement dans les évêchés de Cilicie et d'Euphratésienne. On accusait le patriarche d'avoir cédé trop facilement. Accepter la déposition de Nestorius par le concile cyrillien et la légitimité de

[1] J. 391, 392.
[2] Ep. I, 324. Ceci donne à penser qu'Aristolaüs avait en portefeuille autre chose que des exhortations et que, si l'évêque d'Alexandrie n'avait pas cédé, il aurait pu lui en cuire. Liberatus (Brev., 8) dit qu'il avait été question d'exil : « (Aristolaus) sacram principis deferens Ioanni et Cyrillo, in qua comminatus est utrisque Nicomediam exilium nisi pacem haberent ad invicem ». Le nom de Nicomédie donne lieu de supposer ici une confusion entre le souvenir de ces menaces d'exil et celui du projet de colloque mentionné plus haut, p. 372 ; mais il est naturel qu'à un tel moment l'empereur ait fait appel à tous ses moyens.

cette assemblée, c'était s'avouer vaincus, c'était reconnaître que, depuis leur arrivée à Ephèse, les Orientaux avaient été des schismatiques. L'opposition était dirigée par Alexandre de Hiérapolis; on tenait des conciles locaux, on s'écrivait, on s'exhortait, on discutait quelquefois, car on n'était pas tous du même avis. André de Samosate s'apaisa des premiers et se mit en rapport avec ses voisins Acace de Mélitène et Rabbulas d'Edesse ; le premier était un cyrillien de vieille date, l'autre un rallié, mais très ardent. Il y en eut qui écrivirent au pape; nous avons encore une lettre des métropolitains de Tyane et de Tarse, Eutherius et Helladius [1]: c'est un document d'une touchante naïveté; on avait fait courir le bruit que Xyste était en de tout autres idées que son prédécesseur Célestin : ces bons évêques en étaient convaincus et comptaient là dessus.

Cette opposition, inspirée, à des degrés divers, par la sympathie que l'on conservait à Nestorius et par la tradition théologique prédominante en Syrie, n'était pas la seule qui donnât des embarras au patriarche Jean. L'apollinarisme, naguère cultivé à Antioche avec tant de succès, s'y transformait en monophysisme. C'était une évolution analogue à celle qui jadis avait eu pour étapes l'arianisme, la doctrine de l'homoïousios et celle des trois hypostases, ou encore à celle qui, au moment même où nous sommes, édulcorait le pélagia-

---

[1] Coustant, p. 1245.

nisme et l'amenait à cette mitigation que nous représentent les idées de Cassien et de Fauste. Cyrille avait donc, dans l'entourage même de son collègue syrien, des hommes dévoués à ses doctrines, et même plutôt portés à les exagérer, sous l'excitation de controverses incessantes. Le plus notable personnage de cette opposition était un moine d'Antioche, Maxime, qui figurait au nombre des diacres de son église. Cyrille, qu'il effrayait par son ardeur, était parfois obligé de le modérer [1]. Il y en avait d'autres, surtout dans les monastères.

Cependant Maximien mourait à Constantinople (12 avril 434) et la cour faisait tout aussitôt introniser Proclus. Le parti de Nestorius s'agitait [2]; on estima qu'aucun retard n'était possible. Il importait aussi de faire cesser les discordes qui sévissaient dans le ressort d'Antioche. Le patriarche Jean sollicita une loi; en même temps on faisait agir sur Théodoret l'influence des solitaires les plus renommés de son pays, Siméon le stylite, Jacques et Baradate. L'évêque de Cyr finit par s'aboucher avec Jean, lequel lui fit des conditions de faveur et ne l'obligea pas à condamner expressément son ami Nestorius. À la suite de Théodoret, les Ciliciens s'exécutèrent, sauf deux, qui furent évincés de leurs églises. On exila aussi Eutherius de

---

[1] Ep. 57, 58.
[2] *Synod.*, 150 (Mansi, t. V. p. 929).

Tyane, Dorothée de Marcianopolis, et quelques autres [1].
Le plus durement frappé fut Alexandre de Hiérapolis,
vieillard vénérable et inflexible, que ni les supplications de Théodoret ni le souci d'une population dont il
était adoré ne purent ébranler dans sa résolution. Pour
ce qu'il croyait être la justice, il souffrit tout, jusqu'aux
mines d'Egypte, où l'envoya une sévérité bien excessive.

Nestorius, lui aussi, se ressentit des rigueurs impériales. Bien que, dès l'année 432, le pape Célestin
eût exprimé le vœu qu'il ne restât pas à Antioche, on
l'y avait toléré quatre ans durant. Retiré dans son monastère, il y cultivait encore quelques amitiés. Pas
plus maintenant qu'autrefois il ne parvenait à tenir sa
langue. A ses velléités de démission il n'avait donné
aucune suite. Il réclamait sans cesse contre sa prétendue
déposition. Au travers des négociations il jetait des
récriminations libellées en forme de mémoires. C'était,
pour les ralliés, un témoin fort gênant. Jean finit par
le trouver si incommode qu'il demanda d'en être débarrassé. On l'interna à Petra [2] en Idumée, triste séjour pour un homme habitué aux grandes villes. Encore
n'y fit-il que passer: on ne tarda pas à lui trouver un
exil plus lointain. Il fut expédié dans l'oasis d'Ibis [3],

---

[1] Le comte Irénée dressa plus tard ce martyrologe. Nous
l'avons encore, dans le *Synodicon*, n° 190 (Mansi, t. V, p. 965).
Il y eut en tout quatorze réluctants, qui, presque tous, expièrent cruellement leur opposition.

[2] Mansi, t. V, p. 255.

[3] La grande Oasis des anciens, appelée maintenant oasis
de Khargèh.

au fond du désert libyque. On l'y oublia. En 439, au moment où Socrate achevait son Histoire ecclésiastique, on croyait vaguement à Constantinople qu'il vivait encore dans son exil [1]. C'est tout ce qu'on en savait.

Toutes les proscriptions s'abattaient sur lui. Au moment où il partait pour l'exil, une loi impériale [2] défendait à ses sectateurs de s'appeler chrétiens et leur infligeait le nom de Simoniens; ses livres étaient proscrits : il était interdit de les lire, de les copier, de les garder; ils devaient être jetés au feu; défense était faite aux « Simoniens » de tenir des réunions, même en dehors des villes. Ce n'était pas assez : on s'en prit aux amis du condamné : le comte Irénée et le prêtre Photius furent bannis à Petra [3] et leurs biens frappés de confiscation. De plus, comme il était notoire que beaucoup d'évêques du ressort d'Antioche, tout en acceptant la paix de 433, n'avaient pas condamné Nestorius, le tribun et notaire Aristolaüs revint (435) exiger des signatures plus précises : il les obtint. Théodoret, il est difficile qu'il en ait été autrement, dut alors se résigner et boire l'amer calice.

Il ne tint pas à Cyrille qu'il ne fût plus amer encore. Apprenant qu'on demandait de nouvelles signatures aux Orientaux, il proposa d'adjoindre au formulaire quelques explications théologiques. Cette fois Jean résista et l'on n'insista pas. Ce qui inquiétait Cyrille,

---

[1] Socrate, VII, 34.
[2] *Cod. Theod.*, XVI, 5, 66; cf. Mansi, t. V, p. 413, 416.
[3] *Synod.*, 188, 189 (Mansi, t. V, p. 964, 965).

c'est que l'on disait que les Orientaux, en dépit du ralliement, continuaient d'enseigner comme auparavant des doctrines apparentées à celle de Nestorius. De leur côté les adversaires de Cyrille étaient convaincus qu'il laissait prêcher la passibilité de Dieu et s'en plaignaient amèrement. Il n'est pas étonnant que, dans ce monde si peu pacifié, il se tînt parfois des propos excessifs et que l'on y colportât des rumeurs inexactes.

Les déclarations recueillies par Aristolaüs impliquaient reconnaissance de Proclus comme légitime patriarche de Constantinople. Mais il survint un nouvel incident [1]. Nestorius, en ses sermons maladroits et querelleurs, s'était fort inspiré de Diodore de Tarse et de Théodore de Mopsueste, célèbres maîtres, dont le souvenir demeurait très honoré. L'éclat de son affaire raviva la curiosité à l'égard de leurs livres; ses partisans s'en réclamaient. A défaut de ses écrits, que l'Eglise d'abord, puis l'Etat, n'avaient pas tardé à proscrire, on remit en circulation ceux de ses prédécesseurs et maîtres. Naturellement les cyrilliens s'en émurent. Cette querelle, chose étrange, fit son premier éclat dans l'Arménie persane, alors en plein essor littéraire. Nombre de livres grecs et syriaques y étaient traduits sous le patronage du catholicos Sahag et du docteur Mesrob. Ceux de Théodore de Mopsueste, en de telles circons-

---

[1] *Synod.*, 196-200 (Mansi, t. V, p. 971 et suiv.); Liberatus, *Breviarium*, c. 10; Facundus, *Pro def. trium cap.*, l. VIII, et les documents allégués dans le V⁰ concile œcuménique, 5ᵉ session, Mansi, t. IX, p. 240 et suiv. Cf. Cyrille, epp. 66-74.

tances, s'imposaient à l'attention des traducteurs. Mais les évêques d'Edesse et de Mélitène, cyrilliens déterminés, intervinrent pour les mettre en garde contre ces productions, très suspectes à leurs yeux. Elles l'étaient plus encore, on le pense bien, aux yeux des Apollinaristes, dont les idées étaient assez largement représentées soit dans la Grande-Arménie elle-même, soit dans les monastères du pays limitrophe. En présence de ce conflit, l'épiscopat arménien eut l'idée de s'adresser à Constantinople et de consulter le nouvel évêque Proclus [1]. Celui-ci répondit par une longue exposition doctrinale [2], dans laquelle se rencontre la formule *Unus de Trinitate incarnatus*, mieux accommodée aux données du problème que celle de Cyrille, *Una natura Dei Verbi incarnata*. Les évêques arméniens avaient joint à leur consultation un certain nombre d'extraits de Théodore, que Proclus n'hésita pas à condamner. Non content de s'être expliqué avec les Arméniens, il jugea utile de présenter son exposition aux Orientaux, leur demandant de la signer et de réprouver, par la même occasion, les propositions stigmatisées en appendice. Un diacre de Constantinople, appelé Basile, secondé à Antioche par un autre diacre Maxime, s'agitait de son côté pour faire condamner

---

[1] Cette consultation est perdue; il n'en reste que l'étiquette, dans la 5ᵉ session du Vᵉ concile œcuménique (Mansi, t. IX, p. 240). Le texte qui suit cette rubrique est d'une autre provenance.

[2] Mansi, t. V, p. 421.

Théodore; Cyrille, sollicité par lui [1] et d'ailleurs peu
favorable, cela va de soi, à la théologie de Mopsueste,
insistait dans le même sens. Il écrivit même un traité,
maintenant perdu, contre Diodore et Théodore.

Jean d'Antioche, cependant, et les évêques d'Orient,
à qui on demandait à chaque instant des signatures,
commençaient à se fatiguer. Ils consentirent encore à
signer le « tome » de Proclus aux Arméniens, mais ils
refusèrent de condamner les textes de Théodore. Comme
on revenait à la charge, ils se butèrent et demandèrent
nettement qu'on les laissât tranquilles. On commençait,
du reste, à s'apercevoir que ce n'était pas d'eux que
venait le plus grand danger. Des moines arméniens
faisaient scandale à Constantinople et couraient les provinces; sous prétexte de réclamer contre Théodore, ils
protestaient contre l'union de 433, contre la faiblesse
de Cyrille, qui se bornait à écrire contre Théodore et
se maintenait en communion avec Jean. Ils allaient
jusqu'à le blâmer de ne l'avoir pas anathématisé nommément au concile d'Ephèse [2]. L'apollinarisme se ré-
veillait, s'empressait à la curée. Il était temps d'arrêter
cette revanche. Tel fut l'avis de Cyrille lui-même et

[1] C'est une requête de Basile soit à Cyrille, soit à Proclus,
qui figure dans le texte actuel du V⁰ concile, avec une rubrique
qui l'attribue aux évêques d'Arménie. Cf. p. 386, note 1.
[2] Quelques fragments d'une pièce émanée de ces moines se
sont conservés dans le livre II du traité (inédit) de Pélage pour
les trois chapitres.

aussi de Proclus; le gouvernement fit le nécessaire pour calmer cette effervescence [1].

Irénée occupait son exil à faire l'histoire de toute cette affaire, ou plutôt à en constituer le dossier, un dossier très vaste, comprenant plusieurs centaines de pièces. Il l'intitula « Tragédie », un titre où se révèle l'agitation de son âme. L'ami de Nestorius était encore en pleine lutte; il combattait à coup de documents; et ce n'est pas seulement Cyrille et les siens qui excitaient son ressentiment: les modérés d'Orient, Jean d'Antioche et Théodoret, sont aussi très maltraités par lui [3].

---

[1] Lettre impériale à Jean d'Antioche, *Turbam atque tumultum*, *Synod.*, 219; cf. Facundus, *Pro def.*, VIII, 3.

[2] La *Tragédie* d'Irénée est perdue dans sa forme originale et dans son texte grec; nous ne l'avons plus qu'en extraits, fort larges, il est vrai, dans une compilation du siècle suivant, formée, après la mort de Justinien (565), par un clerc latin, défenseur des Trois Chapitres, et intitulée *Synodicon*. Ce Synodique nous est parvenu par un ms. du Mont-Cassin, dont Lupus (Christian Wolf), Baluze et Mansi (t. V) ont donné des éditions incomplètes et imparfaites. Une bonne description du ms., avec les suppléments les plus indispensables, se trouvera dans la *Bibl. Cassinensis*, t. II, p. 49 et suiv.; *Floril.*, p. 5-47; cf. Maassen, *Quellen*, t. I. p. 733.

CHAPITRE XI.

Le concile de Chalcédoine.

Mort de Cyrille et de Jean. — Dioscore, Domnus, Ibas, Théodoret. — Confiance des Orientaux: Irénée, évêque de Tyr. — Flavien succède à Proclus. — Le chambellan Chrysaphe. — Importance d'Eutychès. — Son conflit avec les Orientaux : le gouvernement l'appuie. — Flavien le destitue. — La doctrine d'Eutychès et les formules de Cyrille : les deux natures. — L'opinion romaine, le tome de Léon. — Le second concile d'Ephèse: réhabilitation d'Eutychès, condamnation de Flavien et des Orientaux. — Mort de Flavien; Anatole lui succède. — Léon casse le concile d'Ephèse. — Mort de Théodose II. — Réaction sous Pulchérie et Marcien. — Convocation du concile de Chalcédoine. — Répudiation du concile d'Ephèse. — Questions personnelles: Dioscore, ses complices, les évêques égyptiens, les moines. — Définition de foi. — Séance impériale. — Réhabilitation de Théodoret et d'Ibas. — La revanche de Nestorius. — Sa fin.

A force d'insistance et moyennant quelques mesures de contrainte, le gouvernement impérial était parvenu à imposer aux deux partis religieux qui divisaient l'Orient une trêve telle quelle. Les exaltés de part et d'autre, et Dieu sait s'il en manquait, murmuraient plus ou moins sourdement; mais les chefs, Jean, Cyrille, Proclus, se maintenaient en rapports corrects. On profita de ce répit, à Constantinople, pour régler définitivement une querelle déjà ancienne et rallier à l'Eglise ce qui restait de Johannites. Le corps de Chrysostome reposait toujours près de Comane, dans la chapelle rurale où il avait été enterré. Proclus obtint de l'empereur qu'on le ramenât à Constantinople et qu'on le déposât dans la basilique des Apôtres, avec ceux des autres évêques. Le 27 janvier 438, dans la nuit, Chrysostome rentra en triomphe dans sa ville épiscopale, à travers le Bosphore illuminé. La famille impériale se porta au devant du cortège; le fils d'Arcadius et d'Eudoxie s'inclina devant le cercueil de l'exilé et le toucha de son front, demandant grâce pour ses parents [1].

Jean d'Antioche mourut peu après [2] et Cyrille ne tarda pas à le suivre dans l'autre monde [3]. Il n'y emporta pas les regrets des Syriens. Une lettre, probablement apocryphe, qui circula en ces temps là sous le nom de Théodoret [4], traduit assez bien, quoique d'une façon fort amère, le soulagement qu'ils ressentirent: « Enfin, enfin, le voilà mort, ce méchant homme... » Son départ réjouit les survivants, mais il aura affligé » les morts; il est à craindre qu'ils n'aient bientôt » assez de lui et qu'ils ne nous le renvoient... Aussi » faudra-t-il charger son tombeau d'une pierre bien « lourde, pour que nous n'ayons plus à le revoir ».

Ce n'est pas seulement en Syrie qu'on se plaignait de Cyrille. Il y avait près de soixante ans que, soit par Théophile, soit par son neveu, la même famille présidait au gouvernement religieux de l'Egypte. Une

---

[1] Socrate, VII, 45; Théodoret, *H. E.*, V, 36.

[2] En 441 ou 442.

[3] Le 27 juin 444.

[4] La lettre est adressée à Jean, ce qui est absurde, Jean étant mort avant Cyrille. Elle fut pourtant citée comme de Théodoret, et à sa charge, dans le Ve concile œcuménique (sess. 5; Mansi, t. IX, p. 295).

si longue administration n'avait pas été sans provoquer des mécontentements. Pour se maintenir en face des préfets, pour soutenir leur crédit à la cour et mener à bien leurs campagnes d'influence, l'oncle et le neveu avaient dû trouver beaucoup d'argent : Chrysostome et Nestorius pesaient lourd sur la finance du Pharaon, et celle-ci sur les épaules des contribuables. Du reste, tout en faisant les affaires du patriarcat, Cyrille n'avait pas négligé ses parents : leur fortune était vue d'un mauvais œil. Aussi le premier soin de Dioscore, son archidiacre, qui lui fut donné comme successeur, fut-il de leur faire rendre gorge. Il s'y prit brutalement et se fit ainsi beaucoup d'ennemis [1].

Mais c'étaient là choses locales. Les Orientaux, s'ils avaient prévu ce que leur réservait Dioscore, ne se seraient pas tant réjouis de la disparition de Cyrille. Un Pharaon succédait à un autre. Ni l'ambitieuse politique d'Alexandrie, ni la théologie qui lui servait de prétexte, n'avaient été embaumées avec le défunt patriarche ; on allait bientôt les revoir en action.

A ce moment la situation des Orientaux était sensiblement meilleure qu'au lendemain du concile d'Ephèse et même qu'après la pacification de 433. Le gouvernement les avait débarrassés de Nestorius, non seulement en l'éloignant matériellement, mais en tenant ferme à ce que tout le monde le répudiât. Ainsi faisant, il

---

[1] Sur ceci, v. les plaintes déposées dans la session IIIe du concile de Chalcédoine par les clercs d'Alexandrie.

leur avait rendu, quoi qu'ils en pussent penser, un très grand service. Les anathèmes, présents ou passés, ne tombaient plus que sur l'oasis où le malheureux expiait si durement ses imprudences : ses anciens amis demeuraient indemnes. Entre eux, les dissidences avaient cessé ; tous les évêques syriens étaient groupés autour du patriarche d'Antioche. Celui-ci, Domnus, neveu et successeur de Jean, s'inspirait des idées de son oncle, mais avec une attitude plus résolue. Les circonstances semblaient la lui permettre. Le siège d'Edesse qui, par la défection de Rabbulas, avait été, aux mauvais jours, un appui pour Cyrille, se trouvait maintenant [1] occupé par l'évêque Ibas (Hiba), de convictions tout opposées. Au temps de Rabbulas, Ibas avait figuré parmi les docteurs les plus en vue de l'Ecole des Perses. Cette confrérie, établie à Edesse depuis que Nisibe avait été enlevée aux Romains (363), était un centre d'instruction religieuse pour les clercs de l'état voisin. On y tenait en grand honneur les œuvres de Diodore et de Théodore. Ibas en avait traduit plusieurs : aussi n'était-il guère aimé de Rabbulas. Ses opinions, dont il témoigne dans une lettre [2] écrite après la paix de

---

[1] Depuis 435 ; Ibas fut installé le 8 août de cette année.

[2] Le destinataire de la lettre est un certain Mari, persan, (c'est-à-dire sujet du roi de Perse) et plus précisément de Beth-Ardaschir (Séleucie), qui avait séjourné dans la Syrie romaine et connu personnellement Théodore de Mopsueste. Ce n'était pas le catholicos, lequel s'appelait Abdisô (Ebed-Jesu), à moins que, suivant une conjecture de M. Labourt (*Le christianisme dans l'empire Perse*, p. 133, note 6), on n'admette que Mari

433, étaient en somme celles de Théodoret. Il ne soutenait pas Nestorius ; Cyrille et ses anathématismes lui inspiraient une aversion profonde ; mais il estimait que tout avait été arrangé par le symbole d'union, dans lequel il voyait un échec pour Cyrille et Rabbulas.

Quand il fut devenu évêque, sa théologie fut exploitée contre lui, tant par ceux que son élection avait mécontentés que par ceux qui avaient à se plaindre de son administration. On lui imputait des propos énormes : « Je n'envie pas le Christ, aurait-il dit. Il est devenu » Dieu ; je puis, si je veux, le devenir moi aussi ».

Ibas, malgré sa littérature, qui n'avait guère de notoriété en dehors du monde syriaque, ne pouvait être d'un grand secours pour le parti oriental. Mais celui-ci avait Théodoret, et Théodoret, surtout depuis la mort de Cyrille, était la plus grande autorité théologique de l'Orient grec [1]. Héritier de la science de Diodore et de Théodore, il avait su l'expurger [2] de beaucoup d'éléments inassimilables, tout en maintenant, en face des excès alexandrins, ce qu'elle avait de conforme à la véritable tradition chrétienne. A ce point de vue il donna le ton autour de lui. S'il y a toujours entre les formules alexandrines et les explications orientales une opposition irréductible, en revanche les Orientaux se

n'est pas un nom propre, mais l'équivalent du grec κύριος ou du latin *domnus*. La lettre d'Ibas est dans les actes du concile de Chalcédoine, act. X, Mansi, t. VII, p. 241.

[1] Détails autobiographiques dans sa lettre 81.
[2] La plupart des écrits de Théodoret sont postérieurs à la querelle entre Nestorius et Cyrille.

sont fort rapprochés des idées qui vont prévaloir à Rome.
Au service de cette théologie sûre et ferme il mettait
une grande culture d'esprit et une éloquence très appréciée des auditoires d'Antioche. Originaire de cette
grande ville et formé dans ses écoles, il ne se confinait pas tellement en son diocèse de Cyrrhos que ses
compatriotes n'eussent souvent le plaisir de l'entendre.
Mais, et c'est par là surtout qu'il se recommandait,
c'était un pasteur modèle. Il savait user de ses grandes
relations pour défendre ses fidèles contre les oppres-
sions séculières ; les hérétiques, anciens et nouveaux,
se ralliaient volontiers à ses exhortations : il est question de plus de dix mille marcionites ramenés par lui au
giron de l'Eglise. Adoré dans sa ville épiscopale, connu
dans les huit cents paroisses de son grand diocèse et
jusque chez les Perses, où ses lettres allaient consoler
les chrétiens persécutés, il trouvait dans sa vie d'é-
vêque une base solide à son action au dehors. Dans
sa jeunesse il avait, comme tant d'autres, goûté de la
vie monacale ; les grands solitaires de Syrie avaient en
lui le plus fervent admirateur. Il se maintint toujours
en communication avec eux, les célébrant dans ses livres,
prenant leurs conseils, et quelquefois, chose plus difficile, leur faisant accepter les siens. Un tel homme
représentait à lui seul une puissance ecclésiastique ;
c'était, pour l'Orient, une sorte d'Augustin. Domnus,
qui présidait maintenant à l'épiscopat de ce pays, trouvait en lui un conseiller éclairé et sage ; il l'écoutait volontiers, sans jamais prendre ombrage de sa supériorité.

Depuis la mort de Cyrille, ce monde épiscopal se croyait, plus que de raison, en sécurité. Un remarquable indice de l'état des esprits, c'est l'élévation du comte Irénée, l'ancien ami de Nestorius, à la dignité épiscopale et à la situation de métropolitain de Tyr. Irénée avait dû rentrer en grâce auprès de l'empereur, car on n'aurait pas été le chercher dans un lieu d'exil pour le faire évêque; quant à sa doctrine, Domnus et ses collègues ne l'auraient pas ordonné s'il n'avait donné les satisfactions indispensables. Il avait été marié deux fois; mais on passa là dessus et le nouvel évêque fut reconnu, non seulement dans le ressort d'Antioche, mais encore en Asie-Mineure et à Constantinople. Proclus envoya une adhésion écrite [1].

Entre les Orientaux et l'évêque de la capitale les rapports étaient excellents; on faisait échange de bons procédés. Proclus n'aurait pas eu l'esprit de sa charge s'il n'eût cherché, par tous les moyens, à étendre l'influence de son siège. En dépit de ses bonnes relations avec le pape, il ne cessait d'empiéter en Illyrie. Xyste III eut beau protester [2]: le patriarche veilla à ce qu'une loi de 421, favorable sur ce point aux prétentions de Constantinople, fût insérée au code Théodosien promulgué en 438. En Asie-Mineure, tout comme en Illyrie, il intervenait dans les élections épiscopales et les procès ecclésiastiques. Les Orientaux, pour qui, les années précédentes, les évêques de ce pays avaient été, presque

[1] Théodoret, ep. 110.
[2] J. 395, 396, lettres de 437. Cf. ci-dessus, p. 303.

tous, des adversaires, n'avaient aucune inclination à les protéger contre leur entreprenant voisin. Ils laissèrent faire et donnèrent même une approbation assez explicite pour que Dioscore leur en fît de vifs reproches : « Vous trahissez, disait-il, les droits d'Antioche et d'Alexandrie » [1].

Quand Proclus mourut, en 446 (juillet), il fut remplacé par un de ses prêtres, Flavien, homme d'opinions moyennes, assez disposé à se tenir en dehors des partis théologiques, mais plus porté que son prédécesseur vers les formules des Orientaux. Pour cette raison ou pour d'autres, Dioscore l'avait en aversion.

Avec le temps il se produisit un certain déplacement dans les influences de cour. L'impératrice Athénaïs Eudocie [2], brouillée depuis quelques années avec son mari, vivait retirée à Jérusalem. Le crédit de Pulchérie s'était usé à la longue : le bon et faible Théodose II était maintenant dirigé par son grand chambellan Chrysaphe, en fonctions depuis 441. Parmi ceux que ce grand personnage assistait de sa faveur, le moine Eutychès, son parrain, figurait au premier rang, et ceci,

---

[1] Théodoret, ep. 86.
[2] Fille du rhéteur athénien Léonce, belle et fort lettrée, Athénaïs était encore païenne quand elle fut présentée par Pulchérie à son frère Théodose II. Elle fut baptisée par le patriarche Atticus et prit alors le nom d'Eudocie ; le mariage eut lieu le 7 juin 421. Après la naissance de sa fille Eudoxie, la future épouse de Valentinien III, elle fut proclamée Auguste (2 janvier 423). Il reste d'elle quelques compositions en vers.

vu la popularité d'Eutychès dans le monde monacal et ses accointances alexandrines, pouvait avoir et eut en effet des conséquences fort graves.

Jusqu'ici, la cour de Théodose II avait suivi, en général, la même ligne que l'évêque de Constantinople. On avait aidé Nestorius jusqu'au moment où il avait paru insoutenable, jusqu'au moment où Rome, par l'autorité de ses légats, l'avait définitivement condamné. Par la suite on avait montré beaucoup d'énergie et de persévérance à le rendre lui-même inoffensif et à extirper toute opposition qui, se réclamant de lui, aurait pu troubler ses successeurs. Les Orientaux ayant fini par se plier à cette politique, il n'y avait aucune raison de ne pas les traiter avec bienveillance. C'est tout ce qu'on voulait à Rome, où l'on avait beaucoup rabattu de l'enthousiasme montré d'abord à Cyrille. Ni à Rome, ni à Constantinople on ne s'intéressait au succès spécial de la théologie alexandrine. La paix de 433 avait mis la foi en sûreté ; des anathématismes il adviendrait ce qui plairait à Dieu.

Tout eût été bien, s'il n'eût fallu compter avec Alexandrie. Ce n'était pas une quantité négligeable que le pape égyptien, appuyé sur son épiscopat docile, fort du prestige qu'il exerçait sur les moines de son pays et de partout. Tout en réglant ses comptes avec la parenté de Cyrille, Dioscore avait l'œil sur l'ensemble des choses. Il s'aperçut bientôt que, par Chrysaphe et Eutychès, l'empereur, qui n'écoutait plus Pulchérie, pouvait être soustrait à l'influence du pape de Rome et de l'évêque de Constantinople, et amené peu à peu à subir les directions alexandrines.

Eutychès, dans son grand couvent, où plus de trois cents moines vivaient sous sa discipline, dissertait abondamment sur la théologie. On ne saurait lui en faire un reproche; tous les moines, toutes les personnes dévotes en faisaient autant. Qu'il fût hostile aux idées d'Antioche, cela allait de soi, ayant milité si longtemps sous la bannière de Cyrille. Mais il ne s'en tenait pas à la doctrine des anathématismes, à l'union physique et à l'unique nature du Verbe incarné. Il contestait absolument que l'humanité du Christ fût une humanité comme la nôtre, ou, en termes techniques, que le Christ fût « consubstantiel » aux autres hommes.

Les propos de ce saint vieillard, l'une des plus grandes célébrités de l'ascétisme contemporain, et, depuis la mort de Dalmatius (v. 440), le chef moral de tous les moines de Constantinople, le parrain, le directeur spirituel de l'eunuque en faveur, n'étaient pas à traiter de radotages sans conséquence. On a vu plus haut quelle agitation avaient causé, peu d'années auparavant, les moines arméniens. Eutychès avait le bras long. Sans parler de l'Egypte, qui lui était dévouée, tout ce qu'il y avait en Orient d'apollinaristes déguisés et de monophysites était en union et même en correspondance avec lui. Par Uranius, évêque d'Himérie en Osroène, il entretenait l'opposition contre Ibas d'E

desse ; le moine Maxime [1], qui avait fait tant de zèle
à Antioche contre Diodore et Théodore, était de ses
amis et passait même pour l'avoir endoctriné. D'autres
agents, parmi lesquels se signalait un solitaire appelé
Barsumas, instrumentaient contre Domnus, Théodoret
et autres, dénonçant à Constantinople leurs moindres
démarches et leur suscitant, sur les lieux, d'incessantes
querelles. Laisser faire Eutychès, c'était s'exposer à
voir bientôt inculquer, d'un bout de l'empire à l'autre,
un enseignement où la réalité historique de l'Evangile, souvent compromise par les fantaisies mystiques,
aurait sombré tout à fait.

Ce moine, toutefois, était si puissant qu'il n'était
guère aisé de l'attaquer. Les Orientaux eurent ce courage [2]. En 447, Théodoret publia son *Eraniste* (Mendiant), dialogue célèbre où il entreprend, sans nommer
personne, Eutychès et sa doctrine [3]. Eutychès, on le
pense bien, avait en abomination les écrits de Dio-

---

[1] Ci-dessus, p. 382.

[2] Facundus, *Pro def.*, XII, 5 : « Domnus Antiochenus,
qui... Eutychi Apollinaris heresiarchae impietatem renovare
tentanti et ob hoc Diodorum atque Theodorum anathematizare
praesumenti *primus* restitit, ad imperatorem Theodosium
scribens ».

[3] Il est divisé en trois livres, intitulés Ἄτρεπτος, Ἀσύγχυτος,
Ἀπαθής, correspondant aux trois erreurs de la mutabilité de Dieu,
de la confusion des natures, de la passibilité de Dieu. Théodoret y use beaucoup des saints Pères, dont il allègue des
textes nombreux. Il donna plus tard une seconde édition de son
livre, avec de nouvelles citations empruntées à un recueil formé
par le pape Léon. Cf. Saltet, *Les sources de l'Eraniste de Théodoret*, dans la *Revue d'hist. ecclés.*, t. VI.

dore et de Théodore. Comme son prédécesseur Jean, Domnus se porta énergiquement à leur défense et, dans une lettre adressée à l'empereur [1] au nom de son synode, il protesta contre les calomnies du moine, l'accusant de renouveler l' « impiété » d'Apollinaire, d'enseigner l'unique nature, la confusion de l'humanité et de la divinité, enfin d'attribuer à la divinité les souffrances du Christ.

Domnus avait trop présumé de ses forces. Le 16 février 448 [2] paraissait un rescrit impérial, avec un édit des préfets du prétoire. Il renouvelait la proscription des écrits de Porphyre et de Nestorius, puis l'étendait à toutes les productions qui ne seraient pas conformes à la foi exposée par les conciles de Nicée et d'Ephèse, ainsi que par l'évêque Cyrille, de pieuse mémoire. Les partisans de Nestorius devaient être déposés des situations qu'ils pouvaient avoir dans le clergé, ou excommuniés, s'il s'agissait de laïques. Pour fixer les idées, l'empereur ordonnait à Irénée, « promu on ne sait comment, évêque de Tyr », de quitter cet évêché et de reprendre l'habit séculier.

On ne pouvait être plus brutal, ni empiéter plus ouvertement sur le domaine religieux. De par l'empereur, un évêque institué par les autorités régulières

---

[1] Facundus, *op. cit.*, VIII, 5.
[2] Mansi, t. V, p. 417; cf. *Cod. Just.*, I, 1, 3. Le texte des collections de conciles est plus complet que celui du code, mais sans autre date que celle d'une lecture de ce document faite le 18 avril 448 dans une église monacale des déserts égyptiens.

était déposé de son siège; le symbole d'union de 433 était répudié, et Cyrille, bien entendu avec ses anathématismes, élevé à la situation de régulateur de l'orthodoxie. L'empereur Constance n'avait pas fait pire. Les Orientaux sentirent le coup. D'autres, du reste, suivirent sans tarder. Ibas se vit menacé par un procès que certains clercs d'Edesse entamèrent contre lui. Uranius d'Himérie dirigeait cette cabale. Rebutés à Antioche par les atermoiements du patriarche, les accusateurs se transportèrent à Constantinople. Au cours de cette affaire, un groupe de moines, sous la conduite d'un certain Théodose, s'en alla à Alexandrie [1] clabauder contre Domnus et Théodoret. Dioscore n'avait guère besoin d'être excité contre ces personnages. Depuis longtemps il avait partie liée avec Eutychès. Théodoret [2], au commencement, affectait de ne pas s'apercevoir de leurs intrigues et cherchait à dissiper les préventions de l'évêque d'Alexandrie. Celui-ci se gênait de moins en moins: il écrivait à Domnus sur le ton le plus arrogant, réclamant des explications sur les sermons de l'évêque de Cyrrhos et sur la vacance du siège de Tyr, que le patriarche d'Antioche affectait d'ignorer. Théodoret finit par recevoir de la cour l'ordre de rester dans son évêché, sous prétexte qu'il organisait trop de synodes à Antioche [3]. Quant au siège de Tyr, il y fut pourvu, sans

[1] Martin, *Actes du brigandage d'Ephèse*, p. 153, 168.
[2] Ep. 83-86.
[3] Ep. 79-82.

doute en dehors du patriarche: Irénée fut remplacé par un certain Photius [1].

Ainsi les malheureux Orientaux étaient menacés et d'Alexandrie et de Constantinople. Il ne tint pas à Eutychès que Rome n'entrât en ligne contre eux. Il eut l'audace d'écrire au pape Léon pour l'exciter contre les entreprises du nestorianisme renaissant. Léon répondit évasivement [2]. Il pressentait sans doute que les choses se brouillaient en Orient.

La crise fut hâtée par un événement bien inattendu: Eutychès fut traduit devant le tribunal de l'évêque de Constantinople. Flavien jusqu'ici, avait réussi à louvoyer entre les intrigues du parti monophysite et ses sympathies personnelles pour la théologie des Orientaux. C'est avec une surprise mêlée de terreur qu'il se vit tout-à-coup saisi d'une accusation en règle contre le très-puissant moine. L'accusateur était ce même Eusèbe, maintenant évêque de Dorylée, qui, le premier, étant encore laïque, avait osé entreprendre Nestorius. C'était un homme processif et entêté. Flavien fit son possible pour écarter une querelle qu'il jugeait dangereuse. Mais Eusèbe tint bon; il protesta que la foi était engagée et fit si bien que Flavien et son concile envoyèrent à la recherche d'Eutychès.

Ce fut toute une affaire que d'obtenir la présence du saint homme. Il se retrancha derrière son vœu de

---

[1] Le 9 septembre 448, date fournie par les actes syriaques du « brigandage » d'Ephèse (Martin, p. 143).
[2] J. 418, du 1ᵉʳ juin 448.

reclusion, allégua son état de maladie, multiplia les difficultés. Mais Eusèbe n'entendait pas le lâcher. Le bruit courait qu'Eutychès cherchait à organiser une manifestation de tous les monastères: cela était plutôt de nature à le compromettre. Bref, il finit par se présenter, le 22 novembre 448, escorté d'une multitude de moines et de fonctionnaires; par ceux-ci apparaissait à tous les yeux la protection du chambellan Chrysaphe. On alla jusqu'à imposer au concile la présence de l'un des plus hauts dignitaires de l'empire, le patrice Florence, qui prit une part effective à la discussion. Interrogé sur sa doctrine, Eutychès se refusa à donner les satisfactions qu'on lui demandait. Les deux natures lui répugnaient extrêmement. Tout en reconnaissant que le Christ avait tiré son humanité de la vierge Marie sa mère, il ne pouvait admettre que, par cette humanité, il fût consubstantiel à nous. C'était l'humanité de Dieu: elle rentrait, en quelque sorte, dans l'unique nature du Verbe incarné. Il consentait en ce moment à dire ce qu'on lui demandait de dire, mais non à réprouver les sentiments qu'il avait professés jusque là. Ce fut en vain que le patrice Florence l'exhorta lui-même, et avec insistance, à professer les deux natures. Rien ne put le faire céder. Le concile le déposa de la prêtrise ainsi que de sa charge d'archimandrite, et l'excommunia, en interdisant à tous de converser avec lui [1].

---

[1] Mansi, t. VI, p. 747.

Le coup était dur, et ce n'est pas seulement sur Eutychès qu'il tombait. La question des deux natures en Jésus-Christ n'avait jamais été abordée avec une aussi tranchante netteté; aucune autorité conciliaire n'avait encore imposé la formule diphysite comme une condition d'orthodoxie. Demander à Eutychès de la professer sans ambages, c'était peut-être excessif. Sans doute il était question des deux natures dans le symbole d'union de 433, mais ou indirectement ou avec des circonlocutions. Cyrille, qui avait admis ce symbole, n'avait pourtant pas cessé de reproduire sa formule à lui: « Unique est la nature incarnée du Verbe ». Il y avait comme deux terminologies cyrilliennes, l'une que Cyrille tolérait chez les Orientaux, l'autre dont il faisait usage pour lui-même, naturellement parce qu'il la jugeait meilleure que l'autre [1]. La sienne pouvait sans doute être ramenée à celle des Orientaux, par des explications qui auraient présenté le mot *incarnée* comme signifiant d'une autre façon la seconde nature, la nature humaine. Mais ces explications ne pouvaient être que fort alambiquées: du moment où l'on veut exprimer la croyance à la dualité de natures, le mieux est de ne pas commencer par dire qu'il n'y en a qu'une. Du reste ce n'est pas Cyrille qui eût fait effort pour ramener sa théologie à celle des Orientaux; bien au contraire. On lui posa, à lui aussi, la question des deux natures. Il reconnut qu'à la rigueur on peut parler de la « nature de l'humanité »;

---

[1] Voir, pour ceci, ses deux lettres à Successus (ep. 45 et 46).

mais il se défiait de cette formule qui, selon lui, ne sert
qu'à dissimuler l'idée de l'hypostase humaine. En somme,
il n'admet les deux natures que d'une façon idéale, dans
une sorte d'antériorité logique à l'Incarnation: « Le
Christ unique résulte de l'union de deux natures »; après
l'Incarnation il vaut mieux ne parler que d'une seule
nature incarnée.

Pour Flavien et son concile, comme pour Eutychès,
Cyrille était sûrement une grande autorité. Mais, comme
on le voit, il y avait deux Cyrilles, le Cyrille intime,
naturel, celui de l'unique nature, et c'est celui dont
Eutychès se réclamait, tout en le dépassant; et le Cyrille
diplomate, celui des précautions et des concessions
forcées, et c'est celui que retenait Flavien. Le premier
était représenté par les Anathématismes, ainsi que par
les lettres à Acace de Mélitène et à Successus; l'autre,
par la lettre dogmatique à Nestorius (Καταφλυκροῦσι)
et par celle où il accepte le symbole d'union [1]. Il faut
insister sur cette distinction; à Rome aussi on la faisait;
pendant près de cent ans, elle y régla l'opinion sur la
doctrine du célèbre évêque d'Alexandrie et sur l'usage
à faire de ses écrits.

On voit combien la situation était délicate pour les
orthodoxes, obligés d'accepter Cyrille et de combattre,
en ses disciples, non seulement les exagérations de
ceux-ci, mais les formules favorites de leur maître. Un

---

[1] Ci-dessus, p. 334 et 379. — Ces deux pièces furent lues
officiellement au concile de Flavien, à l'exclusion de la lettre
aux anathématismes.

peu de critique les eût tirés d'embarras. Il n'eût pas été difficile d'enquêter sur les autorités dont se réclamait Cyrille, sur ces fameux textes de saint Grégoire le Thaumaturge, des papes Félix et Jules, de saint Athanase, et de montrer que, dans ces documents faux, c'était l'apollinarisme qui s'exprimait et non la tradition de l'Eglise. Cette tâche fut menée à bien au siècle suivant [1]. On l'eût accomplie au temps de Cyrille ou de Flavien, que bien des malentendus religieux auraient pu être évités. Il n'en fut rien. Des pièces apollinaristes figurent au concile d'Ephèse parmi les documents de la foi; Eutychès put alléguer sincèrement au pape Léon une lettre de son prédécesseur Jules, aussi formelle que possible contre le dogme des deux natures.

Mais il y avait un point où le vieux moine était sûrement en avance sur la théologie alexandrine, et en désaccord avec elle, c'est quand il disait que le Christ n'est pas consubstantiel à nous. Autant dire qu'il n'est pas homme. Sous prétexte de le relever autant que possible, de faire mieux valoir sa divinité, Eutychès faisait de lui un être absolument étranger à l'humanité. Aussi n'est-il pas étonnant qu'on l'ait traité d'apollinariste et même de valentinien. En réalité il n'était ni l'un ni l'autre; mais, avec la logique excessive en usage dans les controverses, il était possible de l'acculer à des conséquences analogues à ces hérésies. Et c'est ce qui explique pourquoi les monophysites ont pu lui

---

[1] Léonce (?), *Contra fraudes Apollinaristarum*, Migne, *P. G.*, t. LXXXVI, p. 1947.

lancer, eux aussi, leurs anathèmes, tout en protestant avec lui contre les deux natures.

Déjà, au cours de la discussion, il paraît avoir dit, à propos des deux natures: « Si mes pères de Rome et d'Alexandrie me l'ordonnent, je suis prêt à les affirmer » [1]. L'audience était levée quand il annonça au patrice Florence, lequel en avertit Flavien, qu'il défèrerait la sentence aux « conciles » de Rome, d'Alexandrie, de Jérusalem et de Thessalonique [2]. L'évêque de Constantinople ne considéra pas cela comme un appel en forme, ni surtout comme un appel suspensif : les chefs des monastères [3] furent requis d'accepter la condamnation d'Eutychès. Ils se prêtèrent à ce qu'on leur demandait. Toutefois, dans son propre monastère, l'archimandrite condamné fut soutenu énergiquement par ses disciples. Lui-même il protesta par voie d'affiches.

Mais ce n'est pas seulement à Constantinople que le coup retentit. En Orient, Domnus et les siens se sentirent réconfortés. Les accusateurs d'Ibas, ballottés sans résultat d'Antioche à Constantinople, de Constantinople à Antioche, avaient fini par obtenir la constitution, assez irrégulière, d'un tribunal arbitral, où figuraient, avec l'évêque de Béryte, Eustathe, Photius, le nouveau métropolitain de Tyr, et l'évêque d'Himérie, Uranius, suffragant d'Ibas et son ennemi acharné. Mais

---

[1] Mansi, t. VI, p. 817.
[2] Noter l'omission d'Antioche.
[3] Il y a 23 signatures d'archimandrites à la suite de celles des évêques qui avaient jugé au concile (Mansi, t. VI, p. 752)

ils eurent beau faire. Ibas se défendit; ses clercs vinrent en nombre contester les propos qu'on lui attribuait et justifier son administration. La discussion finit par une réconciliation générale, plus ou moins sincère, et l'évêque d'Edesse rentra chez lui pour les fêtes de Pâques de l'année 449.

Pendant qu'en Orient on était à la joie, le vieil Eutychès réourdissait sa trame et Dioscore s'employait à l'aider. Chrysaphe aussi se mettait en mouvement. Flavien et Eutychès avaient écrit à Rome; la protestation du moine y arriva la première; elle était appuyée d'une lettre de l'empereur Théodose II [1]. Eutychès n'avait pas oublié la cour de Ravenne; une lettre de lui, écrite à Pierre Chrysologue, l'éloquent évêque de la capitale italienne, était destinée à s'y ménager des sympathies efficaces. Pierre lui répondit, déplorant ces querelles sans cesse renaissantes et engageant son correspondant à s'en rapporter à l'avis du pape romain.

Depuis vingt ans que ces questions agitaient l'Eglise, on s'était mis, à Rome, à les étudier sérieusement. Par le passé on s'en était rapporté aux expertises de Cassien et de Marius Mercator: on avait, ou peu s'en faut, confondu les idées de Nestorius avec le système de Paul de Samosate. Marius Mercator, il est vrai, vivait toujours à Constantinople. Toujours acharné contre Nestorius et les siens, il continuait sa campagne de pamphlets et de traductions tendancieuses, diffamant

---

[1] J. 420-423.

en latin morts et vivants, Diodore et Théodore, Ibas, Théodoret et Euthère de Tyane. C'était un cyrillien des plus intransigeants : il ne fallait pas lui parler des deux natures. Mais le temps n'était plus où ses ardeurs antipélagiennes avaient pu l'accréditer à Rome. Prosper, autre zélé disciple d'Augustin, se renseignait à fond sur la doctrine de l'Incarnation et sur ses documents traditionnels. Dogmaticien lui-même, et des plus pénétrants, le pape Léon n'avait nul besoin de s'en rapporter à la science des autres et de se mettre à la discrétion des évêques d'Alexandrie. Quelques efforts que l'on fît, il ne se laissa pas endoctriner. Quand il eut sous les yeux tous les documents de l'affaire d'Eutychès et notamment les procès-verbaux du synode, il n'eut aucune peine à reconnaître que l'évêque de Constantinople avait bien jugé et que la doctrine d'Eutychès était inadmissible. Il trouva même que certaines de ses assertions, sur lesquelles on n'avait pas insisté, auraient dû être rectifiées séance tenante. « Qu'entendait-il en professant deux natures avant l'union, une seule après ? C'était justement le contraire. Avant l'union il n'y a que la nature divine; après, il y a la nature divine et la nature humaine, unies sans confusion ».

Pendant que Léon réfléchissait à la situation, elle se transformait à Constantinople. L'empereur Théodose II, ennuyé de cette nouvelle affaire, avait essayé en vain d'amener une réconciliation entre le moine et l'évêque. Flavien, à qui on n'offrait que des garanties insuffisantes, demeura inflexible. On devait se douter à la cour que Rome était peu disposée à patronner Eutychès; aussi fut-il décidé, sur les instances de celui-ci, et en partant de son appel plus ou moins établi, qu'on porterait l'affaire devant un concile œcuménique. Il fut indiqué pour le 1ᵉʳ août, encore à Ephèse. Les lettres de convocation [1] indiquaient nettement dans quelle intention on le réunissait. Théodoret est invité à n'y pas prendre part; en revanche un de ses plus notoires adversaires, l'archimandrite Barsumas, est convoqué expréssement comme représentant des religieux d'Orient, opprimés dans leur pays par des évêques partisans de Nestorius. Pour parer aux intrigues de Théodoret et des siens, Dioscore est nommé président du concile; il sera assisté de Juvénal de Jérusalem et de Thalassius de Césarée, personnes sûres.

En attendant la date fixée pour l'ouverture de l'assemblée, une enquête officielle fut instituée à Constantinople sur les procès-verbaux du concile de novembre, où Eutychès prétendait qu'on avait introduit des falsifications: elles ne furent pas prouvées. On recueillit aussi la déposition d'un fonctionnaire qui, dès avant la comparution d'Eutychès, disait avoir vu sa sentence libellée par avance, chez l'évêque Flavien. Enfin l'empereur exigea de celui-ci une profession de foi. C'était exorbitant, mais Flavien dut s'exécuter. Il est clair qu'on préparait au moine une revanche des plus solennelles.

---

[1] Mansi, t. VI, p. 588 et suiv.

On enquêta aussi à Edesse ; le gouverneur d'Osroène, Chéréas, fut chargé de remettre au point une situation qui était devenue trop favorable à Ibas. Devant ce haut commissaire, les opposants seuls purent se faire entendre ; aux dépositions, si souvent contestées, des ennemis de l'évêque, se joignirent les brailleries d'une foule ameutée [1]. Ibas fut éloigné d'Edesse et jeté en prison [2].

Cependant le pape Léon avait reçu, vers le 12 mai, une invitation au concile. Le cas ne lui semblait pas valoir un tel déploiement de forces épiscopales. Il s'excusa personnellement, tant sur ce qu'il n'y avait pas de précédents que sur la situation menaçante où se trouvait l'Italie : Attila était à ses portes. Il se borna à envoyer des légats, auxquels il remit toute une série de lettres, aux empereurs, à Flavien, au concile, aux moines de Constantinople [3]. La plus importante, celle à laquelle toutes les autres renvoient pour le détail, est une de celles qu'il adressa à Flavien [4]. C'est le célèbre tome de Léon, dont il sera tant question par la suite. La doctrine de l'Incarnation y est exprimée en termes simples et précis : deux natures, dans l'unité d'une seule personne ; deux vraies natures, capables d'agir et agissant

---

[1] V. les procès-verbaux dans les actes syriaques (P. Martin, *Actes du brigandage d'Ephèse*, p. 15-60).
[2] Mansi, t. VII, p. 204 (texte en mauvais état).
[3] J. 423-432 ; la plupart sont du 13 juin 449, la dernière du 23 juillet, les deux précédentes, du 20 juin.
[4] J. 423, *Lectis dilectionis*.

chacune pour son compte, d'accord bien entendu, et en coopération [1].

Le tome de Léon était la condamnation, non seulement d'Eutychès, mais de la théorie alexandrine, au moins dans la forme excessive et exclusive que lui donnaient ses tenants actuels. Comme la sentence du concile de Constantinople, la définition du pape se plaçait sur le terrain de l'acte d'union de 433, c'est-à-dire sur le même terrain que les Orientaux, Théodoret, Domnus et les autres. Elle était même beaucoup plus nette : n'ayant à compter avec les répugnances de qui que ce soit, Léon affirmait les deux natures, clairement et sans ambages. Quant à la personne d'Eutychès, il insistait pour qu'on fût miséricordieux envers le vieil archimandrite, pourvu qu'il rétractât ses erreurs.

Rétracter ses erreurs ! Il s'agissait bien de cela. Eutychès marchait au triomphe.

On le vit arriver des premiers, escorté d'une nombreuse troupe de moines ; Barsumas en amenait d'autres de la Syrie mésopotamienne ; ceux-ci ne connaissaient guère le grec, et leur théologie, on peut le croire, était un peu courte. En revanche on pouvait compter sur eux quand il y aurait lieu de hurler ou d'assommer. C'était du renfort pour le patriarche d'Alexandrie, lequel, du reste, n'avait pas manqué d'embarquer avec lui

---

[1] « In integra veri hominis perfectaque natura verus natus est Deus, totus in suis, totus in nostris... Agit utraque forma (forma Dei, forma servi) cum alterius communione quod proprium est ».

un nombre raisonnable de parabolans vigoureux et dévoués.

Les légats romains étaient partis d'Italie au nombre de quatre, l'évêque de Pouzzoles, Jules, et trois membres du clergé romain, le prêtre René, le diacre Hilaire, le notaire Dulcitius. René mourut en route, à Délos. Débarqués à Ephèse, les trois autres se mirent tout d'abord en relations avec Flavien, arrivé de son côté. C'est pour lui qu'il avaient des lettres et non pour l'évêque d'Alexandrie. Ils en avaient aussi pour le concile.

Celui-ci fut convoqué un matin (8 août) par Dioscore, sans avis préalable; il s'assembla tout aussitôt dans la cathédrale. Dioscore présidait, du haut d'un trône imposant; à ses côtés avaient pris place Jules de Pouzzoles, chef de la légation romaine, puis Juvénal, Domnus et Flavien [1]. Il y avait environ cent trente évêques, pour la plupart dévoués à Dioscore et prêts à faire ce qu'il leur demanderait. Il en avait amené une vingtaine de son Egypte; Juvénal une quinzaine de Palestine, tout aussi dociles. De Syrie il y en avait à peu près autant, mais, pour la plupart, triés sur le volet et choisis parmi ceux qui faisaient opposition au patriarche. Celui-ci, en l'absence de Théodoret et d'Ibas, l'un interné dans son diocèse, l'autre emprisonné, se trouvait fort désemparé: son attitude s'en ressentit.

Les légats de Rome apportaient dans leurs lettres la condamnation d'Eutychès; mais ce n'est pas le pape

---

[1] Ordre d'ancienneté, sans égard au rang des sièges.

Léon qui allait diriger le concile ; Dioscore lui-même n'y devait figurer que comme agent d'exécution. Tout avait été réglé à Constantinople. Deux fonctionnaires, le comte Helpidius, avec le tribun et notaire Eulogius, avaient été délégués pour assurer l'ordre matériel et l'exécution du programme impérial. De leurs instructions [1], conçues en termes généraux, cela va de soi, mais où il est facile de lire entre les lignes, il résulte que ce programme comportait deux points : la réhabilitation d'Eutychès, puis la destitution tant de Flavien que de tous les évêques suspects de nestorianiser. Les prélats qui avaient siégé comme juges dans le procès de Constantinople pouvaient assister à la revision, mais sans émettre aucun suffrage. La même exclusion avait été prononcée contre d'autres, si bien qu'il y avait quarante-deux évêques qui ne figuraient au concile que comme spectateurs [2].

La séance s'ouvrit par la lecture des lettres impériales. Après la première, le légat Jules demanda qu'on lût aussi les lettres du pape Léon ; Dioscore feignit d'acquiescer ; mais il y avait encore d'autres lettres impériales : il fallait bien les lire. A diverses reprises l'évêque de Pouzzoles renouvela sa demande ; on l'éludait toujours. Il aurait dû protester et s'en aller. Isolé au milieu de cette assemblée [3], dont il ne parlait pas la langue

---

[1] Mansi, t. VI, p. 596, 597.
[2] Mansi, t. VI, p. 605.
[3] Le diacre Hilaire était présent, il est vrai ; mais comme on l'avait placé après les évêques, il devait se trouver fort éloi-

et qui, en grande majorité, lui était hostile, mal vu des présidents et des officiers de l'empereur, n'ayant pour lui que des accusés contre qui tout se déchaînait, il perdit un peu la tête et se laissa entraîner à suivre une discussion qu'il aurait dû ou interrompre ou diriger [1].

La volonté de l'empereur ayant été communiquée au concile, celui-ci s'empressa de s'y conformer. On s'occupa donc de la foi. La question de foi, c'était, selon ce que Dioscore fit comprendre au concile [2], la question de savoir si Eutychès avait mérité d'être condamné par Flavien. Le moine, introduit, présenta sa requête et sa profession de foi, puis on lut les actes du synode de Constantinople [3]. Quand on fut arrivé à

gné de Jules et dans l'impossibilité de se concerter avec lui. Si le prêtre René, au fond le personnage le plus important de la légation, se fût trouvé à Ephèse, il est possible que les choses se fussent passées autrement.

[1] On ne conçoit pas d'abord comment les légats romains ont pu accepter que Dioscore présidât, eux présents. Mais tel était l'ordre de l'empereur. En outre il était malaisé de faire diriger une assemblée par des gens qui n'en parlaient pas la langue. Enfin il y avait le précédent du concile de 431, où Cyrille, non content de s'attribuer la présidence, ne s'était même pas donné la peine d'attendre l'arrivée des légats romains.

[2] Tel est, au reste, le vrai sens de la lettre impériale où la question de foi est opposée, non en général aux questions de personnes, mais seulement aux questions d'administration temporelle.

[3] C'est en vain que Flavien, soutenu par les légats, réclama la présence d'Eusèbe de Dorylée, comme ayant été l'accusateur d'Eutychès. Le comte Helpidius, au nom de l'empereur, s'opposa à ce qu'il comparût.

l'endroit où Eutychès avait été sommé de professer les deux natures, des cris de fureur s'élevèrent: « Eu- » sèbe au feu ! Qu'on le brûle vivant ! En deux morceaux » celui qui divise le Christ ! ». La profession d'Eutychès : « Deux natures avant l'union, une seule après », fut hautement approuvée : « C'est ce que nous croyons tous », déclara Dioscore. Bref, Eutychès fut déclaré orthodoxe et rétabli dans ses dignités de prêtre et d'archimandrite. Ses moines furent également relevés des censures dont leur évêque les avait frappés.

Quelques objections semblent s'être produites, soit en séance, soit auparavant. Dioscore les fit taire; dans ses propos altiers et menaçants, il n'était question que de déposition, d'exil, de pire encore. Son entourage ne parlait de rien moins que de jeter les opposants à la mer.

Après avoir ainsi absous les condamnés de Constantinople, on entreprit les juges. Le président fit donner lecture de longs extraits du précédent concile d'Ephèse, où il était interdit, sous peine de déposition, de produire et d'enseigner un autre symbole que celui de Nicée. Tout le monde approuva, y compris les légats romains, qui, pas plus que les autres, ne se doutaient de l'usage que l'on allait faire de ce document. Tout-à-coup Dioscore déclara que Flavien et Eusèbe, avec leur formule des deux natures, avaient contrevenu à cette règle et mérité la déposition. Cette conclusion inattendue souleva une vive opposition. « J'en appelle ! » protesta Flavien ; « *Contradicitur !* » cria le diacre roscience s'opposaient en eux les suggestions de la peur, les menaces du terrible patriarche, l'appareil militaire, les hurlements des moines et de la foule. Tous s'exécutèrent, tous, jusqu'au malheureux évêque d'Antioche. Les notaires égyptiens recueillirent leurs paroles ; pour se donner plus d'aise à rédiger le procès-verbal, on fit apposer les signatures sur des feuilles en blanc. Tout cela nous est parvenu, car il en fut donné lecture, deux ans plus tard, au concile de Chalcédoine. La chancellerie alexandrine avait un peu arrangé la rédaction et les protestations ne manquèrent pas ; mais, pour l'ensemble, il demeure établi que, dans ces tristes assises, l'épiscopat grec fit preuve, tout au moins, d'une lamentable pleutrerie.

Après cette première séance [1], Dioscore expédia un rapport à l'empereur. Soit qu'il attendît une réponse, soit pour une autre raison, quinze jours se passèrent sans que les évêques se réunîssent de nouveau. Le 22 août une autre séance eut lieu, cette fois en l'absence non seulement de Flavien et d'Eusèbe, mais aussi des légats romains, qui refusèrent d'en voir davantage, et de Domnus, qui se porta malade [2]. Elle fut consacrée à régler les comptes de Dioscore et des siens avec ceux des évêques orientaux qui se recommandaient le plus à leur hostilité. On commença

---

[1] Que tout ce qui précède se soit passé le même jour, c'est il résulte maintenant de la lettre d'appel adressée au Léon par Flavien (*Neues Archiv*, t. XI, p. 364).
[2] *Actes du brigandage d'Ephèse*, p. 8-10.

main. Quelques évêques [1], quittant leurs sièges, s'approchèrent du président, se mirent à ses genoux, le suppliant, lui représentant l'énormité de son entreprise. Dioscore feignit de se croire menacé. Il se leva vivement. « Où sont les comtes ? » s'écria-t-il. Les comtes se présentèrent et firent ouvrir les portes de l'église. Le proconsul d'Asie, qui se tenait au dehors, entra avec des soldats de police, armés et brandissant des menottes. A leur suite se précipita la multitude des moines, parabolans, matelots égyptiens et autres gens d'émeute. On juge du désordre. Flavien s'efforce de gagner l'autel et de s'y cramponner ; les soldats l'entourent, s'opposent à son dessein, veulent le traîner hors de l'église. Bousculé, meurtri, poursuivi de cris de mort, c'est à grand peine que le malheureux parvient à trouver un refuge pour lui et pour les siens. Là, trompant la surveillance de ses gardes, il rédigea un appel en règle qui fut remis aux légats [2]. Eusèbe aussi, qui s'était vainement efforcé de pénétrer dans l'assemblée, fut gardé à vue.

Cependant Dioscore et Juvénal recueillaient les votes. La basilique s'était refermée ; nul ne pouvait en sortir. Chacun des évêques dut formuler son adhésion et donner sa signature. Un grand nombre y allaient de bon cœur. Les autres hésitaient : au cri de la con-

[1] Concile de Chalcédoine, act. I et IV (Mansi, t. VI, p. 829 ; t. VII, p. 68).
[2] *Neues Archiv,* t. XI (1886), p. 362. A cette pièce était ou devait être jointe une *relatio* plus circonstanciée de ce qui s'était passé au concile.

par Ibas, qui fut déposé, avec son neveu Daniel de
Harran; on passa ensuite à Irénée de Tyr, remplacé
déjà sans avoir été l'objet d'une sentence régulière; il
fut destitué, et avec lui un suffragant qu'il avait ordonné, Aquilinus de Byblos [1]. Puis vint le tour de
Théodoret; il fut déposé aussi. Toutes ces sentences,
qui atteignaient des ressortissants du patriarche d'Antioche, furent notifiées à celui-ci. Il eut le cœur de
donner son assentiment. Cette lâcheté ne le sauva pas.
Après les autres il fut, lui aussi, jugé par contumace
et déposé. Le concile termina ses opérations par l'acceptation solennelle des anathématismes de Cyrille [2].

[1] On renvoya au futur évêque d'Edesse l'affaire de Sophronius, évêque de Tella, un de ses suffragants. Il était accusé de sorcellerie; le dossier de ce procès contient, à ce sujet,
des détails fort curieux.

[2] Du concile d'Ephèse de 449 (*Latrocinium Ephesinum*) il
nous reste: 1° le procès-verbal original de la première session,
celle du 8 août, inséré dans celui de la première session du
concile de Chalcédoine; 2° une version syriaque des procédures
contre Ibas, Théodoret, Domnus et autres. Déjà, en 1873, M. G.
Hoffmann en avait donné une traduction allemande dans un
programme universitaire de Kiel; en 1874 l'abbé P. Martin en
publia une traduction française dans la Revue des sciences
ecclésiastiques d'Amiens (c'est cette traduction que je cite,
d'après le tirage à part); en 1877 M. S. G. Perry édita le
texte syriaque et quelques pièces annexes; il le republia en
1881, avec une version anglaise (*The second synod of Ephesus
together with certain extraits relating to it*, Dartford). — Il est
possible que tout se soit passé en deux séances, celle du 8 août
et celle du 22. Les affaires d'Ibas et des autres jusqu'à celle
de Théodoret inclusivement ont été sûrement traitées le même
jour (*Actes du brig.*, p. 126, 131). A la rigueur on pourrait reporter à un autre jour celle de Domnus; mais cela n'est pas
nécessaire.

Cyrille, en effet, avait en ce jour raison de tous ses adversaires; sa théologie l'emportait, en mauvaise compagnie, il est vrai, et grâce à de bien lamentables moyens. Dioscore et Juvénal, Eutychès et Barsumas, le portaient en triomphe et l'acclamaient bruyamment.

Cependant Théodoret n'était pas mort. En le confinant dans son évêché lointain, la police impériale l'avait tenu à distance et à l'abri des moines assommeurs. Il était à prévoir que l'on entendrait parler de lui. Une voix puissante, la voix du pape Léon, allait bientôt s'élever en sa faveur. Grâce aux artifices de Dioscore elle n'avait pu se faire entendre au concile; il ne tint pas à Chrysaphe et à ses agents que les légats ne fussent retenus en Asie et qu'ainsi Léon ne fût pas informé. Mais le diacre Hilaire déjoua toutes les surveillances et parvint à trouver le chemin de Rome, où il apporta, avec des renseignements sûrs [1], l'appel écrit de Flavien. Eusèbe de Dorylée avait appelé aussi; sa protestation fut confiée par lui à deux de ses clercs, qui la portèrent à Rome. Bientôt on le vit arriver lui-même et enfin des prêtres de Théodoret, avec une troisième lettre d'appel, adressée au pape par leur évêque.

[1] Ce n'est pas sans peine qu'Hilaire avait échappé à Dioscore et à son monde. Devenu pape, il fit construire aux flancs du baptistère de Latran deux chapelles dont l'une, sous le vocable de saint Jean l'évangéliste, existe encore. On lit, sur le linteau de la porte, l'inscription:

LIBERATORI SVO BEATO IOHANNI
EVANGELISTAE HILARIVS EPISCOPVS
FAMVLVS CHRISTI

Dès les premières nouvelles, Léon s'empressa d'agir. Entouré d'un certain nombre d'évêques italiens [1], il protesta vivement contre ce qui venait de se passer à Ephèse; des lettres en ce sens furent aussitôt expédiées aux souverains d'Orient, Théodose et Pulchérie, à Flavien, aux clercs, aux moines fidèles de Constantinople. Il n'était pas possible d'inculper l'empereur et ses ministres, les vrais coupables; le pape rejette tout sur l'évêque d'Alexandrie, réprouve et casse tout ce qui a été fait et sollicite la réunion en Italie d'un autre concile où seront réparées les injustices de celui d'Ephèse. Quelques mois après, la cour impériale d'Occident s'étant transportée à Rome, le pape l'intéressa à cette affaire: Valentinien III, sa mère Placidie et sa femme Eudoxie écrivirent [2] aux princes de Constantinople leurs parents, appuyant les réclamations du pontife de Rome.

Peine perdue. Une loi impériale venait d'être rendue par Théodose II [3], approuvant tout ce qu'avait fait l'assemblée d'Ephèse et donnant à ses décisions les sanctions opportunes. Au pape [4] et aux princes de Ra-

[1] Les premières lettres (J. 438-444, ep. 43-51), sont du 13 ou du 15 octobre; l'anniversaire du pape amenait tous les ans à Rome, pour le 29 septembre, un certain nombre d'évêques.

[2] Léon, ep. 55-58. Les souverains prirent part à la fête de la Chaire de saint Pierre (22 février). On a cru (*Anal. Maredsolana*, t. I, p. 409) pouvoir rattacher à cette circonstance un sermon « in cathedra sancti Petri », transcrit dans un ancien homiliaire de Tolède. Cela ne me paraît pas bien sûr.

[3] Mansi, t. VII, p. 495.

[4] La lettre adressée au pape ne nous est parvenue.

venne il fut répondu que tout s'était bien passé au concile, que Flavien et autres perturbateurs ayant été écartés, la paix religieuse était rétablie dans tout l'empire d'Orient, sans aucun dommage pour la foi [1].

L'ordre régnait en effet. La police s'était empressée de veiller à ce que les évêques déposés fussent éloignés de leurs églises. Flavien se vit assigner un lieu d'exil. Un eunuque, appelé Saturnin, l'y conduisait, quand le pauvre évêque, accablé sans doute par les émotions et les mauvais traitements, mourut entre les mains des gens qui l'escortaient [2]. Le lamentable Domnus

---

[1] Léon, ep. 62-64.

[2] Chroniques de Prosper et de Marcellin; *ad ann.* 449. Celle de Prosper est contemporaine ; celle de Marcellin paraît reproduire des annales de Constantinople, contemporaines elles aussi. — Sur la mort de Flavien les témoignages sont en désaccord. Au concile de Chalcédoine on dit et répéta qu'il avait été tué ; Dioscore était désigné comme le meurtrier ; ses diacres Pierre (Pierre Monge) et Harpocration et aussi le moine Barsumas se seraient portés sur lui à des voies de fait (Mansi, t. VI, p. 691 A, 1017 ; VII, p. 68) ; en 453, le pape Léon, écrivant à Théodoret (J. 496 ; Migne, *P. L.*, t. LIV, p. 1051), dit que Dioscore *in sanguine innocentis et catholici sacerdotis... manus intinxit*. Flavien cependant ne dit rien de semblable dans sa lettre d'appel : *Statim me circumvallat multitudo militaris et volente me ad sanctum altare confugere non concessit, sed nitebatur de ecclesia eruere. Tunc tumultu plurimo facto vix potui ad quendam locum ecclesiae confugere et ibi cum his qui mecum erant latere, non tamen sine custodia, ne valeam universa mala quae erga me commissa sunt ad vos referre*. Le légat Hilaire ne paraît pas avoir eu connaissance d'autres violences, car il n'en dit rien dans sa lettre à Pulchérie (*Leonis ep.* 46) et le pape lui-même, dans les lettres où il s'inspire des nouvelles rapportées par Hilaire, n'y fait non plus aucune allusion, pas même dans la lettre qu'il adresse à Flavien. La mort de celui-ci, sur-

disparut aussi, quoique d'une façon moins tragique. Il avait été autrefois moine dans le couvent de saint Euthyme, aux environs de Jérusalem ; c'est de là qu'il était parti pour se rapprocher de son oncle Jean et faire carrière ; il rentra dans ce pieux asile, sans doute avec le regret d'en être sorti. On le remplaça par un certain Maxime, probablement le diacre qui, au temps du patriarche Jean, lui avait fait tant d'opposition [1]. Ibas, emprisonné depuis quelque temps, fut pourvu d'un successeur ; il en fut de même d'Eusèbe de Dorylée ; on invita Théodoret à se retirer dans un monastère qu'il possédait auprès d'Apamée ; il eût sans doute été remplacé, lui aussi ; mais on n'en eut pas le temps.

Le siège de Constantinople était vacant. On choisit pour l'occuper un des hommes de Dioscore [2], Anatole,

venue peu après le concile, aura été assez naturellement attribuée aux brutalités dont il y avait été l'objet, et certains détails, certaines complicités, que l'on avait négligés d'abord, auront été relevés, avec plus ou moins d'exagération. Le pape Gélase (*Gesta de nomine Acacii*, 2) dit que, conduit en exil à Hypèpe, il y mourut *superveniente seu ingesta morte*. Selon Liberatus (*Brev.*, 12), *caesus Flavianus et multis iniuriis affectus, dolore plagarum migravit ad Dominum;* l'historien Evagrius (II, 2) accuse Dioscore de lui avoir donné des coups de pied. On peut négliger les textes postérieurs.

[1] Ci-dessus, p. 382, 399.
[2] Théodore le Lecteur (*P. G.*, t. LXXXVI, p. 217) dit que Dioscore célébra lui-même l'ordination. C'est bien difficile à croire. Les consécrateurs écrivirent au pape Léon ; la signature de Dioscore aurait été sûrement relevée par le pape dans les lettres qu'il envoya à Constantinople à propos de cette ordination.

apocrisiaire alexandrin en résidence dans la capitale.
Un tel choix n'était pas fait pour agréer aux partisans de Flavien. On chercha pourtant à le faire autoriser par le pape Léon, et, conformément à l'usage, le nouvel évêque et ses consécrateurs lui écrivirent. Léon, dont on avait jusque là décliné l'intervention dans l'affaire du concile, saisit l'occasion qui lui était offerte. Ni Anatole ni les évêques qui l'avaient ordonné n'avaient envoyé la moindre profession de foi. Il semblait que l'on vécût en des temps ordinaires et qu'il ne se fût rien passé de grave. Le pape déclara [1] donc qu'il était prêt à reconnaître Anatole, pourvu que celui-ci acceptât, avec la lettre de Cyrille à Nestorius (καταφλυαροῦσι), celle qu'il avait, lui, Léon, écrite à Flavien sur le sujet de l'Incarnation. Pour abréger les négociations, il envoyait à Constantinople une députation composée de deux évêques [2] et de deux prêtres romains.

Léon comptait évidemment que ces légats, arrivés à la cour d'Orient, seraient parvenus à y exercer une action utile. La Providence le servit d'une autre façon : l'empereur Théodose II mourut, le 28 juillet, d'un accident de cheval.

Il ne laissait point d'enfants. Avec résolution, l'impératrice Pulchérie se saisit du gouvernement et, sans tarder, fit exécuter le grand chambellan Chrysaphe. Peut-être avait-il cherché à nouer quelque intrigue pour

---

[1] J. 452-454, des 16 et 17 juillet 450 (ep. 69-71), à Théodose, à Pulchérie, aux moines de Constantinople.
[2] L'un d'eux était Abundius de Côme.

se maintenir au pouvoir. On lui en voulait, en tout cas, et de son avarice et de l'abus énorme qu'il avait fait de son influence sur le défunt empereur [1]. Toutefois l'impératrice ne se sentait pas la main assez forte pour gouverner toute seule; elle s'associa un sénateur, Marcien, qui avait des états de service comme militaire. Bien qu'ils ne fussent plus jeunes ni l'un ni l'autre [2], elle l'épousa, en réservant sa virginité; puis elle le fit proclamer empereur et l'investit elle-même, comme dépositaire de la tradition théodosienne.

La chute de Chrysaphe était une catastrophe pour le parti d'Eutychès. Jusqu'à la mort de Théodose II, Pulchérie avait dû contenir l'expression de ses sentiments intimes, conformes à ceux de l'archevêque Flavien et du pape Léon. Maintenant qu'elle était la maîtresse, tout allait changer. Dès le premier moment Léon fut averti que l'on était désormais à sa disposition. On rappela d'exil les victimes de Dioscore et de son synode; les restes de Flavien, rapportés à Constantinople, furent déposés en grande pompe aux Saints-Apôtres. Eutychès, tiré de son monastère, se vit assigner, dans la banlieue, un domicile forcé; en un mot, le mal commis fut réparé autant que possible. Quant aux membres de l'assemblée d'Ephèse, on entendit bientôt leurs gémissements: nombre d'entre eux déclaraient

---

[1] Chroniques de Prosper et de Marcellin. En dehors des écrivains ecclésiastiques on est peu renseigné sur ce personnage.

[2] Elle était dans sa 52ᵉ année; il avait 58 ans.

avoir cédé à la violence et répudiaient les arrêts rendus en leur nom. Anatole, dès que le vent avait tourné, s'était empressé d'accueillir les légats et de signer la lettre à Flavien; il s'employait maintenant à la faire signer par les autres. Maxime d'Antioche n'était pas moins édifiant: la possession du patriarcat avait calmé ses ardeurs, autrefois si intempérantes. Léon, tenu au courant, présidait de Rome à ce mouvement réparateur. De jour en jour le nombre des opposants se réduisait. Il en restait cependant: Dioscore, en particulier, ne donnait aucun signe de résipiscence. On aurait dit qu'il nourrissait encore l'espoir d'un revirement où il pourrait retrouver sa situation de triomphateur. Vaines pensées![1] C'est au rôle de bouc émissaire que les circonstances allaient le vouer. Inculper l'empereur défunt était chose impossible; en ce temps-là les empereurs n'avaient jamais tort. Tout retombait donc sur la méchanceté de Dioscore et la sottise de Juvénal[2]. De ceux-là et de quelques autres, le pape entendait se charger lui-même; quant au reste des prélats d'Ephèse, il les renvoyait à l'évêque de Constantinople, lequel, d'accord avec les légats, s'arrangerait pour les réhabiliter, après avoir exigé d'eux les satisfactions opportunes.

[1] Dioscore semble avoir eu, à l'avènement de Marcien, des velléités d'opposition politique. On l'accusa (v. la plainte de Sophronius, à la session III de Chalcédoine) d'avoir entravé la proclamation de Marcien à Alexandrie. Ceci doit être rapproché de la rumeur qui parvint à Nestorius, et dont il est question ci-dessous, p. 448.

[2] In qua (*synodo*) malevolentiam suam Dioscorus, imperitiam autem Juvenalis ostendit (*Leonis ep.* LXXXVI, 1).

Déjà il lui semblait que tout pouvait se régler, sans fracas de concile, par la simple acceptation de sa lettre. A quoi bon déranger encore les évêques ? Ceux d'Occident surtout, plus inquiets d'Attila que d'Eutychès, avaient toutes les raisons possibles de rester chez eux. Ainsi pensait le pape. A Constantinople, au contraire, on tenait beaucoup à ce que le concile se réunît. Le gouvernement voulait que l'on tirât une bonne fois au clair cette question de l'Incarnation, si fertile en querelles, et que l'on s'entendît sur une formule bien arrêtée. Pour abattre Dioscore et le parti puissant qui se ralliait derrière lui, le procédé des signatures paraissait un peu anodin; on n'estimait pas superflu de mettre en ligne l'épiscopat tout entier. Pour ces raisons et pour quelques autres, il fut décidé que l'on tiendrait concile à Nicée et que l'on convoquerait autant d'évêques qu'il serait possible d'en réunir.

Le pape Léon, peu flatté de cette solution, fut pourtant obligé de s'y rallier. A ses premiers légats il en avait déjà substitué d'autres, l'évêque Lucentius [1] et le prêtre Basile; il leur adjoignit encore Paschasinus, évêque de Lilybée en Sicile (Marsala), et un prêtre de Rome, Boniface. Paschasinus fut chargé expressément de présider le concile au nom du pape; les autres devaient l'assister. Il leur adjoignit encore l'évêque de Kos, Julien, italien d'origine, qui avait longtemps séjourné à Rome et possédait à fond les deux langues.

---

[1] D'Ascoli en Picenum.

On vit affluer à Nicée plus de 520 évêques, tous de l'empire d'Orient, sauf les légats romains et deux africains. En plus, la tourbe ordinaire des moines, venus, sans convocation, de Constantinople et de Syrie. Dioscore arriva d'Egypte avec dix-sept de ses évêques. Il n'était nullement abattu. L'empereur avait promis d'être présent au concile, mais il se fit attendre assez longtemps. Les moines s'agitèrent, et Dioscore, pour qui tenaient encore, en dehors de ses égyptiens, un grand nombre d'évêques de Palestine et d'Illyricum, s'enhardit jusqu'à risquer un coup d'extrême audace. Il prononça de son chef l'excommunication contre le pape Léon [1]. Il voulait sans doute, comme l'avaient fait ses prédécesseurs Théophile et Cyrille, intervertir les rôles et transformer en accusé, voire en condamné, celui qui prétendait être son juge. Mais il avait trop présumé de ses forces. Contre son attente, il ne fut pas suivi ; une dizaine seulement d'évêques égyptiens donnèrent leur signature ; les autres s'abstinrent.

Les légats étaient restés à Constantinople ; ils attendaient l'empereur. Celui-ci, retenu par des nécessités

[1] Je place ici cet événement: 1° parce qu'il est sûr qu'il eut lieu à Nicée et l'on ne voit pas que Dioscore ait eu d'autre occasion de se trouver en cette ville ; 2° parce que, antérieur au concile de Chalcédoine, il semble bien avoir été postérieur aux lettres pontificales qui ont précédé cette assemblée. Léon n'en parle nulle part avant le concile, pas même dans ses instructions à Paschasinus. Quant au prétexte de la condamnation, je pense que Dioscore la motiva sur la doctrine du tome de Léon, doctrine où ses adhérents affectèrent toujours de trouver une nouvelle expression de l'hérésie nestorienne.

militaires, ne trouvait jamais le loisir de se rendre à
Nicée. D'autre part il ne tenait pas à ce que la capitale fût le théâtre de ces grandes assises religieuses,
qui pouvaient émouvoir la population. On commença
par expulser les moines, puis on invita les évêques à
se transporter à Chalcédoine, où l'empereur aurait toute
facilité de se rendre [1].

Le concile s'ouvrit, le 8 octobre 451, dans la basilique de sainte Euphémie, splendide édifice, sanctuaire
miraculeux [2]. L'empereur ne fut point présent à l'ou-

[1] Sur le concile de Chalcédoine nous sommes renseignés
par les procès-verbaux de cette assemblée et les documents
annexes. Il n'y a rien à faire du panégyrique de Macaire de
Tkôou (Anteopolis), censé prononcé à Gangres par Dioscore
exilé. M. E. Revillont a publié une partie de cette pièce dans
sa *Revue égyptologique* (t. I, p. 187; t. II, p. 21; t. III, p. 17,
sous le titre *Récits de Dioscore exilé à Gangres sur le concile de
Chalcédoine*), en lui attribuant beaucoup d'importance. M. Amelineau, qui l'a donnée tout entière dans ses *Monuments pour
servir à l'histoire de l'Egypte chrétienne* (t. IV [1888] des *Mémoires* de la mission archéologique française au Caire), p. 92,
a démontré (*ibid.*, p. xv et suiv.) que c'est un document apocryphe et de nulle valeur.

[2] Description dans Evagrius, *H. E.*, II, 3. Elle comprenait
un atrium, une basilique couverte et un sanctuaire rond, à
deux portiques superposés, au milieu duquel était la châsse
d'argent avec les reliques de la martyre. Celle-ci, de temps à
autre, avertissait en songe, soit l'évêque de Chalcédoine soit
quelque autre pieuse personne, de venir faire la « vendange »
chez elle. Alors l'empereur, la cour, le patriarche et le clergé
de la capitale se transportaient en pompe à la basilique. Le
patriarche ouvrait une petite fenêtre percée dans le tombeau
et passait par là une tige de fer armée d'une éponge. On la
retirait imbibée d'une liqueur rouge qui passait pour être le
sang de la martyre. Ce prodige n'est pas sans analogie avec
ceux que l'on voit encore à Naples et à Bari.

verture, mais sa place fut tenue par un groupe imposant de hauts dignitaires [1], conduits par le patrice Anatole. Ces personnages, au nombre de dix-neuf, prirent place devant la balustrade qui fermait l'abside. Des sièges avaient été préparés à droite et à gauche, le long de la nef. A la gauche des fonctionnaires siégeaient les légats romains, Anatole de Constantinople, le patriarche d'Antioche, Maxime, les évêques de Césarée en Cappadoce et d'Ephèse, Thalassius et Etienne, avec leurs ressortissants, c'est-à-dire les évêques de Thrace, d'Asie-Mineure et de Syrie. En face, à la droite du bureau, Dioscore d'Alexandrie, Juvénal de Jérusalem et le représentant de l'évêque de Thessalonique Anastase. Eux aussi avaient leurs suffragants avec eux, c'est-à-dire les évêques d'Egypte, de Palestine et d'Illyricum. Le placement correspondait aux opinions : à droite les partisans de Dioscore et de son concile, à gauche leurs adversaires.

La séance ouverte, les légats demandèrent que, sans autre discussion, Dioscore fût exclu de l'assemblée; ainsi le voulaient leurs instructions. Les présidents eurent quelque peine à leur faire entendre qu'un juge-

---

[1] Les protocoles distinguent toujours entre les *iudices* et les *senatores;* les premiers sont des fonctionnaires en exercice: Anatole, *magister militum* et patrice ; Palladius, préfet du prétoire d'Orient ; Tatien préfet de Constantinople ; Vincomalus, maître des offices, avec un ex-maître, Martial ; Sporacius, comte des domestiques ; Genethlius, comte du trésor privé. Quant aux sénateurs, au nombre de douze, c'étaient tous d'anciens fonctionnaires du plus haut rang, consuls, patrices, préfets du prétoire, grands chambellans.

ment en règle était nécessaire. On y procéda tout de suite. Dioscore prit un siège au milieu de l'église, comme accusé, et, tout aussitôt, surgit Eusèbe de Dorylée [1], avec un acte d'accusation dans les formes. Lui aussi prit place au milieu, comme accusateur. Sa requête portait qu'on devait lire au concile les actes de l'assemblée d'Ephèse, par lesquels il entendait prouver que Dioscore avait jugé contre la foi et la justice.

La lecture commença, coupée par divers incidents. A la première mention du nom de Théodoret, les présidents interrompirent pour dire que cet évêque devait être introduit, que le pape Léon l'avait rétabli et que l'empereur en avait décidé ainsi. Ce fut un beau tumulte. Théodoret fit pourtant son entrée, au milieu des acclamations de la gauche et des hurlements de la droite : « Hors d'ici le maître de Nestorius, l'ennemi « de Dieu, le juif! ». — « A la porte Dioscore l'assassin ! « A la porte les ennemis de Flavien, les Manichéens ! ». — « Recevoir Théodoret, c'est condamner Cyrille ! ». Rappelés à la tenue par les magistrats, les évêques se calmèrent un moment et Théodoret, conciliant, prit siège au banc des accusateurs.

Quand on en vint aux procédures d'Ephèse, à l'escamotage des lettres du pape Léon, à la réhabilitation d'Eutychès, à la condamnation de Flavien et d'Eusèbe,

---

[1] Dans ces affaires, Eusèbe a toujours le rôle d'accusateur. Chaque fois qu'il paraît, il a en poche une plainte écrite contre quelqu'un. Rôle utile peut-être, mais ingrat. Son goût personnel a dû être ici au service de son zèle.

la réprobation devint de plus en plus manifeste. Sur les bancs de la gauche siégeaient en assez grand nombre des membres du concile d'Ephèse, et non des moindres, Thalassius de Césarée, Etienne d'Ephèse, Basile de Séleucie. Couverts de honte maintenant, ils s'excusaient piteusement, cherchaient des subterfuges, et, ne pouvant mettre en cause l'empereur Théodose II, se rejetaient sur la peur que leur avait inspirée le terrible patriarche d'Alexandrie. Celui-ci, qui se sentait perdu et n'avait plus rien à ménager, les regardait d'un œil narquois et parfois leur décochait une interruption amère : « Com- » ment ! Vous osez nier ? Dites donc tout de suite que » vous n'étiez pas là ? ». Les Egyptiens faisaient chorus : « Ah ! vous avez eu peur ! Est-ce qu'un chrétien a peur ? » Les beaux martyrs que vous feriez ! ».

Mais ce n'est pas avec des sarcasmes que Dioscore pouvait améliorer sa situation. Dans les procès-verbaux d'Ephèse étaient compris les actes du concile de Flavien. Quand on fut arrivé à l'endroit où l'évêque de Constantinople avait expliqué comment, d'accord avec Cyrille (le Cyrille officiel) il entendait la doctrine en litige, les présidents requirent les évêques de dire ce qu'ils pensaient de ces explications. A commencer par le légat Paschasinus, les prélats les plus qualifiés s'empressèrent de les déclarer orthodoxes. Juvénal, voyant que le vent avait irrémédiablement tourné, se leva, déclara qu'il était, lui aussi, de cet avis ; puis, pour mieux établir sa position, il passa du côté droit au côté gauche, suivi de tous les évêques de Palestine. Ceux d'Illyricum en firent autant, à l'exception du métropolitain de Nicopolis, Atticus, qui prétexta un malaise et disparut. Mais le comble, ce fut que quatre évêques égyptiens, là, sous l'œil de leur pape, se séparèrent de lui et allèrent rejoindre ses adversaires.

On arriva enfin au bout des interminables protocoles d'Ephèse et de Constantinople. Au cours de ces lectures l'assemblée avait manifesté très suffisamment qu'elle tenait comme iniquités abominables et la réhabilitation d'Eutychès et la condamnation de Flavien. Il y avait lieu maintenant de sanctionner ce jugement en prononçant la destitution des coupables. Mais la séance s'était prolongée jusqu'à la nuit. Ce fut à la lueur des cierges que les dignitaires présidents renvoyèrent la suite des délibérations à une prochaine séance, en ajoutant qu'à leur avis il conviendrait de déposer Dioscore, Juvénal, Thalassius, Eusèbe d'Ancyre, Eustathe de Béryte et Basile de Séleucie, plus particulièrement responsables de la prévarication d'Ephèse. L'assemblée se sépara en chantant le Trisagion: « Dieu saint, saint et fort, saint et immortel, pitié pour nous! » [1].

Deux jours après [2], le 10 octobre, le concile se réunit pour la seconde fois. Dioscore n'assistait pas à la séance.

---

[1] C'est la première fois qu'il est question de cette acclamation célèbre.

[2] Evagrius intervertit les sessions II et III du concile; l'ordre qu'il suit est celui de la plus ancienne version latine; Facundus aussi (*Def.*, V, 3) atteste que certains manuscrits plaçaient la session III avant la session II. Cette différence

Il en était de même de Juvénal et des quatre [1] autres dont la destitution avait été demandée par les magistrats. Ceux-ci rappelèrent le conseil qu'ils avaient donné de les déposer et présentèrent requête, au nom de l'empereur, pour que l'on promulguât une définition de foi. Le concile n'en avait guère envie. Il estimait que, l'affaire d'Eutychès ayant été réglée par le pape, il n'y avait qu'à s'en tenir aux textes précédemment autorisés et sur lesquels on était d'accord. Lecture en fut donnée: le symbole de Nicée, puis le symbole dit de Constantinople, qui fait ici sa première apparition sous ce titre, puis les deux lettres classiques de Cyrille à Nestorius et à Jean d'Antioche, enfin le tome de Léon à Flavien, auquel le pape avait ajouté, l'année précédente, un recueil de témoignages patristiques. Comme il se rendait bien compte qu'en Orient Cyrille jouissait d'une très grande autorité, Léon n'avait pas manqué de recourir à ses ouvrages: trois passages de ses « Scholies sur l'Incarnation » figurent dans la série des textes. Cela ne l'empêchait pas de réprouver [2] la fameuse formule: « Unique

tient, je crois, à ce que la session III, tenue en dehors des magistrats, au... manqué dans certains exemplaires officiels et que, suppléée plus tard, on l'aura placée diversement.

[1] Cependant le nom d'Eustathe de Béryte figure dans la liste de présence de la 2ᵉ session; c'est sans doute par erreur.

[2] Lettre à Paschasinus (ep. 88, J. 468): « Scias penitus detestandos qui secundum Eutychis impietatem atque dementiam in Domino... dicere ausi sunt duas non esse naturas, hoc est perfectae divinitatis et perfectae humanitatis; et putant quod possent nostram diligentiam fallere, cum aiunt se unam Verbi naturam credere incarnatam.

est la nature incarnée du Dieu Verbe », à laquelle les Cyrilliens tenaient tant. En somme, et le pape Léon, et le gouvernement [1], et le concile, dans son ensemble, s'accordaient à faire le silence sur le Cyrille des anathématismes, compromis pour le moment par l'abus qu'en avait fait Eutychès. Cette prétérition n'était pourtant pas du goût de tout le monde. Certains évêques ne parvenaient pas à saisir l'accord, officiellement admis, entre Léon et Cyrille. Il fallut donner quelques explications là-dessus aux Palestiniens et aux « Illyriens ». L'un de ceux-ci, Atticus de Nicopolis, remis de l'opportune indisposition dont il avait été frappé à la première séance, s'avisa de dire qu'outre les deux lettres cyrilliennes dont il venait d'être donné lecture, il y en avait encore une qui valait la peine d'être mentionnée, celle où figurent les douze anathématismes. On fit semblant de ne pas entendre. Anatole fut chargé de réunir les évêques chez lui pour donner les explications qui seraient encore nécessaires et s'occuper de la question de foi. On convint de suspendre les séances pendant cinq jours. Cependant, trois jours après (13 octobre), on se réunit de nouveau, cette fois pour faire le procès de Dioscore. A la fin de la séance précédente quelques voix s'étaient

---

[1] Cependant les fonctionnaires s'embrouillaient parfois dans ces dossiers; ainsi, à la fin de la première séance du concile, le bureau laïque présenta les deux lettres de Cyrille comme ayant été toutes deux ratifiées par le premier concile d'Ephèse. C'est un *lapsus;* il s'agit évidemment des deux lettres qui furent lues à la séance suivante et dont une seulement fut lue au concile d'Ephèse, la seconde lui étant postérieure.

élevées, implorant miséricorde pour les évêques proscrits, en général, et même pour lui, mais on n'y avait pas prêté attention. Eusèbe de Dorylée, reprenant son rôle d'accusateur, déposa une plainte relative au concile de 449. Quatre clercs d'Alexandrie en déposèrent d'autres pour des abus commis par leur évêque dans son administration épiscopale. Rien de tout cela ne fut discuté, car on eut beau sommer Dioscore à son domicile, il allégua prétexte sur prétexte et finalement resta chez lui. Il fallut procéder par contumace. Ce jour là les officiers impériaux n'étaient pas venus au concile; c'étaient les légats romains qui dirigeaient les débats. Leur chef, Paschasinus, se leva et prononça la sentence. Visant d'abord l'usurpation de pouvoir par laquelle, dès avant le concile d'Ephèse, Dioscore avait réhabilité Eutychès, puis l'affront fait au pape Léon par le refus de lire ses lettres, il déclara qu'à la rigueur on aurait pu user de miséricorde avec lui, comme le pape Léon avait voulu qu'il en fût usé avec les autres membres de l'assemblée d'Ephèse, revenus à de meilleurs sentiments [1]. Mais Dioscore, loin de se repentir, a outragé de nouveau le saint-siège en prononçant l'excommunication contre le pape, et offensé le concile lui-même en refusant de répondre aux graves accusations déposées contre lui. « En conséquence, le très-saint et bienheureux

---

[1] Il n'est pas fait mention expresse de la déposition de Flavien. Les légats semblent avoir voulu s'en tenir, le plus possible, aux faits dans lesquels la responsabilité de Dioscore était seule engagée, passant ainsi l'éponge sur les fautes collectives commises à Ephèse.

» archevêque de la grande et ancienne Rome, Léon,
» par nous et par ce saint concile, en union avec le
» bienheureux apôtre Pierre, qui est la pierre angulaire
» de l'Eglise catholique et le fondement de la foi ortho-
» doxe, l'a dépouillé de l'épiscopat et de toute dignité
» sacerdotale ».

Les uns après les autres, les évêques opinèrent en conformité avec cet arrêt, et apposèrent leurs signatures. La sentence fut communiquée au condamné; le concile avisa aussi les souverains, les clercs d'Alexandrie, qui avaient à gérer la vacance, enfin, quelques jours après, la population de Constantinople et de Chalcédoine, dans laquelle Dioscore commençait à répandre le bruit que tout n'était pas fini et qu'il allait avoir sa revanche.

A la quatrième session, qui eut lieu le 17 octobre, les magistrats revinrent à la charge pour obtenir une définition de foi; n'y parvenant pas, ils décidèrent les évêques à déclarer expressément et individuellement s'ils acceptaient le tome de Léon. Ils l'acceptèrent, l'un après l'autre. Cela fait, ils réclamèrent la rentrée des cinq complices de Dioscore. Les magistrats, assez mécontents, envoyèrent consulter l'empereur, lequel remit l'affaire au concile. Celui-ci, qui, dans la séance précédente, avait à dessein isolé Dioscore du groupe de ses coaccusés, s'empressa de les admettre, après s'être assuré qu'ils avaient adhéré au tome de Léon et à la déposition du patriarche d'Alexandrie.

Vint le tour des évêques égyptiens. On ne les avait pas revus depuis la première séance. Réduits à treize par les défections du 8 octobre, ils présentèrent une profession de foi où ils se déclaraient fidèles à l'enseignement de leurs anciens évêques, depuis saint Marc jusqu'à Cyrille, et hostiles à tous les hérétiques, depuis Simon jusqu'à Nestorius. Toutefois ils ne mentionnaient pas Eutychès ni même Apollinaire et ne parlaient ni du tome ni de Dioscore. Quand on voulut les faire s'expliquer, on n'en obtint que des gémissements, des cris de pitié: ils ne pouvaient rien faire sans leur chef, l'évêque d'Alexandrie. Cependant on parvint à leur faire condamner Eutychès. Quant à signer la lettre de Léon, quant à approuver la déposition de Dioscore, c'était, pour eux, s'exposer à une mort certaine, s'ils rentraient en Egypte [1]. Ils se roulaient à terre, implorant miséricorde. Le concile décida qu'ils pourraient attendre l'élection du futur patriarche pour donner leurs signatures: mais que, jusque-là, ils resteraient à Constantinople sous caution.

On n'en avait pas fini avec l'opposition: restaient encore les moines disciples ou partisans d'Eutychès. Depuis la déroute de leur chef, l'archevêché de Constantinople les tracassait; ils s'étaient plaints à l'empereur. Celui-ci, après avoir promis de s'occuper personnellement de cette affaire, finit par renvoyer les requérants au concile. Ils s'y présentèrent. Pour éclairer ses collègues sur l'autorité de ces personnages, le pa-

---

[1] Le parti monophysite inaugure ici l'attitude qu'il va tenir désormais: réprouver Eutychès, protester contre la déposition de Dioscore, le tome de Léon et le concile de Chalcédoine.

triarche de Constantinople avait fait venir quelques
chefs de monastères bien réguliers, chargés de reconnaître les appelants. Il se trouva que plusieurs étaient
des inconnus et que les autres, pour la plupart, étaient
des ermites, et non des supérieurs de communautés
organisées; trois seulement, sur dix-huit, pouvaient
revendiquer cette qualité. Ce n'était donc pas une députation bien sérieuse. Ils n'en étaient pas moins arrogants. Avec eux était venu le fameux Barsumas.
Dès qu'on l'aperçut, il fut assailli de vociférations:
« A la porte l'assassin! A l'amphithéâtre l'homicide!
» Qu'on l'exile! ». Quand le calme fut rétabli, Carosus,
le porte-parole, déposa une requête par laquelle les
moines ne réclamaient ni plus ni moins que la réintégration de Dioscore, déclarant que, si l'on refusait de
leur donner satisfaction, ils feraient schisme, ne voulant
pas rester avec des gens qui violaient le symbole de
Nicée.

Ce manifeste insolent reçut l'accueil que l'on peut
imaginer. Le calme rétabli, l'archidiacre de Constantinople, Aetius, produisit les canons d'Antioche contre
les clercs rebelles et séditieux, puis on somma les comparants de condamner Eutychès et d'accepter le tome
de Léon. Ils refusèrent. Les évêques, les fonctionnaires, multiplièrent les instances. Rien n'y fit. Les obstinés se cramponnaient au symbole de Nicée et ne
voulaient rien savoir au delà, si ce n'est la réprobation
de Nestorius. On leur offrit un délai de trois jours.
— « A quoi bon, répondirent-ils. Nous voici, qu'on règle

» notre compte sans plus attendre ». — La sentence, toutefois fut remise [1]. Cette affaire était plutôt du ressort de l'évêque de Constantinople.

Avec toutes ces questions de personnes le temps se passait. Il fallait pourtant bien en venir à la définition, si désirée du gouvernement. Des réunions s'étaient tenues chez le patriarche de Constantinople; une formule de foi avait été préparée. Au début de la cinquième séance (22 octobre) il en fut donné lecture. La majorité applaudit, mais du groupe des évêques orientaux une protestation s'éleva et les légats l'appuyèrent. Nous n'avons plus ce projet de décret: il ne fut pas inséré au procès-verbal. On lui reprocha de n'être pas assez d'accord avec la lettre du pape Léon. Sans doute il ne contenait pas l'expression *en deux natures*, à laquelle le pape attachait tant d'importance. Le désaccord parut si grave aux légats et la situation si tendue, qu'ils demandèrent aux magistrats de leur faire délivrer des passeports pour retourner en Italie, où le concile serait transféré. Les magistrats proposèrent de modifier la rédaction et de nommer à cet effet une commission qui se réunirait

---

[1] Après la IVe session, les actes originaux du concile de Chalcédoine, tels que nous les avons dans la vulgate grecque, présentent un autre récit de cette affaire, censément traité dans une séance du 20 octobre. A la fin il est statué que les moines auront un mois de délai, du 15 octobre au 15 novembre. Cette pièce, qui manque aux anciennes versions latines et qu'Evagrius n'a pas connue, me paraît être un doublet de la IVe session, en ce qui regarde l'épisode des moines.

dans le sanctuaire de sainte Euphémie, attenant à l'église. Dioscore, disaient-ils aux évêques, est pour la formule « *de* deux natures » ; il a été condamné. — Pas pour sa doctrine, répliquait Anatole, mais seulement pour avoir excommunié le pape et refusé d'obéir au concile. L'assemblée était devenue tumultueuse. On criait : « A bas les Nestoriens ! » en désignant par là les évêques d'Orient ; on protestait que Léon était d'accord avec Cyrille, qu'il fallait s'en tenir au texte proposé [1]. Les magistrats, ahuris, envoyèrent à Constantinople, réclamant des instructions. Le messager revint avec une décision de l'empereur, conforme à leur proposition et aux vœux des légats : ou la nouvelle commission ou le transfert du concile en Occident. Les vociférations recommencèrent. « Si l'on ne veut
» pas de notre projet, allons-nous en ! Les opposants
» sont des Nestoriens ! Qu'ils aillent à Rome ! » Les « Illyriens », pourtant suffragants du pape, criaient plus fort que les autres. « Il faut en finir, dirent les magis-
» trats. Etes-vous pour Léon ou pour Dioscore ? » [2]. — « Pour Léon », répondit l'assemblée. La commission fut aussitôt formée. Cette fois les légats y étaient tous les trois, avec six orientaux. L'autre parti fut largement représenté : Thalassius, Eusèbe d'Ancyre, anciens membres du concile de Dioscore, y figuraient, avec

---

[1] Eusèbe de Dorylée lui-même (Mansi, t. VII, p. 104) parlait en ce sens.

[2] Position habile, mais incomplète, de la question. C'est entre Léon et Cyrille qu'il fallait choisir.

Atticus de Nicopolis et divers autres du même bord. Les délégués s'enfermèrent dans le mausolée (*martyrium*) de sainte Euphémie et délibérèrent en secret [1]. Quand ils revinrent ils avaient arrêté la définition de foi du concile de Chalcédoine. Il en fut aussitôt donné lecture. Voici le passage capital : « Nous croyons…. en
» Jésus-Christ…, qui pour nous et notre salut est ap-
» paru de la Vierge Marie mère de Dieu selon l'hu-
» manité, comme un seul et même Christ, Fils, Sei-
» gneur, Monogène, en deux natures, sans confusion
» ni changement, sans division ni séparation, la diffé-
» rence des natures n'étant nullement supprimée par
» leur union, chaque nature conservant au contraire sa
» particularité, toutes deux concourant à former une
» seule personne et une seule hypostase… ».

Des acclamations se firent entendre : la solution était enfin obtenue : ce n'avait pas été sans peine.

Restait à la promulguer solennellement. Trois jours après, le 25 octobre, l'empereur Marcien passa le Bosphore et se présenta au concile, dans un appareil imposant. Il harangua en latin [2], puis en grec ; on lut de nouveau le texte de la définition, avec les signatures épiscopales ; pour plusieurs provinces au moins les métropolitains votèrent au nom des absents, si bien

---

[1] Aucun procès-verbal, aucun document quelconque de ces délibérations ne nous est parvenu.

[2] Le latin était encore la langue officielle, même dans l'empire d'Orient. Dans les conciles les lettres du pape, elles aussi, étaient lues en latin d'abord, puis en grec.

que l'on ne rencontre pas moins de six cents noms d'évêques au bas de ce célèbre document.

Cette séance impériale, à laquelle on donna tout de suite la plus grande publicité,[1] demeura, pour les contemporains, le moment essentiel du concile de Chalcédoine

A vrai dire il correspondait à une double capitulation de l'assemblée, devant le gouvernement et devant le pape. Le concile ne voulait pas de définition; on lui en arracha une. A tout le moins la voulait-il flottante, imprécise : « Une seule personne résultant de l'union de deux natures ». On l'avait contraint à accepter la formule romaine : « Une seule personne en deux natures ». C'était à peu près la même situation qu'à Nicée. Eutychès avait été condamné sans difficulté, comme Arius à Nicée. Comme à Nicée aussi, on avait cherché à ménager, pour le parti vaincu, un abri d'apparence orthodoxe, sous lequel il pourrait prolonger son existence. A cet effet, on s'était retranché derrière une terminologie empruntée à Cyrille, ce qui était une grande recommandation. Les légats insistèrent et firent adopter des termes clairs. Le mal est qu'ils avaient contre eux le sentiment général, favorable à l'ambi-

---

[1] C'est à ce propos que fut formé et mis en circulation, en Occident, un dossier qui nous a été conservé dans le *cod. Vaticanus* 1322, très bien décrit par les Ballerini, dans leur édition de saint Léon, t. II, p. 727; cf. Maassen, *Quellen*, t. I, p. 737. Ce dossier est entré presque tout entier dans la collection Quesnel. La dernière pièce, dans l'ordre du temps, est une lettre de Léon, du 21 mars 453.

guité, et que seuls les « Orientaux » de vieux style, les Nestoriens, comme on disait couramment, les appuyaient de bon cœur.

Cette alliance se manifesta encore plus dans les séances suivantes, alors que l'on entreprit l'affaire des condamnés d'Ephèse. L'évêque d'Antioche Domnus [1] n'avait pas réclamé contre sa déposition ; à sa place Maxime avait été choisi à Constantinople et ordonné par Anatole vers le commencement de l'année 451. Le pape Léon, bien que cette ingérence de Constantinople dans les affaires d'Antioche ne lui agréât guère, avait passé condamnation sur cet arrangement. Il ne fut donc question de Domnus que pour régler qu'une pension lui serait allouée par son successeur. Mais Théodoret et Ibas réclamèrent leurs évêchés. Celui de Théodoret lui avait été déjà rendu par le pape Léon ; il voulut que cette disposition fût ratifiée par le concile, ce qui ne passa pas sans objections [2]. On lui demanda, avec insistance et en des formes désobligeantes, de condamner Nestorius. Il s'y décida : « Anathème à » Nestorius et à qui ne donne pas à Marie le titre » de mère de Dieu ou qui divise le Christ en deux » Fils ! » Théodoret savait bien que Nestorius ne réprouvait pas absolument le terme de mère de Dieu, et qu'il n'avait jamais enseigné les deux Fils. Son anathème comporte, je pense, une certaine dose d'ironie.

---

[1] Mansi, t. VII, p. 269.
[2] Act. VIII.

L'affaire d'Ibas [1] souffrit plus de difficulté. Innocenté à Tyr, il avait été déposé à Ephèse. On donna lecture des procédures de Tyr, mais les légats s'opposèrent à ce qu'on lût celles d'Ephèse ; le synode maudit ne devait plus compter. Il était aboli ; l'empereur fut prié d'édicter une loi à ce sujet. On lut aussi un document assez délicat, la lettre d'Ibas à Maris le Persan, où il était mal parlé de Cyrille. Les légats toutefois, jugèrent qu'Ibas était orthodoxe [2] : il fut réintégré, non sans avoir prononcé l'anathème contre Nestorius. On l'exigea aussi de quelques prélats suspects de conserver des sympathies à l'ancien évêque de Constantinople [3].

Ainsi le terme oriental « deux natures », qui répugnait si fort à Cyrille, était, non seulement toléré ou accepté, mais imposé comme règle de foi ; les anciens amis de Nestorius, notamment Théodoret et Ibas, qui avaient figuré au premier rang des adversaires de Cyrille, étaient accueillis, réhabilités, réintégrés sur les sièges d'où les avaient chassés les sentences de Dioscore et la police de Théodose II. « Quoi de plus clair ? concluaient les monophysites. Nestorius tenait sa revanche. Les évêques de Chalcédoine et leur inspirateur le pape Léon, étaient autant de Nestoriens. Quelle comédie ! On anathématisait Nestorius et l'on canonisait sa doctrine ».

---

[1] Act. IX et X.
[2] Ἀναγνωσθείσης γὰρ τῆς ἐπιστολῆς αὐτοῦ, ἐπέγνωμεν αὐτὸν ὑπάρχειν ὀρθόδοξον (Mansi, t. VII, p. 261).
[3] Mansi, t. VII, 192, 193.

Cette façon de voir devint bientôt, pour les monophysites, un article de foi, et cela eut de très graves conséquences. Ce qu'il y a de plus curieux, c'est que — nous venons à peine de l'apprendre — c'est que telle était l'opinion de Nestorius lui-même.

Nestorius était encore de ce monde. Pendant de longues années il avait vécu misérablement, mais paisiblement, dans sa lointaine oasis. Un jour [1] elle fut razziée à fond par les Nobades, peuplade barbare établie sur le haut Nil, au sud de la première cataracte. Les Nobades mirent tout à feu et à sang et emmenèrent une foule de prisonniers, parmi eux l'évêque exilé. Puis, apprenant que d'autres barbares, les Maziques, allaient fondre sur l'oasis et se mettre à leurs trousses, ils jugèrent à propos de se débarrasser de leurs prisonniers, les confièrent à Nestorius et les forcèrent à partir pour la vallée du Nil. En chemin, la caravane se débanda, chacun s'en allant de son côté. Une partie seulement des fuyards parvint, Nestorius en tête, à la ville de Panopolis [2] (Achmin). C'était, pour le condamné d'Éphèse, un séjour dangereux. Schnoudi [3] n'était pas loin de là; les glaces de l'âge n'avaient nullement éteint son énergie, ni surtout son zèle contre les hérétiques. Nestorius écrivit au gouverneur de Thébaïde, pour faire

---

[1] Sur ceci, v. les deux lettres de Nestorius conservées par Evagrius, I, 7.
[2] D'après Timothée Elure (*Plerop.*, 36), il aurait été vendu par les barbares à la ville de Panopolis.
[3] T. II, p. 503.

constater que, s'il avait rompu son ban, il y avait été
contraint par force majeure. Il demandait aussi qu'on
ne le livrât pas aux mains des malveillants, pour qu'il
ne fût pas dit qu'il valait mieux être captif chez les
barbares que de vivre sous la protection romaine. Mais
l'implacable Schnoudi avait l'œil sur lui; d'ailleurs, à
son défaut, Dioscore et Chrysaphe suffisaient à maintenir les fonctionnaires de Théodose II dans les voies
de la sévérité. Nestorius fut expédié à Eléphantine, à
l'extrême frontière. Il y était presque arrivé, lorsqu'un
contre-ordre le rappela à Panopolis. Il y rentra à moitié
mort, brisé de fatigue, un bras et les côtes meurtris
par des accidents de voyage; ce fut pour s'entendre
assigner un troisième lieu d'exil, et celui-ci ne fut pas le
dernier, car on le transféra encore une fois.

C'est sans doute en cette quatrième retraite, dans
le désert en arrière de Panopolis, qu'il écrivit les dernières pages de son apologie [1]. Le temps marchait, les

---

[1] Cet ouvrage, connu d'Evagrius (I, 70, p. 257), vient d'être
publié en syriaque par le P. Paul Bedjan (Leipzig, Harrassowitz,
1910) d'après plusieurs copies d'un ms. de Kotchanès. M. l'abbé
F. Nau en a donné une traduction française sous le titre *Le
livre d'Héraclide de Damas*. En syriaque, l'ouvrage est intitulé:
*Le livre qui est appelé Tegourtâ d'Héraclide de Damas, écrit par
Mar Nestorius*. Sur une copie manuscrite, M. J. F. Bethune-
Baker a fait une étude intitulée *Nestorius and his teaching*,
Cambridge, 1908, où les doctrines de Nestorius sont examinées
avec soin, peut-être avec trop de préoccupation apologétique.
D'amples extraits du livre y sont reproduits. Jean le Philopone,
qui écrivit un ouvrage en quatre livres contre le concile de

événements se précipitaient et l'écho en arrivait jusque dans la triste solitude. Nestorius apprit la querelle d'Eutychès et de Flavien, le triomphe de Dioscore au second concile d'Ephèse, la mort de Flavien, l'intervention du pape Léon et le revirement des choses à la mort de Théodose II. Le dernier fait qu'il ait consigné dans ses mémoires est un fait local, la fuite de Dioscore pour échapper à la déposition et à l'exil. Ceci se rapporte à quelque rumeur ou à quelque épisode inconnu autrement, mais antérieur au concile de Chalcédoine. De celui-ci Nestorius ne parle pas. Il est possible qu'il en ait eu connaissance avant sa mort, mais sa plume s'arrête un peu auparavant.

Il s'était résigné, sentant bien qu'il ne reviendrait jamais de son exil : « Mon plus cher désir, disait-il, » c'est que Dieu soit béni au ciel et sur la terre. Quant » à Nestorius, qu'il demeure anathème ! Dieu veuille » qu'en me maudissant les hommes se réconcilient avec » lui... Je ne refuserais pas de retirer ce que j'ai dit [1], » si j'étais sûr qu'on le requiert de moi et que les » hommes peuvent être ainsi ramenés à Dieu ». Il avait vu les documents des conciles de Constantinople (448) et d'Ephèse (449) et savait à quoi s'en tenir sur la doctrine de son successeur Flavien. Le tome de Léon

---

Chalcédoine, paraît avoir connu les mémoires de Nestorius, ou tout au moins l'appréciation de l'ancien évêque de Constantinople sur les rapports entre sa doctrine et celle de Léon (Photius, cod. 55).

[1] Les expressions, évidemment, car c'est de cela seulement qu'il peut être question.

l'avait rempli de joie. Flavien et Léon pensaient exactement comme lui. On lui avait conseillé d'écrire à Léon. S'il ne l'avait pas fait, ce n'était pas par une fierté déraisonnable, c'était pour ne pas embarrasser le pape romain, pour que son impopularité à lui, Nestorius, ne fît pas obstacle à la tâche que Léon accomplissait si bien.

Vive la doctrine de Flavien et de Léon! Anathème à Nestorius! C'est tout le concile de Chalcédoine.

Au fait, on peut toujours se demander en quoi consistait l'hérésie de Nestorius [1]. Au commencement, comme on l'a vu, elle fut identifiée à celle de Paul de Samosate, ce qui est sûrement une erreur énorme. Plus tard on lui reprocha d'enseigner deux Fils, deux personnes en Jésus-Christ [2], et c'est ce qu'on appelle couramment le nestorianisme. Mais il n'a cessé de protester du contraire. Bien que ses devanciers, Théodore et Diodore, soient allés jusque là et que cette théorie ait été, pour lui aussi, un écueil dangereux vers lequel le portaient

---

[1] Pour l'évêque de Carthage, Capreolus, celui qui avait député au concile d'Ephèse, l'hérésie nestorienne s'identifiait avec la doctrine suivante: « Il ne faut pas dire que Dieu est né. Un » pur homme est né de la vierge Marie, et Dieu a plus tard » habité en lui ». Ceci résulte de la correspondance échangée entre Capreolus et deux moines (*servi Dei*) espagnols, Vital et Constance, à propos de doctrines enseignées dans le cercle où ceux-ci vivaient (Migne, *P. L.*, t. LIII, p. 847 et suiv.). C'est de la même façon que le pape Gélase se représente les choses: *Photini et Pauli Samosateni secutus errorem* (Tract. I, 1; III, passim).

[2] C'est déjà ainsi que parle le pape Léon (J. 479, 499, 500, 542; ep. CII, 3, CXXIII, 2, CXXIV, 2, CLXV, 2).

à son insu, certains courants de pensée, on ne saurait lui attribuer, sans preuves certaines, une doctrine solennellement répudiée par l'église d'Antioche et dont ses contemporains et amis, Théodoret et les autres, sont sûrement indemnes. Reste son attitude dans la question du *Theotocos*. Là, on ne peut le nier, il s'est montré imprudent et maladroit. Mais d'abord, quelle autorité ecclésiastique avait canonisé ce terme? Le concile de Nicée avait imposé l'*homoousios*; quel concile avait prescrit le *Theotocos*? Et puis, Nestorius n'avait-il pas protesté qu'il l'acceptait, pourvu que le sens en fût élucidé? Ainsi, au IVe siècle, bien des gens spécifiaient, en recevant l'*homoousios*, qu'ils ne prenaient pas ce terme dans le même sens que les Sabelliens. A Ephèse, Cyrille produisit des propos censés tenus par Nestorius et des extraits de ses ouvrages [1]. Mais, outre que Nestorius ne fut pas mis à même de les expliquer (car qui pourrait lui reprocher sa contumace?), quelle hérésie en fut alors déduite? Aucune. Nestorius fut réprouvé d'une manière générale, sans que l'on déclarât au juste pourquoi [2].

---

[1] Plusieurs d'entre eux parlent de deux natures, et c'est sans doute à cause de ce terme mal compris et mal vu à Alexandrie qu'on les a trouvés répréhensibles.

[2] Ce n'est sûrement pas à sa secte qu'il faudrait le demander. Il n'en a pas laissé. L'église de Perse, qui plus tard honora son nom, ne se rattache à lui que d'une façon très indirecte. Les partisans qu'il put avoir quelque temps à Constantinople ne firent pas parler d'eux bien longtemps. Ceux qu'on

Cyrille accusait Nestorius ; mais Nestorius, de son côté, accusait Cyrille. Quand on en eut fini avec les procédures hâtives et irrégulières, sur quel terrain se fit l'entente ? Sur les anathématismes de Cyrille ? C'est à grand peine qu'on les sauva d'une condamnation. Ce sur quoi on s'entendit, c'est la formule élaborée et présentée par les amis de Nestorius, une formule que celui-ci aurait signée des deux mains, et en même temps sur la condamnation de Nestorius, motivée en termes vagues. Déjà la combinaison était trouvée : on jetait Jonas à la mer, mais le navire continuait sa route. Le bien de la paix a ses exigences. On recommença à Chalcédoine. Dans l'intervalle, les anathématismes avaient été consacrés, mais par le concile de Dioscore, par ce qu'on appelle le « brigandage » d'Ephèse [1].

Je n'entends pas dire qu'on ait fait ainsi justice à Cyrille. Ses fameux « chapitres » comportaient d'autres adhésions que celles de Dioscore et de Juvénal ; ils les obtinrent par la suite. Pour le moment ils restaient dans la pénombre discrète où l'on abrite les documents litigieux.

Je n'entends pas dire non plus que les reproches faits à Nestorius, depuis son avènement au siège pa-

---

appela Nestoriens, au concile de Chalcédoine et au lendemain de cette assemblée, c'étaient Théodoret et autres Orientaux, gens d'une orthodoxie avérée.

[1] *Latrocinium Ephesinum.* Le mot est du pape Léon, J. 475 (*Leonis Ep. XCV*).

triarcal de Constantinople, aient été dépourvus de fondement. Il est sûr qu'il scandalisa bien des personnes que d'autres formes de langage auraient dispensées de s'émouvoir. Sur la fin de sa vie, il trouva que Flavien et Léon avaient enseigné la même doctrine que lui. Il y a peut-être là une certaine dose d'illusion, pardonnable à un proscrit qui, au jour où le vengeur arrive, n'est pas porté à le chicaner sur des nuances. Dans le pacte d'union qu'il signa en 433, Jean d'Antioche ne voulut pas le taxer d'hérésie; mais il accepta, et les siens avec lui, de condamner ses excès de langage [1].

C'est, je crois, à ce document officiel et autorisé qu'il faut s'en tenir.

Pendant que l'on préparait le grand concile qui devait, à son estimation, lui donner une éclatante revanche, Nestorius, préoccupé de sa fin prochaine, se remettait aux mains du Seigneur et faisait ses adieux à la terre, si triste autour de lui:

« Réjouis-toi avec moi, désert, mon ami, mon sou-
» tien, ma demeure; toi aussi, terre d'exil, ma mère [2], qui
» garderas mon corps jusqu'à la résurrection ».

Ainsi finit son livre.

Sa santé déclinait à vue d'œil. On eut pitié de lui; il fut ramené à Panopolis et installé dans la forteresse, mais avec défense de discourir. Un de ses amis

---

[1] Ci-dessus, p. 379.
[2] Le mot exil est en grec (ἐξορία) du féminin.

d'autrefois, Dorothée de Marcianopolis[1], était venu le rejoindre. Cependant, à Constantinople, on se souvenait d'eux. L'empereur Marcien, sollicité d'intervenir, envoya un tribun avec des lettres de grâce, qui devaient faire cesser les effets des sentences d'exil et mettre les deux évêques à l'abri des avanies[2]. Il était trop tard, au moins pour Nestorius. Le tribun le trouva à ses derniers moments. En vain recourut-il aux médecins les plus réputés : l'exilé mourut dans son exil[3]. Dorothée lui rendit les derniers devoirs.

Ses amis de Constantinople demandèrent que ses restes y fussent rapportés ; ils firent même, à ce propos,

[1] Ci-dessus, p. 335, 370.
[2] Nestorius avait été, en 431, l'objet d'une sentence ecclésiastique, irrégulière au début, mais assez ratifiée par la suite pour qu'on pût la considérer comme définitive. Personne ne parla jamais de revenir sur cette condamnation. Mais il avait été en outre exilé, en 435, par décret impérial ; c'est je pense, cette sentence d'exil qui fut révoquée, dans une certaine mesure, par la clémence de Marcien. Timothée Elure dit seulement que le tribun annonça aux deux évêques « qu'ils n'avaient plus rien à craindre de leurs adversaires ».
[3] Les Monophysites tenaient à ce que Nestorius fût mort comme Arius (t. II, p. 184, n. 1) ; ils s'acharnèrent sur les détails de son agonie. Timothée Elure (Pléroph. 36), qui ne lui voulait aucun bien, se borne à dire : « Dorothée conseilla » au tribun d'attendre un peu (pour lui communiquer les or- » dres de l'empereur), à cause de la faiblesse de Nestorius ; mais » son état empira de jour en jour ; sa langue lui refusa son » service et sortit de sa bouche en présence du tribun ; sa parole » devint indistincte ; sa langue se décomposa au point qu'il de- » vint un objet d'horreur et de pitié, comme le tribun le raconta » plus tard à beaucoup de personnes ». Zacharie le Rhéteur (III, 1) en sait déjà plus long ; l'histoire alla, naturellement, en se chargeant de détails de plus en plus terrifiants.

une démonstration tapageuse, d'autant plus inopportune que le concile de Chalcédoine venait justement de condamner à nouveau Nestorius et sa doctrine. L'empereur les fit disperser.

Schnoudi mourut, lui aussi, vers le même temps que Nestorius, dont il avait été l'adversaire et le persécuteur (1ᵉʳ juillet 451)[1].

---

[1] Calculs de M. Amelineau (*Mémoires de la mission archéol. du Caire*, t. IV¹, p. lxxxi-lxxxix et xciii).

CHAPITRE XII.

Les Monophysites.

Fin du concile de Chalcédoine. — Patriarcats de Jérusalem et de Constantinople. — Opposition du pape. — Insurrection monophysite à Jérusalem. — Le moine Théodose et l'impératrice Eudocie. — Proterius, évêque d'Alexandrie, ses difficultés, sa fin tragique. — Timothée Elure. — Consultation de l'épiscopat. — Elure exilé. — Les empereurs après Marcien : Léon, Zénon, Basilisque. — Retour d'Elure. — L'Encyclique de Basilisque. — Opposition d'Acace de Constantinople. — Affaires d'Antioche. — Progrès du parti monophysite. — Pierre le Foulon. — Daniel le stylite. — Zénon rétabli. — L'Hénotique. — Pierre Monge et les Acéphales. — Situation en Syrie : le *Crucifixus pro nobis.* — Les opposants de Palestine : Pierre d'Ibérie. — Acace déposé par le pape Félix III. — Schisme entre Rome et l'Eglise grecque.

Le concile de Chalcédoine[1] avait renouvelé les condamnations antérieurement portées contre Nestorius et Eutychès : en ceci il avait procédé librement et s'était montré unanime. Il avait de plus édicté une définition dogmatique ; mais il faut bien reconnaitre qu'elle lui

---

[1] Pour l'histoire de la période comprise entre le concile de Chalcédoine et la mort de Zénon, le récit le plus rapproché des événements est celui du rhéteur Zacharie de Gaza, écrit au point de vue monophysite, bien que son auteur, devenu par la suite évêque de Mitylène, ait fini par se rallier à l'orthodoxie. Son livre, rédigé en grec, a été mis largement à contribution par Evagrius (II et III), qui le cite souvent. Il a été transcrit, avec des coupures, toutefois, dans une compilation syriaque (*Historia miscellanea*) qui va jusqu'à l'année 569, et qui s'est conservée dans le ms. *Add.*, 17202 du British Museum. Cette compilation, divisée en douze livres, ne dépend de Zacharie que pour les livres III-VI. Publiée en syriaque par Land, dans le t. III de ses *Anecdota syriaca*, Leyde, 1870, elle fut l'objet,

avait été plutôt arrachée et qu'elle ne correspondait qu'imparfaitement aux convictions de la majorité. D'où vient cette situation? La doctrine de saint Léon n'est-elle donc pas le juste milieu, le droit chemin entre les voies opposées de Nestorius et d'Eutychès? Pas tout-à-fait. En dehors de ses défenseurs naturels, les Romains et les amis de Théodoret, tout le monde, dans l'empire grec, s'accordait à lui trouver des ressemblances fâcheuses avec celle de Nestorius. En tout cas ce n'était pas la seule formulation possible de l'orthodoxie; il y en avait une autre, celle de Cyrille, à laquelle on était habitué. Or, celle-là, elle avait été laissée dans l'ombre.

en 1899, de deux éditions, l'une en allemand, par MM. K. Ahrens et G. Krüger (*Die sogenannte Kirchengeschichte des Zacharias Rhetor*, petite collection Teubner, *Scriptores Syri*, fasc. III), l'autre, meilleure, en anglais, par MM. Hamilton et Brooks (*The syriac chronicle known as that of Zachariah of Mitylene*). Sur ces éditions, v. les remarques de M. Kugener, dans la Revue de l'Orient chrétien, t. V, 1900, p. 201, 461. Un extrait de cette même compilation avait déjà été publié par Mai (*Scr. vett.*, t. X, p. 119, 361) d'après un ms. du Vatican. Zacharie avait entendu rédiger, non une histoire proprement dite, mais une sorte de mémoire à consulter, pour l'usage d'un fonctionnaire appelé Eupraxios. Il ne s'inquiète guère de ce qui se passe en dehors d'Alexandrie et de la Palestine. — Vient ensuite Evagrius lui-même, qui ajoute beaucoup aux récits de Zacharie. Evagrius, secrétaire du patriarche d'Antioche Grégoire (569-594), puis fonctionnaire à Constantinople, nous a laissé une histoire ecclésiastique en six livres, qui va du premier concile d'Ephèse (431) à l'année 594, ouvrage sérieux et bien documenté. — En latin, nous avons les *Gesta de nomine Acacii*, imprimés en tête des *tractatus* du pape Gélase (Thiel, p. 510-519, § 1-13; c'est la meilleure recension, car il y en a plusieurs), évidemment antérieurs à son pontificat, vraisemblablement de 486 environ; c'est un

Sans doute on avait acclamé Cyrille et même son accord avec Léon : mais la lettre aux anathématismes ne figurait point dans les documents canonisés, sur lesquels la définition de foi déclarait se fonder. A sa formule « une seule nature incarnée », on avait substitué la mention des deux natures ; on n'avait même pas voulu, en s'en tenant à l'expression ἐκ δύο φύσεων, « de deux natures », laisser ouverte une porte de communication entre les deux théologies. En somme Cyrille, le vrai Cyrille, avait été sacrifié à Léon.

La preuve que ce fut une faute, c'est l'histoire dans laquelle nous entrons, celle de la résistance des cyrilliens

---

assez court résumé des événements d'Orient, rédigé en vue d'expliquer les causes de la déposition d'Acace. — Bien plus détaillé est le *Breviarium* de Liberatus, diacre de Carthage, écrit vers 564 (Migne, *P. L.*, t. LXVIII, p. 969), après la condamnation des Trois Chapitres, pour lesquels l'auteur prend énergiquement parti. — Il faut citer aussi les histoires perdues, sauf quelques fragments, de Jean d'Egée ou Jean Diacrinomenos (Photius, *codd.* 41, 55 ; cf. Miller, *Revue archéol.*, t. XXVI, 1873. p. 282 et 401), et de Théodore le lecteur (Migne, *P. G.*, t. LXXXVI). Timothée Elure, patriarche monophysite d'Alexandrie (457-477) avait écrit, dans son exil, une histoire ecclésiastique, dont les *Plérophories*, (v. ci-dessous) nous ont conservé quelques fragments. — A ces écrits proprement historiques s'ajoutent diverses biographies de Pierre d'Ibérie, Isaïe, Théodose, Romanus, Sévère, etc. sorties du milieu monophysite (acéphale) de Palestine ; j'y comprends le livre des *Plérophories*, rédigé vers la fin du Ve siècle, par Jean de Beth Rufin, successeur de Pierre d'Ibérie, et publié en français par M. Nau, dans la Revue de l'Orient chrétien, t. III (1898), p. 237 et suiv. — Il va de soi qu'avant tous ces textes narratifs passent les documents officiels, les lettres des papes, des empereurs, des conciles ; on les trouvera réunis dans les éditions des conciles, à la suite de celui de Chalcédoine.

au concile de Chalcédoine, autrement dit, de la crise monophysite ; c'est en particulier la série d'efforts tentés pendant deux siècles par le gouvernement byzantin pour apaiser l'agitation religieuse en conciliant Léon et Cyrille. Sous Justinien on mit en avant une formule qui arrangeait tout : « Un de la Trinité a souffert en chair » ; mais elle arriva trop tard. L'opposition, exaltée par ses succès, irritée par la persécution, refusa cet accord. Ce qu'elle réclama depuis lors ce n'est pas Cyrille concilié avec Léon, mais Léon sacrifié à Cyrille.

Il est à croire que, si les légats de Rome avaient pu prévoir les longues misères qui allaient suivre ou s'ils avaient mieux compris les susceptibilités de l'opinion religieuse dans le milieu où ils instrumentaient, ils auraient fait, non, évidemment, sur le fond des choses, mais dans les détails de la terminologie, une part plus large à la tradition cyrillienne. Le gouvernement, après avoir pesé sur le pape pour avoir un concile, puis sur le concile pour en obtenir une formule, se crut assez fort pour imposer cette formule à tous ses sujets et dompter les récalcitrants. Les mécomptes ne se firent pas attendre.

Après les questions principales, le concile traita encore quelques affaires litigieuses, sur les circonscriptions et les juridictions. C'est alors que furent organisés définitivement les patriarcats de Jérusalem et de Constantinople.

Le concile de Nicée [1] avait reconnu des honneurs spéciaux à l'évêque de Jérusalem, sans pourtant le soustraire à l'autorité du métropolitain de Césarée. C'était un hommage rendu aux grands souvenirs de la ville sainte et même à la tradition antérieure. Il semble bien, en effet, que, tant avant le concile de Nicée qu'après, l'évêque de Jérusalem ait eu la préséance sur son métropolitain dans les assemblées épiscopales tenues en dehors de la Palestine [2] : Eusèbe donne, dans son histoire, la liste épiscopale de Jérusalem, tout comme celles de Rome, d'Alexandrie et d'Antioche. Toutefois, le concile de Diospolis (415) [3] montre bien que, peu avant Juvénal, l'ancienne subordination de Jérusalem à Césarée était encore la règle des rapports provinciaux. Juvénal entreprit de changer cela. Il procéda, pour commencer, par empiètements isolés, ordonnant des évêques jusqu'en Phénicie et en Arabie; puis, au premier concile d'Ephèse (431), auquel n'assista pas son métropolitain, il voulut passer du fait au droit et présenta des documents en faveur de ses prétentions [4]. Mais Cyrille se mit en travers [5], écrivit à Rome

---

[1] Can. 6, 7; t. II, p. 152.

[2] Eusèbe, *H. E.*, VII, 30, concile d'Antioche contre Paul de Samosate; v. aussi les conciles d'Ephèse et de Chalcédoine.

[3] Ci-dessus, p. 219.

[4] Credidit se posse proficere et insolentes ausus per commentitia scripta firmare (Léon, *Ep.* CXIX; J. 495); Supplique des Orientaux à l'empereur (431), Mansi, t. IV, p. 1402.

[5] Est-ce bien en 431, en un temps où Cyrille avait tant besoin de Juvénal, et non pas plutôt après sa réconciliation avec Jean d'Antioche? La lettre qu'il écrivit à Rome était

et fit en sorte qu'on ne donnât pas suite aux revendications de l'évêque de Jérusalem [1]. Proclus, ayant, par la suite, montré des dispositions à les admettre, Cyrille maintint son opposition [2]. Pendant quelque temps, des rescrits impériaux, sollicités de part et d'autre, entretinrent le conflit entre les sièges d'Antioche et de Jérusalem. Enfin l'empereur Marcien déféra le litige au concile de Chalcédoine. Il fut tranché par un partage; le patriarche d'Antioche conserva les deux Phénicies et l'Arabie. Juvénal n'obtint que les trois Palestines, lesquelles représentaient un démembrement récent de l'ancienne et unique province de même nom.

Quant au siège de Constantinople, il y avait déjà soixante-dix ans que le concile « œcuménique » réuni par Théodose en cette ville [3] lui avait reconnu le second rang après le siège de Rome, se fondant sur ce que Constantinople était une nouvelle Rome. Le même concile avait réglé aussi que les évêques des « diocèses » d'Asie et de Pont devaient régler entre eux les affaires de leurs circonscriptions respectives. C'était, semble-t-il, écarter toute immixtion de l'évêque de Constantinople dans ces deux ressorts diocésains. Mais on n'avait pas déterminé où serait, dans chacun d'eux, l'autorité ecclé-

---

adressée à Léon (*mihi... indicavit*, l. c.); si c'est à Léon pape, ce sera en 440 ou 441. Or il est peu concevable que, pour une telle affaire, le patriarche d'Alexandrie se soit adressé à un sous-ordre.

[1] L. c.
[2] Cyrille, ep. 56.
[3] T. II, p. 437.

siastique supérieure, ni comment elle fonctionnerait.
Dans le diocèse d'Asie on constate, il est vrai, une
certaine tendance à s'organiser autour du siège apostolique d'Ephèse; mais le diocèse de Pont, qui s'étendait
du Bosphore à l'Euphrate et au Taurus, n'était pas facile à centraliser. Césarée de Cappadoce, résidence du
vicaire civil, était fort loin des extrémités; Ancyre,
mieux placée, lui faisait concurrence [1]. La province de
Bithynie, comprise dans ce ressort, était voisine de la
capitale; la ville de Chalcédoine en était comme
un faubourg; celles de Nicomédie et de Nicée n'en
étaient pas loin non plus. Les évêques de l'Asie-Mineure [2], souvent appelés à Constantinople pour leurs
affaires avec les administrations séculières, offraient à
l'évêque de la capitale les éléments d'un concile presque permanent. Il était assez naturel qu'ils y portassent leurs litiges ecclésiastiques. Par ces relations l'évêque de Constantinople se voyait initié aux affaires
de ces provinces et il arrivait souvent qu'on le priât
de se mêler des ordinations d'évêques, de les diriger,
de les célébrer.

Les faits, répétés, passaient en habitudes, les habitudes en traditions. Cette affaire n'avait pas encore été
réglée expressément quand Anatole en saisit le concile

---

[1] Mansi, t. VII, p. 449.

[2] Vers le milieu du Ve siècle, le diocèse de Thrace ne
comptait que vingt-cinq à trente évêchés. On conçoit que ce
personnel épiscopal ait paru un peu restreint et que le patriarche de la nouvelle Rome ait cherché à étendre son ressort
en Asie-Mineure.

de Chalcédoine. Les décisions prises à cet égard furent
formulées, avec d'autres canons disciplinaires, dans
une séance conciliaire à laquelle les légats romains ne
voulurent point assister, disant qu'ils n'avaient pas
été envoyés pour cela. Voici en quoi elles consistaient.
D'abord (c. 9, 17) les litiges avec les métropolitains
devaient être portés soit devant l'« exarque » du diocèse [1], soit devant l'évêque de Constantinople. A celui-ci
était reconnu le droit de consacrer les métropolitains
des trois « diocèses » de Pont, d'Asie et de Thrace ;
enfin on promulguait à nouveau le canon du concile
de 381 par lequel le siège de la nouvelle Rome avait
été classé immédiatement après celui de l'ancienne
(c. 28).

On ne saurait dire qu'il y eût là, au point de vue
pratique, une grande innovation. Les relations définies
par le concile de Chalcédoine étaient bien celles que
l'usage avait introduites depuis deux ou trois générations. Les légats, cependant, soulevèrent des difficultés. Ils provoquèrent la tenue d'une séance supplémentaire et produisirent des instructions du pape Léon,
par lesquelles il leur était enjoint de faire respecter
« la définition des saints Pères et la dignité du pape,
» si quelques-uns, se faisant forts de l'importance de

---

[1] Les canons 9 et 17 sont libellés de telle façon que l'on
pourrait croire que cette juridiction concurrente s'ouvrait
même aux évêques de Syrie, d'Egypte et d'Illyrie. En fait cependant, elle ne s'étendit qu'aux trois diocèses qui formèrent
le patriarcat de Constantinople. — On entendait par exarque
l'évêque qui avait son siège au chef-lieu du diocèse civil.

» leurs villes, entreprenaient d'y porter atteinte ». Ils donnèrent ensuite lecture de ce qu'ils appelaient la définition des saints Pères, c'est-à-dire du 6ᵉ canon de Nicée, où il n'est nullement question de Constantinople, pour la bonne raison que cette ville n'existait pas au temps du concile, ni de la classification des grands sièges, ni même de Rome, si ce n'est accessoirement [1]. Il est vrai que, dans l'exemplaire romain, le canon débutait par cette phrase, étrangère au texte original : « L'église romaine a toujours eu la prééminence » [2]. Mais la prééminence de l'église romaine n'était contestée par personne ; le concile n'insista pas sur cette glose. Les légats élevèrent aussi des doutes sur les conditions dans lesquelles le vote avait été obtenu. On enquêta devant eux ; les évêques d'Asie et de Pont déclarèrent qu'ils avaient voté librement. Toutefois l'évêque d'Ancyre, Eusèbe, ne se montra pas très enthousiaste du nouveau règlement ; il prévoyait que le clergé de Constantinople en abuserait pour faire finance. Des deux sièges les plus intéressés, ceux d'Ephèse et de Césarée, le premier venait d'être déclaré vacant ; Thalassius, titulaire de Césarée, n'était sans doute pas très content ; mais c'était un homme accommodant : il n'appuya pas la résistance des légats [3]. Ceux-ci ne purent faire autre chose que de protester.

---

[1] T. II, p. 152.
[2] *Ecclesia Romana semper habuit primatum.* Sur les documents de cette glose, v. Maassen, *Quellen,* t. I, p. 19 et suiv.
[3] Phrase peu claire, Mansi, t. VII, p. 452.

Le pape Léon, quand il eut des nouvelles du concile, se montra très froissé de ces règlements. Il protesta à son tour, avec la plus grande véhémence, auprès de l'empereur, de l'impératrice, du patriarche Anatole [1]. Sans doute on avait accepté ses jugements doctrinaux, réhabilité Flavien, réprouvé Eutychès, déposé Dioscore; sans doute on avait approuvé sa lettre dogmatique et rédigé, en étroite conformité avec elle, la formule de la définition. Ce dernier point représentait une déférence bien grande, car la majorité, très attachée à Cyrille, avait conscience de l'avoir sacrifié aux Romains. Cependant le pape n'était pas content; il insista tant et si fort que le bruit se répandit en Orient qu'il allait casser le concile de Chalcédoine tout comme il avait cassé celui d'Ephèse. En vain lui alléguait-on le concile œcuménique de 381; il ne connaissait pas cette assemblée; il ne voulait rien savoir de cette prééminence de Constantinople, qui repoussait au troisième et au quatrième rang les vieux sièges traditionnels d'Alexandrie et d'Antioche.

Ce zèle pour les métropoles d'Egypte et de Syrie n'est pas sans étonner au premier abord. Toutefois, en y regardant de près, on s'explique pourquoi le pape Léon en fit tant d'étalage. Il ne pouvait voir d'un bon œil les progrès incessants du siège de Constantinople. Quel n'eût pas été son aveuglement s'il n'y avait discerné un grand danger pour l'unité de l'Eglise et la dignité de l'épiscopat grec! A l'antique concep-

---

[1] J. 481-484, ep. CIV-CVII.

tion de la fraternité chrétienne présidée par l'église apostolique de Rome, on était en voie d'en substituer une autre, celle de l'Eglise dirigée de la capitale par un prélat que sa situation, souvent aussi son origine et ses tendances d'esprit, plaçaient sous l'influence immédiate de la cour et du gouvernement. Sans doute le gouvernement, c'était aujourd'hui Pulchérie ; mais demain ? Et puis, allait-on pousser plus loin l'application de ce principe que l'évêque de la résidence impériale a droit à une juridiction souveraine ? Transportée en Italie, cette notion de droit ecclésiastique n'allait à rien moins qu'à déposséder le siège de saint Pierre au profit de l'évêque de Ravenne.

Au fond, Léon avait d'excellentes raisons de ne pas prendre en patience cette décision du concile ; mais ces bonnes raisons, il ne pouvait pas les dire, et cela le forçait d'en faire valoir d'autres qui n'étaient pas toujours très fortes, ni très intelligibles aux Grecs. Ils ne comprenaient rien, en particulier, au dédain que l'on affichait pour leur concile œcuménique de 381 et trouvaient bien tardive une protestation qui venait après soixante-dix ans de silence. Que Constantinople eût le second rang après Rome, c'était chose passée en habitude : Anatole avait siégé au concile immédiatement après les légats ; ceux-ci, loin de s'y opposer, avaient appelé sur ce fait l'attention des évêques, et déploré qu'au concile de Dioscore, Flavien eût été placé au cinquième rang [1].

[1] Première session, Mansi, t. VI, p. 608.

Cette querelle fit mauvais effet en Orient et embarrassa fort le gouvernement. D'un côté le tome de Léon suscitait des oppositions énormes et l'on était forcé de faire marcher des troupes pour inculquer le respect du concile de Chalcédoine; de l'autre, ce même concile était réprouvé par le pape. On s'y perdait. Enfin une sorte d'apaisement se produisit. On obtint de Léon qu'il approuvât [1] expressément le concile de Chalcédoine, sans cependant se désister de sa protestation en faveur « des canons de Nicée ». Sur ce point, on le laissa dire; Anatole continua d'exercer son autorité, sans insister pour qu'elle fût légalisée par le pape.

Ce conflit ne sortait pas du domaine épistolaire; le public ne s'y intéressait qu'assez indirectement, pour la répercussion qu'il pouvait avoir sur une lutte infiniment plus grave à ses yeux.

A voir la difficulté avec laquelle l'épiscopat grec s'était plié, pour les formules de foi, aux exigences romaines, on était fondé à craindre qu'il ne se produisît au dehors de sérieuses résistances. Sans doute le gouvernement était très décidé [2] et l'épiscopat très docile; mais il y avait de par l'Orient des gens

---

[1] J. 490 (Ep. CXIV); cf. 491-493 (Ep. CXV-CXVII), 495 (Ep. CXIX).

[2] Un édit affiché à Constantinople le 7 février 452, un autre expédié dans les provinces le 13 mars (Mansi, t. VII, p. 476, 477); révocation de l'édit de Théodose II contre Flavien et pour Eutychès, 6 juillet (*ibid.*, p. 497); édit contre les sectateurs d'Eutychès, spécialement ceux de son monastère, 28 juillet (*ibid.*, p. 501).

qui ne craignaient ni le gouvernement, ni ses conciles. Ils allaient entrer en scène, ou plutôt ils y étaient déjà. Devant l'imposante assemblée de Chalcédoine les moines rebelles avaient paru le front haut et le verbe insolent; il n'avait pas été possible de les courber à l'obéissance. Les évêques égyptiens s'étaient, à la vérité, prosternés devant leurs collègues, mais n'avaient pas plus cédé que les moines. Nous allons les retrouver, les uns et les autres.

C'est en Palestine que les moines firent leur plus retentissant esclandre. L'un d'entre eux, un certain Théodose, qui, les années précédentes, avait joué un certain rôle [1] et contribué à envenimer la querelle entre Dioscore et Domnus, accourut de Chalcédoine, aussitôt le concile terminé, et en donna les nouvelles les plus inquiétantes. On avait condamné Eutychès, Nestorius aussi; mais les doctrines de celui-ci avaient été canonisées et Cyrille se trouvait proscrit dans la personne de son successeur. La foi était trahie par les évêques, persécutée par le gouvernement. Juvénal, ce Juvénal dont on avait tant espéré, qui avait si constamment soutenu Cyrille et Dioscore, Juvénal avait prévariqué tout comme les autres. Fallait-il donc le recevoir?

---

[1] Ci-dessus, p. 401. Il n'avait pas toujours été en bons termes avec Dioscore. Celui-ci le fit un jour fouetter et promener par les rues d'Alexandrie sur un chameau galeux; le moine avait, on ne sait à propos de quoi, pris une attitude séditieuse envers le peu endurant patriarche (Evagrius, II, 5).

Ces étincelles tombaient dans un milieu très inflammable. Les moines étaient fort nombreux en Palestine, surtout dans les déserts à l'est de Jérusalem, vers le Jourdain et la mer Morte. En ville on en trouvait toujours beaucoup. Le plus souvent c'étaient des isolés, qui passaient leur vie à vagabonder de sanctuaire en sanctuaire, ou à se macérer dans une ascèse inutile et peu réglée. Rarement on les voyait groupés en monastères ou même en colonies d'anachorètes (laures). Les efforts de saint Euthyme pour discipliner les solitudes n'avaient abouti que dans un cercle assez restreint. On citait, à Jérusalem, le couvent de Passarion et, sur le mont des Oliviers, l'établissement fondé par Mélanie la jeune, avec ses deux monastères, l'un pour les hommes, l'autre pour les femmes. La pieuse fondatrice n'était plus là pour les diriger [1]; son aumônier et confident, le moine Géronce, la remplaçait. A défaut de Mélanie, une autre très grande dame vivait à Jérusalem, dans ce monde bizarre de moines et de pèlerins: c'est la veuve de Théodose II, l'ancienne impératrice Athénaïs-Eudocie, retirée dans la ville sainte depuis quelques années. Quoiqu'elle fût très lettrée, il est peu probable qu'elle eût une compétence spéciale en théologie. Mais le concile de Chalcédoine était le concile de Pulchérie : cela ne le recommandait pas à sa vénération; c'était aussi la revanche du concile d'Ephèse, de celui de Dioscore et de Théodose II. Il est

[1] Elle mourut le 31 décembre 439; sa mère Albine et son mari Pinien l'avaient précédée dans la tombe (431 ou 432).

vrai que, dans les derniers temps, Eudocie avait été
assez en froid avec le défunt empereur; mais aux
maris morts il est beaucoup pardonné. Bref, Eudocie
entra tout-à-fait dans les idées du moine insurgé. Géronce et les siens en firent autant. L'opposition gagna
comme le feu dans une prairie sèche. Euthyme et sa
congrégation furent à peu près les seuls à rester dans
le devoir. Nombre de moines irréprochables, comme le
futur saint Gérasime, l'abbé Romain de Thécoa et
Pierre d'Ibérie [1], un ancien prince caucasien qui, pour
le moment, édifiait de son ascèse les environs de Gaza,
donnèrent leur appui au mouvement. Hesychius, un

[1] La vie de ce personnage avait été écrite par Zacharie le
Rhéteur (ci-dessus, p. 455, n. 1) avec celles de Théodore d'Antinoé et d'Isaïe le prophète; nous n'avons plus les deux premières; en revanche une autre vie de Pierre d'Ibérie, très développée, écrite vers le commencement du VIe siècle, nous est
parvenue dans une version syriaque, éditée, avec traduction allemande, par M. Richard Raabe (*Petrus der Iberer*, Leipzig,
1895); cf. Chabot, *Pierre l'Ibérien*, dans la Revue de l'Orient
latin, t. III (1895), p. 368. Pierre était de la famille de Bacour,
le premier roi chrétien d'Ibérie (Rufin, *H. E.*, I, 10); il s'appelait, dans son pays, Nabarnougi; son père, le roi Bosmari,
l'avait envoyé à la cour de Théodose II comme otage (422); il
avait alors douze ans. Il édifia la cour par sa piété; puis, au
bout de quelques années, il s'enfuit à Jérusalem (430), avec un
compagnon qui partageait ses idées, Jean l'Eunuque. Bien
accueilli par Mélanie la jeune, qui l'avait vu à Constantinople,
il reçut l'habit monacal des mains de Géronce, puis organisa un monastère à la « Tour de David », où il vivait tranquille, avec Jean l'Eunuque et quelques autres. Mais quand
l'impératrice Eudocie se fut fixée à Jérusalem, comme c'était
pour elle une ancienne connaissance, elle l'importuna de ses
visites, si bien qu'il s'enfuit aux environs de Gaza (438). Il y
fut, très malgré lui, ordonné prêtre (447).

prêtre dont on estimait très haut le savoir et l'éloquence, prit aussi parti contre le concile [1]. Il fut entendu qu'on ne recevrait pas Juvénal, qu'on élirait un autre évêque et que, dans toute la Palestine, on remplacerait ainsi les évêques qui avaient failli à Chalcédoine [2].

Ce programme fut accompli. Juvénal, à son retour, se vit accueilli par l'émeute [3]. En vain fit-il résistance; tous ses efforts pour faire entendre raison aux moines et pour les calmer demeurèrent sans effet. La ville était en état d'insurrection; les moines en avaient fermé les portes et montaient la garde sur les remparts. A l'intérieur, le meurtre et l'incendie étaient à l'ordre du jour; on avait ouvert les prisons et embauché les malfaiteurs. Un diacre fut égorgé et traîné par les rues. A la barbe de Juvénal, son siège fut déclaré vacant et Théodose acclamé à sa place. On essaya d'assassiner l'ancien évêque et, si on n'y réussit pas, un de ses collègues, Sévérien de Scythopolis, tomba sous le poignard des fanatiques. Juvénal s'enfuit à Constantinople.

[1] Ci-dessus, p. 345, note.
[2] Sur cette affaire, voir les deux lettres impériales adressées après la répression, aux moines du Sinaï et à ceux d'Ælia (Mansi, t. VII, p. 484, 483); Cyrille de Scythopolis, vie d'Euthyme (Cotelier, *Eccl. graecae monum.*, t. II), c. 72-86; Zacharie, III, 3-9.
[3] C'est peut-être à ce moment qu'il faut mettre la lettre synodale des évêques de Palestine, *Cum summus* (Mansi, t. VII, p. 520), que l'on place ordinairement après la restauration de Juvénal.

Eudocie se plaisait à cette fronde; elle en était l'âme. Le mouvement, du reste, gagnait la Palestine entière; partout Théodose installait des évêques à sa dévotion. C'est dans ces conditions que Pierre d'Ibérie reçut la consécration épiscopale et se vit confier le soin de l'église de Maïouma, voisine de son monastère.

Ce n'était pas au nom d'Eutychès qu'on s'était ainsi soulevé. On ne réclamait que la vraie foi, celle de Nicée, autrement dit celle de Cyrille, mise à mal par Léon et le concile de Chalcédoine. Pendant que celui-ci tenait ses assises, Eutychès, conduit en exil [1], avait passé par Jérusalem, où le prêtre Hesychius lui avait donné l'hospitalité. Mais les moines ne se compromirent pas avec lui. Ils le condamnèrent même sans hésitation. On disait que Théodose lui était personellement plus favorable; mais ou cela n'était pas vrai, ou il changea d'opinion, car il laissa la réputation d'un ennemi d'Eutychès [2].

On ne pouvait laisser la Palestine en révolution. Le gouvernement envoya des troupes et le comte Dorothée, commandant militaire, reçut l'ordre de rétablir l'évêque officiel. Juvénal revint avec lui. A leur ap-

---

[1] On ne sait au juste où. Il paraît qu'il continua à dogmatiser, car le pape Léon s'inquiéta de sa propagande et demanda qu'on l'expédiât plus loin (J. 464, ep. CXXXIV, du 15 avril 454).

[2] Zacharie, III, 9, 10. Cependant je ne sais si, de l'insistance même que les monophysites mettaient à décharger Théodose du reproche d'eutychianisme, il ne ressortirait pas quelque confirmation des paroles impériales (ci-dessus, p. 470, note 2) où ce reproche est formulé.

proche, les moines se mirent en mouvement, comme jadis les Machabées avaient marché contre les généraux d'Antiochus. La rencontre eut lieu près de Naplouse [1]. On essaya des pourparlers : les moines demeurèrent inflexibles. Il fallut employer la force ; ils se laissèrent tuer plutôt que de céder. Jérusalem fut occupée militairement ; Juvénal y rentra et l'ordre matériel fut à peu près rétabli.

Mais il se passa encore beaucoup de temps avant que l'on parvînt à pacifier les esprits. Théodose avait pu s'enfuir au Sinaï ; Pierre d'Ibérie, lui aussi, s'était mis à l'abri des poursuites. L'ex-impératrice Eudocie, contre qui on n'avait pas de prise, restait à Jérusalem et travaillait avec zèle à entretenir l'agitation. On essaya des moyens moraux : Marcien et Pulchérie écrivirent aux moines [2] ; le pape Léon en fit autant [3] ; Euthyme s'employa de son mieux. Bref, les esprits se calmèrent peu à peu. Sur Eudocie, les souverains de Constantinople avaient peu d'action ; il lui firent écrire par d'autres membres de sa famille et par le pape. La lettre [4] de celui-ci est un petit chef d'œuvre de diplomatie : Léon suppose la princesse occupée à prêcher

---

[1] Zacharie, III, 5, 6.

[2] Lettres citées plus haut, p. 470, note 2 ; ajouter les lettres de Pulchérie à l'abbesse Bassa et aux archimandrites et moines d'Ælia, ainsi que la lettre de Marcien au synode de Palestine (Mansi, t. VII, p. 505, 509, 513).

[3] J. 500, ep. CXXIV. Il écrivit aussi à Juvénal (J. 514, ep. CXXXIX).

[4] J. 499, ep. CXXIII.

la vraie foi et la bonne tenue aux moines de Palestine (hélas! qu'elle en était loin!), et, partant de là, il lui donne des conseils indirects.

Il y perdit son éloquence. Pour fléchir l'intrépide athénienne, il fallut la terrible leçon des catastrophes qui, en 455, fondirent sur sa famille : Valentinien III, son gendre, massacré dans une sédition, Rome pillée par les Vandales, sa fille et ses petites filles emmenées captives en Afrique. Eudocie s'abattit sous la main de Dieu et consentit enfin à ne plus troubler l'Eglise. Théodose, rattrapé par la police impériale, fut confié à des moines de Constantinople qui le gardèrent jusqu'à la mort de Marcien, bientôt suivie de la sienne [1].

Ce n'est pas seulement en Palestine que se manifestait l'opposition monacale. Elle faisait éclat un peu partout. En Syrie les évêques s'en plaignaient fort [2]. En Cappadoce, un certain Georges faisait un ramage tel qu'on l'entendit jusqu'à Rome. L'archevêque Thalassius, toujours pacifique [3], le tolérait outre mesure [4].

---

[1] Zacharie, III, 9 ; cf. le récit de sa mort, écrit par l'auteur de la vie de Pierre d'Ibérie (Ahrens et Krüger, *Zacharias*, p. 257 ; éd. Brooks, dans les *Scriptores Syri*, 3ᵉ série, t. XXV, p. 15). Marcien mort, il fut porté malade dans le faubourg de Sycae (Galata), où il mourut le 30 décembre 457 ; ses restes furent transférés en Chypre. C'est dans le monastère de Dius, très dévoué au concile de Chalcédoine, qu'il avait été interné.

[2] J. 495, 496 ; Léon, ep. CXIX, CXX.

[3] J. 494, ep. CXVIII.

[4] Thalassius était un ancien préfet du prétoire que Proclus avait installé brusquement sur le siège de Césarée (Socrate, VII, 48).

A Constantinople, Carose, Dorothée et leurs ayant-cause se refusaient à admettre le concile : il fallut les enlever de leurs monastères et leur en assigner d'autres. Carose, pourtant, céda au bout de quelques années ; il en fut sans doute ainsi des autres [1]. Mais il se conserva toujours, en certains couvents, un levain d'opposition, et non seulement dans les couvents, mais dans le clergé lui-même. Léon s'en plaint souvent dans ses lettres. Mais c'est en Egypte que les choses prirent la tournure le plus regrettable.

Dioscore avait été exilé à Gangres, au fond de la Paphlagonie. Ce ne fut pas une petite affaire que de lui donner un successeur [2]. Des ordres avaient été envoyés au préfet augustal Théodore. Il s'entendit avec les quatre évêques qui, dès la première séance du concile, avaient abandonné Dioscore, et l'assemblée électorale fut réunie. Dès ce premier moment les positions se dessinèrent. Les gens en place, les notables, les personnes paisibles par caractère ou par situation de fortune, acceptaient de bon ou de mauvais gré la sentence du concile et ne voyaient pas d'inconvénient à ce que l'on élût un nouvel évêque. Le menu peuple, au contraire, fanatisé par les moines, criait au sacri-

---

[1] Saint Auxence, célèbre solitaire des environs de Chalcédoine, se refusa d'abord, lui aussi, à se soumettre au concile. Son biographe (*Acta SS.*, 14 février) raconte en détail comment on l'y amena.

[2] Liberatus, *Brev.*, 14 ; cf. Zacharie, III, 2.

lège. Dioscore vivant, nul autre ne devait être évêque à Alexandrie. Ces protestations furent négligées ; les autorités, ecclésiastiques et civiles, s'accordèrent sur le choix de l'archiprêtre Proterius, un homme en qui Dioscore avait apparemment confiance, puisque c'est à lui que, partant pour le concile, il avait confié le gouvernement intérimaire de son église. En le prenant, il semble qu'on voulût atténuer autant que possible le dissentiment avec l'opposition.

On n'y réussit guère. L'émeute gronda bientôt dans les rues d'Alexandrie [1]. Les troupes marchèrent ; elles furent mises en déroute. Refoulés dans le Serapeum, les soldats de l'empereur y soutinrent un siège, qui tourna mal pour eux : ils finirent par être brûlés vifs. En représailles, le gouvernement supprima les distributions de blé, ferma les bains et les théâtres, et envoya aussitôt des renforts. La ville fut occupée militairement. Le calme reparut, mais pour un moment. La masse des Alexandrins ne voulait décidément pas de Proterius ; ils ne cessèrent de lui faire la vie dure.

Son élection fut notifiée à Rome, suivant l'usage ; il paraît que ses explications sur la foi n'étaient pas très claires, car le pape en provoqua d'autres [2]. Léon n'avait qu'une idée vague des difficultés dans lesquelles se débattait le malheureux patriarche. Comme le gou-

---

[1] Evagrius, II, 5, se refère, pour ceci, au témoignage de l'historien Priscus de Panion, qui se trouvait alors à Alexandrie.
[2] J. 489, ep. CXIII, du 11 mars 453 ; J. 503, ep. CXXVII, du 9 janvier 454 ; J. 505-507, du 10 mars suivant.

vernement impérial, il prenait pour disciples d'Eutychès tous ceux qui résistaient au concile de Chalcédoine et à son propre tome.

La police impériale, mise résolument au service de Proterius, élimina des sièges épiscopaux tout ce qui faisait opposition. Les évêques ainsi déplacés se retirèrent où ils purent, sauf à Alexandrie, dont le séjour leur était interdit.

Cependant Dioscore mourait à Gangres, le 4 septembre 454, après trois années d'exil. Alexandrie entra aussitôt en effervescence. On parla de donner un successeur au patriarche défunt. Les fonctionnaires réussirent à empêcher l'exécution de ce projet, et l'empereur crut l'occasion bonne pour ramener les dissidents. Un silentiaire, appelé Jean, fut envoyé en Egypte pour les réconcilier avec Proterius [1]. Il n'y réussit pas et revint à la cour avec une pétition des Dioscoriens.

Depuis le premier jour, l'opposition avait son centre dans un petit comité dont les chefs, un prêtre Timothée, surnommé le Chat (Elure, Αἴλουρος) et un diacre, appelé Pierre l'Enroué (Monge, Μόγγος), étaient tous deux appelés à une grande célébrité. Ils avaient assisté l'un et l'autre au second concile d'Ephèse, avec leur patriarche Dioscore, et lui étaient demeurés fidèles. Ce n'étaient pas des partisans d'Eutychès; loin de là, ils le

---

[1] J. 516, ep. CXLI, du 11 mars 455; Zacharie, III, 11. Voir la lettre de Marcien aux moines d'Alexandrie, dont cet envoyé fut porteur, Mansi, t. VII, p. 482, texte latin, plus complet que le grec.

pourchassaient sans relâche, lui, sa doctrine et ses disciples ; c'étaient des cyrilliens intransigeants, rien de plus. Ils ne voulaient pas entendre parler des deux natures, ni du tome de Léon, ni de la définition de Chalcédoine, ce pourquoi le patriarche Proterius n'avait pu se dispenser de les déposer. Comme c'étaient des personnages considérables, il avait cru devoir notifier leur destitution à Constantinople et à Rome [1].

Pour rester attachés à Dioscore, ils étaient obligés de passer l'éponge sur toutes les monstruosités du concile d'Ephèse, et spécialement sur ce fait que Dioscore y avait solennellement proclamé l'orthodoxie d'Eutychès. C'était leur point faible. En revanche ils disaient, après Anatole de Constantinople, que Dioscore n'avait pas été condamné pour sa doctrine, mais seulement pour avoir excommunié le pape Léon, en quoi, selon ses disciples, il avait eu parfaitement raison, puisque Léon était nestorien.

Cette position doctrinale, ils l'avaient fait valoir devant l'empereur Marcien, par l'intermédiaire du silentiaire Jean. Ils n'avaient point réussi à le convaincre ; mais Marcien mourut bientôt (février 457) ; les gens d'Alexandrie intervinrent et la situation devint tout-à-coup fort grave.

Pulchérie était morte (été 453) depuis plus de trois ans. La race des Théodose était à peu près extirpée ;

---

[1] Lettre d'Acace au pape Simplicius, Thiel, p. 193 ; cf. p. 514.

seules, quelques femmes captives la représentaient en
Afrique, dans le gynécée du roi des Vandales. En fait,
les deux moitiés de l'empire étaient au pouvoir de deux
officiers barbares, ariens l'un et l'autre, Ricimer en
Occident, Aspar en Orient, à qui leur religion, autant
que leur nationalité, interdisait de ceindre la couronne.
Aspar mit celle d'Orient sur la tête d'un de ses hommes de confiance, Léon (7 février 457). Comme il n'y
avait plus aucun membre de la famille théodosienne
pour lui donner l'investiture, on imagina de recourir au
patriarche Anatole, et celui-ci présida au couronnement
du nouvel empereur. C'est la première fois qu'on voit
le clergé intervenir en ces cérémonies politiques.

Aspar et son empereur ne pouvaient avoir, pour le
concile de Chalcédoine, les sentiments de Marcien et
de Pulchérie. Les Egyptiens [1] s'en doutèrent. Par une
fâcheuse coïncidence, leur gouverneur militaire se trouvait en tournée dans l'intérieur : l'émeute eut donc
toute facilité. Elle se porta sur la principale église, le
Caesareum, en chassa le clergé de Proterius et procéda
séance tenante à l'élection de Timothée.

[1] Sur ces événements, les requêtes citées plus loin, p. 480,
n. 3, nous donnent la version protérienne ; la version monophysite nous serait représentée par la requête en sens contraire
(*ibid.* n. 4), si nous l'avions complète. Il faut se contenter des récits
de Zacharie, IV, 1, 2, 3, et du biographe de Pierre d'Ibérie, p. 65
(Raabe). Zacharie dit que Timothée fut consacré par Pierre et
deux évêques égyptiens, qu'il ne nomme pas ; Evagrius (II, 8)
a préféré suivre le biographe, dont le témoignage est confirmé
par la requête des évêques protériens, pièce absolument contemporaine.

L'évêque de Péluse, évincé pour son attachement à
Dioscore, se trouvait à Alexandrie, en dépit des prohibitions. C'était un assez triste personnage : saint Isidore s'en était beaucoup plaint [1]. On l'amena au Caesareum. Il en aurait fallu deux autres. Quelqu'un se
rappela Pierre d'Ibérie, cet évêque palestinien, que la
la défaite des théodosiens de Jérusalem avait jeté en
exil et amené, lui aussi, à Alexandrie [2]. On parvint à
le découvrir ; il fut porté en triomphe à la grande
église : Eusèbe et lui consacrèrent Timothée comme successeur de Dioscore, à la grande joie du populaire (16
mars 457).

La fête dura peu : le général Denys, averti de ce
qui se passait, s'empressa de rentrer, fit arrêter le nouveau patriarche et l'expédia à Taposiris (Abousir). Cette
mesure, loin de calmer les esprits, eut pour résultat de
les déchaîner davantage, si bien qu'il fallut rappeler
Timothée et essayer de faire vivre en paix les deux
partis, en tolérant le schisme. Cela même ne réus... pas.
Le jeudi saint, 28 mars, le baptistère de l'église de Qui-
rinus, où Proterius officiait, fut envahi par une foule
hostile. L'évêque fut massacré [3] ; les assassins s'achar-

---

[1] Ci-dessus, p. 295.
[2] Inquiété par Proterius, il avait dû se retirer à Oxyrynque,
où il vécut quelque temps ; mais il était revenu à Alexandrie et
il s'y trouvait au moment de la mort de Marcien (*Petrus der
Iberer*, p. 64).
[3] Les monophysites prétendirent que Proterius avait été tué
par des soldats impériaux (Zacharie, IV, 2 ; cf. *Petrus der Iberer*,
p. 69).

nèrent sur son corps, le traînèrent par les rues, le pendirent au Tétrapyle, et, après mille outrages et des excès de cannibales, le populaire le brûla et jeta les cendres au vent (28 mars 457).

Timothée était débarrassé de son rival; mais il avait sur les bras une affaire des plus graves. Sur le moment cependant, il semble qu'un bon nombre de Protériens, harassés de ces querelles interminables, se soient montrés disposés à subir le patriarche dioscorien. Mais celui-ci, à l'instigation des fanatiques qui l'entouraient, leur fit des conditions trop dures [1]. Ils allèrent se plaindre, les uns au pape Léon [2], les autres à l'empereur et au patriarche Anatole [3]. Timothée, de son côté, ne perdait pas de temps. Fort de l'enthousiasme de la population, il remplaçait partout les évêques chalcédoniens par des gens dévoués à ses idées, remaniait dans le même sens le clergé d'Alexandrie, et, à la manifestation dirigée contre lui à Constantinople, répondait par l'envoi d'un autre groupe d'évêques, chargé de plaider [4] en faveur de la révolution qui venait de s'opérer.

[1] Zacharie, IV, 3, 4.
[2] Le 1er juin 457, le pape n'avait encore que des nouvelles très vagues (*quidam rumores*) sur les événements d'Alexandrie (J. 457, ep. CXLIV).
[3] Requêtes présentées à l'empereur et à Anatole par un groupe de 14 évêques égyptiens et de quelques prêtres d'Alexandrie qui firent le voyage de Constantinople (Mansi, t. VII, p. 525, 531).
[4] Le début seulement de leur requête à l'empereur nous a été conservé (Mansi, t. VII, p. 536).

C'est alors que le 28ᵉ canon de Chalcédoine, tant combattu par le pape Léon, joua un rôle inattendu et sauva la situation. Anatole n'avait pas, on l'a vu, de tendresse spéciale pour le dogme des deux natures. Il ne lui aurait pas fallu un grand effort pour changer de théologie et revenir à celle qu'il avait si longtemps professée [1]. Mais, depuis les événements d'Ephèse, il était devenu patriarche de Constantinople et cette qualité faisait de lui un client dévoué du concile qui avait fondé son patriarcat. Dès qu'il vit se produire autour de lui des intrigues antichalcédoniennes, il intervint résolument et obtint que le nouveau gouvernement restât fidèle aux déterminations de l'ancien [2].

Cependant cette fidélité de principe avait à compter avec les faits qui venaient de s'accomplir en Egypte. L'empereur Léon fit châtier ceux des assassins de Proterius qui purent être retrouvés [3]; quant à la situation de Timothée, il mit beaucoup de temps à l'examiner.

Les émissaires du patriarche intrus nouaient des intelligences dans le clergé de Constantinople, même à la cour; Aspar, le tout puissant patrice, ne leur était pas défavorable. Le pape Léon put craindre qu'on ne réunît un nouveau concile pour reviser celui de Chalcédoine; on disait que sa fameuse lettre était obs-

---

[1] Le pape se plaignait constamment de sa tolérance à l'égard des « eutychiens » de Constantinople.
[2] J. 520-524 (Léon, ep. CXLIV-CXLVIII); 529 (CLI).
[3] Théophane, a. 5951.

cure ; on lui demandait des explications, superflues selon lui. Il écrivait partout, à Constantinople, à Antioche, à Jérusalem, à Thessalonique, s'efforçant de maintenir tout le monde dans le devoir. Enfin l'empereur se décida à ne pas assembler un nouveau concile œcuménique et à consulter l'épiscopat province par province. Deux questions furent envoyées à tous les métropolitains [1] : Fallait-il maintenir le concile de Chalcédoine ? Fallait-il reconnaître Timothée comme évêque d'Alexandrie ? A ce questionnaire étaient jointes les requêtes présentées à l'empereur par les deux partis égyptiens. Chacun des métropolitains convoqua son concile. De cette consultation fractionnée il résulta [2] que les évêques étaient unanimes à réprouver l'intrusion de Timothée ; quant au maintien du concile de Chalcédoine, on ne

---

[1] Les seuls omis dans la liste des adresses (v. ci-dessous, note 2) sont ceux des provinces de Prévalitane, de Mésie supérieure et de Dacie ripuaire, probablement désorganisées par les barbares.

[2] Les documents de cette affaire furent réunis en un recueil appelé *Encyclia* (Evagrius, *H. E.*, II, 9, 10), que Cassiodore (*Divin. Litt.*, 11) fit traduire par le moine Epiphane. De cette version un exemplaire (*Parisin.* 12098) nous est parvenu, incomplet, il est vrai, car il y manque les réponses de vingt-deux provinces : les trois Palestines, Chypre, Arabie, Cilicie IIe, Euphratésienne, dans le diocèse d'Orient ; Bithynie, Honoriade, Galatie IIe, dans le diocèse de Pont ; Asie, Phrygie I^e et IIe, Pamphylie IIe (Sidé), Carie, Lycaonie, dans le diocèse d'Asie ; Rhodope, Hémimont, dans le diocèse de Thrace ; Macédoine I^e et IIe, Thessalie, dans le diocèse de Macédoine ; Dacie intérieure dans le diocèse de Dacie. L'empire d'Orient, moins le diocèse d'Egypte, comprenait alors 56 provinces.

signale d'autre opposition que celle du métropolitain
de Sidé, Amphilochius, et de ses comprovinciaux [1].

On avait jugé utile d'interroger aussi quelques-uns
des moines les plus en renom, Siméon le Stylite, Varadate et Jacques, syriens tous les trois. Ils opinèrent
dans le même sens que les évêques [2].

Il eût été naturel de procéder sans retard contre
le patriarche d'Alexandrie. Cependant on continua de
tergiverser. Le pape multipliait ses instances. Au lieu
de faire ce qu'il réclamait, on lui demandait des légats, de nouvelles explications. Il finit par envoyer deux

---

[1] La lettre des évêques de cette province, rédigée par Amphilochius, figurait dans l'histoire de Zacharie, où Evagrius (II, 10)
en prit connaissance ; mais le texte syriaque de l'*Historia miscellanea* n'en donne qu'un abrégé. Il s'est conservé une courte
phrase du grec original (*P. G.*, t. LXXXVI, p. 1841) et quelques
extraits syriaques dans la chronique de Michel le Syrien (éd.
Chabot, t. II, p. 145). On peut voir, du reste, par la lettre de
l'autre synode pamphylien, celui de Pergé, que les évêques de
ce pays n'étaient pas absolument satisfaits du formulaire de
Chalcédoine. Dans la lettre de Pergé, on distingue entre le
langage des professions de foi ou symboles, comme le symbole
de Nicée, et la terminologie scientifique, dont on peut faire
usage en discutant contre les hérétiques. Les signataires voudraient qu'il fût bien entendu que l'expression *deux natures*
rentre dans cette dernière catégorie. Amphilochius de Sidé
avait été soupçonné, au concile de Chalcédoine, de partager les
idées d'Eutychès. On exigea de lui, à la fin de la 8ᵉ session, qu'il
les anathématisât expressément.

[2] La réponse de Varadate est la seule qui figure dans les
Encyclia. Varadate et Siméon avaient écrit chacun deux lettres,
l'une à l'empereur, l'autre au patriarche d'Antioche, Basile
(Photius, cod. 229, à la fin ; cf. Evagrius, II, 10) ; Evagrius nous
a conservé l'essentiel de la lettre de Siméon à Basile.

évêques, Domitien et Géminien, avec une grande lettre [1] doctrinale où il reprenait tout le litige et tempérait tellement son style qu'on n'y trouve plus la fameuse expression « en deux natures » et que la formule monophysite n'y est critiquée qu'avec réserve et dans une acception spéciale [2]. Cette fois encore il joignit à son exposition tout un recueil de textes; il eut même l'attention d'y faire une plus large place à Cyrille. A la réception de cette lettre, l'empereur dépêcha à Alexandrie le silentiaire Diomède, chargé de la faire lire à Timothée. C'est sûrement pour lui qu'elle avait été écrite; on lui montrait ainsi beaucoup d'égards. Si le vieil obstiné se fût laissé fléchir, s'il eût accepté les explications de Léon, que de malheurs eussent été épargnés à l'Eglise! Il fut inflexible. Diomède revint avec une réponse négative [3].

Les personnes de la cour, qui, jusque là, avaient mis leur influence au service du patriarche égyptien, se sentirent déconcertées. Anatole venait de mourir (3 juillet 458); un prélat plus décidé dans le sens chalcédonien, Gennade, l'avait remplacé sur le siège de Constantinople. Cependant il se passa encore quelque temps avant que l'on en vînt aux mesures d'exécution. Elles furent confiées à Stilas, duc d'Egypte, qui ne réussit

---

[1] J. 542; ep. CLXV, du 17 août 458.
[2] « (Eutychianus qui) Verbi incarnati, id est Verbi et carnis unam audet pronuntiare naturam » (c. 2).
[3] Zacharie, IV, 6, et Michel le Syrien, éd. Chabot, IX, 1; cf. *P. G.*, t. LXXXVI, p. 273.

pas sans peine. L'émeute se déchaîna ; les Protériens appuyèrent les troupes de police ; on parle de dix mille morts [1]. Enfin le vieux pontife fut arrêté et mis sur la route de Palestine. De là on le conduisit à Constantinople, et le pape Léon put craindre qu'après l'avoir déterminé à signer quelque vague formule, on ne le renvoyât à Alexandrie [2]. Cela n'arriva pas, soit que Timothée ait persisté à ne rien vouloir entendre, soit que l'irrégularité de sa promotion ait paru le disqualifier. Il fut donc envoyé à Gangres, et, comme il trouvait moyen d'y continuer son rôle d'agitateur, on l'expédia au delà du Pont-Euxin, à Cherson en Crimée. Il y resta longtemps, jusqu'à l'année 475, écrivant sans cesse pour défendre ses idées et combattre soit les tenants d'Eutychès, soit ceux du concile de Chalcédoine [3].

Timothée mis ainsi hors de cause, on procéda à l'élection d'un autre évêque d'Alexandrie. Les Protériens élurent un second Timothée, surnommé Salofaciol (Turban blanc) [4]. C'était un homme excellent, doux à tout le monde, même aux fanatiques auxquels sa communion était en horreur. « Nous vous aimons bien, lui

---

[1] C'est ce que dit Zacharie (IV, 9), auteur sujet à exagérer.
[2] J. 546, 547 ; ep. CLXIX, CLXX, du 17 juin 460.
[3] Sur la littérature de ce personnage, v. J. Lebon, *La christologie de Timothée Elure,* dans la *Revue d'hist. ecclés.*, t. IX (1908), p. 677.
[4] Léon répondit aux lettres par lesquelles on lui notifia l'avènement de Salofaciol (J. 548-550, ep. CLXXI-CLXXIII). Les consécrateurs étaient au nombre de dix.

» disaient-ils, mais nous ne voulons pas de vous pour
» évêque ».

Il était tellement accommodant qu'il alla jusqu'à rétablir le nom de Dioscore [1] dans les diptyques, ce pourquoi il fut semoncé par le pape [2].

Les Egyptiens se tenaient tranquilles ; Timothée en partant, les avait confiés aux soins de Pierre d'Ibérie. En 471, le patriarche exilé perdit un grand protecteur, le patrice Aspar, massacré avec sa famille par les soins de l'empereur Léon, à qui il avait donné le trône. Léon lui-même mourut en 474 (janvier). Depuis que l'influence d'Aspar avait commencé à baisser, on avait vu surgir celle d'un aventurier isaurien, qui changea son nom barbare en celui de Zénon. Les Isauriens, descendants éloignés des pirates exterminés par Pompée, avaient pour spécialité, comme les Kourdes actuels, d'écumer les routes de la haute Asie-Mineure. Leur centre était la ville d'Isaura, sur le revers lycaonien du Taurus. C'était une barbarie intérieure. Léon trouva ingénieux de l'opposer à la barbarie germanique ; Zénon reçut le titre de patrice, le commandement de la garde et la main d'Ariadné, fille de l'empereur. Il en eut un fils, appelé Léon, comme son grand-père, qui le

---

[1] J. 580 ; cf. Zacharie, IV, 10.
[2] Evagre, II, 11, dit que les uns l'appelaient Βασιλικόν, les autres Σαλοφακίαλον. Le premier de ces deux termes signifie que Timothée était le patriarche de l'empereur ; c'est le sens du mot melkite, encore en usage.

proclama auguste quelques mois seulement avant de mourir.

Quand s'ouvrit la succession (474, 3 février), deux personnes avaient la qualité d'auguste, l'impératrice Vérine, veuve de l'empereur défunt, et son petit-fils, âgé de quatre ou cinq ans. Il était assez naturel que Zénon s'emparât du pouvoir et c'est ce qu'il fit, bien que l'opinion fût peu favorable aux brigands d'Isaurie. Sa belle-mère s'y prêta et l'on organisa à l'hippodrome une cérémonie où le petit Léon posa la couronne sur la tête de son père. Peu après (474, novembre) l'enfant mourut et Zénon demeura seul maître du pouvoir. Ce ne fut pas pour longtemps. Sa conduite privée et sa façon de gouverner soulevèrent de tels mécontentements que ce fut un jeu de le renverser. L'impératrice Vérine s'en chargea ; elle lui opposa son frère à elle, Basiliscus. Zénon perdit la tête, passa à Chalcédoine (475, 9 janvier [1]) et de là s'enfuit en Isaurie avec sa femme.

Cette révolution de famille devait avoir, dans les affaires ecclésiastiques, les conséquences les plus graves. L'église de Constantinople était dirigée, depuis la mort de Gennadius (471), par le patriarche Acace, homme avisé, très dévoué aux intérêts de son siège. Zénon qui, par le passé, s'était un peu compromis avec les monophysites d'Antioche, observait maintenant à l'égard

---

[1] Date fournie par Jean d'Antioche (Müller-Didot, *Fragm hist. graec.*, t. IV, p. 618); cf. De Rossi, *Inscr. chr.*, t. I, p. 383

du concile la même attitude que ses prédécesseurs. Acace le maintenait dans ces dispositions. Sur Basiliscus il n'eut pas la même influence. Celui-ci avait dans son entourage des amis de Timothée Elure. Cédant à leurs conseils, et, dit-on, à l'influence de sa femme Zénonide, il rappela d'exil le vieux patriarche et lui délivra une lettre « encyclique » [1] entièrement conforme à ses idées. On y canonisait les deux conciles d'Ephèse et l'on réprouvait tant les erreurs d'Eutychès que les nouveautés doctrinales de Chalcédoine. Tous les évêques étaient invités à signer cette pièce ; le refus de signature, et, en général, une manifestation quelconque en faveur du concile de Chalcédoine, était puni de la déposition pour les clercs, de l'exil et de la confiscation pour les laïques.

Timothée triompha sans modestie. Exaspéré par son long exil et ses interminables controverses, il avait vu venir enfin le jour de la revanche. Il en jouissait. Quand il revint de Cherson à Constantinople, les marins d'Alexandrie, toujours nombreux à la Corne d'Or, l'acclamèrent avec enthousiasme ; la population se mit de la fête ; on s'empressait sur son passage, on demandait sa bénédiction. C'est en vainqueur qu'il pénétra dans le palais impérial où des appartements lui avaient été préparés. Plus réservé fut l'accueil du patriarche Acace. Timothée, il est vrai, essaya de lui forcer la main. Il voulut faire une entrée solennelle à Sainte-

---

[1] Evagrius, III, 4.

Sophie. Mais des moines fidèles lui barrèrent le chemin ;
les autres églises lui furent également fermées [1]. La
réaction antichalcédonienne n'était pas faite pour plaire
au patriarche de la capitale ; à cet égard ses idées ou
ses appréhensions étaient celles de ses prédécesseurs
Anatole et Gennade ; il eut d'ailleurs vent de certaines
intrigues, ourdies en vue de le déposséder de son siège.
Bref, il se montra très froid et refusa de signer l'Encyclique. Il faut que sa situation ait été bien forte,
car, en dépit des sanctions édictées, il parvint à se
maintenir.

Ce n'est pas seulement contre cette opposition que
Timothée eut à lutter. Il y avait aussi celle des Eutychiens, sans cesse combattus par lui et qui s'agitaient à la cour, prétendant qu'il n'était pas assez pur
et qu'il fallait le renvoyer à Cherson.

Ses amis lui firent sentir qu'il ferait mieux de ne
pas s'attarder dans la capitale. Il s'embarqua pour Alexandrie. En route il relâcha à Ephèse, où le triomphe
recommença. C'était le lieu des succès alexandrins :
Nestorius y avait été vaincu par Cyrille et Flavien
par Dioscore. C'était aussi la meilleure base d'opérations contre l'évêque de Constantinople. Le concile de
Chalcédoine n'y était guère en honneur, précisément
à cause du fameux 28e canon, si cher aux évêques de

---

[1] J. 573, 574, 575 (Thiel, p. 180, 185, 186). D'après une tradition, peut-être légendaire, recueillie par Théodore le lecteur
(I, 30), le patriarche Timothée serait tombé de son âne au lieu
appelé Octogone et se serait blessé au pied.

la capitale. Tout récemment on y avait élu et consacré un évêque, appelé Paul, sans s'inquiéter de Constantinople ni du canon. Acace était intervenu et avait fait éloigner ce prétendant. Timothée le fit rappeler. On tint un grand concile des évêques d'Asie; le patriarche d'Alexandrie reconnut solennellement l'autonomie d'Ephèse, mise à mal par le maudit concile. Une sentence de déposition fut prononcée contre Acace, et, dans une lettre [1] que l'assemblée adressa à l'empereur, celui-ci fut invité à se tenir hors de la communion d'un évêque aussi mal pensant.

Enfin on arriva à Alexandrie. Le débarquement s'effectua le soir, à la lueur des torches, au milieu d'une grande manifestation populaire. Salofaciol, préalablement invité à déguerpir, s'était retiré à Canope, dans le monastère des Pacômiens, où il vivait, comme les moines, du métier de vannier. Timothée Elure n'eut aucune peine à se réinstaller. Cette fois il se montra plus conciliant, plus facile à accorder sa communion, pourvu, bien entendu, que l'on condamnât le tome de Léon et le concile de Chalcédoine. On critiqua sa modération; outre les eutychiens, auxquels il continuait son antipathie, certains intransigeants de son bord se tenaient à l'écart, le trouvaient trop indulgent pour les Protériens convertis. Mais Timothée

---

[1] Zacharie V, 3; Evagrius, III, 5. Evagrius dit avoir emprunté à Zacharie. Cependant il est plus complet que le texte syriaque actuel, lequel doit avoir été écourté ici par le compilateur de l'*Historia miscellanea*.

laissait dire. Il allait jusqu'à s'occuper des besoins matériels de son prédécesseur. Il lui assigna un denier par jour, aumône peu fastueuse, mais suffisante pour un moine. Les restes de Dioscore furent rapportés à Alexandrie en une châsse d'argent et déposés dans la sépulture des évêques.

En Syrie aussi, le parti monophysite marchait de succès en succès. Il y avait des racines profondes, dans les vieilles tendances docètes, dans les directions d'esprit qui survivaient çà et là aux hérésies vaincues d'Eunome et d'Apollinaire. Il ne faut pas croire, en dépit de l'imposante attitude de Jean d'Antioche et de ses collègues, que les populations, en ce pays, fussent exactement représentées par leur épiscopat. Dès le temps de Cyrille une certaine opposition se manifesta [1]. Des moines soupçonneux surveillaient les prélats. Assidus aux sermons des grandes églises, ils les écoutaient d'une oreille malveillante, puis s'en allaient à Alexandrie faire des rapports. Sous Dioscore ce fut bien pire. Il est aisé de voir, par l'histoire d'Ibas et par celle de Théodoret, à quel point la théologie d'Antioche tombait en discrédit, dans son propre pays d'origine. Dès le temps du second concile d'Éphèse, nombre de prélats syriens étaient passés aux adversaires de leurs prédécesseurs. Le gouvernement, il est vrai, inspiré par Eutychès et Dioscore, avait aidé à ce changement; mais il y avait

---

[1] Ci-dessus, p. 382.

autre chose ; la preuve, c'est que, quand le vent changea dans les régions officielles, quand le concile de Chalcédoine eut décidé en faveur de Théodoret et de ses amis, les cyrilliens, loin de diminuer d'importance, devinrent un parti puissant, avec lequel il fallut compter. La masse des moines mésopotamiens, surtout dans le pays d'Amid et vers la frontière d'Arménie, était gagnée à la théologie alexandrine, pour ne pas dire à celle d'Eutychès ou même d'Apollinaire. Un peu partout, du reste, les âmes pieuses inclinaient au monophysisme. Elles le trouvaient plus mystique que la doctrine concurrente. C'était là un grand attrait. Au second siècle on était modaliste par piété, parce que le système de Noet et de Sabellius comportait un Christ plus divin, semblait-il, qu'il ne l'était dans la théologie du Logos. Maintenant on se défiait des deux natures parce que l'enseignement de Léon et de Théodoret ne semblait pas donner assez à la divinité absolue de Jésus. Au IIIe siècle et au IVe, les hérésies de Paul de Samosate et d'Arius avaient paru tout de suite incompatibles avec la piété, et c'est pourquoi on s'en était détourné ; au Ve siècle, la théologie de Chalcédoine, que l'on ne distinguait pas facilement de celle de Nestorius, apparaissait sous le même angle, angle fâcheux. D'un côté il y avait le gouvernement, le grand concile, l'église romaine ; de l'autre la piété envers le Sauveur. Opposition redoutable ! Les Monophysites s'attribuèrent toujours le monopole de la dévotion. Le suffrage, non de tous les moines, mais d'un très grand nombre d'entre eux et des plus remuants, appuyait extérieurement cette prétention. Le parti fut assez souvent persécuté ; c'était une recommandation de plus [1]. En somme c'était un parti sérieusement religieux et c'est bien pour cela qu'on eut tant de peine à le réduire.

Théodoret était mort peu après le concile de Chalcédoine [2]. A Antioche, l'évêque Maxime, impliqué dans quelque procès [3], fut remplacé en 455 ou 456. Sous Basile, qui lui succéda, la ville d'Antioche fut renversée (458) par un tremblement de terre. On n'a pas de document qui permette d'y suivre le travail des esprits. Après Basile vinrent les évêques Acace et Martyrius. C'est celui-ci qui eut à subir les premiers assauts du parti monophysite.

Après son mariage avec Ariadné [4], Zénon s'était fait envoyer à Antioche comme maître des milices d'Orient ; il y tenait une cour de vice-empereur. Avec lui

---

[1] J'ajoute tout de suite que, quand les Monophysites eurent le pouvoir à leur disposition ou quand ils se trouvèrent en force sur quelque point, ils se montrèrent les plus immodérés des hommes. Aucun parti religieux, si ce n'est peut-être les Donatistes d'Afrique, n'a joué plus largement de la matraque.

[2] La dernière pièce qui le mentionne est une lettre du pape Léon (J. 496, ep. CXX), du 11 juin 453, à lui adressée. Gennadius de Marseille, c. 89, le fait mourir *sub Leone*, c'est-à-dire en 457 au plus tôt. Je ne sais s'il faut attribuer une grande importance à ce témoignage. En 458 il était déjà remplacé.

[3] J. 516, ep. CXLI ; cf. Χρονογραφικὸν σύντομον, p. 131 De Boor ; ἐξεβλήθη διὰ πταῖσμα.

[4] Ci-dessus, p. 486.

était venu un prêtre de Chalcédoine [1], antérieurement moine chez les Acémètes, puis brouillé avec eux. Il s'appelait Pierre et portait le surnom de Foulon. Les Acémètes passaient pour très dévoués au concile de Chalcédoine, ce qui les faisait traiter de Nestoriens : Pierre le Foulon était dans les idées opposées. Arrivé à Antioche [2], il prit la direction de l'opposition monophysite et l'organisa contre l'évêque. A la suite d'une émeute, Martyrius se retira et alla se plaindre à Constantinople, pendant que Pierre était installé à sa place, sous l'œil bienveillant de Zénon [3]. Appuyé par son collègue, le patriarche Gennade, Martyrius parvint à se disculper des accusations que Zénon et son protégé n'avaient pas manqué de soulever contre lui. Il revint à Antioche. Pierre déguerpit pour quelque temps ; mais, comme le gouvernement impérial n'avait pas osé l'éloigner et qu'il jouissait toujours de la protection présente de Zénon, Martyrius eut de nouveau la vie dure, si dure qu'il se dégoûta et déclara, en pleine église, qu'il donnait sa démission : « Je renonce à un clergé rebelle, à » un peuple insoumis, à une église souillée ». Sans autre

---

[1] Il y dirigeait le monastère de Sainte-Bassa, où il paraît s'être mal conduit : *Hoc (monasterio) propter crimina derelicto, Antiochiam fugisse* (*Gesta de nomine Acacii*, 12 ; Thiel, *Epp. R. P.*, p. 518). Cf. Théodore le lecteur, I, 20.

[2] Sur ce qui suit, v. Théodore le lecteur, I, 20-22 ; cf. *Gesta Acacii*, l. c.

[3] D'après Jean d'Egée (*Revue archéol.*, t. XXVI, 1873, p. 401), l'ordination aurait été célébrée à Séleucie de Syrie, par des évêques que Zénon contraignit : ἐιασαμένου τοῦ Πέτρου, ἐπαμύναντος Ζήνωνος.

formalité, Pierre s'empara de la succession. Mais cette solution ne plut pas à Constantinople. Gennadius obtint un ordre d'exil [1]. Pierre était déjà sur la route de l'oasis où Nestorius avait longtemps vécu, quand il réussit à s'échapper et revint à la capitale. On le confia aux Acémètes. Ils le gardèrent tant que vécut l'empereur Léon († 474). Zénon le leur laissa aussi; mais quand Basilisque eut chassé Zénon et rappelé Timothée Elure, Pierre le Foulon sentit son heure arrivée. On lui rendit le siège d'Antioche (475), dont le nouveau titulaire, Julien, mourut sur ces entrefaites, de chagrin, dit-on [2]. Mais le triomphe des monophysites ne dura pas : l'année suivante, Zénon se rétablit et Pierre reçut un nouvel ordre d'exil : cette fois on l'expédiait à Pityonte, dans le Caucase. Il n'alla pas si loin ; on se contenta de l'interner aux Euchaïtes, célèbre sanctuaire de saint Théodore, dans la province d'Hélénopont. Sur le siège vacant, ses partisans essayèrent d'installer Jean Codonat [3], un de ses amis, dont il avait essayé de faire un métropolitain d'Apamée et qui, n'ayant point été accueilli dans cette ville, vivait provisoirement à Antioche. Mais le gouvernement intervint et Jean Codonat fut écarté, tout comme Pierre le Foulon.

[1] C'est sans doute à cette affaire que se rattache une loi du 1er juin 471 (*Cod. Iust.*, I, 3, 29), interdisant aux moines de quitter leurs monastères pour aller faire tapage à Antioche et dans les autres villes d'Orient.
[2] Théophane, a. 5967.
[3] J. 577 (Thiel, p. 191); cf. *Byzant. Zeitschrift*, t. III, p. 4 (O. Günther).

A leur place il fit introniser un certain Etienne [1], qui siégea peu et périt victime des monophysites. Ils profitèrent d'une cérémonie qui l'avait amené à Saint-Barlaam, église de faubourg, pour se rendre maîtres de sa personne, et le firent périr en le perçant avec des roseaux aigus (481). Comme une élection orthodoxe n'était plus possible à Antioche, le patriarche de Constantinople pourvut à la vacance en envoyant un évêque ordonné par lui, Calendion.

On voit par ces histoires quelle était la puissance et l'audace du parti monophysite dans la vieille métropole de l'Orient et quelle pauvre figure y faisait désormais la théologie de Diodore et de Théodore, de Nestorius et de Théodoret.

En Palestine la situation n'était pas très différente. Anastase, successeur de Juvénal, signa très volontiers l'Encyclique [2]. Tout eût marché au gré de Timothée Elure s'il n'avait eu contre lui le patriarche Acace.

Celui-ci était irréductible. Basilisque et sa cour ne l'effrayaient pas. Il avait le pressentiment que le nouveau régime ne durerait guère. Le nouvel empereur ne valait pas mieux que Zénon. Il y eut bientôt des signes de mécontentement, même dans le sénat. Zénon

---

[1] Le catalogue épiscopal d'Antioche distingue deux Etienne; Evagrius et Malalas n'en ont connu qu'un seul.

[2] Zacharie, V, 3, 5. D'après cet auteur, Anastase n'aurait point signé l'Antiencyclique (v. ci-dessous), se contentant de rester en communion **avec** ceux qui l'avaient fait. Cf. Evagrius, III, 5.

s'était réfugié dans les montagnes de son pays natal.
Deux généraux, deux frères, Illus (Ἰλλοῦς) et Trocundus,
envoyés contre lui, étaient parvenus à le bloquer, mais
non à le prendre. C'étaient, eux aussi, des Isaures.
Entre eux et le prince fugitif il s'établit bientôt des
pourparlers. Pendant ce temps-là le patriarche Acace
échauffait l'enthousiasme de la population de Constantinople. Son refus de signer l'Encyclique était la preuve
qu'il y voyait une menace pour la foi. Les personnes
zélées acclamaient partout l'évêque opposant. Des processions religieuses parcouraient les rues; à Sainte-Sophie, on se montrait, spectacle lugubre, la chaire et
l'autel voilés de noir. Il y avait auprès de la ville un
solitaire appelé Daniel, originaire de Syrie, qui avait
entrepris de reproduire, sous un ciel moins clément,
l'originale et terrible ascèse de Siméon le Stylite. Les
fidèles s'empressaient, respectueux, autour de sa colonne, d'où jamais il ne descendait, même pendant les
froids les plus rigoureux de l'hiver, alors que les tempêtes du nord le couvraient de glaçons. Le populaire
ayant réclamé qu'il fût ordonné prêtre, le patriarche
Gennade dut se faire hisser jusqu'à l'étroite plate-forme
où se tenait le solitaire, pour y accomplir les rites
sacrés. On venait de très loin voir cet homme-prodige.
S'il passait à Constantinople quelque haut personnage,
on ne manquait pas de le conduire au stylite. Acace
parvint à mettre en œuvre la popularité de ce saint.
Il lui persuada que le danger de l'Eglise était extrême
et que, pour le conjurer, il lui fallait venir mani-

fester avec son évêque et les fidèles de la capitale. Daniel descendit : l'enthousiasme fut porté à son comble ; Basilisque sentit le sol trembler sous lui.

D'Isaurie il lui arrivait d'étranges nouvelles. Illus et Trocundus s'étaient entendus avec Zénon et, après lui avoir fait accepter leurs conditions, ils étaient en train de le ramener à Constantinople. A la hâte, l'« usurpateur » rassembla une autre armée et lui fit franchir le Bosphore. A la hâte aussi, il rétracta son Encyclique. Un édit, que l'on appela Antiencyclique, fut publié, portant cassation du premier et remettant les choses dans l'état antérieur, notamment en ce qui regardait les droits patriarcaux de Constantinople [1].

Cette démarche piteuse ne sauva point Basilisque. Zénon rentra bientôt dans la capitale (476, septembre) [2]. L'usurpateur et ses enfants tombèrent en ses mains ; il les expédia en Cappadoce, où ils moururent de faim dans le château qui leur servait de prison.

On put mesurer alors la versatilité de l'épiscopat grec. L'Encyclique de Basilisque avait été signée partout ; on parle de 500, de 700 évêques qui avaient ainsi abjuré et le tome de Léon et les décrets de Chal-

---

[1] Le texte dans Evagrius, *H. E.*, III, 7.
[2] Basilisque avait duré vingt mois (Victor Tunn. a. 476 ; Procope, *Bell. Vand.*, I, 7, p. 342 Dindorf). La notification officielle du retour de Zénon, à laquelle le pape Simplicius répondit le 9 octobre 477 (J. 576), n'eut lieu sans doute que quelques mois après la rentrée à Constantinople.

cédoine ¹. La réaction venue, ils se retrouvèrent tout aussi nombreux pour l'acclamer ².

Dans la demeure épiscopale d'Alexandrie, Timothée se sentit frappé à mort. Adieu l'espoir de prendre sa revanche de l'impertinent Acace ! Il ne lui serait pas donné, comme à Théophile, à Cyrille, à Dioscore, de voir à ses pieds son rival vaincu. Constantinople l'emportait sur le Pharaon. Sans doute on allait lui faire expier son triomphe éphémère et peut-être le remettre sur le chemin de l'exil.

En effet, un questeur débarqua bientôt à Alexandrie, porteur d'un ordre en ce sens. Mais l'âge et le dépit avaient affaibli le vieux patriarche ; on le vit malade ; il lui fut permis de mourir en paix (31 juillet 477) ³.

La police, toutefois, avait déjà pris des mesures contre l'épiscopat élurien ; un seul ⁴ de ses membres, Théodore d'Antinoé, se trouvait à Alexandrie au moment où trépassa le grand chef. Il s'empressa d'imposer les mains au diacre Pierre (Pierre Monge), qui, devenu

---

¹ Il y eut, en dehors d'Acace, quelques résistances locales. A Hiérapolis (d'Euphratésienne, je pense), la population massacra les employés (magistriens) qui y vinrent apporter l'Encyclique (Jean d'Egée, *Rev. arch.*, t. XXVI, p. 402).

² Un grand nombre d'évêques vinrent à Constantinople en 477, acclamer la restauration. Le pape Simplicius (J. 577) était un peu inquiet de cette affluence.

³ D'après les cancans de ses adversaires, il se serait empoisonné (Liberatus, *Brev.* 16). C'est plus qu'invraisemblable.

⁴ Lettre d'Acace à Simplicius, Thiel, p. 194 ; cf. *Gesta Acacii*, ibid., p. 516 ; et J. 601. Zacharie, V, 5, et VI, 2, parle de plusieurs évêques.

évêque de cette façon précipitée, présida aux obsèques de son prédécesseur, puis disparut aussitôt, pour éviter d'être arrêté. Salofaciol, rappelé officiellement, quitta le monastère de Canope et réintégra la maison patriarcale. On lui remit les églises, mais l'opposition les déserta et l'on en revint à la situation d'autrefois. De tout ce changement, le patriarche Acace informa le pape Simplicius, dans les termes les plus optimistes [1].

Cependant c'était là une situation précaire. Même avec un homme comme le bon Salofaciol, la pacification n'avançait pas. En Palestine et en Syrie, le parti monophysite se renforçait et éliminait peu à peu l'influence chalcédonienne. Les évolutions récentes de l'épiscopat étaient de nature à montrer combien peu on tenait au concile. On le défendait, on l'abandonnait, on le reprenait, à la volonté du gouvernement. Quoi que l'on puisse dire de la faiblesse des caractères, il n'en est pas moins vrai que, si l'œuvre de Chalcédoine eût vraiment tenu à cœur, elle aurait bien trouvé quelque part, dans l'épiscopat, un groupe de défenseurs sérieux.

Le patriarche Acace réfléchissait à tout cela dans son évêché de Constantinople. C'est à lui, en somme, qu'aboutissaient toutes les affaires ecclésiastiques de l'empire oriental; Zénon s'en déchargeait absolument sur lui. Jusque là il avait tenu pour le concile de Chal-

---

[1] Lettre citée plus haut, p. 499, note 4.

cédoine ; mais plus on allait et plus les événements l'inclinaient à croire que, si l'on voulait vraiment la paix religieuse, il faudrait faire quelques concessions. Sans doute cela serait mal vu à Rome ; mais on se passerait de l'assentiment du pape ; s'il rompait, on serait débarrassé de ses perpétuelles et indiscrètes ingérences. Après tout la splendeur de la vieille Rome avait beaucoup diminué. Elle n'avait plus d'empereur ; c'est un roi barbare qui y commandait et un roi dont l'autorité ne s'étendait pas loin en dehors de l'Italie. L'église latine, submergée de tous côtés par les invasions germaniques, coupée de ses communications avec l'empire réel, celui de Constantinople, ne comprenait plus rien à ce qui s'y passait, notamment aux nécessités contre lesquelles on avait à lutter en ce moment. Il était sage de négliger son avis et de se sauver sans elle. S'il y avait lieu, on pourrait s'expliquer plus tard.

Ainsi raisonnait-on dans les cercles dirigeants de l'église byzantine. Cependant [1] le patriarche Timothée Salofaciol voyait arriver la fin de sa carrière. Tous les efforts qu'il avait faits pour obtenir qu'on éloignât d'Alexandrie son compétiteur Pierre étaient demeurés sans résultat. Il savait [2] qu'on tramait quelque entente avec ce personnage. Très soucieux d'avoir un successeur orthodoxe, il s'adressa à l'empereur et lui députa pour cette fin un de ses prêtres, Jean, surnommé Ta-

---

[1] Sur les événements qui suivent v. Zacharie, V, 6-12 ; VI, 1-3 ; Evagrius, III, 12-16 ; *Gesta Acacii*, 8-10.
[2] Zacharie, V, 6.

laïa, ancien moine de Canope. Arrivé à Constantinople, Talaïa commit l'imprudence d'entrer en rapports étroits avec le patrice Illus. Celui-ci avait, six ans auparavant, rendu le trône à Zénon ; mais avec le temps ils s'étaient brouillés et la cour lui attribuait les plus noires intentions. On parlait d'un complot, et le préfet d'Egypte, Théognoste, était soupçonné d'y tremper [1]. Talaïa, soutenu par Illus et Théognoste, fit à Constantinople l'effet d'un intrigant, plus occupé de ses propres affaires que de celles de son église. On lui promit que le futur patriarche serait choisi au mieux des intérêts orthodoxes; mais il dut s'engager à ne pas revendiquer cette situation pour lui-même. Il revint à Alexandrie. Peu après son retour, Salofaciol mourut (482, juin); Talaïa, élu à sa place, oublia ses engagements et se laissa introniser sur le siège de saint Marc.

Ceci ne faisait pas l'affaire d'Acace, qui méditait de laisser tomber la succession des patriarches chalcédoniens, impossible à soutenir contre l'opinion égyptienne, et de s'entendre avec celle de Dioscore et d'Elure. Jean Talaïa, n'ayant pas été reconnu à Constantinople, et craignant le sort de Proterius, prit le parti de s'enfuir à Rome. Un nouveau préfet, Pergamius, fut envoyé à la place de Théognoste ; il s'aboucha tout aussitôt avec Pierre Monge, qui s'était tenu caché jusqu'alors, et lui présenta les conditions auxquelles il pourrait être reconnu: signer un décret d'union, dont

---

[1] Zacharie, V, 6; cf. Liberatus, 18.

la teneur lui fut soumise, et admettre les Protériens à sa communion.

Le décret d'union ou Hénotique [1], évidemment rédigé par le patriarche de Constantinople, a la forme d'une lettre adressée par l'empereur Zénon « aux évêques, clercs, moines et fidèles d'Alexandrie, d'Egypte, de Libye et de Pentapole ». Le souverain y expose sa foi, représentée par le symbole de Nicée et celui de Constantinople (381). Attristé par les discordes présentes et déférant aux prières qui lui ont été adressées en vue du rétablissement de l'union, il déclare s'en tenir à ces documents, en adhérant toutefois à ce qui a été fait à Ephèse contre Nestorius et contre « ceux qui, plus tard ont pensé comme lui [2] », ainsi qu'à la condamnation d'Eutychès; il reçoit aussi les douze anathématismes du bienheureux Cyrille. Il proteste que Marie est mère de Dieu; que le Fils de Dieu fait homme est un et non deux; qu'il nous est consubstantiel par son humanité; que, dans la façon de se le représenter, il faut écarter toute idée de division, de confusion, d'apparences sans réalité; qu'il n'y a pas deux Fils, encore qu'un de la Trinité se soit incarné. Quiconque pense ou a pensé autrement, soit à Chalcédoine soit en n'im-

---

[1] Evagrius, III, 14; Liberatus, 17. La pièce n'est pas datée; elle doit être de 482.

[2] Allusion au second concile d'Ephèse, celui de 449, et notamment à la condamnation d'Ibas et de Théodoret. D'autre part la réprobation d'Eutychès concorde implicitement avec le synode de Flavien et le concile de Chalcédoine.

porte quel autre synode, on lui dit anathème, mais surtout à Nestorius et à Eutychès.

D'une nature, de deux natures, il n'était pas question. Au fond le document concordait avec les sentiments dont l'épiscopat grec avait témoigné à Chalcédoine ; il laissait en dehors du symbole certaines formules litigieuses, dont le sens n'avait pas encore été suffisamment tiré au clair. Il canonisait nettement, ouvertement, la doctrine de Cyrille et sa formulation dans les douze anathématismes. Dans sa teneur matérielle, abstraction faite des circonstances où il se présentait, il ne pouvait soulever aucune objection du côté de l'orthodoxie.

Le mal est qu'il laissait implicitement tomber et le tome de Léon et le décret dogmatique de Chalcédoine, deux formules que, depuis trente ans, le gouvernement et ses fonctionnaires, le patriarche de Constantinople et l'épiscopat grec dans son ensemble, d'accord avec le saint-siège de Rome, présentaient et défendaient comme la double tessère de l'orthodoxie. C'était une reculade.

Il s'en faut, du reste, que le succès ait été complet. Les Monophysites jugèrent l'Hénotique insuffisant. Pierre Monge l'accepta, il est vrai, après quoi il fut aussitôt reconnu comme patriarche officiel et admis dans la communion de Constantinople. Mais cet arrangement ne plut pas à tous ses partisans. Habitués qu'ils étaient à maltraiter à tout propos le tome de Léon et le concile de Chalcédoine, ils ne se contentèrent pas du désaveu tacite qu'en faisait le décret d'union. De tous côtés des protestations s'élevèrent. Le patriarche s'ingéniait à les apaiser; les noms de Proterius et de Timothée Salofaciol étaient rayés sur les diptyques; le corps de ce dernier était tiré de la sépulture patriarcale et transporté ailleurs. Pierre produisait de vieux sermons où il avait tenu jadis un langage moins mesuré et déclarait n'avoir pas changé d'idées; il allait même jusqu'à parler contre le concile, en évitant toutefois les anathèmes trop précis, car on avait l'œil sur lui du côté officiel et les magistrats enquêtaient à l'occasion sur ses propos. En même temps qu'il écrivait à Acace des lettres pleines de respect pour le concile [1], ses partisans fabriquaient et mettaient en circulation toute une correspondance prétendue secrète [2], où les rôles étaient étrangement intervertis. On y voyait Acace, désabusé de Léon et du concile, se prosterner aux pieds du patriarche d'Alexandrie, implorer grâce pour le passé, accepter et accomplir dans le plus profond mystère la pénitence que lui infligeait Pierre Monge, enfin obtenir de celui-ci qu'il le reconnût pour archevêque de Constantinople et l'admît à sa communion.

Rien n'y faisait. L'opposition devenait de plus en plus menaçante. Le patriarche eut recours aux mesures de rigueur et instrumenta durement contre quelques mo-

---

[1] Evagrius, III, 17.
[2] Amélineau, *Monuments pour servir à l'histoire de l'Egypte chrétienne*, dans les Mémoires de la Mission du Caire, t. IV, p. 196.

nastères. Cela fit du bruit; des plaintes furent portées à l'empereur, lequel se montra peu flatté de ce que, malgré son édit d'union, la discorde reprenait comme de plus belle. Un fonctionnaire, appelé Cosmas, fut expédié à Alexandrie. A son arrivée, les opposants organisèrent une énorme manifestation. Près d'une église de la banlieue, trente mille moines s'assemblèrent, ayant à leur tête Théodore, évêque d'Antinoé, celui-là même qui avait imposé les mains au patriarche Pierre. Trente mille moines ! Et les soldats manquaient aux frontières, même aux frontières de l'Egypte ! Ce rassemblement prétendait entrer en ville pour tirer au clair la théologie du patriarche. On ne laissa passer que deux cents délégués; ils vinrent à la grande église, où Cosmas se trouvait avec le clergé. Pierre Monge, un des plus forts équilibristes qu'ait produits la théologie byzantine, trouva moyen de leur faire comprendre qu'il avait en horreur Léon et Chalcédoine, sans employer pourtant des formules trop nettes, qui auraient effarouché les fonctionnaires. Les moines le jugèrent orthodoxe ; mais il continuèrent à ne pas vouloir de lui, parce qu'il restait en communion avec Acace et autres « chalcédoniens ».

Cependant on ne donna pas suite au projet, déjà formé, de lui élire un successeur. Cosmas rendit les monastères confisqués ; les moines, tout en maugréant fort, s'y retirèrent; la population, fatiguée de tant d'exigences, commençait à leur faire grise mine. Toutefois l'opposition se maintint et ne cessa pas de s'agiter;

un certain Nephalius en était l'âme. Comme elle ne s'était pas constituée en église séparée, les dissidents furent qualifiés d'*Acéphales*. L'Hénotique, en somme, n'avait pas mis le patriarche égyptien sur un lit de roses.

Celui d'Antioche, Calendion, ne voulut point l'accepter. Il se trouvait, à ce moment, dans une situation particulière. La brouille entre Illus et Zénon s'était singulièrement aggravée. L'impératrice Ariadné avait essayé de se débarrasser du patrice en le faisant assassiner. Le coup manqua, ou à peu près. Illus jugea cependant que l'air de Constantinople lui devenait malsain. Il se fit envoyer en Orient, avec des pouvoirs extraordinaires. Son frère Trocundus l'accompagnait, avec un ancien professeur d'Athènes, un certain Pamprèpe, un des derniers représentants du néoplatonisme théurgique. C'était le magicien de la maison : il semble avoir eu assez d'importance pour donner au mouvement qui se préparait une certaine apparence de réaction païenne [1]. Bientôt arriva un autre général, celui des armées de Thrace, appelé Léonce. Les esprits furent travaillés. Quand Illus jugea le moment venu, il proclama empereur son collègue Léonce et le fit investir par la propre belle-mère de Zénon, l'impératrice Vérine. Les circonstances politiques avaient amené cette princesse à résider, contre son gré, en Isaurie, dans le

---

[1] Sur les espérances suscitées alors chez les païens de Carie, v. la vie de Sévère par Zacharie le Rhéteur, *Patrol Orient.*, t. II, p. 40.

château-fort de Papyrion. Illus l'en fit extraire et l'amena à Tarse. Elle couronna Léonce et notifia son avènement aux peuples de l'empire par une lettre officielle (*sacra*)[1] où elle expose que, dépositaire de la tradition impériale, elle use de ses prérogatives pour remplacer Zénon, indigne de son mandat, par un nouvel empereur. Le haut clergé syrien dut accepter « l'usurpateur ». Comment eût-il résisté? Mais quand Zénon eut repris le dessus, quand Illus, Léonce et Pamprèpe eurent été réduits à s'enfermer dans le refuge de Papyrion, il fallut compter avec les vainqueurs. Le patriarche Calendion, traité en criminel d'état, fut acheminé vers la Grande Oasis. Pierre le Foulon, rappelé des Euchaïtes, se vit, pour la quatrième fois, installé sur le siège apostolique d'Antioche. Cette fois-ci l'installation était définitive. Il accepta l'Hénotique. On n'entend pas dire qu'il ait eu, comme son collègue d'Alexandrie, à lutter contre une opposition d'intransigeants.

C'était un grand liturgiste. Il savait à quel point les habitudes du culte peuvent influer sur la pensée religieuse. C'est à lui que remonte l'usage de réciter à la messe le Credo de Nicée. Dans sa pensée, c'était une protestation contre le concile de Chalcédoine. Les monophysites répétaient à tout propos qu'ils ne voulaient que le symbole de Nicée et répudiaient tous les autres. Il entreprit aussi de perfectionner le Trisagion. Aux paroles consacrées: « Dieu saint, Saint et fort, Saint

---

[1] Théophane, a. 5974.

» et immortel », il ajouta : « crucifié pour nous, ὁ σταυρωθεὶς δι' ἡμῶν ». Cela équivalait à la formule *Deus passus*, employée sans malice avant toutes ces querelles. Maintenant c'était évidemment une profession de l'unité de nature [1]. Calandion, pour arranger les choses, avait imaginé d'insérer, entre le texte primitif et l'addition hérétique, les mots « Christ, notre Dieu », qui sauvaient la situation et l'orthodoxie. Mais cette correction, comme bien d'autres choses sages, eut peu de succès. Le « Crucifié pour nous », sans aucune édulcoration, devint le cri de guerre des Monophysites, tout comme le *Deo laudes* avait été celui des Donatistes.

Quant aux évêques syriens, l'affaire d'Illus fournit un prétexte politique pour se débarrasser des chalcédoniens les plus zélés [2]. Les autres se plièrent aux circonstances, acceptèrent l'Hénotique et entrèrent en communion avec les nouveaux patriarches d'Antioche et d'Alexandrie [3]. Il en fut de même en Palestine : Anastase, successeur de Juvénal, avait adhéré, avec son concile, à l'Encyclique de Basilisque et ne s'était point

---

[1] Le *Theotocos* est, en soi, tout aussi critiquable que le *Crucifixus pro nobis*. Remarquer l'analogie entre la combinaison de Calendion et celle qu'avait proposée Nestorius avec son *Christotocos*.

[2] Théophane (a. 5982) cite les évêques de Tarse, Hiérapolis, Cyrrhos, Chalcis, Samosate, Mopsueste, Constantine, Himérie, Theodosiopolis.

[3] Lettre adressée à Pierre Monge par un concile d'Antioche, Zacharie, V, 10.

rétracté[1]. Martyrius, qui le remplaça vers 478[2], montra aussi quelque détachement du concile de Chalcédoine. Ces prélats avaient, tout comme ceux d'Alexandrie, à lutter contre une opposition monacale obstinée, rebelle aux compromis. L'Hénotique, bien accueilli par Martyrius[3], ne fit pas tomber toutes les résistances. Cependant, grâce à l'intervention d'un moine fort respecté, Marcien de Bethléem[4], la plupart des dissidents se rallièrent. Il ne resta plus qu'un petit groupe, dont les chefs étaient Géronce, l'ancien aumônier de Mélanie la jeune, et Romanus, supérieur du monastère de Thécoa. Pierre d'Ibérie, lui aussi, demeurait opposé au ralliement. Evincé de son évêché de Maïouma, il errait, faiblement entouré, le long de la côte syrienne, se dérobant tant bien que mal aux recherches de la police. Il en était de même de deux égyptiens de marque, l'évêque Théo-

---

[1] Zacharie, V, 2, 5.
[2] Zacharie, V, 6.
[3] Discours de lui, dans Zacharie, V, 6. Il y célèbre les trois conciles de Nicée, Constantinople, Ephèse, et rejette tout ce qui a pu être décidé en sens contraire à Rimini, à Sardique, à Chalcédoine ou ailleurs. Voir aussi (Zacharie, V, 11) sa lettre à Pierre Monge. La vie de saint Euthyme (c. 113, 114) porte trace de cela.
[4] D'après Cyrille de Scythopolis, dans la vie de saint Euthyme, 123, 124 (*Acta SS. ian.*, t. II, p. 686; Cotelier, *Eccl. gr. monumenta*, t. II, p. 305), Marcien aurait convoqué à Bethléem tous les moines dissidents, et, les trouvant fort perplexes, les aurait décidés à s'en rapporter au sort. On joua donc à pile ou face si l'on se rallierait ou non aux évêques: le sort tomba pour le ralliement. Zacharie, V, 6, ne dit rien de ce procédé original.

dore d'Antinoé et une sorte de prophète, appelé Isaïe [1], comme celui de l'Ancien Testament. Isaïe et Pierre moururent en 488 [2].

Telle était, en Orient, la situation doctrinale. Il faut voir maintenant comment on l'appréciait à Rome.

Depuis la mort d'Elure et le rétablissement de Timothée Salofaciol, le pape Simplicius respirait plus librement. Il avait toutefois sur le cœur la tolérance dont on usait à l'égard de Pierre Monge, l'antipape alexandrin, et ne cessait d'écrire à l'empereur et à Acace [3] pour demander qu'on l'exilât. Grande fut sa terreur quand, au milieu de l'année 482, il reçut en même temps et des lettres d'Alexandrie qui lui notifiaient, avec la mort de Salofaciol, l'avènement de Jean Talaïa, et une missive impériale, où Talaïa était accusé de parjure, tandis que Pierre Monge était nommé avec

---

[1] Celui-ci pourtant paraît avoir biaisé; malgré son intransigeance de principe, il se montrait, dans la pratique, assez conciliant.

[2] Les vies de ces trois personnages furent écrites par Zacharie le rhéteur (ci-dessus, p. 455, note), qui paraît les avoir publiées vers 518, les dédiant à un chambellan appelé Misaël. Il ne nous reste plus, et seulement en syriaque, que celle d'Isaïe: V. Kugener, dans la *Byzant. Zeitschrift*, t. IX (1900), p. 464 et suiv. Sur Isaïe, v. Vailhé, *Echos d'Orient*, t. IX (1906), p. 81 et suiv. Le texte syriaque de la vie d'Isaïe est dans le t. III des *Anecdota syriaca* de Land, p. 346; version allemande dans Ahrens et Krüger, *Die sogen. Kirchengesch. des Zacharias rhetor*, p. 263; texte et version latine par E. W. Brooks dans le *Corpus scriptorum christ. orient.*, Script. syri, ser. 3ª, t. XXV.

[3] J. 579-582, 584.

éloge et qu'on parlait même de lui donner la succession. Il écrivit aussitôt à Constantinople pour empêcher qu'on nommât patriarche un homme aussi indigne que Pierre; à toute occasion, il pressait Acace d'intervenir, et, tout d'abord, de le renseigner [1].

Ce fut en vain : Acace ne répondit mot. Cependant Simplicius mourait, le 10 mars 483, après une assez longue maladie. Aussitôt installé, son successeur Félix III entra dans cette affaire avec la résolution d'un vieux Romain. Pendant la maladie de son prédécesseur, Jean Talaïa était arrivé d'Alexandrie, avec des nouvelles précises. Il déposa une plainte en règle contre le puissant patriarche de Constantinople. Félix organisa aussitôt une mission, composée de deux évêques, Vital et Misène, et d'un défenseur romain, appelé aussi Félix; ces personnages furent chargés de porter à l'empereur et à Acace des lettres fort pressantes [2]; l'une de ces lettres [3], adressée au patriarche, était une citation à comparaître pour répondre à la plainte de son collègue d'Alexandrie. Les légats avaient là une tâche bien délicate; mais il leur avait été recommandé de s'entendre avec le couvent des Acémètes, très zélé pour le concile de Chalcédoine, et spécialement avec son abbé, le moine Cyrille.

Débarqués à Constantinople, les envoyés du pape Félix furent aussitôt mis au secret, puis endoctrinés

[1] J. 586-589. Cf. *Gesta Acacii*, 10, 11.
[2] J. 591-595.
[3] J. 593.

si bien qu'il se laissèrent prendre leurs lettres et consentirent à assister aux offices d'Acace; celui-ci profita de leur présence pour mettre solennellement Pierre Monge aux diptyques. C'était, pour le grand public de la capitale, la ratification de ce qui s'était passé depuis l'année précédente, l'approbation de l'église romaine accordée à l'Hénotique et aux arrangements alexandrins. Il y avait pourtant à Constantinople, surtout en certains couvents, des personnes capables de voir clair et dans les intentions du saint-siège et dans les intrigues du patriarcat. Les Acémètes envoyèrent à Rome. Quand les légats revinrent, ils trouvèrent le pape informé, et, bien entendu, fort irrité. Le 28 juillet 484, un synode de soixante-dix-sept évêques se réunit autour du pontife, prononça contre eux une double sentence de déposition et d'excommunication; puis, sans désemparer, déposa par contumace l'audacieux patriarche de Constantinople [1].

Grave démarche assurément, mais inévitable. Acace, fort d'une autorité ecclésiastique très contestée encore, ou plutôt de son influence personnelle sur l'empereur, s'était arrogé le pouvoir de disposer à son gré du grand concile de Chalcédoine, et cela sans même prendre la peine d'en avertir le pape de Rome, partie principale en cette affaire. Aux explications qu'on lui avait demandées, il n'avait répondu que par un dédaigneux

---

[1] J. 599-604. Evagrius, III, 18-21 dépouille les actes de ce concile, qui ne sont pas venus jusqu'à nous.

silence ; et, quand on était allé soi-même les chercher à Constantinople, il avait séquestré les envoyés du saint-siège, fait main basse sur leurs papiers et abusé de leur inexpérience pour les amener à autoriser ce qu'ils avaient mission d'interdire. *Multarum transgressionum reperiris obnoxius,* dit le pape en commençant sa lettre d'excommunication [1]. Puis il énumère ces transgressions, nombreuses, énormes, avérées, et termine : « De par la
» présente sentence, que nous [2] t'envoyons par Tutus,
» défenseur ecclésiastique, va avec ceux que tu recher-
» ches si volontiers (Monge et les siens). Tu es privé du
» sacerdoce, retranché de la communion catholique et du
» nombre des fidèles ; tu n'as plus droit ni au nom
» de prêtre ni aux fonctions sacerdotales. Telle est la
» condamnation que t'inflige le jugement du Saint-Esprit
» et l'autorité apostolique dont nous sommes déposi-
» taires, sans que jamais tu puisses être délié de l'ana-
» thème ».

Outre cette pièce, adressée à Acace lui-même, une courte note, rédigée, je pense, en vue de l'affichage, portait simplement ceci :

« Acace, qui, malgré deux avertissements, n'a pas
» cessé de mépriser les règles salutaires, qui a osé
» m'emprisonner dans la personne des miens [3], Dieu,

---

[1] J. 599.

[2] La lettre est au nom du concile ; après Félix les 77 évêques y apposèrent leurs signatures.

[3] *Meque in meis credidit carcerizandum.* L'outrage avait été vivement senti.

» par une sentence prononcée du ciel, l'a évincé du sa-
» cerdoce. Tout évêque, clerc, moine ou laïque, qui,
» après cette notification, communiquera avec lui, qu'il
» soit anathème, de par le Saint-Esprit ».

Acace avait sûrement mérité la sévère mesure qui le frappait. Toutefois il était peu probable que la sentence romaine fût exécutée en Orient, que la communion du patriarche de Constantinople fût délaissée par son clergé, ses fidèles et l'épiscopat byzantin ; ce n'est donc pas seulement avec Acace que l'on rompait, c'est avec l'Eglise grecque dans son ensemble. On en a fait de grands reproches au pape Félix III. Cependant il faut bien reconnaître que, s'il a déclaré la rupture, ce n'est pas lui qui l'a créée ; elle existait déjà, du fait d'Acace. En se ralliant aux monophysites, le patriarche savait bien qu'il ne pouvait compter sur l'approbation, même sur le silence, du saint-siège. Comme il avait abandonné le concile de Chalcédoine d'une façon détournée et hypocrite, de même aussi il rompit avec Rome sans déclarer la rupture, en laissant sans réponse toutes les questions de Simplicius, en confisquant les premières lettres de Félix et en escamotant ses légats. On n'agit pas ainsi envers les gens avec lesquels on désire demeurer en relations. Ce fut peut-être de sa part une habileté suprême, que de faire décréter par le pape un schisme qui était son œuvre à lui.

Au fond, ce qu'il voulait, c'est une église d'empire, dont il aurait été le chef unique. En dépit de toutes les protestations romaines, ses prédécesseurs et lui n'avaient cessé d'exercer, de renforcer même leur juridiction sur les diocèses de Pont, Asie et Thrace, subordonnés par le concile de Chalcédoine au siège de Constantinople. Il n'avait aucun scrupule à se mêler des affaires d'Illyricum, et même à entreprendre sur le patriarcat d'Antioche, affaibli par tant de vicissitudes ; c'est ainsi qu'il avait nommé à Tyr, le premier siège après celui du patriarche, Jean Codonat, le complice de Pierre de Foulon [1]. Du reste les patriarches d'Orient, celui d'Egypte comme ceux de Syrie, ne tenaient que par sa grâce, parce qu'il voulait bien les soutenir. En fait, partout où allaient les fonctionnaires de l'empereur Zénon, l'influence, l'autorité du patriarche Acace était, elle aussi, reconnue et agissante.

Un tel système se heurtait à une double conception traditionnelle, celle de l'unité chrétienne et celle du rôle supérieur assigné à l'église romaine dans l'organisation et la sauvegarde de cette unité. Mais le patriarche se disait peut-être qu'à l'Orient de l'empire il y avait une église [2] qui vivait de sa vie propre, sans rapports réguliers avec le reste du monde chrétien, une église où Rome n'était connue que de nom, et qui se tenait en défiance jalouse à l'endroit de Constantinople et d'Antioche. Il constatait aussi que tout l'ancien empire latin, Afrique, Espagne, Bretagne, Gaule, et jusqu'à l'I-

---

[1] J. 599.
[2] V. le chapitre suivant.

talie elle-même, était tombé par morceaux entre les mains des barbares ; que, parmi ces souverains étranges, qui trônaient dans les capitales latines, à Carthage, à Arles, à Ravenne, pas un seul n'était catholique : tous étaient ariens ; il y en avait même, dans le nord de la Gaule et en Bretagne, qui n'étaient chrétiens d'aucune façon. Que faire de cet Occident ? N'était-il pas désespéré ? Que le pape de Rome s'arrangeât, comme il pourrait, de cette décomposition et de cette barbarie ! Puisque, au centre du monde, il y avait un empire chrétien, vraiment chrétien, depuis le souverain jusqu'au dernier des sujets, puisque, dans cet empire, vivait inaltérée la tradition romaine, c'est lui seul qui comptait. Négligeons à l'Orient les adorateurs du feu, à l'Occident les sectateurs d'Arius. Sans exclure de l'unité idéale de l'Eglise chrétienne les populations soumises à leur joug, n'admettons pas qu'il nous vienne de là des directions pour nos affaires religieuses.

Telles étaient, je crois, les pensées d'Acace. Elles pouvaient, sur le moment et dans son milieu, paraître assez fondées ; mais l'événement prouva qu'elles étaient en avance sur la situation réelle : le schisme, quoique long et lamentable, ne fut pas, cette fois, définitif.

Le défenseur Tutus, chargé de porter la sentence du concile romain, car il ne fallait pas songer à envoyer des évêques, parvint à échapper aux policiers qui gardaient le détroit d'Abydos (Dardanelles). Il pénétra inaperçu dans Constantinople et se mit en rapport avec des moines dévoués au pape [1]. Ceux-ci se chargèrent de faire parvenir le document. Après plusieurs tentatives infructueuses, ils réussirent à l'épingler au pallium du patriarche, pendant une cérémonie de Sainte-Sophie. Acace fit châtier ces audacieux [2] et raya le nom de Félix sur les diptyques de son église.

[1] Du monastère des Acémètes, d'après Zacharie, cité par Evagrius, III, 18 (le syriaque ne dit rien de cela), et Liberatus, 18; du monastère de Dius, d'après Basile le Cilicien, auteur d'une histoire ecclésiastique (Photius, *Bibl.*, 42) qui allait jusqu'en 527, cité par Nicéphore Calliste, *H. E.*, XVI. 17. Cf. Pargoire, *Echos d'Orient*, t. II, p. 367 et suiv.

[2] D'après Théophane, a. 5980, quelques-uns auraient été mis à mort, d'autres jetés en prison. Le défenseur Tutus, lui aussi, finit par se laisser corrompre. De retour à Rome il fut destitué et excommunié (J. 608).

CHAPITRE XIII.

Le christianisme à l'est de l'empire.

> Fondations chrétiennes dans le Caucase. — L'église géorgienne. — L'Arménie et ses vicissitudes politiques. — Conversion au christianisme. — Tiridate et Grégoire l'Illuminateur. — Organisation de l'église arménienne. — Son histoire au IV⁰ siècle: Narsès, Sahag. — Les guerres religieuses de 450 et de 481. — Vahan Mamigouni. — L'église persane, ses origines. — Persécution de Sapor II. — Aphraate et ses homélies. — Le catholicat de Séleucie. — Marutas et le concile de 410. — Rapports avec les églises de l'empire: Acace d'Amid. — L'Arménie passe au monophysisme, la Perse au nestorianisme. — Chrétientés arabes dans la Syrie orientale. — Eglises fondées dans le pays d'Axoum et chez les Homérites. — L'Evangile dans la mer des Indes.

La frontière orientale de l'empire n'avait jamais marqué la limite de l'expansion chrétienne. Au delà des provinces régulièrement administrées par les fonctionnaires byzantins, vivaient depuis longtemps des églises diverses de langue et de nationalité, sur lesquelles il convient maintenant de porter notre attention. J'ai déjà parlé [1] des missions chez les Goths, alors que ce peuple habitait encore au nord du Pont-Euxin, et des chrétientés établies dans la Chersonèse Taurique (Crimée). Achevons maintenant le périple religieux de la mer Noire, et arrivons ainsi aux grandes églises d'Arménie et de Perse.

---

[1] T. II, p, 566 et suiv.

1.° — *Le Caucase.*

De l'autre côté du détroit dont elle tirait son nom, la ville de Bosphore ou Panticapée possédait un comptoir appelé Phanagoria, avec un évêché qui paraît avoir été intermittent. Le premier titulaire que l'on rencontre est de 519.

Plus loin débouchait dans le Pont-Euxin le fleuve Hypanis, le Kouban actuel; puis la haute muraille du Caucase commençait à s'élever, droit au dessus de la mer. Dans ses replis vivaient des populations belliqueuses et pillardes, apparentées aux Circassiens modernes. Trouvant peu à vivre dans leurs forêts et leurs rochers, ils écumaient la mer, au grand détriment du commerce grec qui, jusqu'en ces pays perdus, avait des colonies, Nicopsis, Pityonte, Dioscurias[1]. Le christianisme s'implanta de bonne heure. C'est en ces contrées presque fabuleuses que les vieilles légendes font voyager les apôtres André, Pierre, Mathias; un évêque de Pityonte prit part, avec celui de Bosphore, au concile de Nicée. Plus tard les établissements romains traversèrent d'assez mauvais moments; mais Justinien intervint énergiquement, rebâtit les forteresses et réorganisa la direction ecclésiastique. Après lui on trouve un évêché à Nicopsis en Zichie et un autre à Dioscurias, appelée alors Sebastopolis[2].

---

[1] Tuapse, Pizunda, Soukoum.
[2] Procope, *De Aed.*, III, 7.

Au sud de cette ville s'ouvrait la plaine du Phase, ou Colchide, en arrière de laquelle, jusqu'à la mer Caspienne, s'étend la longue vallée du Kour avec les provinces d'Ibérie et d'Albanie. Sur les populations de ces contrées régnait une dynastie d'origine iranienne, dont la capitale était à Metzketh, au nord de la ville actuelle de Tiflis[1]. Comme l'Arménie et pour les mêmes raisons, ce pays était partagé entre l'influence perse et la tutelle romaine. Au temps de Constantin, la religion chrétienne y fut introduite en des circonstances fort touchantes. Près de la résidence royale vivait une captive chrétienne dont la vertu et la piété excitaient l'attention générale. Elle obtint par ses prières la guérison d'un enfant, puis de la reine elle-même. Celle-ci parlait déjà d'embrasser la religion de sa bienfaitrice; le roi voulut attendre. Un autre prodige le décida. On construisit alors une église, sur les indications de la captive, puis on s'adressa à l'empereur Constantin pour avoir des prêtres. Ainsi fut organisée la chrétienté d'Ibérie. Cette histoire fut racontée à Rufin par un autre roi géorgien, Bacour, qui avait un grade dans l'armée romaine[2]. Par la tradition géorgienne nous apprenons que le roi converti s'appelait Mirian et la captive Nina. Au siècle suivant, un autre prince de la famille royale,

---

[1] Tiflis ne fut fondée que vers le milieu du Ve siècle.

[2] Rufin, *H. E.*, I, 10. Quand Rufin le connut, il était *dux limitis Palaestini;* plus tard il devint comte des domestiques. Il figura à la bataille de la rivière Froide (394) parmi les principaux lieutenants de Théodose et périt dans l'action (Zosime, IV, 57, 58; Socrate, V, 25).

Nabarnougi, plus connu sous le nom de Pierre d'Ibérie, joua un rôle important dans les affaires religieuses de l'empire [1].

2.° — *L'Arménie*.

Au sud de l'Ibérie les montagnes arméniennes s'élèvent depuis le désert d'Iran jusqu'au plateau cappadocien, autour duquel elles projettent les chaînes du Pont et de l'Anti-Taurus. De leurs flancs s'échappent des fleuves célèbres: vers le Pont-Euxin, le Lycus, l'Acampsis et le Phase; vers la mer Caspienne le Kour et l'Araxe; puis les deux Euphrates et le Tigre, dont les replis enserrent la grande plaine d'Aram et aboutissent enfin à ce bras de l'océan indien que nous appelons le golfe Persique.

Des hommes qui vécurent en ces hautes vallées, l'histoire fut mêlée de bonne heure à celle de leurs voisins d'en bas, les vieux peuples d'Assyrie et de Chaldée. Les plus anciens documents sont les inscriptions de Ninive, lesquelles, bien entendu, n'en parlent qu'à propos des victoires remportées dans la montagne par les armées d'Assour.

Mais comme les Assyriens avaient appris à leurs voisins l'écriture cunéiforme, ceux-ci s'en servirent à leur tour pour écrire dans leur langue et à leur point de vue le récit de leurs hauts faits. Avec ces docu-

---

[1] Ci-dessus, p. 469 et suiv.

ments d'inspiration diverse on peut remonter jusqu'au
IX⁰ siècle avant J. C. On y voit que les montagnards,
qui se désignaient eux-mêmes par le nom de *Khaldes*
(Χάλδοι), étaient appelés *Ourartou* par leurs voisins ;
ce dernier nom correspond fort bien avec celui d'A-
rarat employé dans les documents bibliques [1] du VIII⁰
siècle et du VII⁰ pour désigner leur pays.

La langue de ces inscriptions ourartiques n'a pu
encore être classée avec précision ; il est toutefois sûr
qu'elle n'a rien à voir avec l'arménien actuel. Le peuple
qui la parlait semble être venu de l'est ou du nord et
son expansion s'opéra plutôt dans la direction de
l'ouest. Le centre politique et la résidence royale se
trouvaient près du lac de Van (Thospa), dont le for-
midable rocher fournissait une citadelle : là était le
sanctuaire de la déesse nationale, Khaldis.

Après bien des luttes, c'est-à-dire bien des expéditions de pillage, les dominateurs de la plaine parvinrent à mâter les montagnards. Van fut prise et brûlée,
sauf la forteresse, par le roi Téglat Phalasar (736). Cependant la petite nation maintint son indépendance
jusqu'au siècle suivant. C'est alors que le pays fut
submergé par la grande marée des peuples que nous
appelons cimmériens ou scythes. Quand elle se retira,

---

[1] *IV Reg.*, XIX, 37 ; *Is.*, XXXVII, 38 ; *Jerem.*, LI, 27. Quant
à l'identification de la célèbre montagne d'Agri-Dagh avec l'A-
rarat de la Genèse, faite pour la première fois par saint Jérôme,
elle paraît être restée inconnue aux Arméniens jusqu'au IX⁰
ou au X⁰ siècle.

elle laissa derrière elle une tribu jusqu'alors inconnue
à l'histoire, celle des *Hayk*[1], comme ils s'appellent encore eux-mêmes, des Arméniens, comme les désignaient
les Perses et les Grecs. Les nouveau-venus refoulèrent
vers l'est les anciens habitants du pays, et finirent
même par se les assimiler. Ce n'étaient pas des Iraniens ;
à la longue cependant ils se conformèrent en beaucoup de choses aux usages des Mèdes et des Perses,
leurs voisins de montagnes et bientôt leurs maîtres
politiques.

Sous[2] les Achéménides et, depuis la mort d'Alexandre, sous les Séleucides, les pays arméniens formaient deux satrapies ; mais, dans les derniers temps
surtout, des dynasties indigènes s'étaient implantées çà et
là. Leur soumission, à peu près nominale, fit place à
une indépendance complète quand Antiochus le Grand
eut été battu à Magnésie par les Romains (190). Trois
royaumes arméniens apparaissent alors. Celui de Petite
Arménie, à l'ouest du haut Euphrate, entre ce fleuve
et la Cappadoce, tomba plus tard aux mains de Mithridate, dans l'héritage duquel les Romains le trou
vèrent (65). Ils le donnèrent à des rois vassaux, dont
la succession se poursuit jusque vers le temps de Vespasien. Alors il fut réuni à la province de Cappadoce.

---

[1] *Hayk* est un pluriel ; le singulier est *hay*. On les a identifiés avec les Hittites d'Asie-Mineure.
[2] Mommsen, *Römische Gesch.*, t. I, p. 744 ; t. II, p. 56, 265 ;
t. III, p. 65 ; t. V, p. 339. Cf. Th. Reinach, *Mithridate Eupator*,
p. 78, 101.

Les deux autres royaumes s'étendaient à l'est de l'Euphrate supérieur, l'un vers le nord, dans la direction du Caucase et de la Médie : c'est celui de Grande Arménie ; l'autre vers le sud, jusqu'au delà du Tigre : c'est le royaume de Sophène. Ce dernier, réuni au précédent par le roi Tigrane, reçut peu après une capitale, Tigranocerte [1]. Dans la Grande Arménie, le centre du gouvernement était au nord de l'Araxe, à Artaxata, ville située sur un emplacement qu'Annibal, dit-on, avait désigné. Au temps de Marc-Aurèle, il se transporta à Valarschapat, un peu plus à l'ouest, où les Romains avait bâti une nouvelle ville (Καινὴ πόλις, Nor-Khalakh).

La Grande Arménie, ramenée par Lucullus et Pompée (66 av. J. C.) aux limites naturelles qu'elle avait dépassées sous Tigrane, était, avec les états caucasiens, Ibérie et Albanie, et parfois aussi la Médie Atropatène, considérée comme faisant partie de l'empire romain. Cependant ce n'était pas une province. Les rois indigènes y avaient été maintenus. Ces princes étaient le plus souvent apparentés ou alliés à ceux du royaume parthe. Leurs sujets, je l'ai dit, s'étaient iranisés de bonne heure. L'hellénisme n'entama pas ces populations. Les garnisons romaines installées sur quelques points, à Ziata (Kharpout) dans l'ancien royaume de Sophène, à Gorneae (Garhni) près d'Artaxata, n'exercèrent non

---

[1] Situation indéterminée, aux environs de Mardin. V. le mémoire de Sachau, dans les *Abhandlungen* de l'académie de Berlin, 1880.

plus aucune influence transformatrice. Clients des Romains, les Arméniens ne leur ressemblaient pas du tout ; c'est avec les Parthes leurs voisins qu'ils avaient le plus de rapport. Cette fausse situation fut l'origine de guerres interminables entre Rome et l'empire parthe. Au IIIe siècle, depuis les campagnes de Septime-Sévère, les Romains parvinrent à s'établir solidement en Mésopotamie; Nisibe, à deux jours de marche de Tigranocerte disparue, devint leur principale forteresse en ces contrées.

C'est vers ce temps là que l'empire iranien passa aux mains des Sassanides. La famille royale d'Arménie, étroitement apparentée aux Arsacides détrônés, ne pouvait qu'être hostile aux « usurpateurs ». La guerre éclata de nouveau entre les montagnards et leurs voisins du sud ; et ce ne fut pas seulement une guerre politique. Les Sassanides, ardents propagateurs de la religion **mazdéenne**, cherchèrent à la faire prévaloir en Arménie.

La situation se détendit, vers 261, grâce à l'intervention d'Odenath de Palmyre, qui restaura, dans ces régions orientales, l'autorité de l'empire romain et la fortune de ses alliés. Un moment compromise par le désastre de Zénobie (272), cette restauration fut raffermie par les victoires de Carus (282) et de Galère (297). L'Arménie, rentrée dans la clientèle romaine, conserva son indépendance à l'égard de l'état persan.

Toutefois Dioclétien jugea utile de rectifier, sur le haut Tigre, la frontière traditionnelle. Dans les conventions auxquelles aboutit la guerre de 297, plusieurs provinces de l'Arménie méridionale furent annexées. Cette annexion compléta le rattachement successif à l'empire de tous les pays qui avaient formé jadis le royaume de Sophène.

Les limites établies en 297 n'étaient pas destinées à se maintenir indéfiniment. Par le traité conclu en 363 entre l'empereur Jovien et Sapor II, la frontière romaine fut reportée à l'ouest de Nisibe, au sud du Tigre; sur la rive gauche de ce fleuve elle rétrograda du Tigre oriental jusqu'au Nymphios. En même temps l'empire dut renoncer au protectorat traditionnel qu'il exerçait sur l'Arménie. A ceci il ne se résigna pas aisément; de là, depuis le règne de Valens, des difficultés sans cesse renaissantes. Sous Théodose (v. 387) les gouvernements de Constantinople et de Ctésiphon se décidèrent à partager entre eux le pays en litige. Le roi des rois obtint la part du lion, les quatre cinquièmes du territoire arménien; l'empire romain eut Erzeroum (Garin, Theodosiopolis) et quelques cantons dans la partie occidentale.

Les pays arméniens annexés à l'empire entrèrent, les uns tout de suite, les autres tardivement, dans l'organisation provinciale. L'Arménie mineure avait été, comme je l'ai déjà dit, incorporée à la province de Cappadoce vers le temps de Vespasien. Dioclétien en fit une province spéciale, qui fut divisée en deux sous Valens ou sous Théodose et donna ainsi une *Armenia I* et une *Armenia II,* avec métropoles à Sébaste (Sivas) et à Mélitène (Malatia). La province de Mésopotamie, organisée par Septime-Sévère, resta longtemps indivise ; mais elle finit par être démembrée, vers le même temps que l'Arménie Mineure. Dans le pays araméen, on découpa, en lui donnant Edesse pour capitale, une province d'Osroène ; le nom de Mésopotamie fut réservé à la vallée du Tigre occidental, qui eut pour chef-lieu Amid (Diarbékir), fondée vers 340 par l'empereur Constance. Au nord d'Amid et du Tigre commençait le pays arménien proprement dit. Il était administré pour l'empire par des satrapes, héréditaires [1] d'abord, puis, à partir du règne de Zénon (v. 480), révocables comme les gouverneurs de provinces, mais toujours choisis parmi les indigènes. Justinien mit fin au régime des satrapes et remania, de ce côté, les circonscriptions provinciales.

C'est **Eusèbe** qui, le premier [2], parle d'Arméniens chrétiens. A propos de la persécution de Maximin Daia (311-313), il raconte que ce prince « essaya de contraindre

[1] Ces satrapes, bien qu'investis par les empereurs romains, n'en étaient pas moins des vassaux du roi d'Arménie. Celui-ci avait au IVe siècle des résidences et des forteresses sur plusieurs points des satrapies romaines (Gelzer, *Die Anfänge der armenischen Kirche,* dans les Comptes-rendus de la Société des sciences de Leipzig, 1895, p. 130, note 1).

[2] *H. E.*, IX, 5. Les Arméniens dont Merouzanes, correspondant de saint Denys d'Alexandrie, était évêque (Eus., *H. E.*, VI, 46) doivent être cherchés dans l'Arménie provinciale ou Arménie Mineure. V. sur ce sujet mon mémoire *L'Arménie chrétienne dans l'histoire ecclésiastique d'Eusèbe (Mélanges Nicole,* Genève, 1905). Cf. t. I, p. 466.

les Arméniens à sacrifier aux idoles » ; ces Arméniens étaient, dit-il, depuis longtemps amis et alliés des Romains ; ils étaient chrétiens et observaient leur religion avec ferveur. Maximin les indisposa ainsi et s'en fit des ennemis.

On ne parlerait pas ainsi de sujets de l'empire. Nous ne sommes donc pas en Petite-Arménie, mais dans la Grande. D'autre part, il n'est guère concevable que l'empereur ait pu prendre des mesures de police religieuse dans un pays où il n'avait pas d'autorité directe, dans un pays gouverné par un roi allié. Il y a donc ici comme une contradiction. Elle se résoudra si l'on i lentifie les Arméniens auxquels Maximin eut affaire avec les habitants de cette partie de la Grande-Arménie que Dioclétien avait, en 297, rattachée à l'empire, tout en la faisant gouverner par des princes indigènes. La Sophène, le plus occidental de ces cantons, le plus rapproché de Mélitène et de la Petite-Arménie, donnait quelquefois son nom à l'ensemble des satrapies romaines. C'est, je pense, de ce pays qu'il s'agit ici [1].

Les Arméniens d'Eusèbe semblent professer le christianisme comme une religion nationale ; ceci rattache les chrétiens de Sophène à ceux de la Grande-Arménie. En ce qui regarde celle-ci [2], l'abolition du paganisme et

---

[1] Cf. t. II, p. 32, note 2, et le mémoire cité ci-dessus, p. 528, note 2.

[2] Il n'y a pas à tenir compte des légendes relatives à saint Barthélemy et à saint Thaddée. La première provient de catalogues byzantins du VIe siècle avancé ou du siècle suivant ;

son remplacement par le christianisme sont attribués, par toute la tradition arménienne, au roi Tiridate (261-317). Sozomène [1] a connu les détails de cet événement, mais il n'en parle qu'avec réserve : « *On dit* que Tiridate, le chef de cette nation, sur un miracle extraordinaire [2] qui se produisit dans sa maison, se fit chrétien et enjoignit par un édit unique à tous ses sujets de pratiquer aussi cette religion ».

Les Arméniens en racontent beaucoup plus long. Mais leurs histoires sont bien peu croyables. Nous en sommes réduits, pour ces origines [3], à une compilation en six livres, dont les deux premiers, attribués à un certain Agathange, existent en arménien et en grec ; ils traitent du règne de Tiridate. Les quatre autres, qui portent le nom de Fauste de Byzance, ne nous sont connus que par un texte arménien [4]. Ils condui-

l'autre n'est qu'une adaptation arménienne de la célèbre légende d'Edesse. Tout cela est d'importation étrangère. Le vrai courant traditionnel est celui qui dérive de saint Grégoire l'Illuminateur ; en dépit des fables qui l'encombrent, c'est le seul que l'histoire puisse utiliser. Cependant il faut constater que le rattachement à Edesse paraît s'être produit d'assez bonne heure. Fauste de Byzance désigne toujours le siège catholical comme « le trône de saint Thaddée ».

[1] *H. E.*, II, 8.
[2] Ἐκ τινος παραδόξου θεοσημείας.
[3] Je néglige Moïse de Chorène, écrivain, non du Ve siècle, comme on l'a cru longtemps, mais du VIIIe.
[4] Agathange et Fauste se trouveront, en traduction française, dans le t. I de la *Collection des historiens anciens et modernes de l'Arménie*, par V. Langlois, Paris, Didot, 1867. Sur les origines du christianisme en Arménie, v. H. Gelzer, *Die Anfänge der armenischen Kirche*, dans les Compte-rendus de l'Académie royale de Saxe, t. XLVII (1895), p. 109.

sent le récit jusqu'au partage de l'Arménie, à la fin du IVᵉ siècle.

Cette « histoire d'Arménie » a son point de départ dans la conversion du roi Tiridate par un chrétien arménien de race, mais élevé en Cappadoce, Grégoire, appelé, en raison de son rôle, Grégoire l'Illuminateur. Ce personnage, qui appartenait à l'une des plus nobles familles du royaume, aurait été d'abord persécuté par Tiridate, puis reconnu par lui pour un messager de Dieu et chargé de présider à l'établissement et à l'organisation du christianisme comme religion nationale de l'Arménie. Il fut envoyé à Césarée, d'où il rapporta la consécration épiscopale ; il s'employa ensuite à instruire ses compatriotes, à les baptiser et à fonder des églises. Celles-ci furent, en général, établies aux lieux mêmes où avaient fonctionné les sanctuaires de la religion antérieure. Le clergé chrétien se recruta, dans une large mesure, parmi les desservants des temples païens. Les biens de ceux-ci furent attribués aux églises.

Cette histoire nous est parvenue sous une forme très inquiétante ; les fables y ont une ampleur peu commune ; de plus, le rédacteur prétend être le propre secrétaire du roi Tiridate. Nous sommes donc en présence d'un faux. Cependant ce faux littéraire et ces énormes légendes reposent sur certaines données topographiques et même historiques, qu'il serait imprudent de négliger. On a remarqué que le merveilleux le plus invraisemblable se rattache à l'épisode des deux vierges martyres Hripsimé et Gaiané et de leurs trente-deux compagnes. Ces saintes, victimes de la persécution de Tiridate, avaient été martyrisées près de Valarschapat. Trois églises s'élevaient en leur honneur. Plus tard la résidence du catholicos fut installée en ce lieu saint, appelé Etchmiadzin, qui devint ainsi le centre du christianisme arménien. Il est naturel que, en de telles circonstances, les légendes d'Etchmiadzin aient pris un développement spécial. Toutefois, même après avoir éliminé tout ce qui, dans le récit d'Agathange, concerne directement ou indirectement Etchmiadzin, il reste encore assez de fables et surtout de bévues historiques [1] pour que l'on ne soit guère tenté d'en extraire beaucoup plus que je n'ai fait ci-dessus.

Cependant on peut y recueillir quelques souvenirs locaux, destructions de temples [2], fondations d'églises. L'église d'Aschdischad, dans la province de Taron,

[1] L'empereur Marcien († 457) présenté comme collègue de Dioclétien; la guerre des Goths au temps de Dioclétien, avec le combat singulier de Tiridate et du roi des Goths; le règne de Licinius en Orient placé avant la persécution de Dioclétien; les reliques de saint Jean Baptiste et de saint Athénogène apportées en Arménie dès le début de l'épiscopat de saint Grégoire; le voyage de Tiridate et de Grégoire à Rome, où ils se rencontrent avec Constantin et l'archevêque Eusèbe (*var.* Silvestre), bien que M. Gelzer ait cherché à le sauver (*l. c.* p. 167-171), etc. La confusion relative à Marcien prouve que, au moins dans les rédactions grecque et arménienne que nous avons, l'histoire d'Agathange remonte à peine à la fin du Ve siècle. Pour l'ensemble, cependant, il convient de remonter plus haut, car Lazare de Pharbe, qui écrivait vers la fin du Ve siècle, connaissait Agathange à peu près tel qu'il nous est parvenu.

[2] Outre ce qui est dit d'Etchmiadzin, la destruction du temple de Dir, à Erazamoïn; d'Anahid, à Artaxata; de Pars-

est fort relevée ; c'est, dit-on, la première, la mère de toutes les églises d'Arménie. Le fait est que cette église, comme celle de Bagavan, dans le Bagrevan, était en grande vénération : toutes les deux étaient, à certains jours de l'année, le théâtre de grandes fêtes religieuses et nationales. Aschdischad avait été auparavant un lieu saint du paganisme : le dieu Vahak'n, l'Hercule arménien, y était honoré, avec ses parèdres Anahid et Astghig (Aphrodite).

Dans son ensemble, la légende arménienne donne une impression identique à celle qui ressort du court passage de Sozomène. Le christianisme ne s'est pas introduit en Arménie comme dans l'empire romain, peu à peu, par voie de conquêtes individuelles, de fondations successives. Le roi se décide tout-à-coup à changer la religion nationale ; la conversion se fait, non seulement à son exemple, mais par son ordre. Le peuple n'y est évidemment pour rien ; seuls, les nobles sont consultés et approuvent. Les prêtres, naturellement, font résistance. Il faut compter avec leur puissance territoriale et leur nombreux personnel d'hiérodules. On procède avec méthode, en s'aidant de l'aristocratie laïque pour triompher de l'aristocratie sacerdotale, et celle-ci, à qui, du reste, on ménage des compensations dans le nouvel état de choses, finit par se résigner.

chimnia, à Thortan, dans le canton de Daranalis ; d'Aramazd, à Ani ; d'Anahid, à Erez (Acilicène) ; de Nanéa, fille d'Aramazd, au Thil ; de Mihr, à Pakaïaridj, dans le canton de Terdjan (Derxène).

Ce changement officiel ne peut guère s'être produit en dehors de certaines nécessités ou opportunités politiques. La nationalité arménienne, protégée par les Romains, n'était guère menacée que par les Perses. Or les Perses, depuis l'avènement de la dynastie sassanide, ne cherchaient pas moins à propager leur religion mazdéenne qu'à étendre leur empire. A cet égard leur attitude ressemble beaucoup à celle des Arabes du VIIe siècle. Il est possible que les chefs politiques de l'Arménie aient senti le besoin d'opposer à cette propagande redoutable un enthousiasme religieux que les vieilles divinités ne pouvaient guère inspirer. Au moment [1] où ce problème se posait, le christianisme était déjà très puissant en Asie-Mineure et en Syrie. L'état romain le tolérait et il était aisé de prévoir qu'un jour ou l'autre il succéderait aux paganismes divers qui lui faisaient encore concurrence dans les provinces orientales de l'empire. Du moment où les vieux cultes arméniens étaient menacés par une propagande religieuse subversive de la nationalité, il était de bonne politique de les remplacer par une religion plus résistante, sans compromission avec l'adversaire national, enracinée au contraire dans l'empire ami et protecteur.

---

[1] La date précise n'est pas connue. Toutefois le conflit entre Maximin et les Arméniens semble supposer que la conversion de ceux-ci remontait déjà assez haut, avant l'annexion de la Sophène en 297. M. Gelzer, *l. c.*, p. 166, place l'événement aux environs de 280.

Cette conversion officielle aboutit à une église franchement nationale. Au commencement, cela va de soi, il fallut recourir aux églises voisines pour avoir des instructeurs, des catéchistes; il en vint de l'Arménie romaine, de Cappadoce, et aussi des pays syriaques, d'Edesse et de Nisibe [1]. Comme il n'y avait pas encore d'écriture arménienne, le grec et le syriaque durent être employés dans la liturgie. C'est seulement au V° siècle que l'on inventa les caractères arméniens et que cette langue, restée orale jusque là, commença à devenir littéraire. Quant à l'organisation religieuse, elle se moula dès le commencement dans les cadres de l'ancien culte. Les temples, changés en églises, conservèrent leur dotation territoriale, qui était énorme; leurs desservants se transformèrent en clercs; les plus qualifiés devinrent évêques. A la tête de ce personnel sacerdotal, l'initiateur du mouvement, Grégoire, s'installa dans une sorte de pontificat suprême, que les Grecs désignèrent par le terme de *catholicos*.

Cette dignité, tout comme la fonction royale, fut considérée comme héréditaire; il y eut une sorte de dynastie patriarcale, comme il y avait une dynastie

---

[1] Il est possible que, dès avant Grégoire, des missionaires de langue syriaque aient pénétré dans le sud de l'Arménie. Les indices de cela, et, en général, de l'intervention syrienne dans les premiers temps de l'église arménienne ont été réunis par M. Ervand Ter-Minassiantz dans le ch. I de son mémoire *Die armenische Kirche in ihren Beziehungen zu den syrischen Kirchen* (Texte und Unters., t. XXVI, 1904).

royale. Grégoire avait des enfants : ses deux fils Aristacès et Urthanès lui succédèrent l'un après l'autre. Aristacès assista, en 325, au concile de Nicée. Urthanès mit un de ses fils à la tête de l'église géorgienne ; un autre, Jousik, lui succéda en Arménie. Plus tard on trouve son petit-fils Narsès, puis le fils de celui-ci, Sahag (Isaac) le Grand. Un tel système n'était pas sans inconvénients. Le clergé arménien avait été largement, trop largement, doté avec les biens des temples. Le recrutement initial, parmi les anciens prêtres païens, avait prolongé, sous l'étiquette chrétienne, l'existence d'une caste sacrée, puissante, hiérarchisée maintenant autour d'un chef de haute naissance. Ce personnage ne pouvait manquer d'entrer en rivalité avec le chef politique, et les conflits entre eux offraient d'autant plus de danger que, chez ces montagnards organisés féodalement, l'autorité du prince, minée d'ailleurs par les intrigues des états voisins, ne pouvait jamais être très forte. Le catholicos Jousik fut assassiné par le roi Diran ; Narsès par le roi Pap.

On pense bien qu'une conversion aussi rapide avait dû être fort superficielle. Un peuple barbare, de religion grossière et sensuelle, n'avait pu être amené, du jour au lendemain, je ne dis pas à l'idéal évangélique, mais à la moralité relativement élevée qui se maintenait encore dans les chrétientés de l'Orient romain. Il y avait même, sur quelques points, des résistances, des protestations, en faveur de l'ancienne religion. Le catholicos Urthanès fut attaqué un jour, dans l'église d'Aschdischad, par une émeute de païens révoltés ; la reine, que l'évêque réprimandait parfois pour sa conduite, les encourageait sous main. Le roi Diran (326-337) s'attira, lui aussi, les reproches du catholicos Jousik, fils d'Urthanès, que scandalisaient les désordres de la cour. Un jour il refusa au roi l'entrée de l'église ; Diran l'en fit extraire lui-même et lui fit donner la bastonnade, dont il mourut en peu de jours.

Après la mort de Jousik, ses fils, adonnés aux plaisirs du monde, refusèrent le catholicat ; pendant quelque temps l'église d'Arménie fut administrée par un des collaborateurs de saint Grégoire, le syrien Daniel ; puis vinrent deux archevêques, Pharen et Sahag (Isaac), qui paraissent avoir laissé les choses aller et ne s'être guère opposés aux abus. Ni l'un ni l'autre ne descendaient de Grégoire l'Illuminateur. Sahag était pourtant d'une famille sacerdotale, celle de l'évêque Albian, l'un des premiers collaborateurs de Grégoire [1].

De celui-ci la postérité n'était pas épuisée : les deux fils de Jousik étaient morts, mais de l'un d'eux, Athanakinès, et d'une fille du roi Diran, était né un enfant, appelé Narsès, que l'on élevait à Césarée. Des années s'écoulèrent. La longue période d'hostilités entre Perses et Romains, commencée avec le règne de Constance,

---

[1] Cette famille, où l'on choisissait volontiers le catholicos quand la lignée de Grégoire faisait défaut, dominait dans la région du haut Euphrate (Mourad-Sou), à Manavazakert, celle de Grégoire à Aschdischad (près de Mouch), un peu plus bas, sur la même rivière.

aboutit à la catastrophe de Julien. Sahag était à Antioche à l'automne de 363. Il signa ('Ισακόκις), avec beaucoup d'autres évêques, la profession de foi consubstantialiste adressée à l'empereur Jovien. Peu après, le siège du catholicos devint vacant. Narsès, encore très jeune, était revenu à la cour d'Arménie, où il occupait une charge auprès du roi Arsace. Les nobles arméniens l'acclamèrent patriarche. On le conduisit à Césarée, où siégeait l'archevêque Eusèbe. Basile assistait à l'ordination. La célèbre colombe, que l'on voit si souvent en ces cérémonies, apparut, dit-on, dans l'église et se posa d'abord sur Basile, puis sur Narsès. C'est un symbole. Narsès, élevé en Cappadoce, y avait vécu d'un christianisme plus sérieux que celui d'Arménie. Il y avait vu des ascètes au costume grave, aux mœurs austères; des établissements d'assistance, hospices de pauvres, de malades et autres, toutes les œuvres d'Eustathe et de Basile. Il emporta chez lui, avec des souvenirs féconds, un esprit inconnu jusque-là dans son pays. La nouvelle religion de l'Arménie n'était guère qu'une sorte d'antimazdéisme sous des formes chrétiennes. Narsès voulut communiquer à ses compatriotes la vraie religion de l'Evangile, celle qu'il avait vu pratiquer avec fruit dans le pays des Romains. Un concile se réunit à Aschdichad et promulgua des lois canoniques. Le jeune catholicos prêcha partout la réforme. Il s'efforça en particulier d'inculquer l'indissolubilité du mariage et d'abolir certaines pratiques funèbres. Les moines furent favorisés, le clergé exhorté à se conformer à leur genre de vie ; on fonda des évêchés nouveaux, ainsi que des maisons hospitalières pour les pauvres, les malades, les lépreux, et aussi pour extirper la mendicité. En même temps on ouvrait des écoles où enseignaient des maîtres grecs et syriens.

Le zèle de Narsès, d'abord secondé par l'opinion, lui valut bientôt l'hostilité de la cour. Il se brouilla avec le roi Arsace [1], qui essaya de lui opposer un compétiteur. Quand Arsace (367) eut été fait prisonnier par les Perses, Narsès eut un temps de répit : l'empereur Valens soutenait en Arménie Pap [2], fils d'Arsace, dont le catholicos fut quelque temps tuteur. Mais Pap ne tarda pas à s'émanciper et se conduisit de façon à s'attirer les réprimandes de l'évêque. Narsès paya sa franchise. Invité à la table du roi, il y fut empoisonné [3].

Sa mort fut le signal d'une réaction contre ses réformes. Non seulement on reprit les usages condamnés par Narsès, mais le roi revint sur les générosités de Tiridate à l'égard des églises : il leur reprit la plus grande partie de leurs dotations. Encouragées par l'attitude du prince, les populations relevèrent çà et là les autels des anciens dieux.

Ce changement ne pouvait être agréable aux autorités de l'empire. Le métropolitain de Césarée protesta contre l'assassinat du catholicos. Jusqu'alors le

---

[1] Fauste, IV, 13-15.
[2] Le Para d'Ammien Marcellin.
[3] Fauste, V, 24.

chef de l'église arménienne était régulièrement consacré à Césarée ; cet usage remontait aux origines : c'est à Césarée que saint Grégoire l'Illuminateur avait reçu l'ordination. Une fois consacré, le catholicos ordonnait lui-même les autres évêques. Depuis la mort de Narsès ce pouvoir lui fut refusé et les évêques arméniens durent venir se faire consacrer en Cappadoce. Ces relations, sur lesquelles nous sommes imparfaitement renseignés, étaient favorisées par la politique impériale, qui, depuis que Jovien avait dû abandonner le protectorat de l'Arménie, s'efforçait de regagner par voie d'intrigues le terrain perdu dans la fâcheuse expédition de Julien. Pap, le meurtrier de Narsès, était l'homme de Valens, homme peu sûr et dont l'empereur finit par se débarrasser [1] d'une façon plus orientale qu'honnête. En 373 nous voyons saint Basile commissionné officiellement [2] pour arranger les affaires de l'église arménienne. Il se rend à Satala, ville frontière sur le haut Lycus, où les évêques arméniens sont venus au devant de lui. Il leur fait des remontrances sur leur passivité et les décide à se montrer à l'avenir moins indifférents dans les choses où la conscience religieuse est intéressée. L'un d'eux, Cyrille, très mal vu du clergé de Satala, est soumis à une enquête, laquelle tourne en sa faveur. Il aurait fallu combler les

---

[1] Ammien, XXX, 1.
[2] Il est bien possible que l'ascendant de Basile sur l'épiscopat arménien ait compté parmi les raisons qui décidèrent Valens à le tolérer sur son siège. Cf. t. II, p. 404.

vides qui s'étaient produits dans ce corps épiscopal ; mais l'évêque de Nicopolis, Théodote, qui aurait pu fournir des personnes aptes et parlant arménien, était en froid, pour le moment, avec le métropolitain de Césarée [1]. Grâce à cet incident, la mission de Basile échoua, dans ce qu'elle avait d'essentiel aux yeux du gouvernement.

L'affaire fut reprise par le roi Pap lui-même. Il envoya à Césarée un candidat à l'épiscopat, Fauste [2]. Il était d'usage que les évêques arméniens ne fussent ordonnés que sur la recommandation de leurs collègues de l'Arménie Mineure. Fauste ne présentait aucun témoignage de leur part. Basile refusa de le consacrer. Fauste, alors, s'adressa à Anthime, évêque de Tyane, qui prenait en ce moment la situation de second métropolitain de Cappadoce. Anthime le consacra sans difficulté [3].

La place que Pap donnait ainsi à Fauste était précisément celle dans laquelle Cyrille avait été confirmé par saint Basile. C'était une place importante, peut-être celle de catholicos [4].

---

[1] Ep. 199.
[2] Ce Fauste doit être différent de celui qu'un troisième Fauste, Fauste de Byzance, mentionne dans son histoire, à propos de l'élection et de la mort de saint Narsès (IV, 3; V, 24; cf. VI, 5, 6). Cependant, avec de tels historiens, toutes les confusions sont possibles.
[3] Basile, ep. 120-122.
[4] Cependant Fauste de Byzance ne parle ni de Cyrille, ni de Fauste (au moins sous ces noms). D'après lui Narsès fut

Après la mort de Pap, l'Arménie fut ballottée pendant une douzaine d'années entre l'influence perse et l'influence romaine. Au milieu des guerres incessantes, l'église nationale se maintint comme elle put. Ses chefs, Zaven, Sahag, Aschbourag, n'ont laissé qu'un souvenir assez ténu. Ils appartenaient à la famille d'Albian. Celle de Grégoire n'était pourtant pas éteinte. Narsès avait laissé un fils, Sahag, qui parvint au catholicat vers l'année 390 et joua un très grand rôle. Quand l'Arménie fut partagée, les lieux saints d'Aschdischad et d'Etchmiadzin se trouvèrent compris dans la partie persane, où naturellement le catholicos fixa sa résidence [1]. S'il n'y était déjà, il s'installa définitivement à Etchmiadzin. Tout lien avec Césarée fut rompu et l'on chercha même à inculquer, par de brillantes légendes, l'idée que l'église primatiale avait été fondée par Jésus-Christ en personne.

L'avènement de Sahag le Grand coïncide à peu près avec la division du royaume d'Arménie. Pendant un temps assez court, il y eut deux rois, vassaux l'un de l'empire grec, l'autre de l'état persan. Il semble bien que la séparation politique ait eu tout aussitôt des effets ecclésiastiques et que les évêchés situés dans l'Arménie vassale de Rome aient été soustraits à l'obé-

---

remplacé par Jousig, de la famille d'Albian, sans intervention de l'évêque de Césarée. C'est alors que celui-ci aurait interdit au catholicos la consécration de ses collègues (V, 29).

[1] Fauste, VI, 1-4.

dience du catholicos. Les plus méridionaux d'entre eux faisaient partie, dès le milieu du V⁰ siècle, de la province ecclésiastique d'Amid [1]. Nous sommes moins au clair sur les relations de ceux du nord, qui semblent s'être rattachés non à la province la plus voisine, celle de Sébaste, mais à celle de Césarée [2].

Dans la Persarménie, Sahag représentait la tradition nationale, non seulement pour les choses religieuses, mais encore au point de vue dynastique. Dernier descendant de saint Grégoire l'Illuminateur, il soutint jusqu'au bout les droits des Arsacides à régner sur l'Arménie. En même temps que le dernier roi, Ardachès, mal vu des nobles arméniens, était déposé par son suzerain, le roi des rois Bahrâm V (420-438), Sahag aussi était destitué du pontificat. A la place du roi, Bahrâm nomma un « marzban » ou gouverneur; quant au catholicos, les « satrapes » arméniens le remplacèrent par un certain Sourmag, qui ne leur plut pas longtemps. Le roi de Perse, à leur demande, lui donna des successeurs syriens, d'abord Perkischo, puis Samuel. Le saint homme Sahag survécut à ses trois successeurs; mais, bien qu'on l'en priât, il ne voulut pas remonter après eux sur le trône dont on l'avait dépossédé.

Sahag, aidé par un savant moine, Mesrob, rendit à ses compatriotes le plus signalé des services, en leur

[1] Ceci résulte des signatures du concile de Chalcédoine (451).
[2] L'évêque de Theodosiopolis (Erzeroum) est, dans les anciens Τακτικά, un suffragant direct de Césarée. C'est un souvenir des anciens rapports entre le siège métropolitain de Cappadoce et la jeune église d'Arménie.

constituant un alphabet qui permit enfin d'écrire la langue nationale. Jusque là les Arméniens avaient été au point de vue des livres, tributaires des Grecs ou des Syriens. On prêchait en arménien, mais toutes les écritures étaient en grec ou en syriaque. Sous l'impulsion de Mesrob et de Sahag, une quantité de livres grecs ou syriaques furent traduits en arménien, et les écrivains de ce pays commencèrent à écrire en leur langue. Ceci n'a pas peu contribué à sauver l'individualité de ce peuple, si menacée par le démembrement et l'absorption politique.

L'histoire du pontificat de Sahag nous est assez bien connue par ce qu'en disent trois auteurs sérieux du V° siècle, Gorioun, auteur d'une vie de saint Mesrob, Elisée et Lazare, historiens de l'insurrection arménienne au temps de Jazdgerd II. Ce dernier événement est d'une très grande importance. Depuis la suppression des rois arméniens jusqu'au milieu du V° siècle, les rois de Perse avaient respecté les croyances religieuses du pays et s'étaient abstenus d'y propager le mazdéisme, à plus forte raison d'en imposer la profession. Jazdgerd II [1], dans la douzième année de son règne (449-450), adressa aux chefs de la nation une invitation à embrasser le culte d'Ormuzd. Nous avons encore cette pièce, avec la réponse qu'y firent les dix-sept évêques d'Arménie, les autres chefs du clergé et les représentants de l'aristocratie. Ces derniers, cependant, mandés

---

[1] Elisée, c. 2 (p. 190); Lazare, 20-23 (p. 281).

à Ctésiphon vers les fêtes de Pâques (450), cédèrent
à la demande du roi. Ils revinrent en Arménie avec
un personnel de sept cents mages qui devaient présider
au changement de culte. Tout devait être terminé dans
l'espace d'un an. Mais, à l'appel du clergé, l'Arménie
entière se souleva. Le marzban lui-même fut obligé
de prendre parti pour les insurgés. Ceux-là même
qui avaient faibli à la cour du roi devinrent les chefs
de la sainte ligue. L'empereur romain, sollicité d'intervenir, demeura neutre. Réduits à eux-mêmes, les Arméniens se battirent vaillamment et remportèrent quelques succès. A la longue le nombre et la discipline supérieure de l'armée persane eurent raison de l'insurrection. Le marzban Vasag avait repassé aux Perses
et, par ses soins, il s'organisait dans le pays tout un
parti favorable, sinon au nouveau culte, du moins à la
soumission extérieure. De son côté le gouvernement
royal reconnut qu'il avait fait fausse route et rentra
dans sa tradition de tolérance. Seuls les chefs furent
inquiétés. Un certain nombre de nobles arméniens, envoyés auprès du roi, subirent une longue et dure captivité. Le clergé fut encore plus maltraité. Le catholicos Joseph, Sahag, évêque des Reschdouni et quelques prêtres, dont un, nommé Léon, jouissait d'une
popularité toute spéciale, furent exécutés près de Nischapour, dans le Khorassan (25 juillet 454). C'est eux que
l'on appelle les martyrs Léontiens.

Pérôz, successeur de Jazdgerd (457-484), rendit la
liberté aux « satrapes » détenus pour la foi et l'insur-

rection (462-3). L'église arménienne s'était déjà réorganisée, sous les catholicats de Mélidé et de Moïse, l'un et l'autre originaires de Manazgerd. Après eux le pontificat national fut décerné à Kiud.

Pacifiée extérieurement, l'Arménie ne cessait pas d'être travaillée par les luttes religieuses. Les emplois et les honneurs n'étaient accordés qu'aux apostats; sans être imposé officiellement, le mazdéisme se répandait de plus en plus, par l'attrait de la faveur gouvernementale. Naturellement les patriotes et les chrétiens zélés faisaient leur possible pour contrecarrer ce mouvement. De là des querelles sans cesse répétées. Le patriarche Kiud était, cela va de soi, le centre de l'opposition. Dénoncé à la cour, il fut appelé devant le roi et destitué. Mais le parti national trouva d'autres chefs, dans la famille des Mamigouni. Cette famille, très influente et aussi très compromise dans les précédentes guerres ou insurrections, s'était vue contrainte de donner des gages à la cour de Perse, même au point de vue religieux. La 25e année du roi Pérôz (481-2), une révolte des Ibères fournit aux patriotes arméniens une occasion favorable. L'aîné des Mamigouni, Vahan, surnommé Vahan le Mage à cause de son apostasie, se mit à la tête du mouvement. Une conspiration militaire éclata: le marzban et le général perse faillirent être pris. En plusieurs rencontres les Perses furent battus par les insurgés. Cependant ils parvinrent à ressaisir l'avantage et la résistance prit la forme d'une guerre de partisans. Vahan la prolongea pendant trois ans, pendant lesquels lui et les siens s'illustrèrent par des exploits dignes des Machabées.

Le succès couronna leurs efforts. En 484 le roi de Perse fut vaincu dans une bataille décisive par les Turcs Ephtalites, aux environs de Merv. Le gouvernement persan sentit le besoin de pacifier l'Arménie. Il s'entendit avec les insurgés. Vahan Mamigouni, appelé auprès du nouveau roi Balasch, fut chargé par lui de gouverner l'Arménie avec le titre de marzban. Ce fut un grand triomphe pour le parti chrétien et patriote.

Le patriarche Jean Mantagouni, qui avait pris une part importante au mouvement insurrectionnel, eut la joie d'en consacrer l'heureuse issue par de solennelles actions de grâces. L'histoire des deux révoltes de 450 et de 481 fut aussitôt écrite par Lazare de Pharbe et dédiée au héros national Vahan Mamigouni.

3.º — *La Perse*.[1]

Vers l'année 333, l'empereur Constantin, écrivant au roi de Perse Sapor II, lui recommandait les chrétiens de ce pays; ils y étaient, dit-il, en grand nombre dans les localités principales[2]. Il avait appris, ajoute

---

[1] J. Labourt, *Le christianisme dans l'empire perse sous la dynastie sassanide*, Paris, 1904; *Synodicon Orientale*, édition Chabot, Paris, 1902.

[2] Τούτῳ τῷ καταλόγῳ τῶν ἀνθρώπων, λέγω δὴ τῶν Χριστιανῶν... τῆς Περσίδος τὰ κράτιστα ἐπὶ πλεῖστον, ὥσπερ ἔστι μοι βουλομένῳ, κεκόσμηται (Eusèbe, *V. C.*, IV, 13).

Eusèbe, que chez les Perses il y avait beaucoup d'églises et de chrétiens[1]. Le fait, du reste, est établi par les homélies d'Aphraate, « le sage Persan » contemporain d'Eusèbe, et par les documents de la persécution de Sapor.

L'évangélisation du pays devait remonter assez haut. Tatien, comme Aphraate, était du pays d'Assyrie ou d'Adiabène, lequel faisait partie du royaume perse. Au IIIe siècle, le dialogue bardesanite « Les lois des pays »[2] raisonne sur les obligations morales des chrétiens de Parthie, de Médie, de Perse et même de Bactriane, de manière à laisser entendre que l'Evangile avait déjà des disciples jusque dans les régions les plus lointaines de l'empire perse.

Pour le détail des choses, nous n'avons que des légendes, plus invraisemblables les unes que les autres. Ce qu'il y a lieu d'en retenir c'est que le christianisme fut importé principalement d'Edesse. Exceptionnellement, des missionnaires ont pu venir d'ailleurs, quelques-uns même contre leur volonté, transplantés en Perse comme prisonniers de guerre[3]. Mais Edesse, vieux centre chrétien de langue syriaque et de culture sémitique, était le foyer le mieux placé pour rayonner dans les pays du Tigre et de l'Euphrate. C'est bien ainsi que les choses sont représentées dans la légende

---

[1] Πληροῦειν τὰς τοῦ Θεοῦ ἐκκλησίας, λαούς τε μυριάνδρους ταῖς τοῦ Χριστοῦ ποίμναις ἐναγελάζεσθαι (*C. V.*, IV, 8).

[2] T. I, p. 454. Eusèbe, *Praep. Ev.*, VI, 10, 46.

[3] Cf. t. I, p. 469.

de saint Maris, qui, malgré le peu de sûreté qu'elle offre dans les détails, doit reposer, pour le fond, sur une tradition assez respectable [1].

En Perse, l'Evangile se heurtait à une religion officielle fortement organisée, le mazdéisme iranien. Les prêtres de ce culte, attachés, dans chaque village, au pyrée [2] local, étaient dirigés par une sorte d'évêque provincial, le *mobed*. Les mobeds (mages) avaient un chef, le *mobedan-mobed* ou archimage, un des personnages les plus considérables de l'état persan. Dans les provinces occidentales, araméennes de race et de langue, cette hiérarchie ne représentait guère qu'une façade. Ormuzd n'avait pas détrôné les vieilles divinités de Ninive et de Babylone; leurs adorateurs, il est vrai, étaient en dehors de la caste dominante : on les traitait en raïas. Au milieu d'eux vivait une nombreuse population juive, descendant en partie de la fameuse captivité.

Vers le temps où les apôtres commençaient à prêcher l'Evangile, les Juifs étaient si influents en Adiabène qu'ils parvinrent à convertir le roi Izates, avec sa mère Hélène et son frère Monobaze [3]. L'Adiabène était alors un petit royaume frontière, vassal du roi de Perse, comme celui d'Osroène l'était de l'empereur romain.

---

[1] Ed. d'Abbeloos, *Anal. Boll.*, t. IV, p. 43.
[2] Temple du feu.
[3] Josèphe, *Ant.*, XX, 2-4. Hélène mourut à Jérusalem, peu avant la guerre de Titus. On y voit encore son tombeau.

Mais le véritable centre des colonies juives se trouvait vers le bas Euphrate, dans la ville de Nehardea. Il y avait là des écoles, d'où sortit le Talmud de Babylone. Le judéochristianisme ne paraît pas s'être répandu dans ces milieux; toutefois, dans les stades anciens de la religion des Mandaïtes, on reconnaît quelques éléments chrétiens [1], infiltrés Dieu sait comment, et qui de là passèrent dans le manichéisme. Ce n'est certainement pas sur ces racines que poussa l'église de Perse.

Au moment où elle devient visible à l'histoire, son organisation, à peu près semblable à celle des églises de l'empire, offre cependant quelques particularités. Les communautés sont dirigées par un personnel d'évêques, de prêtres, de diacres, avec lequel fait corps le groupe des ascètes, hommes et femmes. Tous ensemble ils portent le titre de « Fils de l'alliance ». En général il n'y a qu'un évêque dans chaque localité; quelquefois cependant on en trouve deux, mais c'est là une anomalie. L'enseignement religieux se fonde, comme partout, sur la Bible; dans les explications que l'on en donne, les traditions rabbiniques fournissent des éléments analogues à ceux que les exégetes grecs tirent de leurs philosophies nationales. On spécule peu sur le dogme. La christologie que développe Aphraate n'a sûrement pas été influencée par les controverses relatives à Sabellius, à Paul de Samosate et à l'arianisme. Cepen-

---

[1] Cf. t. I, p. 563.

dant on entretenait des rapports avec l'épiscopat de l'empire. Un évêque perse assistait au concile de Nicée [1] ; il y en avait un aussi à la dédicace du Saint-Sépulcre, en 335; il est même présenté comme un théologien exercé [2].

La langue ecclésiastique était le syriaque, au moins dans les provinces de l'ouest, les seules d'où nous soit venu quelque littérature. Rien n'empêche toutefois que, dans les régions orientales, dans la Perse proprement dite, l'Hyrcanie, le Séistan, l'oasis de Merv, on ait écrit et célébré la liturgie en pehlvi ou en une autre langue.

Les cadres administratifs, dans lesquels s'était moulée la hiérarchie des mobeds, servirent aussi aux communautés chrétiennes. On distingua de bonne heure les provinces ecclésiastiques d'Adiabène (Ninive, Arbèle, Mossoul), de Garamée (Kerkouk), de Chaldée (Séleucie-Ctésiphon), de Mésène (Bassora), de Susiane (Gundisapor), de Perse (Rew-Ardaschir). Une province de Nisibe, trophée de la victoire de Sapor sur Julien, s'y ajouta depuis 363. D'autres furent organisées plus tard. Une tendance bien naturelle portait les évêques de Séleucie-Ctésiphon à se transformer en patriarches, à l'exemple du grand mobed et du catholicos arménien. Ce résultat, toutefois, ne fut pas acquis sans luttes.

---

[1] Eusèbe, *V. C.*, III, 7: Ἰωάννης Περσίδος, dans les signatures.
[2] *Ibid.*, IV, 43: τὰ θεῖα λόγια ἐξηκριβωκὼς ἀνήρ. Le nom n'est pas indiqué.

De ces premiers temps, il subsiste un singulier monument littéraire, dans le recueil des instructions d'Aphraate [1] ou Jacob, évêque de la province d'Adiabène, dont le souvenir se localisa dans le couvent de Mar-Mattaï (Saint-Matthieu), au nord de Ninive. Ces instructions sont datées avec précision, les dix premières de l'année 336-7, les autres de 345. Il n'y en eut d'abord que 22, autant que de lettres dans l'alphabet sémitique; une 23ᵉ fut ajoutée en supplément. Aphraate y traite des sujets religieux les plus divers; une place importante est donnée à la controverse contre les juifs, ce qui correspond bien aux spécialités du milieu.

Entre ces deux séries d'instructions se place un événement fort grave: la rupture du souverain persan avec ses sujets chrétiens. Jusque là il les avait tolérés. Quand Sapor II, encore dans le sein de sa mère, fut proclamé roi (309) [2], l'empire romain les persécutait. Maintenant, non seulement il les favorisait chez lui et tendait à faire de leur religion une religion d'état, mais il se posait comme leur protecteur en pays étranger. Ceci était grave, d'autant plus que Sapor, arrivé à l'âge d'homme, s'était donné pour tâche de reprendre les provinces cédées en 297 et se préparait, en conséquence, à rompre la paix. Dès la dernière année de

[1] Publiées, avec traduction latine, par dom Parisot, dans la *Patrologia syriaca* de Mgr Graffin, t. I, Paris, 1894; en traduction allemande, par Bert, dans les *Texte u. U.*, t. III.
[2] Les mages posèrent la couronne royale sur le ventre de la reine enceinte.

Constantin il y eut quelques hostilités. Constance était à peine installé, que la guerre éclatait par le fameux siège de Nisibe, dont les habitants, encouragés par leur évêque Jacques, firent merveille et lassèrent la patience de l'envahisseur. Les hostilités, avec bien des alternatives de succès et de revers, se prolongèrent jusqu'à la catastrophe de Julien (363). Elles reprirent même sous Valens (373) et c'est seulement avec Théodose que les choses s'arrangèrent.

Dans cet état des relations il était aisé de représenter les chrétiens comme des partisans de l'étranger. Les juifs, naturellement, les voyaient de mauvais œil ; les mages, dont ils avaient le culte en abomination, ne leur voulaient non plus aucun bien. Du reste les chrétiens ne dissimulaient guère leurs sympathies romaines. Aphraate, dans sa cinquième homélie, qui est de 337, parle, en termes à peine voilés, de la guerre qui se prépare et ne se gêne pas pour prophétiser le succès d'Edom (Rome). Il n'était sans doute pas le seul à penser et à parler de cette façon. Aussi ne faut-il pas trop s'étonner que, peu après l'ouverture des hostilités, les chrétiens aient été persécutés en Perse. On commença (340) par les frapper d'impositions extraordinaires, puis des édits prescrivirent de détruire les églises et de confisquer leur mobilier. En même temps on entreprenait le clergé. Des évêques, des prêtres, d'autres clercs furent arrêtés et conduits à la résidence royale de Ledan, en Susiane. Le plus qualifié était Simon Barsabaé, évêque de Séleucie-Ctésiphon. On essaya, sans succès, de les convertir au mazdéisme. Un premier massacre eut lieu le vendredi-saint 341; Simon y périt, avec plusieurs autres évêques, douze prêtres de Séleucie, en tout une centaine de personnes. L'année suivante ce fut le tour de ses sœurs, accusées de maléfices contre la reine malade; on les coupa en deux et l'on fit passer la reine entre leurs quartiers saignants. En même temps paraissait un édit ordonnant de massacrer partout les chrétiens, sans distinction de clercs et de laïques. Ces ordres abominables étaient exécutés avec les raffinements de la cruauté orientale. Toutes les haines privées, tous les instincts sanguinaires étaient déchaînés. Le clergé mazdéiste, partout présent, montrait le plus grand zèle à découvrir et à poursuivre les chrétiens. C'est surtout autour du prince, sous la protection de la force armée qui l'accompagnait dans ses déplacements, que se perpétraient les massacres. Même à la cour et dans les hauts emplois il y eut des victimes [1]. La population presque entière de la vallée du Tigre eût fini par y passer si Sapor ne se fût ravisé et n'eût restreint la proscription aux seuls membres du clergé.

Il y eut des apostats, mais, à ce qu'il semble, beaucoup moins que dans les persécutions romaines. En bien des endroits le culte chrétien fut suspendu. Les fidèles de Séleucie essayèrent de remplacer l'évêque martyr. Un premier successeur, Schahdost, fut élu; on

---

[1] Usthazanès, majordome du palais; Pusaïk, le chef des ouvriers; Azad, eunuque favori (Sozomène, II, 9, 11).

l'arrêta aussitôt, avec cent-vingt-huit clercs ou religieux des deux sexes, qui furent tous exécutés; lui-même eut la tête tranchée (342). Un neveu de Simon, Barbaschemin, succéda à Schahdost: lui aussi périt, avec seize clercs (346). Il fallut renoncer à le remplacer: le siège épiscopal demeura vacant pendant une vingtaine d'années. Les autres églises n'étaient pas mieux traitées.

Ce régime de terreur dura jusqu'à la mort de Sapor II (379). Quand on put se reconnaître et compter les victimes, près de seize mille noms purent être relevés; ce n'était pas tout: dans la confusion des tueries une multitude énorme de martyrs échappait à toute évaluation. Les survivants s'attachèrent de bonne heure à recueillir les souvenirs de ces années terribles. On dressa des listes [1], on rédigea des récits, dont les recensions diverses allèrent, comme ailleurs, en s'embellissant. Les plus importants circulèrent de bonne heure en dehors de la frontière persane. L'historien grec Sozomène, vers le milieu du Ve siècle, en fit largement son profit [2].

---

[1] La plus ancienne est celle qui figure à la suite d'un martyrologe très ancien, dans le ms. syriaque *Br. Mus.*, Add. 12150, transcrit à Edesse en 412 (*Acta SS. Nov.*, t. II, p. [LXIII]).

[2] Sozomène, II, 9-14, Assemani, *Acta martyrum orientalium*, t. I, Rome, 1748 (en syriaque et en latin). C'est à tort que le recueil publié par Assemani est attribué à Marutas, évêque de Maïpherqat (v. 400). Une autre édition syriaque a été donnée par Bedjan, *Acta martyrum et sanctorum*, t. II, Leipzig, 1890. Sur la critique de ces documents, v. Labourt, p. 51-55. Cf. G. Hoffmann, *Auszüge aus syrischen Akten persicher Märtyrer*, Leipzig, 1886.

Dans ce bain de sang, l'église de Perse continuait à vivre. A vrai dire, et si l'on en juge par les « instructions » d'Aphraate, elle s'apercevait à peine des calamités qui fondaient sur elle. Les Orientaux sont habitués à être massacrés. Aphraate gémissait, mais avec sobriété. Imperturbable moraliste, il continuait à prêcher au milieu de la tempête, et ses compatriotes continuaient à lui fournir des sujets de remontrances [1]. Le clergé abusait de son autorité; il était dur au pauvre monde, pratiquait l'usure, se dépensait en querelles perpétuelles. La plus grande lacune de l'organisation c'est qu'il n'y avait pas, dans le pays, d'autorité ecclésiastique supérieure. A la vérité l'évêque de la capitale semblait indiqué pour diriger les autres; le voisinage de la cour et des grands dignitaires de l'empire le mettait plus que ses collègues en rapport avec le pouvoir politique; celui-ci avait une tendance à le considérer comme représentant plus particulièrement les communautés chrétiennes du royaume et comme responsable, à certains égards, de leur loyalisme. Mais où était au juste la capitale? La cour résidait tantôt en Susiane, tantôt en Chaldée. C'est dans ce dernier pays, à Ctésiphon, en face de Séleucie, qu'elle passait ordinairement l'hiver. Ctésiphon était une ville royale, comme est à Pékin, la ville mandchoue. La cour y déployait à l'aise son faste encombrant, ses services, son état mi-

---

[1] Voir surtout l'homélie XIV.

litaire. De l'autre côté du Tigre, sur la rive droite, au confluent du Canal royal (Naharmalka) qui la reliait à l'Euphrate, s'élevait Séleucie (Beh-Ardaschir), ville immense, un des grands marchés du monde. Seleucus, le lieutenant d'Alexandre, l'avait fondée pour succéder à Babylone au déclin; à sa place, au moyen-âge, s'éleva, un peu plus haut sur le Tigre, la ville si importante de Bagdad. Ce fut à l'origine une cité grecque, comme Antioche; il en sortit quelques lettrés. Mais depuis que les Parthes s'y furent substitués aux Séleucides, cet hellénisme lointain commença à se dissoudre dans le milieu sémitique; au troisième siècle, à ce qu'il semble, il n'y avait plus là que des Grecs de passage, attirés par le commerce. Plusieurs fois ravagée, brûlée même par les armées de Trajan, L. Verus, Septime-Sévère, Séleucie, au moment où le christianisme y pénétra, se trouvait fort déchue de son ancienne splendeur.

Suivant une tradition peu sûre [1], mais peut-être acceptable en ceci, l'évangélisateur, le premier évêque, fut Maris, venu d'Édesse, qui installa dans le plus vieux quartier de la ville la plus ancienne église de la région, l'église de Kokhé (Κώχη). Ce nom semble être celui que la localité portait avant Seleucus [2]. Après ces origines, on entend parler d'un évêque Papa, qui paraît avoir eu de graves difficultés, tant avec ses col-

[1] Voir la discussion de Labourt, *l. c.*, p. 13.
[2] Comme à Alexandrie le quartier Racotis conservait un nom antérieur à Alexandre.

lègues, notamment l'évêque de Suse, Milès, qu'avec son propre clergé, excité par un de ses membres, Simon Barsabaé. Papa aurait été déposé et Simon ordonné à sa place ; mais les évêques de l'empire romain, les « Pères occidentaux », consultés sur cette affaire, seraient intervenus, auraient rétabli Papa et décidé qu'à sa mort seulement Simon exercerait les fonctions épiscopales [1]. Il les exerça en effet jusqu'à son martyre. En 344, Aphraate, au nom d'une assemblée d'évêques et autres chefs chrétiens, adressa une longue et sévère admonestation à un groupe dans lequel figurait le clergé de Séleucie-Ctésiphon. Celui-ci était en proie à de graves discordes.

La paix revenue, à l'avènement de Sapor III (383), les églises de Perse se réorganisèrent et l'on put reprendre la question de l'autorité primatiale. Heureusement, les relations diplomatiques ayant été reprises entre les empereurs de la famille théodosienne et les souverains persans, il fut possible de rétablir aussi, du côté de l'Occident, les communications ecclésiastiques. Marutas [2], évêque de Maïpherqat (Martyropolis dans la Mésopotamie transtigritane), adjoint plusieurs fois à des ambassades impériales, parvint à se créer une certaine influence à la cour persane et auprès de l'épiscopat du royaume. C'est par ses soins, et en vertu d'une con-

---

[1] Sur cette affaire, v. le *Synodicon Orientale*, éd. Chabot, p. 289 et suiv. ; Assemani, *Acta Mart. orient.*, t. I, p. 72 ; cf. Labourt, p. 21.

[2] Ci-dessus, p. 87.

vocation royale, que se tint, en 410, le concile de Séleucie [1].

Marutas s'y présenta avec une lettre des « Pères occidentaux », Porphyre d'Antioche, Acace de Bérée, et leurs collègues d'Edesse, Tella et Amid. Les prélats persans en prirent connaissance officiellement. On leur communiqua aussi le symbole et les canons de Nicée ; ils les acceptèrent et formulèrent une discipline en harmonie tant avec les prescriptions nicéennes qu'avec les conditions locales. On chercha avant tout à raffermir l'union entre les chrétiens de la même église et à constituer un lien sérieux entre les églises elles-mêmes. Le concile proclama l'autorité supérieure de l'évêque des deux villes royales, (Mahozé, Madaïn = Séleucie-Ctésiphon) sur les métropolitains des provinces et sur les évêchés établis en dehors de l'organisation provinciale. Les métropoles étaient : Beit-Lapat (Gundesapour) [2] pour la Susiane ; Nisibe, pour la province frontière, reprise à l'empire romain ; Prat [3] en Mésène pour la province du bas fleuve ; Arbèle, pour l'Adiabène ; Karka de Beit-Selok [4], pour la Garamée. Les évêques de Perse et des régions plus éloignées, soit à l'intérieur, soit dans le golfe Persique et la mer des Indes, n'étaient pas encore groupés en ressorts métropolitains.

---

[1] *Synodicon Orientale*, éd. Chabot, p. 253.
[2] Sahabad, entre Suse et Souster.
[3] Bassora.
[4] Kerkouk.

Un effort d'organisation intérieure, avec le concours du corps épiscopal de l'empire voisin et surtout avec l'appui bienveillant du pouvoir royal, voilà ce que représente le concile de Séleucie. Le roi des rois Iazdgerd I avait déjà témoigné de sa bienveillance envers les chrétiens, en promulguant une sorte d'édit de liberté religieuse et en faisant rebâtir les églises détruites pendant la persécution [1]. Il reçut à son audience les chefs du concile, Isaac et Marutas, et, par l'intermédiaire de deux très hauts personnages, il fit savoir à l'assemblée qu'il ratifiait ses résolutions et pourvoirait à ce qu'elles fussent appliquées.

Il eût été à souhaiter que tout le monde persistât dans les bonnes dispositions qui s'étaient manifestées au concile. Malheureusement les anciennes habitudes d'indiscipline reprirent bientôt le dessus et l'organisation patriarcale ne tarda pas à être de nouveau minée. Le deuxième successeur d'Isaac, Iahbalaha, avait fait, comme ambassadeur, le voyage de Constantinople (417-8); deux ans plus tard, l'évêque d'Amid, Acace, arriva à Séleucie dans les mêmes conditions. Ils s'entendirent pour tenir un nouveau concile (420), et, cette fois, l'église de Perse accepta un code byzantin plus étendu: il contenait les canons d'Ancyre, Néocésarée, Gangres, Antioche et

---

[1] Il avait très bonne réputation à Constantinople. Socrate (VII, 8) le représente comme très disposé à se faire chrétien; Procope, *Bell. Pers.*, I, 2, raconte qu'Arcadius l'avait chargé, par testament, de la tutelle de son fils Théodose II. Tout cela est bien peu croyable.

Laodicée. Des recueils de ce genre commençaient à circuler dans l'empire d'Orient; ils passaient même dans les pays latins. Je ne sais si Acace d'Amid, qui les porta en Perse, rendit un grand service à l'église de ce pays. La plupart de ces canons avaient été dictés par des circonstances locales et passagères : ils ne se prêtaient guère à une adaptation universelle.

Iazdgerd I mourut en 420. Dans les derniers temps de son règne on signale quelques exécutions de chrétiens. Ceux-ci, à la faveur de la paix religieuse, s'étaient multipliés. Des conversions se produisaient chez les Persans mazdéistes, même parmi les fonctionnaires ou dignitaires de l'Etat. Un tel prosélitisme, très mal vu à la cour, était fait pour soulever des difficultés. D'autres naissaient du zèle imprudent de certains prêtres chrétiens, qui ne se faisaient pas faute, à l'occasion, de s'en prendre à la religion nationale et de renverser les pyrées [1]. Cependant il semble bien que, sous Iazdgerd, on s'en soit tenu à des repressions particulières. Son fils et successeur, Bahrâm V, cédant aux suggestions des mobeds, déchaîna une persécution générale et d'une cruauté extrême [2]. Devant la perspective des supplices les plus abominables, les chrétiens faiblissaient en grand nombre; d'autres se cachaient; ceux qui se trouvaient à portée de la frontière, se réfugiaient dans l'empire

---

[1] Théodoret, *H. E.*, V, 38; Labourt, *op. cit.*, p. 105 et suiv. Cf. *Anal. Boll.*, t. XXVIII, p. 399-415 (Peeters).

[2] Théodoret, *l. c.* et *Graec. aff.*, IX, 9; cf. Labourt, p. 112 et suiv.

romain [1], en dépit de la police que faisaient de ce côté, les tribus arabes. De là des incidents de frontière entre les deux empires. Aux réclamations venues de Constantinople contre la persécution des chrétiens on répondait de Ctésiphon que les mages de Cappadoce [2] étaient molestés dans l'exercice de leur culte; on se plaignait aussi de ce que l'empire romain, intéressé tout autant que le roi de Perse à ce que les portes du Caucase demeurassent fermées aux barbares du nord, n'aidait en rien à leur défense. La guerre éclata : elle dura près de deux ans et fut en somme assez heureuse pour les Romains [3]. Au cours des opérations, sept mille prisonniers perses furent délivrés par l'évêque d'Amid, aux frais de son église. Acace demeurait fidèle aux bonnes relations qu'il avait entretenues les années précédentes, avec la cour persane. Le roi Bahrâm voulut le voir et de nouveau il fit le voyage de Ctésiphon.

La paix faite avec Théodose II (422), la situation des chrétiens de Perse s'améliora un peu. Leurs évêques en profitèrent pour reprendre les vieilles querelles; de nouveau une opposition s'éleva contre le catholicos Dadisô. Ses adversaires intéressèrent à leur cause quelques personnages de la cour, et aussi, semble-t-il, certains évê-

[1] Un de ceux-ci, un certain Abraham, arriva jusqu'en Auvergne. Sidoine Apollinaire l'avait connu (ep. VII, 17).

[2] Cf. t. I, p. 541. C'est le temps où Théodore de Mopsueste écrivait contre les mages de Perse; Théodoret, lui aussi, publia un livre de controverse avec les mages, Πρὸς τὰς πεύσεις τῶν Μάγων (ep. 82).

[2] Socrate. VII. 18-21.

ques de l'empire byzantin [1]. Dégoûté de ces intrigues, le catholicos voulut se retirer du monde. Il céda toutefois aux instances de ses partisans, qui se réunirent et l'allèrent chercher dans une localité arabe, Maktaba de Tayyayé. Là se tint un concile [2], qui rétablit Dadisó et décida qu'à l'avenir les affaires religieuses ne devraient pas être portées devant les « Pères occidentaux », ceux-ci ayant réglé eux-mêmes que nul concile ne devait s'assembler contre le catholicos et que tous les débats devaient être terminés par celui-ci, avec ses collègues du royaume perse. Ce que saint Pierre avait été dans le collège des apôtres, le catholicos l'était dans son épiscopat.

Ainsi fut tranché le lien, bien faible, qui, au point de vue disciplinaire, rattachait l'église persane à celle de l'empire romain, et, plus spécialement, au siège patriarcal d'Antioche. Il est possible qu'en accentuant ainsi son autonomie, l'épiscopat du royaume de Perse ait pensé à diminuer les perpétuels soupçons du gouvernement à l'égard des coreligionnaires des Romains. Je crois plutôt qu'il s'inspira de la nécessité de fortifier l'organisation ecclésiastique locale, que des appels trop fréquents à une autorité lointaine n'auraient pas manqué de compromettre. C'est le même sentiment qui avait porté les évêques d'Afrique à interdire les appels de leur juridiction à celle du saint-siège. Heureux si l'on

---

[1] Peut-être Acace d'Amid, qui visita la capitale perse au temps de ces discordes.
[2] *Syn. orient.*, p. 285.

en fût resté là et si, sous prétexte d'autonomie, on n'eût pas fini par rompre tout rapport et par sacrifier la communauté de foi.

Après Bahrâm V, ses successeurs Iazdgerd II (438-457) et Pérôz (457-484) furent aussi, par intervalles, des persécuteurs déterminés. Iazdgerd II, on l'a vu plus haut, entreprit de convertir l'Arménie au mazdéisme. Il persécuta aussi les Juifs; c'était un mazdéen très fanatique. En Perse aussi on signale des martyrs [1], Jean métropolitain de Beit-Selok, exécuté à Kerka avec un grand nombre d'autres, et, en Médie, Péthion, missionnaire célèbre. Sous Pérôz, le catholicos Babowaï fut jeté en prison et y passa deux ans, en un temps où l'on était de nouveau en guerre avec les Romains. Mis en liberté (464), il administra son pontificat pendant une vingtaine d'années encore; mais un jour on surprit une correspondance entre lui et l'empereur Zénon: Pérôz le fit pendre par le doigt annulaire (484).

4.° — *Echos des querelles christologiques.*

Ni l'église arménienne, ni l'église de Perse ne prirent une part directe aux querelles christologiques qui agitèrent l'empire pendant le V° siècle. Aucun évêque de ces contrées ne figura aux conciles d'Ephèse et de Chalcédoine. Pour ce dernier surtout, les Arméniens, occupés à se défendre contre le mazdéisme persécuteur,

---

[1] Hoffmann, *Auszüge aus syrischen Akten persischer Märtyrer*, p. 43-68; cf. *Anal. Boll.*, t. VII, p. 5.

étaient bien empêchés de s'y rendre. Toutefois les divisions religieuses de l'épiscopat byzantin retentirent jusqu'au delà des frontières orientales et ce retentissement eut des conséquences très graves pour l'avenir de ces chrétientés lointaines. C'est justement dans les provinces euphratésiennes de l'empire que le conflit des opinions était le plus aigu. Acace de Mélitène et Rabbulas d'Edesse y avaient pris parti pour Cyrille ; nombre de moines soutenaient leurs idées, les exagéraient même. Les moines apollinaristes [1] qui avaient tant déclamé contre Jean d'Antioche et qui s'en prenaient à Cyrille lui-même, étaient des moines de l'Arménie romaine. En sens contraire, Théodoret, André de Samosate, Jean de Germanicie, l'école des Perses d'Edesse, avec son chef Ibas, qui devint bientôt évêque, entretenaient un courant favorable, non sans doute aux excès de langage de Nestorius, mais à la tradition doctrinale dont il s'était inspiré. On a vu [2] que, vers 438, les évêques de l'Arménie persane s'étaient faits à Constantinople les interprètes de scrupules inspirés par les adversaires théologiques de Théodore de Mopsueste [3]. C'est d'Ibérie qu'était venu à Constantinople un homme destiné à être l'un des coryphées du parti monophysite, Nabarnougi, qui, sous le nom de Pierre et l'habit de moine, vécut en Palestine dans le cercle de Géronce

---

[1] Ci-dessus, p. 387.
[2] Ci-dessus, p. 385.
[3] Deux d'entre eux furent en correspondance avec Théodoret (ep. 77, 78), mais pour toute autre chose.

et de l'impératrice Eudocie, fut ordonné évêque de Maïouma par Théodose, patriarche intrus de Jérusalem, sacra lui-même Timothée Elure à Alexandrie et se maintint toujours dans la gauche de son parti, à tel point qu'on ne put le rallier à l'Hénotique.

Il y avait donc, dans l'église arménienne, des prédispositions au monophysisme. Quand ce courant se fut renforcé chez ses voisins de l'ouest, quand les évêques « nestoriens » eurent été remplacés par des prélats de tendance opposée, quand l'école des Perses à Edesse eut été tracassée, puis fermée, quand enfin l'Hénotique, imposé partout, eut été interprété dans un sens de plus en plus défavorable au concile de Chalcédoine, il n'est pas étonnant que cet état d'esprit se soit propagé chez les Arméniens. Dans la période de paix matérielle qui suivit les guerres de Vahan, le catholicos Babken, successeur de Jean Mantagouni, réunit un grand concile à Valarschapat (491), et là, entouré, non seulement de ses évêques, mais aussi de ceux d'Ibérie et d'Albanie, il prononça solennellement la condamnation du tome de Léon et du concile de Chalcédoine [1].

Ce faisant, il se mettait d'accord, sinon avec le texte de l'Hénotique, au moins avec le sens que, de plus en plus, on y attachait dans l'Orient romain. Mais lorsque le vent changea, trente ans après, les Arméniens ne suivirent pas l'épiscopat byzantin dans sa

---

[1] Jean le catholicos (Jean VI), historien du Xe siècle, p. 43 de l'éd. arménienne de Jérusalem, 1843 (citée par Gelzer dans l'Encyclopédie de Hauck, t. II, p. 78).

volte-face; de là le schisme qui, depuis lors, les sépare
de l'Eglise orthodoxe.

Si les évêques perses, fidèles à l'esprit du concile
de Dadisò, s'abstenaient de porter leurs querelles devant leurs collègues d'Occident, et même de prendre
parti dans les conflits dogmatiques de l'épiscopat byzantin, ils se maintenaient pourtant en communication
avec leurs voisins, par l'intermédiaire de leur école
nationale, installée à Edesse, depuis le temps, dit-on,
de saint Ephrem.

Au temps d'Ibas, cette école comptait un grand
nombre de maîtres et de disciples, tous originaires du
royaume persan. On y agitait les questions du jour,
on y discutait pour et contre Théodore de Mopsueste
et Nestorius. La majorité tenait pour les maîtres d'Antioche et se montrait fort hostile à la théologie alexandrine. Il y avait pourtant une opposition, dans laquelle Cyrille comptait quelques partisans sérieux, notamment un certain Xenaias ou Philoxène, qui joua
plus tard un rôle important. Parmi les autres, après
Ibas lui-même, qui devint évêque en 435, on remarquait Barsumas [1], Balaï et Balasch, tous les trois fort
mal vus des monophysites. Lors de l'enquête de Chéréas (avril 449) [2], on réclama à grands cris leur expulsion. Cette année même, Ibas ayant été éloigné d'E-

[1] Bien différent de celui qui joua un rôle au second concile d'Ephèse.
[2] Ci-dessus, p. 411.

desse et remplacé par Nonnus, ils furent en effet exilés, et non seulement eux, mais beaucoup d'autres encore [1].

Rentrés dans leur pays, ils y parvinrent à d'importantes situations ecclésiastiques; tout naturellement ils s'employèrent à accréditer les idées dont ils étaient imbus et pour lesquelles ils avaient souffert persécution.

Quand l'Hénotique eut paru, Barsumas, qui était devenu métropolitain de Nisibe, provoqua, au concile de Beit-Lapat en Susiane (484), une manifestation doctrinale en sens contraire. Deux ans après, dans un autre concile, le catholicos lui-même, Acace, successeur de Babowaï, définit à son tour la croyance de l'église persane : « Notre foi doit être, en ce qui concerne l'In-
» carnation du Christ, dans la confession des deux na-
» tures de la divinité et de l'humanité. Personne de
» nous ne doit oser introduire le mélange, la commix-
» tion ou la confusion entre les diversités de ces deux
» natures. Mais, la divinité demeurant et persistant dans
» ses propriétés et l'humanité dans les siennes, nous
» réunissons en une seule majesté et une seule ado-
» ration les diversités des natures, à cause de la cohé-
» sion parfaite et indissoluble de la divinité avec l'hu-

---

[1] On place ordinairement cette expulsion après la mort d'Ibas (457). Mais son successeur Nonnus se montra fidèle au concile de Chalcédoine, comme en témoigne sa lettre synodale de 458 (Mansi, t. VII, p. 552). Il est plus naturel de placer cet événement en 449 ou 450, après la déposition d'Ibas et non après sa mort. La lettre de Siméon de Beth-Arsam (Assemani, *Bibl. Or.*, t. I, p. 204, 353) sur ces événements est remplie de confusions.

» manité. Et si quelqu'un pense ou enseigne aux autres
» que la passion ou le changement est inhérent à la
» divinité de Notre-Seigneur, et s'il ne conserve pas,
» relativement à l'unité de personne de notre Sauveur,
» la confession d'un Dieu parfait et d'un homme par-
» fait, que celui-là soit anathème »[1].

 Acace avait, comme Barsumas, reçu sa formation
à l'école d'Edesse. Sa confession de foi s'inspire de la
théologie d'Antioche ; entre elle et la formule d'union
de 433 ou celle du concile de Chalcédoine, il n'y a
que des nuances d'expression.

 Cependant le terme de mère de Dieu est évité. Il
le sera toujours, car en Perse on sera toujours hostile
à ce que les théologiens appellent la *communicatio idio-
matum*. Quand ils feront la distinction entre nature et
hypostase, ils répugneront à l'union hypostatique et s'en
tiendront à l'union personnelle. C'est la vieille doctrine
d'Antioche, restée en dehors des influences qui, dans
la Syrie grecque, la modifièrent sur certains points et
l'amenèrent à se reconnaître dans le décret de Chalcédoine.

 Nestorius était assez peu en vue dans ce monde
syriaque. On s'y rattachait plus volontiers à Théodore de Mopsueste, dont on avait beaucoup d'écrits.
C'est plus tard seulement que l'on restaura la mémoire
de l'ancien évêque de Constantinople. Ceci entraînait
le rejet des conciles d'Ephèse et de Chalcédoine. De ce-

---

[1] *Synod. Or.*, éd. et traduction Chabot, p. 302.

lui-ci, à la rigueur, on aurait pu s'arranger au point de vue doctrinal : Nestorius s'était bien reconnu en Flavien et en Léon. Soit que son appréciation soit restée ignorée, soit que l'on répugnât à ratifier la condamnation qui l'avait mis sur le même pied qu'Eutychès, soit enfin pour quelque autre cause, toujours est-il que le concile de Chalcédoine, pas plus que celui d'Ephèse, ne fut reconnu en Perse. En somme c'est sur l'enseignement de l'école d'Antioche au temps de Théodore de Mopsueste que s'embranche la tradition doctrinale de l'église perse. Des développements et conflits ultérieurs, même de celui auquel reste attaché le nom de Nestorius, elle ne s'est que très peu ressentie.

Ceci soit dit de la grande église, de celle à laquelle présidait le catholicos de Séleucie ; mais il ne faut pas croire qu'elle ait continué indéfiniment à représenter tout le christianisme du royaume de Perse. La propagande monophysite ne tarda pas à intervenir et obtint, là aussi, des succès notables.

Ainsi, dans les états du roi des rois, les chrétiens d'Arménie ne professaient plus la même foi que ceux du pays araméen. Même dans celui-ci, une opposition doctrinale était en voie de se former contre le siège métropolitain de Séleucie-Ctésiphon, affaibli déjà par la perpétuelle indiscipline de ses suffragants. Au milieu de ces discordes chrétiennes, le *tertius gaudens* aurait dû être Ahura-Mazda ; c'était le moment, pour ses pyrées, de flamber en joie et sécurité. Il n'en fut rien pourtant. Comme au IV° siècle le christianisme avait conquis l'empire romain en dépit des querelles des évêques, de même, au moment où nous sommes arrivés, nous le voyons triompher en Perse d'obstacles analogues, aggravés par la défaveur officielle et par la résistance, bien organisée, du clergé mazdéen. L'islam seul arrêta ses progrès.

5.° — *Les Arabes et les Indiens* [1].

Avec les populations araméennes de la vallée du Tigre et des provinces orientales de l'empire romain confinait le groupe ethnique des tribus arabes, nomades aux environs de l'Euphrate et de la Syrie, fixées au sol sur certains points, notamment aux abords du golfe Persique et dans ce qu'on appelait l'Arabie heureuse, à l'angle sud de la péninsule arabique. Les nomades du nord vivaient, bien maigrement, sur la lisière des deux grands empires, dont les frontières, d'ailleurs peu déterminées, n'existaient guère pour eux. Les plus voisins de la Perse eurent de bonne heure un centre politique à proximité du Tigre, dans la célèbre forteresse de Hatra [2]. Vers le milieu du IIIe siècle, cette place fut emportée par Ardaschir ou Sapor I [3], mais bientôt il se fonda une autre métropole arabe, au sud de l'Eu-

---

[1] V. mon livre *Églises séparées*, p. 366 et suiv.; cf. *Mélanges de l'Ecole de Rome*, t. XVI, p. 79 et suiv.
[2] El Hadr, au sud-ouest de Mossoul.
[3] Nöldeke, *Tabari*, p. 33.

phrate et de Babylone, Hîra ou Hirta de Naaman [1]. Moins organisés, les nomades de l'ouest erraient entre l'Euphrate et les villes syriennes, Bérée (Alep), Chalcis, Epiphanie (Hamath), Emèse, Palmyre, Bostra, Petra. D'autres circulaient dans la péninsule du Sinaï, entre Petra et l'isthme égyptien.

Ces fils du désert n'offraient guère de prise à la prédication chrétienne. Cependant, à force d'errer sur les frontières de l'empire romain, ils s'y rencontrèrent avec les enfants perdus de l'ascèse, dont le genre de vie les impressionna fort. Leurs jeûnes, leur retraite farouche, leur costume, pouvaient paraître excentriques aux citadins des villes romaines ; c'était exactement ce qu'il fallait pour exciter l'attention et le respect des nomades. Hilarion († 371), qui menait la vie pénitente aux environs de Gaza, exerça sur eux beaucoup d'influence [2]. Sozomène [3] parle d'un cheïk Zokoum, de la même région, à ce qu'il paraît ; il n'avait pas d'enfants. Un solitaire lui en fit obtenir en priant pour lui, à condition qu'il se convertirait. C'est ce qu'il fit, avec toute sa tribu.

Une reine de Sarrasins, Maouvia, faisait depuis longtemps la guerre aux Romains, Elle finit par accepter la paix et même la conversion, mais à condi-

---

[1] Hîra est le nom arabe, Hirta le nom syriaque. A Hîra succéda Koufa, au temps des premiers califes, puis, Nedjef ou Méched-Ali, actuellement une des villes saintes des Chiites.
[2] Saint Jérôme, *Vita Hilarionis*, 25.
[3] VI, 38.

tion qu'on donnerait un évêque à sa tribu et que cet évêque serait Moïse, solitaire qu'elle avait en haute estime. L'empereur Valens consentit à cet arrangement et l'on conduisit Moïse à Alexandrie pour le faire ordonner par l'évêque arien Lucius. Mais le solitaire protesta ; il fallut lui trouver des évêques catholiques et les aller chercher dans les lieux d'exil [1]. C'est probablement ce même Moïse qui, selon d'autres récits, convertit une tribu arabe du désert de Pharan, avec son chef Obadien [2]. Telle fut l'origine de l'évêché de Pharan, qui fonctionna quelque temps dans l'oasis de ce nom, au pied du Serbal, et fut plus tard rattaché au célèbre monastère de Sainte-Catherine [3].

D'autres établissements de ce genre se formèrent dans la Palestine et la Phénicie orientale : celui de *Parembolae*, à l'est de Jérusalem, un autre aux environs de Damas, dont les évêques siégèrent aux conciles d'Éphèse et de Chalcédoine. L'évêché de *Parembolae* nous offre une particularité intéressante. Son premier titulaire n'était autre que l'ancien cheïk. Avant sa conversion il s'appelait Aspebaetos. Son fils, paralytique, ayant été guéri par saint Euthyme, moine aux envi-

---

[1] Rufin, *H. E.*, II, 6.
[2] Combéfis, *Illustrium martyrum triumphi*, p. 99 et suiv.
[3] Un moine appelé Nathyr, était évêque de Pharan vers le commencement du Ve siècle (*Vitae PP.*, V, 10, §. 36 ; Migne *P. L.*, t. LXXIII, p. 918). C'est, après Moïse, le plus ancien que l'on connaisse. Agapit, prétendu évêque du Sinaï au temps de Licinius (Raymond Weill, *La presqu'île du Sinaï*, 1908, p. 221, 258), est, en réalité, un évêque de Synaos en Phrygie.

rons de Jéricho, Aspebaetos passa au christianisme avec sa tribu. Le patriarche de Jérusalem, Juvénal, le baptisa sous le nom de Pierre et le sacra évêque des Sarrasins [1]. Il joua un rôle au concile d'Ephèse (431).

Ces évêchés arabes restèrent isolés les uns des autres ; ils ne se groupèrent pas en église nationale, comme ceux de Perse et d'Arménie ; ils entrèrent même, comme les autres évêchés syriens, dans les cadres provinciaux de l'église byzantine.

Au sud de cette Arabie romaine s'étendent, à l'intérieur, les plateaux du Nedjed, et, près de la mer Rouge, la région du Hedjâz. Le Nedjed fut touché par la prédication chrétienne, mais assez tard, pas avant le VIe siècle. Quant au Hedjâz, il ne l'entendit jamais. Au contraire elle atteignit d'assez bonne heure des populations beaucoup plus méridionales, celles des hauts plateaux qui dominent, à l'est et à l'ouest, l'embouchure de la mer Rouge dans l'océan Indien. Il y avait de ce côté autre chose que des tribus nomades. Deux états s'y étaient organisés. Sur la côte arabique, le port d'Aden, célèbre depuis les temps les plus reculés, centralisait en transit le commerce de la Méditerranée et de l'Egypte avec les marchés indiens ; dans les vallées de l'intérieur on cultivait des denrées précieuses. C'était l'Arabie riche, l'Arabie heureuse, le Yémen actuel. Les princes de Saba avaient jadis défendu leur autonomie

---

[1] Cyrille de Scythopolis, *Vita Euthymii*, c. 18 et suiv.

contre l'Egypte et l'Assyrie ; maltraités quelquefois par les Romains, ils finirent par être laissés à eux-mêmes. Depuis le temps de César et d'Auguste leur état portait le nom de royaume d'Himyar ou d'Homer.

Sur la côte africaine, le port d'Adoulis, comme actuellement celui de Massaoua, permettait de communiquer avec les montagnards d'Abyssinie. Ceux-ci se rattachaient aux mêmes origines ethniques que les tribus voisines, Gallas, Dankalis, Somalis ; mais ils avaient été modifiés depuis des siècles par une forte émigration arabe venue de l'autre côté de la mer. Vers la fin du Ier siècle, ils se formèrent en un état organisé, dont la ville d'Axoum fut la capitale.

En religion, Axoumites et Homérites pratiquaient l'ancien culte sabéen, variété du polythéisme sémitique. Il fut battu en brêche, d'assez bonne heure, par une forte propagande judaïque, venue, ce semble, des colonies israélites de l'intérieur, qui, par Teïma, Khaïber et Yathrib (Médine), jalonnaient la route entre la Syrie méridionale et l'Arabie heureuse. Au IVe siècle, les juifs étaient très nombreux dans le Yémen.

Il n'est pas impossible que, parmi eux, il y ait eu des judéo-chrétiens. Ainsi s'expliquerait le fait de cet évangile hébreu que, d'après une tradition assez ancienne [1], Pantène aurait trouvé dans le pays des » Indiens ». On disait qu'il y avait été apporté par l'apôtre

---

[1] Eusèbe, *H. E.*, V, 10 ; cf. t. I, p. 334, n. 2.

Barthélemy. Mais les Indiens de Pantène sont bien problématiques [1].

Ce qui paraît plus sûr et plus clair c'est que, vers le milieu du IVe siècle, les deux pays de Saba et d'Axoum reçurent des missionnaires venus de l'empire romain.

Pour Axoum, Rufin raconte l'histoire suivante, puisée par lui à bonne source.

Un philosophe, appelé Métrodore, avait visité ces contrées. A son exemple, un autre explorateur, Mérope de Tyr, entreprit le même voyage, en compagnie de deux enfants chrétiens, Frumentius et Ædesius, dont il faisait l'éducation. Dans une relâche, à Adoulis sans doute, une querelle s'éleva entre les indigènes et les gens de l'équipage : ceux-ci furent tous massacrés ; Mérope périt avec eux. Les deux enfants échappèrent seuls. Conduits au roi et recueillis par lui, ils surent gagner sa faveur, si bien que Frumentius devint son secrétaire et Ædesius son échanson. Le roi étant venu à mourir, la reine garda les deux Tyriens pour instruire son fils en bas-âge. Ils profitèrent de leur situation pour favoriser la

---

[1] S. Jérôme (*De Viris*, 36 ; ep. 70) précise les indications d'Eusèbe. Il sait que c'est aux Brachmanes que s'adressa la prédication de Pantène et que ce sont les Indiens eux-mêmes qui avaient demandé à Demetrius, évêque d'Alexandrie, de leur envoyer des missionnaires. Tout cela semble être conjectural. Il n'y a pas plus de fond à faire sur les dires de Rufin (*H. E.*, I, 9), qui envoie saint Matthieu en Ethiopie et saint Barthélemy dans l'Inde citérieure. Il désigne l'Abyssinie par le nom d'Inde ultérieure et la place entre l'Inde citérieure et le pays des Parthes. On n'est pas plus confus. Cf. t. I, p. 126, 334.

pratique religieuse parmi les marchands chrétiens que
le commerce avec l'empire amenait à séjourner dans
le pays. Eux-mêmes donnaient l'exemple de la piété;
quelques églises furent bâties dès ce temps-là. A la
majorité du jeune prince ils obtinrent la permission de
retourner dans leur pays. Ædesius devint prêtre à Tyr
et fit lui-même à Rufin le récit de ses aventures. Quant
à Frumentius, il se rendit à Alexandrie, raconta à l'é-
vêque Athanase ce qui s'était passé, et l'engagea à envoyer un évêque en un pays si bien préparé à recevoir l'Evangile. Athanase jugea que nul n'était plus
propre que Frumentius à remplir cet office. Il l'ordonna
évêque et le renvoya en Abyssinie, où son ministère eut
le plus grand succès [1].

Un peu plus tard, l'empereur Constance eut affaire
aux rois de ces pays lointains. Il choisit pour son envoyé le fameux Théophile l'Indien ou le Blemmye, qui
vivait depuis longtemps à la cour d'Antioche, en grande
réputation d'austérité et de miracles [2]. Il était arien
et des plus intransigeants. Peut-être la mission de Frumentius avait-elle attiré son attention et provoqué ses
inquiétudes. Soit qu'il en eût parlé à l'empereur, soit
que celui-ci eût trouvé de lui-même qu'un missionnaire
envoyé par Athanase ne pouvait être que dangereux,

---

[1] L'ordination de Frumentius doit se placer ou peu avant 339
ou peu après 346, car entre ces deux dates Athanase fut absent de
l'Egypte. Rufin s'est un peu embrouillé dans la chronologie. Cf.
Eglises séparées, p. 311, note 1.
[2] T. II, p. 277.

le fait est que Constance écrivit, en 356, aux princes axoumites Aïzan et Sazan [1]. Ils étaient invités à expédier immédiatement Frumentius à Alexandrie; car, comme il tenait sa consécration d'Athanase, il était à craindre qu'il ne partageât les « erreurs » de ce prélat désormais condamné et déchu de l'épiscopat. Le nouvel évêque d'Alexandrie remettrait dans la bonne voie le pasteur des Abyssins.

C'est sans doute Théophile qui porta ce document à destination. Philostorge [2], qui nous renseigne sur son ambassade, rapporte qu'il alla chez les Axoumites, sans entrer dans le détail de ce qu'il y fit. Chez les Homérites, il le montre en rapport avec le prince du pays, qu'il essaya de convertir; mais il se heurta à une forte opposition de la part des juifs. Il obtint cependant, et c'était un des buts de sa mission, que les marchands romains qui voyageraient en ces contrées et les indigènes qui voudraient se convertir, auraient la liberté de construire des églises. Le roi lui-même en fit élever trois, une à Safar, sa capitale, l'autre à Aden, la troisième à Ormuz, à l'entrée du golfe Persique [3]. Ceci suppose

---

[1] Texte conservé par Athanase (*Apol. ad Constantium*, 31). Une inscription grecque *C. I. G.*, 5128, au nom d'Aïzan comme seul roi, mentionne ses deux frères Saïazan et Adéfas. On y voit qu'Aïzan était païen; pourtant la lettre de Constance semble supposer que les deux princes auxquels elle est adressée étaient déjà convertis.

[2] III, 4-6.

[3] Ceci est bien difficile à croire, car il ne semble pas que l'état homérite se soit étendu jusque là. Philostorge s'embrouille dans la géographie. Il place à l'est des Axoumites,

qu'il y avait déjà des chrétiens dans ces contrées lointaines. Il y en avait même beaucoup plus loin. Théophile profita de son voyage dans le sud de l'Arabie pour revoir son pays d'origine, l'île Divou, qui paraît bien avoir été ou Ceylan, ou quelque petite île voisine de la côte indienne [1]. Il y trouva des chrétiens, de même qu'en d'autres points qu'il visita par la même occasion [2].

Ainsi, dès le temps de l'empereur Constance, il y avait des églises sur la côte de l'Indoustan. Cosmas Indicopleustes les y retrouva au VI° siècle; elles se rattachaient alors à l'église de Perse, dont elles étaient des colonies. Plusieurs des îles du golfe Persique et même certaines localités du continent voisin avaient, dès le commencement du V° siècle, des chrétientés et des évêques. Cosmas en trouva jusque dans l'île Dioscoride (Socotora) [3]. Sans y attacher trop d'importance, il

au bord de l'Océan Indien, une colonie de « Syriens », établie là par Alexandre et qui conservaient encore la langue syriaque. Peut-être veut-il parler d'Ormuz, en cet endroit encore.

[1] Ceylan s'appelait, dans la langue du pays, *Sinhala dvipa* (île des Lions). *Dvipa* (Διϐοῦ) est le mot qui signifie île; on retrouve cette racine dans le nom de Diu, des Laquedives, des Maldives, de Serendiv, nom arabe de Ceylan. La dénomination Διϐοῦ n'a donc aucune précision; mais comme elle correspond à un terme indien, il y a lieu de croire qu'elle vise une localité de la mer des Indes et non de la mer Rouge.

[2] Philostorge dit qu'il y réforma divers usages, en particulier celui de rester assis pendant la lecture de l'Evangile. Quant à la foi, il n'aurait rien trouvé à corriger: les Indiens étaient des anoméens aussi déterminés que lui.

[3] Cosmas, l. III (Migne, *P. G.*, t. LXXXVIII, p. 170).

faut noter que la légende de saint Thomas fait voyager l'apôtre dans l'Inde occidentale, dans l'Inde de l'Indus, et qu'elle contient des données qui supposent chez son rédacteur une certaine connaissance de ce pays lointain et de son histoire au premier siècle de notre ère.

Après la mission de Frumentius et le voyage de Théophile, l'obscurité se fait sur les chrétientés d'Arabie, d'Abyssinie et des Indes. C'est seulement au VIe siècle qu'elles reparaissent à la lumière.

Au sud de l'Egypte, les Blemmyes et les Nobades se maintenaient en état d'hostilité contre l'empire et donnaient trop à faire aux gardiens de la frontière pour que les missionnaires chrétiens pussent trouver accès auprès d'eux. L'Egypte avait des relations religieuses au dessus de la première cataracte ; mais c'étaient des relations païennes. Les Blemmyes, très attachés au culte d'Isis, exigeaient le maintien du temple de Philae. Chaque année on les voyait arriver à une époque déterminée ; on leur livrait la statue de la déesse ; ils l'emportaient chez eux et la rapportaient quelques mois après. Cette clientèle prolongea, deux siècles après Constantin, le culte de la vieille divinité égyptienne.

CHAPITRE XIV.

L'Occident au Ve siècle.

<small>L'empire au temps d'Aèce. — Les Priscillianistes d'Espagne: Turribius d'Astorga. — Hilaire d'Arles, ses démêlés avec le pape Léon. — Saint Germain d'Auxerre. — Attila. — Les conciles d'Armorique. — Sidoine Apollinaire. — Salvien. — Fauste de Riez. — L'église de Bretagne. — Saint Patrice, apôtre d'Irlande. — Gildas. — Les Vandales en Afrique. — Politique religieuse de Genséric. — La persécution de Hunéric. — Saint Eugène de Carthage. — Victor de Vite.</small>

Pendant que l'empire d'Orient, profitant d'une sécurité relative, se passionnait pour les querelles théologiques, en Occident l'Eglise était aux prises avec les barbares.

Dans le palais impérial de Ravenne, témoin de la longue enfance d'Honorius, Galla Placidia rentra de Constantinople en 425, avec un empereur de six ans. Impératrice elle-même, elle prit aussitôt, en son nom et au nom de son fils Valentinien III, la direction des affaires. Elles allaient très mal. En Gaule, en Espagne, dans les provinces danubiennes, en Afrique, les barbares dominaient ou allaient dominer partout. De la Bretagne, il n'était plus question. Les Huns, établis en Pannonie, y fortifiaient l'espèce de suprématie qu'ils étaient parvenus à exercer, non seulement sur les autres barbares, finnois, slaves, germains, mais sur l'empire lui-même, devenu leur tributaire. Ce n'est pas une main de femme qu'en un tel moment il eût fallu au gouvernail. Les hommes qui entouraient la régente, les Félix, les Aèce, les Boniface, passaient leur temps à intriguer les uns contre les autres, à se contrecarrer, à s'entre-supprimer. Aèce parvint en assez peu de temps à se débarrasser de ses rivaux, Félix (430) et Boniface (432), et s'imposa tout-à-fait à Placidie. Pendant une vingtaine d'années, c'est lui qui fut le maître. C'était un homme de ressources : il connaissait les barbares, les Huns surtout, pour avoir vécu chez eux, savait les prendre, et au besoin les battre.

Seule de tout l'Occident, l'Italie ne connaissait pas encore les barbares établis. Partout ailleurs les successeurs de l'empire agonisant étaient déjà nantis, quelques-uns régulièrement et par traités, d'autres par le seul fait de la conquête. Déjà, sous Honorius (419), les Goths, revenus d'Espagne, s'étaient vu assigner toute l'Aquitaine maritime, de la Loire aux Pyrénées ; leur roi résidait à Toulouse, d'où ses convoitises se portaient vers Narbonne et Arles. Un peu auparavant, les Burgondes ou Burgondions avaient reçu (413) un établissement sur la rive gauche du Rhin, aux environs de Worms et de Spire. Quant aux Francs, dont la poussée s'exerçait depuis des siècles sur le bas cours du Rhin, force avait été de leur abandonner la Batavie (Hollande), la Toxandrie (Brabant) et même des régions plus méridionales. Après la grande invasion de 407, on les voit s'emparer de Cologne et, plus à l'ouest, s'avancer jusqu'à Cambrai, Tournai, Arras, enfin jusqu'à la Somme. En Espagne, Suèves et Vandales, après avoir bien ravagé le pays, avaient fini par s'attribuer, les uns les régions occidentales (Galice et Lusitanie), les autres le sud (Bétique), où leur nom est resté (Andalousie). Les Vandales, pour la plupart, passèrent en Afrique (429) et s'en rendirent maîtres.

On voit ce qui restait de sujets au malheureux empire, au delà des Alpes et de la mer. Encore n'était-ce pas toujours des sujets obéissants. Menacées d'un côté par les Francs, de l'autre par les Goths, les cités d'entre Loire et Somme, les Armoriques, comme on disait, avaient fini par renvoyer les gouverneurs romains et par s'organiser en fédération. Partout, en Gaule et en Espagne, on rencontrait des camps de Bagaudes, c'est-à-dire de révoltés, de gens hors la loi; là se rendaient en foule les victimes du fisc romain, plus que jamais impitoyable; avec eux des déclassés de tout genre, des gens qui n'avaient plus rien à perdre et qui, puisque le monde se divisait en pillés et en pillards, préféraient appartenir à cette dernière catégorie.

Aèce, tant qu'il vécut, mit un peu d'ordre dans la débâcle. Les Francs furent refoulés vers le nord; les Burgondes, qui avaient donné des sujets de plainte, exterminés ou rejetés outre Rhin [1]; un peu plus tard le patrice établit en Savoie (435) les derniers restes de ce peuple. Aidé d'un corps d'Alains auxiliaires, il réprima durement l'insurrection armoricaine. Quant aux

---

[1] C'est le thème de la légende des Niebelungen.

Goths, qu'il sut tenir à distance de Narbonne, il les
employa contre les Suèves et même contre les Bagaudes.
Le dernier général romain était l'espoir commun :
d'Espagne, de Bretagne même, lui venaient les suprêmes
appels. Quand, en 451, Attila se fut décidé à jeter
ses hordes sur l'empire romain, ce fut Aèce qui, groupant
autour de lui, avec ce qui restait de l'armée impériale,
les forces des Goths d'Aquitaine et jusqu'à des
contingents francs, lui fit lever le siège d'Orléans et
lui infligea en Champagne un désastre mémorable.

On imagine aisément ce que pouvait être, en de
tels temps, la situation des églises. Dans le nord de la
Gaule, où sévissaient les Francs, le christianisme n'avait
guère pénétré que la population des villes. Quand
celles-ci disparaissaient dans le massacre et l'incendie,
le christianisme était aboli avec tous les éléments de
la vie romaine ; le calme revenu, il n'était pas toujours
possible de se reconstituer : quelques églises subirent
ainsi des interruptions plus ou moins longues [1].
Ailleurs il fallait faire face à des calamités sans fin ni

---

[1] Ce fut sans doute le cas de Cologne, qui, vers le commencement
du Ve siècle (elle ne figure pas dans la *Notitia Dignitatum*),
cessa d'appartenir à l'empire pour devenir la capitale
d'un royaume franc, et de Tongres, dont l'évêché, quand
il reparut, vers la fin du Ve siècle ou le commencement du VIe,
fut transporté à Maestricht ; les évêchés de Tournai, de Cambrai,
d'Arras, de Thérouanne, de Boulogne (s'il y en avait un
en cette cité) furent également désorganisés. A Trèves, bien
que cette ville ait été quatre fois prise et pillée avant d'être
occupée définitivement, on ne constate pas d'interruption dans
la succession épiscopale.

cesse, racheter les captifs, soulager des misères innombrables, reconstituer les services, rebâtir les édifices du culte. Les évêques s'y employaient. C'est aussi à eux qu'était dévolue la tâche d'intervenir, dans la mesure du possible, auprès des chefs barbares, ou encore d'implorer l'assistance des commandants romains. Le danger, la commune misère, rapprochaient le clergé des fidèles; ceux-ci sentaient plus que jamais le besoin d'avoir pour évêques des hommes de tête et de cœur. Ils les demandaient souvent aux monastères, qui, depuis saint Martin, s'organisaient un peu partout. D'autres fois — ce fut le cas du célèbre saint Germain d'Auxerre, de saint Paulin de Nole, de Sidoine Apollinaire et de bien d'autres — leur choix se portait sur d'anciens fonctionnaires, dont ils avaient pu apprécier le mérite pendant leur administration séculière.

Ceci, c'était la situation générale, plus ou moins difficile, suivant les lieux et les circonstances; elle demeura la même tant que dura l'empire d'Occident, et même après, jusqu'à ce que les états formés de ses débris n'eussent pris une assiette un peu stable. Quelques faits seulement, en dehors des misères de l'invasion, sont à signaler ici.

1.º — *L'Espagne et le Priscillianisme.*

En dépit des condamnations épiscopales, le priscillianisme se conservait en Espagne, en Galice surtout. Quand les fonctionnaires romains ne furent plus là pour tenir les hérétiques en respect, ils relevèrent la tête, reprirent leur propagande et répandirent activement les actes merveilleux, mais apocryphes et doctrinalement suspects, des apôtres André, Jean, Thomas et autres. Cette littérature inquiétait fort les évêques orthodoxes : ils savaient, du reste, soit par les aveux des Priscillianistes[1] eux mêmes, soit autrement, que la secte se maintenait autour d'eux, et même que certains de leurs collègues la favorisaient en dessous. Au fond la situation avait peu changé depuis le concile de Tolède et l'année 400[2]. Mais comment réagir? En ces temps calamiteux on ne pouvait songer à tenir concile. Du reste était-il sûr que, l'épiscopat de Galice venant à se réunir, la majorité serait pour la répression? Turribius, évêque d'Astorga, avec deux de ses collègues, Hydace et Ceponius[3], étaient très préoccupés de cette situation. Faute d'appui dans leur province, ils invoquaient l'autorité du métropolitain de Lusitanie, Antonin d'Emerita. C'est en cette ville que résidait alors le roi suève Rechila; il était païen, mais son fils Rechiar, qui allait lui succéder (448), était catholique. L'évêque d'Emerita devait avoir quelque influence à la cour barbare. Sur ces entrefaites, on eut connaissance d'un acte énergique du pape Léon contre les Manichéens de Ro-

---

[1] Chronique d'Hydace, c. 130; cf. c. 138.
[2] T. II, p. 543.
[3] Lettre de Turribius à ces deux évêques, parmi les lettres de saint Léon, après la lettre XV (Migne, *P. L.*, t. LIV.

me (444). L'idée vint à Turribius de faire intervenir le siège apostolique dans les affaires analogues dont on s'inquiétait en Espagne. Et c'était une idée d'autant plus naturelle que déjà, à plusieurs reprises, les papes s'étaient occupés du priscillianisme. Turribius écrivit à Léon et l'informa du triste état des églises galiciennes. A sa lettre était joint un résumé de l'hérésie priscillianiste, distribué en seize propositions.

Léon répondit par une longue lettre [1], où il loue le zèle de Turribius, flétrit le priscillianisme et réfute une à une les seize propositions. Il aurait voulu que l'on tînt un grand concile où se fussent rassemblés les évêques de Tarraconaise, de Carthaginoise, de Lusitanie et de Galice, ces derniers à tout le moins, s'il était impossible d'obtenir une réunion plus ample. Turribius et ses amis, Hydace et Ceponius, étaient commissionnés pour convoquer les Galiciens. En fait il n'y eut aucun concile. On se borna à recueillir des signatures. Turribius fit dresser un formulaire orthodoxe [2], qu'il envoya, avec la lettre du pape, à tous les évêques d'Espagne.

---

[1] J. 412, du 21 juillet 447.

[2] Mansi, t. III, p. 1002. Le titre, qui rapporte cette pièce au concile de 400, est fautif en ceci. Dom G. Morin (*Revue bénédictine*, t. X, 1893, p. 386) conjecture, avec beaucoup de vraisemblance, que ce document fut rédigé par un évêque galicien, appelé Pastor, dont parlent Hydace dans sa Chronique (c. 102) et Gennade dans son *De viris*, c. 77. Pastor avait été élu évêque, en 433, dans le *conventus* de Lugo, en même temps qu'un certain Syagrius (Gennade, c. 66; Morin, *l. c.*), malgré l'évêque de Lugo, Agrestius. L'opposition de celui-ci venait probablement de ce qu'il était favorable aux Priscillianistes.

Tous le signèrent, mais, selon le chroniqueur Hydace, certains prélats galiciens firent des réserves sous cape [1].

Cet Hydace était évêque d'*Aquae Flaviae* [2], siège supprimé par la suite. Il nous a laissé une chronique intéressante, surtout pour les événements qui se passèrent autour de lui: comme Prosper, il rattacha son œuvre à celle de saint Jérôme. Dans son enfance, il avait fait le voyage des Saints Lieux; il se rappelait Jérôme, Euloge, Jean de Jérusalem, Théophile d'Alexandrie. Devenu évêque (427), il se trouva mêlé aux événements les plus tristes, aux misères de l'occupation barbare, aux guerres perpétuelles des Suèves, soit entre eux, soit contre les Romains, les Goths, les pirates Hérules. Il fit partie, en 431, d'une mission envoyée au patrice Aèce par les cités romaines de sa province. En 461, le roi suève Frumarius le fit arrêter dans son église et ne le relâcha que trois mois après. C'est seulement en 468 qu'il cessa d'écrire. Les Suèves, au milieu desquels il vivait, paraissent être restés païens jusqu'à la mort du roi Rechila; son fils Rechiar fut le premier roi catholique. Mais bientôt l'influence religieuse des Goths, représentée dans le pays par un certain Ajax, originaire de Galatie, dignitaire de la secte arienne [3],

---

[1] « Ab aliquibus Gallaecis subdolo probatur arbitrio » (c. 135).

[2] Chaves, dans la province portugaise de Traz-os-montes, près de la frontière actuelle de la Galice espagnole.

[3] Aiax, natione Galata, effectus apostata et senior Arrianus inter Suevos regis sui auxilio hostis catholicae fidei et divinae Trinitatis emergit. A Gallicana Gothorum habitatione hoc pestiferum inimici hominis virus advectum (Hydace, 232).

se fit sentir d'une manière inquiétante. C'est seulement au siècle suivant que les conquérants suèves achevèrent de s'assimiler, en religion, aux populations hispano-romaines de la Galice.

Dans la haute vallée de l'Ebre, l'évêque de Calahorra, Silvanus, se signalait par son zèle ; cette région écartée avait eu, jusque là, peu d'évêchés ; il se mit à en fonder d'autres, sans trop s'inquiéter de son métropolitain, l'évêque de Tarragone. De là sortit un conflit qui retentit jusqu'à Rome [1].

2.º — *La Gaule aux derniers temps romains.*

La région du Rhône, dans la Gaule romaine, échappa plus longtemps que les autres aux calamités de l'invasion. Arles y avait pris figure de capitale. La préfecture du prétoire y avait été transportée de Trèves avec toutes les grandes administrations ; on y tenait l'assemblée des Sept provinces. C'est là qu'aboutissait tout ce qui restait de vie romaine en Gaule et en Espagne. A cette grande situation politique on aurait bien voulu adjoindre une prééminence religieuse. Le vice-empereur Constance et son favori Patrocle [2] avaient cherché,

---

[1] D'après les lettres relatives à cette affaire, il semble qu'il ait été alors installé des évêques à *Cascantum* (Cascante), *Varela* (Logroño), *Tritium* (Tricio), *Libia* (Leiva), *Virovesca* (Briviesca). J. 561 ; Thiel, *Epp. pont.*, p. 165 ; cf. p. 156. — C'est peut-être alors que fut fondé le siège d'*Auca*, qui n'apparaît dans les documents qu'à partir de 589 et qui fut plus tard remplacé par celui de Burgos.

[2] Ci dessus, p. 230.

sous le pape Zosime, à faire de l'évêque d'Arles une sorte de lieutenant-général du pontife romain pour les régions transalpines. Leurs efforts n'aboutirent pas. Après la mort de Zosime et surtout après celle de Constance (2 septembre 421), Patrocle vit s'effondrer ses constructions hâtives. Toutefois il en resta quelque chose. Si l'évêque d'Arles n'avait pas assez d'assiette traditionnelle pour soutenir le rôle qu'on avait rêvé de lui faire prendre, il était cependant en situation d'exercer une autorité sérieuse dans la région voisine de sa ville épiscopale. Le vicariat pontifical ne prospéra pas, mais Arles devint une métropole ecclésiastique très importante. Sous les successeurs de Patrocle, Honorat et Hilaire, son autorité s'étendait sur toute la Viennoise, sur la IIe Narbonnaise et les provinces alpines; c'était le ressort constitué pour Patrocle, moins toutefois la Narbonnaise Ire [1].

Patrocle avait trouvé la mort, en 426, dans un conflit politique [2]. On le remplaça par le fondateur de Lérins, le vénérable prêtre Honorat. Avec lui était

---

[1] Encore l'évêché d'Uzès, localité comprise dans la cité de Nîmes et, par suite, dans la Narbonnaise Ire, se rattachait-il à la province arlésienne.

[2] Chron. de Prosper. Sa mort fut imputée au *mag. mil.* Félix, qui avait déjà sur la conscience le massacre d'un diacre de Rome, appelé Titus. Félix (ci-dessus, p. 582), en dépit de ses attentats contre des membres du clergé, compte au nombre des bienfaiteurs de l'église romaine : une inscription (De Rossi, *Inscr. christ.*, t. II, p. 149) mentionne des réparations qu'il fit exécuter, de concert avec sa femme Padusia, à la basilique de Latran.

venu à Arles un jeune moine de sa parenté, Hilaire, arraché par lui, non sans peine, à la vie du monde et déjà en grand renom dans l'île sainte. C'était un homme fort cultivé et d'une vertu si exemplaire que les Arlésiens, au milieu desquels Honorat ne vécut que deux ans, le lui donnèrent pour successeur [1]. Ces saints personnages firent oublier Patrocle ; l'évêché d'Arles devint, avec eux, un lieu de grande édification. On y pouvait voir l'illustre Hilaire, soucieux d'épargner le trésor de l'église et le patrimoine des pauvres, occuper au travail des mains les loisirs de son ministère pastoral, tricoter tout en lisant ou en dictant ses lettres, au besoin labourer la terre. Il prêchait beaucoup et longuement, trop longuement même au gré des paroissiens frivoles, que l'on voyait parfois s'esquiver discrètement au moment où il montait en chaire. On le rencontrait souvent sur les chemins, et très loin d'Arles, toujours à pied, ce qui ne l'empêchait pas d'arriver avant les autres. Il tenait ses suffragants en haleine par de fréquentes réunions conciliaires ; de quelques-unes nous avons encore des documents [2].

---

[1] Ci-dessus, p. 277.
[2] Conciles de Riez (439), d'Orange (441), de Vaison (442). Des signatures apposées à ces conciles il ne s'était conservé que les noms des évêques, sans indication de siège. Cette lacune a été comblée par un ms. de Cologne, du VIIe siècle, d'après lequel M. Maassen *(Geschichte der Quellen und der Literatur des canonischen Rechts*, Gratz, 1870, p. 951) a publié les signatures d'Orange et de Vaison. Cf. mes *Fastes épiscopaux*, t. I, p. 367 (2e éd.).

Très préoccupé du bon recrutement de l'épiscopat, on le voyait arriver partout où il se produisait une vacance. Les intrigants, les ambitieux, redoutaient cette apparition : ce n'est pas sur eux qu'il dirigeait les suffrages. Quand il avait trouvé son homme, il l'ordonnait en vertu de ses droits de métropolitain, et, s'il se produisait des résistances, il fallait compter avec les autorités d'Arles, qu'il avait dans sa main. En Gaule comme en Orient, les saints ascètes étaient un peu exposés, dans leur recherche du bien absolu, à dépasser les règles positives, à sacrifier la tradition à la perfection. Hilaire eut le chagrin de se heurter à des obstacles qu'un zèle plus pondéré n'aurait pas manqué de prévoir.

Depuis le temps de Patrocle les clercs de la Gaule méridionale s'étaient familiarisés avec le chemin de Rome. Ils y portaient volontiers leurs litiges et leurs plaintes. Sous le pape Boniface, on y avait vu ceux de Valence et de Lodève [1], les premiers fort montés contre leur évêque Maxime, qu'ils accusaient de manichéisme et de bien d'autres choses ; les autres, irrités contre Patrocle, qui s'était ingéré à leur donner un évêque, bien que, selon eux, leur église relevât de Narbonne et non pas d'Arles. Boniface leur donna raison, aux uns et aux autres. Honorat était à peine installé qu'on écrivit au pape Célestin pour lui dénoncer toutes sortes d'abus, vrais ou prétendus. On choisissait les évêques, non parmi les clercs de l'église à pourvoir, mais en

---

[1] J. 349, 362.

dehors, dans les monastères ; les élus conservaient, dans leur nouvelle dignité, les formes de leur vie ascétique ; on les voyait vêtus de manteaux agrafés *(pallia)* et la tunique serrée par une ceinture [1]. On refusait la pénitence aux malades en danger de mort; enfin, avec cette manie de prendre des étrangers pour évêques, on tombait parfois très mal ; un certain Daniel, venu d'Orient, où il avait laissé de mauvais souvenirs, avait réussi à dépister la police en se faisant élire évêque. Enfin on disait que l'évêque de Marseille (Proculus ?) avait accueilli avec une satisfaction trop peu déguisée la nouvelle de l'assasinat de Patrocle. Sur ces dénonciations, qui semblent bien être l'œuvre des partisans de Patrocle, le pape Célestin envoya aux évêques « de Viennoise et de Narbonnaise » une algarade des plus énergiques [2]. Trois ans après il écrivit [3] encore, à Venerius de Marseille et à divers autres évêques de la région, à l'instigation des deux moines Prosper et Hilaire, qui trouvaient que les prêtres prêchaient trop en Provence et qu'ils n'avaient pas assez de zèle pour les idées de saint Augustin.

[1] Au lieu de la tunique flottante et de la planète, costume généralement en usage. Cf. *Origines du culte chrétien*, 4ᵉ éd., p. 386.
[2] Jaffé, 369, *Cuperemus quidem*, du 26 juillet 428.
[3] J. 381. Ci-dessus, p. 281. **Dans** cette lettre il est question d'une réponse faite par le pape *ad fratris Tuentii scripta*. Cette réponse est peut-être identique à la lettre *Cuperemus quidem* (note précéd.). Quant à Tuentius, c'est sans doute le même personnage qui, sous le pape Zosime, fut très malmené par Patrocle (*Fastes épisc.*, t. I, p. 100 et suiv.).

De tous ces rapports, de toutes ces remontrances, il n'était rien résulté de grave. Il n'en fut pas de même lorsque, en 445, le pape Léon fut saisi de plaintes très vives contre les procédés d'Hilaire d'Arles. Il était arrivé au saint homme de donner un successeur à un évêque qui n'était pas mort, mais seulement malade, et qui, en guérissant, causa un grand embarras. A Besançon, très loin de sa province, Hilaire avait, d'accord avec saint Germain d'Auxerre, qu'il visitait de temps à autre, réuni un concile et déposé l'évêque, Chelidonius, contre lequel on faisait valoir certaines incapacités [1]. Chelidonius se rendit à Rome et déféra au pape la sentence d'Hilaire et de son concile. Il rencontra beaucoup d'accueil. On était en hiver. Hilaire partit d'Arles à pied, passa les Alpes au milieu des glaces et des neiges, et, arrivé à Rome, se mit à protester contre la facilité avec laquelle on avait, avant tout examen, admis à la communion un évêque régulièrement déposé. Il semble bien avoir contesté au saint-siège le droit de reviser les causes déjà tranchées par les conciles gallicans. En tout cas il s'exprima avec une vivacité aussi propre que possible à offenser les oreilles romaines ; puis, avant que le jugement d'appel n'eût été rendu, il s'esquiva et revint tranquillement chez lui, toujours à pied et en modeste appareil.

[1] Il aurait été mari de veuve, et, dans la magistrature qu'il avait exercée avant sa promotion, il aurait prononcé des sentences capitales.

Le pape Léon se montra très irrité : l'enquête, poursuivie en dehors d'Hilaire, établit que la principale des incapacités alléguées contre Chelidonius, le mariage avec une veuve, n'était pas réelle. On lui rendit son évêché de Besançon. Quant à l'évêque d'Arles, le pape le traita avec une rigueur extrême. Dans la lettre [1] qu'il adressa à ce sujet aux évêques de Viennoise, il lui reproche sa précipitation, ses façons autoritaires, ses recours à la force publique, ses empiètements sur des provinces qui ne relevaient pas de lui : « Quelles sont » ces usurpations ? Avant Patrocle, aucun de ses pré» décesseurs n'a exercé son autorité en de telles limites. » Patrocle lui-même n'en a usé ainsi que par une con» cession du saint-siège, concession temporaire, révo» quée depuis, et avec raison (*sententia meliore*) ». Ainsi l'évêque d'Arles ne pouvait plus prétendre à aucune juridiction en dehors de la Viennoise proprement dite. Encore Hilaire fut-il déclaré déchu de ses droits de métropolitain sur cette province ; ils passèrent à l'évêque de Vienne [2] ; c'est uniquement par grâce qu'on lui laissa son évêché. Afin que nul n'en pût ignorer, Léon obtint un rescrit impérial [3] où la condamnation d'Hilaire était portée officiellement à la connaissance du patrice Aèce, et cela en termes fort durs pour l'évêque d'Arles. Il y était réglé en plus que tout évêque, de Gaule ou

---

[1] J. 407.
[2] J. 450. On ignore ce qui fut réglé pour les provinces de Narbonnaise IIe et des Alpes Maritimes ; c'est sans doute aux évêques d'Aix et d'Embrun que les ordinations furent dévolues.
[3] Leonis M. ep. 11 ; *Nov. Valentin. XVII*, du 8 juillet 445.

d'ailleurs, qui serait cité par le pape à comparaître devant lui, devrait répondre à la convocation, et, en cas de refus, y être contraint par le gouverneur de sa province [1].

Ainsi frappé, Hilaire se confina dans le soin de son église. En dépit de la véhémence des propos qu'il avait tenus à Rome, il crut devoir tout mettre en œuvre pour apaiser le courroux de Léon; un de ses prêtres, Ravennius, plus tard deux évêques, Nectaire d'Avignon et Constance d'Uzès, se présentèrent en son nom devant le pape. Un ami commun, Auxiliaris, ancien préfet des Gaules, qui vivait retiré à Rome, s'entremit en sa faveur [2]. Mais Léon restait inflexible : du reste, les choses que lui faisait dire Hilaire n'étaient pas, semble-t-il, de nature à lui donner une complète satisfaction. La brouille persista jusqu'à la mort de l'évêque d'Arles (5 mai 449).

Avec Ravennius, qui lui succéda, les choses prirent une meilleure tournure. Il n'y avait pas lieu de

---

[1] Déjà, sur la demande d'un concile romain, tenu en 378, l'empereur Gratien avait édicté la même chose. Son rescrit, toutefois, n'avait pas été inséré au code théodosien. Celui de Valentinien III figure dans le recueil de novelles constitué sous Majorien; mais il n'entra pas dans le Bréviaire d'Alaric. Cf. t. II, p. 469, et *Revue historique*, t. LXXXVII, 1905, p. 15.

[2] Le biographe de saint Hilaire (c. 17) nous a conservé un fragment bien curieux d'une lettre adressée à l'évêque d'Arles par ce préfet Auxiliaris. Après de grands éloges d'Hilaire et de ses vertus, il lui suggère la façon de s'y prendre avec les Romains : « Les oreilles des Romains sont sensibles à une cer- » taine douceur de langage ; si Votre Sainteté pouvait y con- » descendre, elle n'y perdrait rien et y gagnerait beaucoup ». C'est le *Parcere subiectis* de l'ancienne Rome.

maintenir contre lui la mesure qui avait privé Hilaire
de ses droits de métropolitain. Cependant l'évêque de
Vienne, qui les avait exercés quelque temps, protesta,
une fois de plus, que c'était à lui et non pas à son collègue d'Arles, que la tradition les assignait. Pour contenter tout le monde, Léon se décida [1] à partager la
province entre les deux juridictions : Vienne se vit attribuer les évêchés du nord, Valence, Tarantaise, Genève et Grenoble. Cette fois, le pape n'insista plus
pour que chaque province eût son métropolitain : Aix
et Embrun retombèrent sous la juridiction d'Arles.

Le saint-siège avait tout intérêt à pacifier ce différend. En ce moment il se trouvait engagé dans un
conflit bien autrement sérieux [2]. On était au lendemain
du second concile d'Ephèse, où Dioscore avait réhabilité
Eutychès. Le pape avait eu beau casser les décrets de
cette assemblée ; l'empereur Théodose II les soutenait
de toute son énergie : il n'y avait pas d'issue apparente.
Léon avait mis de son côté les souverains d'Occident ;
il tenait à ce qu'on vît bien qu'il avait derrière lui
tout l'épiscopat latin et ne négligeait aucune démarche
pour s'en faire appuyer. A sa demande, l'épiscopat de
la province de Milan se réunit en concile et lui envoya une adhésion collective à sa lettre à Flavien [3].

---

[1] J. 450, du 5 mai 450.
[2] Ci-dessus, p. 420.
[3] *Leonis ep.* XCVII, document précieux en ce que, par les
signatures des évêques, il permet de délimiter la province de
Milan, au milieu du Ve siècle.

Dans le même dessein il mit à profit les relations de l'évêque d'Arles; Ravennius fut chargé de recueillir des signatures. Il ne paraît pas qu'il ait fait toute la diligence possible, car les adhésions n'arrivèrent que plus d'un an après; encore ne venaient-elles pas de toute la Gaule, mais seulement de la région du Rhône et de quelques localités d'Aquitaine. En Espagne aussi les lettres de Flavien à Léon et de Léon à Flavien, avec des pièces justificatives, passèrent d'évêché en évêché [1]. Plus tard, quand les légats furent revenus de Chalcédoine [2], le pape Léon eut soin d'informer Ravennius et ses collègues du succès que l'on y avait obtenu.

Hilaire était encore de ce monde, lorsque son ami saint Germain d'Auxerre mourut à Ravenne (31 juillet 448). Il s'était transporté à la cour pour détourner des cités armoricaines une exécution militaire dont les menaçait Aèce, en punition de leurs perpétuelles insurrections. On l'accueillit au palais, dans le clergé et dans le peuple, comme un saint vivant, comme jadis on eût accueilli saint Martin. Ce fut en une sorte de pompe triomphale que ses restes furent ramenés à Auxerre; en Gaule comme dans l'île de Bretagne, son souvenir demeura très honoré.

Trois ans après sa mort, la Gaule du nord subit l'invasion d'Attila; nombre de villes qui se relevaient

---

[1] Hydace, *Chron.*, c. 145.
[2] J. 479, 480.

péniblement des calamités précédentes eurent à ce moment mal ou peur. Metz fut emportée [1]; Paris et Troyes échappèrent. Cette occasion mit en relief la vénération qu'inspiraient aux Parisiens les vertus d'une vierge sacrée, Geneviève, dont le nom, après tant de siècles, est encore connu et honoré dans la grande ville. Le colloque d'Attila et de l'évêque saint Loup de Troyes n'est pas moins populaire. Les Huns tenaient à s'emparer d'Orléans; ils voulaient y passer la Loire pour aller porter la guerre chez les Goths d'Aquitaine, leurs ennemis. La ville tint bon quelque temps, grâce à l'énergie de l'évêque Aignan (Annianus), qui, comme son collègue de Troyes, affronta, mais vainement, le terrible roi des Huns. Enfin elle était prise, lorsque l'armée de secours arriva, dirigée par Aèce et par le roi des Goths, Théodoric. Attila dut battre en retraite, et, au lieu de franchir la Loire, se résigner à repasser le Rhin. Il rentra dans sa Pannonie.

L'année suivante (452) ce fut aux Italiens de trembler. Le redoutable visiteur pénétra chez eux par la Vénétie; Aquilée, Concordia, Altinum, Vicence, Vérone, Brescia, Bergame, Milan même et Pavie tombèrent en son pouvoir. Cependant il ne dépassa pas le Pô. La peste s'était mise dans sa horde; Aèce, renforcé d'Orient, tenait bon dans Ravenne et faisait même quelques pointes heureuses; enfin le roi des Huns, fort superstitieux, hésitait à marcher sur Rome: Alaric, après

---

[1] Plurimae civitates effractae... civitate quam effregerant, Mettis (Hydace, *Chron.*, c. 150).

avoir violé la métropole sacrée, n'avait pas vécu longtemps. Rome se défendait par son prestige. On la vit, du reste, apparaître au camp barbare, en la personne du pape Léon et de deux sénateurs illustres, Avienus et Trygetius, qui vinrent, au nom de l'empereur et du sénat, porter des propositions de paix [1]. Attila repassa les Alpes Juliennes et mourut l'année suivante, au moment où il préparait une troisième expédition, celle-ci contre Constantinople. Sa succession donna lieu à de telles discordes que les Huns cessèrent bientôt de molester le pauvre empire romain.

Le danger écarté, la vie romaine reprit une dernière fois dans les cités de la Gaule du nord. A la faveur de la paix, les évêques ne négligeaient pas les occasions de s'assembler. Un petit recueil canonique [2], formé à Angers par l'évêque Thalassius, nous a conservé des canons de conciles tenus à Angers même en 453, à Tours en 461, à Vannes un peu plus tard. La distribution de l'empire en provinces allait cesser avec l'empire lui-même; mais déjà l'empreinte en était visible dans l'organisation ecclésiastique, où devait s'en conserver le souvenir. Les évêques des conciles armoricains étaient, au moins à Angers et à Vannes, des com-

---

[1] Chroniques de Prosper et d'Hydace ; cf. Jordanes, *Getica*, 42. Prosper, écrivant à Rome, malmène l'inertie de Ravenne et met en relief la légation romaine.

[2] Sur ceci, v. mes *Fastes épiscopaux de l'ancienne Gaule*, t. II, p. 244.

provinciaux, des évêques de la Troisième Lyonnaise. Dans la petite législation qu'ils édictèrent, le sentiment de la province est fortement exprimé. A eux se joignait volontiers l'évêque de Bourges, métropolitain d'une province voisine, bien menacée par les Goths. On se serrait les uns contre les autres pour faire face au danger commun. L'un des canons du concile d'Angers (c. 4) prononce l'excommunication la plus sévère contre ceux qui auront concouru à livrer les villes à l'ennemi[1].

Les jours devenaient de plus en plus mauvais. On apprit bientôt en Gaule qu'Aèce, le patrice redouté des barbares, avait été assassiné par l'empereur Valentinien III (454), puis, quelques mois après, qu'un attentat semblable avait mis fin à la vie de ce prince et à la dynastie théodosienne ; Pétrone Maxime, à qui ces assassinats avaient un instant profité, disparaissait lui-même dans une émeute, et les Vandales de Genséric mettaient Rome au pillage. A ces nouvelles, les Goths de Toulouse entreprirent de pourvoir eux-mêmes à la vacance du trône impérial ; ils y poussèrent un général romain, Avitus, d'origine arverne. Mais celui-ci dura

---

[1] *Si qui tradendis vel capiendis civitatibus fuerint interfuisse detecti, non solum a communione habeantur alieni, sed nec conviviorum quidem admittantur esse participes.* Outre les Goths, toujours à craindre, et les pirates saxons, installés à l'embouchure de la Loire et aux environs de Bayeux, on voyait circuler en Armorique beaucoup de bandes franques ou même bretonnes, parfois alliées de l'empire, mais toujours peu rassurantes.

peu. Dès l'année suivante (456), le patrice Ricimer devenait le maître en Italie et c'est par sa grâce que les empereurs y furent proclamés. Ainsi se succédèrent Majorien, Sévère, Anthemius. Le premier se fit voir en Gaule et même en Espagne, où il organisa une expédition contre les Vandales. Ricimer, le trouvant trop agissant, ne tarda pas à le supprimer (461) et proclama Sévère à sa place. Mais ces procédés n'agréèrent ni à Ægidius, qui commandait en Gaule les forces romaines, ni à Marcellinus, qui, avec des pouvoirs analogues, disposait de la Dalmatie. Ægidius n'avait pas d'empereur spécial; il ne défendait que la *res romana*, et il le fit avec succès, bien que Ricimer excitât contre lui les Goths et les Burgondes. Tant qu'il vécut, il fit respecter Arles et la région armoricaine. A sa mort (464) son fils Syagrius[1], cantonné dans cette dernière région, et, comme son père, utilisant le concours des chefs francs, parvint à maintenir dans le nord-ouest de la Gaule une sorte de principauté romaine, à peu près détachée de l'empire. Elle dura jusqu'à la bataille de Soissons (486).

Dans le reste de la Gaule, Goths et Burgondes ne cessaient de faire des progrès aux dépens de l'empire. Depuis la mort de Majorien et surtout depuis celle d'Ægidius, la résistance qu'ils pouvaient rencontrer était, le plus souvent, insignifiante. Déjà, en 462, Narbonne

---

[1] C'est ce Syagrius à qui Sidoine Apollinaire (ep. V, 5) fait tant de compliments sur sa connaissance de la langue germanique.

était tombée, par trahison, entre les mains des Goths. L'Aquitaine tout entière, sauf les cités de Bourges et d'Auvergne, fut bientôt en leur pouvoir. Les Burgondes, établis à Lyon et à Vienne, marchaient rapidement vers le sud. C'est dans cet effondrement de l'empire qu'apparaît l'intéressante littérature de Sidoine Apollinaire. Issu d'une famille distinguée de la cité lyonnaise, gendre de l'empereur Avitus, Sidoine avait d'abord vécu dans le monde officiel et parcouru, jusqu'à ses degrés les plus élevés, la carrière des honneurs. A trois empereurs, Avitus, Majorien, Anthemius, il avait consacré des panégyriques en vers, solennellement récités à Rome ou à Lyon. Anthemius le fit préfet de Rome (468). Peu après (v. 470), nous le retrouvons évêque d'Auvergne. Aux pompes assez vaines de l'empire agonisant succédaient pour lui des devoirs sérieux. Le roi des Wisigoths, Euric[1], successeur en 466 de son frère Théodoric II, poussait vivement la conquête. Le chef-lieu de la cité arverne était devenu un poste-frontière. Sidoine s'y montra ce qu'on devait attendre de lui. L'évêque de Bourges vient à mourir. Il s'empresse, en dépit de difficultés nombreuses, de lui faire élire un successeur d'esprit romain. Mais Euric a raison des défenses de cette cité; les Bretons appelés par Anthemius à son secours sont mis en déroute; la marée gothique monte toujours; elle atteint les rem-

---

[1] G. Yver, *Euric, roi des Wisigoths*, dans les *Etudes d'hist. du moyen-âge dédiées à G. Monod*, p. 11 et suiv.

parts de la cité arverne. Sidoine y seconde les efforts désespérés de son beau-frère Ecdicius, qui commande en ce pays et livre pour Rome les dernières batailles aux lieux mêmes où, Vercingétorix à sa tête, la Gaule avait si brillamment résisté aux légions de César. Mais l'heure est venue. Le dernier empereur envoyé de Constantinople, Jules Nepos, traite avec le roi des Wisigoths. Pour sauver Arles et la Provence, l'Auvergne est sacrifiée. Sidoine se multiplie, proteste, implore, écrit à ses collègues de l'épiscopat provençal les lettres les plus touchantes. Rien n'y fait. Le saint homme de Pavie, l'évêque Epiphane, est venu à Toulouse, de la part du gouvernement d'Italie; il a obtenu la paix, cette paix à laquelle est sacrifié le dernier débris de l'Aquitaine romaine. Il ne reste plus à l'évêque d'Auvergne qu'à subir la loi du vainqueur. Son éclatant dévouement à la cause de l'empire, cause désormais perdue, lui vaut d'être éloigné de sa ville épiscopale et interné en lieu sûr. L'année d'après, l'empire était fini en Italie tout comme en Gaule : l'évêque patriote n'avait plus qu'à se laisser apprivoiser par les vainqueurs.

Il n'était pas seul en son cas. Déjà, dans une de ses lettres [1], il parle de deux évêques de la région d'Arles,

---

[1] « Taceo vestros Crocum Simpliciumque collegas, quos cathedris sibi traditis eliminatos similis exilii cruciat poena dissimilis. Namque unus ipsorum dolet se non videre quo redeat, alter se dolet videre quo non redit ». — Sidoine semble dire que l'une des villes épiscopales a été détruite, et que l'autre est en

Crocus et Simplicius, exilés l'un et l'autre. Même dans le pays occupé depuis un demi-siècle par les Wisigoths, la résistance aux barbares se perpétuait sous diverses formes; le clergé s'y associait volontiers, ou tout au moins était soupçonné de le faire. En ces tristes temps, où l'organisation municipale se dissolvait d'elle-même quand la force n'en avait pas raison, l'Eglise seule offrait un peu de cohésion. Si la population était agitée par quelque grand sentiment, c'est le clergé, c'est l'évêque surtout, qui en était l'organe. C'est à lui aussi que l'on s'en prenait quand elle se livrait à des manifestations hostiles. Plus dur de main que ses prédécesseurs, décidé à en finir une bonne fois avec la vieille fiction des Goths alliés de l'empire et à hériter de celui-ci le plus largement possible, Euric n'était pas tendre aux oppositions. Il semble bien aussi que la passion religieuse ait joué son rôle en cette affaire et que le roi des Wisigoths n'ait pas toujours été insensible aux mauvais exemples que son collègue vandale lui donnait en Afrique. En 475 nombre d'évêchés [1] restaient vacants, dans les trois Aquitaines, parce que le roi s'op-

vue du lieu où l'on a interné son évêque. S'il s'agit vraiment d'évêques de la province arlésienne, on pourrait songer à ceux d'Uzès, d'Aps (Viviers) ou d'Avignon. Un *Crocus* a été évêque de Nîmes, mais plus tard, semble-t-il; et puis l'évêque de Nîmes ne peut guère avoir été considéré par Sidoine comme comprovincial de celui d'Aix, à qui sa lettre est adressée.

[1] Sidoine (ep. VII, 6) nomme Bordeaux, Périgueux, Rodez, Limoges, *Gabalum* (diocèse de Mende), Eauze, Bazas, Comminges, Auch.

posait à ce qu'on remplaçât les titulaires défunts ; faute de clercs, bien des églises, dans les campagnes et même dans les villes, avaient été abandonnées ; cette ruine matérielle profitait à l'hérésie [1].

Sidoine se rallia d'assez mauvais gré ; mais que faire ? Même en Italie il n'y avait plus d'empereurs. Barbares pour barbares, les Wisigoths valaient bien les gens d'Odoacre. Celui-ci, du reste, ne réclamait pas la Gaule. L'évêque vaincu fut retenu quelque temps à la cour d'Euric, dont il nous a laissé un tableau plein d'intérêt [2]. Puis il rentra dans son diocèse et y mourut paisiblement peu après (479). Euric n'était pas inflexible. Un de ses ministres, Léon, était notoirement catholique ; c'était aussi le cas du comte Victorius, gouverneur de l'Auvergne et des cités voisines. Sidoine s'est beaucoup loué de ces personnages [3]. Mais le roi n'entendait tolérer aucune opposition qui eût un caractère politique. Maitre de la Provence, il fit arrêter l'évêque de Riez, Fauste, et l'envoya en exil. Non seulement sous son règne, mais sous le gouvernement de son fils Alaric II, des mesures de ce genre furent prises à l'égard de certains membres de l'épiscopat, soupçonnés, à

---

[1] C'est, je crois, le sens d'un texte obscur et sans doute altéré : « Quam (ruinam spiritalem) fere constat sic per singulos dies morientum patrum proficere defectu ut non solum quoslibet haereticos praesentum verum etiam haeresiarchas priorum temporum potuerit inflectere ».

[2] Ep. VIII, 9

[3] Ep. IV, 22 ; VII, 17 ; VIII, 3 ; *Carm*. IX ; cf. Greg. Tur. *Hist. Fr.*, II, 20 ; *Gl. Mart.*, 44.

tort ou à raison, d'avoir trop de sympathies, non pour l'empire défunt, mais pour les cohéritiers du roi des Wisigoths, Gondebaud le burgonde et Clovis le salien.

Sidoine est un très noble représentant de ce loyalisme gallo-romain, qui va s'éteindre, faute d'avoir à qui se consacrer. Il meurt évêque, après avoir été préfet du prétoire, préfet de Rome et patrice. Comme tout le vieux monde, il finit dans l'Eglise, lui léguant une belle tradition de dignité morale et de culture intellectuelle. Dans sa jeunesse, il avait beaucoup aimé les muses ; entré dans les ordres, il réprima sa verve poétique, mais il continua de soigner son style, même avec un certain excès : on le voudrait moins recherché et plus clair.

Ce n'est pas le seul écrivain de son monde. Les monastères de Provence restaient des foyers, non seulement de vie religieuse, mais aussi d'activité littéraire. Beaucoup comme Hilaire d'Arles, Loup de Troyes, Eucher de Lyon, y entraient après avoir fait figure dans le siècle. La culture qu'ils y avaient reçue passait au service de leur vocation nouvelle ; leurs homélies, s'ils étaient en situation d'en prononcer, s'en trouvaient bien, et aussi leurs lettres et autres écrits. Ils y faisaient beaucoup de propagande en faveur de l'ascétisme. Ce genre de vie, après avoir donné lieu, dans les générations précédentes, à des contestations assez vives, avait fini par s'imposer. Sidoine parle toujours avec un grand respect des nobles gallo-romains qui, comme Sulpice Sévère et Paulin, se sont retirés du siècle et vivent saintement sur leurs terres. Tout le monde tient en haute estime les solitaires de la côte provençale; la meilleure preuve, c'est que partout ils sont recherchés pour les fonctions épiscopales. Aussi faisait-on beaucoup d'accueil à des livres comme les *Institutions* ou les *Conférences* de Cassien, à l'*Eloge de la solitude* d'Eucher.

Non moins intéressant était un autre thème, fourni par les misères de l'invasion. Ces désastres semblaient inculper la Providence divine; il importait de la justifier, d'expliquer comment elle avait pu permettre la ruine de Rome et de son empire. Déjà saint Augustin et son disciple Orose s'y étaient appliqués. Un prêtre de la Gaule du nord, réfugié à Marseille, Salvien, publia, vers 440, un nouveau plaidoyer, son *De Gubernatione Dei*, où, comme Orose, il fait valoir les vertus des barbares et les oppose aux vices des populations romaines. Celles-ci n'ont eu que ce qu'elles méritaient. Ainsi Dieu est justifié.

Salvien exagère, il ne faut pas en douter, et dans l'éloge qu'il fait des vainqueurs et dans les invectives dont il accable les vaincus. C'était, du reste, un esprit excessif. Il nous reste de lui un autre livre (*Ad Ecclesiam*), tout entier consacré à prouver qu'un bon chrétien est obligé de léguer ses biens à l'Eglise et aux pauvres, et même de ne s'en réserver, de son vivant, que ce qui correspond au strict nécessaire. On serait plus disposé à lui reprocher sa rigueur s'il n'avait commencé par s'y soumettre lui-même. Il vécut longtemps à Marseille, entouré de la plus grande considération.

Les questions de la grâce et de la prédestination, si vivement agitées par le passé, ne faisaient plus guère de bruit. Prosper ayant disparu de cette controverse, elle s'était apaisée toute seule. En Gaule, tout le monde était d'accord. Nul ne se fût avisé de soutenir la prédestination ; on s'en tenait là-dessus à l'enseignement des maîtres de Marseille et de Lérins. Depuis l'élévation d'Honorat au siège d'Arles, le monastère de l'île sainte avait été gouverné par Maxime (426-433), puis par Fauste, qui devinrent aussi, l'un après l'autre, évêques de Riez. Fauste était un saint homme, hautement réputé pour sa vertu, son savoir et son éloquence. Encore abbé de Lérins, il avait fait trancher en concile la question des rapports entre son monastère et l'évêque de Fréjus, au diocèse duquel il se rattachait. La solution qu'il fit prévaloir [1] passa en règle pour les situations semblables. Devenu évêque, il attira bientôt l'attention. Sidoine, encore laïque, le tenait en grande estime ; il composa tout un poème en son honneur et ne cessa jamais de l'entourer d'affection et de respect [2].

C'était un orateur : il nous est resté de lui beaucoup de sermons [3]. On le priait volontiers de porter la

---

[1] Ci-dessus, p. 35.
[2] *Carm.* XVI.
[3] Il n'est pas aisé de les retrouver dans les collections manuscrites où elles se rencontrent soit sous son nom, soit sous celui d'Eusèbe d'Emèse, soit sous d'autres noms. Dans son édition du *Corpus* de Vienne, M. Engelbrecht a essayé de déterminer les pièces qu'il y aurait lieu de lui attribuer. Mais son système soulève bien des objections.

parole dans les grandes solennités : Sidoine l'entendit prêcher à la dédicace de la cathédrale de Lyon. Quand on avait des difficultés sur la doctrine, c'est à lui qu'on s'adressait, comme à un oracle théologique. Le concile d'Arles le députait à Rome pour y suivre les affaires ecclésiastiques de la province ; le gouvernement impérial l'employait pour ses négociations avec le roi Euric. Bref, c'était, non par son siège, mais par son autorité personnelle, le plus en vue des prélats de la Gaule romaine.

Comme Pélage, Fauste était un breton transplanté. Devenu évêque de Riez, il installa près de lui sa mère, personne vénérable, que Sidoine visita avec grand respect. Il recevait volontiers ses compatriotes et n'omettait pas, à l'occasion, de leur envoyer ses écrits [1]. Ceux-ci, il faut le dire, soulevaient parfois des objections, même des controverses. L'un d'eux [2], où il soutenait que Dieu seul est incorporel et qu'on ne saurait en dire autant ni des anges, ni des âmes humaines, quand elles sont

[1] Un évêque (ou abbé, *antistes*) Riochatus, revenant de chez Fauste et rentrant en Bretagne, passa quelque temps auprès de Sidoine (v. 474), à qui il communiqua des écrits de l'évêque de Riez (Sidoine, ep. IX, 9). Vers le même temps ou peu auparavant, Sidoine avait été en relations avec un chef breton, Riothime ou Riothame. Celui-ci était à la tête d'un corps de Bretons auxiliaires, que l'empereur Anthemius avait installés dans la cité de Bourges pour la défendre contre les Wisigoths (Sidoine, ep. I, 7 ; III, 9 ; Jordanes, *Getica*, 45).

[2] Ep. 3 (Engelbrecht). Sidoine était lié avec Claudien comme avec Fauste ; ce conflit l'embarrassa un peu (ep. IV, 2, 3 ; cf. V, 2). Les trois livres de Claudien Mamert, *De statu animae*, existent encore.

séparées de leurs corps, fut entrepris avec quelque vivacité par Claudien, savant prêtre de Vienne, frère de l'évêque Mamert. Un autre [1], où il déclarait insuffisantes les conversions de la dernière heure, fut réfuté plus tard par saint Avit de Vienne. Mais c'est surtout à propos de la grâce que sa doctrine fut mise en cause, non pas sur le moment, mais longtemps après sa mort. Il y avait, dans le clergé de Riez, un prêtre appelé Lucidus, augustinien intransigeant, comme Prosper à ses débuts, qui parlait beaucoup de la prédestination, et dans les termes les moins mitigés. Fauste essaya de l'amener à d'autres idées; il discuta avec lui tant de vive voix que par écrit; puis, voyant qu'il n'avançait à rien, déféra le récalcitrant au métropolitain d'Arles, Léonce. L'affaire fut examinée en un grand concile tenu à Arles, en 473 ou 474. Il y vint une trentaine d'évêques, non seulement de la région provençale encore romaine, mais des provinces de Vienne et de Lyon, soumises déjà aux rois burgondes. Devant cet appareil, Lucidus s'exécuta et apposa sa signature aux formules qui lui furent présentées [2]. L'évêque Fauste, chargé par l'assemblée d'exposer un peu au long les doctrines agréées par le concile, y consacra ses deux livres sur « la grâce

---

[1] Ep. 4, 5. Avit, épître à Gondebaud, éd. Peiper, p. 29. Avit croit que le Fauste auteur de la lettre qu'il combat est Fauste le Manichéen, contre qui écrivit saint Augustin. Quant à l'évêque de Riez, pour lequel il professe la plus grande considération, il est, à ses yeux, hors de cause.

[2] *M. G. Scr. antiq.*, t. VIII, p. 288, 290; Fauste, ep. 1, 2 (Engelbrecht).

de Dieu et le libre arbitre » [1]. Dans cet ouvrage célèbre, Fauste ne se montre pas tendre pour Pélage; il ne fait aucune difficulté de condamner les « blasphèmes », les « abominations », de ce « docteur pestiféré ». Pélage avait été réprouvé solennellement par toutes les autorités de l'Eglise et de l'Etat; Fauste ne pouvait lui épargner ses anathèmes. Toutefois, ce n'est guère que sur la question du péché originel qu'il se sépare de lui. Sur les rapports de la grâce et du libre-arbitre, sur la nature de la grâce, il n'est pas loin de penser comme son compatriote : le libre-arbitre a souffert, il est vrai, de la chute originelle; cependant il subsiste et compte pour quelque chose dans le mérite de nos actions. La grâce est surtout extérieure; elle consiste beaucoup moins dans un secours interne et personnel que dans la concession du libre-arbitre lui-même, de la loi, des bons exemples, des exhortations, et ainsi de suite. Cassien lui-même n'allait pas si loin. Quant à la prédestination, telle qu'Augustin l'avait enseignée et surtout telle que des disciples inhabiles la présentaient çà et là, c'est pour Fauste une hérésie damnable. A la vérité il ne prononce jamais le nom d'Augustin; mais, sauf les quelques lignes qu'il consacre à l'exécution de Pélage, c'est lui qu'il combat d'un bout à l'autre de son exposition.

[1] Ed. Engelbrecht, p. 3; cf. Migne, *P. L.*, t. LVIII, p. 783, 835. On voit par la dédicace à Léonce d'Arles que les évêques de la province de Lyon avaient réclamé quelques compléments.

Il est à croire que les évêques réunis à Arles ne se bornèrent point à traiter ces questions subtiles. Qu'ils vinssent du pays où les Burgondes, en dépit du dévouement qu'ils affichaient pour l'empire aux abois, étaient les maîtres en fait, ou des cités romaines que le bas Rhône et les Cévennes défendaient mal contre les Wisigoths, tous étaient préoccupés d'Euric, de ses projets, de la condition misérable de l'empire. Le pape Hilaire avait favorisé le ralliement de l'épiscopat gallican autour de la métropole d'Arles. Ainsi réunis, les évêques lui semblaient mieux en situation de défendre les intérêts politiques de Rome et surtout les intérêts religieux dont ils avaient directement la charge. Aussi, dans sa correspondance avec Léonce et ses collègues[1], l'avait-on vu revenir, à certains égards, aux idées du pape Zosime. Sans reconstituer expressément le vicariat disparu, il pressait volontiers l'évêque d'Arles de se mettre en avant et d'agir. Mais Léonce n'était pas Patrocle : il ne se sentait pas fait pour les grands rôles. Hilaire mourut; son successeur Simplicius ne paraît pas avoir insisté. Du reste les circonstances étaient plus fortes que les volontés. L'heure dernière sonna pour la Gaule romaine. En 477, Euric s'empara d'Arles, de Marseille et de toute la Provence, jusqu'aux Alpes. Nous ne connaissons pas les détails de l'annexion. Il y eut peut-être quelque résistance. Fauste s'y compromit sans doute, car on l'exila très loin de chez lui. Sidoine, exilé

---

[1] Sur ceci, voir mes *Fastes épiscopaux*, t. I, p. 128 et suiv.

aussi, avait fini par se laisser conquérir ; on n'eut pas si facilement raison du breton qu'était l'évêque de Riez. Tant que vécut Euric, il resta en exil. C'est seulement après la mort de ce prince (485) qu'il rentra dans sa ville épiscopale, où il dut mourir peu après, car il était fort avancé en âge.

3.º — *Saint Patrice, apôtre d'Irlande.*

Tout-à-fait au nord du monde romain, la Bretagne insulaire, découpée, depuis Dioclétien, en quatre provinces [1], eut à lutter contre la barbarie celtique avant de se voir envahie par les Germains du continent. Les Scots de l'île voisine, toujours restée indépendante, l'attaquaient par mer ; par terre, du côté de la Calédonie, les Pictes, eux aussi demeurés en dehors des atteintes romaines, franchissaient les murs d'Hadrien et d'Antonin et donnaient fort à faire aux garnisons impériales. Quand celles-ci, au temps d'Honorius et de Constantin III, se furent repliées sur le continent, les Bretons sédentaires et plus ou moins romanisés ne parvinrent pas à organiser la défense. Ils ne cessaient d'appeler à leur secours des gens qui n'avaient que trop à faire en Gaule et en Italie. C'est alors que l'émigration commença et que des groupes de Bretons, franchissant successivement la mer, allèrent s'établir sur

---

[1] *Britannia 1* et *II*, *Flavia Caesariensis*, *Maxima Caesariensis*. En 369 on ajouta une cinquième province, la *Valentia* (Ammien, XXVIII, 3, 7). On ne sait au juste comment le pays était réparti entre ces circonscriptions.

le continent, dans la péninsule armoricaine [1]. Puis vinrent les pirates danois, Jutes, Angles, Saxons, qui après quelques expéditions de pillage, se firent place définitive et s'installèrent dans l'est du pays.

Les institutions romaines ne résistèrent pas à ce double torrent. Provinces et cités disparurent, et non seulement comme groupements sociaux et politiques ; les édifices furent livrés aux flammes et détruits. La langue latine, qui ne paraît pas s'être implantée aussi profondément qu'en Gaule, fut abolie dans l'usage commun et ne se conserva que parmi les clercs. On se remit à parler celtique. L'église locale elle-même, l'organisation épiscopale, fut engloutie dans l'énorme débâcle. Quand un peu d'ordre se fut rétabli, on ne trouva plus ni cités, ni circonscriptions de cités, ni évêchés, ni diocèses épiscopaux. On était revenu de cinq siècles en arrière, au régime de la tribu. Le groupement religieux avait pour centres certains monastères où les débris du clergé se fondirent peu à peu dans la masse prédominante des moines.

Sur l'église bretonne au temps des Romains nous n'avons guère d'informations sûres [2]. En quelques en-

---

[1] D'autres poussèrent jusqu'en Espagne, où l'évêché de Britonia (Mondonedo), sur la côte nord de la Galice, conserva longtemps le souvenir de leur colonie.

[2] Gildas, qui écrivit vers le milieu du VIe siècle son *De excidio Britanniae* (éd. Mommsen, *M. G. Scr. ant.*, t. XIII, p. 25 et suiv.), ne connaît aucun document local sur l'histoire de son pays, soit qu'il n'y en ait jamais eu, soit qu'ils aient disparu dans les catastrophes de l'invasion (c. 4).

droits, on conservait le souvenir de martyrs locaux, saint Alban à Vérulam, les saints Aaron et Jules à Caer-Léon [1]. Les premiers missionnaires étaient sans doute venus de Gaule [2]. C'est en Gaule que les Bretons avaient leurs relations ecclésiastiques. On vit des évêques bretons au concile d'Arles, en 314 [3]. Dans les conflits du IV° siècle, cet épiscopat suivit les évolutions de celui des Gaules. Avec lui il acclama Athanase réhabilité par le concile de Sardique, puis l'abandonna quand Constance fut devenu le maître en Occident; avec lui il fit tête en 357 contre la formule de Sirmium, et prévariqua, en 359, au concile de Rimini; trois [4] au moins de ses membres prirent une part effective à cette assemblée. L'évêque de Rouen Victrice, au temps de saint Martin, visita les églises bretonnes [5]. Plus tard ce fut le tour de saint Germain d'Auxerre.

[1] Gildas, 10.
[2] La légende du roi Lucius rattacherait ces origines au pape Eleuthère. Cette légende ne nous est connue que par le *Liber pontificalis* (mon édition, t. I, p. CII); elle est romaine d'origine et non point indigène. M. Harnack (*Der Brief des britischen Königs Lucius an den Papst Eleutherus,* dans les Comptes-rendus de l'Académie de Berlin, 1904, p. 909) a conjecturé qu'elle pourrait se rattacher à Edesse et se rapporter à la conversion de ce pays. Ses arguments ne m'ont pas convaincu.
[3] Eborius d'York, Restitutus de Londres, Adelfius de Lincoln. Dans la liste des signatures, on trouve après ces noms: *Exinde Sacerdos presbyter, Arminius diaconus.* Ceux-ci représentaient peut-être une quatrième église. A ce concile il y eut, en général, un évêque par province; nous aurions ici la représentation des quatre provinces bretonnes.
[4] Ceux-là étaient fort pauvres; ils durent se laisser entretenir par le gouvernement. Sulpice Sévère, *Chron.*, II, 41.
[5] Ci-dessus, p. 167.

Comme on l'a vu plus haut [1], les idées de Pélage trouvèrent de l'écho chez ses anciens compatriotes. Deux de leurs évêques, Sévérien et Fastidius, sont connus pour les avoir soutenues. En sens contraire travaillait un diacre Palladius, qui parvint à mettre en mouvement le pape Célestin et l'épiscopat des Gaules. Saint Germain d'Auxerre visita deux fois la grande île; son biographe relève le succès de ses missions, et le chroniqueur Prosper n'est pas moins affirmatif. Le pélagianisme, toutefois, laissa quelques traces en Bretagne [2] et surtout en Irlande, où le christianisme pénétrait juste à ce moment.

L'île d'Erin (*Ivernia, Hibernia*), où les Romains n'avaient jamais mis le pied, était restée aussi en dehors du christianisme. En 431 on apprit à Rome que les Scots se ralliaient à la foi du Christ. Ce même diacre Palladius, qui déployait tant de zèle contre la propagande pélagienne, fut ordonné par le pape pour être leur « premier évêque » [3]. Prosper, par qui nous connaissons ce fait, ne manque pas de célébrer le pape Célestin de ce qu'ayant conservé au catholicisme l'île romaine (la Bretagne), il a fait chrétienne l'île barbare (l'Irlande). Il doit y avoir là quelque exagération, car la tradition irlandaise n'a conservé aucun souvenir de

---

[1] Ci-dessus, p. 268.
[2] Gildas ne dit mot ni de l'affaire pélagienne ni des troubles du IVe siècle. D'antérieur à son temps, il ne retient que les souvenirs martyrologiques ci-dessus indiqués.
[3] Prosper, *Chron.*, CCCCIV; *Contra Coll.*, 21.

Palladius et de son apostolat. Le fait de son ordination par le pape demeure incontestable; mais il est douteux que l'évangélisation de l'Irlande doive beaucoup à cet homme de bonne volonté. C'est à saint Patrice [1] que la tradition locale en fait honneur, et ce souvenir est appuyé par des documents contemporains, autorisés et significatifs, émanés de Patrice lui même, sa « Confession » et sa lettre à Coroticus. Voici ce qui en résulte.

Le futur apôtre d'Irlande appartenait à une famille établie dans la Bretagne centrale, en une localité appelée

---

[1] Il ne sera fait état ici, en ce qui regarde l'évangélisation de l'Irlande, que des deux lettres de Patrice et des écrits de Prosper. Les biographies de Patrice forment une longue série, dont les termes les plus anciens sont: 1° les Récits de l'évêque Tirechan, qui reproduisent des communications orales ou écrites d'un autre évêque, Ultan, mort en 656; 2° la Vie de Patrice par Muirchu Maccu-Machteni, dédiée à uu évêque qui mourut en 698. Ces documents, avec tous les textes relatifs à saint Patrice, figurent dans le tome II de la *Tripartite Life of Patrick*, publication de M. Whitley Stokes, Londres, 1887 (*Rerum Britann. SS.*). Dans cette édition, le *Corpus Patricianum* est reproduit tel que le contient le livre d'Armagh, manuscrit exécuté en 807. Les deux pièces que j'ai citées spécialement avaient déjà, à cette date, subi quelques retouches ou compléments. Au compte de Tirechan je ne saurais mettre ce qui dépasse la p. 331, l. 9 (Cf. *Bulletin critique*, 1888, p. 281). Dans ce qui peut lui être attribué, il n'y a guère que des traditions locales, déjà très embellies par deux siècles de conservation orale; la mémoire irlandaise, tout aussi active que la mémoire orientale, a travaillé ici avec une vigueur particulière: il s'agissait de l'apôtre national, et aussi des intérêts de l'église d'Armagh, qui revendiquait tout particulièrement sa succession.

Bannaventa Berniae [1]. Son bisaïeul Odissus avait été prêtre ; son père, Calpurnius, fils de Potitus, était diacre et, en même temps, membre de la curie municipale [2]. A seize ans il fut enlevé, avec beaucoup d'autres, par une bande de Scots, et conduit en Irlande, où, pendant six années, il vécut dans la condition de gardeur de porcs. En dépit de son origine cléricale, il avait été jusque là assez indévot. La piété lui vint dans la misère. Averti en songe de retourner en son pays, il parvint à gagner le rivage et s'embarqua avec une troupe de païens qui passaient à la grande île. Après diverses aventures, il retrouva sa famille, dans laquelle il vécut assez longtemps. Il avait des visions ; il entendait des voix ; quelquefois il lui semblait qu'en lui un être invisible priait et parlait. Tous ces appels mystérieux concouraient à le ramener chez les Scots d'Irlande pour les tirer du paganisme et les initier à la vraie foi. Il entra dans le clergé et fut promu au diaconat. Son projet de retourner en Irlande et d'y prêcher l'Evangile lui valut beaucoup d'oppositions et de déboires. Il en triompha et parvint à se faire consacrer évêque ; après quoi il franchit de nouveau la mer d'Irlande et

---

[1] Deventry, à l'ouest de Northampton. L'endroit est marqué trois fois dans l'Itinéraire d'Antonin, sous le nom de Bannaventa (il y a des variantes), p. 470, 477, 479. Quant à Berniae, ce déterminatif n'est attesté que par la Confession. Daventry se trouve sur une ancienne voie romaine, près de l'endroit où se croisaient les routes qui, venant du nord et de l'ouest, se dirigeaient vers Londres.

[2] *Ingenuus fui secundum carnem; decorione patre nascor* (*Ad Corot.*).

commença ses prédications. Comme il devait s'y attendre, son apostolat fut une œuvre longue, pénible, traversée par des tribulations de tout genre. Mais le succès vint; il fut éclatant. Au déclin de sa vie, Patrice pouvait se réjouir de voir les Irlandais devenus un peuple chrétien, alors qu'avant lui ils ne connaissaient d'autres dieux que leurs idoles [1]. Il y avait baptisé des milliers de personnes, ordonné des clercs en grand nombre. La vie ascétique fleurissait autour de lui; on voyait des moines scots et même des vierges. Ce n'est pas sans peine que de telles vocations étaient maintenues. Les religieuses de Patrice avaient beaucoup à souffrir de leurs proches si elles étaient nobles, de leurs maîtres si elles étaient de condition servile.

L'apôtre se gardait de rien recevoir de ses néophytes, soit à l'occasion du baptême, soit pour l'ordination. Les fidèles, les vierges, jetaient sur l'autel des offrandes diverses, des objets de parure. Patrice les forçait à reprendre tout cela. Fidèle à l'ordre de Dieu, il entendait rester en Irlande jusqu'à sa mort. Ce n'est pas qu'il n'eût été heureux de revoir sa patrie et ses parents; il fût même allé jusqu'en Gaule, pour visiter ses « frères » et voir le visage des saints du Seigneur. Mais il s'en tenait à sa vocation: « Telle est, dit-il, ma confession, avant que je ne meure ».

---

[1] Unde autem Hiberione qui numquam notitiam Dei habuerunt, nisi idola et immunda usque semper coluerunt, quomodo nuper facta est plebs Domini et filii Dei nuncupantur? (Ed. Whitley Stokes, p. 369).

Sa lettre à Coroticus, roitelet de la côte bretonne [1], est un document épisodique. Coroticus, avec une bande de pirates, avait fait irruption dans une localité où Patrice célébrait les fêtes pascales, entouré d'un grand nombre de néophytes. Plusieurs de ses fidèles avaient été massacrés ; les femmes, emmenées prisonnières, étaient vendues aux Pictes et aux Scots païens établis dans la grande île. Patrice lance contre les ravisseurs les plus énergiques malédictions. Il s'indigne surtout qu'on traite ainsi les enfants de l'Irlande, maintenant que la communauté de foi les met sur le même pied que les Bretons, qu'ils sont « Romains » tout comme eux.

Ces écrits vénérables, où s'épanche une âme généreuse, inquiète du divin, tourmentée pour le bien des autres, consciente d'une immense paternité spirituelle, sont d'une langue tout à fait extraordinaire. Clerc et issu de clercs, Patrice aura eu de bonne heure une teinture de latin. Bien ravagée sans doute par son premier séjour dans les porcheries d'Irlande, elle dut être un peu restaurée pendant les années qu'il vécut encore en Bretagne ; puis elle se dissipa de nouveau

---

[1] M. Zimmer (Encycl. de Hauck, t. X, p. 221), sur des raisons assez sérieuses, identifie le « royaume » de Coroticus avec le pays de Strathclyde, situé entre les deux murs d'Antonin et d'Hadrien, du côté de la mer d'Irlande. C'est dans ce même pays que — plus tard, je crois — un évêque breton, Ninian, élevé à Rome, fonda un centre d'apostolat chez les Pictes méridionaux et construisit une église sous le vocable de saint Martin. Telle est du moins la tradition recueillie par Bède, (*H. E.*, III, 4). Le lieu visé ici est Withorn, dans la presqu'île de Galloway.

dans les longues années de ministère pastoral, au milieu de populations qui n'entendaient que leur parler celtique. Il n'en restait guère [1] au moment où l'apôtre irlandais faisait appel à la langue de Rome pour communiquer avec ses compatriotes de la grande île.

C'est en effet pour eux qu'il écrivit sa Confession. De l'autre côté de la mer d'Irlande on critiquait son œuvre. Au VIIe siècle, les Bretons n'entendaient point qu'on prêchât l'Evangile aux Anglo-Saxons, leurs envahisseurs. Déjà, au Ve siècle, ils manifestaient les mêmes sentiments à l'égard des Scots. C'étaient leurs ennemis en ce monde ; ils ne tenaient pas à les rencontrer en paradis et n'aimaient guère qu'on leur en facilitât l'accès. C'est contre cette patriotique absurdité que se débat Patrice ; c'est à elle qu'il oppose l'appel divin, les voix intérieures, la vocation mystérieuse.

A la mission de saint Patrice il est impossible d'assigner une date précise : les rapports entre Scots et Bretons sont ceux du Ve siècle ; c'est tout ce qu'on peut tirer des lettres de l'apôtre. Ceux qui ont voulu une précision plus grande ne l'ont obtenue qu'en transportant dans l'histoire de Patrice la chronologie de Palladius, telle que Prosper la donne. Suivant Prosper, Palladius a été ordonné en 431 par le pape Célestin pour être le « premier évêque » des Scots convertis. S'il s'agit des Scots convertis par Patrice, l'épiscopat de Palladius sera postérieur à la première évangélisation du pays, et

---

[1] Il en avait bien le sentiment : « Sermo et loquela mea translata est in linguam alienam » (p. 359).

Palladius ne sera pas le *primus episcopus*. S'il s'agit de la première évangélisation du pays, Patrice aura eu tort de déclarer qu'avant lui le christianisme n'y avait pas été prêché. Il est impossible d'attribuer une telle erreur, disons un tel mensonge, à un homme comme saint Patrice. Il vivait sur les lieux et savait d'original ce qu'il en était des missions d'Irlande ; et ce n'est pas dans une lettre écrite pour se défendre, qu'il eût osé se parer des mérites d'autrui. Prosper, lui, écrit bien loin de l'Irlande ; il est fort possible qu'il n'ait pas entendu parler de Patrice, ou que, le connaissant très vaguement, il n'ait pas apprécié exactement l'importance de son rôle. Les évêques bretons, parmi lesquels vivait Palladius, n'étaient guère disposés à rehausser celui qu'ils avaient tant contesté.

A mon avis, Palladius est venu après Patrice, peut-être après sa mort, peut-être de son vivant, comme instrument de cette opposition bretonne contre laquelle l'apôtre fut obligé de se défendre [1]. Et quand je dis qu'il est venu, j'entends qu'il a été ordonné à Rome pour être évêque en Irlande, nullement qu'il y ait exercé le ministère ni même qu'il soit débarqué dans l'île.

Patrice avait jeté les fondements. D'autres vinrent après lui, ouvriers inconnus de nous, qui portèrent en

---

[1] Des torrents d'encre ont été versés sur cette question depuis le milieu du VIIe siècle, c'est-à-dire depuis que les Irlandais eurent connaissance de Prosper, et, par lui, de Palladius. On s'en arrangea en faisant passer Palladius avant Patrice, mais seulement pour une mission éphémère et sans résultats. D'autres identifièrent Palladius et Patrice.

Irlande et y firent estimer une culture intellectuelle assez étendue. Au VIe siècle les monastères irlandais étaient des centres d'études ; les maîtres, les livres, y abondaient [1]. On y venait pour s'instruire, même de l'île bretonne, même du continent.

L'île bretonne retombait dans la barbarie. Gildas, qui y vécut dans la première moitié du VIe siècle, en a un sentiment très clair. Tant qu'on eut, dit-il [2], le souvenir de ce que la catastrophe saxonne avait ruiné, tant qu'on put espérer le secours romain, rois, magistrats, hommes privés, prêtres et clercs, se maintinrent dans les anciennes règles. Cette génération disparue, un temps d'arrêt se produisit dans l'invasion, le calme revint, et chacun s'abandonna. Alors naquirent les affreux désordres contre lesquels il proteste longuement, en s'autorisant d'innombrables citations de la Bible : « La » Bretagne a des rois, mais ce sont des tyrans... La » Bretagne a des prêtres, mais ce sont des insensés... ». De cette philippique ressort la plus fâcheuse impression :

---

[1] Il ne faut pas arguer de ceci pour atténuer l'importance de Patrice. Ce n'est sûrement pas lui qui a introduit les belles-lettres en Irlande ; mais il n'est pas nécessaire que les belles-lettres remontent à l'apostolat primitif. Pour amener l'épanouissement littéraire des siècles suivants, il a suffi que quelques grammairiens exercés se soient transportés en Irlande, comme il a suffi de quelques maîtres italiens pour déterminer en Angleterre le mouvement littéraire du VIIIe siècle, et de quelques maîtres anglais pour produire en France la renaissance carolingienne.

[2] Ch. 26.

avec l'ordre romain avait disparu la tenue ecclésiastique. La Bretagne repassait à une sorte d'état sauvage, dont le christianisme ne se ressentait que trop.

Malgré son pessimisme, le terrible censeur admet quelques exceptions ; en effet, les légendes hagiographiques supposent que, çà et là, dans les monastères, de grands exemples furent donnés par des hommes de Dieu et que leur voix ne s'éleva pas avec moins de zèle que celle de Gildas pour protester contre la décadence et provoquer, dans une organisation nouvelle, une véritable restauration religieuse.

4.° — *La persécution vandale.*

Depuis qu'elle avait franchi le Rhin (407), la horde vandale avait eu bien des aventures, en Gaule et surtout en Espagne. De ses conflits avec les Suèves, les Goths et les Romains, elle était sortie fort diminuée. Avec ce qui en restait et les débris des Alains, eux aussi fort maltraités par les Goths, le roi Gondéric reforma en Andalousie une force assez redoutable. Elle commençait à faire parler d'elle en Espagne, quand les événements l'attirèrent en Afrique. Gondéric venait de mourir ; c'est à son frère Genséric qu'il était réservé de conduire l'exode [1].

[1] Sur le règne de Genséric, v. F. Martroye, *Genséric*, Paris, 1907. Les sources à consulter pour l'histoire de la persécution vandale sont, en dehors des pièces officielles citées plus loin, les chroniques de Prosper et d'Hydace, arrêtées l'une à 455, l'autre à 468 ; l'*Historia persecutionis Africanae provinciae*,

Au comte d'Afrique Boniface, dont les intrigues d'Aëce avaient fait un insurgé, la cour de Ravenne avait opposé d'abord trois généraux, dont il se débarrassa aisément, puis un corps de Goths auxiliaires, commandés par Sigisvult [1]. Boniface, qui connaissait les Vandales et se trouvait avec eux en assez bons rapports [2], n'eut aucun scrupule à les appeler à son aide. Genséric franchit le détroit [3]. Les provinces africaines, indemnes jusque là, offraient aux envahisseurs une proie plus riche que la Gaule et l'Espagne, sans cesse pillées depuis vingt ans. Dès leurs premières évolutions on put s'apercevoir que les Vandales allaient travailler pour leur compte, sans trop se soucier d'appuyer Boniface. Pendant qu'ils s'avançaient lentement à travers les Mauritanies, brûlant, massacrant et pillant, le comte insurgé se réconciliait avec Placidie. Mais les barbares se trouvaient bien en Afrique; Boniface ne parvint ni à leur persuader de rentrer en Espagne, ni à mettre un terme

de Victor de Vite (ci-dessous, p. 644), dont nous avons deux bonnes éditions, celle de Halm, dans les *M. G. Auct. antiquissimi*, t. III, et de Petschenig, dans le *Corpus* de Vienne. Voir aussi les fragments des historiens Priscus et Malchus, dans le t. IV des *Fragmenta historicorum graecorum* de Müller (coll. Didot), et Procope, *De bello Vandalico*, I, 1-8.

[1] Ci-dessus, p. 278.

[2] Sa femme était arienne, et, paraît-il, de la famille des rois vandales. Aug., ep. 220; cf. Marcellin, *Chron.*, a. 432.

[3] La date est un peu flottante. Prosper semble indiquer 427, mais il est possible que cette indication s'applique plutôt au commencement des hostilités contre Boniface qu'à leur conséquence, le passage des Vandales en Afrique. L'année 429, indiquée par Hydace, convient mieux à la marche générale des faits.

à leurs dévastations. Il fallut se battre : il fut vaincu. Les Vandales l'assiégeaient dans Hippone quand saint Augustin y mourut (430). Décidément ils étaient les plus forts. C'est à grand peine que l'on parvint à traiter avec eux en 435, en leur cédant une partie notable des provinces qu'ils avaient conquises. Quatre ans plus tard, rompant le traité, ils s'emparaient de Carthage (19 octobre 439). Aèce, trop occupé en Gaule, ne pouvait intervenir; une expédition envoyée de Constantinople n'aboutit à rien; encore une fois il fallut traiter (442). Le gouvernement de Ravenne laissa à Genséric les riches provinces de l'est, la Proconsulaire et la Byzacène, avec une bonne partie de la Numidie; on lui rendit le reste de cette province, avec les Mauritanies, dévastées comme un champ après le passage des sauterelles. Encore cet arrangement n'eut-il d'effet que jusqu'à la mort de Valentinien III (455). Depuis lors l'Afrique entière fut définitivement perdue.

Et non seulement elle fut perdue, non seulement ses impôts n'affluèrent plus dans les caisses de l'Etat, ni son blé dans les greniers de l'annone romaine; mais elle devint, sous ses nouveaux maîtres, une menace perpétuelle pour le pauvre empire, déjà si malade. Les barbares apprirent à naviguer. Du grand port de Carthage ils eurent bientôt fait un nid de pirates. Chaque année, surtout depuis la mort de Valentinien III, leurs flottes en sortaient et portaient la terreur dans la Méditerranée. Les Baléares, la Corse, la Sardaigne, tombèrent entre leurs mains. Ils avaient des postes fortifiés en Sicile, notamment à Lilybée. En 455, ils pillèrent Rome, exploit facile et fructueux, qui rapporta à Genséric, non seulement un riche butin, mais encore de précieux otages, l'impératrice Eudoxie, veuve de Valentinien, et ses deux filles Eudocie et Placidie, sans parler de bien d'autres captifs. Depuis lors ils ne cessèrent de ravager les côtes d'Espagne, d'Italie, du Péloponèse, de l'Epire et de la Dalmatie.

En vain, à défaut de l'Occident épuisé, l'empire d'Orient essayait-il de refréner leur audace. Toutes les expéditions tentées contre Carthage échouaient misérablement. La dernière (468), celle que, sous Léon et Anthemius, Basiliscus, le futur empereur, amena jusque sous les murs de Carthage, essuya, grâce à l'impéritie de son chef, un désastre tel que l'on n'osa plus recommencer. Les provinces africaines étaient devenues un royaume vandale; des cinq siècles de domination romaine et de culture latine il ne restait plus que de faibles vestiges.

Les fonctionnaires romains s'étaient, bien entendu, repliés sur l'Italie. Partout la bande pillarde avait fait la chasse aux riches; les curiales, les propriétaires, étaient désignés d'abord à son avidité. Quand on ne les massacrait pas, on les torturait savamment pour en tirer de l'argent, ou bien on en faisait des esclaves. Le même traitement s'appliquait au clergé, à ses chefs surtout. Les Vandales étaient des ariens plus fanatiques que les autres barbares. Aussi était-ce pour eux double fête que d'incendier les églises après les avoir pillées et de faire subir toutes sortes d'avanies aux malheureux clercs qui tombaient entre leurs mains. Ils avaient avec eux toute une hiérarchie ecclésiastique ; les prêtres, les évêques ariens ne s'employaient nullement à modérer leurs excès. Bien au contraire, ils croyaient et disaient que le moment était venu de se venger du mépris et des tracasseries dont leurs coreligionnaires étaient accablés dans l'empire romain. C'est d'eux que venaient les plus mauvais conseils. Dès avant la prise de Carthage, nombre d'évêques catholiques avaient été chassés, non seulement de leurs églises, mais de leurs cités elles-mêmes. C'est ainsi que Possidius de Calame, l'ami et le biographe de saint Augustin, et deux de ses collègues, Novatus et Sévérien, furent exilés en 437 [1].

A Carthage, quand Genséric y entra, il chassa les catholiques de la plupart des églises ; son évêque en chef ou patriarche s'installa dans la basilique Restituta, église métropolitaine ; les autres églises de la ville, avec les sanctuaires de saint Cyprien et de sainte Perpétue, furent également affectées au culte arien. Quant au clergé, on s'en débarrassa par le procédé le plus expéditif. A l'évêque Capreolus, qui siégeait au temps du concile d'Ephèse, avait succédé Quodvultdeus, un autre ami de saint Augustin. On l'arrêta avec la plupart de ses clercs ; puis, après les avoir dépouillés de tout ce qu'il possédaient, on les jeta sur de mauvais navires, qui les transportèrent jusqu'à Naples. Pareil traitement

---

[1] Chronique de Prosper.

fut appliqué aux sénateurs et autres membres de l'aristocratie de Carthage [1]. Les cérémonies publiques du culte catholique furent interdites, même pour les enterrements des fidèles; on donnait la chasse aux clercs qui avaient pu échapper à la grande râfle; ils étaient expédiés à l'intérieur.

Après ces mesures de premier établissement vint l'occupation systématique du pays. Genséric établit sa bande dans la Proconsulaire ou Zeugitane; les cités, si nombreuses, de la vallée du Bagradas furent partagées entre les hôtes barbares. Ils s'y installaient sur le bien d'église et sur celui des riches, jetés dehors ou réduits en servitude [2].

Pour le menu peuple, dont on ne pouvait se débarrasser, on conserva l'ancienne administration, les curies, les gouverneurs *(iudices)*, les employés des finances. On n'en voulait qu'aux classes supérieures, à celles qui représentaient l'ancien régime romain et que l'on soupçonnait d'en désirer la restauration. Un jour Genséric vit arriver sur la plage de Maxula, où il prenait le frais, une députation d'évêques et de notables, qui venaient le supplier pour qu'au moins, après leur

[1] De ceux-ci quelques-uns se réfugièrent à Rome ou à Constantinople. On en trouve jusqu'en Syrie. Théodoret accueillit chez lui un membre de la curie de Carthage, appelé Celestiacus, et le recommanda à divers personnages, comme les évêques d'Antioche, de Tyr, d'Emèse (ep. 29-36; cf. ep. 70).

[2] Ἐν ἀνδραπόδων μοίρᾳ dit Procope (*Bell. Vand.*, I, 5); il représente cette condition comme celle qui échut aux propriétaires des domaines attribués par Genséric à ses deux fils Hunéric et Genzon.

avoir tout pris, on les laissât vivre en paix au milieu de leurs compatriotes. Le roi entra en fureur; il voulait les faire jeter à la mer, et l'on eut quelque peine à l'en empêcher. Les malheureux s'en retournèrent fort déconfits. Depuis lors le service divin ne se célébra plus, dans la Proconsulaire, qu'en des abris secrets et misérables.

Pour sa part personnelle, le roi s'était attribué les provinces du sud, la Byzacène surtout, où s'étendaient de vastes domaines, impériaux et privés. Là, comme la population vandale n'était représentée que par quelques administrateurs, les catholiques avaient un peu plus de liberté. N'ayant que faire de leurs églises, on les leur avait laissées; mais les évêques devaient surveiller leurs discours, éviter, en particulier, de maltraiter Pharaon, Nabuchodonosor, Holopherne et autres tyrans bibliques; de vigilants policiers avaient l'oreille ouverte sur les allusions. Plusieurs évêques, dont le primat de Byzacène, Crescens, furent exilés pour des propos de ce genre, d'autres pour des motifs aussi futiles. L'épiscopat africain se dispersait ainsi de tous les côtés, en Orient [1] comme en Occident.

Pendant une douzaine d'années (442-455), la Numidie occidentale et les Mauritanies, rendues à l'empire, jouirent de quelque répit. Le gouvernement de Ravenne y légiférait [2]. De son côté, le pape Léon prenait, au point

[1] Théodoret (ep. 52, 53) recommande aux évêques d'Edesse et de Tella un évêque africain, appelé Cyprien, qui lui avait été envoyé d'Ancyre.
[2] Novelle 13 (18) de Valentinien III, du 21 juin 445.

de vue religieux, la direction de l'épiscopat. On le voit enquêter sur l'état de la discipline en Mauritanie Césarienne et prendre des mesures pour l'observation des anciennes règles. Il semble s'être substitué, en ceci, au concile d'Afrique et à l'évêque de Carthage, organes momentanément arrêtés. Pourtant, dans la lettre [1] qui témoigne de son intervention, il ne vise nullement leur défaut : c'est en vertu de l'autorité du siège apostolique qu'il parle et agit.

En 454, sur les instances de Valentinien III, Genséric permit aux catholiques d'élire un évêque à Carthage. Quodvultdeus était mort en Campanie ; le choix des fidèles tomba sur un clerc appelé Deogratias ; on lui rendit une des églises de la ville, la basilique de Fauste, où l'ordination fut célébrée [2]. La charité de ce saint homme le fit aimer des ariens eux-mêmes. Elle éclata surtout l'année suivante, lorsque les navires de Genséric, à leur retour du sac de Rome, jetèrent sur le pavé de Carthage un nombre énorme de captifs. Deogratias mourut trop tôt, en 457. Lui mort, Genséric, qui n'avait plus de ménagements à garder avec les fantômes d'empereurs que faisait et défaisait Ricimer, défendit, non seulement de lui donner un successeur, mais de remplacer les évêques défunts dans toute l'étendue de la Proconsulaire. A Carthage, la basilique de Fauste fut fermée de nouveau et le clergé envoyé en exil. De ces rigueurs il ne se relâcha que peu

---

[1] J. 410.
[2] Le 25 octobre 454 (*M. G. Auct. ant.*, t. IX, p. 490).

avant sa mort, en 474, sur la demande de l'empereur Zénon et les instances de son ambassadeur Sévère.

La propagande arienne était très active. Elle s'exerçait surtout dans l'entourage du roi, où il avait bien fallu admettre des Romains. Ce n'est pas avec le personnel vandale que l'on eût fait fonctionner le nouvel état; l'expérience, la culture, des vaincus furent mises à contribution. Au commencement, les catholiques abondaient dans le palais de Genséric. De temps à autre, il lui prenait fantaisie de les convertir, pour les compromettre davantage avec l'ancien régime et ses partisans. Dès l'année 437, Prosper enregistre une tentative de ce genre sur quatre espagnols de la cour vandale, Arcadius, Paschasius. Probus, Eutychianus. Proscrits, exilés, torturés, ils finirent par souffrir la mort plutôt que de renier leur foi. A l'un d'eux, Arcadius, l'évêque de Constantine, Antoninus Honoratus, adressa, au milieu de ses tribulations, une exhortation au martyre [1], qui rappelle le temps d'Origène et de Tertullien. Sébastien, le gendre du comte Boniface, sollicité aussi de se faire arien, réussit d'abord à esquiver la proposition; mais Genséric trouva bientôt le moyen de s'en débarrasser. D'autres faits de ce genre nous sont connus en détail [2]. Les évêques ariens finirent par obtenir du roi que ni chez lui ni chez ses fils il n'y eût aucun employé catholique [3].

[1] Migne, *P. L.*, t. L, p. 567.
[2] Victor, I, 43-50.
[3] Victor, I, 43; cf. Hydace, a. 440.

On ne peut pas dire que Genséric ait conçu le plan
d'abolir le catholicisme en Afrique; c'eût été trop difficile, et d'ailleurs, à quoi bon? Ce qui importait au
roi des Vandales c'est que, sous couleur de religion,
ses sujets romains ne lui donnassent pas d'embarras,
ni intérieurs, ni extérieurs. Pour cela il suffisait d'affaiblir leur organisation ecclésiastique, de la maintenir
dans un état d'humiliante infériorité par rapport à
la hiérarchie arienne et d'enlever à la foi catholique
tout l'appui, toute la considération qui pouvait lui venir
de la situation temporelle de ses adhérents. La population romaine, privée autant que possible de ses éléments hégémoniques, le clergé et l'aristocratie, devait
former, sous la direction des vainqueurs, un peuple de
raïas. Dans ses rangs elle comptait nombre de gens qui
n'avaient pas de raisons majeures pour regretter le passé.
On pouvait espérer que ceux-là donneraient le ton et
qu'on finirait par faire des Latins d'Afrique, non sûrement des Vandales — ce n'était pas à souhaiter —
mais de bons sujets des Vandales.

Genséric poursuivait ce but par des brutalités, intermittentes, il est vrai, mais qui s'inspiraient toujours
du même dessein et s'exerçaient toujours sur les mêmes
catégories de personnes, le clergé et les notables.

Son fils Hunéric, qui lui succéda en 477, continua
d'abord cette politique, et même avec une moindre dureté : il tolérait plus largement les assemblées de culte.
Au fond, il était plus fanatique que son père. Les Mani-

chéens furent les premiers à le constater : il les poursuivit
avec le plus grand zèle. A son grand scandale, il s'en
trouva beaucoup parmi les siens, entre autres un moine
arien, appelé Clementianus, qui s'était fait tatouer sur la
cuisse l'inscription : *Manichaeus discipulus Christi Iesu*.
Plusieurs furent brûlés vifs, d'autres expédiés outre-mer.
En 481, à la demande de sa belle-sœur Placidie et de
l'empereur Zénon, il autorisa les catholiques à élire
un évêque de Carthage, à condition que les églises
ariennes jouiraient, dans l'empire d'Orient, de la plus
large tolérance [1]. Il y avait vingt-quatre ans que le
siège de saint Cyprien était inoccupé. Les évêques s'é-
taient habitués à se passer de chef ; ils firent des difficultés. La persécution ne les avait pas convertis à la
tolérance ; ils se résignaient à être malmenés chez eux
pourvu qu'au dehors on proscrivît les hérétiques. Mais
le peuple de Carthage n'était pas de leur avis ; il imposa ses sentiments et réclama un évêque : Eugène fut
aussitôt élu [2]. C'était un saint homme, que sa bonté et
ses aumônes rendirent vite très populaire, trop populaire même, car il porta bientôt ombrage au clergé
arien. Les évêques officiels, entre autres un certain
Cyrila, qui, peu après, devint patriarche, lui firent interdire de siéger dans la chaire épiscopale et de prêcher.
On lui enjoignit ensuite de ne pas recevoir dans son

[1] Sur cette négociation, v. Victor, II, 1-5, et Malchus, fr. 13
(Müller-Didot, p. 120).

[2] Victor de Vite était présent à l'assemblée où cette affaire
fut débattue ; il figurait au nombre des évêques opposants (II, 5).

église les personnes vêtues à la mode vandale. Ni les Vandales de race ni les Romains ralliés à leurs usages n'avaient permission d'être catholiques. Cette interdiction fut appliquée avec une barbarie inouïe. Des gens de police, apostés à l'entrée des églises, saisissaient, à l'aide de peignes gigantesques, les chevelures flottantes qui distinguaient le barbare du romain; ainsi arrêtés, les malheureux, hommes et femmes, étaient traînés par les cheveux, qu'on leur arrachait au besoin avec la peau du crâne, et soumis à la peine de l'exposition publique. En dépit des épurations pratiquées par Genséric, il y avait encore des catholiques au palais; on les envoya moissonner dans la plaine d'Utique, sous les ardeurs du soleil africain.

Hunéric était un parfait tyran. Les Manichéens s'en étaient aperçus déjà; il le fit voir aux Vandales eux-mêmes. Genséric avait réglé que le trône serait toujours occupé par le plus âgé des membres mâles de la famille royale; cette disposition excluait la postérité d'Hunéric, car ses frères, Théodoric et Genzon, avaient des enfants plus âgés que les siens; l'un d'eux, Théodoric, était encore vivant. Tous ces collatéraux furent poursuivis avec acharnement; les uns périrent, les autres furent exilés. Quiconque était soupçonné d'avoir pris leur défense se voyait l'objet d'affreux traitements. Le patriarche arien lui-même, Jucundus, fut brûlé vif sur une des places de Carthage; c'était un des intimes amis de Théodoric.

Tout cela faisait faire aux catholiques les plus tristes réflexions. Déjà fort brutalisés, ils s'attendaient à pire. Ils ne se trompaient pas. Sous un prétexte que nous ignorons, le roi fit arrêter et parquer ensemble près de cinq mille [1] catholiques de toute condition, au nombre desquels il y avait des évêques et d'autres membres du clergé, et les fit conduire chez les Maures de la frontière sud. En route ils furent l'objet de traitements abominables.

Ce n'était que le prélude. Le 20 mai 483, Hunéric adressa à tous les évêques « homoousiens » une lettre où, prétextant que, malgré tant d'interdictions, le culte catholique ne cessait d'être célébré sur les terres des Vandales (*in sortibus Vandalorum*), il ordonnait que le scandale, c'est-à-dire la dissidence religieuse, cessât dans son royaume. A cet effet, d'accord avec ses « saints évêques », il convoquait les tenants de l'*homoousios* à un colloque avec leurs collègues de la confession de Rimini. La réunion était indiquée pour le 1ᵉʳ février de l'année suivante; nul évêque ne devait y manquer.

On était au jour de l'Ascension; l'archevêque Eugène célébrait cette fête avec ses fidèles, auxquels s'était joint un envoyé de l'empereur Zénon, Reginus. L'édit royal lui fut remis; il fallut en donner lecture. Ce fut une grande consternation. Il n'y avait pas à se faire d'illusions; ce que le roi voulait, c'était qu'il n'y eût plu..

---

[1] Victor de Vite, qui les accompagna une partie du chemin, donne le chiffre précis : 4966 (II, 26-37).

de catholiques. La conférence n'était qu'un prétexte et un piège.

Eugène essaya bien de parer le coup, en réclamant que, dans cette affaire d'intérêt universel, on convoquât aussi des représentants des églises transmarines, notamment de l'église romaine, *quae caput est omnium ecclesiarum* [1]. Hunéric n'eut garde de l'écouter. Loin de permettre l'accès de la conférence à des personnages que leur qualité d'étrangers aurait mis en situation de parler ferme et librement, il s'empressa d'exiler ceux des évêques africains dont la science et l'éloquence auraient pu faire obstacle à ses projets [2].

Au jour fixé, le 1er février 484, les évêques catholiques de tout le royaume vandale, depuis les îles Baléares jusqu'à Tripoli, se trouvèrent réunis à Carthage. Ils étaient au nombre de 466. Pour éviter tout désordre, Eugène n'en introduisit que dix dans le lieu des séances. Ils y trouvèrent, non plus un arbitre pris en dehors des deux épiscopats en conflit, comme à la conférence de 411, mais le patriarche arien, Cyrila, entouré de ses collègues et trônant sur un siège élevé. Cela leur donna lieu de protester, et, comme en 411, beaucoup de temps fut perdu en chicanes accessoires. Cyrila, très majestueux, ne daignait pas comprendre le latin, bien que tout Carthage sût qu'il le parlait à mer-

---

[1] Victor de Vite, II, 43.
[2] L'évêque de Vibia, Secundianus, et Praesidius de Sufetula furent exilés, le premier après fustigation; un autre, Laetus, jeté en prison, fut brûlé vif à la veille de la conférence (Victor, II, 45, 46, 52).

veille. Le peuple, qui n'avait pas été exclu, s'impatientait :
on le bâtonna. Il y eut deux séances, dont nous n'avons
pas le détail [1]. A la deuxième, les catholiques se
décidèrent à présenter une profession de foi bien documentée,
qu'ils avaient préparée d'avance. Cyrila et
les siens incidentèrent sur les premiers mots, où les
requérants se qualifiaient de catholiques. Là dessus s'engagea
une discussion confuse ; les ariens prétendirent
que leurs adversaires provoquaient des désordres. Ils
firent si bien que le roi, sans renvoyer les évêques et
sans prononcer la dissolution de l'assemblée, suspendit
les séances et fit publier dans toute l'Afrique un édit,
en date du 25 février, dans lequel il déclarait que les
évêques « homoousiens » n'ayant pas cessé de violer les
défenses à eux faites d'exercer le culte sur les terres
des Vandales, il les avait tous convoqués à Carthage
pour une conférence avec les prélats de sa religion ;
que, requis de prouver l'*homoousios* ou d'accepter les
décisions prises par plus de mille [2] évêques à Rimini et
à Séleucie, ils s'y étaient refusés, avaient cherché à
soulever une émeute et rendu la discussion impossible.
En conséquence, le roi retournait contre les homoousiens
toutes les lois pénales que les empereurs, à leur
instigation, avaient portées contre les hérétiques. Plus
de réunions de culte, plus de cérémonies religieuses,

[1] Aucun procès-verbal ne s'est conservé ; on n'a que le récit,
assez succinct, de Victor de Vite, qui n'était pas présent.
[2] L'évêque de Milan, Auxence (t. II, p. 358), comptait,
pour ces deux conciles, six cents évêques. Un siècle après, la
tradition arienne avait porté ce chiffre à mille.

ni dans les villes ni hors des villes; confiscation des églises, de leurs propriétés, des biens des clercs, qui seront attribués à leurs collègues ariens; saisie et destruction des livres religieux; expulsion, exil des évêques et de leurs clercs; défense de célébrer l'ordination; incapacité, pour tout catholique, d'ester en justice, de tester ou d'hériter, de faire ou de recevoir des donations. On accordait jusqu'au 1er juin pour se mettre en règle.

C'était l'extirpation totale du catholicisme, quelque chose comme ce qu'avaient rêvé Dèce et Galère contre le christianisme en général. En attendant le terme fixé, on s'occupa des évêques. La conférence, évidemment, n'avait été qu'un leurre; on avait réuni les évêques à Carthage pour qu'il fût plus aisé de s'en débarrasser. Préalablement dépouillés de tout ce qu'ils possédaient, sans. même un vêtement de rechange, on les jeta hors de la ville; qui leur eût donné l'hospitalité eût été brûlé vif. Les malheureux supportaient ensemble la faim et les rigueurs de la saison, n'osant pas se séparer, de peur de quelque piège. Hunéric vint un jour à passer; ils s'approchèrent pour lui parler. Le roi prit peur et les fit charger par ses cavaliers. Cependant on les réunit dans un édifice public et là on leur demanda de jurer qu'ils soutiendraient le fils d'Hunéric, si le roi venait à mourir. La plupart acceptèrent cette condition; 46 refusèrent, alléguant l'Evangile, qui interdit tout serment. On les exila en Corse, où ils furent employés à couper des bois de marine. Quant aux autres, au nom-

bre de 302, ils furent déportés à l'intérieur de l'Afrique
et réduits à l'état d'ouvriers agricoles. C'est ainsi que
l'archevêque Eugène fut interné près de l'ancien lac
Triton, dans un poste appelé *Turris Tamalleni* [1].

C'en était fait de l'épiscopat.

Quant au peuple catholique, on employa tous les
moyens pour le convertir à l'arianisme. Le signe de la
conversion était le baptême, conféré à nouveau par les
prêtres ariens. On vit reparaître l'interdiction de circuler,
de vendre, d'acheter, de faire un acte public quelconque,
sans exhiber un certificat de conformité. Les *libellatici*
de ce temps-là, au lieu de sacrifier aux idoles, s'étaient
laissés rebaptiser. Il y en eut un grand nombre, bien
que Victor de Vite n'en parle pas volontiers, et même
dans les rangs supérieurs du clergé ; des diacres, des
prêtres, des évêques, consentirent à recevoir le baptême
arien, reconnaissant ainsi que jusqu'alors ils n'avaient
pas été chrétiens [2]. Il y eut aussi beaucoup de baptêmes forcés, conférés aux gens malgré eux, quelquefois
pendant leur sommeil et sans qu'ils s'en doutassent.
L'évêque Habetdeum, interné avec Eugène à Turris
Tamalleni, fut un jour traîné devant l'évêque arien du
lieu, garrotté, baillonné et baptisé de force. Quand, une
fois détaché, il vit qu'on rédigeait l'acte de baptême,
le vieux prêtre déclara « que, dans le prétoire de son
» cœur, les anges avaient dressé un procès-verbal de sa

---

[1] Telmîn, au bord du Chott-el-Fedjadj.
[2] Ceci résulte du concile romain de 487. Victor n'en dit mot.

» protestation et qu'il le présenterait un jour à l'empe-
» reur céleste ».

Il faut lire dans Victor de Vite les navrants détails de la persécution, car on ne se borna pas à ces simagrées sacrilèges ni aux exils d'évêques. Dans toute l'Afrique les catholiques fidèles furent soumis à d'odieuses violences ; un grand nombre périrent, d'autres furent mutilés ou devinrent infirmes pour toute leur vie. A Tipasa, en Mauritanie Césarienne, l'évêque Reparatus, qui avait figuré à la conférence, fut remplacé [1] par un secrétaire du patriarche Cyrila. A son arrivée les gens de Tipasa s'embarquèrent en grand nombre sur leurs navires et se réfugièrent en Espagne. Ceux qui restèrent s'accordèrent à refuser de se faire ariens et, en dépit de toutes les prohibitions, se réunirent pour des assemblées de culte. Informé par le nouvel évêque, Hunéric leur fit couper la langue et la main droite. Cependant ils ne perdirent pas l'usage de la parole ; plusieurs d'entre eux réussirent à s'enfuir et se retirèrent à Constantinople, où ce miracle demeura longtemps célèbre [3]. L'archevêque Eugène ajoutait encore

[1] Le nom de Reparatus est de ceux auxquels dans la Notice est joint le sigle *prbt* (peribat). M. Gsell a fait observer avec raison (*Mélanges de l'Ecole de Rome*, t. XIV, p. 318, n. 1) que s'il avait apostasié, comme on l'a prétendu, on ne l'aurait pas remplacé.

[2] Victor de Vite, III, 29, 30 ; Enée de Gaza, Migne, *P. G.*, t. LXXXV, p. 1000 ; Procope, *Bell. Vandal.*, I, 8 ; Justinien, *Cod.*, I, 27, § 4 ; Chroniques de Marcellin (484) et de Victor de Tunnunum (479) ; Evagrius, *H. E.*, IV, 14 ; saint Grégoire le Grand, *Dial.*, III, 2.

par ses austérités aux rigueurs de son misérable exil.
Il en résulta un accès de paralysie, dont son gardien,
un prêtre vandale, abusait pour lui verser du vinaigre
dans la bouche. La persécution finie, on rencontrait
partout, comme autrefois en Orient, des confesseurs
dont les corps portaient la trace des tortures endurées.
De ce nombre étaient douze enfants de chœur ou lecteurs de l'église de Carthage, qui subirent deux fois la
bastonnade plutôt que de céder aux ariens. Tous les
clercs de la capitale, au nombre de plus de cinq cents,
avaient été condamnés à l'exil. Avant de partir ils com-
paraissaient un à un devant un apostat, Elpidophore,
chargé de leur faire appliquer la flagellation préalable.
Quand ce fut le tour du diacre Muritta, qui avait été
le parrain d'Elpidophore, on le vit tirer de son sein des
vêtements blancs de néophyte. C'étaient ceux dont il
avait revêtu Elpidophore au sortir de la piscine catholique: « Voilà, dit-il, ministre d'erreur, des linges qui
t'accuseront devant le souverain juge »[1].

L'été de 484 fut d'une sécheresse exceptionnelle;
la famine sévit à l'automne; mais, dans ces calamités,
les barbares ne virent point des signes de la colère
céleste. La débauche de férocité continua, telle que
l'avait voulue le clergé arien et que l'avait organisée
Hunéric. L'horreur du romain, la haine du catholique,
se déchaînèrent à l'envi. Le roi mourut le 13 décembre, de la même horrible maladie qui avait eu

---

[1] Victor, V, 9.

raison d'Antiochus, d'Hérode et de Galère[1]. Son fils Hildéric, qu'il eût tant voulu avoir pour successeur, fut écarté : les Vandales lui préférèrent les fils de Genzon, d'abord Guntamund (484-496), puis Trasamund (496-523), si bien qu'il dut attendre quarante ans avant de monter à son tour sur le trône de son père. Guntamund ne se pressa pas de modérer la persécution ; c'est seulement la troisième année de son règne (487) qu'il rappela l'archevêque Eugène et lui permit de s'installer dans l'église suburbaine (*cœmeterium*) de Saint-Agileus. Sept ans plus tard (494), à la demande d'Eugène, il rappelait d'exil tous les évêques et faisait rouvrir partout les églises catholiques[2]. Ce n'était pas la fin, car, sous Trasamund, on eut encore de mauvais jours à passer. C'est au fils du persécuteur, à Hildéric, qu'il était réservé de rendre la paix aux catholiques africains.

Victor, évêque de Vita en Byzacène, à qui nous devons l'histoire de la persécution vandale, ne paraît pas avoir vécu jusque là. En tout cas son livre fut écrit au plus fort de la crise, peut-être avant la mort d'Hunéric, après laquelle il a pu y introduire quelques retouches. C'est une lamentation touchante et vibrante : les faits y sont exposés comme les voyaient les vic-

---

[1] *Putrefactus et ebulliens vermibus,* Finale ajoutée au IIIe livre de Victor ; *scatens vermibus,* Table des rois vandales, *M. G. Script. Antiq.*, t. XIII, p. 458.

[2] La table des rois vandales (*l. c.*, p. 459) donne ici des dates précises, qui sans doute se rapportent spécialement à Carthage : fermeture des églises, le 7 février 484 ; réouverture, 10 août 494.

times, avec une précision moindre au commencement, plus grande pour le temps d'Hunéric, où l'auteur raconte ce qu'il a vu et transcrit même les pièces officielles [1].

---

[1] Un autre document du plus haut intérêt, c'est la liste (*Notitia*) du personnel épiscopal convoqué à Carthage pour la conférence avec les ariens (484). Elle nous est parvenue en assez mauvais état, dans un ms. unique, actuellement conservé à Laon (*Laudunensis* 113, IXe s.). Quelque temps après sa rédaction, on lui adjoignit des notes marginales, en abrégé le plus souvent, pour indiquer ce qu'étaient devenus les évêques, notamment ceux de la Proconsulaire, et un comput final où ils sont classés en diverses catégories. Quatre-vingt-huit *perierunt*, dit ce comput; 378 *permanserunt*. Dans la liste, le sigle *prbt*, que l'on déchiffre *peribat*, est adjoint à 90 noms. On a vu, dans ces 88 ou 90 évêques, autant d'apostats. Cela n'est pas sûr. Il est en soi peu vraisemblable que l'on ait tenu à conserver trace de tant d'apostasies; du reste, *perierunt* peut très bien être pris dans son sens naturel, et traduit par « sont morts ». En supposant que les notes aient été ajoutées deux ans seulement après l'édit d'Hunéric, c'est-à-dire en 486, on arrive à une mortalité de $1/10$ par an. Elle n'a rien d'extraordinaire, surtout étant donnés les durs travaux, les mauvais traitements, les misères de tout genre, qui furent infligées à ce personnel. Cf. l'observation de M. Gsell (*Mélanges de l'école de Rome*. t. XIV, p. 318, n. 1; t. XXI, p. 209).

CHAPITRE XV.

L'Eglise romaine au Ve siècle.

L'agonie de l'empire : Ricimer et les derniers empereurs d'Occident. — Odoacre et Théodoric. — Rome catholique. — Disparition des Novatiens. — Les Manichéens et le pape Léon. — Pélagiens et Eutychéens. — Les Ariens. — Le saint-siège et les églises d'Orient. — Le ressort du pape. — Elections épiscopales, conciles romains. — Le pape et l'Eglise latine. — Le bras séculier.

Comme un vieil arbre, dont les tempêtes ont abattu toutes les branches et qui ne peut plus dresser qu'un tronc sans sève, à la merci d'un dernier coup de vent, l'Italie impériale survivait pitoyablement au désastre des provinces. A Ravenne, la fille du grand Théodose, Galla Placidia, avait entretenu quelque temps la tradition dynastique. C'est tout ce qu'on peut dire et d'elle et de son fils Valentinien III, empereur de palais, dont jamais les armées ne virent la majesté pâle. Autour d'eux se nouaient des intrigues militaires, qui aboutirent à concentrer dans les mains du patrice Aèce toutes les réalités du pouvoir. Il avait un fils, Gaudentius, qu'il entendait marier à Eudocie, l'une des filles de l'empereur [1], ouvrant ainsi à sa famille les avenues du trône impérial. Mais ces avenues étaient surveillées par une autre famille, celle des Anicii de Rome, dont le

---

[1] Celle qui devait plus tard épouser Hunéric, l'héritier du royaume vandale.

principal représentant, Petronius Maximus, aussi chargé
d'honnenrs [1] que Probus l'avait été cinquante ans auparavant, rêvait de monter plus haut encore et de s'élever jusqu'au rang suprême. Placidie était morte
(450, 27 novembre) depuis quelques années quand l'empereur, conseillé par ses eunuques, se débarrassa, en
l'assassinant, de l'homme de guerre qui avait rendu
tant de services à l'empire (454, 21 septembre). Six
mois ne s'étaient pas écoulés depuis la mort d'Aèce,
que Valentinien III tombait lui-même sous le fer des
assassins. L'événement se produisit au cours d'une parade militaire, à la villa impériale *Ad duas lauros*, sur
la voie Labicane [2], le 16 mars 455. Petronius Maximus
fut aussitôt acclamé : les Anicii remplaçaient les Théodose. Pour consacrer cette succession, le nouvel empereur s'appropria la femme de l'ancien : Eudoxie dut passer
sans autre délai dans les bras de celui que tout le monde
accusait d'avoir supprimé son mari. C'était une sorte de légitimation. On se légitimait par les femmes ; la maison de
Théodose, pauvre en hommes, abondait en princesses. Marcion avait épousé Pulchérie ; le fils d'Aèce réclamait une

---

[1] *C. I. L.*, t. VI, nos 1197, 1198, 1660, 1749. Sur sa carrière,
v. le mémoire de L. Cantarelli, dans le *Bull. arch. comunale*,
1888, p. 47 ; cf. Ed. Cuq, dans le t. X des *Œuvres de Borghesi*,
p. 611.

[2] *Chron. min.* (*M. G. Auct. ant.*, t. IX, p. 303, 483, 490). Je
ne sais s'il y a lieu de se fier à l'histoire romanesqne que Procope (*Bell. Vand.*, I, 4) raconte à ce propos. Sur cette légende
et sur la complicité de Pétrone Maxime dans les deux assassinats d'Aèce et de Valentinien III, v. le travail de Morosi dans
le fasc. 17 des *Studi di storia e diritto*, Florence, 1882.

des filles de Valentinien III ; l'autre, appelée Placidie comme sa grand' mère, était promise à Olybrius, lui aussi membre de la famille Anicia. Pétrone s'adjugea la mère, dont l'âge se trouvait être moins disproportionné avec le sien. D'après ce que racontèrent bientôt les méchantes langues [1], Eudoxie, offensée, se serait vengée en faisant appel à Genséric. C'est fort improbable. Le vieux forban était bien capable de comprendre tout seul que, Aèce n'étant plus là, il y avait un bon coup à faire. La flotte vandale parut à la fin de mai en vue de l'embouchure du Tibre. L'empereur Maxime, effaré, ne songea qu'à fuir et engagea ceux qui pourraient le faire à suivre l'exemple qu'il allait leur donner. Il ne le donna pas : l'indignation souleva une émeute ; la populace mit l'usurpateur en pièces et jeta au Tibre ses membres déchirés.

La pape Léon porta aux pirates la capitulation de la « maîtresse du monde ». Genséric lui promit qn'on s'abstiendrait de massacres et d'incendies. Ainsi tout se passa paisiblement. Les Vandales s'occupèrent pendant quinze jours à déménager sur leurs vaisseaux tout ce que la « ville éternelle » pouvait offrir à leur convenance. Avec eux partit la famille de Valentinien III, Eudoxie, ses deux filles Eudocie et Placidie, et même le fils d'Aèce, Gaudentius.

[1] Hydace a déjà connaissance de ce bruit : *ut mala fama dispergit*, dit-il, ce qui est le contraire d'un assentiment. Voir là-dessus Morosi, *l. c.* Prosper n'a pas vent de cela, pas plus que Sidoine Apollinaire et autres contemporains bien placés pour être renseignés.

Rome, pillée à fond, restait sans gouvernement, et l'empire avec elle. Les Goths de Toulouse intervinrent. Avitus, haut fonctionnaire d'origine arverne, se trouvait en mission auprès de leur roi Théodoric. Ils lui proposèrent de le soutenir. Acclamé à Toulouse par les « alliés » de l'empire, il le fut bientôt à Arles par ses « sujets », puis à Rome par le sénat, enfin à Constantinople, où Marcien ratifia son avènement. Son règne s'annonçait bien. En 456, les Vandales, mis en goût par le sac de Rome, menacèrent de nouveau l'Italie; une flotte, conduite par Ricimer, général d'origine suève, les arrêta à la hauteur de la Corse et les força de rentrer à Carthage. Ce succès mit Ricimer en vue, malheureusement pour l'empereur arverne, contre lequel il prit bientôt une attitude menaçante. Avitus, qui se trouvait en Gaule, revint au plus vite en Italie; mais Ricimer lui livra bataille à Plaisance. Abandonné de ses troupes, le malheureux ne sauva sa vie qu'en se laissant ordonner évêque [1]; encore ne survécut-il que peu de mois.

D'après des renseignements un peu vagues, le sénat aurait joué un rôle en cette circonstance. Il y avait encore à Rome et en Italie un courant d'opinion analogue à celui qui, sous Honorius, s'était montré si hosstile aux barbares et à leur ingérence dans les affaires de l'empire. Ce courant était favorisé à Constantinople.

[1] *Chron. min.*, *l. c.*, p. 304. La déposition d'Avit eut lieu le 18 octobre 456; il avait été acclamé en Gaule le 10 juillet 455 et à Rome le 21 septembre suivant.

La Rome orientale était moins empêtrée dans la barbarie ; grâce à des transmissions telles quelles, il s'y maintenait une sorte de légitimité. Malheureusement ces aspirations tardives du patriotisme romain se heurtaient à des réalités trop fortes. Tout ce qu'il y avait de barbares établis les contrecarrait : Genséric en Afrique, avec sa piraterie incessante et ses intrigues diplomatiques ; les Wisigoths en Gaule, avec leur conviction profonde que, dans l'empire, ils étaient de la maison, soit comme protecteurs, soit à titre d'héritiers ; il n'était pas jusqu'aux Burgondes qui ne cherchassent à jouer un rôle, en se faufilant dans les hauts emplois militaires. Mais le danger le plus grave était à l'intérieur même de l'Italie, dans l'armée, dite romaine, où il n'y avait plus guère que des contingents barbares. Que de ces bandes, encore inconscientes de leur avenir possible, un chef entreprenant réussît à constituer un corps de nation analogue à celui des Wisigoths et des Vandales, l'empire était fini, en Italie tout comme ailleurs. C'est ce qui arriva sous Odoacre, vingt ans après la mort de Valentinien III. Ricimer préluda, dans une certaine mesure, à ce grand changement. Il demeura jusqu'à sa mort (472) le maître réel de l'Italie, sans cependant oser s'attribuer la qualité de roi ou d'empereur. Celle-ci fut dévolue d'abord à Majorien, le 1er avril 457, après un interrègne de près de six mois. Le choix n'était pas mauvais : Majorien fit quelques efforts en vue d'une réforme intérieure, se montra en Gaule, en Espagne, et prépara un débarquement en Afrique. Son expédition manqua ; Ricimer, inquiet de tant d'activité, déposa l'empereur (2 août 461) et le fit mettre à mort (7 août).

Il le remplaça par un certain Libius Severus (19 novembre), qui occupa l'emploi jusqu'à sa mort (465, 15 septembre). Puis, reculant encore devant l'impossibilité de ceindre du diadème impérial et catholique le front d'un barbare arien, il s'arrangea avec Constantinople et laissa l'empereur Léon se donner un collègue occidental. C'est Anthemius qui fut choisi : le 12 avril 467 il était accueilli et proclamé à Rome. C'était un homme de quelque valeur, pas trop indigne de son aïeul, cet Anthème qui, pendant la minorité de Théodose II, avait dirigé les affaires de l'empire d'Orient [1]. Pour assurer l'entente, Anthemius donna sa fille à Ricimer. Vaine précaution ! Quatre ans ne s'étaient pas écoulés, que le gendre, alarmé de l'activité de son beau-père, se révoltait contre lui. Anthemius se défendit mieux que Majorien. Attaqué dans Rome même, il fit une résistance assez vigoureuse ; néanmoins il fut vaincu et tué (11 juillet 472) ; l'armée de Ricimer emporta le Transtévère, força les ponts et se répandit dans la ville. Pour la troisième fois, Rome connut les horreurs du pillage. Ricimer mourut peu après (18 septembre). Avec lui était venu un nouvel empereur, Olybrius, de la famille Anicia, mari de Placidie la jeune. Olybrius était, depuis assez longtemps, le candidat de Genséric, car Gen-

---

[1] Ci-dessus, p. 287.

séric avait un candidat, triste signe de la misère où l'on était tombé. Olybrius ne dura que peu de semaines [1].. Il avait eu le temps de nommer patrice un roi burgonde, Gondebaud, qui, succédant aux fonctions de Ricimer, présida quelque temps aux destinées de l'Italie. Le 3 mars 473, par les soins de ce chef barbare, un nouvel empereur, Glycerius, fut proclamé à Ravenne. Mais à Constantinople, où l'on n'avait reconnu ni Olybrius, ni Glycerius, on se décida, en y mettant le temps, à remplacer Anthemius. Le candidat choisi, Julius Nepos, débarqua à Ravenne, fut proclamé et marcha sur Rome. Glycerius, rejoint à Porto, fut consacré évêque et expédié à Salone, où le nouvel empereur avait une situation très solide. Le 24 juin 474 on l'acclamait à Rome. Il fut aussi proclamé en Gaule ; c'est le dernier empereur au nom de qui l'on ait combattu ou négocié en ce pays.

Après Majorien et Anthemius, Nepos représentait encore la tradition impériale ; cela ne faisait pas le compte des barbares d'Italie. Ceux-ci, sous les ordres d'un patrice Oreste, de sang romain pourtant, ne tardèrent pas à renverser l'empereur qu'on leur avait envoyé d'Orient. Nepos, attaqué dans Ravenne, s'enfuit en Dalmatie (28 août 475), où il se maintint cinq ans encore. Oreste donna l'empire à son fils en bas âge, Romulus Augustule, sous le nom duquel il comptait régner (31 octobre).

---

[1] Il mourut à Rome, le 23 octobre 472.

Mais les temps étaient venus ; l'armée barbare fut bientôt excitée contre un prince enfant et un gouvernement qui conservait encore certaines visées romaines. Odoacre, un germain de quelque tribu danubienne, fut porté à sa tête (23 août 476), entra avec elle à Pavie, où Oreste fut pris et tué, puis à Ravenne. Il laissa la vie au jeune Augustule et l'envoya au château de Lucullus, près Naples (Castel dell'Uovo), où il lui fit servir une pension. Ainsi finit l'empire romain. Genséric pouvait mourir tranquille dans son Afrique : personne n'était plus en situation d'y inquiéter ses héritiers. Les Wisigoths s'annexèrent ce qui pouvait encore subsister de l'Espagne romaine, et, en Gaule, le pays au sud de la Durance, avec l'illustre cité d'Arles ; le reste de la vallée du Rhône était déjà ou passa alors aux mains des Burgondes.

En Italie la cessation de l'empire ne paraît pas avoir été ressentie bien profondément. Si quelqu'un le déplora, ce fut pour des raisons de sentiment. Un roi barbare était installé à Ravenne, dans le palais des empereurs d'Occident. Il les remplaçait, c'était tout. Par ailleurs aucun changement, ni dans l'armée, ni dans les rouages de l'administration. Et l'on avait la satisfaction de se sentir tranquilles, en paix avec les barbares du dehors et avec ceux du dedans. Odoacre gouverna son Italie jusqu'à l'année 488. C'est seulement alors que l'on vit apparaître sur l'Isonzo la horde ostrogothique, avec son chef, Théodoric fils de Valamir. Cantonnés depuis longtemps en Pannonie, les

Goths orientaux avaient fini par se rapprocher de Constantinople. Dans les premières années de Zénon, deux de leurs bandes, commandées l'une et l'autre par un chef appelé Théodoric, donnèrent fort à faire aux armées, à la diplomatie et surtout aux finances de l'empire grec. Enfin, l'un des Théodoric, Théodoric le Louche, étant mort d'accident, on put s'entendre avec l'autre, Théodoric l'Amale, destiné à devenir Théodoric le Grand. C'est celui-ci qui eut l'idée d'aller conquérir l'Italie sur Odoacre, au profit de l'empire. Zénon favorisa ce projet, qui le débarrassait d'hôtes bien incommodes. Odoacre se défendit : il fallut trois ans pour le forcer dans Ravenne. Théodoric, quand il l'eut entre les mains, le fit tuer et s'installa à sa place (493). Les deux armées fusionnèrent. Le système inauguré par Odoacre fut maintenu et perfectionné par le chef ostrogoth. Avec le simple titre de roi, il commandait à tous les barbares établis et exerçait, à l'égard de la population romaine, les fonctions d'un vice-empereur. Les Romains étaient exclus de l'armée, les barbares des emplois civils; le pouvoir législatif, le droit de battre monnaie, les insignes et titres impériaux étaient réservés au souverain de Constantinople. Les Goths[1] avaient le tiers des terres; le reste était garanti aux Romains. Ceux-ci trouvèrent en Théodoric un prince sage, intelligent, appliqué à ses devoirs, qui ne les tra-

---

[1] Ce terme ne doit pas se prendre dans un sens ethnique trop strict; il désigne toute la population de race germanique ou assimilée.

cassa ni dans leur religion, ni dans leurs intérêts, et sut même, en respectant autant que possible les vieilles formes, les vieilles institutions, surtout en cajolant le sénat de Rome, adoucir les regrets que pouvait avoir laissés l'empire disparu.

Rome était devenue tout-à-fait chrétienne. Seules quelques familles de l'aristocratie conservaient encore, des adeptes de l'ancien culte. Symmaque, préfet de Rome en 419, celui qui eut à intervenir dans la compétition d'Eulalius et de Boniface, était un demeurant du paganisme. Volusien, oncle de Mélanie la jeune, se trouvait aussi dans le même cas, quand il fut envoyé à Constantinople, en 436, pour négocier le mariage de Valentinien III avec la fille de Théodose II. Celui-ci cependant, sur qui veillait l'ardente piété de sa nièce, fut baptisé à l'article de la mort par le patriarche Proclus.

De l'ancien culte il ne subsistait plus que quelques divertissements populaires, comme les ébats des Luperques, le 15 février; cette espèce de carnaval dura jusqu'au temps du pape Gélase (492-496), qui parvint à la faire supprimer [1].

Les temples étaient fermés, mais ils restaient debout, témoins imposants de l'antique état de choses. Nul ne

---

[1] Un sénateur appelé Andromaque s'étant avisé de réclamer contre cette suppression, Gélase la justifia dans un mémoire d'une certaine vivacité (*Adv. Andromachum*, Thiel, *Epp. Rom. Pont.*, p. 598).

songeait encore, soit à les démolir, soit surtout à les approprier à l'usage chrétien. C'est seulement avec les ravages du temps, parfois avec les déprédations des barbares qu'ils avaient à compter. Les foules qui s'y pressaient jadis fréquentaient maintenant les églises. Celles-ci se multipliaient en ville et dans la banlieue. Aux vieux « conventicules » d'avant la grande persécution, aux splendides monuments bâtis par Constantin et sa famille, beaucoup d'édifices nouveaux s'étaient adjoints au cours du IVe siècle. Il n'est guère de pape, en ce temps là, dont le nom ne se soit attaché à une église. On citait les basiliques de Silvestre, de Marc, de Jules, de Libère, de Damase [1]. Leurs successeurs ne furent pas moins actifs en ce genre. Le nom de Sirice se rencontre en plusieurs églises, sur des inscriptions commémoratives de travaux importants; Anastase, pendant son court pontificat, avait eu le temps d'en fonder une, la basilique Crescentiana, que nous ne parvenons pas à identifier. Sous Innocent, une matrone Vestina en construisit une autre (S. Vitale), au flanc sud du Quirinal; sous Célestin et Xyste III, un prêtre illyrien, Pierre, fonda sur l'Aventin celle de Sabine, encore debout dans ses parties essentielles.

Vers le même temps, deux églises de l'Esquilin, celle des Apôtres et celle de Libère, furent reconstruites et embellies. La première avait pour desservant, au temps du pape Célestin, un prêtre Philippe, qui

---

[1] T. II, p. 449.

fut envoyé comme légat au concile d'Ephèse et à Constantinople. Il réussit à intéresser la cour d'Orient à l'édifice sacré dont il avait la desservance ; l'église « des Apôtres » fut renouvelée aux frais de Théodose II, de sa femme Eudocie et de leur fille Eudoxie. Le nom de celle-ci, qui devint impératrice d'Occident, lui resta attaché, comme aussi le souvenir du légat d'Ephèse [1]. Mais c'est surtout la basilique libérienne, renouvelée par le pape Xyste III, qui était appelée à être le mémorial du célèbre concile. Xyste la dédia à Marie. C'est, sauf l'exception un peu obscure [2] d'Ephèse, la plus ancienne église de ce vocable [3].

La plupart de ces églises étaient desservies d'une façon permanente, par des prêtres et des lecteurs, dont la situation, à l'égard des fidèles de leur quartier et sous l'autorité de l'évêque, correspondait assez à ce que fut plus tard la condition du clergé paroissial. Ces établissements portaient le nom de *tituli*. En dehors de la ville, la basilique de Saint-Pierre, fondée par Constantin, et celle de Saint-Paul, renouvelée par Valentinien II et Théodose, étaient les principaux centres d'attraction. Mais il y en avait d'autres. Chacune des voies

---

[1] PRESBYTERI TAMEN HIC LABOR EST ET CVRA PHILIPPI
POSTQVAM EFESI CHRISTVS VICIT VTRIQVE POLO

dit le pape Xyste dans l'inscription dédicatoire (De Rossi, *Inscr. christ.*, t. II, p. 110).

[2] Ci-dessus, p. 349, note 3.

[3] Xyste III renouvela aussi le baptistère du Latran ; sa construction est encore debout en partie et l'on peut y lire la célèbre dédicace *Gens sacranda polis* etc.

romaines comptait plusieurs cimetières chrétiens. Là, sur les tombes des martyrs, des églises s'élevaient en grand nombre, les unes somptueuses, les autres modestes, quelques-unes enfoncées plus ou moins dans les profondeurs du souterrain. Jusque dans les corridors obscurs et difficiles d'accès, les fidèles se plaisaient à orner, à visiter les tombes saintes, signalées à leur piété par les belles inscriptions du pape **Damase** et de ses imitateurs, souvent aussi par les épitaphes originales. Plus que les églises de la ville, ces saints lieux extra-muros attiraient la dévotion des pèlerins. Ils formaient autour de Rome comme une couronne de sanctuaires, célèbres au loin, presque à l'égal du pèlerinage palestinien.

L'établissement central était toujours au Latran. Là se trouvait la maison épiscopale, avec tous les services de l'administration et le baptistère principal, reconstruit sous Xyste III. C'est de là que le pape gouvernait son église locale, c'est-à-dire à peu près toute la population romaine. Les païens avaient disparu, les hérétiques étaient devenus rares. Des Donatistes on ne parlait plus; ce ne pouvait être, d'ailleurs, que des immigrés d'Afrique; des schismes de Lucifer, d'Ursinus, d'Eulalius, la trace s'effaça rapidement. Seuls les Novatiens se maintinrent plus longtemps. C'était une secte indigène, assez nombreuse; elle se recommandait par son orthodoxie relative, car, à part la dissidence originaire sur la question pénitentielle, on y était, pour tout le reste, au même point que dans l'Eglise catholique. Les Novatiens avaient un évêque et plusieurs églises. Le pape Célestin en provoqua la fermeture, comme Cyrille l'avait fait à Alexandrie ; l'évêque novatien, Rusticulas, se vit réduit à célébrer son culte dans le secret des maisons privées. Cette rigueur contrastait avec la tolérance dont ces dissidents jouissaient à Constantinople. C'est que, dit l'historien Socrate, toujours favorable aux Novatiens, « les évêques de Rome et d'Alexandrie s'attribuaient depuis longtemps une autorité plus que sacerdotale » [1].

Ce sont les dernières nouvelles que nous ayons des Novatiens de Rome. Il est à croire qu'ils ne tardèrent pas à se fondre dans la confession catholique, dont la leur se distinguait si peu.

Moins facile à réduire et surtout à assimiler était la secte des Manichéens [2]. Proscrite depuis le temps de Dioclétien, réduite à l'état de société secrète, elle n'avait pas cessé de se recruter. En Afrique surtout, où, plus qu'ailleurs, on laissait dormir les lois contre les dissidents, il y avait beaucoup de manichéens, et qui ne se cachaient guère de l'être. Augustin, dans sa jeunesse, avait été des leurs. Il passa neuf ans parmi eux, non dans la catégorie supérieure des *Elus*, mais dans la commune observance des *Auditeurs*. Les Elus (il y

---

[1] Socrate, VII, 11. L'expression est justifiée ; en Italie, en Gaule, en Afrique, en Espagne, on voyait à chaque instant l'autorité séculière au service de l'église romaine, et cela depuis le temps du pape Damase.

[2] T. I, p. 555. Cf. E. De Stoop, *Essai sur la diffusion du manichéisme en Occident*, Gand, 1909.

en avait des deux sexes) professaient une continence absolue et une grande austérité de régime. Ils n'avaient pas de résidence fixe; leur spécialité les obligeait à se transporter sans cesse d'un pays à l'autre, pour prêcher la doctrine. Augustin, qui les avait vus de près, à Carthage et à Rome, ne les avait pas en haute estime; il raconte à leur propos des histoires peu édifiantes [1] et va jusqu'à dire que tous ceux qu'il avait connus avaient été ou surpris en faute ou fortement soupçonnés. Une fois converti, il déploya beaucoup de zèle contre ses anciens coreligionnaires; il discutait leurs doctrines, leurs livres sacrés, leurs traités d'apologétique. Si l'occasion s'en présentait, il entrait avec eux en colloque public [2]. Quelle que fût sa douceur et l'aménité de ses formes, les dualistes avaient fort à faire avec un tel dialecticien. Il s'abstenait, du reste, de les charger plus que de raison. On l'entendit déclarer un jour que, dans les assemblées religieuses des Manichéens, il ne passait, à sa connaissance, rien d'inconvenant [3]. Mais ce témoignage ne concerne que les assemblées des auditeurs, les seules auxquelles il eût pris part. Il ne garantissait nullement celles des

---

[1] *De moribus Manichaeorum*, 67-75.

[2] Les livres antimanichéens de saint Augustin sont réunis dans le tome VIII de ses œuvres, éd. bénédictine (Migne, *P. L.*, t. XLII); cf. *Corpus* de Vienne, t. XXV. Noter surtout les trente-trois livres contre Fauste, évêque manichéen, que saint Augustin connut personnellement, et les procès-verbaux de ses colloques publics avec Fortunat et Félix.

[3] *Contra Fortunatum*, 3.

élus; divers faits, bien attestés, prouvent qu'on y faisait quelquefois des choses abominables. Dégager les parcelles de lumière ou de divinité qui sont détenues dans le monde matériel et que la génération tend sans cesse à y maintenir captives, était le devoir fondamental de tout manichéen. A cela se rattachaient des pratiques dégoûtantes, indescriptibles. Quand Augustin écrivit son livre sur « La nature du bien » (v. 405), ces désordres avaient été établis judiciairement, avec l'aveu des coupables, en Paphlagonie et en Gaule [1]. Ils le furent peu après (421), à Carthage même [2], dans une enquête dirigée par un représentant de l'empereur, le tribun Ursus. L'évêque d'Hippone était au nombre des enquêteurs.

A Rome le premier éclat de ce genre se produisit en 443, sous le pape Léon. Au temps où Augustin, jeune encore, y fréquentait les réunions des Manichéens [3], il ne semble pas qu'ils fussent grandement inquiétés; mais les scandales dont je viens de parler et les polémiques d'Augustin avaient dû éveiller des inquiétudes. L'invasion vandale et surtout l'occupation de Carthage avaient décidé beaucoup d'Africains à se transporter en Italie; de là un renfort considérable pour

---

[1] *De natura boni*, 47.
[2] Possidius, *Vita Aug.*, 16; *De haeresibus*, 46. Cf. *Praedestinatus*, 46.
[3] C'est vers ce temps-là qu'écrivait l'Ambrosiaster (Isaac, juif converti; cf. t. II, p. 467), qui parle assez souvent d'eux en ses divers ouvrages. V. surtout son commentaire à *II Tim.*, III, 6-7; IV, 3-4.

la communauté manichéenne de Rome. Des rumeurs parvinrent aux oreilles de Léon, pasteur vigilant, s'il en fut. Il se renseigna : sur ses indications, la police arrêta tous les élus manichéens, y compris leur évêque. Cela fait, l'enquête commença. Le pape lui donna une grande publicité ; elle eut lieu en présence, non seulement d'évêques et de prêtres, mais encore de hauts fonctionnaires et d'un grand nombre de sénateurs [1]. Les accusés avouèrent ; on fit comparaître jusqu'aux enfants, une petite fille de dix ans et un adolescent, impliqués en des infamies rituelles. Des procès-verbaux détaillés furent dressés et signés, notamment par l'évêque manichéen. Les hérétiques repentants furent admis à la pénitence, les autres condamnés par les juges à la relégation perpétuelle. Quelques-uns pourtant échappèrent, entre autres un Pascentius, qui s'enfuit jusqu'en Espagne, où il fut découvert quelques années après par l'évêque d'Emerita [2].

L'enquête venait à peine d'aboutir, que Léon, en un discours [3] fort ému, mit ses fidèles au courant. Il avisa aussi les évêques d'Italie [4] et, en général, de toute la chrétienté, en leur communiquant les procès-verbaux officiels. Chez les Manichéens de Rome on

---

[1] *Coram senatu amplissimo*, dit la loi de Valentinien III, *christianis viris ac nobilibus congregatis*, dit Léon lui-même (Serm. 16).

[2] Hydace, 448.

[3] Sermon 16, prononcé pour le jeûne de décembre ; cf. Serm. 9, 24, 34, 42.

[4] J. 405 ; ep. VII.

avait saisi des listes de personnel, qui permirent de
reconnaître un peu partout les chefs de l'hérésie [1].
L'empereur Valentinien, par un rescrit adressé au
préfet du prétoire Albinus [2], renouvela, en visant les
faits récents, les lois portées contre les Manichéens,
depuis « les temps païens » ; il s'abstint toutefois de
remettre en vigueur la terrible peine du feu, portée par
Dioclétien, et se borna à édicter des incapacités juridiques et des exclusions de résidence.

Cette affaire fit beaucoup de bruit ; la secte se terra.
De temps à autre il est encore question de manichéens
découverts et châtiés [3]. On brûlait les livres, on exilait
les sectaires. Un règlement, attribué à saint Augustin [4],
montre quelle différence les gens experts faisaient entre
les auditeurs et les élus. Aux premiers on faisait signer
une condamnation bien nette de Manichée et de ses
principales doctrines, puis on les admettait à la pénitence ou au catéchuménat, selon qu'ils avaient ou non reçu
le baptême dans leur secte [5]. Quant aux élus, on les
regardait comme à peu près inconvertissables : ce n'est
qu'après les avoir longtemps éprouvés dans les monas-

---

[1] Prosper, Chron. a. 443 ; Hydace, 445 ; Théodoret, ep. 113.
[2] Nov. Valentin. XVIII, du 19 juin 445.
[3] A Carthage, au temps d'Hunéric (ci-dessus, p. 635), à Rome, *Liber pont.*, vies de Gélase, de Symmaque, d'Hormisdas.
[4] Migne, *P. L.*, t. XLII, p. 1153 ; *Corpus* de Vienne, t. XXV, p. 979.
[5] En dépit de l'énormité de leur hérésie, le baptême des Manichéens était considéré comme valable.

tères ou autres établissements ecclésiastiques, que l'on acceptait leur résipiscence.

Contre les Pélagiens, frappés de tant d'anathèmes et de proscriptions, on ne luttait plus guère, à Rome, que sur le terrain de la controverse littéraire. A peine sont-ils visés dans les sermons de saint Léon. C'est en des livres spéciaux [1] que l'on traitait, pour un public assez restreint sans doute, les questions de la grâce, du libre arbitre et du péché originel. Ce n'est pas à Rome, c'est dans le pays d'Aquilée, en Vénétie, que les Pélagiens trouvaient encore, sinon de grands succès, au moins une certaine tolérance. Un évêque de cette province, Septimus d'Altinum, en avisa le pape Léon. Celui-ci rappela énergiquement à son devoir le métropolitain d'Aquilée, lui prescrivant de ne pas accueillir les prêtres réfugiés auprès de lui pour échapper à la réprobation que leur valaient chez eux leurs opinions hérétiques. Il fallait réunir le concile provincial et obtenir des personnes suspectes les rétractations les plus explicites. Une trentaine d'années après Léon, le pélagianisme préoccupait encore ses successeurs. Le page Gélase écrivit [2] contre cette hérésie qui, lui disait-on, se répandait en Dalmatie [3]. Ces rumeurs furent dé-

[1] Le *De Vocatione omnium gentium* et l'*Hypomnesticon*, dont il a été question plus haut, p. 286, n. 2. Ces ouvrages ont été attribués à saint Léon.

[2] *Tract.* V (Thiel, *Epp. Rom. Pont.*, p. 571).

[3] J. 625, 626. La première porte une date altérée, *Fausto v. c. cons.* (490); Gélase n'était pas encore pape. Je conjecturerais *it. p. c. Fausti v. c. cons.*, ce qui donnerait l'année 492.

menties; mais on amena au pape un vieillard appelé Sénèque, qui prêchait en Picenum la doctrine de Pélage. Ce lui fut une occasion d'admonester [1] sérieusement les évêques de cette région.

Les querelles orientales sur l'Incarnation eurent un certain retentissement dans la population romaine, car Nestorius et Eutychès tiennent beaucoup de place dans les prédications de Léon. Nestorius y figure plutôt par raison de symétrie; c'est Eutychès qui était le plus à craindre et encore, un Eutychès assez imprécis. Le commerce alexandrin amenait toujours à Rome beaucoup d'Egyptiens, qui ne se faisaient pas faute de discuter; ils défendaient les violences auxquelles, dans leur pays, on se portait contre quiconque soutenait le concile de Chalcédoine et le tome de Léon. Il fallait beaucoup d'audace pour venir, à Rome même, traiter le pape d'hérétique; mais les Egyptiens étaient capables de tout. Léon leur consacra un sermon spécial [2], prononcé dans l'église d'Anastasie, à proximité du quartier marchand qu'ils fréquentaient. C'est aussi contre eux que fut écrit le dialogue entre Arnobe et Sérapion [3], où le dogme des deux natures est vigoureusement défendu.

C'est ainsi que, de tous les côtés, les pontifes de Rome faisaient face à l'hérésie et l'empêchaient de se

---

[1] J. 621.
[2] Serm. 96.
[3] Ci-dessus, p. 283. Très zélé contre les hérésies d'Orient, l'auteur de ce dialogue eût probablement eu quelque difficulté à se mettre, dans les questions de la grâce et du péché originel, sur la même ligne que le pape Léon.

glisser dans leur église. Dissimulées ou non, les sectes ne parvenaient pas à échapper à leur vigilance.

Quand, en 467, l'empereur Anthemius vint s'installer à Rome, un de ses familiers, Philothée, qui appartenait à la confession « macédonienne », voulut user de son crédit pour obtenir que l'on tolérât les dissidents. Peine perdue : le pape Hilaire, profitant d'une visite de l'empereur à la basilique vaticane, l'interpella sans ambages et lui fit jurer qu'il respecterait l'unité de l'église romaine [1].

Cette unité, pourtant, n'était pas absolue. Depuis que Ricimer était le maître à Rome et en Italie, il avait bien fallu admettre la confession de Rimini, les Ariens, pour dire le mot. A Constantinople, où la même nécessité se faisait sentir, les églises ariennes se trouvaient toutes en dehors de l'enceinte de Constantin, dans la zone périphérique que l'on appelait l'*Exokionion* [2]; à Rome, Ricimer en avait fait élever une au beau milieu de la ville, sur le Quirinal, à l'endroit où cette colline s'abaisse vers la Suburra [3], et c'est sûrement un autre évêque que le pape Hilaire, un évêque arien, qui l'avait dédiée et qui y célébrait [4]. Cette si-

[1] J. 664; Gélase, ep. 26, c. 11.
[2] Ci-dessus, p. 289.
[3] S. Agata dei Goti. L'inscription dédicatoire, *Fl. Ricimer, v. i. magister utriusq. militiae patricius et ex cons. ord. pro voto suo adornavit*, a été lue encore par Baronius (*Martyr. Rom.*, 5 février), au dessous de la mosaïque absidale.
[4] Il y avait alors, ou il y eut plus tard, une autre église à Rome, près de la *domus Merulana*, sur l'Esquilin (Greg. M., *Reg.*, III, 19).

tuation se maintint jusqu'après la guerre gothique. Le pape avait à Rome un collègue dissident ; c'est pour cela qu'on le voit signer « évêque de l'église catholique de Rome » ou « évêque de l'église catholique », comme saint Augustin, pourvu à Hippone d'un collègue donatiste, signait « évêque de l'église catholique d'Hippone » ou simplement « évêque de l'église catholique ».

A cette dernière formule on attribua plus tard une signification très ample : on s'en servit pour caractériser l'autorité de l'église romaine sur l'ensemble du christianisme catholique Au temps où nous sommes, la formule ne s'appliquait pas à la fonction ; mais la fonction était exercée sans formule. Le pape romain avait l'œil sur l'Eglise entière ; rien de grave ne s'y passait sans qu'il ne s'en préoccupât, sans qu'il ne sentît sa responsabilité engagée et n'intervînt, au besoin, dans la mesure du possible.

Cette situation, quand on éprouvait le besoin d'en vérifier les titres, se fondait sur la tradition, sur les rapports antérieurs, sur le sentiment de l'unité de l'Eglise, sur la nécessité d'un organe de cette unité, enfin sur les textes du Nouveau Testament où le rôle de saint Pierre apparaît si évidemment spécial et supérieur. A Rome, on n'aurait pas admis qu'elle dérivât de règlements conciliaires ; on laissait à d'autres l'idée de se réclamer de l'empire et de ses institutions. Toutefois, dans l'ensemble des choses, au dessus des rescrits impériaux, du prestige émané du souverain et de sa cour, il y avait une vieille et fondamentale conception, qui rattachait tout l'*Orbis romanus* à la cité des sept collines, à la « ville éternelle », comme on disait. En dehors de son empire on ne voyait que barbarie, plus ou moins bizarre, plus ou moins dégrossie, en tout cas subordonnée moralement à la civilisation essentielle, celle de la maîtresse du monde. De là résultait pour la Rome chrétienne, en dehors ou en dépit de tous les droits canoniques, une considération indéfinissable qui soutenait la tradition religieuse. Ce sentiment s'exprime admirablement dans l'homélie [1] où le pape Léon rapproche la splendeur antique de Rome et sa situation chrétienne, fait le compte de ce qu'elle doit à Pierre et Paul, sans méconnaître ce qui lui vient de Romulus et de Remus.

A un moindre degré qu'à Rome, ce sentiment, plus ou moins raisonné, vivait partout dans l'Eglise et se manifestait à l'occasion, pour peu que les circonstances ne se missent pas au travers. En Orient deux influences centrifuges sont à signaler : d'abord celle des conflits, qui diminuent le respect, aboutissent à des séparations, temporaires, il est vrai, mais propres à engendrer des habitudes fâcheuses; ensuite celle des organisations locales qui, pourvoyant sur les lieux aux nécessités ecclésiastiques, réduisent considérablement les rapports avec le saint-siège. Au Ve siècle, celui-ci fut souvent brouillé avec l'Orient. A peine était-on sorti de l'épineuse question soulevée par le schisme d'Antioche, que se présenta celle de saint Jean Chrysostome. Alors fut rom-

---

[1] *Sermo 82, in Natali app. Petri et Pauli.*

pue, pour la première fois, l'alliance traditionnelle de
Rome et d'Alexandrie, et Alexandrie parvint à mettre
de son côté presque tout l'épiscopat grec. Il fallut du
temps pour que les relations reprissent. La brouille recommença à propos d'Eutychès et de Dioscore, et cette
fois c'en fut fait des bons rapports avec l'Egypte. Le
siècle s'achève dans le schisme à propos d'Acace et ce
schisme s'étend à tout l'empire d'Orient. Plus grave
encore, plus fatale à la conservation de l'unité ecclésiastique, est la fondation d'une sorte de papauté grecque
à Constantinople, favorisée par la séparation des deux
empires et par la diversité des langues. Ici on parle
latin, là on parle grec ; ici on se réclame de l'empereur
de Constantinople, là de celui de Ravenne. Dans l'empire oriental les églises sont désormais assez riches
pour n'avoir pas besoin de l'assistance romaine, assez
éclairées et hiérarchisées pour suffire à toutes leurs
nécessités sans demander des conseils à la vieille métropole. Il faut des conflits bien graves, des cas bien
spéciaux, pour que l'on ait l'idée de recourir jusque là.

De tels cas, pourtant, se produisent de temps à autre.
Il arrive parfois que l'*ultima ratio* ecclésiastique d'Orient, la décision du concile « œcuménique », soulève des
protestations et que ces protestations s'adressent à Rome ;
Rome intervient, fait prévaloir son jugement, ou tout
au moins réserve solennellement le droit contre le
triomphe momentané de la force. La sentence rendue
contre Chrysostome par le concile du Chêne et l'évêque
d'Alexandrie est cassée, sur appel implicite, par le pape

Innocent. En dépit de toutes les résistances, même de Théophile et de Cyrille, cette cassation finit par sortir son effet. Si Nestorius tombe du siège de Constantinople, c'est beaucoup moins parce que Cyrille l'a condamné que parce que Rome ne l'a pas soutenu. Dans ce débat compliqué, l'accord que l'on finit par établir ne se produit pas sans l'intervention du pape Xyste III. Le second concile d'Ephèse est cassé par le pape Léon, sur appel précis et aussi sur le rapport de ses légats. C'est Léon qui fait la paix en Orient et qui règle, soit par sa lettre à Flavien, soit par ses légats au concile de Chalcédoine, les termes de l'accord dogmatique. De son intervention la trace restera, deux siècles durant, dans la résistance qu'elle souleva, dans la longue lutte soutenue pour défendre le tome romain et le concile de Chalcédoine. On pourra, à divers moments de ces conflits, reprocher aux papes ou à leurs représentants de s'être incomplètement renseignés, de n'avoir pas sû comprendre certaines nécessités locales, d'avoir manqué de souplesse dans l'exercice de leur autorité; on ne leur reprochera pas d'avoir eu une trop faible conscience de leurs devoirs, ou trop peu d'empressement à s'y conformer. S'ils n'ont pas toujours réussi, il faut tenir compte de la difficulté où ils étaient, eux Latins, à se faire entendre des Grecs, même à comprendre les subtilités où l'on engageait, si loin d'eux, la tradition chrétienne; eux sujets de l'empire italien, à se concilier la cour byzantine, sollicitée de près par des influences rivales. En somme il eût été difficile, étant données les circonstances, de faire plus qu'il n'ont fait, je ne dis pas pour faire valoir leur autorité — telle n'était pas leur préoccupation — mais pour la faire servir au bien de l'Eglise orientale.

Je ne parle pas ici, on le voit, d'une simple primauté de rang et d'honneur. Ceci allait de soi et nul en Orient n'a jamais contesté ce genre de prééminence aux pontifes apostoliques.

On pense bien qu'en Occident le respect pour le saint-siège devait être plus grand encore et que les relations avec lui devaient être autrement fréquentes.

Ici cependant il y avait bien des diversités. Il s'en fallait beaucoup que toutes les parties de cet immense ressort fussent en rapports uniformes avec le siège apostolique. Autour de Rome, les églises de l'Italie péninsulaire et des îles formaient un premier groupe, surveillé et dirigé d'assez près. On peut le comparer au patriarcat d'Alexandrie, bien que celui-ci ne comptât qu'une centaine d'évêques, et que le pape en eût à peu près deux cents sous sa juridiction immédiate. Comme le patriarche d'Alexandrie, le pape présidait au recrutement de son personnel épiscopal. Sans doute il n'intervenait pas dans les élections. Elles avaient lieu dans l'église à pourvoir, sous la direction des évêques voisins. Mais l'élu devait se présenter à Rome, avec un procès-verbal de son élection et quelques représentants du clergé et des fidèles laïques. Le pape vérifiait la régularité des opérations électorales et les aptitudes de la personne choisie; après quoi il procédait à l'ordination. Telle était la pratique à laquelle on était arrivé, en s'inspirant du principe posé par le pape Sirice, que nul évêque ne doit être ordonné en dehors du siège apostolique.

Ainsi recruté, l'épiscopat de la province pontificale se formait de temps à autre en concile. Il y avait toujours à Rome, comme à Constantinople, un certain nombre d'évêques venus là pour leurs affaires. En leur adjoignant les évêques du voisinage, il était aisé, en tout temps, d'avoir une assemblée épiscopale assez imposante. Mais il y avait un moment de l'année où le pape réunissait ses suffragants autour de lui ; c'est l'anniversaire de sa consécration épiscopale (*natale ordinationis*). Il n'y avait pas de convocation générale ; on venait sur invitation personnelle. Ainsi le pape se trouvait en rapport avec les évêques qu'il lui importait de voir, soit pour prendre leurs conseils, soit plutôt pour leur en donner et les maintenir sous sa direction. Celle-ci était très sentie ; les suffragants du pape étaient très disciplinés, leur administration, spirituelle et temporelle, leur tenue et celle de leurs clercs, surveillées de très près. Il y avait un évêque par cité, et, les cités étant fort nombreuses, leurs territoires étaient souvent assez exigus. Pour supprimer une cause de conflits, il avait été réglé qu'aucune église rurale ne pourrait être fondée sans l'autorisation du saint-siège. On peut juger, par ce trait, de la dépendance où se trouvait cet épiscopat.

Tout autres étaient les relations en dehors de la
province pontificale. Ici, aucune comparaison n'est possible avec les patriarcats d'Orient ; le patriarche d'Alexandrie consacrait tous ses évêques, les patriarches
d'Antioche et de Constantinople tous leurs métropolitains. Le pape de Rome, en dehors de la province suburbicaire, ne s'occupait en aucune façon du recrutement
de l'épiscopat. C'était l'affaire des autorités ecclésiastiques provinciales ; les métropolitains ou doyens (en
Afrique) présidaient aux ordinations de leurs suffragants ; les suffragants pourvoyaient à la vacance de l'église métropolitaine, quelquefois avec l'assistance d'un
métropolitain voisin [1].

A l'autorité du pape sur les églises d'Occident ne
correspondait aucune institution conciliaire. Il n'y avait
pas de concile d'Occident [2]. C'est seulement par occasion que des évêques étrangers à la province suburbicaire assistaient aux conciles romains.

Ainsi, point d'action réelle sur le choix des évêques ;
aucun moyen régulier de se mettre en rapport avec

---

[1] L'usage s'établit, dans la Haute-Italie, que les deux métropolitains de Milan et d'Aquilée se consacrassent l'un l'autre.
La cérémonie avait lieu dans l'église à pourvoir. Le métropolitain de Ravenne, toujours considéré comme suffragant de Rome,
était, en cette qualité, consacré à Rome par le pape.

[2] Le concile d'Arles (314) est un concile impérial, convoqué par Constantin. Le concile d'Aquilée (381), convoqué aussi
par l'empereur, est un concile partiel : Rome n'y prit pas part.
Quant aux conciles de Sardique (342), de Rome (382), de Capoue (391), ce sont, en droit, ou, si l'on veut, dans l'intention
qui en détermina la tenue, des conciles œcuméniques.

eux : le gouvernement supérieur du pape n'était vraiment pas organisé. Quand on lui demandait des conseils, il en donnait, il envoyait quelque lettre décrétale, appropriée à la circonstance. Arrivait-il des plaignants ? On les écoutait, et, si cela semblait opportun, on intervenait dans leur affaire. En ce genre de choses il arrivait parfois que, faute de renseignements contradictoires, on accueillait trop facilement certaines plaintes, et cela avait des inconvénients.

Il semble bien que l'on ait eu conscience de l'imperfection de ce système. On aurait aimé à être mieux informés. Cette préoccupation n'est pas étrangère à l'institution des vicariats apostoliques, cultivée par plusieurs papes, avec un succès, il faut le dire, très relatif. Sirice avait fondé le vicariat de Thessalonique pour donner une expression aux revendications de l'église romaine sur l'Illyricum oriental. Les services que l'institution rendit, à ce point de vue, furent assez médiocres ; mais on échoua totalement quand on voulut la transformer en un organe de gouvernement ecclésiastique, en une sorte de lieutenance du pape au dessus des évêques de ces provinces. Ceux-ci admettaient que le pape fût leur supérieur ; mais ils ne goûtaient nullement son vicaire. Le pape Zosime essaya du même système pour ses rapports avec la Gaule ; il échoua aussi. Il est étonnant que de telles expériences n'aient pas empêché les papes suivants d'essayer encore du régime vicarial. Simplicius donna des lettres de vicariat à l'évêque de Séville [1] ; on ne voit pas bien à quel propos et surtout avec quel succès.

C'est en Afrique seulement que l'Occident vit prospérer une institution analogue aux patriarcats grecs, une magistrature ecclésiastique supérieure à celle des métropolitains et des conciles provinciaux. L'évêque de Carthage, avec le concile général d'Afrique, nous offre un type remarquable d'organisation régionale. Avec les patriarcats grecs il a en commun un groupement interprovincial autour d'une église-mère. Mais l'évêque de Carthage n'a pas, sur ses collègues, une autorité aussi forte que les patriarches d'Alexandrie ou de Constantinople. En Afrique le recrutement de l'épiscopat est dirigé par le doyen provincial, sans que l'archevêque de Carthage y intervienne le moins du monde ; le doyen lui-même est désigné par l'ancienneté de fonction. A Constantinople, à Alexandrie, à Antioche, à Jérusalem, c'est l'évêque du siège patriarcal qui est la pièce importante du système : en Afrique c'est le concile général. Mais ce concile, réuni périodiquement, en général tous les ans, était un puissant organe d'union, de concentration, de vie ecclésiastique. Malheureusement l'invasion vandale le brisa avant qu'il eût pu donner tout ce qu'on était en droit d'en attendre.

---

[1] J. 590. Au sixième siècle on en délivrait souvent aux évêques d'Arles, en leur envoyant le pallium. C'étaient des distinctions honorifiques, rien de plus. Il en faut dire autant des concessions de ce genre accordées par le pape Hormisdas à Jean, évêque d'Elche (J. 786-788 ; cf. 828), et à Sallustius de Séville (J. 855, 856).

Mais cette organisation de l'Eglise en Afrique, ce n'est pas à Rome qu'il faut en faire honneur. L'église romaine a mis des siècles à comprendre que, quand on se reconnaît dépositaire d'une autorité œcuménique, il faut se mettre en mesure de l'exercer. La première chose à faire eût été de se rendre compte de la situation dont on était responsable. J'ai bien peur qu'au Ve siècle, comme fort longtemps après [1], on n'ait eu à Rome que des notions assez vagues sur la géographie ecclésiastique. Les lettres pontificales parlent souvent de provinces et de métropolitains. Il semblerait qu'elles recommandent une exacte application du système de Nicée. Pourtant il n'était pas appliqué en Italie; en Gaule, la province d'Arles, telle que l'admettait le pape, ne coïncidait guère avec les délimitations civiles. En somme, le groupement de l'épiscopat, le régime des conciles, les rapports avec le saint-siège, tout cela était, en Occident, fort peu défini. On vivait sur la conviction que le pape avait charge générale de l'épiscopat occidental, qu'il en était le supérieur. Nul ne songeait à lui contester les droits qui découlent d'une telle situation. Cette disposition d'esprit ne souffrait pas des conflits passagers qui naissaient du manque de règlements ou du vague des textes. Un point sur lequel on était particulièrement d'accord, c'est que,

---

[1] Les plus anciens « provinciaux » de l'église romaine ne remontent qu'au XIIe siècle. V. le *Liber Censuum*, Introduction, p. 36, ou les *Mélanges* de l'Ecole de Rome, t. XXIV, p. 75.

dans les querelles, dogmatiques ou autres, qui surgissaient à chaque instant en Orient, le pape était qualifié pour parler au nom de l'Eglise latine [1] tout entière. En ce genre d'affaires on n'intervenait que pour l'appuyer, et quand il le jugeait à propos.

Dans l'exercice de leurs fonctions ou magistratures, les divers pouvoirs ecclésiastiques, évêques, métropolitains, conciles, patriarches, et le pape lui-même, étaient souvent amenés à requérir l'appui des autorités civiles. Pour les cas ordinaires, par exemple pour l'assistance judiciaire ou administrative, soit des pauvres, soit de la communauté ecclésiastique locale, on avait, d'assez bonne heure, institué un service d'avouerie, celui des *defensores Ecclesiae,* qui apparaissent à Rome dès le temps de la querelle entre Ursinus et Damase [2], c'est-à-dire vers le même temps où furent institués les *defensores civitatis.* On les choisissait souvent dans les rangs des *scholastici* officiels, ce qui leur donnait qualité pour se présenter devant les magistrats [3]. Ils servaient, en particulier, à assurer l'exécution des sen-

---

[1] Je dis ici « de l'Eglise latine ». Dans les provinces grecques de l'Illyricum, il arriva quelquefois que les directions romaines, en matière dogmatique, fussent sacrifiées à des inspirations venues d'Alexandrie ou de Constantinople.

[2] Coll. Avellana, 6 : lettre de Valentinien Ier au préfet de Rome. Les défenseurs de l'église romaine réclament la basilique libérienne, occupée par les schismatiques.

[3] Pour l'Afrique, v. les conciles généraux de 401 et de 407 (*Cod. can.*, 75, 96, 97) et *Cod. Theod.* XVI, II, 38; cf. Possidius, *Vita Augustini,* 12.

tences ecclésiastiques ou à citer les justiciables, toutes les fois qu'une résistance pouvait être prévue et que l'on avait à réclamer le concours de l'autorité publique. Il y avait des évêques qui, cités à comparaître devant leurs supérieurs ecclésiastiques, s'obstinaient à n'en rien faire ou qui ne tenaient pas compte des décisions prises à leur égard. En ce qui regarde l'obéissance au saint-siège, on sollicita et l'on obtint des lois qui obligeaient les gouverneurs et autres autorités locales à employer au besoin la contrainte matérielle pour avoir raison des résistances. A cette catégorie de prescriptions appartient le rescrit de Gratien à Aquilinus, en 378, et celui de Valentinien III à Aèce, en 445. On peut y rattacher aussi la plupart des lois contre les hérétiques. Le pape envoyait ses défenseurs un peu partout, en Orient, en Gaule, en Espagne, en Afrique. En 419 et les années suivantes, les évêques africains trouvèrent qu'on abusait contre eux de ces recours au bras séculier et protestèrent assez vivement. Il était inévitable qu'en pareille matière il se produisît quelques à-coups. Le système continua cependant. En 465, le pape Hilaire casse une décision du concile de Tarraconnaise, qui a ratifié une promotion irrégulière à Barcelone. Il envoie sur les lieux, non seulement une sentence écrite, mais encore un de ses clercs, chargé d'en assurer l'exécution. Comme il s'agissait d'éloigner l'évêque irrégulièrement institué et que la bonne volonté de l'épiscopat provincial n'était pas à présumer, il est clair que le représentant du pape était commissionné pour requérir les magistrats [1].

Si l'empire d'Occident eût duré plus longtemps, il n'y a aucun doute que ce système ne se fût perfectionné et qu'il ne se fût accompli un progrès notable dans la centralisation ecclésiastique. Mais bientôt des frontières politiques s'élevèrent entre le pape et la plupart de ses ressortissants latins. Ses réquisitions ne pouvaient avoir d'effet ni chez les Wisigoths ni chez les Vandales. Pour les cas ordinaires, elles continuèrent en Italie, où Odoacre et Théodoric maintinrent en vigueur tout ce qu'il trouvèrent d'institutions existantes. Toutefois il y avait des choses qu'il ne fallait pas leur demander : inutile de songer à se débarrasser des ariens, de leurs églises et de leurs évêques.

Parmi les papes qui, au dernier siècle de l'empire d'Occident, présidèrent à l'église romaine et à l'Eglise universelle, aucun n'a laissé une trace plus profonde que Léon. Son influence était déjà grande au temps de Célestin et de Xyste III, ses prédécesseurs, et ce n'est pas seulement dans les affaires ecclésiastiques qu'elle se faisait sentir. Le gouvernement de Placidie appréciait très haut ses ressources d'esprit et son dévouement à l'Etat. Au moment où mourut Xyste III, son archidiacre se trouvait en Gaule, occupé à pacifier un différend survenu entre Aèce et un autre grand personnage, Albinus. Les Romains ne voulaient que lui

[1] J. 560, 561 ; Thiel, p. 165, 169.

pour évêque. Ils le firent rappeler par une députation officielle, et, au bout de quarante jours, l'intronisèrent avec le plus grand enthousiasme [1].

Ils ne furent point déçus. Le pape de leur choix allait se montrer, vingt-et-un ans durant, à la hauteur des circonstances les plus graves. Léon vit l'Italie en proie aux terreurs d'Attila, Rome insultée par Genséric. Avec ces deux fléaux de Dieu il dut aller parlementer, essayer de leur imposer quelque respect pour la majesté de l'empire agonisant. Sous ses yeux la maison de Théodose s'effondra en d'épouvantables catastrophes. Et au milieu de ces convulsions de l'Etat, il lui fallait tenir l'esprit tendu vers l'Orient, où la foi périclitait sans cesse, lutter là bas contre les potentats ecclésiastiques, la violence des moines, les émeutes de Jérusalem et d'Alexandrie, contre la platitude des conciles, parfois contre le souverain lui-même. Ses admirables lettres, sans parler des documents extérieurs, témoignent de son activité et de sa sagesse. Ses sermons, d'une véritable éloquence de pontife, calme, simple, majestueuse, nous le montrent au milieu de son peuple dans l'exercice ordinaire de son devoir pastoral. Les émotions du dehors n'y ont laissé que de faibles traces: inébranlable dans la sérénité de son âme, Léon parle comme il écrit, comme il ne cessa jamais de penser,

---

[1] Legatione publica accitus et gaudenti patriae praesentatus... episcopus ordinatur. *Chronique de Prosper,* a. 440.

de sentir et d'agir, en romain [1]. A l'entendre, à le voir à l'œuvre, les sénateurs de Valentinien III ont dû songer souvent à leurs collègues de la vieille république, à ces âmes invincibles que nulle épreuve ne fléchissait.

Quand Léon mourut (461, 10 novembre), Ricimer venait de se débarrasser de son premier empereur, Majorien, et de le remplacer par Sévère ; mais le changement n'était pas grand : le barbare restait ce qu'il était auparavant, le maître. C'était une assurance contre ses congénères en quête d'aventures : l'Italie était assez tranquille. En Orient, l'empereur Léon, après avoir bien tergiversé, s'était décidé à imposer aux Egyptiens le respect du concile de Chalcédoine. La paix était faite, telle au moins que le pape l'entendait et la souhaitait. Son successeur Hilaire (461-468) n'eut qu'à en jouir. Il

---

[1] On ose à peine rappeler que ce pontife majestueux était, à ses heures, capable de tourner très élégamment de petits vers. Un prêtre Félix, le père du futur pape Félix III, avait été chargé par lui, de concert avec un diacre Adéodat, de remettre en état la basilique de Saint-Paul, dont le toit s'était écroulé. Ils commémorèrent ces travaux dans une inscription en distiques, où il en est fait honneur au pape Léon. Mais celui-ci, qui n'entendait pas frustrer ses subordonnés, fit ajouter à l'inscription quatre trimètres iambiques, de jolie allure, où il leur restitue le mérite de leurs travaux :

> *Laus ista, Felix, respicit te, presbyter,*
> *nec te, levites Adeodate, praeterit :*
> *quorum fidelis atque pervigil labor*
> *decus omne tectis ut rediret institit.*

Le marbre original de cette double inscription peut se voir encore dans le monastère de Saint-Paul.

l'apprécia sans doute d'une façon très particulière, car il avait assisté au concile de Dioscore, en 449, et savait, par expérience personnelle, ce qu'étaient en Orient les controverses théologiques. Simplicius, qui vint après lui (468-483), eut, à cet égard, un moment d'alerte, quand Basiliscus rétablit à Alexandrie le vieil et fanatique Elure. Ses derniers moments furent troublés par de graves inquiétudes au sujet d'Acace de Constantinople.

Ce pape Simplicius, sur lequel, en dehors des affaires grecques, nous sommes assez peu renseignés, est celui qui vit finir l'empire romain d'Occident. Cette fin, on regrette presque de le dire, ne fut pas une catastrophe. Les contemporains s'en aperçurent à peine.

Il n'en est pas moins vrai que Félix III (483-492), qui remplaça Simplicius, trouva l'Occident tout entier, sauf le petit royaume de Syagrius et les Bretons lointains, sous l'autorité de souverains hérétiques, dont l'un, Hunéric, faisait au catholicisme une guerre à mort, et l'autre, Euric, se montrait, à tout le moins, fort malveillant. Rome elle-même obéissait à un prince arien. Et il avait fallu rompre avec l'Eglise grecque! Plus lamentable situation ne se pouvait imaginer. Mais, pas plus que le sénat de la vieille Rome, quand Annibal, maître de l'Italie entière, était à ses portes, le pape Félix n'avait hésité devant son devoir. Dieu lui donna raison.

TABLE DES MATIÈRES

PAG.

AVANT-PROPOS   V

CHAPITRE I. — L'Eglise au temps des Théodose.   1

La décadence de l'empire. — La moralité chrétienne. — L'élite et les masses. — La discipline pénitentielle. — Développements du culte public. — La religion populaire: culte des saints, des reliques, des images. — La théologie. — Progrès de la hiérarchie. — Election des évêques. — Groupements de l'épiscopat. — Législation ecclésiastique. — Moines et monastères.

CHAPITRE II. — L'Origénisme et saint Jérôme 38

Origène, docteur litigieux. — Evagre le moine. — Rufin, Epiphane, Jérôme. — Voyage d'Aterbius. — Revirement de Jérôme. — Jean, évêque de Jérusalem. — Epiphane en Palestine. — Sa querelle avec Jean. — Ordination de Paulinien. — Conflits. — Intervention de Théophile. — Paix transitoire. — Rufin rentre en Italie. — Il publie le *Peri Archon*. — Le pape Anastase. — Théophile et les moines de Nitrie. — Il proscrit Origène. — Son expédition en Nitrie. — Exode des moines origénistes. — Origène condamné à Rome. — Situation de Rufin. — Sa polémique avec saint Jérôme. — Ses travaux littéraires.

CHAPITRE III. — Chrysostome et Théophile 69

La succession de Théodose : Stilicon, Rufin, Eutrope, Gaïnas. — L'archevêque Jean. — Ses réformes, ses prédications, ses rapports avec les ariens et les Goths. — Oppositions qu'il soulève. — Rivalité des patriarches alexandrins contre l'évêque de la capitale; leur puissance. — Les moines de Nitrie à Constantinople. — Arrivée d'Epiphane, sa mort. — Théophile entre en scène. — Concile du Chêne : Jean est déposé. — Son départ, son retour. — Affaire de la statue d'Eudoxie. — Disgrâce de

Jean: son exil. — Schisme et persécution. — Appel de Jean, intervention du pape Innocent. — Jean meurt en exil. — Attitude de Jérôme.

Chapitre IV. — La fin du Donatisme 107

Rentrée du clergé donatiste sous Julien. — Le comte Romanus. — Parménien. — Optat de Milève. — Tychonius. — Les Rogatistes. — Révolte de Firmus. — Les conciles de Genethlius (390). — Le comte Gildon et l'évêque Optat. — Schisme de Maximien: conciles de Cabarsussi et de Bagaï. — Révolte de Gildon. — Augustin. — Concile d'Hippone. — Aurèle, évêque de Carthage. — Accueil fait aux donatistes convertis. — Enquêtes sur les Maximianistes. — Activité d'Augustin. — Les Donatistes convoqués à une conférence. — Leur refus et leurs violences. — Le schisme aboli par la loi (405): l'union imposée. — La conférence de 411. — Le notaire Marcellin, sa mort. — Propagation de l'union. — Emeritus de Césarée. — Gaudentius de Thamugad.

Chapitre V. — Alaric 147

Faiblesse de l'empire d'Occident. — Alaric et Stilicon. — Prise de Rome. — La Gaule en proie aux barbares. — Les empereurs d'Arles. — Athaulf en Gaule et en Espagne. — Le patrice Constance. — Chrétiens de stricte observance. — Prudence. — Paulin de Nole. — Sulpice Sévère. — Postumien. — Vigilance. — Restes d'arianisme en Illyrie: Maximin. — Bonose de Naïssus. — Le vicariat de Thessalonique. — Nicétas de Remesiana. — La hiérarchie épiscopale en Italie. — La société romaine. — Les Probi. — Les amis de saint Jérôme. — Les Valerii: Mélanie la jeune. — Mélanie l'ancienne reparaît à Rome. — Ses petits-enfants sacrifient leur fortune. — La catastrophe de Rome. — Impression qu'elle produit. — La Cité de Dieu et l'Histoire d'Orose. — Les lendemains d'invasion.

Chapitre VI. — Pélage. 199

La vierge Démétriade. — Pinien et Mélanie en Afrique. — Origines du conflit sur la grâce et le péché originel. — Doctrines de Pélage et de saint Augustin. — Pélage à Rome et en Afrique. — Celestius: sa condamnation à Carthage. — Pélage en Palestine. — Attitude de Jérôme et d'Orose. — Concile de Diospolis. — Les tribulations de Jérôme. — Conciles africains. — Le pape Innocent condamne Pélage et Celestius.

Chapitre VII. — Le pape Zosime 227

Avènement du pape Zosime. — Patrocle d'Arles, Héros et Lazare. — Celestius et Pélage trouvent accueil à Rome. — Intervention des Africains. — Condamnation définitive du pélagia-

nisme. — Zosime et les évêques d'Afrique. — Affaire d'Apiarius.
— Les canons de Sardique. — Mort de Zosime. — Schisme d'Eulalius.
— Le pape Boniface. — Concile africain de 419. — Affaire
d'Antoine de Fussala. — Deuxième affaire d'Apiarius.

CHAPITRE VIII. — L'Augustinianisme. 258

L'opposition pélagienne. — Julien d'Eclane. — Ses controverses avec saint Augustin. — Les Pélagiens et l'empire d'Occident. — Le pélagianisme en Bretagne : saint Germain d'Auxerre. — Réaction contre les idées extrêmes de saint Augustin. — Les monastères de Lérins et de Marseille. — Les derniers écrits d'Augustin, sa mort. — Cassien, Prosper, Vincent de Lérins. — Attitude du saint-siège.

CHAPITRE IX. — Atticus et Cyrille 287

La succession d'Arcadius. — Atticus et les Johannites. — En Egypte : Théophile, Synesius, Isidore de Péluse, saint Nil. — Mort de Jérôme. — Antioche : réunion des Pauliniens et des Johannites. — La mémoire de Jean réhabilitée à Constantinople. — Cyrille d'Alexandrie, ses débuts. — Massacre d'Hypatie. — Messaliens et Acémètes. — Les moines de Constantinople. — Saint Siméon stylite.

CHAPITRE X. — La tragédie de Nestorius. 313

Sisinnius, successeur d'Atticus. — Nestorius et les hérétiques. — La question de l'unité du Christ. — Le terme « Mère de Dieu ». — Prédications imprudentes de Nestorius. — Ses rapports avec Rome. — Leporius, Cassien, Marius Mercator. — Intervention de Cyrille. — Il est commissionné par le pape Célestin. — Ses anathématismes. — Les Orientaux. — Réunion du concile d'Ephèse. — Cyrille dépose Nestorius. — Les Orientaux déposent Cyrille et Memnon. — Conflit. — Intervention de la cour. — Eloignement de Nestorius. — Les deux partis délèguent à Chalcédoine. — Maximien, évêque de Constantinople. — Séparation du concile. — Le schisme oriental. — Mission d'Aristolaüs. — Embarras de Cyrille. — La paix de 433. — Rigueurs officielles contre Nestorius et ses partisans. — Disputes à propos de Diodore de Tarse et de Théodore de Mopsueste. — Le tome de Proclus.

CHAPITRE XI. — Le concile de Chalcédoine 389

Mort de Cyrille et de Jean. — Dioscore, Domnus, Ibas, Théodoret. — Confiance des Orientaux : Irénée, évêque de Tyr. — Flavien succède à Proclus. — Le chambellan Chrysaphe. — Importance d'Eutychès. — Son conflit avec les Orientaux : le gouvernement l'appuie. — Flavien le destitue. — La doctrine d'Eutychès et les formules de Cyrille : les deux natures. —

L'opinion romaine, le tome de Léon. — Le second concile d'Ephèse : réhabilitation d'Eutychès, condamnation de Flavien et des Orientaux. — Mort de Flavien ; Anatole lui succède. — Léon casse le concile d'Ephèse. — Mort de Théodose II. — Réaction sous Pulchérie et Marcien. — Convocation du concile de Chalcédoine. — Répudiation du concile d'Ephèse. — Questions personnelles : Dioscore, ses complices, les évêques égyptiens, les moines. — Définition de foi. — Séance impériale. — Réhabilitation de Théodoret et d'Ibas. — La revanche de Nestorius. — Sa fin.

CHAPITRE XII. — Les Monophysites. 455

Fin du concile de Chalcédoine. — Patriarcats de Jérusalem et de Constantinople. — Opposition du pape. — Insurrection monophysite à Jérusalem. — Le moine Théodose et l'impératrice Eudocie. — Proterius, évêque d'Alexandrie, ses difficultés, sa fin tragique. — Timothée Elure. — Consultation de l'épiscopat. — Elure exilé. — Les empereurs après Marcien : Léon, Zénon, Basilisque. — Retour d'Elure. — L'Encyclique de Basilisque. — Opposition d'Acace de Constantinople. — Affaires d'Antioche. — Progrès du parti monophysite. — Pierre le Foulon. — Daniel le stylite. — Zénon rétabli. — L'Hénotique. — Pierre Monge et les Acéphales. — Situation en Syrie : le *Crucifixus pro nobis*. — Les opposants de Palestine : Pierre d'Ibérie. — Acace déposé par le pape Félix III. — Schisme entre Rome et l'Eglise grecque.

CHAPITRE XIII. — Le christianisme à l'est de l'empire. . 519

Fondations chrétiennes dans le Caucase. — L'église géorgienne. — L'Arménie et ses vicissitudes politiques. — Conversion au christianisme. — Tiridate et Grégoire l'Illuminateur. — Organisation de l'église arménienne. — Son histoire au IV° siècle : Narsès, Sahag. — Les guerres religieuses de 450 et de 481. — Vahan Mamigouni. — L'église persane, ses origines. — Persécution de Sapor II. — Aphraate et ses homélies. — Le catholicat de Séleucie. — Marutas et le concile de 410. — Rapports avec les églises de l'empire : Acace d'Amid. — L'Arménie passe au monophysisme, la Perse au nestorianisme. — Chrétientés arabes dans la Syrie orientale. — Eglises fondées dans le pays d'Axoum et chez les Homérites. — L'Evangile dans la mer des Indes.

CHAPITRE XIV. — L'Occident au V° siècle. 581

L'empire au temps d'Aèce. — Les Priscillianistes d'Espagne : Turribius d'Astorga. — Hilaire d'Arles, ses démêlés avec le pape Léon. — Saint Germain d'Auxerre. — Attila. — Les conciles d'Armorique. — Sidoine Apollinaire. — Salvien. — Fauste de Riez. — L'église de Bretagne. — Saint Patrice, apôtre d'Irlande. — Gildas. — Les Vandales en Afrique. — Politique religieuse de Genséric. — La persécution de Hunéric. — Saint Eugène de Carthage. — Victor de Vite.

CHAPITRE XV. — L'Eglise romaine au Ve siècle. 646

L'agonie de l'empire: Ricimer et les derniers empereurs d'Occident. — Odoacre et Théodoric. — Rome catholique. — Disparition des Novatiens. — Les Manichéens et le pape Léon. — Pélagiens et Eutychéens. — Les Ariens. — Le saint-siège et les églises d'Orient. — Le ressort du pape. — Elections épiscopales, conciles romains. — Le pape et l'Eglise latine. — Le bras séculier.

ERRATA.

P. 135, l. 11: délégua.

P. 162, l. 6-7: d'Ausone, avec lequel il se lia d'une étroite amitié. En même temps . . .

P. 187, l. 15: Domnio.

P. 429, note 1, l. 5: Revillout.

P. 653, l. 18: Si quelqu'un la . . .

27628